프로그래밍 러스트

개정판

Programming Rust, Second Edition

© 2022 by J-Pub Co., Ltd.
Authorized Korean translation of the English edition of *Programming Rust, Second Edition*
ISBN 9781492052593 © 2021 Jim Blandy, Leonora F. S. Tindall, and Jason Orendorff
This translation is published and sold by permission of O'Reilly Media, Inc.,
which owns or controls all rights to publish and sell the same.

프로그래밍 러스트(개정판)

1쇄 발행 2023년 1월 16일
2쇄 발행 2024년 1월 31일

지은이 짐 블랜디, 제이슨 오렌도프, 리어노라 틴달
옮긴이 조성만
펴낸이 장성두
펴낸곳 주식회사 제이펍

출판신고 2009년 11월 10일 제406-2009-000087호
주소 경기도 파주시 회동길 159 3층 / **전화** 070-8201-9010 / **팩스** 02-6280-0405
홈페이지 www.jpub.kr / **투고** submit@jpub.kr / **독자문의** help@jpub.kr / **교재문의** textbook@jpub.kr

소통기획부 김정준, 이상복, 김은미, 송영화, 권유라, 송찬수, 박재인, 배인혜, 나준섭
소통지원부 민지환, 이승환, 김정미, 서세원 / **디자인부** 이민숙, 최병찬

진행 및 교정·교열 김정준 / **내지 디자인** 이민숙 / **내지편집** 북아이
용지 에스에이치페이퍼 / **인쇄** 한승문화사 / **제본** 일진제책사

ISBN 979-11-92469-75-1 (93000)
값 40,000원

제이펍은 여러분의 아이디어와 원고를 기다리고 있습니다. 책으로 펴내고자 하는 아이디어나 원고가 있는 분께서는
책의 간단한 개요와 차례, 구성과 지은이/옮긴이 약력 등을 메일(submit@jpub.kr)로 보내주세요.

프로그래밍 러스트

Programming Rust 2nd Edition

Fast, Safe Systems Development

짐 블랜디, 제이슨 오렌도프, 리어노라 틴달 지음

조성만 옮김

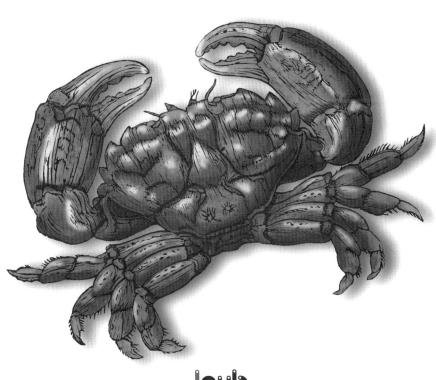

Jpub 제이펍

차 례

옮긴이 머리말

> "C/C++로 새 프로젝트를 시작하는 건 이제 그만둘 때가 됐어요. 그리고 GC를 쓰지 않는 언어가
> 필요한 상황에는 러스트를 쓸 때입니다. 보안성과 신뢰성을 생각한다면 업계가 C/C++ 사용 중
> 지를 선언해야 합니다."
>
> —마크 러시노비치Mark Russinovich, 마이크로소프트 애저 CTO
> (https://twitter.com/markrussinovich/status/1571995117233504257 단축URL https://bit.ly/useRust)

C++ 개발자의 삶은 너무나도 고단합니다. 알아야 할 것도 많고 신경 써야 할 것도 많기 때문이죠.
일단 C++ 개발자가 되는 과정부터 만만치 않습니다. 입문서 한 권을 떼고 나서도 실무에서 진도를
빼기가 여간 까다로운 게 아닌데, C++ 코드를 제대로 작성하기 위해 구사하는 다양한 패턴과 이디엄
이 사방에 진을 치고 있어서 코드를 읽는 속도가 무척이나 더딥니다. 마치 너른 늪을 건너는 심정이
랄까요? 모르긴 몰라도 C++ 개발자를 위한 '알아두면 쓸 데 있는 신비한 잡학사전'이라 할 수 있는
'Effective C++' 시리즈 4부작[1]과 'Exceptional C++' 시리즈 3부작[2]에 소개된 베스트 프랙티스를 틈나
는 대로 익혀둬야 그나마 방향이라도 제대로 잡을 수 있을 겁니다.

그런데 이게 다가 아닙니다. '바퀴를 다시 발명하는 일'을 막으려면 표준 템플릿 라이브러리의 목차 정
도는 술술 꿸 줄 알아야 하고, 코드의 효율성과 표현력을 같이 챙기려면 3년마다 나오는 모던 C++의
새 기능에도 관심을 가져야 합니다. 특히 융통성 있는 코드를 작성하려면 템플릿을 잘 쓸 줄 알아야
하는데, 자칫 길을 잘못 들면 템플릿 메타프로그래밍template metaprogramming이라는 어두컴컴한 방
에서 한동안 길을 잃고 헤맬 수 있으니 조심해야 합니다. 또 아직 표준에 들어가지 않은 기능이나 하
위 호환성이 중요한 기능이 필요하다면 부스트Boost[3]와 앱세일Abseil[4]을 들여다봐야 할 수도 있습니다.

---

1   《Effective C++》, 《More Effective C++》, 《Effective STL》, 《Effective Modern C++》 이렇게 4권을 말합니다.

2   《Exceptional C++》, 《More Exceptional C++》, 《Exceptional C++ Style》 이렇게 3권을 말합니다.

3   https://www.boost.org/

4   https://abseil.io/

코딩에 들어가면 눈을 크게 뜨고 챙겨야 할 것들이 본격적으로 펼쳐집니다. 특히 C++는 미정의 동작undefined behavior을 회피하기 위한 규칙이 수백 개나 되기 때문에, 코드를 한 줄 한 줄 정말 신중하게 짜지 않으면 미처 챙기지 못한 부분이 돌부리가 되어 그 자리에 남기 쉽습니다. 한 마디로 걸려 넘어지기 딱 좋은 분위기가 만들어지는 것이죠. 이런 규칙의 대부분은, 이를테면 허가받지 않은 메모리는 접근하지 말라든지, 산술 연산을 할 때는 오버플로가 안 생기게 조심하라든지, 0으로 나누지 말라든지 하는 식의 상식적인 이야기인데도 불구하고 아무도 나서서 알려주질 않습니다. (아, C++로 안전하게 코딩하는 법을 다루는 책이 몇 권 나와 있긴 합니다.)[5] 사정이 이렇다 보니 과감한 기능 개선은 늘 뒷전으로 밀리고, 주석에는 이건 이렇고 저건 저러니 조심하라는 식의 주의 문구만 늘어갑니다. 기억해야 할 것만 더 많아지는 셈이죠. 예를 들어 '소유권을 갖지 않는 포인터non-owning pointer'라고 주석이 붙은 멤버 포인터 변수[6]를 깜박하고 삭제하면 무슨 일이 벌어질까요? C++ 개발자는 이런 일이 생기지 않게끔 코드를 돌아보고 또 돌아봐야 할 책임이 있습니다.

한편, 프로젝트의 규모가 커지면 의존성 관리에 대한 고민이 자연스럽게 따라붙는데, C++ 자체에 표준화된 패키지 매니저가 없다 보니 적당한 서드파티 도구를 골라서 도입하는 일도 놓치지 않고 챙겨야 합니다. 테스트를 붙이려는 경우도 사정은 마찬가지고요.

뭐, 아무튼 다 좋다 이겁니다. 그럼 이 모든 걸 한데 잘 엮어 내기만 하면 앞으로 두 다리 뻗고 잘 수 있느냐 하면 또 그게 내 맘처럼 되지 않을 때가 많습니다. 어쩌면 본경기는 지금부터라고 해도 과언이 아닌데, 프로젝트의 수명이 다할 때까지 버그 배쉬bug bash[7]라는 디펜스 게임의 주인공이 되어 쉴 새 없이 쏟아지는 버그와의 지루한 장기전을 벌여야 하기 때문이죠. 특히 '미정의 동작' 위에 올라탄 버그에 당하지 않으려면 한시도 긴장을 늦춰서는 안 됩니다. 어이없지만 C++로 작성한 코드는 오류나 경고 없이 컴파일되더라도 안전하게 실행되지 않을 수 있습니다. 휴, C++ 개발자의 삶은 대체 어쩌다 이렇게 된 걸까요?

지금 좌절해 있다면 '개발자들이 가장 사랑하는 언어, 러스트'[8]에 눈을 돌려 봅시다!

러스트를 쓰면 이 모든 게 해결되는 거냐 하면 꼭 그런 건 아닙니다. 러스트를 쓸 때도 알아야 할 것도 많고 신경 써야 할 것도 많기 때문이죠. C++가 조금씩 필요한 만큼 배워서 써먹을 수 있는 언어라면, 러스트는 모든 걸 제대로 알고서 시작해야 하는 언어입니다. 예를 들어 러스트의 소유와 이동

---

5 《Secure Coding in C and C++, 2nd Edition》이 대표적입니다.

6 https://source.chromium.org/search?q="non-owning pointer"을 참고해 주세요.

7 버그를 찾아 고치는 일련의 과정을 말합니다.

8 러스트는 스택 오버플로가 실시한 2022 개발자 설문에서 7년 연속 개발자들에게 가장 사랑받는 언어로 뽑혔습니다(https://survey.stackoverflow.co/2022/).

을 완전히 이해하지 못한 채 곧바로 코딩하려 들면 컴파일러가 늘어놓는 잔소리에 초장부터 진이 빠질 수도 있습니다. 이런 탓에 러스트는 학습 곡선이 가파르기로 악명이 높습니다. 그런데 말입니다. 사실은 C++를 쓰더라도 안전하고 효율적인 코드를 작성하려면 러스트의 학습 곡선 앞쪽에 놓인 개념들을 잘 알아둬야 합니다. C++와 러스트 개발자가 다 알아야 하는 내용인데 내 것으로 만들어야 하는 시기와 전략이 조금 다른 것뿐이라는 것이죠. 어차피 알아둬야 할 것을 미리 확실하게 다져 놓고 시작할 뿐인데 여기에 따라오는 보상은 무척이나 큽니다. 러스트의 약속은 아주 단순합니다. 컴파일러의 여러 검사를 통과한 프로그램에는 미정의 동작이 없게 해주겠다는 것이죠. 러스트는 대상을 잃은 포인터, 중복 해제, 널 포인터 역참조를 전부 컴파일 시점에 잡습니다. 또 배열 참조를 컴파일 시점 검사와 실행 시점 검사로 보호하기 때문에 버퍼 오버런buffer overrun이 없습니다. 러스트로 작성한 프로그램은 C++로 작성한 프로그램과 똑같은 결함을 가졌더라도 오류 메시지와 함께 안전하게 종료합니다.

뭐든지 삐딱하게 바라보길 좋아하는 역자는 '조심하고 또 조심하면 C++로도 얼마든지 안전한 코드를 작성할 수 있는 게 아닐까?' 하며 이 책을 우리말로 옮기는 내내 의심하고 또 의심했지만, 그때마다 경험 많은 저자가 이 책의 1장 첫 부분에서 적은 이 한 문장이 마음 한구석에 떠오르곤 했습니다. "C와 C++에서 미정의 동작을 피할 수 있다고 말하는 건 마치 체스 게임에서 규칙을 알고 있으니 이길 수 있다고 말하는 것이나 다름없다." 저는 이 말을 반박할 수 없었습니다.

사실 C++도 안전하고 효율적인 언어가 되기 위해서 부단히 노력 중입니다. 특히 올해는 C++ 커뮤니티에서 개인적인 차원의 성과가 두드러졌는데요, 자바스크립트와 타입스크립트의 관계쯤으로 자리매김하려고 하는 소위 C++의 미래를 자처하는 후계자가 대거 쏟아졌습니다. 카본Carbon,[9] 씨피피프론트Cppfront,[10] 발Val[11]이 그 주인공인데요, 무척 기대되는 건 사실이지만 아직 실무에서 쓸 수 있는 상태가 아니다 보니 당분간은 관심을 가지고 응원하는 수밖에 없을 것 같습니다.

러스트는 C++와 동등한 수준의 성능을 다각도로 유지하면서 여기에 안전성은 물론, 쾌적한 사용성까지 챙기는 걸 목표로 합니다. 세련되고 모던한 문법으로 컴파일러의 친절한 코칭을 받아 가며 즐겁게 코딩할 수 있는 데다 언어 차원에서 안전성을 담보해 준다니, 정말이지 지금은 러스트가 C++의 미래라고 해도 과언이 아닌 것 같습니다. 여러분도 지금 당장 이 대세의 흐름에 합류해서 부디 C++의 미래를 경험하시길 응원합니다.

---

9   https://github.com/carbon-language

10 https://github.com/hsutter/cppfront

11 https://www.val-lang.dev/

이제 약간의 변명을 늘어놓아야 할 타이밍이군요. 이 책을 옮기면서 마음만은 언제나 철저히 독자의 편에 서서 최선을 다했다고 감히 말씀드리고 싶지만, 그 결과에 대해서는 한없이 겸손할 수밖에 없습니다. 출간 직전 원고를 다시 한번 정독하면서 드는 아쉬움이 이만저만 아니네요. 이 책을 읽으면서 갸우뚱하거나 어색하게 느껴지는 부분이 있다면 모두 역자의 부족함 탓임을 미리 말씀드리고 싶습니다. 이 책에서 접하게 될 우리말로 된 전문 용어는 마이크로소프트 언어 포털(https://www.microsoft.com/ko-kr/language)과 함께, IT 분야에서 가장 탁월한 번역가로 손꼽히는 곽용재 님과 류광 님께서 정리하신 용어 대역을 최대한 참고했습니다. 이 분야에서 선구적인 일을 해주신 두 분께 지면을 빌어 감사와 고마움의 마음을 전합니다.

이 글을 마무리하며 지난 2018년 이탈리아 로마에서 열린 RustFest에서의 기억을 추억해봅니다. 저는 당시에 모두를 따뜻하게 맞아주던 커뮤니티와 다양하고 열정 넘치는 세션 그리고 세션 내내 웃음이 끊이지 않던 그때 그 분위기가 정말이지 러스트답다고 생각했습니다. 부디 이 책에서도 그런 러스트다움이 전해지길 기대해봅니다.

감사의 글

이 책이 우리말로 옮겨지기까지 너무나도 많은 분들의 시간과 헌신적인 노력 그리고 격려가 필요했습니다. 이 책의 번역 제안을 흔쾌히 받아주시고, 번번히 예정된 시간을 넘기기 일쑤였던 못난 역자에게 늘 용기를 주신 제이펍의 장성두 님(드디어 책이 나오는군요!!!), 원서보다 더 멋지게 편집해주신 북아이 김수미 님(와우, 책이 너무 예쁜데요!), 어색하기 짝이 없는 서툰 글을 깔끔하게 다듬어주신 김정준 님(덕분에 읽을 만한 글이 되었어요!)께 진심으로 감사의 말씀을 드립니다.

이 책의 기술적인 오류와 내용을 검토해주신 강병수 님, 옥찬호 님, 윤찬식 님, 그리고 제이펍 리뷰어 12기 김용현 님, 김용회 님, 김태근 님, 양성모 님, 이석곤 님, 이용진 님, 이현수 님, 정욱재 님, 정현준 님, 황시연 님(이상 가나다순)께도 감사와 고마움의 말을 전합니다.

마지막으로 늘 든든한 우리 가족, 아내 은선이(행복하자 우리, 아프지 말고!)와 딸 하은이(이제 아빠 말고 엄마 좀 닮으면 안 될까?)에게 세상의 모든 사랑을 전합니다.

조성만

베타리더 후기 _____

 강병수(엔씨소프트)

러스트 언어의 폭발적인 인기에 비해 국내에 번역된 양질의 러스트 언어 도서가 별로 없는 환경에서, The Book《러스트 프로그래밍 공식 가이드》 이후에 읽을만한 기본서~중급도서 사이에 포지셔닝할 수 있는 좋은 책이라 생각합니다.

 김용현(Microsoft MVP)

이 책은 적어도 한 가지의 언어를 학습한 경험이 있는 독자를 대상으로 합니다. 러스트 언어를 레퍼런스 식으로 배우지 않고 테마별로 배울 수 있는, 그리고 너무 쉽지 않은 도서라 반가웠습니다. 러스트의 기본적인 문법 및 특징 설명뿐만 아니라 프로그래밍의 주요 주제별 대표 라이브러리를 통한 문제 해결 방법을, 코드 샘플 예제와 실습을 통해 꼼꼼하게 빠짐없이 안내하고 있습니다. 두꺼운 분량이지만, 러스트 입문 후 반드시 생각해야 하거나 겪게 될 내용들로 가득합니다.

 김용회(씨에스피아이)

최근의 개발 언어들은 가독성이 좋고 배우기 쉽다는 특징을 가지고 있지만, 속도 같은 성능적인 요소가 강조되는 시스템 프로그래밍과 같은 영역에서는 아직도 C/C++을 대체하기에 다소 역부족이라 생각합니다. 문제는 어렵다는 건데, 러스트는 C++만큼 강력함을 제공하면서도 메모리 등의 자원을 관리하고 동시성 제어와 비동기 처리 등을 안정적으로 수행할 수 있도록 지원합니다. 이 책은 이러한 것에 대한 효과적인 방안들을 단계적으로 배워나갈 수 있도록 합니다.

 김태근(연세대학교 대학원 물리학과)

《러스트 프로그래밍 공식 가이드》가 친절한 입문서였다면 이 책은 그다음 단계를 위한 중급서에 가깝습니다. 러스트가 지닌 특징들을 C/C++나 자바, 파이썬 등과 비교하면서 명확하게 설명해줍니다. 그러면서도 이 정도 두께의 책들에서 보이는 고질적인 문제인 지루함을 위트 있는 비유들로 재밌게 헤쳐나갑니다. 원서도 워낙 훌륭했었는데, 한글 번역도 수준급이라 술술 읽히는 책이었습니다.

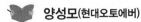
양성모(현대오토에버)

이 책은 러스트 프로그래밍 심화 과정에 속할 것 같습니다. 러스트 언어에 대하여 어느 정도 숙련된 개발자가 러스트의 동작 방식에 대하여 좀 더 깊게 알고 싶다면 많은 도움이 될 것 같습니다. 번역도 전반적으로 깔끔하게 잘 되어 읽기 편했습니다.

옥찬호(Momenti)

이직하면서 러스트를 사용하기 시작한 지 어느덧 1년 3개월이 되었습니다. 그 사이 러스트에 대한 관심이 많아진 것을 느낍니다. 하지만 시중에 나와 있는 러스트 책은 그다지 많지 않습니다. 《프로그래밍 러스트》는 가뭄에 단비와 같은 존재로 기본적인 내용뿐만 아니라 PhantomData, Pin, 매크로 등 고급 기법까지 다양한 예제들을 통해 설명하고 있습니다. 이 책을 통해 여러분들의 러스트 실력이 한 단계 성장하기를 바랍니다.

윤찬식(윤개발소)

이 책은 적절한 그림과 상세한 설명을 통해 러스트의 문법 및 기능에 대해 이해하는 데 도움이 됩니다. 러스트의 강력한 컴파일러 덕분에, C/C++을 안전하게 사용하기 위해서 알아야 하는 수많은 미정의/미지정 동작을 피하기 위한 노력을 하지 않고도, 코드를 작성하는 데 더 집중할 수 있습니다. 또한 러스트가 제공하는 다양한 언어적 기능은 견고한 코드를 작성하는 데 기여합니다. 러스트가 곧 미래입니다.

이석곤(아이알컴퍼니)

새로운 언어들이 많이 나오고 있지만 C/C++를 대체할 수 있는 시스템 프로그래밍 언어는 아직 없고, 러스트가 아마 대체재가 되지 않을까 조심스럽게 예상해봅니다. 러스트가 처음에는 배우기가 쉽지 않으나, 이 책에서는 러스트의 개념에 대해서 쉽게 설명하고 있어 초심자라도 쉽게 따라 할 수 있습니다. 이번 베타리딩을 통해서 러스트 언어의 사상과 시스템 프로그래밍을 어떻게 개발하는지 배울 수 있는 좋은 기회가 되었습니다.

이용진(SAP LABS KOREA)

러스트를 잘 설명해주고 있는 책입니다만, 러스트에 대해 약간이라도 이해하고 보면 더 좋을 내용들을 담고 있습니다. 러스트에만 사용하는 문법들에 대해 코드 예제로 잘 설명되고 있어서 코드를 따라 해보면서 이해하기 좋습니다. 러스트에 대해 기초부터 단단히 쌓고 싶다면 이 책을 권합니다.

이현수(글래스돔코리아)

러스트가 최근에 나온 언어인 줄 알았는데, 나온 지 이미 10년도 넘은 것을 알게 되었습니다. 지금까지 C, C++, 자바, C#, 스칼라, 파이썬, 타입스크립트, Go 등 여러 언어를 사용해보았는데, 러스트를 보니 지금까지 거쳐 간 언어들의 특징들이 한데 녹아들어 간 느낌이 들고, 마치 C++와 스칼라가 잘 섞인 느낌이라 신기하기도 합니다. 앞으로 리눅스 커널 개발에도 러스트가 들어간다고 하니 매우 기대됩니다.

 정욱재

러스트를 처음 공부하는 사람들은 물론, 다시 제대로 개념을 보고 싶은 분들에게 너무 좋은 책입니다. 기본적인 개념부터 실제 코드를 작성해가며 고민할 수 있는 부분도 잘 설명되어 있습니다. 또한 병렬화에 대한 자세한 설명은 책으로 잘 설명해내기가 쉽지 않을 거라 여겼는데, 이 부분도 알기 쉽도록 설명되어 있어 많은 도움이 되리라 생각합니다.

 정현준(원티드랩)

얼마 전에 마이크로소프트 애저의 CTO도 이야기했지만, 러스트는 memory safety를 위해 많은 뛰어난 개발자들이 더 널리 보급되기를 원하는 매우 뛰어난 언어입니다. 학습 곡선이 높다는, 즉 배우기 어렵다는 단점이 있으나 그만큼 배울 가치가 있는 언어이며, 이 책 《프로그래밍 러스트(개정판)》과 함께라면 그 길이 조금은 더 쉬워질 수 있겠습니다.

 황시연(엘로스)

다른 프로그래밍 언어들에 비해 러스트는 개념과 컴파일 부분을 익히는 데 학습 진입장벽이 상당히 높습니다. 그렇지만 안정성과 동시성을 두루 갖춰 많은 사람이 찾고 사용합니다. 이 책은 이러한 학습 곡선을 낮추는 데 도움이 되는데요, 기본적인 언어에 대한 이론과 시스템 성능에 관련된 다양한 이슈들을 상세히 설명해줍니다.

제이펍은 책에 대한 애정과 기술에 대한 열정이 뜨거운 베타리더의 도움으로
출간되는 모든 IT 전문서에 사전 검증을 시행하고 있습니다.

러스트는 시스템 프로그래밍을 위한 언어다.

요즘은 따로 설명이 필요할 만큼 대부분의 프로그래머에게 낯선 분야가 됐지만 시스템 프로그래밍은 우리가 하는 모든 일의 밑바탕을 이룬다.

노트북을 닫으면 운영체제는 이를 감지해서 실행 중인 프로그램을 전부 중단하고 화면을 끄고 컴퓨터를 잠자기 상태로 전환한다. 그리고 노트북을 열면 다시 화면과 다른 구성 요소의 전원이 들어오고 각 프로그램이 중단됐던 곳에서 재개된다. 우리는 이 과정을 당연하게 여긴다. 그러나 이는 시스템 프로그래머가 많은 코드를 작성해 뒀기 때문에 가능한 일이다.

시스템 프로그래밍의 범주를 알아보자.

- 운영체제
- 모든 종류의 장치 드라이버
- 파일시스템
- 데이터베이스
- 매우 저렴한 장치나 극도로 안정적이어야 하는 장치에서 실행되는 코드
- 암호학
- 미디어 코덱(오디오, 비디오, 이미지 파일을 읽고 쓰는 소프트웨어)
- 미디어 처리(예: 음성 인식이나 사진 편집 소프트웨어)
- 메모리 관리(예: 가비지 컬렉터 구현)
- 텍스트 렌더링(텍스트와 폰트를 픽셀로 바꾸는 변환)
- (자바스크립트와 파이썬 같은) 고수준 프로그래밍 언어 구현

- 네트워킹
- 가상화와 소프트웨어 컨테이너
- 과학 시뮬레이션
- 게임

한마디로 말해서 시스템 프로그래밍은 **제한된 자원을 다루는** 프로그래밍이다. 즉, 모든 바이트와 모든 CPU 사이클이 소중할 때 하는 그런 프로그래밍이다.

기본적인 앱을 지원하는 데 관여하는 시스템 코드의 양은 너무 방대해서 믿기 힘들 정도다.

이 책은 시스템 프로그래밍을 알려주지 않는다. 사실 이 책은 시스템 프로그래밍을 한 번도 해본 적이 없는 독자라면 불필요하게 난해하다고 느낄 수도 있는 메모리 관리의 많은 세부 사항을 다룬다. 그러나 경험이 많은 시스템 프로그래머라면 러스트가 뭔가 다르다는 걸 알게 될 것이다. 러스트는 수십 년 동안 전체 산업을 괴롭혔던 주요하고 잘 알려진 문제를 제거하는 새로운 도구다.

대상 독자

이 책은 C++의 대안을 찾을 준비가 된 시스템 프로그래머를 위한 책이면서 동시에 C#, 자바, 파이썬, 자바스크립트 등 다른 프로그래밍 언어에 경험이 많은 개발자를 위한 책이다.

하지만 러스트만 배우는 건 아니다. 이 언어를 최대한 활용하려면 시스템 프로그래밍 경험도 어느 정도 필요하다. 이 책을 읽으면서 러스트로 시스템 프로그래밍 사이드 프로젝트를 구현해보길 권한다. 러스트의 속도, 동시성, 안전성을 이용하는 한 번도 만들어보지 않은 무언가를 구축해 보자. 이 글의 앞부분에 나와 있는 주제 목록에서 아이디어를 얻을 수 있을 것이다.

집필 배경

이 책은 필자가 러스트를 배우기 시작했을 때 원했던 그런 책이다. 러스트의 크고 새로운 여러 개념을 하나씩 눈앞에 펼쳐놓고 깔끔하고 깊이 있게 따져 물어서 시행착오를 통한 학습을 최소화하는 게 목표다.

책의 구성

이 책의 1장과 2장에서는 러스트를 간단히 소개하고 둘러본다. 그리고 3장에서는 러스트의 기본 데이터 타입을 알아본다. 이어서 4장과 5장에서는 소유권과 레퍼런스의 핵심 개념을 다룬다. 이 다섯 장은 순서대로 읽을 것을 권한다.

6장부터 10장까지는 언어의 기본기, 즉 표현식(6장), 오류 처리(7장), 크레이트와 모듈(8장), 스트럭트(9장), 이늄과 패턴(10장)을 다룬다. 이들 주제를 다루는 장은 대강 훑어보고 넘어가도 괜찮지만 오류 처리를 다루는 장만큼은 그냥 넘어가지 말자. 필자를 믿어주시라.

11장에서는 꼭 알아둬야 할 중요한 개념 중 마지막 두 가지인 트레이트와 제네릭을 다룬다. 트레이트는 자바나 C#의 인터페이스와 비슷하다. 러스트에서 사용자 정의 타입을 언어 자체에 통합할 때 쓰는 주요 방법이기도 하다. 12장에서는 트레이트가 어떤 식으로 연산자 오버로딩을 지원하는지 보여주고, 13장에서는 더 많은 유틸리티 트레이트를 다룬다.

트레이트와 제네릭을 이해하고 나면 이 책의 나머지 부분을 묶어 뒀던 자물쇠가 풀린다. 놓치면 후회할 두 가지 핵심 도구인 클로저와 이터레이터는 각각 14장과 15장에서 다룬다. 나머지 장, 즉 컬렉션(16장), 문자열과 텍스트(17장), 입력과 출력(18장), 동시성(19장), 비동기 프로그래밍(20장), 매크로(21장), 안전하지 않은 코드(22장), 외부 함수(23장)는 어떤 순서로 읽든지 상관없고, 필요에 따라서 간만 보고 넘어가도 좋다.

표기와 조판 관례

다음은 이 책에 쓰이는 글꼴 조판 관례다.

- **고딕체**

  새로운 용어, URL, 이메일 주소, 파일 이름, 파일 확장자를 나타낸다.

- **고정폭**

  프로그램 코드와 더불어 문단 안에서 변수, 함수 이름, 데이터베이스, 데이터 타입, 환경 변수, 실행문, 키워드 같은 프로그램 요소를 참조할 때 쓴다.

- **굵은 고정폭**

  사용자가 적힌 그대로 타이핑해야 하는 명령이나 기타 텍스트를 보여준다.

- *기울어진 고정폭*

  사용자가 제공한 값이나 전후 사정에 따라서 결정된 값으로 대체되어야 하는 텍스트를 보여준다.

이 아이콘은 일반적인 참고 사항을 의미한다.

코드 예제 사용

(코드 예제와 연습문제 등의) 보조 자료는 https://github.com/chosungmann/programming-rust-2nd-edition-examples(단축 URL https://bit.ly/programming-rust-2nd)에서 내려받을 수 있다.

감사의 글

여러분이 들고 있는 이 책은 감수자 브라이언 앤더슨Brian Anderson, 맷 브루벡Matt Brubeck, 데이비드 아이젠버그David Eisenberg, 라이언 레빅Ryan Levick, 잭 모핏Jack Moffitt, 캐롤 니콜스Carol Nichols, 에릭 노르딘Erik Nordin과 역자 히데모토 나카다Hidemoto Nakada(일본어), 송펑 리Songfeng Li(중국어 간체), 아담 보체넥Adam Bochenek과 크시슈토프 사프카Krzysztof Sawka(폴란드어)의 꼼꼼한 검토를 받았다.

이들 외에도 비공식적으로 많은 리뷰어가 이 책의 초안을 읽고 값진 피드백을 전해 왔다. 에디 브루엘Eddy Bruel, 닉 피츠제럴드Nick Fitzgerald, 그레이든 호어Graydon Hoare, 마이클 켈리Michael Kelly, 제프리 임Jeffrey Lim, 야콥 올센Jakob Olesen, 지안 카를로 파스쿠토Gian-Carlo Pascutto, 래리 라비노위츠Larry Rabinowitz, 야로슬라프 슈나이드르Jaroslav Šnajdr, 조 워커Joe Walker, 요슈아 와이츠Yoshua Wuyts의 정성 어린 의견에 감사한다. 특히 제프 월든Jeff Walden과 니콜라스 피에론Nicolas Pierron은 개인 시간을 할애해서 거의 책 전체를 검토해 주었다. 여느 프로그래밍 여정과 마찬가지로 프로그래밍 책은 양질의 버그 리포트 없이는 제대로 성장할 수 없다. 고맙다.

짐과 제이슨이 소속된 모질라는 이 프로젝트를 진행하느라 공적인 책임을 뒤로한 채 집중하지 못할 게 뻔한데도 엄청나게 편의를 봐주었다. 짐과 제이슨의 매니저 데이브 캠프Dave Camp, 나비드 이사눌라Naveed Ihsanullah, 톰 트로미Tom Tromey, 조 워커Joe Walker의 지원에 감사한다. 이들은 모질라의 본질에 관한 장기적인 안목을 지녔다. 부디 이 책으로 그들이 보여준 믿음을 정당화할 수 있길 바란다.

또 이 프로젝트가 결실을 맺는 데 도움을 준 오라일리의 모든 이에게 감사의 표현을 전하고 싶다. 특히 인내심의 끝판왕을 보여준 편집자 제프 블레이엘Jeff Bleiel과 브라이언 맥도날드Brian MacDonald 그리고 원고진행 편집자 잔 맥콰드Zan McQuade에게 감사를 전한다.

무엇보다도 변함없는 사랑과 열정 그리고 인내를 보여준 가족에게 진심으로 감사한다.

시스템 프로그래머,
남부럽지 않은 도구로 날개 달다

상황에 따라서는 경쟁 상대보다 10배는커녕 심지어 2배만 더 빨라도 승자의 자리를 넘볼 수 있는데, 이를테면 러스트가 노리고 있는 상황이 그렇다. 소프트웨어 시장도 하드웨어 시장처럼 속도가 한 시스템의 운명을 결정한다.

—그레이든 호어Graydon Hoare(https://graydon.livejournal.com/236436.html)[12]

모든 컴퓨터는 이제 병렬성을 가진다... 병렬 프로그래밍이 곧 프로그래밍이다.

—마이클 맥쿨Michael McCool 외, **Structured Parallel Programming**[13]

트루타입 파서의 결함이 국가적 안보를 위협하는 데 쓰였다. 모든 소프트웨어는 보안에 민감하다.

—앤디 윙고Andy Wingo(https://twitter.com/andywingo/status/610765099498872832)

필자가 이 책을 여는 인용구로 굳이 이 세 가지를 고른 데는 다 이유가 있다. 일단 수수께끼를 하나 풀고 시작하자. 다음의 C 프로그램을 실행하면 무슨 일이 벌어질까?

```c
int main(int argc, char **argv) {
  unsigned long a[1];
  a[3] = 0x7ffff7b36cebUL;
```

---

12   옮긴이 러스트의 창시자. 그의 일상이 궁금하다면 https://twitter.com/graydon_pub을 팔로우하자.

13   옮긴이 https://parallelbook.com/

```
    return 0;
}
```

오늘 아침 짐Jim의 노트북에서 이 프로그램을 실행했더니 다음과 같은 내용이 출력됐다.

```
undef: Error: .netrc file is readable by others.
undef: Remove password or make file unreadable by others.
```

그러고는 죽어버렸다. 여러분의 컴퓨터에서 실행해 보면 아마 또 다른 결과가 나올지도 모른다. 대체 무슨 일이 벌어진 걸까?

이 프로그램에는 결함이 있다. 배열 a는 요소가 하나뿐이므로 a[3]이라고 쓰는 건 C 프로그래밍 언어 표준에 따르면 **미정의 동작**undefined behavior이다.

> 본 국제 표준이 요건을 부과하지 않는, 이식할 수 없거나 잘못된 프로그램 구문 요소 또는 잘못된 데이터를 사용할 때의 동작

미정의 동작은 단순히 예측할 수 없는 결과를 내고 마는 게 아니다. 해당 표준은 노골적으로 프로그램이 **무엇이든** 할 수 있게 허락한다. 앞서 나온 프로그램의 경우 저런 식으로 배열의 네 번째 요소에 값을 저장하면, 함수 호출 스택이 깨져서 프로그램이 main 함수에서 복귀할 때 정상 종료하지 않고, 사용자의 홈 디렉터리에 있는 파일에서 비밀번호를 찾는 표준 C 라이브러리의 코드 한복판으로 점프한다. 한마디로 엉망진창이 된다.

C와 C++는 미정의 동작을 회피하기 위한 규칙이 수백 개나 된다. 그중 대부분은 이를테면 허가받지 않은 메모리는 접근하지 말라든지, 산술 연산을 할 때는 오버플로가 안 생기게 조심하라든지, 0으로 나누지 말라든지 하는 식의 상식적인 이야기다. 그러나 컴파일러는 이러한 규칙을 강제하지 않을 뿐 아니라 노골적인 위반을 탐지할 의무조차 지지 않는다. 실제로 앞서 나온 프로그램은 아무런 오류나 경고 없이 컴파일된다. 미정의 동작을 회피할 책임이 전적으로 프로그래머인 여러분에게 있는 것이다.

경험에 비춰볼 때 이 부분에 대한 우리네 프로그래머의 실적은 썩 좋은 편이 아니다. 유타 대학교의 연구원이었던 펑 리Peng Li는 C와 C++ 컴파일러를 수정해서 이를 통해 생성되는 프로그램이 특정 형태의 미정의 동작을 수행할 때마다 그 내용을 보고하도록 만들었는데, 수준 높은 코드로 정평이 난 프로젝트들을 포함해서 거의 모든 프로그램이 문제를 알려오는 걸 확인할 수 있었다. C와 C++에서 미정의 동작을 피할 수 있다고 말하는 건 마치 체스 게임에서 규칙을 알고 있으니 이길 수 있다고 말하는 것이나 다름없다.

가끔 이상한 메시지가 찍히거나 크래시가 나는 건 품질 문제일 수 있다 치더라도, 부주의에 의한 미정의 동작은 인터넷 초창기에 1988 모리스 웜Morris Worm[14]이 앞서 본 것과 비슷한 기법을 사용해 스스로를 한 컴퓨터에서 다른 컴퓨터로 전파한 이래로 보안 결함의 주된 원인으로 손꼽혔다.

사정이 이렇다 보니 C와 C++ 프로그래머의 입장이 여간 난처한 게 아니다. 시스템 프로그래밍의 산업 표준으로 자리매김해온 이들 언어가 자신이 져야 할 책무를 프로그래머에게 떠넘기는 바람에 크래시와 보안 문제가 하루가 멀다하고 발생한다. 이렇게 수수께끼 같은 상황을 대하다 보면 이런 의문이 절로 든다. 정말 이렇게밖에 할 수 없는 걸까?

프로그래머의 짐을 덜어 주는 안전성

여기에 대한 필자의 답은 앞서 언급한 세 가지 인용구로 풀어 볼 수 있다. 세 번째 인용구는 2010년 당시 산업용 제어 장비에 침입한 것으로 드러난 컴퓨터 웜 스턱스넷Stuxnet이 피해자의 컴퓨터를 장악할 때 사용했던 여러 기법의 하나가, 바로 워드 프로세서에 내장된 트루타입 글꼴 파싱 코드의 미정의 동작을 이용하는 것이었다는 보고서의 내용을 소개하며 언급된 이야기다. 해당 코드를 작성한 사람은 자신의 코드가 그런 식으로 쓰일 줄 전혀 몰랐겠지만, 이 사건은 보안이란 게 단순히 운영체제와 서버만 걱정한다고 될 일이 아니라는 걸 보여 주는 좋은 사례다. 신뢰할 수 없는 외부 데이터를 다루는 소프트웨어는 누구든 취약점 공격의 대상이 될 수 있다.

러스트 언어가 내미는 약속은 단순하다. 컴파일러의 여러 검사를 통과한 프로그램에는 미정의 동작이 없게 하겠다는 것이다. 러스트는 대상을 잃은 포인터, 중복 해제, 널 포인터 역참조를 전부 컴파일 시점에 잡는다. 또 배열 참조를 컴파일 시점 검사와 실행 시점 검사로 보호하기 때문에 버퍼 오버런 buffer overrun이 없다. 러스트로 작성한 프로그램은 앞서 본 C 프로그램과 똑같은 결함을 가졌더라도 오류 메시지와 함께 안전하게 종료한다.

게다가 러스트는 **안전성**과 **쾌적한 사용성**을 둘 다 잡는 게 목표다. 러스트는 프로그램의 동작을 보다 견고하게 만들기 위해서 C와 C++가 하는 것보다 더 많은 제약을 코드에 부과하므로, 이런 제약 속에서 손과 발을 자유롭게 움직일 수 있으려면 연습과 경험이 필요하다. 그러나 언어 자체는 전반적으로 유연성이 높고 표현력이 뛰어난데, 러스트로 작성된 폭넓은 코드의 양과 다양한 응용 범위를 알고 나면 아마 쉽게 수긍이 갈 것이다.

---

14 [옮긴이] 인터넷을 통해 퍼진 최초의 컴퓨터 웜 중 하나.

필자의 경험에 비춰볼 때 언어가 실수를 많이 잡아 준다는 신뢰가 생기면, 더 야심 찬 프로젝트를 시도해 볼 마음이 든다. 메모리 관리와 포인터 유효성 문제를 누군가가 대신 신경 써준다는 걸 알면 크고 복잡한 프로그램을 고칠 때 위험성이 줄어든다. 또 프로그램에 버그가 있더라도 그와 관련 없는 다른 부분이 망가질 가능성이 없으면 디버깅이 훨씬 단순해진다.

물론 러스트가 탐지할 수 있는 버그의 양에는 아직 한계가 있다. 그러나 실제로 코드에서 미정의 동작만 사라져도 개발 특성이 크게 좋아진다.

맘먹은 대로 되는 병렬 프로그래밍

C와 C++는 동시성concurrency을 제대로 이용하기 어렵기로 악명이 높아, 개발자들은 보통 싱글 스레드 코드로 필요한 성능을 낼 수 없겠다 싶을 때만 동시성에 의지한다. 그러나 두 번째 인용구는 모던 컴퓨팅에서 병렬성을 최후의 수단으로 취급하기에는 너무 중요하다고 주장한다.

곧 알게 되겠지만 러스트에서는 메모리 안전성을 책임지는 데 쓰이는 제약이 데이터 경합이 없는 프로그램을 만드는 데도 쓰인다. 데이터는 변경되지 않는 한 스레드 간에 자유롭게 공유할 수 있고, 변경되는 데이터는 동기화 기본 요소를 써야만 접근할 수 있다. 러스트는 뮤텍스mutex, 조건 변수, 채널, 원자성 지원 등 기존의 동시성 도구를 전부 사용할 수 있는 건 기본이고, 이들이 제대로 쓰이고 있는지도 점검해 준다.

바로 이런 점이 러스트를 최신 멀티 코어 기기의 성능을 제대로 활용하기 위한 최적의 언어로 만들어 준다. 러스트 생태계는 복잡한 작업 부하를 프로세서 풀에 고루 분배할 수 있게 도와주고 Read-Copy-Update와 같은 무잠금 동기화 기법을 쓸 수 있게 해주는 등, 일반적인 동시성 기본 요소의 역할을 뛰어넘는 다양한 라이브러리를 제공한다.

그럼에도 불구하고 놓칠 수 없는 빠른 속도

끝으로 첫 번째 인용구를 볼 차례다. 러스트는 비야네 스트롭스트룹Bjarne Stroustrup[15]이 그의 논문 'Abstraction and the C++ Machine Model'[16]에서 표명하고 있는 C++의 포부를 공유한다.

> 일반적으로 C++ 구현 환경은 무비용zero-overhead 원칙을 따른다. 즉, 사용하지 않는 것에 비용을 쓰지 않는 건 기본이고, 더 나아가 사용하는 데는 더할 나위 없는 성능을 제공한다.

---

15 옮긴이 C++의 창시자. 이름이 어렵기로 유명한데, 정확한 발음은 https://www.stroustrup.com/pronounciation.wav에서 확인하자.

16 옮긴이 https://www.stroustrup.com/abstraction-and-machine.pdf(또는 단축 URL https://bit.ly/strous)

시스템 프로그래밍은 머신을 한계까지 밀어붙이는 일과 관계가 있다. 비디오 게임의 경우에는 플레이어에게 최고의 경험을 선사하는 데 머신 전체가 전념해야 한다. 웹 브라우저의 경우에는 브라우저의 효율성이 콘텐츠 제작자가 할 수 있는 일의 한계치를 결정하므로, 콘텐츠 자체에 머신의 고유 한도 내에서 가능한 많은 메모리와 프로세서의 관심을 할애해야 한다. 운영체제의 경우에도 같은 원칙이 적용되는데, 커널은 머신의 자원을 사용자 프로그램에게 최대한 많이 확보해 주어야지 자신이 소비해서는 안 된다.

그런데 러스트가 '빠르다'라고 하는 말의 진짜 속뜻은 뭘까? 범용 언어를 쓰면 누구라도 느린 코드를 작성할 수 있으니 하는 말이다. 사실 그보다는 프로그램을 설계할 때 밑바닥에 있는 머신의 성능을 최대한 활용하는 데 기꺼이 투자할 마음이 있다면, 러스트가 그 노력의 여정을 지지한다고 말하는 게 더 정확하다. 러스트는 효율적인 기본값을 가지고 설계된 언어로서, 메모리의 사용 방식과 프로세서의 관심이 할애되는 방식을 여러분이 제어할 수 있도록 해준다.

협업이 쉬워지는 개발 환경

사실 이번 장의 제목에는 네 번째 인용구가 숨어 있다. '시스템 프로그래머, 남부럽지 않은 도구로 날개 달다'라는 말은 러스트의 코드 공유와 재사용에 관한 지원을 두고 하는 이야기다.

러스트의 패키지 관리자이자 빌드 도구인 카고Cargo를 이용하면 러스트의 공개 패키지 저장소인 crates.io 웹사이트에 올라온 다양한 라이브러리를 손쉽게 사용할 수 있다. 원하는 라이브러리의 이름과 버전 번호를 파일에 적어 두기만 하면, 카고가 해당 라이브러리와 여기에 딸린 부속 라이브러리를 차례로 내려받아서 전부 링크해 준다. 여기서 카고를 견고한 버전 관리와 재현 가능한 빌드에 주안점을 둔 러스트식 NPMNode Package Manager이나 루비젬스RubyGems라고 보면 쉽다. 이런 식으로 가져다 쓸 수 있는 러스트 라이브러리의 종류는 규격화된 직렬화에서부터 HTTP 클라이언트와 서버, 그리고 모던 그래픽 API에 이르기까지 그야말로 없는 게 없다.

한 걸음 더 나아가서 러스트는 언어 자체도 협업을 지원하도록 설계됐다. 러스트의 트레이트trait와 제네릭generic을 사용하면, 다양한 맥락에서 쓸 수 있는 유연한 인터페이스를 가진 라이브러리를 만들 수 있다. 또한 러스트의 표준 라이브러리는 흔히 마주하는 사례를 위한 공유 관례를 마련하는 데 필수적인 일련의 기본 타입을 제공하여 서로 다른 라이브러리 간의 원활한 소통과 손쉬운 사용을 돕는다.

다음 장은 러스트의 이러한 강점을 잘 보여 주는 작은 프로그램 몇 가지를 만들어 보면서 이번 장에서 다룬 내용을 좀 더 구체적으로 살펴보겠다.

2
CHAPTER

러스트 둘러보기

필자는 이 책을 쓰면서 고민이 있었다. 러스트가 다른 언어와 구별되는 특징은 책 첫 페이지에 미사여구로 담아낼 수 있는 독특하고 신기한 기능이 아니라, 언어의 모든 부분이 앞 장에서 제시한 안전하고 빠른 시스템 프로그래밍이라는 목표를 완수하기 위해 서로 원활하게 협업하도록 설계된 방식 그 자체이기 때문이다. 러스트는 언어의 각 부분이 전체의 맥락 안에 있을 때 최고의 존재 가치를 발휘한다.

따라서 언어의 기능을 하나씩 깊이 있게 살펴보기 전에, 작지만 완전한 프로그램 몇 가지를 둘러보면서 각 맥락에 따라 관련된 언어 기능을 조금씩 알아보는 장을 마련했다.

- 먼저 가볍게 몸을 푸는 차원에서, 명령줄 인수를 받아 간단한 계산을 수행하는 프로그램을 살펴본다. 이 과정에서 단위 테스트를 작성해 보고, 러스트의 핵심 타입과 **트레이트**trait에 대해서도 알아본다.

- 다음으로 웹 서버를 만들어 본다. 서드파티 라이브러리를 써서 HTTP에 관한 세부 사항을 처리해 보고, 문자열 처리, 클로저closure, 오류 처리에 대해서도 짚어 본다.

- 이어서 살펴볼 세 번째 프로그램은 아름다운 프랙탈fractal을 그리는데, 그냥 하지 않고 여기에 필요한 계산을 여러 스레드로 분산시켜서 속도를 같이 챙긴다. 이를 통해서 제네릭 함수의 예를 살펴보고, 픽셀 버퍼 같은 것은 어떻게 다루는지 또 러스트의 동시성 지원은 어떤 모습인지 알아본다.

- 끝으로 정규 표현식을 써서 파일을 처리하는 강력한 명령줄 도구를 살펴본다. 여기서는 러스트 표준 라이브러리가 제공하는 파일 처리 기능과 더불어, 서드파티 정규 표현식 라이브러리 중에서

가장 많이 쓰이는 것 한 가지를 소개한다.

미정의 동작을 방지하면서도 성능에 미치는 영향은 최소화하겠다는 러스트의 약속은 벡터와 문자열 같은 표준 데이터 구조에서부터 프로그램이 서드파티 라이브러리를 사용하는 방식에 이르기까지 전체적인 시스템 설계에 전방위적인 영향을 미친다. 이 부분이 어떤 식으로 관리되고 있는지는 책 전반에 걸쳐서 자세히 다루기로 하고, 일단 여기서는 러스트가 얼마나 유능하고 쓰기 좋은 언어인지 알아보자.

먼저, 당연한 이야기지만 러스트를 사용하려면 컴퓨터에 설치부터 해야 한다.

rustup과 카고

러스트는 rustup으로 설치하는 게 가장 좋다. https://rustup.rs로 가서 거기에 나와 있는 설명대로 따라 하면 된다.

아니면 러스트 웹사이트(https://www.rust-lang.org/)로 가서 리눅스, 맥OS, 윈도우용으로 미리 빌드해 둔 패키지를 내려받는 방법도 있다. 일부 운영체제 배포판에는 러스트가 기본으로 포함되어 있다. 필자는 rustup을 선호하는데, 왜냐하면 이것이 루비의 RVM이나 노드의 NVM에 해당하는 러스트의 설치 관리 도구이기 때문이다. 일례로 러스트의 새 버전이 나왔을 때 아무것도 클릭할 필요 없이 그냥 rustup update라고 치기만 하면 업그레이드할 수 있다.

어떤 방법으로든 설치를 마치고 나면 명령줄에서 다음의 세 가지 명령을 사용할 수 있게 된다.

```
$ cargo --version
cargo 1.49.0 (d00d64df9 2020-12-05)
$ rustc --version
rustc 1.49.0 (e1884a8e3 2020-12-29)
$ rustdoc --version
rustdoc 1.49.0 (e1884a8e3 2020-12-29)
```

여기서 $는 명령 프롬프트인데, 윈도우에서는 C:\>와 같은 식으로 표시될 것이다. 앞서 나온 내용은 설치된 세 가지 명령의 버전을 출력한 결과다. 각 명령을 차례로 살펴보자.

- cargo는 러스트의 컴파일 관리자이자 패키지 관리자이며, 다양한 쓰임새를 가진 도구다. 새 프로젝트를 시작하고, 프로그램을 빌드해 실행하고, 코드가 의존하는 외부 라이브러리를 관리하기 위한 용도로 쓰인다.

- rustc는 러스트 컴파일러다. 보통은 카고를 통해 실행하지만, 가끔은 직접 실행해야 할 때도 있다.
- rustdoc은 러스트 문서화 도구다. 프로그램의 소스 코드에 적절한 형식의 주석으로 문서를 작성해 두면 이를 가지고 깔끔하게 정리된 HTML 문서를 만들어 준다. rustc처럼 보통은 카고를 통해 실행한다.

카고를 쓰면 새 러스트 패키지를 손쉽게 만들 수 있다. 카고가 만들어 주는 패키지에는 적절한 값으로 미리 설정해 둔 표준 메타데이터 몇 가지가 함께 제공되어 매우 편리하다.

```
$ cargo new hello
    Created binary (application) `hello` package
```

이 명령은 명령줄 실행 파일을 빌드하기 위한 **hello**라는 이름의 새 패키지 디렉터리를 만든다.

이 패키지의 최상위 디렉터리 안을 살펴보면 다음과 같다.

```
$ cd hello
$ ls -la
total 24
drwxrwxr-x.  4 jimb jimb 4096 Sep 22 21:09 .
drwx------. 62 jimb jimb 4096 Sep 22 21:09 ..
drwxrwxr-x.  6 jimb jimb 4096 Sep 22 21:09 .git
-rw-rw-r--.  1 jimb jimb    7 Sep 22 21:09 .gitignore
-rw-rw-r--.  1 jimb jimb   88 Sep 22 21:09 Cargo.toml
drwxrwxr-x.  2 jimb jimb 4096 Sep 22 21:09 src
```

카고가 만든 파일 중에서 **Cargo.toml**은 패키지의 메타데이터를 담아 두기 위한 용도로 쓰인다. 다음에서 보다시피 아직은 들어 있는 내용이 많지 않다.

```
[package]
name = "hello"
version = "0.1.0"
edition = "2021"

# See more keys and their definitions at
# https://doc.rust-lang.org/cargo/reference/manifest.html

[dependencies]
```

이 프로그램이 언젠가 다른 라이브러리에 대한 의존성을 갖게 될 때 관련된 내용을 이 파일에 기록해 두면, 카고가 우리 대신 해당 라이브러리를 내려받고, 빌드하고, 업데이트해 줄 것이다. **Cargo. toml** 파일은 8장에서 자세히 다룬다.

카고는 패키지를 만들 때 `git` 버전 관리 시스템을 쓸 수 있도록 **.git** 메타데이터 디렉터리와 **.gitignore** 파일을 같이 만들어 준다. 명령줄에서 `cargo new`에 `--vcs none`을 주면 이 단계를 건너 뛸 수 있다.

src는 실제 러스트 코드를 담아 두기 위한 디렉터리다.

```
$ cd src
$ ls -l
total 4
-rw-rw-r--. 1 jimb jimb 45 Sep 22 21:09 main.rs
```

이 디렉터리에는 카고가 우리 대신 작성해 둔 프로그램이 하나 들어 있다. **main.rs** 파일의 내용은 다음과 같다.

```
fn main() {
    println!("Hello, world!");
}
```

러스트에서는 'Hello, World!' 프로그램조차 작성할 필요가 없다. 두 개의 파일과 총 열세 줄의 코드, 이것이 새 러스트 프로그램을 위해 마련되는 기본 틀의 전부다.

이 프로그램을 빌드해 돌려 보려면 `cargo run` 명령을 실행한다. 패키지 안에 있는 디렉터리이기만 하다면 어느 위치에서 실행하든 상관없다.

```
$ cargo run
   Compiling hello v0.1.0 (/home/jimb/rust/hello)
    Finished dev [unoptimized + debuginfo] target(s) in 0.28s
     Running `/home/jimb/rust/hello/target/debug/hello`
Hello, world!
```

그러면 카고가 러스트 컴파일러인 **rustc**로 패키지를 컴파일한 다음, 만들어진 실행 파일을 실행시켜 준다. 실행 파일은 패키지의 최상위에 있는 **target** 디렉터리에 만들어진다.

```
$ ls -l ../target/debug
```

```
total 580
drwxrwxr-x. 2 jimb jimb   4096 Sep 22 21:37 build
drwxrwxr-x. 2 jimb jimb   4096 Sep 22 21:37 deps
drwxrwxr-x. 2 jimb jimb   4096 Sep 22 21:37 examples
-rwxrwxr-x. 1 jimb jimb 576632 Sep 22 21:37 hello
-rw-rw-r--. 1 jimb jimb    198 Sep 22 21:37 hello.d
drwxrwxr-x. 2 jimb jimb     68 Sep 22 21:37 incremental
$ ../target/debug/hello
Hello, world!
```

작업을 마친 뒤에 생성된 파일들을 정리하는 일도 카고를 통해서 할 수 있다.

```
$ cargo clean
$ ../target/debug/hello
bash: ../target/debug/hello: No such file or directory
```

러스트 함수

러스트의 문법은 의도적으로 다른 언어들과 비슷하게 만들어졌다. C, C++, 자바, 자바스크립트 등에 익숙하다면 아마 러스트 프로그램의 일반적인 구조를 통해서 금방 감을 잡을 수 있을 것이다. 다음은 유클리드 호제법(https://ko.wikipedia.org/wiki/유클리드_호제법)으로 두 정수의 최대공약수를 구하는 함수다. 이 코드를 src/main.rs 끝에 넣어 두자.

```
fn gcd(mut n: u64, mut m: u64) -> u64 {
    assert!(n != 0 && m != 0);
    while m != 0 {
        if m < n {
            let t = m;
            m = n;
            n = t;
        }
        m = m % n;
    }
    n
}
```

fn 키워드('펀'이라고 읽는다)는 함수를 정의한다. 여기서는 gcd라는 함수를 정의하고 있는데, 이 함수는 부호 없는 64비트 정수인 u64 타입의 두 매개변수 n과 m을 받아서 u64 값 하나를 반환한다. -> 토큰 뒤에 있는 것이 반환 타입이다. 네 칸 들여쓰기는 표준 러스트 스타일이다.

러스트의 머신 정수 타입은 이름에 크기와 부호의 유무가 반영되어 있다. 예를 들어 i32는 부호 있는 32비트 정수고, u8은 부호 없는 8비트 정수('바이트' 값을 다룰 때 쓰인다)다. isize와 usize 타입은 포인터 크기의 부호 있는 정수와 부호 없는 정수를 쥐는데, 32비트 플랫폼에서는 32비트 크기고, 64비트 플랫폼에서는 64비트 크기다. 러스트의 부동소수점 타입에는 f32와 f64 두 가지가 있다. 이들은 IEEE가 정의한 단정밀도와 배정밀도 부동소수점 타입으로, C와 C++의 float 및 double과 같다고 보면 된다.

기본적으로 변수는 한 번 초기화되고 나면 그 값을 바꿀 수 없다. 그러나 매개변수 n과 m 앞에 mut 키워드(mutable의 준말로 '뮤트'라고 읽는다)를 붙이면 함수 본문에서 이들에게 값을 배정할 수 있게 된다. 실제로는 대부분의 변수가 초기화된 이후에 다시 값을 배정받지 않으므로, 예외적인 것 앞에 mut 키워드가 있으면 코드를 읽을 때 도움이 될 수 있다.

앞서 나온 함수의 본문은 assert! 매크로를 호출해서 두 인수가 모두 0이 아님을 확인하는 것으로 시작한다. 문자 !는 이것이 함수 호출이 아니라 매크로 호출이라는 걸 말해 준다. C와 C++의 assert 매크로처럼, 러스트의 assert!는 인수가 참인지 아닌지 검사해 보고 참이 아닐 경우 해당 소스 위치가 포함된 메시지와 함께 프로그램을 종료하는데, 이런 종류의 갑작스러운 종료를 **패닉**panic이라고 한다. C와 C++에서는 단언문을 건너뛸 수 있지만, 러스트는 프로그램이 어떻게 컴파일되었든 상관없이 항상 단언문을 검사한다. 단, debug_assert! 매크로를 쓰면 프로그램이 고성능 모드로 컴파일될 때 단언문이 생략된다.

이 함수의 핵심은 if 문과 배정문으로 이뤄진 while 루프다. 러스트는 C나 C++와 달리 조건식을 괄호로 묶지 않아도 되지만, 통제 범위에 있는 실행문들은 반드시 중괄호({ })로 묶어야 한다.

let 문은 위 함수의 t와 같은 지역변수를 선언한다. 러스트는 변수의 쓰임새에서 타입을 추론할 수 있으므로 t의 타입은 적지 않아도 된다. 앞의 함수에서 t가 될 수 있는 타입은 m과 n 같은 u64뿐이다. 러스트는 함수 본문 안에 있는 타입만 추론하므로, 함수 매개변수와 반환값의 타입은 앞에서처럼 꼭 적어 주어야 한다. t의 타입을 적고 싶다면 다음처럼 하면 된다.

```
let t: u64 = m;
```

러스트는 return 문을 가지고 있지만, gcd 함수에는 필요치 않다. 함수 본문이 세미콜론으로 끝나지 **않는** 표현식으로 마치면, 그것이 함수의 반환값이 된다. 사실 중괄호로 묶인 블록은 모두 표현식으로 작용한다. 예를 들어, 다음은 메시지를 출력한 뒤 x.cos()를 자신의 값으로 산출하는 표현식이다.

```
{
    println!("evaluating cos x");
    x.cos()
}
```

보통 러스트에서는 제어가 함수 '끝에서 떨어지는' 경우에 이런 식으로 함수의 값을 정하며, 함수 중간에서 일찍 반환해야 할 때만 return 문을 쓴다.

단위 테스트 작성해 돌려보기

러스트는 언어에 간단한 테스트 기능을 내장하고 있다. 다음은 앞서 본 gcd 함수를 테스트하는 함수다. 이 코드를 src/main.rs 끝에 넣어 두자.

```
#[test]
fn test_gcd() {
    assert_eq!(gcd(14, 15), 1);

    assert_eq!(gcd(2 * 3 * 5 * 11 * 17,
                   3 * 7 * 11 * 13 * 19),
              3 * 11);
}
```

이 코드는 gcd가 올바른 값을 반환하는지 검사하는 test_gcd라는 함수를 정의한다. 이 정의 맨 위에 있는 #[test]는 test_gcd가 테스트 함수라는 걸 나타낸다. 테스트 함수는 보통 컴파일 대상에서 제외되지만, cargo test 명령으로 프로그램을 실행하면 자동으로 포함되어 호출된다. 테스트 함수는 소스 트리 사방에 흩어놔도 되고, 테스트할 코드 바로 옆에 두어도 된다. cargo test는 이들이 어디에 있든 상관없이 알아서 전부 모아 실행시켜 준다.

#[test] 표시는 **어트리뷰트**attribute의 한 예다. 어트리뷰트는 함수와 기타 다른 선언에 추가 정보를 표시하기 위한 개방형 시스템으로, C++와 C#의 어트리뷰트나 자바의 애너테이션annotation과 같다고 보면 된다. 컴파일러 경고와 코드 스타일 검사를 제어하고, (C와 C++의 #ifdef처럼) 조건에 따라 포함시킬 코드를 달리 가져가고, 다른 언어로 쓰인 코드를 러스트가 어떻게 다루어야 하는지 알려 주는 등의 일을 하는 데 쓰인다. 앞으로 더 많은 어트리뷰트의 예를 보게 될 것이다.

gcd와 test_gcd의 정의가 이번 장 맨 앞에서 만든 **hello** 패키지 안에 있고, 현재 디렉터리가 이 패키지 내부 어딘가에 자리 잡고 있다면, 다음과 같이 테스트를 돌려 볼 수 있다.

```
$ cargo test
   Compiling hello v0.1.0 (/home/jimb/rust/hello)
    Finished test [unoptimized + debuginfo] target(s) in 0.35s
     Running unittests (/home/jimb/rust/hello/target/debug/deps/hello-2375...)

running 1 test
test test_gcd ... ok

test result: ok. 1 passed; 0 failed; 0 ignored; 0 measured; 0 filtered out
```

명령줄 인수 다루기

이번에는 **src/main.rs**에 있는 main 함수를 다음처럼 바꿔서, 프로그램이 일련의 수를 명령줄 인수로 받아 이들의 최대공약수를 출력하게 만들어 보자.

```rust
use std::str::FromStr;
use std::env;

fn main() {
    let mut numbers = Vec::new();

    for arg in env::args().skip(1) {
        numbers.push(u64::from_str(&arg)
                     .expect("error parsing argument"));
    }

    if numbers.len() == 0 {
        eprintln!("Usage: gcd NUMBER ...");
        std::process::exit(1);
    }

    let mut d = numbers[0];
    for m in &numbers[1..] {
        d = gcd(d, *m);
    }

    println!("The greatest common divisor of {:?} is {}",
             numbers, d);
}
```

한 블록밖에 안 되는 코드지만 새로운 내용이 많으므로 부분별로 나눠서 살펴보자.

```
use std::str::FromStr;
use std::env;
```

첫 번째 use 선언문은 표준 라이브러리 **트레이트** FromStr를 범위 안으로 가져온다. 트레이트는 타입이 구현할 수 있는 메서드 모음이다. FromStr 트레이트를 구현하는 모든 타입은 문자열을 해당 타입의 값으로 파싱하는 from_str 메서드를 갖는다. 이 프로그램은 u64 타입이 FromStr를 구현하고 있으므로 u64::from_str를 호출해 명령줄 인수를 파싱한다. 비록 프로그램 어디서도 FromStr란 이름을 찾아볼 수는 없지만, 이들이 가진 메서드를 사용하기 위해서는 범위 안에 트레이트가 꼭 있어야 한다. 트레이트는 11장에서 자세히 다룬다.

두 번째 use 선언문은 std::env 모듈을 가져온다. 이 모듈은 실행 환경과 상호 작용하는 데 필요한 여러 가지 유용한 함수와 타입을 제공한다. 일례로 args 함수를 쓰면 프로그램의 명령줄 인수에 접근할 수 있다.

다음으로 main 함수를 살펴보자.

```
fn main() {
```

이 프로그램에서는 main 함수가 값을 반환하지 않으므로 보통 매개변수 목록 뒤에 오는 ->와 반환 타입을 생략할 수 있다.

```
let mut numbers = Vec::new();
```

본문의 첫 실행문은 변경할 수 있는 지역변수 numbers를 선언하고 이를 빈 벡터로 초기화한다. Vec은 러스트의 벡터 타입으로 C++의 std::vector, 파이썬의 리스트, 자바스크립트의 배열과 비슷하다. 벡터는 크기가 동적으로 늘고 줄게 되어 있지만, 위처럼 변수 앞에 mut를 붙이지 않으면 그 안에 아무것도 넣을 수 없다.

numbers의 타입은 u64 값의 벡터인 Vec<u64>이지만, 앞서 본 것처럼 굳이 적을 필요는 없다. 앞서 나온 코드에서 벡터에 들어가는 값이 u64 타입이라는 점과 벡터의 요소를 u64 값만 받는 gcd에 전달한다는 점을 고려해 러스트가 대신 타입을 추론해 줄 것이다.

```
for arg in env::args().skip(1) {
```

그 아래 블록에서는 for 루프로 명령줄 인수를 처리한다. 루프를 한 바퀴 돌 때마다 인수를 하나 가져와서 변수 arg에 설정한 다음 루프 본문을 실행하는 식이다.

std::env 모듈의 args 함수는 **이터레이터**iterator를 반환한다. 이 이터레이터는 요구가 있을 때마다 인수를 하나씩 반환하고, 더 이상 반환할 게 없을 때는 없음을 나타내는 값을 반환한다. 이터레이터는 러스트에서 아주 흔히 쓰인다. 표준 라이브러리에는 벡터의 요소를 하나씩 꺼내고, 파일의 내용을 줄 단위로 읽고, 통신 채널을 통해 받은 메시지를 개별적으로 가져오는 등 반복 처리에 적합한 데이터를 손쉽게 다룰 수 있는 거의 모든 종류의 이터레이터가 포함되어 있다. 러스트의 이터레이터는 컴파일러가 코드로 옮겨냈을 때의 결과가 손으로 쓴 루프와 차이가 없을 정도로 아주 효율적이다. 이터레이터의 동작 방식과 사용 예는 15장에서 살펴본다.

이터레이터는 for 루프와 함께 사용하는 방법 외에도 직접 호출해 쓸 수 있는 여러 종류의 메서드를 가지고 있어서 다양하게 활용할 수 있다. 하나의 예로 args가 반환하는 이터레이터는 항상 첫 번째 값으로 현재 실행 중인 프로그램의 이름을 주는데, 여기서는 이를 건너뛰기 위해서 이터레이터의 skip 메서드를 호출해 이 첫 번째 값이 생략된 새로운 이터레이터를 만든다.

```
numbers.push(u64::from_str(&arg)
        .expect("error parsing argument"));
```

루프 본문에서는 먼저 u64::from_str를 호출해 명령줄 인수 arg를 부호 없는 64비트 정수로 파싱한다. u64::from_str는 u64 타입과 연관된 함수로 u64 값에 대고 호출하는 메서드와는 좀 다른데, C++나 자바의 정적 메서드와 비슷하다고 보면 된다. from_str 함수는 u64를 직접 반환하지 않고 파싱의 성공 여부를 나타내는 Result 값을 반환한다. Result 값은 다음의 두 베리언트variant 중 하나다.

• Ok(v)라고 쓰는 값. 파싱이 성공했음을 나타내며, v는 그 결괏값이다.

• Err(e)라고 쓰는 값. 파싱이 실패했음을 나타내며, e는 그 이유를 설명하는 오룻값이다.

입출력을 수행하거나 운영체제와 상호 작용하는 것처럼 실패할 수도 있는 일을 하는 함수들은 Result 타입을 반환할 수 있는데, 이때 Ok 베리언트는 전송한 바이트 수나 열린 파일 등과 같은 성공한 결과를 전달하고, Err 베리언트는 무엇이 잘못되었는지를 나타내는 오류 코드를 전달한다. 대부분의 요즘 언어들과는 달리 러스트에는 예외가 없다. 모든 오류는 Result나 패닉으로 처리하는데 이 부분은 7장에서 정리한다.

여기서는 Result의 expect 메서드로 파싱의 성공 여부를 확인한다. expect는 결과가 Err(e)일 경우 e에 대한 설명이 포함된 메시지를 출력한 뒤 프로그램을 곧바로 종료하지만, 결과가 Ok(v)일 경우에는 단순히 v 자체를 반환하기 때문에 최종적으로 numbers에 넣을 수 있는 값을 얻게 된다.

```
if numbers.len() == 0 {
    eprintln!("Usage: gcd NUMBER ...");
    std::process::exit(1);
}
```

공집합의 최대공약수는 존재하지 않는다. 따라서 위 벡터가 적어도 하나 이상의 요소를 가졌는지 확인해 보고, 그렇지 않으면 오류와 함께 프로그램을 종료한다. 여기서는 eprintln! 매크로를 써서 표준 오류 출력 스트림에 오류 메시지를 기록한다.

```
let mut d = numbers[0];
for m in &numbers[1..] {
    d = gcd(d, *m);
}
```

이 루프는 d를 실행값으로 삼아서 매번 반복할 때마다 그때까지 처리한 모든 수의 최대공약수를 그곳에 유지해 둔다. 앞서 봤다시피 d에 변경할 수 있다는 표시를 해두어야만 루프 안에서 여기다 값을 배정할 수 있다.

앞서 나온 for 루프에는 눈에 띄는 점이 두 가지 있다. 먼저 for m in &numbers[1..]라고 쓴 부분에서 & 연산자가 하는 일은 뭘까? 그리고 gcd(d, *m)라고 쓴 부분에서 *m에 있는 *가 하는 일은 또 뭘까? 이 둘은 상호 보완적인 관계에 있다.

지금까지는 코드에서 정수처럼 고정된 크기의 메모리 블록을 차지하는 간단한 값만 다루었다. 그러나 지금은 벡터에 있는 값을 반복 처리하려고 한다. 벡터의 크기는 고정되어 있지 않으며, 어쩌면 아주 클 수도 있다. 이런 값을 다룰 때는 그 안에 있는 개별 값의 수명을 확실히 못박아서, 더 이상 필요치 않은 메모리가 지체없이 해제될 수 있게 만들어야 한다. 그래야 프로그래머가 메모리 소모량을 통제할 수 있다.

따라서 여기서는 반복 처리를 진행할 때 러스트에게 벡터의 **소유권**ownership이 계속해서 numbers에 남아 있어야 한다고 알린다. 즉, 루프를 위해서 벡터의 요소를 잠시 **빌려 오기**borrowing만 하는 것이다. &numbers[1..]에서 & 연산자는 벡터의 두 번째 이후 요소들에 대한 **레퍼런스**reference를 빌려 온다. 이 for 루프는 매번 반복할 때마다 이 참조된 요소들을 차례로 하나씩 m에 빌려 온다. *m에서 * 연산자는 m을 **역참조**dereference해서 그것이 가리키는 값을 넘겨주는데, 이것이 바로 gcd에 전달할 다음 u64 값이 된다. 끝으로 벡터는 numbers가 소유하기 때문에 numbers가 main의 범위 끝을 벗어나면 자동으로 해제된다.

러스트의 소유와 참조 규칙은 러스트의 메모리 관리와 안전한 동시성의 핵심으로, 이들에 대해서는 4장과 5장에서 자세히 이야기한다. 러스트와 친해지려면 이런 규칙들을 잘 알아야 하지만 지금은 러스트를 그냥 가볍게 한 번 살펴보는 중이다. 그러므로 &x는 x의 레퍼런스를 빌려 오는 것이고, *r은 레퍼런스 r이 참조하는 값이라는 것 정도만 알아 두자.

계속해서 프로그램을 보자.

```
println!("The greatest common divisor of {:?} is {}",
         numbers, d);
```

numbers의 모든 요소를 반복 처리하고 난 뒤에는 그 결과를 표준 출력 스트림에 출력한다. println! 매크로는 템플릿 문자열을 하나 받아서 그 안에 있는 {...} 서식을 순서와 형식에 맞게 나머지 인수로 대체한 뒤 그 결과를 표준 출력 스트림에 기록한다.

프로그램이 정상 종료됐다면 0을, 그렇지 않고 뭔가 틀어졌다면 0이 아닌 종료 상태를 반환하게 되어 있는 C와 C++의 main과 달리, 러스트는 main이 아무것도 반환하지 않으면 프로그램이 정상 종료된 것으로 간주한다. 러스트에서는 expect나 std::process::exit 같은 함수를 명시적으로 호출할 때만 프로그램이 오류 상태 코드를 가지고 종료하게 만들 수 있다.

이제 이 명령줄 처리 기능을 테스트해 보자. 다음과 같은 식으로 cargo run 명령을 통해서 프로그램에 인수를 전달할 수 있다.

```
$ cargo run 42 56
    Compiling hello v0.1.0 (/home/jimb/rust/hello)
    Finished dev [unoptimized + debuginfo] target(s) in 0.22s
     Running `/home/jimb/rust/hello/target/debug/hello 42 56`
The greatest common divisor of [42, 56] is 14
$ cargo run 799459 28823 27347
    Finished dev [unoptimized + debuginfo] target(s) in 0.02s
     Running `/home/jimb/rust/hello/target/debug/hello 799459 28823 27347`
The greatest common divisor of [799459, 28823, 27347] is 41
$ cargo run 83
```

```
        Finished dev [unoptimized + debuginfo] target(s) in 0.02s
          Running `/home/jimb/rust/hello/target/debug/hello 83`
The greatest common divisor of [83] is 83
$ cargo run
        Finished dev [unoptimized + debuginfo] target(s) in 0.02s
          Running `/home/jimb/rust/hello/target/debug/hello`
Usage: gcd NUMBER ...
```

이번 절에서는 러스트의 표준 라이브러리에 있는 기능을 몇 가지 사용해봤다. 이 외에 또 어떤 기능이 있는지 궁금하다면 러스트의 온라인 문서를 살펴보길 강력히 추천한다. 라이브 서치 기능이 있어서 이것저것 손쉽게 찾아볼 수 있고, 소스 코드로 연결되는 링크도 제공되어 여러모로 편리하다. rustup 명령은 러스트를 설치할 때 문서도 같이 설치해 준다. 표준 라이브러리 문서는 러스트 웹사이트(https://www.rust-lang.org/learn)에서 볼 수도 있고 아래 명령으로 브라우저에서 열어 볼 수도 있다.

```
$ rustup doc - -std
```

웹 서비스 만들기

러스트의 강점 중 하나는 바로 **crates.io** 웹사이트(https://crates.io/)에 공개되어 있는 다양한 라이브러리 패키지 모음이다. cargo 명령이 요청에 따라 알아서 올바른 버전의 crates.io 패키지를 내려받고, 빌드하고, 업데이트해 주기 때문에 코드에서 원하는 패키지를 손쉽게 사용할 수 있다. 러스트 패키지는 라이브러리든 실행 파일이든 상관없이 모두 **크레이트**crate라고 부르는데, 카고와 crates.io가 모두 이 용어에서 파생된 이름이다.

이 과정이 실제로 어떻게 돌아가는지 보기 위해서, 이번에는 actix-web 웹 프레임워크 크레이트와 serde 직렬화 크레이트, 그리고 이들이 의존하고 있는 다른 여러 크레이트들을 이용해 간단한 웹 서버를 만들어 보자. 이 서버가 제공하는 웹사이트는 그림 2-1과 같이 사용자로부터 두 개의 수를 입력받아 이들의 최대공약수를 계산한다.

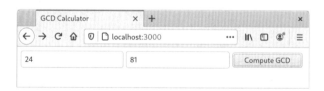

그림 2-1 GCD 계산 기능을 제공하는 웹 페이지

먼저, 카고로 actix-gcd[17]라는 이름의 새 패키지를 만든다.

```
$ cargo new actix-gcd
    Created binary (application) `actix-gcd` package
$ cd actix-gcd
```

그런 다음 새 프로젝트의 **Cargo.toml** 파일을 열고 다음과 같이 사용할 패키지들을 기재한다.

```
[package]
name = "actix-gcd"
version = "0.1.0"
edition = "2021"

# See more keys and their definitions at
# https://doc.rust-lang.org/cargo/reference/manifest.html

[dependencies]
actix-web = "1.0.8"
serde = { version = "1.0", features = ["derive"] }
```

Cargo.toml의 [dependencies] 부분에 crates.io에 있는 크레이트의 이름과 사용할 크레이트의 버전을 한 줄씩 기재하면 된다. 여기서는 actix-web 크레이트 1.0.8 버전과 serde 크레이트 1.0 버전이 필요하다고 기재했다. 이것보다 더 높은 버전의 크레이트가 crates.io에 있을 수 있지만, 이 코드와 함께 테스트한 버전을 콕 찍어 기재해 두면 해당 패키지의 새 버전이 나오더라도 코드를 문제없이 컴파일할 수 있다. 버전 관리에 대해서는 8장에서 좀 더 자세히 이야기하겠다.

크레이트는 옵션 기능을 가질 수 있다. 옵션 기능이란, 모든 사용자에게 꼭 필요한 건 아니지만 그 크레이트 안에 있어야 말이 되는 인터페이스나 구현의 일부분을 말한다. serde 크레이트는 아주 간결한 웹 폼 데이터 처리 기능을 제공하는데, serde의 문서에 따르면 이 기능은 크레이트의 derive 기능을 선택해야만 쓸 수 있다. 따라서 앞의 **Cargo.toml** 파일에 이 기능을 요청해 두었다.

한 가지 유념할 점은 직접 사용할 크레이트의 이름만 기재하면 된다는 것이다. 기재한 패키지가 필요로 하는 다른 크레이트는 **cargo**가 알아서 가져온다.

첫 번째 개발 주기에서는 사용자에게서 계산할 수를 입력받는 페이지 하나만 제공하는 단순한 웹 서버를 만들어 본다. 다음 내용을 **actix-gcd/src/main.rs**에 붙여 넣자.

---

[17] 이번 절에 수록된 actix-gcd 예제를 최신 버전의 러스트로 빌드하면 오류가 발생한다. 이 문제를 해결하려면 Cargo.toml과 main.rs의 내용을 https://github.com/ProgrammingRust/examples/commit/268dd0036649bedbe3284abbacc7f832a4c30f22와 같이 수정하면 된다.

```
use actix_web::{web, App, HttpResponse, HttpServer};

fn main() {
    let server = HttpServer::new(|| {
        App::new()
            .route("/", web::get().to(get_index))
    });

    println!("Serving on http://localhost:3000...");
    server
        .bind("127.0.0.1:3000").expect("error binding server to address")
        .run().expect("error running server");
}

fn get_index() -> HttpResponse {
    HttpResponse::Ok()
        .content_type("text/html")
        .body(
            r#"
                <title>GCD Calculator</title>
                <form action="/gcd" method="post">
                <input type="text" name="n"/>
                <input type="text" name="m"/>
                <button type="submit">Compute GCD</button>
                </form>
            "#,
        )
}
```

맨 첫 줄에 있는 use 선언문은 actix-web 크레이트의 정의 몇 가지를 접근하기 쉽도록 만들어 준다. use actix_web::{...}과 같은 식으로 중괄호 안에 나열한 이름은 코드에서 아무런 수식어 없이 바로 쓸 수 있는데, 예를 들어 매번 actix_web::HttpResponse라고 써야 할 것을 그냥 HttpResponse 라고 쓸 수 있다. (serde 크레이트에 관한 부분은 잠시 뒤에 살펴본다.)

main 함수에서 하는 일은 단순하다. HttpServer::new를 호출해서 단일 경로 "/"에 대한 요청에 응답하는 서버를 만들고, 접속 방법을 안내하는 메시지를 출력한 다음, 이를 로컬 머신의 TCP 3000번 포트에서 수신 대기하도록 설정하는 게 전부다.

HttpServer::new에 전달하고 있는 인수 || { App::new() ... }는 러스트 **클로저**closure 표현식이다. 클로저는 함수처럼 호출할 수 있는 값이다. 세로 막대 || 사이에는 원래 인수의 이름이 와야 하지만, 여기서는 클로저가 인수를 받지 않아서 비워 두었다. { ... }는 클로저의 본문이다. 앞의 서버를 구동하면 액틱스Actix는 들어오는 요청을 처리하기 위해 스레드 풀을 돌린다. 그리고 각 스레드가

이 클로저를 호출해서 요청을 어떤 식으로 라우팅하고 처리해야 하는지 알려 주는 App 값의 새 복사본을 확보한다.

클로저의 본문에서는 App::new를 호출해서 내부가 비어 있는 새 App을 만든 다음, 여기에 route 메서드를 호출해서 경로 "/"에 대한 라우팅 경로 하나를 추가한다. 이 라우팅 경로를 위한 핸들러인 web::get().to(get_index)는 HTTP GET 요청이 들어오면 get_index 함수를 호출한다. route 메서드는 자신이 호출될 당시 사용된 App에 새 라우팅 경로를 추가한 다음 이를 다시 그대로 반환하는데, 클로저의 본문 끝에 세미콜론이 없으므로 이 App이 클로저의 반환값이 된다. 따라서 HttpServer 스레드도 이 값을 사용하게 된다.

get_index 함수는 HTTP GET / 요청에 대한 응답을 표현하는 HttpResponse 값을 만든다. HttpResponse::Ok()는 요청이 성공했음을 나타내는 HTTP 상태 200 OK를 표현한다. 여기서는 content_type과 body 메서드를 호출해서 응답의 세부 사항을 채우는데, 이때 각 호출은 자신이 적용될 당시 사용된 HttpResponse에서 자기가 맡은 부분을 수정한 후 이를 그대로 다시 반환한다. 끝으로 body의 반환값은 get_index의 반환값이 된다.

응답 텍스트는 큰따옴표를 많이 포함하기 때문에 러스트의 '원시 문자열' 문법으로 작성한다. r 문자와 0개 이상의 해시 기호(# 문자), 큰따옴표를 차례로 적은 다음 그 뒤에 문자열 내용을 적고, 다시 큰따옴표와 같은 수의 해시 기호로 마치면 된다. 원시 문자열에는 어떤 문자든 이스케이프 처리 없이 올 수 있다. 이건 큰따옴표도 마찬가지인데, 사실 \" 같은 이스케이프 시퀀스가 아예 인식되지 않는다. 텍스트가 이미 해시 기호를 포함하고 있을 때도 큰따옴표 앞/뒤에 더 많은 해시 기호를 두르면 되므로 항상 문자열을 우리가 원하는 곳에서 끝맺을 수 있다.

main.rs의 내용을 모두 살펴봤으니 이제 이를 실행해 보자. cargo run 명령을 쓰면 필요한 크레이트를 가져와 컴파일하고, 프로그램을 빌드하고, 이 모두를 연결해 구동하는 등 실행에 필요한 모든 작업이 알아서 수행된다.

```
$ cargo run
    Updating crates.io index
 Downloading crates ...
  Downloaded serde v1.0.100
  Downloaded actix-web v1.0.8
  Downloaded serde_derive v1.0.100
...
  Compiling serde_json v1.0.40
  Compiling actix-router v0.1.5
  Compiling actix-http v0.2.10
```

```
   Compiling awc v0.2.7
   Compiling actix-web v1.0.8
   Compiling gcd v0.1.0 (/home/jimb/rust/actix-gcd)
    Finished dev [unoptimized + debuginfo] target(s) in 1m 24s
     Running `/home/jimb/rust/actix-gcd/target/debug/actix-gcd`
Serving on http://localhost:3000...
```

브라우저로 위에 표시된 URL을 방문하면 그림 2-1에 표시된 페이지를 볼 수 있다.

하지만 Compute GCD를 클릭해도 브라우저가 빈 페이지로 이동하기만 할 뿐 아무 일도 일어나지 않는다. 그럼 이번에는 App에 폼의 POST 요청을 처리하는 또 다른 라우팅 경로를 추가해서 이 문제를 고쳐보자.

드디어 **Cargo.toml** 파일에 기재했던 serde 크레이트를 사용할 차례다. 이 크레이트는 폼 데이터를 처리하는 데 도움을 주는 편리한 도구를 제공한다. 먼저 **src/main.rs** 맨 위에 아래의 use 지시문을 추가하자.

```
use serde::Deserialize;
```

러스트 프로그래머들은 보통 use 선언문을 전부 파일 맨 위에 모아 두지만, 꼭 그래야 하는 건 아니다. 러스트는 중첩 단계가 적절히 유지되기만 한다면 선언문을 어떤 순서로 배열하든 상관하지 않는다.

다음으로 폼에서 받아와야 할 값을 표현하는 러스트 구조체 타입을 정의해 보자.

```
#[derive(Deserialize)]
struct GcdParameters {
    n: u64,
    m: u64,
}
```

이 코드는 n과 m 이렇게 두 개의 필드를 갖는 GcdParameters라는 새 타입을 정의한다. 필드의 타입을 u64로 정한 이유는 gcd 함수가 받는 인수의 타입과 맞추기 위해서다.

struct 정의 위에 있는 애너테이션은 앞서 테스트 함수를 표시할 때 썼던 #[test] 어트리뷰트와 비슷한 어트리뷰트다. 타입 정의 위에 #[derive(Deserialize)] 어트리뷰트를 달아 두면 프로그램이 컴파일될 때 serde 크레이트가 해당 타입을 살펴보고, HTML 폼이 POST 요청에 사용하는 형식으로 된 데이터를 그 타입으로 된 값으로 파싱하는 코드를 자동으로 만들어 준다. 실제로 이 어트리뷰트만 있으면 JSON, YAML, TOML 등 텍스트와 바이너리 형식으로 된 거의 모든 종류의 구조화된 데이터를 GcdParameters 값으로 파싱할 수 있다. 또 serde 크레이트는 이와 반대로 러스트 값을 가져다가 이를 구조화된 형식으로 기록하는 코드를 만들어 주는 Serialize 어트리뷰트를 제공한다.

이 정의를 사용하면 핸들러 함수를 아주 쉽게 작성할 수 있다.

```
fn post_gcd(form: web::Form<GcdParameters>) -> HttpResponse {
    if form.n == 0 || form.m == 0 {
        return HttpResponse::BadRequest()
            .content_type("text/html")
            .body("Computing the GCD with zero is boring.");
    }

    let response =
        format!("The greatest common divisor of the numbers {} and {} \
                 is <b>{}</b>\n",
                form.n, form.m, gcd(form.n, form.m));

    HttpResponse::Ok()
        .content_type("text/html")
        .body(response)
}
```

액틱스 요청 핸들러로 쓸 함수의 모든 인수는 액틱스가 HTTP 요청에서 빼낼 수 있는 타입이어야 한다. post_gcd 함수는 web::Form<GcdParameters> 타입으로 된 form이라는 인수 하나를 받는다. 액틱스는 HTTP 요청에서 web::Form<T> 타입으로 된 값을 빼낼 수 있는데, 단 T가 HTML 폼 POST 데이터에서 역직렬화될 수 있어야 한다. GcdParameters 타입 정의에는 #[derive(Deserialize)] 어트리뷰트가 달려 있으므로 액틱스는 폼 데이터에서 이를 역직렬화할 수 있고, 따라서 요청 핸들러는 web::Form<GcdParameters> 값을 매개변수로 받을 수 있다. 타입과 함수 간의 이런 관계는 모두 컴파일 시점에 파악되므로, 핸들러 함수를 작성하다가 액틱스가 처리할 수 없는 인수 타입을 쓰더라도 러스트 컴파일러가 바로 실수를 알려 준다.

post_gcd 함수는 먼저 매개변수를 검증한다. gcd 함수는 인수가 하나라도 0이면 패닉에 빠지므로, 검증 결과가 이 조건에 걸리면 HTTP 400 BAD REQUEST 오류를 반환한다. 그런 다음 format! 매크로를 써서 요청에 대한 응답을 구성한다. format! 매크로는 텍스트를 표준 출력에 기록하지 않고 문자열로 반환하는 점을 제외하면 println! 매크로와 똑같다. post_gcd는 이 완성된 응답 텍스트를 HTTP 200 OK 응답 안에 넣고 콘텐트 타입을 설정한 뒤 반환한다. 그러면 이 응답이 발신자에게 전달된다.

이제 post_gcd를 폼을 위한 핸들러로 등록할 차례다. main 함수의 내용을 다음처럼 바꾸자.

```
fn main() {
    let server = HttpServer::new(|| {
        App::new()
            .route("/", web::get().to(get_index))
            .route("/gcd", web::post().to(post_gcd))
    });

    println!("Serving on http://localhost:3000...");
    server
        .bind("127.0.0.1:3000").expect("error binding server to address")
        .run().expect("error running server");
}
```

바뀐 거라고는 route를 한 번 더 호출해서 web::post().to(post_gcd)를 경로 "/gcd"를 위한 핸들러로 등록하는 부분뿐이다.

이제 앞서 작성해 둔 gcd 함수를 **actix-gcd/src/main.rs** 파일로 가져오는 일만 남았다. 준비가 끝났으면 실행 중인 서버를 모두 내리고 프로그램을 다시 빌드해 실행시켜보자.

```
$ cargo run
   Compiling actix-gcd v0.1.0 (/home/jimb/rust/actix-gcd)
    Finished dev [unoptimized + debuginfo] target(s) in 0.0 secs
     Running `target/debug/actix-gcd`
Serving on http://localhost:3000...
```

http://localhost:3000으로 가서 몇 가지 수를 입력하고 Compute GCD 버튼을 클릭하면 그림 2-2와 같은 결과가 표시되어야 한다.

그림 2-2 GCD 계산 결과를 보여 주는 웹 페이지

동시성

러스트의 큰 강점 중 하나는 바로 동시적 프로그래밍을 지원한다는 것이다. 러스트에서는 메모리 오류가 없는 프로그램을 만드는 데 쓰이는 규칙이, 데이터 경합이 생기지 않는 방식으로만 메모리 공유가 가능한 스레드를 만드는 데도 동일하게 쓰인다. 이를테면 다음과 같은 식이다.

- 뮤텍스mutex로 공유된 데이터 구조를 변경하는 스레드의 접근 순서를 조정하는 경우, 러스트는 그 뮤텍스를 잠금 상태로 유지하고 있을 때만 해당 데이터에 접근할 수 있도록 허용하고, 작업이 끝나면 자동으로 잠금 상태를 해제한다. C와 C++에서는 뮤텍스와 이를 통해 보호하려는 데이터 사이의 관계를 주석으로 남길 뿐이다.

- 읽기 전용 데이터를 여러 스레드 간에 공유하려는 경우, 러스트는 실수로 데이터를 수정하는 일이 생기지 않도록 해준다. C와 C++에서는 타입 시스템이 이 문제를 해결하는 데 도움을 줄 순 있지만 실수할 개연성이 높다.

- 데이터 구조의 소유권을 한 스레드에서 다른 스레드로 양도하는 경우, 러스트는 원소유자가 그에 대한 모든 접근권을 실제로 포기했는지 확인한다. C와 C++에서는 소유권을 양도한 스레드가 다시는 그 데이터에 손대지 않는다는 걸 여러분이 확인해야 한다. 만일 이를 제대로 처리하지 않으면, 이후 발생하는 프로세서의 캐시 상태 변화와 메모리 기록 작업의 횟수에 따라 다양한 증상이 나타날 수 있다.

이번 절에서는 멀티 스레드 프로그램의 작성 과정을 자세히 살펴본다.

사실 멀티 스레드 프로그램을 작성하는 게 이번이 처음은 아니다. 최대공약수 서버를 구현할 때 사용한 액틱스 웹 프레임워크는 스레드 풀을 써서 요청 핸들러 함수를 실행한다. 따라서 서버가 동시에 여러 요청을 받으면 `get_form`과 `post_gcd` 함수가 복수의 스레드에서 동시에 실행될 수 있다. 이 부분은 우리가 동시성을 염두에 두고 이 함수들을 작성한 게 아니라서 조금 충격적으로 느껴질 수 있다. 그러나 러스트는 서버를 얼마나 꼼꼼하게 만들었는지와 상관없이 그렇게 되어도 안전하다는 걸 보장해 준다. 프로그램이 컴파일된다는 건 데이터 경합이 생기지 않는다는 뜻이다. 러스트의 모든 함수는 스레드 안전성을 갖는다.

이번 절에서 만들 프로그램은 간단한 복소수 함수를 반복 실행시켜 만들어 내는 프랙탈인 망델브로 집합Mandelbrot set을 그린다. 망델브로 집합 그리기는 스레드 간 통신 패턴이 너무 단순해서 흔히들 **처치 곤란 병렬**embarrassingly parallel 알고리즘이라고 부른다. 보다 복잡한 패턴은 19장에서 다루기로 하고, 여기서는 필수 요소 몇 가지를 중심으로 살펴보자.

먼저, 새 러스트 프로젝트를 만드는 것으로 시작한다.

```
$ cargo new mandelbrot
    Created binary (application) `mandelbrot` package
$ cd mandelbrot
```

코드는 전부 **mandelbrot/src/main.rs**에 작성할 것이며, 필요한 의존성은 **mandelbrot/Cargo. toml**에 추가할 것이다.

동시적 망델브로를 구현하기에 앞서 이 프로그램이 수행하게 될 계산에 관한 내용을 미리 한 번 짚어 보자.

망델브로 집합

코드를 읽을 때는 그 코드가 하려는 일에 대한 구체적인 아이디어를 미리 알고 있으면 도움이 된다. 따라서 망델브로 집합을 수학의 관점에서 이해해 보는 시간을 잠시 가져보자. 먼저, 간단한 예를 하나 살펴본 뒤 망델브로 집합의 핵심을 이루는 계산에 도달할 때까지 복잡한 세부 사항을 하나씩 더해나갈 것이다.

아래는 러스트로 작성한 무한 루프다. loop 문은 러스트에서 무한 루프를 작성할 때 쓰는 문법이다.

```
fn square_loop(mut x: f64) {
    loop {
        x = x * x;
    }
}
```

사실 러스트는 x가 아무 데도 쓰이지 않는다는 걸 알 수 있어서 굳이 그 값을 계산하지 않을 수도 있다. 그러나 당분간은 코드가 쓰인 그대로 실행된다고 가정하자. 그렇다면 x의 값은 어떻게 바뀔까? 1보다 작은 임의의 수를 제곱하면 값이 더 작아져서 결국 0에 수렴한다. 1을 제곱하면 1이 된다. 1보다 큰 임의의 수를 제곱하면 값이 더 커져서 결국 무한대로 발산한다. 음수를 제곱하면 양수가 되고, 그 뒤로는 앞의 사례 중 하나를 따라 움직인다. 이를 정리하면 그림 2-3과 같다.

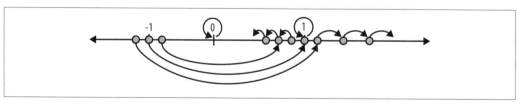

그림 2-3 **수를 계속 반복해서 제곱할 때 나타나는 효과**

즉, x는 square_loop에 전달되는 값에 따라서 0이나 1에 머물거나, 0에 수렴하거나, 무한대로 발산한다.

이제 조금 다른 루프를 살펴보자.

```
fn square_add_loop(c: f64) {
    let mut x = 0.;
    loop {
        x = x * x + c;
    }
}
```

이번에는 x가 0부터 시작하고 매번 반복할 때마다 이를 제곱한 값에 c가 더해져 진행 속도가 살짝 바뀌었다. 이렇게 되면 x의 움직임을 파악하기가 더 어려워지는데, 몇 가지 실험을 통해 얻은 결과를 종합해 보면 x는 c가 0.25보다 크거나 -2.0보다 작을 때 무한대로 크게 발산하고 그렇지 않으면 0 주위에 머문다.

다음으로 위 루프에 f64 값 대신 복소수를 적용해 보자. crates.io에 있는 num 크레이트는 러스트에서 쓸 수 있는 복소수 타입을 제공한다. 이를 사용하려면 프로그램의 **Cargo.toml** 파일을 열어서 [dependencies] 부분에 num과 관련된 내용을 추가해야 한다. 여기까지 하고 나면 파일의 내용이 다음과 같아진다(뒤에서 이런 식으로 몇 줄 더 추가할 것이다).

```
[package]
name = "mandelbrot"
version = "0.1.0"
edition = "2021"

# See more keys and their definitions at
# https://doc.rust-lang.org/cargo/reference/manifest.html

[dependencies]
num = "0.4"
```

이제 최종 버전에 가장 가까운 형태의 루프를 작성할 수 있다.

```
use num::Complex;

fn complex_square_add_loop(c: Complex<f64>) {
    let mut z = Complex { re: 0.0, im: 0.0 };
    loop {
        z = z * z + c;
    }
}
```

통상 복소수에 대해서는 z를 사용하므로 여기서도 그에 맞게 루프 변수의 이름을 변경했다. Complex { re: 0.0, im: 0.0 }은 복소수 0을 num 크레이트의 Complex 타입으로 표현한 것이다. Complex는 러스트의 구조체 타입(**스트럭트**struct라고도 한다)으로 다음처럼 정의되어 있다.

```
struct Complex<T> {
    /// 복소수의 실수 부분
    re: T,

    /// 복소수의 허수 부분
    im: T,
}
```

이 코드는 re와 im 이렇게 두 개의 필드를 갖는 Complex라는 스트럭트를 정의한다. Complex는 **제네릭**generic 구조체로서, 타입 이름 뒤에 있는 <T>는 '임의의 타입 T에 대해서'라고 읽으면 된다. 예를 들어 Complex<f64>는 re와 im 필드가 f64 값인 복소수고, Complex<f32>는 re와 im 필드가 f32 값인 복소수다. 앞의 정의를 바탕으로 표현식 Complex { re: 0.24, im: 0.3 }은 re와 im 필드가 각각 0.24와 0.3으로 초기화된 Complex 값을 만든다.

num 크레이트는 Complex 값을 위한 *와 + 등의 산술 연산자를 갖추고 있으므로 앞서 나온 함수의 나머지 부분은 이전 버전과 동일하게 작동한다. 단지 실직선 위의 점이 아니라 복소평면 위의 점에 대해 작동한다는 점만 다를 뿐이다. 러스트의 연산자를 사용자 정의 타입에 대해서 작동하게 만드는 방법은 12장에서 설명한다.

그럼 지금까지 살펴본 내용을 토대로 망델브로 집합을 정의해 보자. 망델브로 집합이란, z를 무한대로 발산하지 않게 하는 복소수 c의 집합을 말한다. 맨 처음 살펴봤던 간단한 제곱 루프는 수가 1보다 크거나 -1보다 작으면 발산하기 때문에 충분히 예측 가능했다. 여기에 반복할 때마다 c를 더하면 동작을 예측하기가 좀 더 어려워지는데, 앞서 이야기했다시피 0.25보다 크거나 -2보다 작은 c 값은 z를 발산하게 한다. 그러나 이 게임을 복소수로 확장하면 아주 기묘하고 아름다운 패턴이 만들어지는데, 바로 이것이 우리가 그리려는 것이다.

복소수 c는 실수 부분인 c.re와 허수 부분인 c.im으로 구성되어 있으므로, 여기서는 이들을 데카르트 평면 위에 있는 한 점의 x와 y 좌표로 삼는다. c가 망델브로 집합에 속하면 그 점을 검은색으로 칠하고, 그렇지 않으면 밝은 색으로 칠할 것이다. 그러기 위해서는 이미지의 픽셀마다 그에 대응하는 복소평면 위의 점을 구한 다음 여기에 앞서 정의한 루프를 적용해서 결과가 무한대로 나가는지, 아니면 원점 주위를 맴도는지 보고 그에 따라 적절히 색을 칠해야 한다.

앞의 무한 루프를 곧이곧대로 실행하면 시간이 오래 걸리므로 이를 해결하기 위한 꼼수 두 가지를 알아보자. 첫 번째는 앞서 언급한 루프를 제한된 횟수만 반복해도 그 집합에 대한 꽤 괜찮은 근사치를 얻을 수 있다는 점을 이용하는 것이다. 이때 반복 횟수는 경계를 얼마나 정확하게 그릴 것인지에 달렸다. 두 번째는 z가 원점을 중심으로 반경이 2인 원을 한 번 벗어나면 결국 원점에서 무한히 발산하게 된다는 경험칙을 이용하는 것이다. 다음은 완성된 루프다. 이 루프가 앞으로 만들게 될 프로그램의 핵심이다.

```
use num::Complex;

/// `c`가 망델브로 집합에 속하는지 아닌지를 판단하며, 결론 내리는 데 필요한 반복 횟수는 최대
/// `limit`회로 제한한다.
///
/// `c`가 망델브로 집합에 속하지 않으면 `Some(i)`를 반환하는데, 여기서 `i`는 `c`가 원점을
/// 중심으로 반경이 2인 원을 벗어나는 데 걸린 반복 횟수다. `c`가 망델브로 집합에 속하는 것
/// 같으면(좀 더 정확히 말해서 반복 횟수가 `limit`이 될 때까지도 `c`가 망델브로 집합에
/// 속하지 않는다는 걸 입증하지 못하면) `None`을 반환한다.
fn escape_time(c: Complex<f64>, limit: usize) -> Option<usize> {
    let mut z = Complex { re: 0.0, im: 0.0 };
    for i in 0..limit {
        if z.norm_sqr() > 4.0 {
            return Some(i);
        }
        z = z * z + c;
    }

    None
}
```

앞의 함수는 복소수 c가 망델브로 집합에 속하는지 아닌지를 테스트하는데, 반복 횟수가 limit이 될 때까지도 그 여부가 판가름 나지 않으면 c가 망델브로 집합에 속할 개연성이 높다고 결론을 내린다.

앞 함수의 반환값은 Option<usize>다. 러스트의 표준 라이브러리는 Option 타입을 다음처럼 정의하고 있다.

```
enum Option<T> {
    None,
    Some(T),
}
```

Option은 **열거 타입**enumerated type이다. 흔히 **이늄**enum이라고 부르는데, 해당 타입의 값이 될 수 있는 베리언트들이 그의 정의 안에 열거된다고 해서 이런 이름이 붙었다. 임의의 타입 T에 대해서 Option<T> 타입의 값은 Some(v)나 None 둘 중 하나가 된다. 여기서 Some(v)의 v는 T 타입의 값이고 None은 유효한 T 값이 없음을 나타낸다. Option은 앞서 살펴본 Complex 타입과 같은 제네릭 타입이다. 따라서 Option<T>로 어떤 타입의 옵션값이든 표현할 수 있다.

escape_time의 경우에는 Option<usize>를 통해서 c가 망델브로 집합에 포함되는지의 여부와, 포함되지 않을 경우 그렇게 결론 내리기까지 걸린 반복 횟수를 알려 준다. c가 집합에 포함되지 않으면 escape_time은 Some(i)를 반환하는데, 여기서 i는 z가 반경이 2인 원을 벗어날 당시의 반복 횟수다. c가 집합에 포함되는 게 확실하면 escape_time은 None을 반환한다.

```
for i in 0..limit {
```

for 루프에 대해서는 이미 앞에서 명령줄 인수와 벡터 요소를 반복 처리할 때 살펴본 바 있다. 이 for 루프는 단순히 0부터 limit까지의 정수를 반복 처리하는데, 여기서 limit은 이 반복 범위에 포함되지 않는다.

z.norm_sqr() 메서드 호출은 원점을 기준으로 한 z의 거리를 제곱하여 반환한다. 여기서는 z가 반경이 2인 원을 벗어나는지의 여부를 빠르게 판단하기 위해서, 제곱근을 구하는 방법 대신 단순히 거리의 제곱을 4.0과 비교하는 방법을 쓴다.

혹시 함수 정의 위에 있는 주석이 ///로 시작한다는 걸 눈치챘을지 모르겠다. Complex 구조체의 멤버 위에 있는 주석도 마찬가지로 ///로 시작한다. 이들은 **문서 주석**documentation comment이다. rustdoc 유틸리티는 이들과 이들이 설명하고 있는 코드를 파싱해서 온라인 문서를 만들어 준다. 러스트의 표준 라이브러리 문서가 바로 이런 식으로 작성되었다. 문서 주석은 8장에서 자세히 설명한다.

프로그램의 나머지는 집합의 어느 부분을 어떤 해상도로 그릴지 결정하는 일과, 작업을 여러 스레드에 분산시켜 계산 속도를 높이는 일에 관련되어 있다.

짝 있는 명령줄 인수 파싱하기

우리 프로그램은 만들어 낼 이미지의 해상도와 이 이미지에 나타낼 망델브로 집합의 규모를 명령줄 인수로 받는다. 이들 명령줄 인수는 모두 공통 형식을 따르며, 아래의 함수로 파싱한다.

```
use std::str::FromStr;

/// `s`를 `"400x600"`이나 `"1.0,0.5"`와 같은 좌표 쌍으로 파싱한다.
///
/// `s`는 정확히 <left><sep><right> 형식으로 되어 있어야 하는데, 여기서 <sep>은
/// `separator` 인수에 넘기는 문자고 <left>와 <right>는 둘 다 `T::from_str`로
/// 파싱될 수 있는 문자열이다. `separator`는 반드시 아스키 문자여야 한다.
///
/// `s`가 올바른 형식으로 되어 있으면 `Some<(x, y)>`를 반환한다. 제대로 파싱되지 않으면
/// `None`을 반환한다.
fn parse_pair<T: FromStr>(s: &str, separator: char) -> Option<(T, T)> {
    match s.find(separator) {
        None => None,
        Some(index) => {
            match (T::from_str(&s[..index]), T::from_str(&s[index + 1..])) {
                (Ok(l), Ok(r)) => Some((l, r)),
                _ => None
            }
        }
    }
}

#[test]
fn test_parse_pair() {
    assert_eq!(parse_pair::<i32>("",        ','), None);
    assert_eq!(parse_pair::<i32>("10,",     ','), None);
    assert_eq!(parse_pair::<i32>(",10",     ','), None);
    assert_eq!(parse_pair::<i32>("10,20",   ','), Some((10, 20)));
    assert_eq!(parse_pair::<i32>("10,20xy", ','), None);
    assert_eq!(parse_pair::<f64>("0.5x",    'x'), None);
    assert_eq!(parse_pair::<f64>("0.5x1.5", 'x'), Some((0.5, 1.5)));
}
```

parse_pair는 **제네릭 함수**generic function다.

```
fn parse_pair<T: FromStr>(s: &str, separator: char) -> Option<(T, T)> {
```

<T: FromStr> 절은 'FromStr 트레이트를 구현하고 있는 임의의 타입 T에 대해서...'라고 읽으면 된다. 제네릭 함수는 실제로 동일 계열 함수군 전체를 한 번에 정의할 수 있게 해준다. 예를 들어 parse_pair::<i32>는 i32 값 쌍을 파싱하는 함수고 parse_pair::<f64>는 부동소수점 값 쌍을 파싱하는 함수다. 이는 C++의 함수 템플릿과 매우 비슷하다. 러스트에서는 T를 parse_pair의 **타입 매개변수**type parameter라고 부른다. 제네릭 함수를 쓸 때는 보통 러스트가 타입 매개변수를 대신 추론해 주므로 위 테스트 코드에서 한 것처럼 굳이 적을 필요는 없다.

이 함수의 반환 타입은 Option<(T, T)>로 None이나 Some((v1, v2)) 값 중 하나를 반환한다. 여기서 (v1, v2)는 두 가지 값을 갖는 튜플이며, 값의 타입은 둘 다 T다. parse_pair 함수는 반환문을 명시하고 있지 않으므로 본문의 유일한 표현식이자 마지막 표현식의 값이 반환값이 된다.

```
match s.find(separator) {
    None => None,
    Some(index) => {
        ...
    }
}
```

String 타입의 find 메서드는 문자열에서 separator와 일치하는 문자를 찾는다. find가 None을 반환한다는 건 문자열 안에 구분 기호 문자가 없다는 뜻이므로 match 표현식 전체를 None으로 평가해서 파싱이 실패했음을 나타낸다. 그렇지 않으면 index를 문자열 안에 있는 구분 기호의 위치로 사용한다.

```
match (T::from_str(&s[..index]), T::from_str(&s[index + 1..])) {
    (Ok(l), Ok(r)) => Some((l, r)),
    _ => None
}
```

이 코드는 match 표현식의 강력함을 잘 보여 준다. 이 코드에서 match의 인수는 다음의 튜플 표현식이다.

```
(T::from_str(&s[..index]), T::from_str(&s[index + 1..]))
```

표현식 &s[..index]와 &s[index + 1..]는 구분 기호 앞뒤에 있는 문자열의 슬라이스다. 타입 매개변수 T의 연관 함수인 from_str는 이들을 각각 T 타입의 값으로 파싱한다. 위 match 표현식은 이렇게 해서 만들어진 결과 튜플을 가지고 매칭을 진행한다.

```
(Ok(l), Ok(r)) => Some((l, r)),
```

이 패턴은 튜플의 두 요소가 모두 Result 타입의 Ok 베리언트일 때, 다시 말해서 둘 다 파싱에 성공했을 때만 매칭된다. 이럴 경우 Some((l, r))이 match 표현식의 값이 되고, 따라서 함수의 반환값이 된다.

```
    _ => None
```

와일드카드 패턴 _은 어떤 것과도 매칭될 수 있지만 그 값은 무시된다. 이 지점에 도달한다는 건 parse_pair가 실패했다는 뜻이므로 None으로 평가해서 이것이 함수의 반환값이 되게 만든다.

이제 parse_pair로 부동소수점 좌표 쌍을 파싱한 뒤 이를 Complex<f64> 값으로 반환하는 함수를 작성해 보자.

```
/// 쉼표로 구분된 부동소수점 수 쌍을 복소수로 파싱한다.
fn parse_complex(s: &str) -> Option<Complex<f64>> {
    match parse_pair(s, ',') {
        Some((re, im)) => Some(Complex { re, im }),
        None => None
    }
}

#[test]
fn test_parse_complex() {
    assert_eq!(parse_complex("1.25,-0.0625"),
               Some(Complex { re: 1.25, im: -0.0625 }));
    assert_eq!(parse_complex(",-0.0625"), None);
}
```

parse_complex 함수는 parse_pair를 호출해서, 좌표가 성공적으로 파싱되면 Complex 값을 만들고, 그렇지 않으면 실팻값을 호출부에 넘긴다.

코드를 유심히 보면 Complex 값을 만들 때 쓰인 표기법이 전과 달리 간소하다는 걸 알 수 있다. 스트럭트의 필드를 초기화할 때는 같은 이름으로 된 변수를 쓰는 경우가 많은데, 이럴 때 러스트에서는 Complex { re: re, im: im }이라고 쓰는 대신, 간단히 Complex { re, im }이라고 쓸 수 있다. 이 축약 표기법은 자바스크립트와 하스켈Haskell에 있는 비슷한 표기법을 본떠 만든 것이다.

픽셀을 복소수로 매핑하기

우리 프로그램은 서로 관련된 두 개의 좌표 공간을 다루어야 한다. 왜냐하면 결과 이미지의 각 픽셀이 복소평면 위의 한 점에 대응하기 때문이다. 이 두 공간 사이의 관계는 망델브로 집합의 어느 부분을 어떤 해상도의 이미지로 그릴지에 따라 달라지는데, 이들은 모두 명령줄 인수로 결정된다. 아래 함수는 **이미지 공간**image space을 **복소수 공간**complex number space으로 변환한다.

```
/// 결과 이미지의 픽셀 좌표가 주어지면 여기에 대응하는 복소평면 위의 점을 반환한다.
///
/// `bounds`는 픽셀 단위로 된 이미지의 폭과 높이를 갖는 쌍이다. `pixel`은 이미지의 특정
/// 픽셀을 나타내는 (열, 행)으로 된 쌍이다. `upper_left`와 `lower_right` 매개변수는
/// 이미지가 커버하는 영역을 지정하는 복소평면 위의 두 점이다.
fn pixel_to_point(bounds: (usize, usize),
                  pixel: (usize, usize),
                  upper_left: Complex<f64>,
                  lower_right: Complex<f64>)
    -> Complex<f64>
{
    let (width, height) = (lower_right.re - upper_left.re,
                           upper_left.im - lower_right.im);
    Complex {
        re: upper_left.re + pixel.0 as f64 * width  / bounds.0 as f64,
        im: upper_left.im - pixel.1 as f64 * height / bounds.1 as f64
        // 여기서 뺄셈을 하는 이유는 pixel.1의 경우 아래로 갈수록 증가하지만,
        // 허수 부분은 위로 갈수록 증가하기 때문이다.
    }
}


#[test]
fn test_pixel_to_point() {
    assert_eq!(pixel_to_point((100, 200), (25, 175),
                              Complex { re: -1.0, im:  1.0 },
                              Complex { re:  1.0, im: -1.0 }),
               Complex { re: -0.5, im: -0.75 });
}
```

그림 2-4는 pixel_to_point가 어떤 계산을 수행하는지 보여 준다.

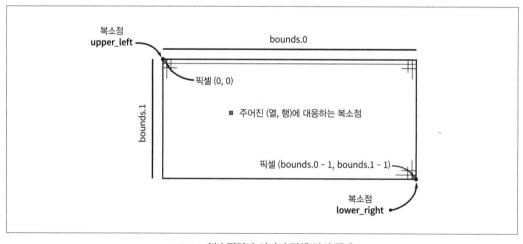

그림 2-4 복소평면과 이미지 픽셀 간의 관계

`pixel_to_point`의 코드가 수행하는 계산은 아주 단순하므로 자세히 설명하지는 않겠다. 하지만 눈여겨봐야 할 것이 몇 가지 있다. 다음의 형식으로 된 표현식은 튜플 요소를 참조한다.

```
pixel.0
```

해당 코드는 `pixel` 튜플의 첫 번째 요소를 참조한다.

```
pixel.0 as f64
```

이 코드는 러스트의 타입 변환 문법을 써서 `pixel.0`을 f64 값으로 변환한다. 러스트는 보통 C나 C++와 달리 수치 타입 간의 암묵적인 변환을 허용하지 않으므로 필요한 변환을 반드시 명시해야 한다. 이렇게 하는 게 귀찮을 수는 있지만, 언제 어떤 변환이 일어나는지를 명확히 밝혀 두면 의외로 도움이 될 때가 많다. 암묵적인 정수 변환이 큰 문제가 없는 것처럼 보여도 이는 역사적으로 C와 C++ 코드에 버그와 보안 허점을 야기해 온 주된 요인 중 하나다.

집합 그리기

망델브로 집합을 그리기 위해서는 이미지의 각 픽셀마다 그에 대응하는 복소평면 위의 점을 구해 `escape_time`을 적용한 다음 그 결과에 따라 픽셀을 칠하기만 하면 된다.

```rust
/// 직사각형 모양의 망델브로 집합을 픽셀 버퍼에 렌더링한다.
///
/// `bounds` 인수는 한 바이트 안에 회색조로 된 픽셀 하나가 들어가는 `pixels` 버퍼의 폭과
/// 높이를 갖는다. `upper_left`와 `lower_right` 인수는 픽셀 버퍼의 왼쪽 위 모서리와
/// 오른쪽 아래 모서리에 해당하는 복소평면 위의 두 점을 지정한다.
fn render(pixels: &mut [u8],
          bounds: (usize, usize),
          upper_left: Complex<f64>,
          lower_right: Complex<f64>)
{
    assert!(pixels.len() == bounds.0 * bounds.1);

    for row in 0..bounds.1 {
        for column in 0..bounds.0 {
            let point = pixel_to_point(bounds, (column, row),
                                       upper_left, lower_right);
            pixels[row * bounds.0 + column] =
                match escape_time(point, 255) {
                    None => 0,
```

```
                Some(count) => 255 - count as u8
            };
        }
    }
}
```

모두 앞에서 다룬 코드라 무슨 일을 하는지 쉽게 이해될 것이다.

```
pixels[row * bounds.0 + column] =
    match escape_time(point, 255) {
        None => 0,
        Some(count) => 255 - count as u8
    };
```

escape_time이 point를 집합에 속한다고 판별하면 render는 해당 픽셀을 검은색(0)으로 칠한다. 그렇지 않으면 render는 원을 벗어나는 데 걸린 횟수에 따라서 색을 달리해 칠하는데, 이 횟수가 클수록 더 어두운 색을 사용한다.

이미지 파일로 저장하기

image 크레이트는 다양한 종류의 이미지 포맷을 읽고 쓰는 기능과 더불어 기본적인 이미지 조작 기능 몇 가지를 함께 제공한다. 우리 프로그램은 이 가운데 PNG 이미지 파일 포맷 인코더를 써서 최종 계산 결과를 저장한다. image를 사용하려면 다음의 내용을 **Cargo.toml**의 [dependencies] 부분에 추가한다.

```
image = "0.13.0"
```

이제 image를 써서 필요한 기능을 구현해 보자.

```
use image::ColorType;
use image::png::PNGEncoder;
use std::fs::File;

/// `bounds` 크기의 `pixels` 버퍼를 `filename` 파일에 기록한다.
fn write_image(filename: &str, pixels: &[u8], bounds: (usize, usize))
    -> Result<(), std::io::Error>
{
    let output = File::create(filename)?;
```

```
    let encoder = PNGEncoder::new(output);
    encoder.encode(pixels,
                   bounds.0 as u32, bounds.1 as u32,
                   ColorType::Gray(8))?;

    Ok(())
}
```

이 함수가 하는 일은 아주 단순한데, 파일을 열어 이미지를 저장하는 게 전부다. 인코더에 전달하고 있는 인수는 pixels에 들어 있는 실제 픽셀 데이터, bounds에서 얻은 이미지의 폭과 높이, pixels 바이트의 해석 방법을 말해 주는 값이다. ColorType::Gray(8) 값은 각 바이트가 8비트 회색조 값임을 나타낸다.

보다시피 어려울 게 전혀 없다. 이 함수에서 흥미로운 점은 문제 상황을 대처하는 방식에 있다. 오류가 발생하면 이를 호출부에 알릴 필요가 있다. 앞서 언급했다시피 러스트에서 실패할 가능성이 있는 함수는 Result 값을 반환해야 한다. Result는 성공값 s에 대해서는 Ok(s)가 되고, 오룻값 e에 대해서는 Err(e)가 된다. 그렇다면 write_image의 성공 타입과 오류 타입은 무엇일까?

일이 순조롭게 풀려서 주어진 내용을 아무런 오류 없이 파일에 모두 저장한 경우에는 write_image 함수가 딱히 반환할 게 없다. 따라서 성공 타입은 **유닛**unit 타입인 ()이다. 가질 수 있는 값이 ()라고 쓰는 값 하나뿐이라서 그렇게 부른다. 유닛 타입은 C와 C++의 void와 유사하다.

오류가 발생한다면 그건 File::create가 파일을 생성할 수 없었거나, encoder.encode가 이미지를 기록할 수 없었기 때문이다. 이럴 때 이들 I/O 작업은 오류 코드를 반환한다. File::create의 반환 타입은 Result<std::fs::File, std::io::Error>인 반면 encoder.encode의 반환 타입은 Result<(), std::io::Error>라서 서로 다르지만, 이 둘은 같은 오류 타입 std::io::Error를 공유한다. 따라서 write_image 함수도 여기에 맞추면 된다. 그리고 오류가 발생하면 무엇이 잘못되었는지를 설명하는 std::io::Error 값을 가지고 즉시 복귀해야 한다.

File::create의 결과를 제대로 처리하려면 다음처럼 match로 반환값을 확인해야 한다.

```
let output = match File::create(filename) {
    Ok(f) => f,
    Err(e) => {
        return Err(e);
    }
};
```

이 코드는 반환값이 성공이면 Ok 값 안에 있는 File을 output에 넣고 실패면 호출부에 오류를 넘긴다.

러스트에서는 이런 종류의 match 문이 아주 빈번하게 쓰이므로 ? 연산자를 이 패턴 전체에 대한 축약 표기로 쓸 수 있게 마련해 두었다. 따라서 실패할 수도 있는 일을 시도할 때마다 해당 로직을 일일이 적지 않고도 같은 일을 손쉽게 해낼 수 있는데, 다음에서 볼 수 있다시피 읽기에도 훨씬 좋다.

```
let output = File::create(filename)?;
```

이 코드에서 ? 연산자는 File::create가 실패하면 오류를 넘기고 write_image에서 복귀하며, 그렇지 않으면 성공적으로 열린 File을 output에 넣는다.

 초보자가 흔히 저지르는 실수 중 하나는 main 함수에서 ?를 쓰는 것이다. 하지만 main 자체는 값을 반환하지 않으므로 ?가 제대로 작동하지 않는다. 이럴 때는 ? 대신 match 문을 쓰거나 unwrap과 expect 같은 축약 표기 메서드 중 하나를 써야 한다. 아니면 간단히 main을 고쳐서 Result를 반환하게 만드는 방법도 있는데, 이 부분은 뒤에서 다루겠다.

동시적 망델브로 프로그램

지금까지 우리 프로그램에 필요한 내용을 모두 살펴봤다. 이제 동시성과 관련된 기능이 자리 잡을 main 함수를 살펴볼 차례다. 그 전에 좀 더 간단한 비동시적 버전을 먼저 살펴보기로 하자.

```
use std::env;

fn main() {
    let args: Vec<String> = env::args().collect();

    if args.len() != 5 {
        eprintln!("Usage: {} FILE PIXELS UPPERLEFT LOWERRIGHT",
                  args[0]);
        eprintln!("Example: {} mandel.png 1000x750 -1.20,0.35 -1,0.20",
                  args[0]);
        std::process::exit(1);
    }

    let bounds = parse_pair(&args[2], 'x')
        .expect("error parsing image dimensions");
    let upper_left = parse_complex(&args[3])
        .expect("error parsing upper left corner point");
    let lower_right = parse_complex(&args[4])
        .expect("error parsing lower right corner point");
```

```
    let mut pixels = vec![0; bounds.0 * bounds.1];

    render(&mut pixels, bounds, upper_left, lower_right);

    write_image(&args[1], &pixels, bounds)
        .expect("error writing PNG file");
}
```

이 코드는 명령줄 인수를 String 벡터에 담아와 하나씩 파싱한 다음 계산을 시작한다.

```
let mut pixels = vec![0; bounds.0 * bounds.1];
```

매크로 호출 vec![v; n]은 요소가 모두 v로 초기화된 길이 n의 벡터를 만든다. 따라서 해당 코드는
요소가 모두 0으로 초기화된 길이 bounds.0 * bounds.1의 벡터를 만드는데, 여기서 bounds는 명령
줄에서 가져와 파싱한 이미지 해상도다. 우리는 이 벡터를 그림 2-5와 같이 각 요소가 1바이트 회색
조 픽셀값으로 된 직사각형 배열이라 생각하고 사용할 것이다.

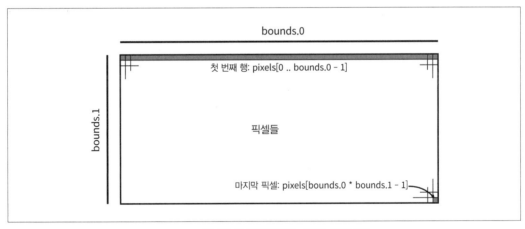

그림 2-5 **벡터를 직사각형 픽셀 배열로 바라보기**

이어서 다음 줄을 살펴보자.

```
render(&mut pixels, bounds, upper_left, lower_right);
```

이 코드는 render 함수를 호출해서 이미지를 실제로 만들어 낸다. &mut pixels 표현식은 픽셀 버퍼
의 변경할 수 있는 레퍼런스를 빌려 오기 때문에, render는 해당 벡터의 소유권을 pixels가 쥐고 있
는 동안에도 그 안에 계산된 회색조 값을 채워 넣을 수 있다. 나머지 인수들은 이미지의 크기와 그리

려는 복소평면의 사각 영역을 전달한다.

```
write_image(&args[1], &pixels, bounds)
    .expect("error writing PNG file");
```

끝으로 이 코드는 픽셀 버퍼를 PNG 파일로 만들어 디스크에 저장한다. write_image는 버퍼의 내용을 수정 없이 그냥 읽기만 하면 되므로 여기서는 버퍼의 공유된 (변경할 수 없는) 레퍼런스를 전달한다.

이쯤에서 프로그램을 릴리스 모드로 빌드하고 실행해 보자. 릴리스 모드에서는 결과물에 여러 가지 강력한 컴파일러 최적화가 적용된다. 프로그램을 실행하고 몇 초만 기다리면 아름다운 이미지가 담긴 **mandel.png** 파일이 만들어질 것이다.

```
$ cargo build --release
    Updating crates.io index
  Compiling autocfg v1.0.1
  ...
  Compiling image v0.13.0
  Compiling mandelbrot v0.1.0 ($RUSTBOOK/mandelbrot)
    Finished release [optimized] target(s) in 25.36s
$ time target/release/mandelbrot mandel.png 4000x3000 -1.20,0.35 -1,0.20
real    0m4.678s
user    0m4.661s
sys     0m0.008s
```

이 명령은 실행 중에 문제가 없으면 **mandel.png**라는 파일을 생성한다. 이를 시스템에 있는 이미지 뷰어나 웹 브라우저로 열어 보면 그림 2-6과 같은 결과물을 볼 수 있다.

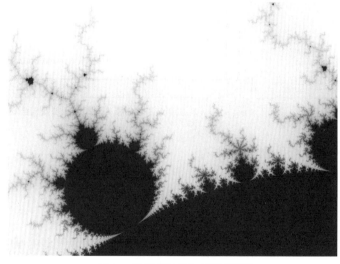

그림 2-6 **망델브로 프로그램의 결과물**

앞서 실행한 명령에는 유닉스 time 프로그램이 붙어 있어서 우리 프로그램의 실행 시간이 함께 분석된다. 분석 결과를 보면 이미지의 모든 픽셀을 대상으로 망델브로 계산을 돌리는 데 약 5초가 걸렸고, 최신 기기라 프로세서 코어가 여러 개인데도 불구하고 딱 하나만 사용했다. 기기가 제공하는 모든 컴퓨팅 자원에 작업을 분산시킬 수 있다면, 이미지를 훨씬 더 빨리 완성할 수 있을 것이다.

그럼 마지막으로 이미지를 여러 부분으로 나눈 다음, 이를 프로세서마다 하나씩 배정해서 각 프로세서가 자신에게 주어진 영역에 있는 픽셀들을 칠하도록 만들어 보자. 여기서는 문제를 단순화하기 위해서 이미지를 그림 2-7과 같이 여러 줄의 띠로 나눌 것이다. 이렇게 하면 모든 프로세서가 작업을 마쳐야 픽셀을 디스크에 저장할 수 있다.

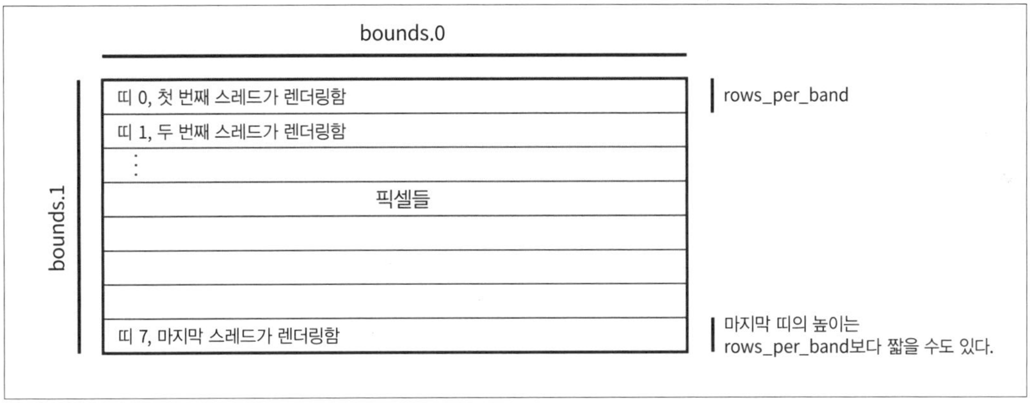

그림 2-7 **병렬 렌더링을 위해서 픽셀 버퍼를 여러 줄의 띠로 나누기**

crossbeam 크레이트는 이런 전략을 구현하는 데 쓸 수 있는 **범위 한정 스레드**scoped thread 설비를 비롯한 여러 가지 유용한 동시성 기능을 제공한다. 이를 사용하려면 다음 내용을 **Cargo.toml** 파일에 추가해야 한다.

```
crossbeam = "0.8"
```

그런 다음, 기존에 있던 render 호출 부분을 지우고 다음 내용으로 대체한다.

```
let threads = 8;
let rows_per_band = bounds.1 / threads + 1;

{
    let bands: Vec<&mut [u8]> =
        pixels.chunks_mut(rows_per_band * bounds.0).collect();
    crossbeam::scope(|spawner| {
```

```
        for (i, band) in bands.into_iter().enumerate() {
            let top = rows_per_band * i;
            let height = band.len() / bounds.0;
            let band_bounds = (bounds.0, height);
            let band_upper_left =
                pixel_to_point(bounds, (0, top), upper_left, lower_right);
            let band_lower_right =
                pixel_to_point(bounds, (bounds.0, top + height),
                               upper_left, lower_right);

            spawner.spawn(move |_| {
                render(band, band_bounds, band_upper_left, band_lower_right);
            });
        }
    }).unwrap();
}
```

이번에도 부분별로 나눠서 살펴보자.

```
let threads = 8;
let rows_per_band = bounds.1 / threads + 1;
```

먼저 사용할 스레드 수를 8개로 정한다.[18] 그런 다음 띠 하나가 몇 줄의 픽셀을 가져야 하는지 계산한다. 이때 이미지의 높이가 threads로 나누어 떨어지지 않더라도 전체 이미지가 처리될 수 있도록 줄수를 올림한다.

```
let bands: Vec<&mut [u8]> =
    pixels.chunks_mut(rows_per_band * bounds.0).collect();
```

이어서 픽셀 버퍼를 여러 줄의 띠로 나눈다. 앞 코드에서 chunks_mut 메서드는 버퍼에 있는 픽셀을 rows_per_band * bounds.0개씩(즉, rows_per_band줄씩) 서로 겹치지 않게 나눈 다음, 이들 각각의 변경할 수 있는 슬라이스를 넘겨주는 이터레이터를 반환한다. 마지막 슬라이스는 몇 줄 덜 가질 수도 있는데, 그렇더라도 각 줄의 픽셀 수는 동일하다. 끝에 있는 collect 메서드는 이 슬라이스들을 벡터에 담아 반환한다.

이제 crossbeam 라이브러리의 도움을 받을 차례다.

---

18 num_cpus 크레이트는 현재 시스템에서 사용할 수 있는 CPU 개수를 반환하는 함수를 제공한다.

```
crossbeam::scope(|spawner| {
    ...
}).unwrap();
```

인수 |spawner| { ... }는 인수 spawner 하나를 받는 러스트 클로저다. 클로저는 fn으로 선언된 함
수와 달리 인수의 타입을 선언할 필요가 없다. 러스트는 클로저의 인수 타입과 반환 타입을 알아서
추론해 준다. 앞 코드에서 crossbeam::scope는 주어진 클로저를 호출한다. 이때 클로저는 spawner
인수로 전달되는 값을 사용해 새 스레드를 생성할 수 있다. crossbeam::scope 함수는 복귀하기 전
에 이를 통해 생성된 모든 스레드가 실행을 다 마칠 때까지 기다린다. 이런 동작 방식 덕분에 러스트
는 범위를 한 번 벗어난 스레드가 자신이 맡았던 pixels 영역에 다시 접근하는 일이 생기지 않는다고
확신할 수 있고, 우리도 crossbeam::scope가 복귀하는 시점을 이미지 계산이 완료되는 시점으로 간
주할 수 있다. crossbeam::scope는 일이 순조롭게 풀리면 Ok(())를 반환하지만, 앞서 생성한 스레
드가 하나라도 패닉에 빠지면 Err을 반환한다. 따라서 여기서는 반환되는 Result에 대고 unwrap을
호출해서 스레드가 패닉에 빠질 때 프로그램도 같이 패닉에 빠지도록 만든다. 그래야 사용자가 무슨
일이 벌어졌는지 알 수 있다.

```
for (i, band) in bands.into_iter().enumerate() {
```

이 루프는 여러 줄의 띠로 나뉜 픽셀 버퍼를 반복 처리한다. into_iter() 이터레이터는 루프 본문을
반복할 때마다 개별 띠의 독점 소유권을 넘겨줌으로써 한 번에 하나의 스레드만 그곳에 기록할 수 있
게 해준다. 어떤 원리로 그렇게 되는지는 5장에서 자세히 설명한다. 그 뒤에 있는 enumerate 어댑터
는 개별 벡터 요소와 그의 색인을 쌍으로 묶어 튜플로 만들어 준다.

```
let top = rows_per_band * i;
let height = band.len() / bounds.0;
let band_bounds = (bounds.0, height);
let band_upper_left =
    pixel_to_point(bounds, (0, top), upper_left, lower_right);
let band_lower_right =
    pixel_to_point(bounds, (bounds.0, top + height),
                   upper_left, lower_right);
```

띠의 색인과 실제 크기가 주어지면(마지막 것은 다른 것들보다 짧을 수도 있다는 걸 유념하자), 버퍼에서 전
체 이미지가 아니라 그 띠에 해당하는 영역 정보를 구한 다음, 이를 토대로 render가 요구하는 경계
상자를 만들어낼 수 있다. 마찬가지로 렌더러의 pixel_to_point 함수를 쓰면 복소평면 위에서 띠의

왼쪽 위 모서리와 오른쪽 아래 모서리에 해당하는 위치를 찾을 수 있다.

```
spawner.spawn(move |_| {
    render(band, band_bounds, band_upper_left, band_lower_right);
});
```

끝으로 클로저 move |_| { ... }를 실행할 스레드를 생성한다. 앞에 있는 move 키워드는 이 클로저가 자신이 사용하는 변수들의 소유권을 갖는다는 걸 나타낸다. 특히 변경할 수 있는 슬라이스인 band는 이 클로저만 사용할 수 있다. 인수 목록 |_|은 이 클로저가 인수(중첩 스레드를 만들 때 쓰는 또다른 스퍼너)를 하나 받긴 하지만 사용하진 않는다는 뜻이다.

앞서 언급했다시피 crossbeam::scope 호출은 모든 스레드가 실행을 다 마칠 때까지 기다렸다가 복귀하기 때문에, 위 호출이 복귀하고 나면 이미지를 파일에 저장해도 안전하다.

망델브로 플로터 실행해 보기

우리 프로그램은 여러 종류의 외부 크레이트를 사용하고 있다. 복소수 연산을 위한 num, PNG 파일 저장을 위한 image, 범위 한정 스레드 생성을 위한 crossbeam이 바로 그 주인공이다. 이들 의존성이 모두 포함된 Cargo.toml 파일의 최종 내용은 다음과 같다.

```
[package]
name = "mandelbrot"
version = "0.1.0"
edition = "2021"

[dependencies]
num = "0.4"
image = "0.13"
crossbeam = "0.8"
```

이제 이 프로그램을 빌드하고 실행해 보자.

```
$ cargo build --release
    Updating crates.io index
  Compiling crossbeam-queue v0.3.2
  Compiling crossbeam v0.8.1
  Compiling mandelbrot v0.1.0 ($RUSTBOOK/mandelbrot)
    Finished release [optimized] target(s) in #.## secs
$ time target/release/mandelbrot mandel.png 4000x3000 -1.20,0.35 -1,0.20
```

```
real    0m1.436s
user    0m4.922s
sys     0m0.011s
```

time으로 프로그램의 실행 시간을 다시 확인해 보면, 프로세서 시간은 여전히 5초 정도를 소비하지만, 실제로 소요된 시간은 1.5초 정도에 불과하다는 걸 알 수 있다. 이 시간의 상당 부분은 이미지 파일을 저장하는 데 소요되는데, 코드에서 해당 부분을 주석으로 막고 다시 측정해 보면 이를 확인할수 있다. 위 결과에서 알 수 있다시피 필자의 노트북에서는 동시적 버전이 망델브로 계산 시간을 약 4배가량 줄여 준다. 19장에서는 이 결과를 한 층 더 끌어올리는 방법에 대해 알아본다.

이 프로그램은 앞서 본 것처럼 mandel.png라는 파일을 생성한다. 명령줄 인수를 마음대로 바꿔가며 망델브로 집합을 파헤쳐보고자 할 때는 아무래도 이 빠른 버전을 쓰는 게 좀 더 수월할 것이다.

안전은 눈에 보이지 않는다

앞서 살펴본 병렬 프로그램이 문제를 풀어가는 방식은 사실 특별할 게 없다. 픽셀 버퍼를 여러 부분으로 나눠서 프로세서에 배분하고, 각자 주어진 부분을 알아서 처리하게 만든 다음, 작업이 다 끝날 때까지 기다렸다가 결과를 취합해 보여 주는 식의 흐름은 다른 언어로도 충분히 구현할 수 있는 일이다. 그렇다면 러스트의 동시성 지원이 갖는 특별함은 대체 어디서 찾을 수 있을까?

힌트는 바로 러스트로 작성**할 수 없는** 프로그램에 있다. 앞서 살펴본 코드는 버퍼를 스레드 개수에 맞게 정확히 나눠서 배분하지만, 코드를 잘못 건드려서 이 배분 방식이 바뀌기라도 하면 데이터 경합을 유발할 수 있어 위험하다. 러스트에서는 이런 실수가 컴파일러의 정적 검사를 통과하지 못한다. C나 C++ 컴파일러는 프로그램의 광활한 우주를 마음껏 누빌 수 있게 해주지만, 감지하기 힘든 데이터 경합이 생길 수 있다는 점은 감수해야 한다. 러스트는 뭔가 잘못될 수 있는 상황을 미리 알려준다.

4장과 5장에서는 러스트의 메모리 안전 규칙을 설명한다. 그리고 19장에서는 이러한 규칙이 어떻게 적절한 동시성 위생을 보장하는지 설명한다.

파일시스템과 명령줄 도구

러스트는 안전하고 빠른 모던 시스템 프로그래밍 언어로서 명령줄 도구의 세계에도 작지만 상당히 의미 있는 기여를 하고 있다. 그것은 바로 러스트가 다양한 옵션을 가진 명령줄 인터페이스를 조립할 때 쓸 수 있는 도구 상자를 제공하고 있기 때문인데, 프로그래머들은 이를 가지고 기존에 있던 도구의 기능을 손쉽게 흉내 내거나 확장할 수 있다. 대표적인 사례로 bat[19]과 hyperfine[20]을 꼽을 수 있다. bat 명령은 cat의 기능에 구문 강조를 더하고 페이징 도구를 자체 내장했다. hyperfine은 명령이나 파이프라인으로 실행할 수 있는 것이라면 무엇이든지 자동으로 벤치마킹해 준다.

이런 복잡한 사례를 다루는 건 이 책의 범위를 벗어나지만, 아무튼 러스트를 쓰면 인간공학적인 명령줄 애플리케이션의 세계에 쉽게 다가설 수 있다. 이번 절에서는 다채로운 출력과 친절한 오류 메시지를 갖춘 우리만의 찾아 바꾸기 도구를 만들어 보자.

먼저, 새 러스트 프로젝트를 만드는 것으로 시작한다.

```
$ cargo new quickreplace
    Created binary (application) `quickreplace` package
$ cd quickreplace
```

이번 프로그램에는 두 가지 크레이트가 더 필요한데, 터미널에 다채로운 출력을 만들어낼 때 쓰는 text-colorizer와 실제로 찾아 바꾸기 기능을 제공하는 regex가 바로 그것이다. 이 사실을 cargo가 알 수 있도록 **Cargo.toml**의 내용을 다음처럼 바꾸자.

```
[package]
name = "quickreplace"
version = "0.1.0"
edition = "2021"

# See more keys and their definitions at
# https://doc.rust-lang.org/cargo/reference/manifest.html

[dependencies]
text-colorizer = "1"
regex = "1"
```

이와 같이 버전 **1.0**에 도달한 러스트 크레이트는 '유의적 버전 관리'[21] 규칙을 따른다. 즉, 주 버전 번호 1이 바뀌기 전까지는 새 버전이 나오더라도 언제나 이전 버전과 호환되는 쪽으로 개선된다고 보면 된다. 따라서 프로그램을 테스트할 때 썼던 크레이트의 버전이 1.2라면, 이를 1.3이나 1.4로 올려도 문제없이 작동한다. 그러나 2.0에는 호환되지 않는 변경 사항이 존재할 수 있다. **Cargo.toml** 파일에

---

19   옮긴이 https://github.com/sharkdp/bat
20   옮긴이 https://github.com/sharkdp/hyperfine
21   옮긴이 https://semver.org/lang/ko/

크레이트의 요구 버전을 그냥 "1"이라고 해두면 카고는 2.0 아래의 크레이트 버전 중에서 가장 최신의 것을 사용한다.

명령줄 인터페이스

이 프로그램의 인터페이스는 아주 단순하다. 인수로 검색할 문자열(또는 정규 표현식), 대체할 문자열(또는 정규 표현식), 입력 파일의 이름, 출력 파일의 이름 이렇게 네 가지를 받는 게 전부다. 그럼 먼저 **main.rs** 파일에 이 인수들을 담아 둘 스트럭트를 정의해 보자.

```
#[derive(Debug)]
struct Arguments {
    target: String,
    replacement: String,
    filename: String,
    output: String,
}
```

#[derive(Debug)] 어트리뷰트를 달아 두면 Arguments 스트럭트를 println!에서 {:?}로 형식화할 수 있도록 컴파일러가 약간의 추가 코드를 생성해 준다.

사용자가 인수의 개수를 잘못 입력했을 때는 프로그램의 사용법이 담긴 간략한 설명을 출력해 주는 게 일반적이다. 따라서 여기서는 print_usage라는 간단한 함수를 만들어서 이런 상황에 대응한다. 또 설명을 출력할 때 색을 섞어 쓸 수 있도록 text-colorizer의 내용을 전부 가져온다.

```
use text_colorizer::*;

fn print_usage() {
    eprintln!("{} - change occurrences of one string into another",
             "quickreplace".green());
    eprintln!("Usage: quickreplace <target> <replacement> <INPUT> <OUTPUT>");
}
```

문자열 리터럴 끝에 .green()을 붙여 두면 터미널 에뮬레이터에 녹색으로 표시되는 ANSI 이스케이프 코드를 두른 문자열이 만들어진다. 해당 코드를 실행하면 바로 이 문자열이 메시지 안에 삽입되어 출력된다.

이제 프로그램의 인수를 가져와 처리해 보자.

```
use std::env;

fn parse_args() -> Arguments {
    let args: Vec<String> = env::args().skip(1).collect();

    if args.len() != 4 {
        print_usage();
        eprintln!("{} wrong number of arguments: expected 4, got {}.",
                "Error:".red().bold(), args.len());
        std::process::exit(1);
    }

    Arguments {
        target: args[0].clone(),
        replacement: args[1].clone(),
        filename: args[2].clone(),
        output: args[3].clone()
    }
}
```

사용자가 입력한 인수는 이전 예와 마찬가지로 args 이터레이터를 써서 가져온다. .skip(1)은 이터레이터의 첫 번째 값(현재 실행 중인 프로그램의 이름)을 건너뛰므로 결과에는 명령줄 인수만 남게 된다.

collect() 메서드는 인수를 Vec에 담아 반환한다. 이제 이 안에 들어 있는 인수의 개수가 4개가 맞는지 볼 차례다. 인수의 개수가 맞지 않을 때는 이를 알리는 메시지를 출력한 다음 오류 코드를 가지고 종료하면 되는데, 이번 메시지는 강조하고 싶은 부분에 색만 칠한 게 아니라 .bold()를 써서 텍스트를 더 두껍게 만들었다. 인수의 개수가 맞으면 이를 Arguments 스트럭트에 넣어 반환한다.

이쯤에서 지금까지 작성한 부분을 테스트해 보자. main 함수에서 parse_args를 호출한 다음, 그 결과를 출력해 보면 코드가 의도한 대로 잘 작동하는지 알 수 있다.

```
fn main() {
    let args = parse_args();
    println!("{:?}", args);
}
```

프로그램을 인수 없이 그냥 실행하면 예상대로 오류 메시지가 출력된다.

```
$ cargo run
 Updating crates.io index
Compiling libc v0.2.82
```

```
Compiling lazy_static v1.4.0
Compiling memchr v2.3.4
Compiling regex-syntax v0.6.22
Compiling thread_local v1.1.0
Compiling aho-corasick v0.7.15
Compiling atty v0.2.14
Compiling text-colorizer v1.0.0
Compiling regex v1.4.3
Compiling quickreplace v0.1.0 (/home/jimb/quickreplace)
Finished dev [unoptimized + debuginfo] target(s) in 6.98s
Running `target/debug/quickreplace`
quickreplace - change occurrences of one string into another
Usage: quickreplace <target> <replacement> <INPUT> <OUTPUT>
Error: wrong number of arguments: expected 4, got 0
```

반면 프로그램에 인수 4개를 주면 Arguments 스트럭트 형식으로 바뀌어 출력된다.

```
$ cargo run "find" "replace" file output
    Finished dev [unoptimized + debuginfo] target(s) in 0.01s
     Running `target/debug/quickreplace find replace file output`
Arguments { target: "find", replacement: "replace", filename: "file", output: "output" }
```

결과를 보면 인수가 정확히 의도한 대로 Arguments 스트럭트에 잘 들어가 있다. 출발이 아주 좋다!

파일 읽고 쓰기

다음으로 파일시스템에서 실제로 처리할 데이터를 가져오고 처리를 마친 데이터를 다시 저장할 방법이 필요하다. 러스트는 입출력을 위한 강력한 도구 모음을 갖추고 있는데, 표준 라이브러리 설계자스스로가 파일을 읽고 쓰는 게 얼마나 빈번한지 잘 알고 있기 때문에 일부러 쉽게 만들었다. 실제로 std::fs 모듈 하나만 가져오면 read_to_string과 write 같은 함수를 바로 사용할 수 있다.

```
use std::fs;
```

std::fs::read_to_string은 Result<String, std::io::Error>를 반환한다. 성공하면 String을 주고, 실패하면 표준 라이브러리에서 I/O 문제를 표현하는 타입인 std::io::Error를 준다. 마찬가지로 std::fs::write는 Result<(), std::io::Error>를 반환한다. 성공했을 때는 아무것도 안 주지만, 뭔가 문제가 생겼을 때는 동일한 오류 정보를 준다.

```
fn main() {
    let args = parse_args();

    let data = match fs::read_to_string(&args.filename) {
        Ok(v) => v,
        Err(e) => {
            eprintln!("{} failed to read from file '{}': {:?}",
                      "Error:".red().bold(), args.filename, e);
            std::process::exit(1);
        }
    };

    match fs::write(&args.output, &data) {
        Ok(_) => {},
        Err(e) => {
            eprintln!("{} failed to write to file '{}': {:?}",
                      "Error:".red().bold(), args.filename, e);
            std::process::exit(1);
        }
    };
}
```

이 코드는 미리 작성해 둔 parse_args() 함수로 인수를 가져온 다음, 필요한 파일 이름을 꺼내서 read_to_string과 write에 전달한다. 두 함수 호출에는 우아한 오류 처리를 위해서 match 문을 달아 두었는데, 오류가 발생하면 주어진 파일 이름과 오류의 내용을 사용자가 알아보기 쉽게 색을 조금 곁들여서 출력한다.

이 업데이트된 main 함수를 가지고 프로그램을 실행하면, 입력 파일과 완전히 똑같은 내용을 가진 출력 파일이 만들어지는 걸 볼 수 있다.

```
$ cargo run "find" "replace" Cargo.toml Copy.toml
   Compiling quickreplace v0.1.0 (/home/jimb/rust/quickreplace)
    Finished dev [unoptimized + debuginfo] target(s) in 0.01s
     Running `target/debug/quickreplace find replace Cargo.toml Copy.toml`
```

해당 프로그램은 입력 파일 **Cargo.toml**을 **읽고** 출력 파일 **Copy.toml**을 **쓰지**만, 실제로 찾고 바꾸는 코드를 작성하지 않아서 출력 내용에 변화가 없다. diff 명령을 실행해 보면 두 파일의 내용이 똑같다는 걸 쉽게 알 수 있다.

```
$ diff Cargo.toml Copy.toml
```

찾아 바꾸기

마지막으로 이 프로그램의 핵심 기능인 찾아 바꾸기를 구현해 보자. 여기서는 정규 표현식을 컴파일하고 실행하는 regex 크레이트를 써서 이 기능을 구현한다. 이 크레이트는 컴파일된 정규 표현식을 표현하는 Regex라는 스트럭트를 제공한다. Regex에는 replace_all이라는 메서드가 있는데, 이 메서드는 이름에서 알 수 있다시피 문자열에서 정규 표현식과 매칭되는 부분을 전부 찾아서 주어진 대체 문자열로 바꾸어 준다. 이 로직을 함수 안으로 가져오려면 다음처럼 하면 된다.

```
use regex::Regex;

fn replace(target: &str, replacement: &str, text: &str)
    -> Result<String, regex::Error>
{
    let regex = Regex::new(target)?;
    Ok(regex.replace_all(text, replacement).to_string())
}
```

이 함수의 반환 타입을 눈여겨보자. replace는 앞서 사용한 표준 라이브러리 함수들과 마찬가지로 Result를 반환하지만, 이번에는 regex 크레이트가 제공하는 오류 타입을 쓴다.

Regex::new는 사용자가 제공한 정규 표현식을 컴파일하는데, 이때 잘못된 문자열이 주어지면 실패할 수가 있다. 따라서 망델브로 프로그램에서 했던 것처럼 ?를 써서 Regex::new가 실패하는 경우를 간단히 처리하고 넘어가는데, 단 이 함수는 실패하면 regex 크레이트 고유의 오류 타입을 반환한다. 정규 표현식이 컴파일되면 replace_all 메서드로 text에서 매칭되는 부분을 전부 찾아다가 주어진 대체 문자열로 바꾼다.

replace_all은 매칭되는 부분이 발견되면 해당 내용을 주어진 텍스트로 대체한 뒤 이를 새 String에 넣어 반환하고, 그렇지 않으면 원본 텍스트의 포인터를 반환해서 불필요한 메모리 할당과 복사를 막는다. 그러나 여기서는 항상 독립된 복사본이 필요하므로 다른 함수들이 하는 것처럼 두 경우 다 to_string 메서드를 써서 String을 가져온 뒤 이 문자열을 Result::Ok에 넣어 반환한다.

이제 앞서 나온 함수를 main 코드에 통합할 차례다.

```
fn main() {
    let args = parse_args();

    let data = match fs::read_to_string(&args.filename) {
        Ok(v) => v,
        Err(e) => {
```

```
            eprintln!("{} failed to read from file '{}': {:?}",
                      "Error:".red().bold(), args.filename, e);
            std::process::exit(1);
        }
    };

    let replaced_data = match replace(&args.target, &args.replacement, &data) {
        Ok(v) => v,
        Err(e) => {
            eprintln!("{} failed to replace text: {:?}",
                      "Error:".red().bold(), e);
            std::process::exit(1);
        }
    };

    match fs::write(&args.output, &replaced_data) {
        Ok(v) => v,
        Err(e) => {
            eprintln!("{} failed to write to file '{}': {:?}",
                      "Error:".red().bold(), args.filename, e);
            std::process::exit(1);
        }
    };
}
```

프로그램을 완성했으니 잘 작동하는지 테스트해 보자.

```
$ echo "Hello, world" > test.txt
$ cargo run "world" "Rust" test.txt test-modified.txt
   Compiling quickreplace v0.1.0 (/home/jimb/rust/quickreplace)
    Finished dev [unoptimized + debuginfo] target(s) in 0.88s
     Running `target/debug/quickreplace world Rust test.txt test-modified.txt`

$ cat test-modified.txt
Hello, Rust
```

오류 처리도 의도한 대로 잘 작동하는지 살펴보자.

```
$ cargo run "[[a-z]" "0" test.txt test-modified.txt
    Finished dev [unoptimized + debuginfo] target(s) in 0.01s
     Running `target/debug/quickreplace '[[a-z]' 0 test.txt test-modified.txt`
Error: failed to replace text: Syntax(
~~~~~~~~~~~~~~~~~~~~~~~~~~~~~~~~~~~~~~~~~~~~~~~~~~~~~~~~~~~~~~~~~~~~~~~~~~~~~~~~~~~
regex parse error:
```

```
    [[a-z]
    ^
error: unclosed character class
~~~~~~~~~~~~~~~~~~~~~~~~~~~~~~~~~~~~~~~~~~~~~~~~~~~~~~~~~~~~~~~~~~~~~~~
)
```

물론 이 프로그램은 간단한 데모 수준이라서 많은 기능이 빠져있지만, 그래도 기본 기능은 갖추고 있다. 이 프로그램을 통해서 파일을 읽고 쓰는 법, 오류를 전파하고 표시하는 법, 터미널 출력에 색을 입혀서 더 나은 사용자 경험을 만드는 법을 배울 수 있었다.

이 책 뒷부분에서는 데이터 컬렉션, 이터레이터를 이용한 함수형 프로그래밍, 극강의 동시성을 끌어내기 위한 비동기 프로그래밍 기법 등 고급 애플리케이션 개발 기법을 몇 가지 더 살펴볼 텐데, 이를 위해서는 먼저 러스트의 기본 데이터 타입을 제대로 알아야 한다. 다음 장에서는 바로 이 부분을 집중적으로 파헤쳐 보겠다.

3

기본 타입

세상에는 다양하고 많은 종류의 책이 있다. 그도 그럴 것이 사람의 종류도 다양하고 많은 데다 모두가 서로 다른 걸 읽고 싶어 하기 때문이다.

—레모니 스니켓 Lemony Snicket

러스트는 언어의 대부분이 타입을 중심으로 설계됐다. 러스트의 고성능 코드를 위한 지원은 개발자가 단순함과 비용 간의 균형을 잘 따져서 상황에 가장 적합한 데이터 표현을 고를 수 있게 하는 데서 비롯된다. 러스트의 메모리와 스레드 안전성 보장 역시 타입 시스템의 건전성에 기반을 두고 있으며, 러스트의 유연성은 제네릭 타입과 트레이트를 통해 발휘되는 성질이다.

이번 장은 값을 표현하는 데 쓰이는 러스트의 기본 타입을 다룬다. 러스트의 소스 수준 타입은 자신과 대응하는 예측 가능한 비용과 성능을 지닌 구체적인 머신 수준 타입을 갖는다. 러스트는 대부분 여러분이 요청한 방식대로 정확히 값을 표현하지만, 확실히 더 나은 선택이 있다고 판단되는 경우에 한해서 그 방식을 살짝 바꾸기도 한다.

러스트는 자바스크립트나 파이썬 같은 동적 타입 언어에 비해서 좀 더 많은 사전 계획을 요구한다. 러스트에서는 함수 인수와 반환값, 스트럭트 필드, 그리고 기타 구문 요소 몇 가지의 타입을 반드시 적어야 한다. 하지만 러스트는 아래의 두 기능을 통해서 이러한 번거로움을 덜어 준다.

- 러스트의 **타입 추론**type inference은 여러분이 기재하는 타입을 고려해서 나머지 부분을 상당수 대신 알아낸다. 사실 주어진 변수나 표현식에 쓰일 수 있는 타입은 하나뿐일 때가 많은데 이럴 경우

러스트에서는 해당 타입을 무시하거나 **생략**할 수 있다. 예를 들어 다음처럼 함수 안에 사용 중인 타입을 전부 명시해 둔 경우를 보자.

```
fn build_vector() -> Vec<i16> {
    let mut v: Vec<i16> = Vec::<i16>::new();
    v.push(10i16);
    v.push(20i16);
    v
}
```

이렇게 해도 되지만 같은 내용이 반복되어 어수선하다. 함수의 반환 타입을 고려할 때 v는 부호 있는 16비트 정수 벡터 Vec<i16>이 되어야지 다른 타입은 될 수 없다. 이 말은 곧 벡터의 각 요소가 i16이 되어야 한다는 뜻이기도 하다. 러스트가 타입을 추론할 때 적용하는 판단 방식도 꼭 이와 같아서 앞의 코드를 다음처럼 바꿔 써도 뜻이 통한다.

```
fn build_vector() -> Vec<i16> {
    let mut v = Vec::new();
    v.push(10);
    v.push(20);
    v
}
```

앞서 나온 두 정의는 완전히 동일하며, 러스트는 이 둘에 대해서 똑같은 머신 코드를 생성한다. 타입 추론은 동적 타입 언어가 갖는 가독성의 이점을 상당수 누리게 해주면서도 타입 오류는 여전히 컴파일 시점에 잡히게 해준다.

- 함수를 **제네릭**generic으로 만들 수 있다. 이렇게 하면 하나의 함수로 다양한 타입의 값을 다룰 수 있다.

  파이썬과 자바스크립트에서는 모든 함수가 이런 식으로 작동한다. 단지 대상이 되는 값이 함수가 필요로 하는 프로퍼티와 메서드를 가지고 있기만 하면 된다. (이런 특성을 보통 **덕 타이핑**duck typing 이라고 부르는데, 오리처럼 꽥꽥 우는 것은 오리로 간주한다는 데서 나온 말이다.) 하지만 이런 유연성 덕분에 이들 언어에서는 타입 오류를 조기에 발견하기 매우 어려우며, 테스트가 이런 실수를 잡아내는 유일한 방법이다. 러스트의 제네릭 함수는 언어에 이와 동일한 수준의 유연성을 가져다주면서도 타입 오류는 여전히 전부 컴파일 시점에 잡히게 해준다.

  제네릭 함수는 이런 유연성에도 불구하고 비제네릭 버전만큼이나 효율적이다. 예를 들어, 정수 타입별로 sum 함수를 여러 번 작성하는 것과 모든 정수 타입을 다루는 제네릭 함수를 하나 작성하는 것은 성능 면에서 아무런 차이가 없다. 제네릭 함수는 11장에서 자세히 이야기한다.

그럼 지금부터 러스트의 타입에 대해 알아보자. 먼저 정수와 부동소수점 값 같은 간단한 수치 타입을 살펴보고 이어서 박스, 튜플, 배열, 문자열 같은 여러 데이터를 담는 타입을 살펴보자.

아래는 러스트에서 보게 될 타입을 종류별로 요약한 것이다. 표 3-1은 러스트의 기본 제공 타입을 비롯해 표준 라이브러리에서 자주 쓰이는 타입 일부와 사용자 정의 타입의 예 몇 가지를 보여 준다.

표 3-1 러스트 타입의 예

타입	설명	값
i8, i16, i32, i64, i128 u8, u16, u32, u64, u128	주어진 비트 크기를 갖는 부호 있는 정수와 부호 없는 정수	42, -5i8, 0x400u16, 0o100i16, 20_922_789_888_000u64, b'*' (u8 바이트 리터럴)
isize, usize	머신 주소 크기(32 또는 64비트)를 갖는 부호 있는 정수와 부호 없는 정수	137, -0b0101_0010isize, 0xffff_fc00usize
f32, f64	IEEE가 정의한 단정밀도와 배정밀도 부동소수점 수	1.61803, 3.14f32, 6.0221e23f64
bool	불	true, false
char	32비트 크기를 갖는 유니코드 문자	'*', '\n', '字', '\x7f', '\u{CA0}'
(char, u8, i32)	타입 혼용이 가능한 튜플	('%', 0x7f, -1)
()	'유닛'(빈 튜플)	()
struct S { x: f32, y: f32 }	이름 있는 필드로 된 스트럭트	S { x: 120.0, y: 209.0 }
struct T (i32, char);	튜플형 스트럭트	T(120, 'X')
struct E;	필드를 갖지 않는 유닛형 스트럭트	E
enum Attend { OnTime, Late(u32) }	열거, 대수적 데이터 타입	Attend::Late(5), Attend::OnTime
Box<Attend>	박스: 힙에 있는 값의 소유권을 갖는 포인터	Box::new(Late(15))
&i32, &mut i32	공유된 레퍼런스와 변경할 수 있는 레퍼런스: 참조 대상보다 더 오래 지속될 수 없는 소유권을 갖지 않는 포인터	&s.y, &mut v
String	동적인 크기를 갖는 UTF-8 문자열	"ラーメン: ramen".to_string()
&str	str 레퍼런스: 소유권을 갖지 않는 UTF-8 텍스트 포인터	"そば: soba", &s[0..12]
[f64; 4], [u8; 256]	요소의 타입이 모두 같은 고정 길이 배열	[1.0, 0.0, 0.0, 1.0], [b' '; 256]
Vec<f64>	요소의 타입이 모두 같은 가변 길이 벡터	vec![0.367, 2.718, 7.389]
&[u8], &mut [u8]	슬라이스 레퍼런스: 배열이나 벡터의 일부분을 참조하는 레퍼런스. 포인터와 길이로 구성됨	&v[10..20], &mut a[..]

표 3-1 러스트 타입의 예(계속)

타입	설명	값
Option<&str>	옵션값: None(없음) 또는 Some(v)(있음, 값은 v)	Some("Dr."), None
Result<u64, Error>	실패할 수도 있는 작업의 결과: 성공값 Ok(v) 또는 오류 Err(e)	Ok(4096), Err(Error::last_os_error())
&dyn Any, &mut dyn Read	트레이트 객체: 주어진 메서드 집합을 구현하고 있는 임의의 값을 참조하는 레퍼런스	value as &dyn Any, &mut file as &mut dyn Read
fn(&str) -> bool	함수 포인터	str::is_empty
(클로저 타입은 기록 형태를 갖지 않는다)	클로저	|a, b| { a*a + b*b }

이들 타입 중 대부분은 이번 장에서 다루고, 일부는 다음과 같이 별도의 장에서 다룬다.

- struct 타입은 9장에서 살펴본다.
- 열거 타입enumerated type은 10장에서 살펴본다.
- 트레이트 객체는 11장에서 설명한다.
- String과 &str에 관한 기본적인 내용은 여기서 설명하고, 좀 더 자세한 내용은 17장에서 알아본다.
- 함수와 클로저 타입은 14장에서 다룬다.

고정된 크기를 갖는 수치 타입

러스트의 타입 시스템은 고정된 크기를 갖는 일련의 수치 타입이 그 기반을 이룬다. 수치 타입의 크기는 요즘 대부분의 프로세서가 하드웨어에 직접 구현하고 있는 타입과 일치하도록 선택되었다.

고정된 크기를 갖는 수치 타입은 오버플로를 일으키거나 정밀도를 잃을 수 있지만, 대부분의 애플리케이션에서 쓰기에 적당하고 임의의 정밀도를 가진 정수나 완벽한 유리수 같은 표현보다 수천 배 더 빠르다. 이런 종류의 수치 표현이 필요할 때는 num 크레이트를 쓰면 된다.

러스트의 수치 타입은 이름에 비트 단위로 된 크기와 사용하는 표현이 일정한 패턴으로 표시되어 있다(표 3-2).

표 3-2 러스트의 수치 타입

크기(비트)	부호 없는 정수	부호 있는 정수	부동소수점
8	u8	i8	
16	u16	i16	
32	u32	i32	f32
64	u64	i64	f64
128	u128	i128	
머신 워드	usize	isize	

여기서 **머신 워드**machine word는 코드를 실행하는 머신의 주소 크깃값으로, 32 또는 64비트다.

정수 타입

러스트의 부호 없는 정수 타입은 전체 범위가 양숫값과 0을 표현한다(표 3-3).

표 3-3 러스트의 부호 없는 정수 타입

타입	범위
u8	$0 \sim 2^8 - 1$ (0 ~ 255)
u16	$0 \sim 2^{16} - 1$ (0 ~ 65,535)
u32	$0 \sim 2^{32} - 1$ (0 ~ 4,294,967,295)
u64	$0 \sim 2^{64} - 1$ (0 ~ 18,446,744,073,709,551,615 또는 1800경)
u128	$0 \sim 2^{128} - 1$ (0 ~ 약 3.4×10^{38})
usize	$0 \sim 2^{32} - 1$ 또는 $2^{64} - 1$

러스트의 부호 있는 정수 타입은 부호 없는 정수 타입과 동일한 비트 패턴으로 양숫값과 음숫값의 범위를 나타내는 2의 보수 표현을 쓴다(표 3-4).

표 3-4 러스트의 부호 있는 정수 타입

타입	범위
i8	$-2^7 \sim 2^7 - 1$ (−128 ~ 127)
i16	$-2^{15} \sim 2^{15} - 1$ (−32,768 ~ 32,767)
i32	$-2^{31} \sim 2^{31} - 1$ (−2,147,483,648 ~ 2,147,483,647)
i64	$-2^{63} \sim 2^{63} - 1$ (−9,223,372,036,854,775,808 ~ 9,223,372,036,854,775,807)
i128	$-2^{127} \sim 2^{127} - 1$ (대략 $-1.7 \times 10^{38} \sim +1.7 \times 10^{38}$)
isize	$-2^{31} \sim 2^{31} - 1$ 또는 $-2^{63} \sim 2^{63} - 1$

러스트는 바이트값에 u8 타입을 쓴다. 하나의 예로 바이너리 파일이나 소켓에서 데이터를 읽으면 u8 값의 스트림이 나온다.

C나 C++와 달리 러스트는 문자를 수치 타입으로 보지 않는다. char는 u8도 아니고 (32비트 길이임에도 불구하고) u32도 아니다. 러스트의 char 타입은 이후 나올 '**문자**' 절에서 설명한다.

usize와 isize는 C와 C++의 size_t와 ptrdiff_t에 해당하는 타입이다. 정밀도는 대상 머신의 주소 공간 크기와 같은데, 32비트 아키텍처에서는 32비트 크기고 64비트 아키텍처에서는 64비트 크기다. 러스트에서 배열의 색인은 usize 값이어야 한다. 배열이나 벡터의 크기를 표현하는 값과 일부 데이터 구조의 요소 수를 표현하는 값 역시 대개는 usize 타입이다.

러스트의 정수 리터럴은 타입을 나타내는 접미사를 가질 수 있다. 예를 들어, 42u8은 u8 값이고 1729isize는 isize 값이다. 정수 리터럴에 타입 접미사가 생략되어 있으면 러스트는 타입을 못박아 줄 결정적인 단서가 되는 값을 찾을 때까지 결정을 미룬다. 이를테면 값이 어떤 타입의 변수에 저장되는지, 어떤 타입을 받는 함수에 전달되는지, 어떤 타입의 값과 비교되는지 등을 꼼꼼히 따져보는 식이다. 이 과정에서 후보 타입이 여러 개 생길 수도 있는데, 러스트는 이 후보군에 i32가 있으면 이를 기본값으로 쓰고 그렇지 않으면 판단하기 모호하다는 오류를 낸다.

접두사 0x, 0o, 0b는 각각 16진수, 8진수, 2진수 리터럴을 지정하는 데 쓰인다.

길이가 긴 수는 숫자 사이에 밑줄을 넣어서 좀 더 읽기 쉽게 만들 수 있다. 예를 들어, u32의 최댓값을 4_294_967_295라고 쓸 수 있다. 밑줄을 넣을 수 있는 위치는 따로 정해진 게 아니라서 0xffff_ffff처럼 16진수나 2진수를 세 자리 대신 네 자리씩 끊을 수도 있고, 127_u8처럼 수와 타입 접미사를 분리할 수도 있다. 정수 리터럴의 예 몇 가지가 표 3-5에 나와 있다.

표 3-5 **정수 리터럴의 예**

리터럴	타입	10진값
116i8	i8	116
0xcafeu32	u32	51966
0b0010_1010	추론됨	42
0o106	추론됨	70

러스트는 수치 타입과 char 타입을 서로 별개로 보지만, 그 대신 u8 값으로 쓸 수 있는 문자형 리터럴인 **바이트 리터럴**byte literal을 제공한다. b'X'라고 쓰면 문자 X의 아스키 코드를 u8 값으로 쓸 수 있게 되는 식이다. 예를 들어, A의 아스키 코드는 65이므로 리터럴 b'A'와 65u8은 정확히 동일하다.

단, 바이트 리터럴에는 아스키 문자만 올 수 있다.

문자들 중에는 구문상 모호하거나 읽기가 어려워서 작은따옴표 안에 두기 힘든 것들이 몇 가지 있다. 표 3-6에 있는 문자들은 백슬래시로 시작하는 대리 표기법으로만 쓸 수 있다.

표 3-6 대리 표기법으로만 쓸 수 있는 문자들

문자	바이트 리터럴	수칫값
작은따옴표, '	b'\''	39u8
백슬래시, \	b'\\'	92u8
새 줄	b'\n'	10u8
캐리지 리턴	b'\r'	13u8
탭	b'\t'	9u8

쓰거나 읽기가 어려운 문자들의 경우에는 문자 대신 해당 코드를 16진법으로 쓸 수 있다. b'\xHH' 형태의 바이트 리터럴은 값이 HH인 바이트를 표현하는데, 여기서 HH는 두 자리로 된 16진수다. 예를 들어 아스키 제어 문자인 '이스케이프'의 경우에는 '이스케이프'의 아스키 코드가 27이고 이를 16진법으로 하면 1B이므로, 바이트 리터럴은 b'\x1b'라고 쓴다. 바이트 리터럴은 u8 값의 또 다른 표기법에 지나지 않으므로, 상황에 따라서 바이트 리터럴과 단순한 수 리터럴 중 어떤 것이 더 의미를 파악하기 쉬운지 따져볼 필요가 있다. 예를 들어, 어떤 값이 아스키 코드임을 강조하고 싶을 때는 그냥 27이라고 쓰는 것보다 b'\x1b'라고 쓰는 게 아마 더 맞을 것이다.

as 연산자를 쓰면 한 정수 타입을 다른 정수 타입으로 변환할 수 있다. 변환이 작동하는 방식은 6장의 '타입 캐스팅' 절에서 알아보기로 하고 여기서는 몇 가지 예를 살펴보자.

```
assert_eq!(   10_i8 as u16,    10_u16); // 표현 범위 안에 있음
assert_eq!( 2525_u16 as i16,  2525_i16); // 표현 범위 안에 있음

assert_eq!(  -1_i16 as i32,    -1_i32); // 빈 공간을 부호로 채움
assert_eq!(65535_u16 as i32, 65535_i32); // 빈 공간을 0으로 채움

// 좁은 타입으로 가는 변환은 원래 값을 2^N으로 나눈 나머지에 해당하는 값을 산출하는데,
// 여기서 N은 비트 단위로 된 대상 타입의 크기다. 이를 두고 '잘림'이라고도 한다.
assert_eq!( 1000_i16 as  u8,   232_u8);
assert_eq!(65535_u32 as i16,    -1_i16);

assert_eq!(  -1_i8  as u8,    255_u8);
assert_eq!(  255_u8 as i8,     -1_i8);
```

표준 라이브러리는 정수 연산 몇 가지를 메서드 형태로 제공한다. 예를 보자.

```
assert_eq!(2_u16.pow(4), 16);                  // 거듭제곱
assert_eq!((-4_i32).abs(), 4);                 // 절댓값
assert_eq!(0b101101_u8.count_ones(), 4);  // 개수 세기
```

이들에 관한 내용은 온라인 문서에서 찾아볼 수 있는데 다루는 내용의 성격에 따라서 페이지가 나뉘어 있다. 타입 자체에 관한 내용은 'i32 (primitive type)' 페이지에서 다루고, 이 타입이 속한 모듈에 관한 내용은 'std::i32' 페이지에서 다룬다.

실제 코드에서는 대개 문맥이 타입을 결정하므로 위에서 한 것처럼 타입 접미사를 적을 필요는 없다. 그러나 상황이 여의치 않아서 오류 메시지가 뜨면 다소 뜬금없는 내용에 당황해할 수 있다. 예를 들어 다음 코드는 컴파일되지 않는다.

```
println!("{}", (-4).abs());
```

오류 메시지를 보자.

```
error: can't call method `abs` on ambiguous numeric type `{integer}`
```

부호 있는 정수 타입에는 다 abs 메서드가 있는데 이런 오류 메시지가 뜨니 어리둥절할 수 있겠다. 대체 뭐가 문제일까? 러스트는 기술적인 이유로 값이 정확히 어떤 정수 타입인지를 먼저 알아야 그 타입이 가진 메서드를 호출할 수 있다. i32가 기본값으로 적용되는 경우는 모든 메서드 호출을 확인한 뒤에도 타입이 여전히 모호할 때뿐이므로 이 문제에 도움을 주기에는 타이밍이 너무 늦다. 해결책은 접미사를 붙이거나 특정 타입의 함수를 써서 의도했던 타입을 적어 주는 것이다.

```
println!("{}", (-4_i32).abs());
println!("{}", i32::abs(-4));
```

메서드 호출은 단항 전위 연산자보다 우선순위가 높으므로, 부정값에 대고 메서드를 호출할 때는 항상 조심해야 한다. 첫 번째 실행문에서 -4_i32에 괄호를 두르지 않고 그냥 -4_i32.abs()라고 쓰면, abs 메서드가 양숫값 4에 적용되어 중간 결과는 그대로 4가 되고, 다시 이 값이 부정되어 최종 결과는 -4가 된다.

점검, 순환, 포화, 넘침 산술

디버그 빌드에서 정수 산술 연산이 오버플로를 일으키면 러스트는 패닉에 빠진다. 릴리스 빌드에서는 연산의 결과가 **끝에서 끝으로 순환**wrap around되어, 수학적으로 옳은 결과를 주어진 값의 범위로 나눈 나머지에 해당하는 값이 산출된다(C와 C++에서는 오버플로가 미정의 동작이지만 러스트에서는 그렇지 않다).

예를 들어 다음 코드는 디버그 빌드에서 패닉에 빠진다.

```
let mut i = 1;
loop {
    i *= 10;  // 패닉: 오버플로를 일으키는 곱셈
              // (디버그 빌드만 해당됨!)
}
```

릴리스 빌드에서는 이 곱셈의 결과가 음수로 순환되기 때문에 루프가 무한정 실행된다.

이 기본 동작이 맘에 들지 않으면 정수 타입이 제공하는 메서드를 써서 원하는 바를 직접 기재할 수도 있다. 예를 들어, 다음 코드는 어떤 빌드에서든 패닉에 빠진다.

```
let mut i: i32 = 1;
loop {
    // 패닉: 오버플로를 일으키는 곱셈(모든 빌드에서 발생함)
    i = i.checked_mul(10).expect("multiplication overflowed");
}
```

이러한 정수 산술 메서드는 크게 네 가지 범주로 나뉜다.

- **점검**checked 연산은 결과를 Option에 담아 반환한다. 수학적으로 옳은 결과를 주어진 타입의 값으로 표현할 수 있으면 Some(v)가 되고, 그렇지 않으면 None이 된다. 예를 보자.

  ```
  // 10과 20의 합은 u8로 표현할 수 있다.
  assert_eq!(10_u8.checked_add(20), Some(30));

  // 안타깝게도 100과 200의 합은 그럴 수 없다.
  assert_eq!(100_u8.checked_add(200), None);

  // 덧셈을 하는데 오버플로가 발생하면 패닉에 빠진다.
  let sum = x.checked_add(y).unwrap();
  ```

```
// 이상하지만 부호 있는 나눗셈도 오버플로를 일으키는 경우가 있다.
// 부호 있는 n비트 타입은 -2ⁿ⁻¹은 표현할 수 있지만 2ⁿ⁻¹은 표현할 수 없다.
assert_eq!((-128_i8).checked_div(-1), None);
```

- **순환**wrapping 연산은 수학적으로 옳은 결과를 주어진 값의 범위로 나눈 나머지에 해당하는 값을 반환한다.

```
// 첫 번째 곱은 u16으로 표현할 수 있다.
// 두 번째 곱은 그럴 수 없으므로 250000을 2¹⁶으로 나눈 나머지가 산출된다.
assert_eq!(100_u16.wrapping_mul(200), 20000);
assert_eq!(500_u16.wrapping_mul(500), 53392);

// 부호 있는 타입을 대상으로 하는 연산은 음숫값으로 순환될 수도 있다.
assert_eq!(500_i16.wrapping_mul(500), -12144);

// 비트별 자리 이동 연산에서는 이동 거리가 값의 크기 안에 들어가도록 순환된다.
// 따라서 16비트 타입을 대상으로 하는 17비트 자리 이동은 1비트 자리 이동과 같다.
assert_eq!(5_i16.wrapping_shl(17), 10);
```

앞서 설명했다시피 일반 산술 연산자는 릴리스 빌드에서 순환 연산의 동작 방식을 따르게 되어 있다. 하지만 이러한 메서드를 쓰면 어떤 빌드에서든 일관된 방식으로 작동하게 만들 수 있다는 장점이 있다.

- **포화**saturating 연산은 표현할 수 있는 값 중에서 수학적으로 옳은 결과에 가장 가까운 값을 반환한다. 다시 말해서 결과가 타입이 표현할 수 있는 최댓값과 최솟값 사이에 오도록 '고정'된다.

```
assert_eq!(32760_i16.saturating_add(10), 32767);
assert_eq!((-32760_i16).saturating_sub(10), -32768);
```

포화 연산을 수행하는 나눗셈, 나머지, 비트별 자리 이동 메서드는 없다.

- **넘침**overflowing 연산은 (result, overflowed) 튜플을 반환하는데, 여기서 result는 함수의 순환 버전이 반환하는 값이고 overflowed는 오버플로 발생 여부를 나타내는 bool이다.

```
assert_eq!(255_u8.overflowing_sub(2), (253, false));
assert_eq!(255_u8.overflowing_add(2), (1, true));
```

단, overflowing_shl과 overflowing_shr은 overflowed의 의미가 약간 다른데, 이들은 자리 이동 거리가 타입 자체의 비트 크기와 같거나 클 때만 참을 반환한다. 이때 실제로 적용되는 자리 이동 거리는 요청된 자리 이동 거리를 타입의 비트 크기로 나눈 나머지다.

```
// `u16`을 대상으로 하는 17비트 자리 이동은 거리가 타입 자체의 비트 크기를 넘어선다.
// 따라서 17을 16으로 나눈 나머지인 1이 실제로 적용되는 자리 이동 거리다.
assert_eq!(5_u16.overflowing_shl(17), (10, true));
```

이들 연산은 표 3-7처럼 이름에 checked_, wrapping_, saturating_, overflowing_ 접두사가 붙는다.

표 3-7 **연산 이름**

연산	이름 접미사	예
덧셈	add	100_i8.checked_add(27) == Some(127)
뺄셈	sub	10_u8.checked_sub(11) == None
곱셈	mul	128_u8.saturating_mul(3) == 255
나눗셈	div	64_u16.wrapping_div(8) == 8
나머지	rem	(-32768_i16).wrapping_rem(-1) == 0
부정	neg	(-128_i8).checked_neg() == None
절댓값	abs	(-32768_i16).wrapping_abs() == -32768
거듭제곱	pow	3_u8.checked_pow(4) == Some(81)
비트별 왼쪽 자리 이동	shl	10_u32.wrapping_shl(34) == 40
비트별 오른쪽 자리 이동	shr	40_u64.wrapping_shr(66) == 10

부동소수점 타입

러스트는 IEEE가 정의한 단정밀도와 배정밀도 부동소수점 타입을 제공한다. 이들 타입에는 양의 무한대와 음의 무한대, 양숫값 0과 음숫값 0, **수가 아님**not-a-number 값이 포함된다(표 3-8).

표 3-8 **IEEE가 정의한 단정밀도와 배정밀도 부동소수점 타입**

타입	정밀도	범위
f32	IEEE 단정밀도(최소 6자리 10진수)	약 $-3.4 \times 10^{38} \sim +3.4 \times 10^{38}$
f64	IEEE 배정밀도(최소 15자리 10진수)	약 $-1.8 \times 10^{308} \sim +1.8 \times 10^{308}$

러스트의 **f32**와 **f64**는 (IEEE 부동소수점을 지원하는 구현 환경에 속한) C와 C++ 그리고 (항상 IEEE 부동소수점을 사용하는) 자바의 float와 double 타입에 해당한다.

부동소수점 리터럴은 그림 3-1에 나와 있는 일반 형식을 따른다.

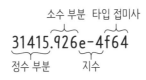

소수 부분 타입 접미사

$$31415.\overbrace{926}\underbrace{e-4}\overbrace{f64}$$

정수 부분   지수

그림 3-1 **부동소수점 리터럴**

부동소수점 수에서 정수 부분 뒤에 오는 부분들은 모두 옵션이지만, 정수 리터럴과 구별하기 위해서는 소수 부분, 지수, 타입 접미사 중 하나가 반드시 있어야 한다. 소수 부분은 소수점만 있어도 되기 때문에 5.은 유효한 부동소수점 상수다.

부동소수점 리터럴에 타입 접미사가 생략되어 있으면 러스트는 정수 리터럴의 경우와 마찬가지로 문맥을 살펴서 값이 어떻게 쓰이고 있는지 본다. 이 과정에서 최종적으로 부동소수점 타입이 적합하다고 판단되면 f64를 기본값으로 쓴다.

러스트는 타입을 추론할 때 정수 리터럴과 부동소수점 리터럴을 별개의 부류로 취급하므로, 정수 리터럴이 부동소수점 타입으로 추론되거나 그 반대의 경우가 생기는 일은 절대로 없다. 표 3-9는 부동소수점 리터럴의 예 몇 가지를 보여 준다.

표 3-9 **부동소수점 리터럴의 예**

리터럴	타입	수학적인 값
-1.5625	추론됨	-(1 9/16)
2.	추론됨	2
0.25	추론됨	¼
1e4	추론됨	10,000
40f32	f32	40.0
9.109_383_56e-31f64	f64	대략 $9.10938356 \times 10^{-31}$

f32와 f64 타입은 INFINITY와 NEG_INFINITY(양의 무한대와 음의 무한대), NAN(수가 아닌 값), MIN과 MAX(최솟값과 최댓값) 같이 IEEE가 요구하는 특별한 값들을 상수로 정의해 두고 있다.

```
assert!((-1. / f32::INFINITY).is_sign_negative());
assert_eq!(-f32::MIN, f32::MAX);
```

f32와 f64 타입은 수학 계산을 도와주는 다양하고 편리한 메서드들을 완비하고 있다. 예를 들어, 2f64.sqrt()는 배정밀도를 갖는 2의 제곱근이다. 예를 보자.

```
assert_eq!(5f32.sqrt() * 5f32.sqrt(), 5.);   // IEEE의 정의에 따라 정확히 5.00이 된다.
assert_eq!((-1.01f64).floor(), -2.0);
```

앞서 언급했다시피 메서드 호출은 전위 연산자보다 우선순위가 높으므로, 부정값에 대고 메서드를 호출할 때는 괄호를 잘 둘렀는지 꼭 확인하자.

std::f32::consts와 std::f64::consts 모듈은 E, PI, 2의 제곱근 같이 널리 쓰이는 다양한 수학 상수들을 제공한다.

문서를 찾을 때는 다루는 내용의 성격에 따라서 페이지가 나뉘어 있다는 걸 유념하자. 타입 자체에 관한 내용은 'f32 (primitive type)'과 'f64 (primitive type)' 페이지에서 다루고, 각 타입이 속한 모듈에 관한 내용은 std::f32와 std::f64 페이지에서 다룬다.

정수와 마찬가지로 부동소수점 리터럴도 실제 코드에서는 타입 접미사를 적을 일이 거의 없으며, 필요하더라도 리터럴이나 함수에 타입을 붙이는 걸로 충분하다.

```
println!("{}", (2.0_f64).sqrt());
println!("{}", f64::sqrt(2.0));
```

C나 C++와 달리 러스트는 암묵적으로 수치 변환을 수행하는 경우가 거의 없다. f64 인수를 받는 함수에 i32 값을 전달하는 건 오류다. 사실 i16 값은 다 i32 값이지만, 러스트는 i16 값을 i32 값으로 바꾸는 변환조차 암묵적으로 수행하지 않는다. 그러나 i as f64나 x as i32처럼 as 연산자를 쓰면, 언제든지 **명시적**explicit인 변환을 작성할 수 있다.

물론 암묵적인 변환의 부재로 인해서 러스트의 표현식이 같은 일을 하는 C나 C++ 코드에 비해 다소 장황하다는 느낌을 줄 때도 있지만, 암묵적인 정수 변환이 버그와 보안 허점을 야기한다는 걸 뒷받침해 줄 근거는 차고 넘친다. 특히, 문제의 정수가 메모리에 있는 무언가의 크기를 표현하고 있는 상태에서 예상치 못한 오버플로가 발생하는 경우가 대표적이다. 경험에 비춰볼 때 러스트의 이러한 변환 정책은 그러지 않았으면 놓쳤을 문제들을 바로잡을 수 있게 도와준다.

변환이 정확히 어떻게 동작하는지는 6장의 '**타입 캐스팅**' 절에서 설명한다.

bool 타입

러스트의 불 타입인 bool은 으레 그렇듯 true와 false, 이렇게 두 가지 값을 갖는다. ==과 < 같은 비교 연산자는 bool 타입의 값을 결과로 내는데, 예를 들어 2 < 5의 값은 true다.

많은 언어들은 불 값을 요구하는 상황에서 다른 타입으로 된 값을 써도 크게 문제 삼지 않는다. 예를 들어 C와 C++는 암묵적으로 문자, 정수, 부동소수점 수, 포인터를 불 값으로 변환하므로 이들을 직접 if나 while 문의 조건으로 쓸 수 있다. 심지어 파이썬에서는 문자열, 리스트, 딕셔너리, 세트를 불 문맥에 쓸 수 있는데, 빈 값이 아니면 참으로 간주된다. 하지만 러스트는 아주 엄격해서 if와 while 같은 제어 구조의 조건이 평가 단축 논리 연산자 &&와 ||의 경우처럼 반드시 bool 표현식이어야 한다. 따라서 if x { ... }가 아니라 if x != 0 { ... }라고 써야 한다.

러스트의 as 연산자는 bool 값을 정수 타입으로 변환할 수 있다.

```
assert_eq!(false as i32, 0);
assert_eq!(true  as i32, 1);
```

하지만 그 반대 방향, 즉 수치 타입을 bool로 변환할 수는 없다. 이럴 때는 x != 0처럼 명시적인 비교를 써야 한다.

bool 값을 메모리에 표현하는 데는 한 비트만 있으면 되지만, 러스트는 한 바이트를 통으로 쓴다. 따라서 bool 타입을 가리키는 포인터를 만들 수 있다.

문자

러스트의 문자 타입 char는 유니코드 문자 하나를 32비트 값으로 표현한다.

러스트는 개별 문자에 대해서는 char 타입을 쓰지만, 문자열과 텍스트 스트림에 대해서는 UTF-8 인코딩을 쓴다. 따라서 String은 자신이 가진 텍스트를 문자 배열이 아니라 UTF-8 바이트 시퀀스로 표현한다.

문자 리터럴은 '8'이나 '!'처럼 작은따옴표를 두른 문자다. 원하는 유니코드 문자를 전부 이런 식으로 쓸 수 있는데, 예를 들어 '錆'은 일본식 한자로 녹rust을 뜻하는 char 리터럴이다.

바이트 리터럴의 경우처럼 일부 문자들 앞에는 반드시 백슬래시를 붙여야 한다(표 3-10).

표 3-10 백슬래시 이스케이프가 필요한 문자들

문자	러스트 문자 리터럴
작은따옴표, '	`'\''`
백슬래시, \	`'\\'`
새 줄	`'\n'`
캐리지 리턴	`'\r'`
탭	`'\t'`

원한다면 문자의 유니코드 코드 포인트를 16진법으로 쓸 수도 있다.

- 문자의 코드 포인트가 U+0000에서 U+007F 사이에 있다면(즉, 아스키 문자 집합에 속한다면) 그 문자를 `'\xHH'`와 같은 식으로 쓸 수 있는데, 여기서 HH는 두 자리로 된 16진수다. 예를 들어, 문자 *의 코드 포인트는 42이고 이를 16진법으로 하면 2A이므로 문자 리터럴 `'*'`와 `'\x2A'`는 서로 동일하다.

- 유니코드 문자는 전부 `'\u{HHHHHH}'`와 같은 식으로 쓸 수 있는데, 여기서 HHHHHH는 최대 여섯 자리로 된 16진수로 밑줄을 넣어서 자리를 나눌 수 있다. 예를 들어 문자 리터럴 `'\u{CA0}'`은 유니코드로 못마땅한 표정 'ಠ_ಠ'을 지을 때 쓰는 칸나다어_{Kannada} 문자 'ಠ'를 표현한다. 그냥 'ಠ'라고 쓰는 것과 똑같다.

char는 항상 0x0000에서 0xD7FF 사이나 0xE000에서 0x10FFFF 사이의 유니코드 코드 포인트를 갖는다. char가 서로게이트 쌍_{surrogate pair}의 어느 한쪽(즉, 0xD800에서 0xDFFF 사이의 코드 포인트)만 갖는다거나, 유니코드 코드 공간 밖에 있는 값(즉, 0x10FFFF보다 큰 값)을 갖는 일은 절대로 없다. 러스트는 타입 시스템과 동적 검사를 사용해서 char 값이 항상 허용 범위 안에 있는지 확인한다.

러스트는 char와 다른 타입 간의 변환을 절대 암묵적으로 하지 않는다. as 변환 연산자를 쓰면 char를 정수 타입으로 변환할 수 있는데, 이때 타입의 크기가 32비트보다 작으면 문자 값의 상위 비트들이 잘려 나간다.

```
assert_eq!('*' as i32, 42);
assert_eq!('ಠ' as u16, 0xca0);
assert_eq!('ಠ' as i8, -0x60);  // U+0CA0이 부호 있는 8비트 값으로 줄어들었다.
```

반면 as 연산자를 써서 char로 변환할 수 있는 타입은 u8뿐이다. 러스트가 의도한 as 연산자의 본래 목적은 비용 부담이 적고 실패할 가능성이 없는 변환만 수행하는 것인데, u8을 제외한 다른 정수 타입들은 허용되지 않은 유니코드 코드 포인트 값을 가질 수 있어서 변환을 수행할 때 별도의 실행 시점 검사가 필요하기 때문이다. 그 대신 표준 라이브러리는 u32 값을 받아서 Option<char>를 반환하는 함수 std::char::from_u32를 제공한다. 이 함수는 주어진 u32가 허용된 유니코드 코드 포인트가 아니면 None을 반환하고 그렇지 않으면 Some(c)를 반환하는데, 여기서 c는 char 타입의 결괏값이다.

표준 라이브러리는 이 외에도 문자와 관련된 여러 가지 유용한 메서드들을 제공한다. 이들 메서드는 온라인 문서의 'char (primitive type)' 페이지와 'std::char' 모듈 페이지에서 찾아볼 수 있다. 예를 보자.

```
assert_eq!('*'.is_alphabetic(), false);
assert_eq!('β'.is_alphabetic(), true);
assert_eq!('8'.to_digit(10), Some(8));
assert_eq!('ಠ'.len_utf8(), 3);
assert_eq!(std::char::from_digit(2, 10), Some('2'));
```

당연한 이야기지만 개별 문자보다는 문자열과 텍스트 스트림이 더 흥미로운 구석이 많다. 러스트의 표준 String 타입과 일반적인 텍스트 처리에 관한 내용은 이후 나올 **'문자열 타입'** 절에서 설명한다.

튜플

튜플tuple은 다양한 타입의 값들을 한데 모아 묶은 것이다. 일련의 요소들을 쉼표로 구분한 다음 괄호 안에 넣으면 튜플이 된다. 예를 들어 ("Brazil", 1985)는 첫 번째 요소가 정적으로 할당된 문자열이고 두 번째 요소가 정수인 튜플로, 타입은 (&str, i32)다. 튜플 값 t가 있을 때 그 안에 있는 요소는 t.0, t.1과 같은 식으로 접근할 수 있다.

튜플은 일련의 순서가 있는 값을 표현하는 타입이란 점에서 배열과 어느 정도 닮은 구석이 있다. 많은 프로그래밍 언어들이 이 두 개념을 하나로 보고 다루지만, 러스트에서는 완전히 별개다. 우선 튜플은 각 요소의 타입이 서로 다를 수 있으나, 배열은 모든 요소의 타입이 반드시 같아야 한다. 게다가 튜플은 t.4처럼 상수로 된 색인만 쓸 수 있어서 i번째 요소를 가져올 때 t.i나 t[i]와 같은 식으로 할 수 없다.

보통 러스트에서는 함수가 여러 개의 값을 반환할 때 튜플 타입을 쓴다. 예를 들어, 문자열 슬라이스의 split_at은 한 문자열을 둘로 나눠 반환하는 메서드로 다음처럼 선언되어 있다.

```
fn split_at(&self, mid: usize) -> (&str, &str);
```

반환 타입 (&str, &str)는 두 개의 문자열 슬라이스를 갖는 튜플이다. 이 반환값의 각 요소를 개별 변수에 배정하고자 할 때는 다음처럼 패턴 매칭 문법을 쓰면 쉽다.

```
let text = "I see the eigenvalue in thine eye";
let (head, tail) = text.split_at(21);
assert_eq!(head, "I see the eigenvalue ");
assert_eq!(tail, "in thine eye");
```

물론 다음처럼 해도 되지만 앞 코드가 더 읽기 쉽다.

```
let text = "I see the eigenvalue in thine eye";
let temp = text.split_at(21);
let head = temp.0;
let tail = temp.1;
assert_eq!(head, "I see the eigenvalue ");
assert_eq!(tail, "in thine eye");
```

튜플을 간단한 스트럭트 타입처럼 쓰는 경우도 있다. 예를 들어 2장에서 본 망델브로 프로그램에서는 이미지를 만들어 내는 함수와 이미지를 디스크에 저장하는 함수에 원하는 이미지의 폭과 높이를 전달해야 했다. 이를 위해서 width와 height를 멤버로 갖는 스트럭트를 선언할 수도 있었지만, 전달하는 정보에 비해 작성해야 할 코드가 많은 편이라 그냥 간단히 튜플을 써서 해결했다.

```
/// `bounds` 크기의 `pixels` 버퍼를 `filename` 파일에 기록한다.
fn write_image(filename: &str, pixels: &[u8], bounds: (usize, usize))
    -> Result<(), std::io::Error>
{ ... }
```

이 코드에서 bounds 매개변수의 타입은 두 개의 usize 값을 갖는 튜플인 (usize, usize)다. 물론 width와 height 매개변수를 따로 두는 방식으로 갈 수도 있고 그렇게 하더라도 머신 코드는 거의 차이가 없겠지만, 여기서는 명확성에 무게를 뒀다. 즉, 크기를 독립된 두 개의 값이 아니라 하나의 값으로 봤기 때문에 튜플을 써서 그런 의도를 표현한 것이다.

자주 쓰이는 또 다른 튜플 타입은 제로 튜플인 ()이다. 가질 수 있는 값이 ()이라고 쓰는 값 하나뿐이라서 통상 **유닛 타입**unit type이라고 부른다. 러스트에서는 딱히 전달할 만한 의미 있는 값이 없음에도 불구하고 맥락상 타입이 필요한 경우에 유닛 타입을 쓴다.

예를 들어, 값을 반환하지 않는 함수는 ()을 반환 타입으로 갖는다. 표준 라이브러리 함수 std::mem::swap은 주어진 두 인수의 값을 맞바꿀 뿐 의미 있는 반환값을 갖지 않는다. std::mem::swap 의 선언을 보자.

```
fn swap<T>(x: &mut T, y: &mut T);
```

여기서 <T>는 swap이 **제네릭** 함수임을 의미한다. 즉, 어떤 타입의 값이든 다 사용 가능한 함수라는 뜻이다. 이 시그니처에는 반환 타입이 아예 생략되어 있는데, 이는 유닛 타입을 반환하는 것에 대한 축약 표기다.

```
fn swap<T>(x: &mut T, y: &mut T) -> ();
```

마찬가지로 앞 장에서 본 write_image는 Result<(), std::io::Error>를 반환 타입으로 갖는데, 이는 일이 잘 풀리지 않으면 std::io::Error 값을 반환하지만 성공하면 아무 값도 반환하지 않겠다 는 뜻이다.

원한다면 튜플의 마지막 요소 뒤에 쉼표를 넣을 수 있다. ("Brazil", 1985,)와 ("Brazil", 1985) 는 같은 표현식이고, 따라서 (&str, i32,)와 (&str, i32)도 같은 타입이다. 러스트는 함수 인수, 배 열, 스트럭트, 이늄 정의 등 쉼표가 쓰이는 모든 곳에서 일관되게 후행 쉼표를 허용한다. 사람의 눈에 는 이상해 보일지 몰라도 이렇게 하면 항목을 목록 끝에 넣고 뺄 때 바뀐 내용을 파악하기가 더 쉬워 진다.

일관성을 위해서 심지어 한 가지 값만 갖는 튜플도 있다. 리터럴 ("lonely hearts",)는 문자열 하나 를 갖는 튜플로 타입은 (&str,)다. 이때 값 뒤에 있는 쉼표는 단일 항목으로 된 튜플과 단순한 괄호 표현식을 구분하기 위해서 꼭 필요하다.

포인터 타입

러스트는 메모리 주소를 표현하는 타입을 몇 가지 가지고 있다.

러스트가 가비지 컬렉션 기능이 있는 다른 언어들과 크게 다른 점이 바로 이것이다. 자바의 경우 class Rectangle이 Vector2D upperLeft;라는 필드를 갖는다고 할 때, 이 upperLeft는 별도로 생 성되는 또 다른 Vector2D 객체의 레퍼런스다. 자바에서는 물리적으로 한 객체가 다른 객체를 포함할 수 없다.

러스트는 다르다. 러스트는 할당을 최소화하도록 설계됐다. 값은 기본적으로 빈틈없이 끼워 맞추듯 배치된다. 예를 들어, ((0, 0), (1440, 900)) 값은 네 개의 인접한 정수 형태로 저장된다. 따라서 이를 지역변수에 저장하면 네 개의 정수 크기를 갖는 지역변수를 갖게 되며, 힙heap에는 아무것도 할당되지 않는다.

이 방식은 메모리 효율이 좋지만, 프로그램에서 다른 값을 가리키는 값이 필요할 때는 명시적으로 포인터 타입을 써야 한다는 단점이 있다. 한 가지 다행스러운 점은 러스트의 안전한 공간에서 사용되는 포인터 타입의 경우, 미정의 동작을 일으킬 수 없도록 되어 있어서 C++에 비해 포인터를 올바로 사용하기가 훨씬 쉽다는 것이다.

이번 절에서는 러스트의 세 가지 포인터 타입인 레퍼런스, 박스, 그리고 안전하지 않은 포인터에 대해 살펴본다.

레퍼런스

&String('레프 스트링ref String'이라고 읽는다) 타입의 값은 String 값의 레퍼런스이고, &i32 타입의 값은 i32 값의 레퍼런스다. 나머지 타입도 같은 규칙이 적용된다.

레퍼런스를 러스트의 기본 포인터 타입으로 생각하고 들어가면 이해하기 쉽다. 실행 시점에서 i32의 레퍼런스는 스택이나 힙에 위치한 i32의 주소를 쥐고 있는 1 머신 워드 크기의 값이다. 표현식 &x는 x의 레퍼런스를 생성하는데, 러스트에서는 이를 두고 **x의 레퍼런스를 빌려 온다**고 표현한다. 레퍼런스 r이 있을 때 표현식 *r은 r이 가리키는 값을 나타낸다. 이 둘은 C와 C++의 &와 * 연산자와 매우 비슷하다. 레퍼런스는 C 포인터와 마찬가지로 범위를 벗어나도 자원을 자동으로 해제하지 않는다.

하지만 러스트 레퍼런스는 C 포인터와 달리 절대로 널null이 될 수 없다. 러스트의 안전한 공간에서는 널 레퍼런스를 만들 수 있는 방법이 전혀 없다. 또 러스트는 C와 달리 값의 소유권과 수명을 추적한다. 그렇기 때문에 러스트에서는 대상을 잃은 포인터, 중복 해제, 포인터 무효화 같은 실수들이 컴파일 시점에 배제된다.

러스트 레퍼런스의 종류에는 두 가지가 있다.

&T

변경할 수 없는 공유된 레퍼런스. 같은 값을 참조하는 공유된 레퍼런스는 동시에 여러 개 있을 수 있지만, 모두 읽기 전용이라서 C의 const T*처럼 가리키는 값을 수정하는 데 쓸 수는 없다.

&mut T

변경할 수 있는 배타적인 레퍼런스. C의 T*처럼 가리키는 값을 읽고 수정할 수 있지만, 이 레퍼런스가 존재하는 동안은 같은 값을 참조하는 다른 레퍼런스를 가질 수 없다. 실제로 이 값에 접근하는 유일한 방법은 이 변경할 수 있는 레퍼런스를 통하는 것뿐이다.

러스트는 공유된 레퍼런스와 변경할 수 있는 레퍼런스라는 이 양분된 개념을 가지고 '싱글 라이터 **또는** 멀티플 리더single writer or multiple readers' 규칙을 구현한다. 이 규칙 아래서는 값을 읽고 쓸 수 있는 상태가 되거나 여러 리더끼리 공유할 수 있는 상태가 되거나 둘 중 하나만 택해야지, 절대로 이 두 상태를 동시에 가져갈 수는 없다. 컴파일 시점에 검증되는 이 분리 규칙은 러스트가 제공하는 안전성 보장의 핵심이다. 러스트의 안전한 레퍼런스 사용 규칙은 5장에서 설명한다.

박스

힙에 값을 할당하는 가장 간단한 방법은 바로 Box::new를 쓰는 것이다.

```
let t = (12, "eggs");
let b = Box::new(t);  // 튜플을 힙에 할당한다.
```

이 코드에서 t의 타입은 (i32, &str)이므로 b의 타입은 Box<(i32, &str)>가 된다. Box::new 호출은 이 튜플을 저장하는 데 필요한 힙 메모리를 할당한다. 이 메모리는 b가 범위를 벗어나는 즉시 해제되는데, 단 b가 반환되거나 하는 등의 이유로 이미 **이동된** 경우는 예외다. 이동은 러스트가 힙에 할당된 값을 다루는 방식에 있어서 매우 중요한 역할을 한다. 이와 관련된 모든 내용은 4장에서 자세히 설명한다.

원시 포인터

러스트는 원시 포인터raw pointer 타입인 *mut T와 *const T도 가지고 있다. 사실 원시 포인터는 C++의 포인터와 똑같다. 러스트는 원시 포인터가 가리키는 대상을 추적하지 않으므로 원시 포인터를 쓰는 건 안전하지 않다. 예를 들어 원시 포인터는 널이 될 수도 있고, 이미 해제됐거나 다른 타입의 값으로 바뀐 메모리를 가리킬 수도 있다. 심지어는 C++에서 포인터를 쓸 때 밥 먹듯 하던 실수들을 재미 삼아 해볼 수도 있다.

하지만 원시 포인터는 unsafe 블록 안에서만 역참조할 수 있다. unsafe 블록은 개발자가 스스로 안전성을 담보한다는 전제하에 언어의 고급 기능을 쓸 수 있게 해주는 러스트의 옵트인opt-in 메커니즘이다. unsafe 블록을 잘 못 작성하면 이 책에서 내내 강조하는 안전성 보장과 관련된 부분들이 제 기능을 하기 어려우므로, 제대로 알고 쓰는 게 아니라면 아예 쓰지 않는 게 낫다. 자세한 내용은 22장을 참고하자.

배열, 벡터, 슬라이스

러스트에는 일련의 값을 메모리에 표현할 때 쓸 수 있는 타입이 세 가지 있다.

- [T; N] 타입은 T 타입의 값을 N개 갖는 배열을 표현한다. 배열의 크기는 컴파일 시점에 결정되는 상수로 타입의 일부다. 따라서 배열에 새 요소를 추가하거나 배열의 크기를 축소할 수 없다.

- Vec<T> 타입은 동적으로 할당되고 확장될 수 있는 일련의 T 타입 값으로 T **벡터**라고 부른다. 벡터는 요소를 전부 힙에 저장하기 때문에 새 요소를 추가하거나, 다른 벡터를 가져와 넣거나, 기존 요소를 삭제하는 등, 크기 변경이 뒤따르는 작업을 수행할 수 있다.

- &[T]와 &mut [T] 타입은 배열이나 벡터 같은 값의 일부분을 가리키는 레퍼런스로, 각각 **공유된 T 슬라이스**와 **변경할 수 있는 T 슬라이스**라고 부른다. 슬라이스는 참조 대상의 첫 번째 요소를 가리키는 포인터와 그 위치부터 접근할 수 있는 요소의 개수를 합친 것이라고 보면 된다. 변경할 수 있는 슬라이스 &mut [T]는 요소를 읽고 수정할 수 있게 해주지만, 공유될 수는 없다. 공유된 슬라이스 &[T]는 다수의 리더가 요소를 읽을 수 있게 해주지만, 요소를 수정할 수 있게 해주지는 않는다.

값 v의 타입이 위 세 가지 중 하나라고 할 때, 표현식 v.len()은 v 안에 있는 요소의 개수를 넘겨주고, v[i]는 v의 i 번째 요소를 참조한다. 첫 번째 요소는 v[0]이고, 마지막 요소는 v[v.len() - 1]이다. 러스트는 i가 항상 이 범위 안에 있는지 확인하는데, 만일 그렇지 않으면 해당 표현식은 패닉에 빠진다. v는 길이가 0일 수도 있는데, 이럴 때 색인을 가지고 접근하면 패닉에 빠진다. i는 반드시 usize 값이어야 하며, 다른 정수 타입은 색인으로 쓸 수 없다.

배열

배열 값을 작성하는 방법은 여러 가지다. 가장 간단한 방법은 일련의 값을 대괄호 안에 적어 넣는 것이다.

```
let lazy_caterer: [u32; 6] = [1, 2, 4, 7, 11, 16];
let taxonomy = ["Animalia", "Arthropoda", "Insecta"];

assert_eq!(lazy_caterer[3], 7);
assert_eq!(taxonomy.len(), 3);
```

프로그램을 만들다 보면 특정 값으로 초기화된 긴 배열이 필요할 때가 많다. 이런 배열은 [V; N] 문법으로 만들 수 있는데, 여기서 V는 각 요소가 가져야 하는 값이고 N은 길이다. 예를 들어, [true; 10000]은 요소가 모두 true로 설정된 길이 10,000의 bool 배열이다.

```
let mut sieve = [true; 10000];
for i in 2..100 {
    if sieve[i] {
        let mut j = i * i;
        while j < 10000 {
            sieve[j] = false;
            j += i;
        }
    }
}

assert!(sieve[211]);
assert!(!sieve[9876]);
```

이 문법은 고정 크기 버퍼를 만들 때도 쓰인다. 예를 들어 [0u8; 1024]는 바이트값 0으로 초기화된 1킬로바이트짜리 버퍼다. 러스트에는 초기화되지 않은 배열을 위한 표기법이 없다(러스트는 일반적으로 코드가 어떤 식으로든 초기화되지 않은 값을 사용하는 일이 절대로 생기지 않도록 보장한다).

배열의 길이는 타입의 일부이며, 컴파일 시점에 고정된다. n을 변수라고 할 때 n개의 요소를 갖는 배열을 만들기 위해서 [true; n]이라고 쓸 수 없다. 실행 시점에 길이가 달라지는 배열이 필요하다면(보통은 그럴 때가 많다) 배열 대신 벡터를 쓰자.

요소의 반복 처리, 검색, 정렬, 채움, 필터링 등 배열을 다룰 때 쓰이는 유용한 메서드들이 사실은 배열이 아니라 슬라이스의 것이다. 하지만 러스트는 메서드를 찾을 때 암묵적으로 배열 레퍼런스를 슬라이스로 바꾸기 때문에 슬라이스 메서드를 배열에 대고 바로 호출할 수 있다.

```
let mut chaos = [3, 5, 4, 1, 2];
chaos.sort();
assert_eq!(chaos, [1, 2, 3, 4, 5]);
```

이 코드에서 sort 메서드는 사실 슬라이스에 정의되어 있지만, 피연산자를 레퍼런스로 받기 때문에 러스트는 암묵적으로 배열 전체를 가리키는 &mut [i32] 슬라이스를 생성한 뒤 이를 sort에 전달한다. 앞서 언급한 len 메서드도 실은 슬라이스 메서드다. 슬라이스는 이후에 나오는 **'슬라이스' 절**에서 좀 더 자세히 다룬다.

벡터

벡터 Vec<T>는 크기 조절이 가능한 T 타입 배열로 요소는 모두 힙에 할당된다.

벡터를 만드는 방법은 여러 가지다. 가장 간단한 방법은 vec! 매크로를 쓰는 것인데, 이렇게 하면 배열 리터럴과 유사한 문법으로 벡터를 만들 수 있다.

```
let mut primes = vec![2, 3, 5, 7];
assert_eq!(primes.iter().product::<i32>(), 210);
```

이 코드에서 v는 배열이 아니라 벡터이므로 요소를 동적으로 추가할 수 있다.

```
primes.push(11);
primes.push(13);
assert_eq!(primes.iter().product::<i32>(), 30030);
```

배열 리터럴을 흉내 낸 또 다른 문법을 쓰면, 주어진 값을 특정 횟수만큼 반복해 추가하는 방식으로 벡터를 만들 수도 있다.

```
fn new_pixel_buffer(rows: usize, cols: usize) -> Vec<u8> {
    vec![0; rows * cols]
}
```

vec! 매크로가 하는 일은 Vec::new를 호출해 빈 벡터 하나를 만든 다음 여기에 주어진 요소들을 밀어 넣는 것과 같은데, 이 역시 벡터를 만드는 데 쓰이는 관용구 중 하나다.

```
let mut pal = Vec::new();
pal.push("step");
pal.push("on");
pal.push("no");
pal.push("pets");
assert_eq!(pal, vec!["step", "on", "no", "pets"]);
```

이터레이터가 넘겨주는 값을 가지고 벡터를 만들 수도 있다.

```
let v: Vec<i32> = (0..5).collect();
assert_eq!(v, [0, 1, 2, 3, 4]);
```

collect는 벡터뿐만 아니라 다양한 종류의 컬렉션을 만들 수 있기 때문에 사용할 때 종종 원하는 타입을 지정해야 하는 경우가 있다. 여기서는 v의 타입을 지정해서 원하는 컬렉션이 무엇인지 분명히 알 수 있게 했다.

배열과 마찬가지로 벡터에도 슬라이스 메서드를 쓸 수 있다.

```
// 회문!(앞에서부터 읽으나 뒤에서부터 읽으나 동일한 단어나 구)
let mut palindrome = vec!["a man", "a plan", "a canal", "panama"];
palindrome.reverse();
// 당연한 결과지만 엄밀히 말해서 회문이라고 볼 수는 없다.
assert_eq!(palindrome, vec!["panama", "a canal", "a plan", "a man"]);
```

이 코드에서 reverse 메서드는 사실 슬라이스에 정의되어 있다. 하지만 해당 호출은 암묵적으로 벡터에서 &mut [&str] 슬라이스를 빌려 온 뒤, 여기에 대고 reverse를 호출한다.

Vec은 동적인 크기의 리스트가 필요한 대부분의 곳에서 쓰이는 러스트의 필수 타입이기 때문에, 그에 걸맞게 벡터를 새로 만들거나 기존 것을 확장하는 다양한 방법들이 마련되어 있다. 이들은 16장에서 다룬다.

Vec<T>는 세 가지 값으로 구성되는데, Vec<T>가 요소들을 담아 두기 위해서 힙에 할당해 소유하는 버퍼의 포인터, 버퍼가 저장할 수 있는 요소의 개수를 뜻하는 용량, 버퍼가 지금 실제로 가지고 있는 요소의 개수를 뜻하는 길이가 바로 그것이다. 버퍼의 용량이 다 찬 벡터에 새 요소를 추가하면, 벡터는 더 큰 버퍼를 할당한 뒤 현재 가지고 있는 내용을 그리로 복사하고, 포인터와 용량을 새 버퍼에 맞게 갱신한 다음, 마지막으로 기존 버퍼를 해제하는 일련의 과정을 거치게 된다.

만일 벡터에 담아야 할 요소의 개수를 미리 알고 있다면, Vec::new 대신 Vec::with_capacity를 호출해서 애초에 모든 요소를 저장할 수 있을 만큼 큰 버퍼를 가진 벡터를 만들 수 있다. 이렇게 하면 벡터에 요소를 한 번에 하나씩 추가하더라도 버퍼가 재할당되는 일이 생기지 않는다. vec! 매크로는 벡터가 최종적으로 몇 개의 요소를 갖게 될지 알기 때문에 이 방법으로 벡터를 만든다. 다만 이 방법은 벡터의 초기 크기만 설정할 뿐이며, 이 추정치를 초과하게 되면 평소대로 벡터의 저장 공간이 확대되니 유의하자.

많은 라이브러리 함수들은 될 수 있으면 Vec::new 대신 Vec::with_capacity를 사용하려고 기회를 엿본다. 예를 들어 앞서 살펴본 collect 예의 경우, 이터레이터 0..5는 자신이 다섯 개의 값을 만들어 내리란 걸 사전에 알고 있으며, collect 함수는 이를 활용해 자신이 반환하는 벡터가 정확한 용량을 갖도록 미리 할당해 둔다. 이것의 동작 방식은 15장에서 살펴본다.

벡터의 len 메서드는 현재 가지고 있는 요소의 개수를 반환하고, capacity 메서드는 재할당 없이 저장할 수 있는 요소의 개수를 반환한다.

```
let mut v = Vec::with_capacity(2);
assert_eq!(v.len(), 0);
assert_eq!(v.capacity(), 2);

v.push(1);
v.push(2);
assert_eq!(v.len(), 2);
assert_eq!(v.capacity(), 2);

v.push(3);
assert_eq!(v.len(), 3);
// 보통은 "capacity is now 4"가 출력된다.
println!("capacity is now {}", v.capacity());
```

마지막 줄에서 출력되는 용량이 꼭 4라고 단정할 수는 없지만, 벡터가 쥐고 있는 값이 세 개이므로 최소한 3 이상은 될 것이다.

벡터는 어느 위치에서나 요소를 넣고 뺄 수 있다. 그러나 이들 연산은 영향을 받은 위치 뒤에 있는 모든 요소를 앞이나 뒤로 옮기기 때문에 벡터가 길면 속도가 느려질 수 있다.

```
let mut v = vec![10, 20, 30, 40, 50];

// 3번 색인 위치에 35를 집어넣는다.
v.insert(3, 35);
assert_eq!(v, [10, 20, 30, 35, 40, 50]);

// 1번 색인 위치에 있는 요소를 삭제한다.
v.remove(1);
assert_eq!(v, [10, 30, 35, 40, 50]);
```

pop 메서드는 마지막 요소를 삭제한 뒤 반환한다. 좀 더 정확히 말하자면 Vec<T>에서 값을 하나 꺼낼 경우 Option<T>가 반환되는데, 벡터가 비어 있는 상태였다면 None이 되고 마지막 요소가 v였다면 Some(v)가 된다.

```
let mut v = vec!["Snow Puff", "Glass Gem"];
assert_eq!(v.pop(), Some("Glass Gem"));
assert_eq!(v.pop(), Some("Snow Puff"));
assert_eq!(v.pop(), None);
```

벡터는 for 루프로 반복 처리할 수 있다.

```
// 명령줄 인수를 문자열 벡터로 받아 온다.
let languages: Vec<String> = std::env::args().skip(1).collect();
for l in languages {
    println!("{}: {}", l,
            if l.len() % 2 == 0 {
                "functional"
            } else {
                "imperative"
            });
}
```

프로그래밍 언어 목록을 가지고 해당 프로그램을 실행하면 다음과 같은 답을 준다.

```
$ cargo run Lisp Scheme C C++ Fortran
   Compiling proglangs v0.1.0 (/home/jimb/rust/proglangs)
    Finished dev [unoptimized + debuginfo] target(s) in 0.36s
      Running `target/debug/proglangs Lisp Scheme C C++ Fortran`
Lisp: functional
Scheme: functional
C: imperative
C++: imperative
Fortran: imperative
$
```

마침내 **함수형 언어**functional language라는 용어에 대한 만족스러운 정의를 얻었다.

Vec은 그의 무게감 있는 역할에도 불구하고 언어에 내장된 타입이 아니라 러스트로 정의된 평범한 타입이다. 이런 타입을 구현하는 데 필요한 기법들은 22장에서 다룬다.

슬라이스

슬라이스는 배열이나 벡터의 한 영역으로 별도의 길이 지정 없이 [T]라고 쓴다. 슬라이스는 길이 제한이 없으므로 변수에 직접 저장하거나 함수 인수로 전달할 수 없다. 슬라이스는 항상 레퍼런스로 전달된다.

슬라이스 레퍼런스는 **팻 포인터**fat pointer로, 슬라이스의 첫 번째 요소를 가리키는 포인터와 그 안에 있는 요소의 개수로 구성되는 2워드 크기의 값이다.

다음의 코드를 실행한다고 가정해 보자.

```
let v: Vec<f64> = vec![0.0,  0.707,  1.0,  0.707];
let a: [f64; 4] =     [0.0, -0.707, -1.0, -0.707];

let sv: &[f64] = &v;
let sa: &[f64] = &a;
```

마지막 두 줄에 있는 &Vec<f64> 레퍼런스와 &[f64; 4] 레퍼런스는 러스트에 의해서 데이터를 직접 가리키는 슬라이스 레퍼런스로 자동 변환된다.

이 코드가 만들어 내는 메모리의 모습은 그림 3-2와 같다.

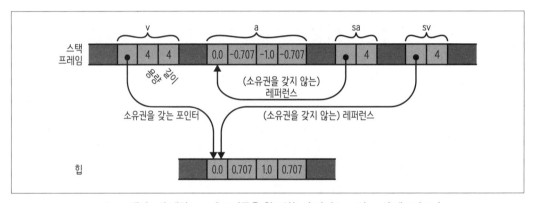

그림 3-2 벡터 v와 배열 a 그리고 이들을 참조하는 슬라이스 sa와 sv의 메모리 모습

일반적인 레퍼런스는 단일 값을 가리키는 소유권이 없는 포인터인 반면, 슬라이스 레퍼런스는 메모리에 있는 연속된 여러 값을 가리키는 소유권이 없는 포인터다. 따라서 같은 타입으로 된 일련의 데이터를 다루면서 배열이나 벡터에 작용하는 함수를 작성하려는 경우에는 슬라이스 레퍼런스를 쓰는 게 좋다. 예를 들어, 다음 함수는 주어진 일련의 수를 한 줄에 하나씩 출력한다.

```
fn print(n: &[f64]) {
    for elt in n {
        println!("{}", elt);
    }
}

print(&a);  // 배열을 넘길 수도 있고,
print(&v);  // 벡터를 넘길 수도 있다.
```

이 함수는 슬라이스 레퍼런스를 인수로 받기 때문에 보다시피 벡터와 배열 모두에 대해서 쓸 수 있다. 사실 벡터나 배열의 것처럼 보이는 메서드들이 슬라이스에 정의된 것일 때가 많다. 예를 들어 일련의 요소들을 즉석에서 정렬하는 sort와 뒤집는 reverse는 사실 슬라이스 타입 [T]의 메서드다.

범위를 색인으로 쓰면 배열이나 벡터의 슬라이스 레퍼런스나 기존 슬라이스의 슬라이스를 얻을 수 있다.

```
print(&v[0..2]);    // v에서 맨 앞에 있는 두 요소를 출력한다.
print(&a[2..]);     // a[2]부터 그 뒤에 있는 모든 요소를 출력한다.
print(&sv[1..3]);   // v[1]과 v[2]를 출력한다.
```

러스트는 일반적인 배열 접근과 마찬가지로 위 색인들의 유효성을 검사한다. 데이터의 끝을 넘어서는 범위의 슬라이스를 빌리려 하면 패닉에 빠진다.

슬라이스는 거의 항상 레퍼런스 뒤에 등장하므로, 이 책에서는 &[T]나 &str 같은 타입을 일반적인 개념이 더 잘 드러나는 짧은 이름을 써서 그냥 '슬라이스slice'라고 자주 부른다.

문자열 타입

C++에 익숙한 프로그래머들은 언어에 두 가지 문자열 타입이 있다는 걸 기억할 것이다. 문자열 리터럴은 const char * 포인터 타입을 갖는다. 또한, 표준 라이브러리는 실행 시점에 문자열을 동적으로 생성할 수 있도록 std::string 클래스를 제공한다.

러스트도 이와 비슷하다. 이번 절에서는 먼저 문자열 리터럴을 작성하는 모든 방법을 살펴보고, 이어서 러스트의 두 가지 문자열 타입에 대해 알아본다. 문자열과 텍스트 처리에 대해서는 17장에서 보다 자세히 설명한다.

문자열 리터럴

문자열 리터럴은 앞뒤로 큰따옴표가 붙는다. 그리고 char 리터럴과 같은 백슬래시 이스케이프 시퀀스를 쓴다.

```
let speech = "\"Ouch!\" said the well.\n";
```

문자열 리터럴 안에 작은따옴표를 쓸 때는 char 리터럴과 달리 백슬래시 이스케이프가 필요 없지만 큰따옴표를 쓸 때는 필요하다.

문자열은 여러 줄에 걸쳐 쓸 수 있다.

```
println!("In the room the women come and go,
    Singing of Mount Abora");
```

문자열 리터럴에 있는 새 줄 문자는 문자열에 포함되며, 따라서 출력에도 포함된다. 두 번째 줄 맨 앞에 있는 공백도 마찬가지다.

문자열 한 줄이 백슬래시로 끝나면, 새 줄 문자와 다음 줄의 선행 공백이 삭제된다.

```
println!("It was a bright, cold day in April, and \
    there were four of us—\
    more or less.");
```

이 코드가 출력하는 텍스트는 한 줄이다. 출력된 문자열에는 'and'와 'there' 사이에 빈칸이 하나 들어가 있는데, 이는 프로그램에서 백슬래시 앞에 공백을 넣어 뒀기 때문이다. 긴 줄표와 'more' 사이에 공백이 없는 이유도 같은 맥락이다.

드물긴 하지만 문자열에 있는 백슬래시를 전부 두 개로 바꿔야 하는 상황은 여간 성가신 게 아니다 (정규 표현식과 윈도우 경로가 대표적인 예다). 러스트는 이런 경우를 위해서 **원시 문자열**raw string이란 것을 제공한다. 원시 문자열은 맨 앞에 소문자 r이 붙는다. 원시 문자열 안에 있는 백슬래시와 공백 문자는 모두 적힌 그대로 문자열에 포함된다. 이스케이프 시퀀스는 인식되지 않는다.

```
let default_win_install_path = r"C:\Program Files\Gorillas";

let pattern = Regex::new(r"\d+(\.\d+)*");
```

원시 문자열에 큰따옴표 문자를 넣을 때는 단순히 그 앞에 백슬래시를 붙이는 걸로 되지 않는다. 이스케이프 시퀀스가 인식되지 **않는다**고 했던 걸 기억하자. 그러나 해결책이 있는데, 이럴 때는 원시 문자열 앞뒤에 해시 기호(#)를 두르면 된다.

```
println!(r###"
    This raw string started with 'r###"'.
```

```
    Therefore it does not end until we reach a quote mark ('"')
    followed immediately by three pound signs ('###'):
"###);
```

해시 기호는 원시 문자열이 끝나는 위치를 명확히 하는 데 필요한 만큼 추가해 쓰면 된다.

바이트 문자열

접두사 b가 붙은 문자열 리터럴은 **바이트 문자열**byte string이다. 바이트 문자열은 유니코드 텍스트가 아니라 u8 값(즉, 바이트)의 슬라이스다.

```
let method = b"GET";
assert_eq!(method, &[b'G', b'E', b'T']);
```

앞에 있는 method의 타입은 &[u8; 3], 즉 세 개의 바이트로 구성된 배열의 레퍼런스다. 이 타입에는 잠시 뒤에 살펴볼 문자열 메서드들이 존재하지 않는다. 이 타입에서 문자열다운 구석은 값을 만들 때 쓰는 문법뿐이다.

바이트 문자열에도 앞서 살펴본 문자열 문법이 모두 적용된다. 따라서 여러 줄에 걸쳐 쓸 수 있고, 이스케이프 시퀀스를 쓸 수 있고, 백슬래시로 여러 줄을 연결할 수 있다. 원시 바이트 문자열은 br"로 시작한다.

바이트 문자열은 유니코드 문자를 가질 수 없으며, 반드시 아스키와 \xHH 이스케이프 시퀀스로만 구성되어야 한다.

문자열의 메모리 구조

러스트 문자열은 유니코드 문자들이 차례로 배열된 것이지만, 그렇다고 해서 메모리에 char 배열로 저장되는 건 아니다. 그게 아니라 가변 폭 인코딩인 UTF-8을 써서 저장된다. 따라서 문자열에 있는 아스키 문자는 각각 한 바이트로 저장되고, 나머지 문자들은 여러 바이트를 차지한다.

그림 3-3은 다음 코드가 생성하는 String과 &str 값을 보여 준다.

```
let noodles = "noodles".to_string();
let oodles = &noodles[1..];
let poodles = "ʊ_ʊ";
```

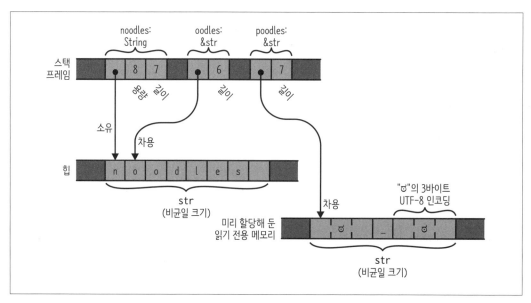

그림 3-3 String과 &str 그리고 str

String은 UTF-8 텍스트를 담는 버퍼를 가지고 있다. 이 버퍼는 힙에 할당되기 때문에 필요나 요청에 따라 크기 조절이 가능하다. 앞 예에서 noodles는 8바이트 크기의 버퍼를 가진 String으로 전체크기 중 7바이트가 사용 중이다. String을 적격한 UTF-8만 담도록 된 Vec<u8>이라고 생각하면 쉬운데, 실제로 String이 그렇게 구현되어 있다.

&str('스티어'나 '스트링 슬라이스'라고 읽는다)는 다른 누군가가 소유한 일련의 UTF-8 텍스트를 참조하는 레퍼런스로 텍스트를 '빌려 온다'. 앞 예에서 oodles는 noodles에 속한 텍스트 중 마지막 여섯 바이트를 가리키는 &str이므로 텍스트 'oodles'를 나타낸다. 다른 슬라이스 레퍼런스와 마찬가지로 &str는 실제 데이터의 주소와 길이로 구성되는 팻 포인터fat pointer다. &str를 적격한 UTF-8만 담도록 된 &[u8]이라고 생각하면 쉽다.

문자열 리터럴은 미리 할당된 텍스트를 가리키는 &str로, 보통 프로그램의 머신 코드와 함께 읽기전용 메모리에 저장된다. 앞 예에서 poodles는 7바이트 크기의 메모리를 가리키는 문자열 리터럴로,해당 메모리는 프로그램이 실행을 시작할 때 생성되어 종료할 때까지 지속된다.

String과 &str의 .len() 메서드는 자신의 길이를 반환한다. 이때 길이는 문자가 아니라 바이트 단위로 측정된다.

```
assert_eq!("ಠ_ಠ".len(), 7);
assert_eq!("ಠ_ಠ".chars().count(), 3);
```

&str는 수정할 수 없다.

```
let mut s = "hello";
s[0] = 'c';     // 오류: `&str`는 수정할 수 없기도 하지만, 여기에는 다른 이유도 있다.
s.push('\n');  // 오류: `&str` 레퍼런스를 위한 `push` 메서드는 없다.
```

실행 시점에 새 문자열을 만들어야 한다면 String을 쓰자.

&mut str 타입이 있긴 하지만, UTF-8을 다루는 대부분의 연산이 전체 바이트 길이를 변경할 수 있는 데다, 슬라이스가 자신의 참조 대상을 재할당할 수 있는 것도 아니어서 그다지 유용하지는 않다. 사실 &mut str에 대해서 쓸 수 있는 연산은 make_ascii_uppercase와 make_ascii_lowercase뿐이다. 이들은 각자 정의된 방식에 따라 즉석에서 텍스트를 수정하며, 한 바이트로 된 문자들에만 영향을 미친다.

String

&str는 어떤 데이터를 가리키는 팻 포인터라는 점에서 &[T]와 매우 비슷하다. 표 3-11에서 알 수 있다시피 String은 Vec<T>와 유사하다.

표 3-11 Vec<T>와 String의 특징 비교

	Vec<T>	String
버퍼 자동 해제	지원	지원
크기 확대	지원	지원
::new()와 ::with_capacity() 타입 연관 함수	지원	지원
.reserve()와 .capacity() 메서드	지원	지원
.push()와 .pop() 메서드	지원	지원
범위 문법 v[start..stop]	지원, &[T]를 반환함	지원, &str를 반환함
자동 변환	&Vec<T>에서 &[T]로	&String에서 &str로
메서드 상속	&[T]로부터	&str로부터

Vec과 마찬가지로 각 String은 다른 String과 공유되지 않는 자신만의 힙 할당 버퍼를 갖는다. 이 버퍼는 String 변수가 범위를 벗어날 때 자동으로 해제되는데, 단 해당 String이 이동된 경우는 예외다.

String은 다양한 방법으로 만들 수 있다.

- .to_string() 메서드는 &str를 String으로 변환한다. 이 변환 과정은 문자열 복사를 수반한다.

```
let error_message = "too many pets".to_string();
```

.to_owned() 메서드는 하는 일도 같고 사용법도 같지만, 다른 타입에도 쓸 수 있다는 차이가 있다. 이 부분은 13장에서 이야기한다.

- format!() 매크로는 println!()과 하는 일이 같지만, 텍스트를 stdout에 기록하지 않고 새 String에 담아 반환한다는 점과, 끝에 새 줄 문자를 자동으로 넣지 않는다는 점이 다르다.

```
assert_eq!(format!("{}°{:02}′{:02}″N", 24, 5, 23),
           "24°05′23″N".to_string());
```

- 문자열의 배열, 슬라이스, 벡터는 여러 문자열로부터 새 String을 만들어 내는 두 메서드 .concat()과 .join(sep)을 갖는다.

```
let bits = vec!["veni", "vidi", "vici"];
assert_eq!(bits.concat(), "venividivici");
assert_eq!(bits.join(", "), "veni, vidi, vici");
```

문자열을 다루다 보면 &str와 String 중 어떤 타입을 사용해야 좋을지 고민되기 마련이다. 이 질문에 대해서는 5장에서 자세히 다룬다. 당분간은 &str가 (실행 파일에 저장되는) 문자열 리터럴의 슬라이스와 (실행 시점에 할당되고 해제되는) String의 슬라이스를 모두 가리킬 수 있다는 점만 기억해도 충분하다. 이 말은 곧 어떤 종류의 문자열이든 가리지 않고 받을 수 있어야 하는 함수 인수에는 &str가 더 적합하다는 걸 뜻한다.

문자열 사용하기

문자열은 ==과 != 연산자를 지원한다. 만일 두 문자열이 (같은 메모리 위치를 가리키고 있는지의 여부와 관계없이) 같은 문자들을 같은 순서대로 포함하고 있다면 이들은 서로 같다.

```
assert!("ONE".to_lowercase() == "one");
```

또 문자열은 <, <=, >, >= 비교 연산자와 더불어 많은 유용한 메서드와 함수를 지원하는데, 이들은 온라인 문서의 'str (primitive type)' 페이지나 'std::str' 모듈 페이지에서 찾아볼 수 있다(17장에서도 다루고 있으니 참고하자). 몇 가지 예를 보자.

```
assert!("peanut".contains("nut"));
assert_eq!("ʊ_ʊ".replace("ʊ", "■"), "■_■");
assert_eq!("    clean\n".trim(), "clean");

for word in "veni, vidi, vici".split(", ") {
    assert!(word.starts_with("v"));
}
```

한 가지 유념할 것은 유니코드의 특성상 char 간의 단순 비교가 항상 기대하는 답을 주지는 **않는다**는 점이다. 예를 들어, 러스트 문자열 "th\u{e9}"와 "the\u{301}"은 모두 프랑스어로 차$_{tea}$를 뜻하는 단어인 **thé**에 대한 유효한 유니코드 표현이다. 유니코드는 둘 다 같은 방식으로 표시하고 처리해야 한다고 말하지만, 러스트는 이 둘을 완전히 다른 문자열로 취급한다. 마찬가지로 < 같은 러스트의 순서 연산자는 문자의 코드 포인트 값에 기반을 둔 간단한 사전식 순서를 사용하는데, 이 순서는 사용자의 언어와 문화권에서 쓰이는 텍스트 순서와 닮은 구석이 거의 없다. 이와 같은 문제는 17장에서 보다 자세히 이야기한다.

유사 문자열 타입

러스트는 문자열이 유효한 UTF-8임을 보장한다. 하지만 프로그램을 만들다 보면 유효한 유니코드가 **아닌** 문자열을 다루어야 하는 경우도 더러 있다. 대개는 러스트 프로그램이 이런 규칙을 시행하지 않는 일부 다른 시스템과 맞물려 움직여야 할 때 이런 일이 생긴다. 예를 들어, 대부분의 운영체제에서는 파일을 만들 때 이름이 꼭 유효한 유니코드일 필요가 없다. 러스트 프로그램이 이런 종류의 파일 이름을 만나면 어떻게 처리해야 할까?

러스트는 이런 상황에 쓸 수 있는 유사 문자열 타입 몇 가지를 제공한다.

* 유니코드 텍스트에는 String과 &str를 쓴다.

* 파일 이름을 다룰 때는 std::path::PathBuf와 &Path를 쓴다.

* UTF-8로 인코딩되지 않은 바이너리 데이터를 다룰 때는 Vec<u8>과 &[u8]을 쓴다.

* 환경 변수 이름과 명령줄 인수를 운영체제의 고유 형식으로 다룰 때는 OsString과 &OsStr를 쓴다.

* 널 종료 문자열을 쓰는 C 라이브러리와 연동할 때는 std::ffi::CString과 &CStr를 쓴다.

타입 별칭

type 키워드는 C++의 typedef처럼 기존 타입을 위한 새 이름을 선언하는 데 쓸 수 있다.

```
type Bytes = Vec<u8>;
```

여기서 선언하고 있는 Bytes 타입은 특정 유형으로 된 Vec의 축약 표기다.

```
fn decode(data: &Bytes) {
    ...
}
```

한 걸음 더 나아가기

타입은 러스트의 핵심이다. 따라서 앞으로 책 전반에 걸쳐서 타입에 대한 논의를 계속 이어나갈 것이며, 새로운 타입도 소개할 것이다. 특히, 러스트의 사용자 정의 타입은 메서드가 정의되는 곳으로서 언어에 다양한 풍미를 더해 준다. 사용자 정의 타입에는 스트럭트, 이늄, 트레이트 이렇게 세 가지가 있는데, 스트럭트는 9장, 이늄은 10장, 트레이트는 11장에서 다룬다.

함수와 클로저는 자기만의 고유한 타입을 갖는 언어 기능으로, 14장에서 다룬다. 표준 라이브러리를 구성하는 타입들은 책 전반에 걸쳐서 다루는데, 그중 표준 컬렉션 타입은 16장에서 살펴본다.

하지만 모든 일에는 때가 있는 법이다. 다음 단계로 넘어가기 전에 러스트의 안전 규칙과 관련된 핵심 개념을 먼저 살펴보자.

소유와 이동

우리가 프로그래밍 언어에 기대하는 메모리 관리에 관한 특성은 크게 두 가지다.

- 메모리가 원하는 시점에 지체 없이 해제되면 좋겠다. 그래야 우리가 프로그램의 메모리 소모량을 통제할 수 있다.

- 해제된 객체를 가리키는 포인터는 절대로 사용하고 싶지 않다. 이런 상황은 미정의 동작으로 이어져 크래시와 보안 허점을 야기한다.

그러나 이 둘은 상호 배타적인 관계에 있는 것처럼 보인다. 포인터가 존재하는 상황에서 값을 해제하면 그 포인터는 대상을 잃을 게 뻔하다. 대부분의 주요 프로그래밍 언어들은 위 두 가지 특성 중 어느 것을 포기하느냐에 따라서 크게 두 진영으로 나뉜다.

- '안전 우선' 진영은 가비지 컬렉션garbage collection을 써서 메모리를 관리한다. 가비지 컬렉션은 어떤 객체가 자신에게 도달 가능한 포인터를 모두 잃었을 때 그 객체를 자동으로 해제해 주는 기능으로, 포인터가 남아 있는 한 대상이 되는 객체를 계속 유지해 두는 단순한 방법을 써서 대상을 잃은 포인터가 생기는 걸 방지한다. 파이썬, 자바스크립트, 루비, 자바, C#, 하스켈 등 대부분의 최신 언어들이 이 진영에 속한다.

  그러나 가비지 컬렉션에 의존한다는 건 객체가 해제되는 동안에 통제권이 가비지 컬렉터에게로 넘어간다는 걸 의미한다. 가비지 컬렉터는 보통 생각하는 것보다 덩치가 크고 무거우며, 메모리가 예상 시점에 해제되지 않은 이유를 이해하기도 여간 까다로운 게 아니다.

- '제어 우선' 진영은 메모리 해제의 책임을 여러분에게 맡긴다. 프로그램의 메모리 사용 전략을 전적으로 여러분이 알아서 구사할 수 있는 반면, 대상을 잃은 포인터가 생기는 걸 방지하는 일 역시 여러분이 전적으로 책임져야 한다. C와 C++가 이 진영에 속하는 유일한 주류 언어.

  그러나 이 방식은 절대로 실수하지 않는 존재에게나 어울릴 뿐, 모름지기 사람이라면 누구나 실수하기 마련이다. 잘못된 포인터 사용은 알려진 보안 문제를 수집해 온 이래로 줄곧 문제의 공통된 원인으로 지목되어 왔다.

러스트는 안전과 성능을 동시에 잡는 걸 목표로 하기 때문에 이런 식으로 타협하지 않는다. 그러나 그게 쉬운 일이었다면 누군가 진작에 그렇게 했을 것이다. 뭔가 근본적인 변화가 필요하다.

러스트는 프로그램이 구사할 수 있는 포인터의 용법에 제약을 두는 기발한 방법으로 이 교착 상태를 깬다. 이번 장과 다음 장은 이 제약이 정확히 무엇이고, 또 왜 작동하는지를 설명한다. 당분간은 익숙하게 써왔던 일반적인 구조 몇 가지가 이 규칙에 맞지 않을 수도 있으니 대안을 찾아야 한다는 정도로만 알아 두자. 이 제약은 러스트의 컴파일 시점 검사가 프로그램 안에 대상을 잃은 포인터, 중복 해제, 초기화되지 않은 메모리 사용 등의 메모리 안전성 오류가 없음을 검증할 수 있도록 혼돈에 질서를 불어넣는 역할을 한다. 실행 시점에서 포인터는 단순한 메모리 주소에 불과하다. 이 점은 C와 C++도 마찬가지지만, 러스트의 경우는 코드가 포인터를 안전하게 사용하고 있음이 입증된 채로 실행된다는 점에서 차이가 있다.

또 이 규칙은 러스트의 안전한 동시적 프로그래밍 지원의 기초를 이룬다. 세심하게 설계된 러스트의 스레딩 기본 요소를 사용하면, 이 규칙이 코드가 메모리를 올바로 사용하고 있음을 보장하는 동시에 데이터 경합이 없음을 입증해 준다. 한 스레드가 다른 스레드의 데이터를 손상시키는 버그는 재현하기도 어렵지만 증상이 전혀 관련 없는 부분에서 나타날 수 있어서 특정하기 힘든데, 러스트 프로그램에서는 이런 버그가 생길 수 없다. 멀티 스레드 코드 특유의 비결정적인 행동이 이를 다루도록 설계된 뮤텍스, 메시지 채널, 원자적인 값 등의 기능 안에 격리되므로, 통상의 메모리 참조 시에는 나타나지 않는다. 러스트는 C와 C++가 덧씌운 멀티 스레드 코드의 오명을 아주 멋지게 털어낸다.

러스트가 언어의 판을 새로 짜면서까지 자신의 명운을 걸고 과감한 베팅을 하는 데는 나름의 계산이 깔려 있다. 우선 이런 제약으로 인해 생기는 거부감은 언어와 친해지는 과정에서 못 하는 일이 거의 없을 만큼 유연하다는 걸 깨닫게 되면 점차 사라질 것이다. 또 그간 고수해온 스타일을 바꿔야 하는 부담감은, 광범위한 부류의 메모리 관리와 동시성 버그를 제거할 수 있다는 데서 오는 이득으로 정당화될 것이다. 필자는 오랫동안 C와 C++를 다방면으로 경험해봤기 때문에 러스트에 거는 기대가 크다. 필자가 볼 때 러스트의 이런 제안은 망설일 이유가 전혀 없는 거래다.

러스트의 규칙은 다른 프로그래밍 언어에서 보던 것과 좀 다를 텐데, 필자 생각에는 이를 잘 구워삶아서 여러분의 것으로 만드는 것이 러스트를 배우는 데 있어 가장 중요한 도전 과제다. 이번 장에서는 먼저 똑같은 기본 문제를 다른 언어에서는 어떻게 풀어가는지 살펴봄으로써 러스트의 규칙 이면에 있는 논리와 의도를 짚어 본다. 그런 다음 이 규칙을 자세히 살펴보면서 소유의 개념적 의미와 기술적 의미는 무엇인지, 다양한 시나리오에서 소유의 변화는 어떤 식으로 추적되는지, 규칙 일부를 완화하거나 깨뜨려서 유연성을 좀 더 확보할 수 있는 타입에는 어떤 것들이 있는지 알아본다.

소유

C나 C++ 코드를 많이 읽어 봤다면 어떤 클래스의 인스턴스가 자신이 가리키는 다른 어떤 객체를 **소유한다**고 되어 있는 주석을 보았을 것이다. 이 말은 일반적으로 소유 객체가 피소유 객체의 해제 시점을 결정한다는 뜻이다. 즉, 소유자가 소멸될 때 그의 소유물도 함께 소멸된다.

예를 들어, 다음과 같은 C++ 코드를 작성했다고 하자.

```
std::string s = "frayed knot";
```

문자열 s는 보통 그림 4-1과 같은 형태로 메모리에 표현된다.

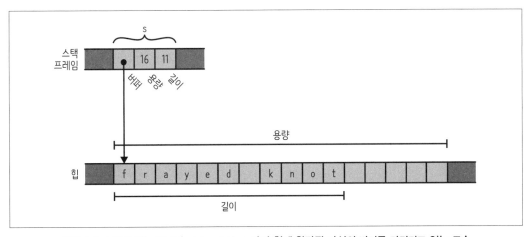

그림 4-1 **스택에 있는 C++의 std::string 값이 힙에 할당된 자신의 버퍼를 가리키고 있는 모습**

여기서 실제 std::string 객체 자체는 길이가 늘 정확히 3워드이며, 힙에 할당된 버퍼의 포인터, 이 버퍼의 전체 용량(즉, 재할당 없이 가질 수 있는 문자열의 최대 길이), 지금 가지고 있는 텍스트의 길이로 구성된다. 이들은 std::string의 비공개 필드로서 문자열의 사용자가 접근할 수 없다.

std::string은 자신의 버퍼를 소유한다. 즉, 프로그램이 문자열을 소멸시키면 문자열의 소멸자가 자신의 버퍼를 해제한다. 과거에 쓰던 C++ 라이브러리 중에는 여러 std::string 값이 하나의 버퍼를 공유하게 하고, 레퍼런스 카운트를 써서 이 버퍼의 해제 시점을 결정하던 것들이 있었다. 그러나 최신 버전의 C++ 명세는 이런 식의 구현을 사실상 금지하고 있어서 요즘 나오는 C++ 라이브러리는 모두 앞서 말한 접근 방식을 사용한다.

이런 상황에서는 다른 코드에서 누군가 이미 소유한 메모리를 가리키는 임시 포인터를 만들어도 무방하지만, 소유주가 자신이 소유한 객체를 소멸시키기 전에 그 코드에서 해당 포인터를 책임지고 없애야 한다는 것이 일반적인 인식이다. std::string의 버퍼 안에 있는 문자를 가리키는 포인터를 만들 수는 있지만, 문자열이 소멸되면 포인터가 엉뚱한 곳을 가리키게 되므로 이후에 이를 계속 사용하는 일이 없게 하는 건 여러분의 몫이다. 소유자가 소유물의 수명을 결정하면 나머지는 그 결정을 존중해야 한다.

방금 살펴본 std::string에 관한 내용은 어디까지나 C++에서 소유가 어떤 식으로 작동하는지 보기 위한 예시임을 유념하자. 이는 표준 라이브러리가 일반적으로 따르는 관행으로 언어 차원에서도 이와 유사한 관행을 따르도록 권장하긴 하지만, 여러분의 타입을 어떤 식으로 설계할지 결정하는 건 결국 여러분 자신이다.

그러나 러스트에서는 소유의 개념이 언어 자체에 내장되어 있으며, 컴파일 시점 검사를 통해 검증된다. 모든 값은 자신의 수명을 결정하는 소유자가 하나뿐이다. 소유자가 해제(러스트에서는 **드롭**drop이라는 용어를 쓴다)될 때 그가 소유한 값도 함께 드롭된다. 이 규칙은 주어진 값의 수명을 코드만 들여다봐도 쉽게 알 수 있도록 해줄 뿐 아니라, 시스템 언어가 마련해 주는 그 수명 자체도 여러분이 통제할 수 있도록 해준다.

변수는 자신의 값을 소유한다. 변수는 제어가 자신이 선언된 블록을 벗어날 때 드롭되며, 따라서 그의 값도 함께 드롭된다. 예를 보자.

```
fn print_padovan() {
    let mut padovan = vec![1,1,1];  // 여기서 할당되고,
    for i in 3..10 {
        let next = padovan[i-3] + padovan[i-2];
        padovan.push(next);
    }
    println!("P(1..10) = {:?}", padovan);
}                                    // 여기서 드롭된다.
```

변수 padovan의 타입은 32비트 정수 벡터 Vec<i32>다. padovan의 최종 값은 그림 4-2와 같은 메모리 구조를 가질 것이다.

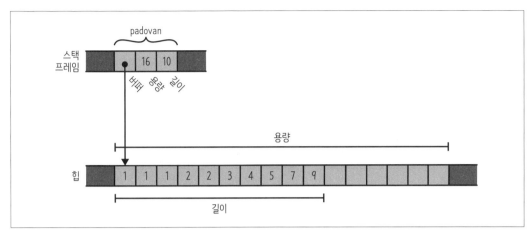

그림 4-2 스택에 있는 Vec<i32>가 힙에 있는 자신의 버퍼를 가리키고 있는 모습

이 그림은 버퍼 안에 있는 요소들이 문자가 아니라 32비트 값이라는 점만 제외하면 앞서 살펴본 C++의 std::string과 매우 비슷하다. padovan의 포인터, 용량, 길이를 쥐고 있는 워드들이 print_padovan 함수의 스택 프레임에 저장되어 있는 점을 눈여겨보자. 힙에 할당되는 것은 이 벡터의 버퍼 뿐이다.

벡터는 앞서 살펴본 문자열 s와 마찬가지로 자신의 요소들이 담긴 버퍼를 소유한다. 변수 padovan이 위 함수의 끝에서 범위를 벗어나면 프로그램은 해당 벡터를 드롭하는데, 이때 이 벡터가 소유하고 있는 버퍼도 함께 사라진다.

러스트의 Box 타입은 소유의 또 다른 예다. Box<T>는 힙에 저장된 T 타입 값의 포인터다. Box::new(v) 호출은 힙 공간을 할당하고, 값 v를 그리로 옮긴 뒤, 그 힙 공간을 가리키는 Box를 반환한다. Box는 자신이 가리키는 공간을 소유하므로 Box가 드롭되면 그 공간도 해제된다.

예를 들어, 다음처럼 하면 튜플을 힙에 할당할 수 있다.

```
{
    let point = Box::new((0.625, 0.5));  // 여기서 point가 할당되고,
    let label = format!("{:?}", point);  // 여기서 label이 할당되며,
    assert_eq!(label, "(0.625, 0.5)");
}                                        // 둘 다 여기서 드롭된다.
```

이 프로그램에서 Box::new 호출은 힙에 두 개의 f64 값을 갖는 튜플을 위한 공간을 할당하고, 인수 (0.625, 0.5)를 그리로 옮긴 뒤, 이를 가리키는 포인터를 반환한다. 제어가 assert_eq! 호출에 있을 때 스택 프레임의 모습은 그림 4-3과 같다.

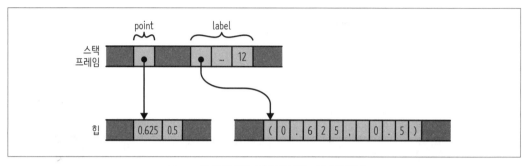

그림 4-3 힙 메모리를 소유하고 있는 두 지역변수

변수 point와 label이 스택 프레임 안에서 자신이 소유한 힙 메모리를 가리키는 구조다. 이들이 드롭되면 이들이 소유한 힙 메모리도 함께 해제된다.

변수가 자신의 값을 소유하듯이 스트럭트는 자신의 필드들을 소유한다. 마찬가지로 튜플, 배열, 벡터 역시 자신의 요소들을 소유한다.

```rust
struct Person { name: String, birth: i32 }

let mut composers = Vec::new();
composers.push(Person { name: "Palestrina".to_string(),
                        birth: 1525 });
composers.push(Person { name: "Dowland".to_string(),
                        birth: 1563 });
composers.push(Person { name: "Lully".to_string(),
                        birth: 1632 });
for composer in &composers {
    println!("{}, born {}", composer.name, composer.birth);
}
```

여기서 composers는 문자열 하나와 수 하나로 된 스트럭트를 요소로 갖는 벡터 Vec<Person>이다. composers의 최종 값은 그림 4-4와 같은 메모리 구조를 갖는다.

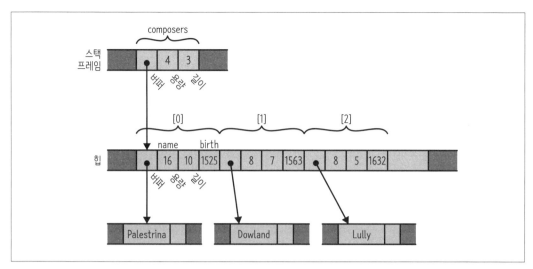

그림 4-4 **좀 더 복잡한 소유 관계 트리**

소유 관계가 복잡해 보이지만 하나하나 따져보면 아주 간단하다. composers는 벡터를 소유한다. 이 벡터는 자신의 요소들을 소유하는데, 여기서 각 요소는 Person 구조체다. 각 구조체는 자신의 필드들을 소유한다. 그리고 문자열 필드는 자신의 텍스트를 소유한다. 제어가 composers가 선언된 범위를 벗어나면 프로그램은 그의 값을 드롭하고 여기에 관련된 모든 내용을 처분한다. 앞서 나온 그림에 HashMap이나 BTreeSet 같은 다른 종류의 컬렉션이 오더라도 이야기는 달라지지 않는다.

이쯤에서 한 걸음 뒤로 물러나 지금까지 살펴본 소유 관계의 결과를 곰곰이 생각해 보자. 모든 값은 소유자가 하나뿐이므로 드롭할 시기를 결정하기가 쉽다. 그러나 하나의 값이 다른 여러 값을 소유하는 경우도 있다. 예를 들어, composers 벡터는 자신의 모든 요소를 소유한다. 또 이 값들이 차례로 다른 값들을 소유하기도 한다. 예를 들어 composers의 각 요소는 문자열을 소유하고, 이 문자열은 자신의 텍스트를 소유한다.

이렇듯 소유자와 이들이 소유한 값은 **트리**tree 구조를 이룬다. 여기서 소유자는 부모가 되고, 이들이 소유한 값은 자식이 된다. 각 트리의 최종 루트는 변수다. 이 변수가 범위를 벗어나면 전체 트리도 함께 사라진다. 앞에서 본 composers의 다이어그램에서 이런 소유 관계 트리를 확인할 수 있다. 소유 관계 트리는 서치 트리 데이터 구조나 DOM 엘리먼트로 된 HTML 문서에서 말하는 '트리'와 다르다. 이 트리는 다양한 타입이 뒤섞인 구조로 되어 있으며, 트리보다 복잡한 관계를 만들어 낼 가능성이 있는 구조 변경은 러스트의 단일 소유자 규칙에 의해 모두 금지된다. 러스트 프로그램에 있는 모든 값은 어딘가에 있는 변수에 뿌리내린 이름 모를 트리의 구성원이다.

러스트 프로그램은 보통 C와 C++ 프로그램이 free와 delete를 써서 하는 것처럼 값을 명시적으로 드롭하지 않는다. 러스트에서 값을 드롭하려면 변수의 범위를 벗어나거나 벡터에서 요소를 삭제하는 등의 방법으로 어떻게든 그 값을 소유 관계 트리에서 제거해야 한다. 그러면 러스트가 그 값과 그 값이 소유한 모든 것을 적절히 알아서 드롭해 준다.

보기에 따라서는 러스트가 다른 언어들에 비해 덜 강력하다고 느낄 수 있다. 실용적인 다른 모든 프로그래밍 언어에서는 어떤 식으로든 서로를 가리키는 임의의 객체 그래프를 만들 수 있으니 말이다. 그러나 러스트가 덜 강력하다고 느껴지는 이유는 바로 언어가 수행하는 프로그램 분석 능력이 좀 더 뛰어나기 때문이다. 러스트가 안전성을 담보할 수 있는 이유는 바로 코드가 좀 더 다루기 쉬운 관계들로 되어 있기 때문이다. 이 부분 역시 앞서 언급한 러스트의 '과감한 베팅'에 포함된다. 실제로 러스트는 언어가 설정해 둔 제약의 틀 안에서 완벽하게 문제를 풀어낼 수 있는 해결책이 적어도 여러 개는 된다는 점에서 충분한 유연성을 갖췄다고 주장한다.

그렇다 치더라도 지금까지 설명한 소유의 개념은 여전히 너무 엄격해서 쓰기가 어렵다. 따라서 러스트는 다음과 같은 방법을 통해서 이 단순한 아이디어를 확장한다.

- 값을 한 소유자에게서 다른 소유자에게로 옮길 수 있다. 이를 통해서 트리를 만들고 바꾸고 허무는 것이 가능하다.
- 정수, 부동소수점 수, 문자 같은 아주 단순한 타입들은 소유 규칙의 적용 대상에서 제외된다. 이런 타입을 Copy 타입이라고 한다.
- 표준 라이브러리는 레퍼런스 카운트 기반의 포인터 타입인 Rc와 Arc를 제공한다. 이들을 사용하면 약간의 제약이 따르긴 하지만 값이 여러 소유자를 가질 수 있다.
- 값의 '레퍼런스를 빌려' 올 수 있다. 레퍼런스는 한정된 수명을 가진 소유권이 없는 포인터다.

이런 전략은 러스트의 약속을 계속 유지하면서 소유 모델에 유연성을 가져다준다. 그럼 이들을 하나씩 차례로 살펴보자. 레퍼런스는 다음 장에서 다룬다.

이동

러스트에서는 값을 변수에 배정하거나, 값을 함수에 전달하거나, 값을 함수에서 반환하거나 하는 식의 연산이 일어날 때 대부분 그 값이 복사되지 않고 **이동**move된다. 이때 원주인은 값의 소유권을 새 주인에게 양도하고 미초기화 상태가 되며, 이후 값의 수명은 새 주인이 통제한다. 러스트 프로그램은 값을 하나씩 쌓아서 복잡한 구조를 만들기도 하고 또 하나씩 옮겨서 이를 허물기도 한다.

리스트가 이런 기본적인 연산의 의미를 달리 가져간다는 사실에 놀랐을지도 모르겠다. 프로그래밍의 역사에 비춰볼 때 지금쯤이면 배정assignment의 의미 정도는 확실하게 정해져 있을 법도 한데 말이다. 하지만 다른 언어들이 배정을 처리하기 위해 선택한 방법을 자세히 들여다보면 실제로 언어마다 상당한 차이가 있음을 알 수 있다. 그럼 비교를 통해서 리스트가 선택한 방법의 의미와 결과가 무엇인지 알아보자.

다음의 파이썬 코드를 보자.

```
s = ['udon', 'ramen', 'soba']
t = s
u = s
```

각 파이썬 객체는 레퍼런스 카운트를 가지고 있어서 현재 자신을 참조하고 있는 값의 수를 추적한다. 따라서 s에 배정을 마친 직후의 프로그램 상태를 보면 그림 4-5와 같다(일부 필드는 생략했다).

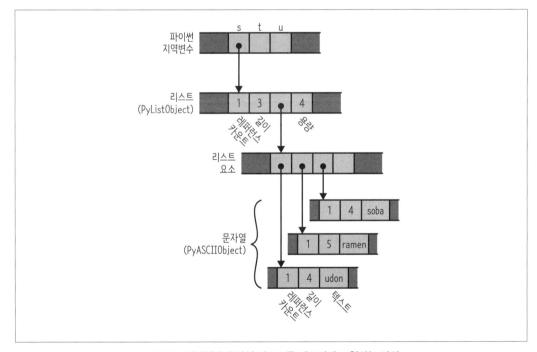

그림 4-5 **파이썬이 문자열 리스트를 메모리에 표현하는 방식**

리스트를 가리키는 것은 s뿐이므로 리스트의 레퍼런스 카운트는 1이다. 그리고 문자열들을 가리키는 객체는 리스트뿐이므로 각 문자열의 레퍼런스 카운트 역시 1이다.

이 상태에서 프로그램이 t와 u에 배정을 수행하면 어떻게 될까? 파이썬에서 배정은 대상이 원본과 같은 객체를 가리키게 만든 다음, 그 객체의 레퍼런스 카운트를 증가시키도록 구현되어 있다. 따라서 프로그램의 최종 상태는 그림 4-6과 같다.

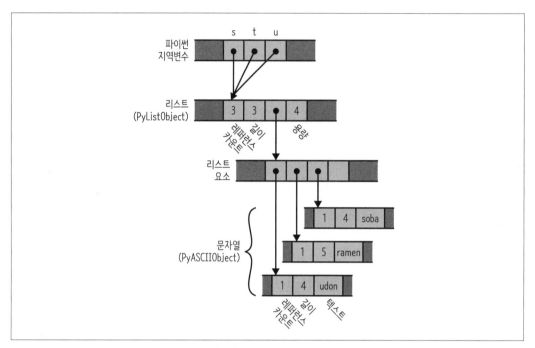

그림 4-6 **파이썬에서 s를 t와 u에 배정한 결과**

파이썬은 s에 있는 포인터를 t와 u에 복사하고 리스트의 레퍼런스 카운트를 3으로 갱신한다. 파이썬의 배정은 비용이 거의 들지 않지만, 객체에 대한 새로운 레퍼런스를 생성하기 때문에 값을 해제할 수 있는 시점을 알기 위해서는 반드시 레퍼런스 카운트를 유지해야 한다.

이번에는 이와 비슷한 C++ 코드를 보자.

```
using namespace std;
vector<string> s = { "udon", "ramen", "soba" };
vector<string> t = s;
vector<string> u = s;
```

s의 원래 값은 그림 4-7과 같은 메모리 구조를 갖는다.

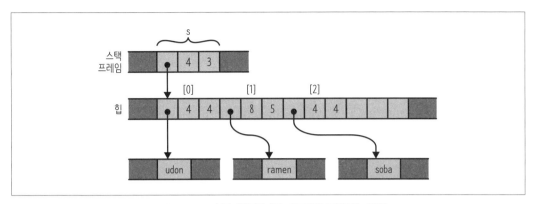

그림 4-7 **C++가 문자열 벡터를 메모리에 표현하는 방식**

이 상태에서 프로그램이 s를 t와 u에 배정하면 어떻게 될까? C++에서는 std::vector를 배정하면 벡터의 복사본이 만들어진다. std::string도 비슷하게 작동한다. 따라서 프로그램은 실제로 코드 끝에 도달할 때까지 벡터 세 개와 문자열 아홉 개를 할당하게 된다(그림 4-8).

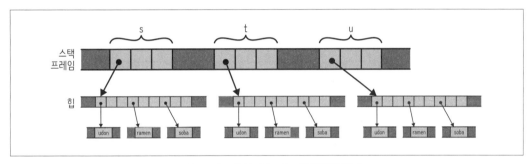

그림 4-8 **C++에서 s를 t와 u에 배정한 결과**

C++의 배정은 대상이 되는 값에 따라서 메모리와 프로세서 시간을 한도 끝도 없이 소비할 수 있다. 하지만 프로그램 입장에서는 이 모든 메모리의 해제 시점을 결정하기가 쉽다는 장점이 있다. 앞의 변수들이 범위를 벗어나면, 여기서 할당된 모든 것이 자동으로 정리된다.

C++와 파이썬은 상반된 장단점을 택했다고 할 수 있다. 파이썬은 배정할 때 비용이 거의 들지 않지만, 레퍼런스 카운팅이(보통은 가비지 컬렉션도 함께) 필요하다. C++는 모든 메모리의 소유권을 명확하게 유지하지만, 배정할 때 객체에 대해서 깊은 복사를 수행해야 한다. 단, C++ 프로그래머들이 모두 이 결정을 지지하는 건 아니다. 깊은 복사를 수행할 때 비용이 많이 들 수 있는 데다, 대개는 이보다 나은 실용적인 대안이 있기 때문이다.

그렇다면 러스트에서는 이와 비슷한 프로그램이 어떤 식으로 작동할까? 코드를 보자.

```
let s = vec!["udon".to_string(), "ramen".to_string(), "soba".to_string()];
let t = s;
let u = s;
```

러스트는 C와 C++처럼 "udon"과 같은 일반 문자열 리터럴을 읽기 전용 메모리에 둔다. 따라서 여기서는 C++와 파이썬 예제와의 비교 조건을 맞추기 위해 to_string을 호출해서 힙에 할당된 String 값을 가져온다.

러스트와 C++는 벡터와 문자열을 구현하고 있는 방식이 서로 비슷해서 s를 초기화한 직후의 상황을 보면 C++의 경우와 비슷하다(그림 4-9).

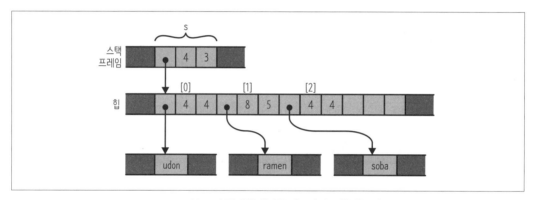

그림 4-9 러스트가 문자열 벡터를 메모리에 표현하는 방식

그러나 러스트의 배정은 대부분 원주인source의 값을 새 주인destination에게 **옮기고** 원주인을 미초기화 상태로 남겨 둔다는 걸 기억하자. 따라서 프로그램이 t를 초기화한 직후의 메모리 모습은 그림 4-10과 같다.

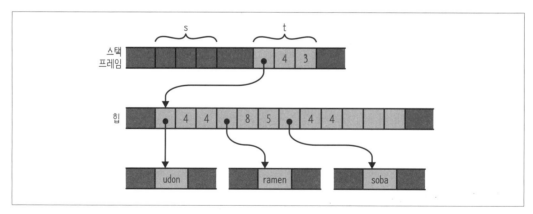

그림 4-10 러스트에서 s를 t에 배정한 결과

무슨 일이 일어났을까? 초기화 코드 let t = s;는 벡터의 헤더 필드 세 개를 s에서 t로 옮겼다. 따라서 이제 t가 이 벡터를 소유한다. 벡터의 요소들은 원래 있던 위치에 그대로 있고, 문자열도 모두 그대로다. 벡터의 주인이 바뀌긴 했지만, 모든 값은 여전히 소유자가 하나다. 조정해야 할 레퍼런스 카운트도 전혀 없다. 이제 컴파일러는 s를 미초기화 상태로 간주한다.

그렇다면 초기화 코드 let u = s;에 도달할 때는 무슨 일이 일어날까? 이 코드는 미초기화 상태의 값 s를 u에 배정할 것이다. 그러나 러스트는 초기화되지 않은 값의 사용을 금지하고 있으므로 컴파일러가 앞의 코드를 만나면 다음과 같은 오류를 내며 거부한다.

```
error: use of moved value: `s`
  |
7 |     let s = vec!["udon".to_string(), "ramen".to_string(), "soba".to_string()];
  |         - move occurs because `s` has type `Vec<String>`,
  |           which does not implement the `Copy` trait
8 |     let t = s;
  |             - value moved here
9 |     let u = s;
  |             ^ value used here after move
```

여기서 러스트가 배정을 이동으로 처리하는 데 따른 결과를 생각해 보자. 우선 파이썬처럼 배정할 때 비용이 거의 들지 않는다. 프로그램은 3워드로 된 벡터의 헤더를 한 곳에서 다른 곳으로 옮기기만 하면 된다. 그러면서도 C++처럼 소유권이 항상 명확하다. 프로그램은 레퍼런스 카운팅이나 가비지 컬렉션의 도움 없이도 벡터 요소와 문자열 내용의 해제 시점을 알 수 있다.

지불해야 할 비용이라고는 복사본이 필요할 때 이를 명시적으로 요청해야 한다는 것뿐이다. 만일 C++ 프로그램처럼 각 변수가 구조체의 독립된 복사본을 갖는 상태를 만들고 싶다면, 벡터의 clone 메서드를 호출해서 벡터와 그의 요소들에 대해 깊은 복사를 수행해야 한다.

```
let s = vec!["udon".to_string(), "ramen".to_string(), "soba".to_string()];
let t = s.clone();
let u = s.clone();
```

러스트에 있는 레퍼런스 카운트 기반의 포인터 타입을 쓰면 파이썬의 동작을 재현할 수도 있는데, 이 부분은 뒤에서 나올 'Rc와 Arc: 공유된 소유권' 절에서 간단히 살펴본다.

이동으로 처리되는 그 밖의 연산들

지금까지 살펴본 예들은 let 문의 범위 안에서 변수에 값을 설정하는 과정인 초기화 시에 일어나는 일을 다루었다. 그러나 변수에 배정할 때 일어나는 일은 이와 좀 다른데, 값을 이미 초기화된 변수로 옮기는 경우에는 러스트가 그 변수의 이전 값을 드롭한다. 예를 보자.

```
let mut s = "Govinda".to_string();
s = "Siddhartha".to_string();  // 여기서 값 "Govinda"가 드롭된다.
```

이 코드에서 프로그램이 문자열 "Siddhartha"를 s에 배정하면, 그의 이전 값인 "Govinda"가 먼저 드롭된다. 그러나 다음의 경우를 보자.

```
let mut s = "Govinda".to_string();
let t = s;
s = "Siddhartha".to_string();  // 아무것도 드롭되지 않는다.
```

이번에는 t가 s로부터 원래 문자열의 소유권을 넘겨받았기 때문에 s는 다시 배정이 이뤄지기 전까지 미초기화 상태로 남게 된다. 따라서 이 경우에는 드롭되는 문자열이 없다.

지금까지 이동을 설명할 때 초기화와 배정을 예로 들었던 이유는 이들이 단순하기 때문이다. 그러나 러스트는 값이 쓰이는 거의 모든 곳에 이동 의미론move semantics을 적용한다. 함수에 인수를 전달하면 소유권이 함수의 매개변수로 이동하고, 함수에서 값을 반환하면 소유권이 호출부로 이동하고, 튜플을 만들면 값이 튜플 안으로 이동하는 식이다.

이제 앞 절에서 살펴본 예들이 실제로 어떻게 돌아가는지 더 잘 이해할 수 있을 것이다. 예를 들어, composers 벡터를 생성할 때 다음과 같은 코드를 작성했었다.

```
struct Person { name: String, birth: i32 }

let mut composers = Vec::new();
composers.push(Person { name: "Palestrina".to_string(),
                        birth: 1525 });
```

이 코드는 초기화와 배정 외에도 여러 곳에서 이동이 발생한다.

- **함수에서 값을 반환할 때**

  Vec::new() 호출은 새 벡터를 생성하고 벡터의 포인터가 아니라 벡터 그 자체를 반환한다. 이때 벡터의 소유권은 Vec::new에서 composers 변수로 이동한다. 마찬가지로 to_string 호출은 새 String 인스턴스를 반환한다.

- **새 값을 생성할 때**

  새 Person 구조체의 name 필드는 to_string의 반환값으로 초기화된다. 이때 문자열의 소유권은 구조체가 갖는다.

- **함수로 값을 전달할 때**

  벡터의 push 메서드에 전달되는 것은 Person 구조체의 포인터가 아니라 구조체 그 자체이며, 전달된 구조체는 벡터 끝으로 이동된다. 벡터는 이 Person의 소유권을 가지며, 따라서 name이 쥐고 있는 String의 간접 소유자가 된다.

값이 이런 식으로 옮겨 다니는 게 비효율적으로 보일 수 있지만, 명심해야 할 것이 두 가지 있다. 첫째는 이동의 적용 대상이 값 자체이지, 그가 소유한 힙 저장소가 아니라는 점이다. 벡터와 문자열의 경우 **값 자체**는 3워드로 된 헤더뿐이며, 잠재적으로 크기가 늘어날 수 있는 요소 배열과 텍스트 버퍼는 힙에 저장된다. 둘째는 러스트 컴파일러가 이 모든 움직임을 '꿰뚫어 보고', 그에 알맞은 코드를 생성한다는 점이다. 실제로 머신 코드는 값을 중간 이동 과정 없이 최종 위치에 바로 저장하기도 한다.

이동과 제어 흐름

앞서 살펴본 예들은 모두 아주 간단한 제어 흐름을 가지고 있다. 그렇다면 좀 더 복잡한 코드에서는 이동이 어떤 식으로 작용할까? 일반적인 원칙은 이렇다. 어떤 변수가 있을 때 그의 값이 이동될 가능성이 있고, 이동된 이후에 확실하게 새 값이 주어지지 않았다면, 그 변수는 미초기화 상태로 간주된다. 예를 들어 어떤 변수가 if 표현식의 조건이 평가되고 난 뒤에도 여전히 값을 가지고 있으면, 그 변수는 양 갈래 모두에서 쓸 수 있다.

```
let x = vec![10, 20, 30];
if c {
    f(x);  // x는 여기로 이동할 수도 있고,
} else {
    g(x);  // 또 여기로 이동할 수도 있다.
}
h(x);      // 오류: x가 양 갈래 중 하나로 이동하고 나면 미초기화 상태가 된다.
```

비슷한 이유로 루프 안에서 변수를 이동하는 것은 금지되어 있다.

```
let x = vec![10, 20, 30];
while f() {
    g(x);  // 오류: x는 첫 번째 반복 처리 시에 이동되므로,
           // 두 번째 반복 처리 시에는 미초기화 상태가 되어 있다.
}
```

단, 다음 반복에 들어가기 전까지 확실하게 새 값을 부여해 두면 문제가 없다.

```
let mut x = vec![10, 20, 30];
while f() {
    g(x);       // x는 여기서 이동되고,
    x = h();   // 여기서 새 값을 받는다.
}
e(x);
```

색인을 써서 접근하는 콘텐트의 이동

앞서 우리는 이동이 발생하면 값의 소유권이 새 주인에게로 가기 때문에 원주인이 미초기화 상태로 남게 된다고 언급한 바 있다. 그러나 모든 종류의 값 소유자가 미초기화 상태가 될 수 있는 건 아니다. 예를 들어, 다음 코드를 보자.

```
// 문자열 "101", "102", ... "105"를 갖는 벡터를 만든다.
let mut v = Vec::new();
for i in 101 .. 106 {
    v.push(i.to_string());
}

// 벡터에서 아무 요소나 꺼낸다.
let third = v[2];  // 오류: 벡터 밖으로 옮길 수 없다.
let fifth = v[4];  // 여기도 마찬가지다.
```

이 코드가 작동하려면 러스트는 어떻게든 벡터의 세 번째와 다섯 번째 요소가 미초기화 상태라는 걸 기억해 두고 벡터가 드롭될 때까지 그 정보를 추적해야 한다. 이를 위해서는 벡터가 살아 있는 요소와 미초기화 상태의 요소를 나타내는 추가 정보를 함께 들고 다녀야 할 것이다. 그러나 시스템 프로그래밍 언어가 이런 식으로 행동하는 건 옳지 않다. 벡터는 그냥 벡터여야 한다. 실제로 러스트는 앞의 코드에 대해서 다음과 같은 오류를 내며 거부한다.

```
error: cannot move out of index of `Vec<String>`
   |
14 |     let third = v[2];
   |                 ^^^^
   |                 |
   |                 move occurs because value has type `String`,
   |                 which does not implement the `Copy` trait
   |                 help: consider borrowing here: `&v[2]`
```

fifth로의 이동을 두고도 비슷한 불만을 제기한다. 앞의 오류 메시지에서 러스트는 해당 요소를 이동 없이 접근하고 싶으면 레퍼런스를 쓰라고 제안한다. 아마 이것이 대부분이 바라는 바일 것이다. 그러나 실제로 요소를 벡터 밖으로 옮기고 싶다면 어떻게 해야 할까? 이럴 때는 해당 타입의 한계를 고려해가며 작업을 수행할 방법을 찾아야 하는데, 다음과 같이 세 가지 정도의 방법이 있다.

```rust
// 문자열 "101", "102", ... "105"를 갖는 벡터를 만든다.
let mut v = Vec::new();
for i in 101 .. 106 {
    v.push(i.to_string());
}

// 1. 벡터 끝에 있는 값을 꺼낸다.
let fifth = v.pop().expect("vector empty!");
assert_eq!(fifth, "105");

// 2. 주어진 색인에 있는 값을 벡터 밖으로 옮기고, 마지막 요소를 그 자리로 옮긴다.
let second = v.swap_remove(1);
assert_eq!(second, "102");

// 3. 꺼내려는 값을 다른 값과 맞바꾼다.
let third = std::mem::replace(&mut v[2], "substitute".to_string());
assert_eq!(third, "103");

// 벡터에 뭐가 남았는지 보자.
assert_eq!(v, vec!["101", "104", "substitute"]);
```

이 방법들은 요소를 벡터 밖으로 옮기되 크기가 줄더라도 벡터를 항상 가득찬 상태로 유지한다.

또한 Vec과 같은 컬렉션 타입은 보통 루프에서 자기가 가진 모든 요소를 소비하는 방법을 제공한다.

```rust
let v = vec!["liberté".to_string(),
             "égalité".to_string(),
             "fraternité".to_string()];
```

```
for mut s in v {
    s.push('!');
    println!("{}", s);
}
```

for ... in v와 같이 벡터를 루프에 바로 전달하면 벡터는 v 밖으로 **이동**되고 v는 미초기화 상태가 된다. for 루프의 내부 코드는 벡터의 소유권을 넘겨받아 벡터를 요소 단위로 분해하고 루프를 매번 반복할 때마다 다음 요소를 변수 s로 옮긴다. 이렇게 되면 s가 문자열을 소유하므로 루프 본문에서 이를 출력하기 전에 수정할 수 있다. 또 벡터 자체가 코드에서 더 이상 보이지 않으므로 루프를 반복하는 도중에 듬성듬성 이가 빠진 벡터를 마주할 일도 없다.

컴파일러가 추적할 수 없는 소유자의 값을 옮겨야 할 때는 소유자의 타입을 값 보유 여부가 동적으로 추적되는 것으로 바꾸는 게 좋다. 예를 들어, 다음 코드는 앞서 살펴본 예를 그런 식으로 바꿔본 것이다.

```
struct Person { name: Option<String>, birth: i32 }

let mut composers = Vec::new();
composers.push(Person { name: Some("Palestrina".to_string()),
                        birth: 1525 });
```

이 경우에는 다음처럼 하면 안 된다.

```
let first_name = composers[0].name;
```

이처럼 하면 앞서 봤던 'cannot move out of index' 오류가 발생할 것이다. name 필드의 타입을 String에서 Option<String>으로 바꿨다는 건 필드가 None을 값으로 가질 수 있다는 뜻이므로 다음처럼 해야 문세없이 돌아간다.

```
let first_name = std::mem::replace(&mut composers[0].name, None);
assert_eq!(first_name, Some("Palestrina".to_string()));
assert_eq!(composers[0].name, None);
```

이 replace 호출은 composers[0].name의 값을 밖으로 꺼낸 뒤, 그 자리에 None을 넣어 두고 원래 값의 소유권을 호출부caller에 넘긴다. 사실 이런 식으로 Option을 쓰는 경우가 많아서 아예 이런 일을 대신 해주는 take라는 메서드가 마련되어 있다. 이 메서드를 쓰면 해당 코드가 하는 일을 다음처럼 좀 더 읽기 쉽게 작성할 수 있다.

```
let first_name = composers[0].name.take();
```

이 take 호출은 앞서 사용한 replace 호출과 같은 효과를 낸다.

Copy 타입: 이동의 예외

앞서 살펴봤다시피 이동되는 값은 주로 벡터와 문자열처럼 잠재적인 메모리 사용량이 많고, 복사하는 데 비용이 많이 드는 타입인 경우가 많다. 이동은 이런 타입의 소유권을 파악하기 쉽게 해주고, 배정에 드는 비용을 크게 줄여 준다. 그러나 정수나 문자 같은 단순한 타입의 경우에는 이런 세심한 처리가 사실 불필요하다.

String을 배정할 때와 i32 값을 배정할 때 메모리에서 일어나는 일을 비교해 보자.

```
let string1 = "somnambulance".to_string();
let string2 = string1;

let num1: i32 = 36;
let num2 = num1;
```

이 코드를 실행하고 나면 메모리가 그림 4-11과 같은 모습이 된다.

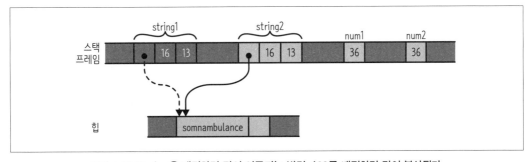

그림 4-11 String을 배정하면 값이 이동되는 반면, i32를 배정하면 값이 복사된다.

앞서 살펴본 벡터의 경우처럼 앞의 문자열 배정은 string1을 string2로 **이동**시키기 때문에 두 문자열이 같은 버퍼를 해제하는 일은 생기지 않는다. 그러나 num1과 num2의 상황은 다르다. i32는 메모리에 있는 단순한 비트 패턴에 불과할 뿐, 힙 자원을 소유한다거나 값을 이루는 바이트 외에 다른 뭔가를 추가로 갖지 않는다. 이 비트들을 num2로 옮기고 나면 num1과는 완전히 독립된 복사본이 만들어진다.

값을 옮기면 원본은 미초기화 상태가 된다. 이렇게 하는 데는 string1을 값이 없는 빈 변수로 취급하려는 기본 의도가 깔려 있지만, 계속 사용해도 아무런 해를 끼치지 않는 num1을 그런 식으로 다루는 건 무의미하다. 여기에는 이동의 장점이 적용되지 않으며, 오히려 불편하다.

앞서 우리는 **대부분의** 타입이 이동된다고 했지, 모두가 그렇다고는 하지 않았다. 여기에는 예외가 있는데 러스트가 **Copy 타입**으로 지정해 둔 것들이 바로 그것이다. Copy 타입의 값을 배정하면 값이 이동되지 않고 복사된다. 배정이 끝나도 원본은 가지고 있던 값을 그대로 유지하고 있어서 계속 사용할 수 있다. Copy 타입을 함수와 생성자에 넘길 때도 비슷하게 작동한다.

표준 Copy 타입에는 모든 머신 정수와 부동소수점 수치 타입, char와 bool 타입, 그리고 기타 몇 가지가 포함된다. Copy 타입으로 된 튜플이나 고정 길이 배열도 Copy 타입이다.

간단한 비트 단위 복사로 복사본을 만들 수 있는 타입만 Copy가 될 수 있다. 앞에서 이미 설명한 것처럼 String은 힙에 할당된 버퍼를 소유하므로 Copy 타입이 아니다. 비슷한 이유로 Box<T>는 힙에 할당된 자신의 지칭 대상을 소유하므로 Copy가 아니다. 운영체제 파일 핸들을 표현하는 File 타입은 값을 복제할 때 운영체제에게 또 다른 파일 핸들을 요청하는 과정이 필요하므로 Copy가 아니다. 마찬가지로 잠긴 뮤텍스를 표현하는 MutexGuard 타입은 뮤텍스의 특성상 한 번에 한 스레드에서만 잡아둘 수 있어서 복사하는 것이 전혀 의미가 없으므로 Copy가 아니다.

대충, 값을 드롭할 때 특별한 처리가 필요한 타입은 Copy가 될 수 없다고 보면 된다. Vec은 요소들을 해제해야 하고, File은 파일 핸들을 닫아야 하고, MutexGuard는 뮤텍스를 잠금 해제해야 한다. 이런 타입을 비트 단위로 복제하면 현재 원본의 자원을 책임지는 값이 무엇인지 알기 어렵다.

사용자 정의 타입의 경우는 어떨까? 기본적으로 struct와 enum 타입은 Copy가 아니다.

```
struct Label { number: u32 }

fn print(l: Label) { println!("STAMP: {}", l.number); }

let l = Label { number: 3 };
print(l);
println!("My label number is: {}", l.number);
```

이 코드는 컴파일되지 않는다. 오류 메시지는 다음과 같다.

```
error: borrow of moved value: `l`
   |
10 |     let l = Label { number: 3 };
   |         - move occurs because `l` has type `main::Label`,
   |           which does not implement the `Copy` trait
11 |     print(l);
   |           - value moved here
12 |     println!("My label number is: {}", l.number);
   |                                        ^^^^^^^^
   |                        value borrowed here after move
```

Label은 Copy가 아니므로 이를 print에 전달하면 값의 소유권이 print 함수로 이동되고, 복귀하기 전에 드롭된다. 그러나 Label이 결국 u32에 불과하다는 점을 감안하면 어이없는 결말이 아닐 수 없다. l을 print에 전달한다고 해서 값이 이동되어야 할 이유는 전혀 없다.

사용자 정의 타입이 Copy가 아니라고 했던 건 단지 기본 동작이 그렇다는 얘기다. 만일 스트럭트의 모든 필드가 Copy라면, 다음처럼 정의 위에 #[derive(Copy, Clone)] 어트리뷰트를 둬서 타입을 Copy로 만들 수 있다.

```
#[derive(Copy, Clone)]
struct Label { number: u32 }
```

앞에 있는 코드를 이와 같이 바꾸면 문제없이 컴파일된다. 그러나 Copy가 아닌 타입으로 된 필드를 가지고 있는 경우에는 이 방법이 통하지 않는다.

```
#[derive(Copy, Clone)]
struct StringLabel { name: String }
```

이 코드를 컴파일하면 다음과 같은 오류가 발생한다.

```
error: the trait `Copy` may not be implemented for this type
  |
7 | #[derive(Copy, Clone)]
  |          ^^^^
8 | struct StringLabel { name: String }
  |                      ------------ this field does not implement `Copy`
```

사용자 정의 타입의 모든 필드가 Copy일 때 그 타입이 자동으로 Copy가 되지 않는 이유는 뭘까? 코드가 타입을 다루는 방식은 그 타입이 Copy인지 아닌지에 따라 크게 달라진다. Copy 타입은 배정과 관련된 연산이 원본을 미초기화 상태로 두는 일이 없어서 좀 더 유연하다. 그러나 타입을 구현하는 입장에서는 정반대다. Copy 타입은 담을 수 있는 타입의 종류가 크게 제한되어 있는 반면, 비Copy 타입은 힙을 할당할 수도 있고 다른 종류의 자원을 소유할 수도 있다. 따라서 타입을 Copy로 만들었다가 나중에 비Copy로 바꿔야 하는 일이 생기면 코드에서 그 타입이 쓰이는 부분을 많이 뜯어고쳐야 할 수도 있으므로, 타입을 Copy로 만들 때는 구현자implementer의 확실한 의지 표명이 있어야 한다.

C++에서는 배정 연산자를 오버로딩하고 특수한 목적의 복사 생성자와 이동 생성자를 정의할 수 있지만, 러스트는 이런 종류의 사용자 정의를 허용하지 않는다. 러스트에서는 모든 이동이 원본을 미초기화 상태로 두는 바이트 단위의 얕은 복사다. 복사는 원본이 초기화 상태로 유지된다는 점만 제외하면 이동과 똑같다. 이 말은 C++ 클래스가 러스트 타입이 줄 수 없는 편리한 인터페이스를 제공할 수 있다는 뜻이다. C++에서는 평범해 보이는 코드가 암묵적으로 레퍼런스 카운트를 조정한다거나 비용이 큰 복사를 나중으로 미루는 등의 여러 가지 정교한 구현 기법을 사용한다.

그러나 C++에서는 언어가 갖는 이런 유연성으로 인해서 배정, 매개변수 전달, 함수의 값 반환과 같은 기본 연산의 비용을 예측하기가 조금 어렵다. 예를 들어 이번 장 앞부분에서 살펴봤다시피, C++에서는 한 변수를 다른 곳에 배정할 때 대상이 되는 값에 따라서 소비되는 메모리 양과 프로세서 시간이 다를 수 있다. 러스트의 원칙 중 하나는 바로 프로그래머가 비용을 명확히 알 수 있어야 한다는 것이다. 기본 연산은 단순해야 한다. 잠재적으로 비용이 많이 들 수 있는 연산은 앞 예에서 벡터와 그 안에 있는 문자열들에 대해 깊은 복사를 수행하던 clone 호출처럼 명시적이어야 한다.

이번 절에서는 Copy와 Clone을 타입이 가질 수 있는 특성이라는 두루뭉술한 말로 이야기했는데, 사실 이들은 타입을 할 수 있는 일 중심으로 분류하기 위한 러스트의 개방형 설비인 **트레이트**trait의 예다. 트레이트에 대한 일반적인 내용은 11장에서 설명하고, 그중 Copy와 Clone에 대해서는 13장에서 설명한다.

Rc와 Arc: 공유된 소유권

일반적인 러스트 코드에서는 대부분의 값이 하나의 소유자를 갖지만, 경우에 따라서는 모든 값에 대해서 원하는 수명을 가진 소유자를 하나만 찾기가 어려울 때도 있다. 예를 들어 어떤 값이 하나 있고 그 값의 사용자가 여럿일 때, 모든 사용자가 작업을 마칠 때까지 그 값을 살려 두고 싶은 경우가 그렇다. 러스트는 이런 경우를 위해서 레퍼런스 카운트 기반의 포인터 타입 Rc와 Arc를 제공한다. 러스트가 이들의 안전성을 책임지는 건 두말하면 잔소리다. 러스트에서는 레퍼런스 카운트를 조정하는 걸 깜빡한다거나, 러스트 몰래 같은 참조 대상을 가리키는 또 다른 포인터를 만든다거나, C++에서 레퍼런스 카운트 기반의 포인터 타입을 쓸 때 겪는 다양한 종류의 문제에 걸려 넘어지는 일이 생길 수 없다.

Rc와 Arc 타입은 거의 비슷하다. 유일한 차이점은 Arc의 경우 스레드 간에 직접 공유해도 안전한 반면(Arc는 **원자적인 레퍼런스 카운트**atomic reference count의 준말이다), Rc는 스레드 안전성을 갖지 않는 더 빠른 코드를 써서 레퍼런스 카운트를 갱신한다는 것이다. 스레드 간에 포인터를 공유할 일이 없다면 Arc가 갖는 성능상의 불이익을 감수할 이유가 없으므로 Rc를 쓰면 된다. 러스트는 Rc를 쓰다가 실수로 스레드 경계 너머에 전달하는 일이 생기지 않도록 막아 준다. 이 외에는 두 타입이 서로 동일하므로 이번 절의 나머지 부분에서는 Rc에 대해서만 이야기한다.

이번 장 앞부분에서 살펴봤다시피 파이썬은 레퍼런스 카운트를 써서 값의 수명을 관리한다. Rc를 쓰면 러스트에서도 비슷한 효과를 낼 수 있다. 다음 코드를 보자.

```
use std::rc::Rc;

// 러스트는 여기 있는 타입들도 전부 대신 추론해 주지만, 여기서는 뭐가 뭔지 알기 쉽도록 직접 적었다.
let s: Rc<String> = Rc::new("shirataki".to_string());
let t: Rc<String> = s.clone();
let u: Rc<String> = s.clone();
```

임의의 타입 T에 대해서 Rc<T> 값은 레퍼런스 카운트를 내장한 힙에 할당된 T를 가리키는 포인터다. Rc<T> 값을 복제하면 T가 복사되는 게 아니라 이를 가리키는 또 다른 포인터가 만들어지고 레퍼런스 카운트가 증가된다. 따라서 앞의 코드는 그림 4-12와 같은 메모리 구조를 만들어 낸다.

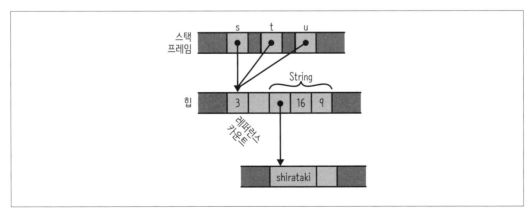

그림 4-12 레퍼런스 카운트로 관리되는 문자열. 레퍼런스 세 개가 같은 문자열을 가리키고 있다.

앞의 코드에 있는 Rc<String> 포인터들은 모두 첫 줄에 주어진 String을 위한 레퍼런스 카운트와 공간이 있는 동일한 메모리 블록을 가리킨다. 일반적인 소유 규칙은 Rc 포인터 자체에 적용되고, 마지막 남은 Rc가 드롭될 때 String도 같이 드롭된다.

String이 가진 일반 메서드는 모두 Rc<String>에 대고 바로 사용할 수 있다.

```
assert!(s.contains("shira"));
assert_eq!(t.find("taki"), Some(5));
println!("{} are quite chewy, almost bouncy, but lack flavor", u);
```

Rc 포인터가 소유한 값은 변경할 수 없다.

```
s.push_str(" noodles");
```

위처럼 문자열 끝에 텍스트를 덧붙이려고 하면 오류가 발생할 것이다.

```
error: cannot borrow data in an `Rc` as mutable
   |
13 |      s.push_str(" noodles");
   |      ^ cannot borrow as mutable
   |
```

러스트의 메모리 안전성과 스레드 안전성은 값을 동시에 공유하거나 변경할 수 없다는 걸 전제로 보장된다. 러스트는 Rc 포인터가 가리키는 대상을 대개 공유할 수 있다고 보기 때문에 변경할 수 있는 대상을 가리켜서는 안 된다. 이 제약이 왜 중요한지는 5장에서 설명한다.

레퍼런스 카운트로 메모리를 관리할 때 겪을 수 있는 잘 알려진 문제가 하나 있는데, 레퍼런스 카운트를 쓰는 두 값이 서로 상대방을 가리키는 경우에는 둘 다 레퍼런스 카운트가 0이 될 수 없어서 값이 영영 해제되지 않는다(그림 4-13).

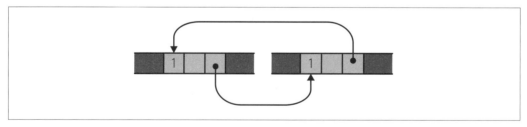

그림 4-13 레퍼런스 카운트 루프. 이 루프를 이루는 객체들은 해제되지 않는다.

이런 상황에 맞닥뜨리면 러스트에서도 메모리 누수가 생길 수 있지만, 그럴 일은 거의 없다. 이런 순환 구조를 만들기 위해서는 적절한 시점에 처음 값이 나중 값을 가리키도록 만들어야 하고, 그러려면 처음 값이 반드시 변경할 수 있는 값이어야 하는데, Rc 포인터는 자신이 가리키는 대상을 변경할 수 없도록 쥐고 있기 때문에 보통은 이런 순환 구조를 만들 수 없다. 하지만 러스트는 변경할 수 없는 값의 일부분을 변경할 수 있도록 만드는 방법을 제공한다. 이를 **내부 가변성**interior mutability이라고 하는데, 이 부분에 대해서는 9장의 '**내부 가변성**' 절에서 다룬다. 이들 기법을 Rc 포인터와 결합하면 순환 구조를 만들어 메모리 누수를 일으킬 수 있다.

연결 일부를 **약한 포인터**weak pointer인 `std::rc::Weak`로 만들어서 Rc 포인터의 순환 구조가 형성되는 걸 피할 수도 있다. 이 부분은 이 책에서 다루지 않으므로 자세한 내용은 표준 라이브러리 문서를 참고하자.

이동과 레퍼런스 카운트 기반의 포인터는 소유 관계 트리의 경직성을 완화하는 두 가지 방법이다. 다음 장에서는 세 번째 방법인 값 레퍼런스의 차용에 대해 알아본다. 소유와 차용을 이해하는 것은 러스트의 학습 곡선 중에서 가장 가파른 부분에 해당한다. 이 두 가지를 편안하게 다룰 수 있어야 러스트 고유의 강력한 기능들을 제대로 활용할 수 있다.

5

CHAPTER

레퍼런스

라이브러리가 없던 불능(不能)을 낳을 수는 없다.

—**마크 밀러**Mark Miller

간단한 Box<T> 힙 포인터부터 String과 Vec 값 내부에 있는 포인터까지 앞에서 살펴본 포인터 타입들은 모두 소유권을 갖는 포인터다. 따라서 소유자가 드롭되면 그가 가리키는 대상도 함께 사라진다. 이 외에도 러스트에는 **레퍼런스**reference라는 소유권을 갖지 않는 포인터 타입이 있는데, 이들은 자신이 가리키는 대상의 수명에 아무런 영향을 주지 않는다.

오히려 그 반대인데, 레퍼런스는 자신이 가리키는 대상보다 절대로 더 오래 살아 있으면 안 된다. 여러분은 모든 레퍼런스가 자신이 가리키는 값보다 더 오래 살아 있을 수 없다는 걸 코드에 명확히 해야 한다. 러스트는 이 점을 강조하기 위해서 어떤 값의 레퍼런스를 만드는 걸 두고 값을 **빌려 온다**고 표현한다. 빌려 온 것은 결국엔 주인에게 꼭 돌려줘야 한다.

'코드에 명확히 해야 한다'는 구절을 읽을 때 회의감이 들었더라도 걱정할 것 없다. 레퍼런스는 내부적으로 주소에 불과할 뿐 하나도 특별할 게 없다. 그러나 레퍼런스를 안전하게 보호하는 규칙은 러스트고유의 것으로, 연구용 언어를 제외한 다른 언어에서 이런 규칙을 본 일은 아마 없을 것이다. 비록 이규칙을 익히는 일이 러스트에서 가장 어려운 부분이긴 해도, 이를 통해 예방되는 전형적이고 일상적인 버그의 수가 놀라울 만큼 많고, 또 그 결과로 인해서 멀티 스레드 프로그래밍이 보다 쉽고 안전해지는 효과를 얻게 된다. 다시 말하지만 이것이 바로 러스트의 과감한 베팅이다.

이번 장에서는 러스트에서 레퍼런스가 어떤 식으로 작동하는지 짚어 보고, 레퍼런스, 함수, 사용자 정의 타입의 안전한 사용을 보장해 주는 수명 정보가 이들과 어떤 식으로 통합되는지 알아보고, 이러한 노력을 통해서 실행 시점 성능 저하 없이 컴파일 시점에 방지되는 일반적인 버그의 범주 몇 가지를 설명한다.

값의 레퍼런스

예를 들어, 르네상스 시대에 살인을 저지른 예술가들과 그들의 대표작으로 구성된 테이블을 만든다고 하자. 러스트의 표준 라이브러리에는 해시 테이블 타입이 포함되어 있으므로 다음과 같이 타입을 정의할 수 있다.

```
use std::collections::HashMap;

type Table = HashMap<String, Vec<String>>;
```

이 타입은 String 값을 Vec<String> 값에 매핑하는 해시 테이블로 예술가의 이름을 받아서 그의 작품 목록을 반환한다. HashMap의 항목들은 for 루프로 반복 처리할 수 있으므로 다음처럼 Table을 출력하는 함수를 작성할 수 있다.

```
fn show(table: Table) {
    for (artist, works) in table {
        println!("works by {}:", artist);
        for work in works {
            println!("  {}", work);
        }
    }
}
```

테이블을 만들고 출력하는 일은 간단하다.

```
fn main() {
    let mut table = Table::new();
    table.insert("Gesualdo".to_string(),
                 vec!["many madrigals".to_string(),
                      "Tenebrae Responsoria".to_string()]);
    table.insert("Caravaggio".to_string(),
                 vec!["The Musicians".to_string(),
                      "The Calling of St. Matthew".to_string()]);
```

```
    table.insert("Cellini".to_string(),
             vec!["Perseus with the head of Medusa".to_string(),
                  "a salt cellar".to_string()]);

    show(table);
}
```

실행해 보면 잘 작동한다.

```
$ cargo run
     Running `/home/jimb/rust/book/fragments/target/debug/fragments`
works by Gesualdo:
  many madrigals
  Tenebrae Responsoria
works by Cellini:
  Perseus with the head of Medusa
  a salt cellar
works by Caravaggio:
  The Musicians
  The Calling of St. Matthew
$
```

그러나 앞 장에서 이동에 관한 절을 읽었다면 위에 있는 show의 정의에 대해서 몇 가지 의구심이 들어야 한다. 특히, HashMap이 Copy가 아니라는 점을 주목하자. HashMap은 동적으로 할당된 테이블을 소유하므로 Copy가 될 수 없다. 따라서 프로그램이 show(table)을 호출하면 구조체가 전부 함수로 이동하고, 변수 table은 미초기화 상태가 된다(HashMap이 가진 내용을 반복 처리할 때 항목이 반환되는 순서는 따로 정해져 있지 않으므로 출력 결과의 순서가 이와 다르더라도 너무 걱정하지 말자). 이 상태에서 호출 코드가 table을 사용하려고 한다면 문제가 발생할 것이다.

```
...
show(table);
assert_eq!(table["Gesualdo"][0], "many madrigals");
```

이 코드에 대해서 러스트는 table을 더 이상 사용할 수 없다는 오류를 낸다.

```
error: borrow of moved value: `table`
   |
20 |     let mut table = Table::new();
   |         --------- move occurs because `table` has type
   |                   `HashMap<String, Vec<String>>`,
```

```
    |                 which does not implement the `Copy` trait
...
31 |     show(table);
    |          ----- value moved here
32 |     assert_eq!(table["Gesualdo"][0], "many madrigals");
    |                ^^^^^ value borrowed here after move
```

실제로 show의 정의를 살펴보면, 바깥쪽 for 루프가 해시 테이블의 소유권을 가져와서 완전히 소비하고 있고, 안쪽 for 루프도 각 벡터에 대해서 똑같은 일을 저지르고 있다(이런 행동은 앞 장에 있는 "liberté, égalité, fraternité" 예에서도 살펴본 바 있다). 그저 구조체의 내용을 출력하려고 했을 뿐인데, 이동 의미론 때문에 완전히 망가져 버리는 것이다. 러스트를 나무랄 수도 없고, 누굴 원망해야 좋을지 원...

이를 해결하는 올바른 방법은 레퍼런스를 쓰는 것이다. 레퍼런스를 쓰면 소유권에 영향을 주지 않고도 값에 접근할 수 있다. 레퍼런스의 종류에는 두 가지가 있다.

- **공유된 레퍼런스**shared reference를 쓰면, 참조하는 대상을 읽을 순 있지만 수정할 수는 없다. 하지만 특정 값을 참조하는 공유된 레퍼런스의 수는 동시에 여러 개일 수 있다. 표현식 &e는 e의 값을 참조하는 공유된 레퍼런스를 만든다. e의 타입이 T일 때 &e의 타입은 &T가 되며, '레프 T'라고 읽는다. 공유된 레퍼런스는 Copy다.

- **변경할 수 있는 레퍼런스**mutable reference를 가지고 있을 때는 참조하는 값을 읽을 수도 있고 수정할 수도 있다. 하지만 그 기간 동안에는 같은 값을 참조하는 다른 모든 종류의 레퍼런스를 사용할 수 없게 된다. 표현식 &mut e는 e의 값을 참조하는 변경할 수 있는 레퍼런스를 만든다. 이때 타입은 &mut T라고 쓰고 '레프 뮤트 T'라고 읽는다. 변경할 수 있는 레퍼런스는 Copy가 아니다.

공유된 레퍼런스와 변경할 수 있는 레퍼런스를 따로 구분해 둔 이유는 컴파일 시점에 **멀티플 리더 또는 싱글 라이터**multiple readers or single writer 규칙을 시행하기 위해서라고 볼 수 있다. 사실 이 규칙은 레퍼런스만이 아니라 빌려 온 값의 소유자에게도 적용된다. 공유된 레퍼런스가 존재하는 동안에는 참조하는 값이 잠기므로 소유자라 할지라도 값을 수정할 수 없다. 따라서 show가 실행되는 동안에는 아무도 table을 수정할 수 없다. 마찬가지로 변경할 수 있는 레퍼런스가 존재하는 경우에는 그 레퍼런스가 참조하는 값의 독점적인 접근 권한을 갖는다. 따라서 이 변경할 수 있는 레퍼런스가 사라질 때까지는 아무도 그 소유자를 사용할 수 없다. 이렇게 공유와 변경을 완전히 분리해 가져가는 것은 메모리 안전성을 지키는 데 있어 가장 중요한 요소다. 왜 그런지는 뒤에서 살펴보기로 하자.

앞의 예에서 출력 함수는 테이블의 내용을 변경하지 않고 읽기만 한다. 따라서 다음처럼 호출부가 테이블의 공유된 레퍼런스를 전달할 수 있어야 한다.

```
show(&table);
```

레퍼런스는 소유권을 갖지 않는 포인터이므로 이렇게 하더라도 table 변수가 여전히 전체 구조체의 소유자로 남게 된다. show는 잠시 빌려 갈 뿐이다. 물론 위와 같이 호출할 수 있으려면 show의 정의를 조금 손봐야 한다. 자세히 보지 않으면 차이를 알기 어려우니 눈을 크게 뜨고 살펴보자.

```
fn show(table: &Table) {
    for (artist, works) in table {
        println!("works by {}:", artist);
        for work in works {
            println!("  {}", work);
        }
    }
}
```

show의 매개변수인 table의 타입이 Table에서 &Table로 바뀌었다. 즉, 이제 테이블을 값이 아니라 공유된 레퍼런스로 받게 된 것이다(따라서 소유권도 함수로 이동되지 않는다). 코드에서 바뀐 부분은 이게 전부다. 이제 이 부분이 본문의 실행에 미치는 영향을 살펴보자.

기존에는 바깥쪽 for 루프가 HashMap의 소유권을 가져와서 소비해버렸는데, 새 버전에서는 HashMap의 공유된 레퍼런스를 받는다. HashMap의 공유된 레퍼런스를 반복 처리할 때는 각 항목의 키와 값에 대해서도 공유된 레퍼런스를 만들도록 정의되어 있다. 따라서 artist는 String에서 &String으로 바뀌고, works는 Vec<String>에서 &Vec<String>으로 바뀐다.

안쪽 루프도 비슷하게 바뀐다. 벡터의 공유된 레퍼런스를 반복 처리할 때는 각 요소에 대해서도 공유된 레퍼런스를 만들도록 정의되어 있으므로 work는 &String이 된다. 이제 앞 함수는 소유권을 갖지 않는 레퍼런스만 사용하므로 어디에서도 소유권 변경이 일어나지 않는다.

이번에는 각 예술가의 작품을 알파벳순으로 정렬하는 함수를 작성해 보자. 공유된 레퍼런스는 수정을 허용하지 않으므로 여기서는 쓸 수 없다. 이 경우에는 정렬 함수가 테이블의 변경할 수 있는 레퍼런스를 받아야 한다.

```
fn sort_works(table: &mut Table) {
    for (_artist, works) in table {
```

```
        works.sort();
    }
}
```

그리고 테이블은 다음처럼 전달해야 한다.

```
sort_works(&mut table);
```

이렇게 변경할 수 있는 레퍼런스를 빌려와야 sort_works가 구조체를 읽고 수정할 수 있게 된다. 이는 벡터의 sort 메서드가 요구하는 바이기도 하다.

값을 함수에 넘길 때 그 값의 소유권이 함께 넘어가는 걸 두고 **값 전달**pass by value이라 한다. 또 같은 상황에서 값이 아니라 그 값의 레퍼런스를 넘기는 걸 두고 **레퍼런스 전달**pass by reference이라 한다. 예를 들어, 앞서 우리는 show 함수를 고치면서 테이블을 값 전달이 아니라 레퍼런스 전달로 받도록 바꿨다. 많은 언어가 이 둘을 구분하고 있지만, 러스트의 경우는 이 차이가 소유권에 영향을 미치기 때문에 특히 중요하다.

레퍼런스 다루기

앞에서 다룬 예는 레퍼런스를 써서 함수가 소유권 없이 구조체를 접근하거나 조작할 수 있게 만드는 법을 보여 주고 있는데, 이는 레퍼런스를 사용하는 흔한 예에 불과하다. 레퍼런스는 유연해서 다양한 쓰임새를 갖는데, 어떤 일들을 할 수 있는지 몇 가지 예를 통해서 알아보자.

러스트 레퍼런스 vs. C++ 레퍼런스

C++ 레퍼런스에 대해 잘 알고 있다면 느끼겠지만 C++ 레퍼런스와 러스트 레퍼런스 사이에는 몇 가지 공통점이 있다. 그중에서도 가장 중요한 점은 둘 다 머신 수준의 주소일 뿐이라는 것이다. 그러나 러스트 레퍼런스는 실제로 써보면 상당히 다른 느낌을 준다.

C++에서는 레퍼런스가 변환에 의해서 암묵적으로 만들어지고 역참조도 암묵적으로 이뤄진다.

```
// C++ 코드!
int x = 10;
int &r = x;        // 초기화는 암묵적으로 레퍼런스를 만든다.
assert(r == 10);   // x의 값을 확인하기 위해서 r을 암묵적으로 역참조한다.
r = 20;            // x에 20을 저장한다. r 자체는 계속 x를 가리킨다.
```

러스트에서는 레퍼런스가 & 연산자를 통해서 명시적으로 만들어지고, 역참조도 * 연산자를 통해서 명시적으로 이루어진다.

```
// 이제 러스트 코드를 보자.
let x = 10;
let r = &x;         // &x는 x의 공유된 레퍼런스다.
assert!(*r == 10);  // r을 명시적으로 역참조한다.
```

변경할 수 있는 레퍼런스는 &mut 연산자를 써서 만든다.

```
let mut y = 32;
let m = &mut y;     // &mut y는 y의 변경할 수 있는 레퍼런스다.
*m += 32;           // y의 값을 확인하기 위해서 m을 명시적으로 역참조한다.
assert!(*m == 64);  // 그리고 y의 새 값을 확인한다.
```

그러나 기억하겠지만 show 함수를 고쳐서 예술가 테이블을 값 전달이 아니라 레퍼런스 전달로 받도록 만들었을 때는 * 연산자를 전혀 사용할 필요가 없었다. 이건 왜 그럴까?

러스트에서는 레퍼런스가 아주 폭넓게 쓰이므로 . 연산자가 필요에 따라서 자신의 왼쪽에 있는 피연산자를 암묵적으로 역참조하게 되어 있다.

```
struct Anime { name: &'static str, bechdel_pass: bool }
let aria = Anime { name: "Aria: The Animation", bechdel_pass: true };
let anime_ref = &aria;
assert_eq!(anime_ref.name, "Aria: The Animation");

// 명시적으로 역참조하고 있다는 점만 다를 뿐 윗줄과 똑같다.
assert_eq!((*anime_ref).name, "Aria: The Animation");
```

show 함수 안에서 사용한 println! 매크로 역시 . 연산자를 쓰는 코드로 확장되므로 여기서도 암묵적으로 역참조가 일어난다.

또 . 연산자는 메서드 호출 시에 필요할 경우 암묵적으로 자신의 왼쪽에 있는 피연산자의 레퍼런스를 빌려 올 수 있다. 예를 들어, Vec의 sort 메서드는 벡터의 변경할 수 있는 레퍼런스를 받으므로 다음에 있는 두 호출은 서로 동일하다.

```
let mut v = vec![1973, 1968];
v.sort();          // v의 변경할 수 있는 레퍼런스를 암묵적으로 빌려 온다.
(&mut v).sort();   // 같은 일을 하지만 코드가 길고 번거롭다.
```

정리하자면, C++에서는 레퍼런스와 L값(메모리 위치를 나타내는 표현식) 간의 변환이 필요한 모든 곳에서 암묵적으로 일어나는 반면, 러스트에서는 &와 * 연산자를 써서 레퍼런스를 만들고 따라가야 하며, . 연산자를 쓸 때만 암묵적인 차용과 역참조가 일어난다.

레퍼런스 배정하기

레퍼런스를 변수에 배정하면 그 변수는 새 위치를 가리키게 된다.

```
let x = 10;
let y = 20;
let mut r = &x;

if b { r = &y; }

assert!(*r == 10 || *r == 20);
```

이 코드에서 레퍼런스 r은 그림 5-1처럼 처음엔 x를 가리키다가 b가 참이면 다시 y를 가리킨다.

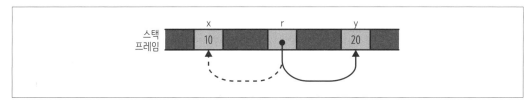

그림 5-1 **이제 레퍼런스 r은 x가 아니라 y를 가리킨다.**

r에 &y를 저장했으니 y를 가리키는 건 너무나 당연하다. 따라서 굳이 언급할 필요도 없는 행동처럼 보이지만, C++ 레퍼런스는 이런 식으로 작동하지 않는다는 걸 유념하자. 앞서 살펴봤다시피 C++에서는 값을 레퍼런스에 배정하면 그 값이 참조 대상 안에 저장된다. 또 C++ 레퍼런스는 한 번 초기화되고 나면 절대로 다른 것을 가리킬 수 없다.

레퍼런스의 레퍼런스

러스트에서는 레퍼런스의 레퍼런스를 만들 수 있다.

```
struct Point { x: i32, y: i32 }
let point = Point { x: 1000, y: 729 };
let r: &Point = &point;
let rr: &&Point = &r;
let rrr: &&&Point = &rr;
```

(여기서는 레퍼런스 타입을 확실히 알 수 있게 일일이 다 적어뒀지만, 러스트는 이런 타입들도 다 알아서 추론해 주므로 생략해도 괜찮다.) . 연산자는 레퍼런스가 최종적으로 가리키는 대상을 찾을 때까지 거듭해서 주어진 연결고리를 따라간다.

```
assert_eq!(rrr.y, 729);
```

이 레퍼런스들은 그림 5-2와 같은 메모리 구조를 만든다.

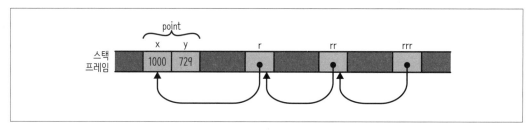

그림 5-2 레퍼런스의 레퍼런스

따라서 표현식 rrr.y는 rrr의 타입이 안내하는 대로 세 개의 레퍼런스를 가로질러 가서 Point의 y 필드를 가져온다.

레퍼런스 비교하기

러스트의 비교 연산자도 . 연산자처럼 레퍼런스가 최종적으로 가리키는 대상을 '꿰뚫어 본다'.

```
let x = 10;
let y = 10;

let rx = &x;
let ry = &y;

let rrx = &rx;
let rry = &ry;

assert!(rrx <= rry);
assert!(rrx == rry);
```

rrx와 rry가 서로 다른 값(즉, rx와 ry)을 가리키고 있음에도 불구하고 마지막 단언문이 성공하는 이유는 == 연산자가 모든 레퍼런스를 따라가서 최종적으로 가리키는 대상인 x와 y를 놓고 비교를 수행하기 때문이다. 이런 비교 방식은 언제 어디서나 대부분 잘 들어맞으며, 특히 제네릭 함수를 작성하는 경우에도 적합하다. 만일 두 레퍼런스가 같은 메모리를 가리키는지 알고 싶다면, 그 둘의 주소를 비교하는 std::ptr::eq를 쓰면 된다.

```
assert!(rx == ry);               // 이들이 가리키는 값은 같지만,
assert!(!std::ptr::eq(rx, ry));  // 서로 다른 주소를 차지한다.
```

비교할 때 대상이 되는 피연산자는 반드시 같은 타입이어야 하며, 레퍼런스의 경우도 마찬가지다.

```
assert!(rx == rrx);    // 오류: 타입 불일치: `&i32` vs. `&&i32`
assert!(rx == *rrx);   // 이렇게 하는 건 문제없다.
```

레퍼런스는 절대로 널이 될 수 없다

러스트 레퍼런스는 절대로 널이 될 수 없다. 러스트에는 C의 NULL이나 C++의 nullptr에 해당하는 것이 없고, 레퍼런스를 위한 기본 초깃값도 없다(모든 변수는 타입이 무엇이든지 간에 초기화되기 전에는 사용할 수 없다). 또 러스트는 정수를 레퍼런스로 변환하는 일이 없으므로 0을 레퍼런스로 변환할 수도 없다(단, unsafe 코드 안에서는 예외다).

C와 C++ 코드는 널 포인터를 써서 값이 없는 상태를 나타낼 때가 많다. 예를 들어, 주어진 크기의 메모리 블록을 할당하고 그의 주소를 반환하는 malloc 함수는 메모리가 충분하지 않을 경우 nullptr을 반환한다. 러스트에서는 무언가의 레퍼런스일 수도 있고 아닐 수도 있는 값이 필요할 때 Option<&T> 타입을 쓴다. 러스트는 머신 수준에서 None을 널 포인터로 Some(r)(r은 &T 값)을 0이 아닌 주소로 표현한다. 따라서 Option<&T>는 널을 허용하는 C와 C++의 포인터만큼 효율적이면서도 쓰기 전에 None인지 아닌지를 꼭 확인해야 하므로 더 안전하다.

임의의 표현식을 가리키는 레퍼런스 빌려 오기

C와 C++에서는 & 연산자를 적용할 수 있는 표현식의 종류가 정해져 있는 반면, 러스트에서는 어떤 종류의 표현식이든 가리지 않고 거기서 산출되는 값의 레퍼런스를 빌려 올 수 있다.

```
fn factorial(n: usize) -> usize {
    (1..n+1).product()
```

```
}
let r = &factorial(6);
// 산술 연산자는 레퍼런스를 한 단계 꿰뚫어 볼 수 있다.
assert_eq!(r + &1009, 1729);
```

이와 같은 상황에서 러스트는 표현식의 값을 보관할 익명 변수를 만들고 이를 가리키는 레퍼런스를 만든다. 이 익명 변수의 수명은 레퍼런스로 무얼 하는지에 따라 달라진다.

- let 문에서 레퍼런스를 변수에 바로 배정하면(또는 바로 배정되는 스트럭트나 배열의 일원으로 만들면), 러스트는 익명 변수의 수명을 let이 초기화하는 변수의 수명과 같아지도록 만든다. 앞의 예에서 는 r이 가리키는 대상이 여기에 해당한다.

- 그렇지 않으면 익명 변수는 바깥쪽 실행문이 끝날 때까지만 살아 있게 된다. 앞의 예에서 1009를 보관하기 위해 생성되는 익명 변수는 assert_eq! 문이 끝날 때까지만 지속된다.

C나 C++에 익숙하다면 이 부분에서 오류가 발생하기 쉬울 거라고 생각할 수 있다. 그러나 러스트는 여러분이 작성하는 코드에서 대상을 잃은 레퍼런스가 생기도록 절대로 그냥 내버려 두지 않는다는 걸 기억하자. 레퍼런스가 익명 변수의 수명이 다한 뒤에도 계속 쓰일 수 있는 상황이 생기면, 러스트 가 항상 이 문제를 컴파일 시점에 알려 줄 것이다. 그러면 코드를 고쳐서 적절한 수명을 가진 이름 있 는 변수에 참조 대상을 보관하도록 만들면 된다.

슬라이스 레퍼런스와 트레이트 객체

지금까지 살펴본 레퍼런스는 모두 단순한 주소였다. 그러나 러스트는 두 가지 종류의 **팻 포인터**fat pointer를 더 가지고 있다. 팻 포인터는 어떤 값의 주소와 그 값을 사용하는 데 필요한 추가 정보를 갖 는 2워드 크기의 값이다.

슬라이스 레퍼런스는 슬라이스의 시작 주소와 길이를 갖는 팻 포인터다. 슬라이스에 대해서는 3장에 서 자세히 설명했으니 참고하자.

또 다른 종류의 팻 포인터인 **트레이트 객체**trait object는 트레이트를 구현하고 있는 값의 레퍼런스다. 트레이트 객체는 트레이트의 메서드를 호출하는 데 필요한 정보인 값의 주소와 그 값에 알맞은 트레 이트 구현의 포인터를 갖는다. 트레이트 객체는 11장의 '**트레이트 객체**' 절에서 자세히 다룬다.

이런 추가 데이터를 갖는다는 점만 제외하면, 슬라이스 레퍼런스와 트레이트 객체는 이번 장에서 살펴 본 다른 종류의 레퍼런스들과 크게 다를 바 없다. 이들도 자신의 참조 대상을 소유하는 일이 없고, 그 들보다 오래 살아 있을 수 없으며, 변경할 수 있는 레퍼런스로 쓰거나 공유된 레퍼런스로 쓸 수 있다.

레퍼런스 안전성

지금까지 살펴본 것처럼 레퍼런스는 C나 C++에 있는 일반적인 포인터와 무척 비슷하다. 하지만 포인터는 안전하지 않다. 그렇다면 러스트는 과연 어떤 식으로 레퍼런스를 통제하고 있는 걸까? 이를 이해하는 가장 좋은 방법은 관련된 규칙을 일부러 한 번 깨보는 것이다.

먼저 기본적인 개념을 확인하는 차원에서, 러스트가 어떤 식으로 함수 본문 안에 있는 레퍼런스의 올바른 쓰임을 보장하는지 보여 주는 아주 단순한 사례부터 짚어 본다. 이어서 레퍼런스를 함수 간에 전달하는 법과 이를 데이터 구조 안에 저장하는 법을 알아볼 텐데, 여기에는 곧 설명할 **수명 매개변수**lifetime parameter를 함수와 데이터 타입에 부여하는 과정이 수반된다. 마지막으로 러스트가 제공하는 자주 있는 사용 패턴을 단순화시켜주는 축약 표기 몇 가지를 살펴본다. 이 과정을 통해서 러스트가 어떤 식으로 깨진 코드를 발견해 알려 주고 해결책을 제시하는지 보게 될 것이다.

지역변수 빌려 오기

우선 아주 당연한 경우부터 보자. 지역변수의 레퍼런스를 빌려 올 때는 레퍼런스를 그 변수의 범위 밖으로 가지고 나갈 수 없다.

```
{
    let r;
    {
        let x = 1;
        r = &x;
    }
    assert_eq!(*r, 1);   // 오류: `x`가 차지했던 메모리를 읽는다.
}
```

러스트 컴파일러는 해당 프로그램에 대해서 다음과 같은 오류를 내며 거부한다.

```
error: `x` does not live long enough
   |
7  |         r = &x;
   |             ^^ borrowed value does not live long enough
8  |     }
   |     - `x` dropped here while still borrowed
9  |     assert_eq!(*r, 1);  // bad: reads memory `x` used to occupy
10 | }
```

러스트의 불만은 x의 수명이 안쪽 블록에서 끝나는 데 반해서 레퍼런스의 수명은 바깥쪽 블록에서 끝나기 때문에 금지되어 있는 대상을 잃은 포인터가 생긴다는 것이다.

사람이 보기에는 이 프로그램이 제대로 굴러가지 않는 게 당연하지만, 러스트가 어떤 사고를 거쳐서 스스로 그런 결론에 이르게 됐는지를 알아 두면 여러모로 도움이 된다. 비록 간단한 예지만 이 예가 보여 주는 논리적인 도구는 훨씬 더 복잡한 코드를 검사할 때도 똑같이 쓰인다.

러스트는 프로그램에 있는 모든 레퍼런스 타입을 대상으로 각 타입의 쓰임새에 맞는 제약 조건이 반영된 **수명**lifetime을 부여하려고 한다. 수명이란 실행문, 표현식, 변수 범위 등 프로그램에서 레퍼런스가 안전하게 쓰일 수 있는 구간을 말한다. 수명은 컴파일 시점에만 존재하는 가상의 개념이다. 실행 시점의 레퍼런스는 그저 주소에 불과하며, 그에게 부여된 수명은 타입의 일부로 실행 시점 표현을 갖지 않는다.

앞 예는 세 개의 수명이 문제의 관계를 이룬다. 변수 r과 x는 각자 초기화되는 지점부터 컴파일러에 의해 더 이상 쓰이지 않음이 입증되는 지점까지 이어지는 수명을 갖는다. 세 번째 수명은 x에게 빌려와서 r에 저장하는 레퍼런스 타입의 것이다.

한 가지 확실한 제약 조건은 변수 x가 있을 때, 이 x의 레퍼런스가 x 자신보다 더 오래 살아서는 안 된다는 것이다. 그림 5-3을 보자.

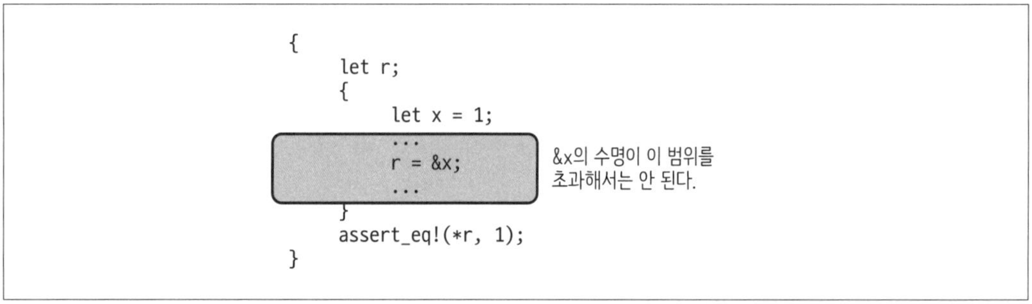

```
{
    let r;
    {
        let x = 1;
        ...
        r = &x;         &x의 수명이 이 범위를
        ...             초과해서는 안 된다.
    }
    assert_eq!(*r, 1);
}
```

그림 5-3 &x의 허용 수명

x가 범위를 벗어나면 레퍼런스는 대상을 잃은 포인터가 된다. 따라서 변수의 수명은 자신에게서 차용된 레퍼런스의 수명을 반드시 **포함**contain하거나 **에워싸야**enclose 한다.

또 다른 제약 조건은 변수 r에 레퍼런스를 저장할 때 이 레퍼런스의 타입이 변수의 전체 수명, 즉 변수가 초기화되는 지점부터 마지막으로 사용되는 지점까지 내내 유효해야 한다는 것이다. 그림 5-4를 보자.

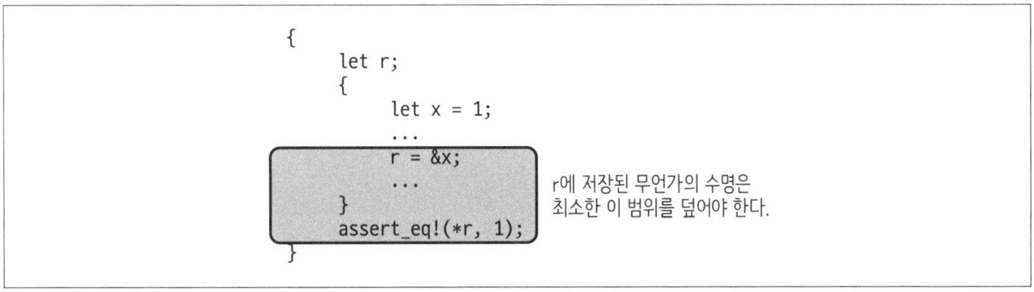

```
{
    let r;
    {
        let x = 1;
        ...
        r = &x;
        ...
    }
    assert_eq!(*r, 1);
}
```

r에 저장된 무언가의 수명은
최소한 이 범위를 덮어야 한다.

그림 5-4 r에 저장된 레퍼런스의 허용 수명

레퍼런스의 수명이 변수의 수명보다 짧으면 r은 결국 대상을 잃은 포인터가 된다. 따라서 레퍼런스의 수명은 변수의 수명을 반드시 포함하거나 에워싸야 한다.

첫 번째 제약 조건은 레퍼런스가 가질 수 있는 수명의 상한을 정하고, 두 번째 제약 조건은 이 수명의 하한을 정한다. 러스트는 각 레퍼런스에 대해서 이러한 제약 조건을 모두 만족하는 수명을 찾으려고 시도한다. 그러나 그림 5-5에서 보다시피 앞 예에는 그런 수명이 존재하지 않는다.

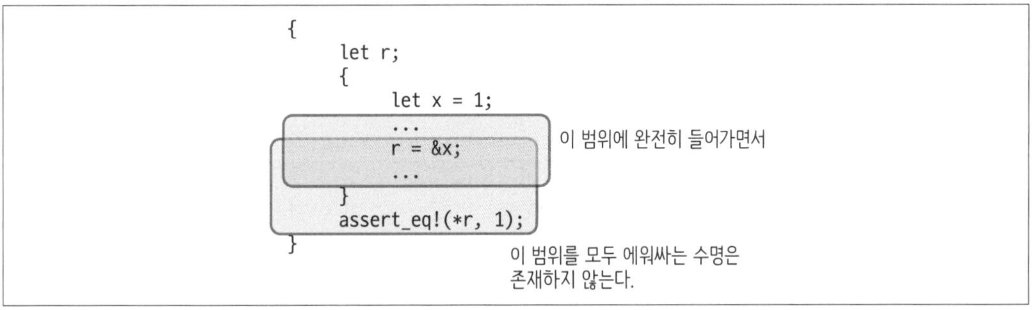

```
{
    let r;
    {
        let x = 1;
        ...
        r = &x;
        ...
    }
    assert_eq!(*r, 1);
}
```

이 범위에 완전히 들어가면서

이 범위를 모두 에워싸는 수명은
존재하지 않는다.

그림 5-5 수명에 관한 모순된 제약 조건을 가진 레퍼런스

이번에는 제대로 굴러가는 다른 예를 보자. 레퍼런스의 수명이 x의 수명에 포함되어야 하고, 동시에 r의 수명을 완전히 에워싸야 한다는 제약 조건은 여기서도 동일하다. 그러나 이번에는 r의 수명이 더 작기 때문에 이 제약 조건을 만족하는 수명이 존재한다. 그림 5-6을 보자.

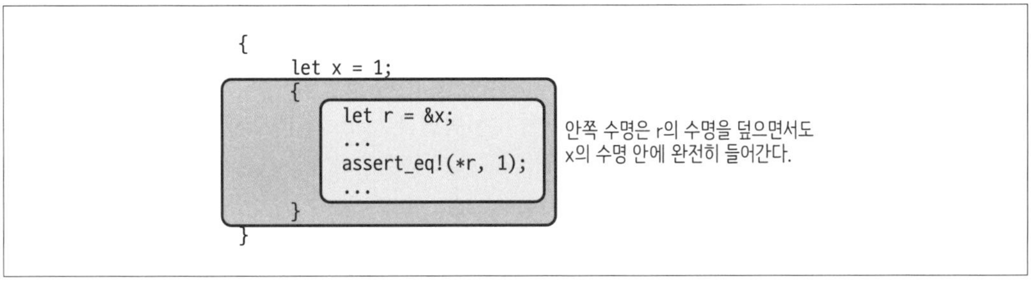

```
{
    let x = 1;
    {
        let r = &x;
        ...
        assert_eq!(*r, 1);
        ...
    }
}
```

안쪽 수명은 r의 수명을 덮으면서도
x의 수명 안에 완전히 들어간다.

그림 5-6 r의 범위를 에워싸면서 x의 범위에 포함되는 수명을 가진 레퍼런스

이들 규칙은 벡터에 있는 요소처럼 커다란 데이터 구조의 일부분을 가리키는 레퍼런스를 빌려 올 때도 자연스럽게 적용된다.

```
let v = vec![1, 2, 3];
let r = &v[1];
```

v는 벡터를 소유하고 벡터는 자신의 요소들을 소유하므로 v의 수명은 &v[1]의 레퍼런스 타입이 갖는 수명을 반드시 에워싸야 한다. 마찬가지로 레퍼런스를 다른 데이터 구조에 저장할 때는 그 레퍼런스의 수명이 해당 데이터 구조의 수명을 반드시 에워싸야 한다. 예를 들어, 레퍼런스 벡터를 만들 때는 모든 레퍼런스의 수명이 해당 벡터를 소유하는 변수의 수명을 반드시 에워싸야 한다.

이것이 바로 러스트가 모든 코드에 적용하는 처리 과정의 핵심이다. 물론 (또 다른 데이터 구조를 쓰거나 함수를 호출하는 식으로) 사용하는 언어 기능이 늘어나면 그에 따라 새로운 제약 조건이 추가되기도 하지만, 이 경우에도 먼저 프로그램이 레퍼런스를 사용하는 방식에서 비롯되는 제약 조건을 이해한 다음, 이를 만족하는 수명을 찾는다는 원칙은 바뀌지 않는다. C와 C++에서 적용하는 처리 과정도 이와 비슷하지만, 이를 프로그래머가 직접 챙겨야 한다는 점이 다르다. 러스트는 이 규칙을 스스로 알아서 적용한다.

레퍼런스를 함수 인수로 전달받기

함수에 레퍼런스를 전달하면 러스트는 어떤 식으로 그 레퍼런스의 안전성을 보장할까? 레퍼런스를 받아서 이를 전역변수에 저장하는 함수 f가 있다고 가정해 보자. 앞으로 이 함수를 조금씩 고쳐가며 설명해 나갈 텐데, 첫 번째 버전은 다음과 같다.

```
// 다음 코드에는 몇 가지 문제점이 있으며 컴파일되지 않는다.
static mut STASH: &i32;
fn f(p: &i32) { STASH = p; }
```

러스트에서는 전역변수에 해당하는 것을 **스태틱**static이라고 부른다. 스태틱은 프로그램이 시작할 때 만들어져서 종료될 때까지 지속되는 값이다(다른 선언들과 마찬가지로 스태틱의 가시성은 러스트의 모듈 시스템이 제어하는 부분이기 때문에, 여기서 말하는 '전역'의 성질은 수명에만 적용되고 가시성에는 적용되지 않는다). 스태틱은 8장에서 자세히 다루기로 하고 여기서는 방금 본 코드가 따르지 않는 규칙 몇 가지만 간단히 짚고 넘어가자.

- 모든 스태틱은 반드시 초기화되어야 한다.

- 변경할 수 있는 스태틱은 그 특성상 스레드 안전성을 갖지 않으며(이 말은 결국 모든 스레드가 언제든 지 스태틱에 접근할 수 있다는 뜻이다), 싱글 스레드 프로그램의 경우라 할지라도 다른 종류의 재진입 문제에 빠질 수 있다. 이런 이유로 인해서 변경할 수 있는 스태틱은 unsafe 블록 안에서만 접근할 수 있다. 앞 예에는 이런 문제들에 대한 고려가 빠져 있으므로, 다음으로 넘어가기 전에 본문을 unsafe 블록 안으로 옮겨야 한다.

이 두 가지 수정 사항을 반영하고 나면 다음과 같은 코드가 된다.

```
static mut STASH: &i32 = &128;
fn f(p: &i32) {  // 아직 손봐야 할 부분이 더 남아 있다.
    unsafe {
        STASH = p;
    }
}
```

이제 거의 다 됐다. 남아 있는 문제는 러스트가 편의상 생략할 수 있게 해 둔 부분을 몇 군데 작성해야 확인할 수 있다. 사실 앞의 코드에서 f의 시그니처는 다음처럼 써야 하는 것이 줄어든 것이다.

```
fn f<'a>(p: &'a i32) { ... }
```

여기서 수명 'a('틱 A'라고 읽는다)는 f의 **수명 매개변수**lifetime parameter다. <'a>는 '임의의 수명 'a에 대해서'라고 읽으면 된다. 따라서 fn f<'a>(p: &'a i32)라고 쓰면 수명이 'a인 i32의 레퍼런스를 받는 함수를 정의하는 것이다.

f는 'a로 어떤 수명이 넘어오든 제대로 굴러가야 하므로 올 수 있는 가장 짧은 수명을 상정하고 가는 것이 좋은데, 여기에 해당하는 것이 바로 f의 호출 구간을 딱 맞게 에워싸는 수명이다. 이 수명을 상정하고 나면 다음의 배정문이 문제가 된다.

```
STASH = p;
```

STASH는 프로그램이 실행되는 내내 살아 있으므로 이를 쥐려는 레퍼런스 타입은 반드시 이와 동일한 길이의 수명을 가져야 하는데, 러스트에서는 이를 'static **수명**이라고 부른다. 그러나 p의 레퍼런스가 갖는 수명은 'a로, f의 호출 구간을 에워싸는 수명이라면 무엇이든 될 수 있다. 따라서 러스트는 앞의 코드를 거부한다.

```
error: explicit lifetime required in the type of `p`
   |
5  |          STASH = p;
   |                  ^ lifetime `'static` required
```

현시점에서 앞의 함수가 인수로 받을 수 있는 레퍼런스는 아무것도 없다. 하지만 러스트가 지적하는 것처럼 'static 수명을 가진 레퍼런스는 STASH에 저장하더라도 대상을 잃은 포인터가 생기지 않으므로 받을 수 있어야 한다. 실제로 다음 코드는 문제없이 컴파일된다.

```
static mut STASH: &i32 = &10;

fn f(p: &'static i32) {
    unsafe {
        STASH = p;
    }
}
```

이제 f의 시그니처에는 p가 반드시 'static 수명을 가진 레퍼런스여야 한다고 명시되어 있으므로 더 이상 STASH와 관련된 저장 문제가 발생하지 않는다. 그러나 그 덕분에 f를 호출할 때는 다음처럼 원하는 값을 스태틱으로 만들고 나서 그의 레퍼런스를 전달해야 하는데, STASH가 대상을 잃는 걸 막으려면 이렇게 하는 수밖에 없다.

```
static WORTH_POINTING_AT: i32 = 1000;
f(&WORTH_POINTING_AT);
```

WORTH_POINTING_AT은 스태틱이므로 &WORTH_POINTING_AT의 타입은 f에 전달해도 안전한 &'static i32가 된다.

한 걸음 뒤로 물러나 지금까지 코드에 있는 문제를 바로잡는 과정에서 f의 시그니처가 어떻게 바뀌어 왔는지 생각해 보자. 원래는 f(p: &i32)였던 것이 마지막에는 f(p: &'static i32)가 되었다. 다시 말해서 레퍼런스를 전역변수에 담아 두려는 의도를 함수의 시그니처에 드러내지 않고서는 원하는 함수를 작성할 수 없었다. 러스트에서는 항상 함수의 시그니처가 본문의 행동을 드러낸다.

반대로 g(p: &i32)(또는 수명이 기재된 g<'a>(p: &'a i32))와 같은 시그니처를 가진 함수를 보면, 인수 p가 함수의 호출 구간보다 더 긴 수명을 가진 어딘가에 보관되는 일이 **없다**는 걸 알 수 있다. g의 정의를 들여다보지 않더라도 시그니처를 통해서 g가 인수를 가지고 할 수 있는 일과 없는 일을 파악할 수 있는 것이다. 이 점은 함수 호출의 안전성을 확립하려고 할 때 매우 유용하다.

레퍼런스를 함수에 전달하기

지금까지 함수의 시그니처가 본문과 어떤 관련이 있는지 살펴봤다. 이번에는 함수의 시그니처가 호출부와 어떤 관련이 있는지 알아보자. 다음 코드를 보자.

```
// 다음 시그니처는 fn g(p: &i32)라고 쓰면 간단하지만,
// 여기서는 설명을 위해서 수명을 기재해 두었다.
fn g<'a>(p: &'a i32) { ... }

let x = 10;
g(&x);
```

러스트는 g의 시그니처만 보고도 p가 함수의 호출 구간보다 더 긴 수명을 가진 어딘가에 저장되는 일이 없다는 걸 알 수 있다. 'a로 넘어오는 수명은 반드시 이 함수의 호출 구간을 에워싸야 한다. 따라서 러스트는 &x에 대해서 쓸 수 있는 가장 짧은 수명을 고르는데, 여기에 해당하는 것이 바로 g의 호출 구간을 딱 맞게 에워싸는 수명이다. 이 수명은 x보다 더 오래 지속되지 않으면서 g의 호출 구간 전체를 에워싸기 때문에 모든 제약 조건을 만족한다. 따라서 해당 코드는 검열을 통과한다.

g가 수명 매개변수 'a를 받게 되어 있지만, g를 호출할 때 이를 언급할 필요가 없었다는 점을 눈여겨 보자. 러스트는 함수와 타입을 사용할 때 수명을 대신 추론해 주므로, 수명 매개변수는 이들을 정의할 때만 신경 쓰면 된다.

만일 &x를 앞 절에서 살펴본 자신의 인수를 스태틱에 보관하는 함수 f에 전달하려고 하면 어떻게 될까?

```
fn f(p: &'static i32) { ... }

let x = 10;
f(&x);
```

이 코드는 컴파일되지 않는다. 레퍼런스 &x는 x보다 더 오래 지속되면 안 되는 데 반해, 이를 f에 전달하기 위해서는 그의 수명이 적어도 'static만큼은 되어야 하므로, 러스트가 이 둘을 만족시킬 방법을 찾지 못하고 코드를 거부해 버린다.

레퍼런스 반환하기

함수가 어떤 데이터 구조를 레퍼런스로 받아서 다시 그의 일부분을 레퍼런스로 반환하는 경우는 흔히 있는 일이다. 예를 들어, 다음 함수는 주어진 슬라이스에서 가장 작은 요소를 가리키는 레퍼런스를 반환한다.

```
// v에는 요소가 하나 이상 있어야 한다.
fn smallest(v: &[i32]) -> &i32 {
    let mut s = &v[0];
    for r in &v[1..] {
        if *r < *s { s = r; }
    }
    s
}
```

늘 그렇듯이 해당 함수의 시그니처에는 수명이 생략되어 있다. 러스트는 이처럼 함수의 인수가 하나 뿐이고 인수와 반환값의 타입이 모두 레퍼런스일 때, 이 둘이 같은 수명을 가질 것이라고 가정한다. 이 내용을 명시적으로 적어 보면 다음과 같다.

```
fn smallest<'a>(v: &'a [i32]) -> &'a i32 { ... }
```

이제 smallest를 다음처럼 호출한다고 가정해 보자.

```
let s;
{
    let parabola = [9, 4, 1, 0, 1, 4, 9];
    s = smallest(&parabola);
}
assert_eq!(*s, 0);  // 오류: 드롭된 배열의 요소를 가리킨다.
```

smallest의 시그니처에서 알 수 있다시피 이 함수의 인수와 반환값은 동일한 수명 'a를 가져야 한다. 그러나 앞의 호출을 보면 인수 &parabola는 parabola 자신보다 더 오래 지속될 수 없고, smallest의 반환값은 수명이 적어도 s만큼은 되어야 하는 상황이다. 따라서 러스트는 이 두 제약 조건을 만족하는 수명 'a를 찾지 못하고 코드를 거부해 버린다.

```
error: `parabola` does not live long enough
   |
11 |         s = smallest(&parabola);
   |                       -------- borrow occurs here
12 |     }
   |     ^ `parabola` dropped here while still borrowed
13 |     assert_eq!(*s, 0); // bad: points to element of dropped array
   |                 - borrowed value needs to live until here
14 | }
```

이 경우에는 s의 위치를 옮겨서 그의 수명이 parabola의 수명 안에 포함되도록 만들면 문제가 해결된다.

```
{
    let parabola = [9, 4, 1, 0, 1, 4, 9];
    let s = smallest(&parabola);
    assert_eq!(*s, 0);   // parabola가 여전히 살아 있으므로 문제없다.
}
```

함수 시그니처에 있는 수명은 러스트로 하여금 함수에 전달하는 레퍼런스와 함수가 반환하는 레퍼런스의 관계를 따져서 이들이 안전하게 쓰이도록 만드는 역할을 한다.

레퍼런스를 갖는 스트럭트

러스트는 데이터 구조 안에 저장된 레퍼런스를 어떤 식으로 다룰까? 다음 프로그램은 레퍼런스를 구조체 안에 두었을 뿐, 앞서 살펴본 예와 같은 문제를 안고 있다.

```
// 다음 코드는 컴파일되지 않는다.
struct S {
    r: &i32
}

let s;
{
    let x = 10;
    s = S { r: &x };
}
assert_eq!(*s.r, 10);   // 오류: 드롭된 `x`를 읽는다.
```

러스트가 레퍼런스에 적용하는 안전성 제약 조건은 레퍼런스를 스트럭트 안에 감춘다고 해서 마법처럼 사라지지 않는다. 이들 제약 조건은 어떻게든 S에도 똑같이 적용되어야 한다. 실제로 러스트는 앞 코드에 대해서 다음과 같이 회의적인 반응을 보인다.

```
error: missing lifetime specifier
  |
7 |       r: &i32
  |          ^ expected lifetime parameter
```

레퍼런스 타입을 다른 타입의 정의 안에 둘 때는 반드시 수명을 함께 기재해야 한다.

```
struct S {
    r: &'static i32
}
```

이와 같이 적으면 r은 프로그램이 종료할 때까지 지속되는 i32 값만 가리킬 수 있다는 뜻이 된다. 아니면 다음처럼 타입에 수명 매개변수 'a를 부여한 다음 이를 r에 적용해서 제약 조건을 좀 더 느슨하게 가져갈 수도 있다.

```
struct S<'a> {
    r: &'a i32
}
```

이제 타입 S는 레퍼런스 타입과 마찬가지로 수명을 갖는다. 타입 S로 된 값을 생성하면 매번 그 값의 쓰임새에 맞는 제약 조건이 반영된 새로운 수명 'a가 부여된다. r에 저장하는 레퍼런스의 수명은 항상 'a를 에워싸야 하며, 'a는 S가 저장되는 곳의 수명보다 항상 더 오래 지속되어야 한다.

앞서 나온 코드를 다시 살펴보자. 표현식 S { r: &x }는 수명이 'a인 새로운 S 값을 생성하는데, 이때 r 필드에 &x를 저장하고 있으므로 'a가 x의 수명 안에 완전히 포함되어야 한다는 제약 조건이 생긴다.

그런데 배정문 s = S { ... }는 이 S를 예제 끝까지 지속되는 수명을 가진 변수에 저장함으로써 'a가 s의 수명보다 더 오래 지속되어야 한다는 제약 조건을 만든다. 이렇게 되면 'a가 x보다 더 오래 지속되면 안 되지만, 적어도 s만큼은 살아 있어야 한다는 전과 똑같은 모순된 제약 조건을 마주하게 된다. 러스트는 이를 만족하는 수명이 존재하지 않는다는 걸 알고 앞의 코드를 거부함으로써 대참사를 모면한다.

수명 매개변수를 가진 타입을 다른 타입 안에 두면 어떻게 될까?

```
struct D {
    s: S  // 이대로는 불충분하다.
}
```

러스트는 수명을 기재하지 않은 채 레퍼런스를 S 안에 두려고 했을 때처럼 회의적인 반응을 보인다.

```
error: missing lifetime specifier
  |
8 |     s: S  // not adequate
```

```
|            ^ expected named lifetime parameter
|
|
```

이 경우에는 S의 수명 매개변수를 생략할 수 없다. 러스트가 S와 일반 레퍼런스를 대상으로 수행하는 검사를 T에도 똑같이 적용하기 위해서는, T의 수명이 S 안에 있는 레퍼런스의 수명과 어떤 관련이 있는지를 알아야 하기 때문이다.

일단 s에 'static 수명을 주는 경우를 보자.

```
struct D {
    s: S<'static>
}
```

이와 같이 정의하면 필드 s는 프로그램이 실행되는 내내 살아 있는 값만 빌려 올 수 있다. 이 말은 D가 지역변수를 빌려 올 수 없다는 뜻이므로 사용하는 데 다소 제약이 따른다. 단, D의 수명에는 특별한 제약 조건이 붙지 않는다.

러스트는 오류 메시지를 통해서 다른 접근법을 제안하는데, 실제로 이 방식이 좀 더 일반적이다.

```
help: consider introducing a named lifetime parameter
  |
7 | struct D<'a> {
8 |     s: S<'a>
  |
```

D에 수명 매개변수를 부여하고 이를 S에 전달하는 식이다.

```
struct D<'a> {
    s: S<'a>
}
```

여기서는 수명 매개변수 'a를 받아다가 이를 s의 타입 안에 넣어 주어서 러스트가 D 값의 수명을 S가 쥐고 있는 레퍼런스의 수명과 연관 짓도록 했다.

앞서 우리는 함수의 시그니처가 그 함수에 전달되는 레퍼런스의 쓰임새를 드러낸다는 걸 확인한 바 있다. 이번에는 타입에 대해서 비슷한 걸 확인할 수 있었는데, 그것은 바로 타입의 수명 매개변수가 항상 그 타입 안에 흥미로운(즉, 'static이 아닌) 수명을 가진 레퍼런스가 있는지의 여부와 해당 수명의 종류를 드러낸다는 점이다.

예를 들어 바이트열의 슬라이스를 받아서 파싱한 뒤, 그 결과를 구조체에 담아 반환하는 함수가 있다고 하자.

```
fn parse_record<'i>(input: &'i [u8]) -> Record<'i> { ... }
```

이 내용만 있으면 Record 타입의 정의를 굳이 찾아보지 않더라도 parse_record가 Record를 반환할 때 그 안에 있는 레퍼런스들이 우리가 전달한 입력 버퍼의 내부를 가리킬 뿐, 다른 곳을 가리키는 일은 절대로 없다는 걸 알 수 있다('static 값을 가리킬 수도 있다는 건 예외로 해두자).

사실 러스트가 레퍼런스를 갖는 타입에게 명시적으로 수명 매개변수를 받도록 요구하는 이유는 바로 이런 식으로 내부 동작을 노출하기 위해서다. 물론 러스트가 스트럭트 안에 있는 각 레퍼런스를 대상으로 알아서 수명을 산정해 부여하지 못할 이유가 전혀 없고, 또 그렇게 했더라면 이런 식으로 수명을 써 내릴 필요도 없었을 테니 성가신 일도 좀 줄었을 것이다. 실제로 러스트의 초기 버전이 이 방식을 썼는데, 문제는 개발자들이 많이들 헷갈려했다는 것이다. 누가 누구에게서 무엇을 빌려 오는지 알면 유용할 때가 많은데, 이는 특히 오류를 해결할 때 도움이 된다.

수명은 레퍼런스와 S 같은 타입의 전유물이 아니다. 러스트에서는 i32와 String을 포함한 모든 타입이 수명을 갖는다. 대부분은 단순한 'static인데, 이런 타입의 값은 얼마든지 원하는 만큼 살아 있을 수 있다. 예를 들어 Vec<i32>는 외부에 의존하는 것이 없으므로 특정 변수가 범위를 벗어나기 전에 드롭할 필요가 없다. 그러나 Vec<&'a i32> 같은 타입은 수명이 'a의 구간 안에 있어야 하므로, 반드시 참조 대상이 살아 있을 때 드롭해야 한다.

고유한 수명 매개변수

다음과 같이 두 개의 레퍼런스를 갖는 구조체를 정의했다고 하자.

```
struct S<'a> {
    x: &'a i32,
    y: &'a i32
}
```

두 레퍼런스는 모두 같은 수명 'a를 사용한다. 이런 경우에는 코드가 다음과 같은 일을 하려 할 때 문제가 될 수 있다.

```
let x = 10;
let r;
{
    let y = 20;
    {
        let s = S { x: &x, y: &y };
        r = s.x;
    }
}
println!("{}", r);
```

앞의 코드가 대상을 잃은 포인터를 만드는 건 아니다. y의 레퍼런스가 머무는 s는 y보다 먼저 범위를 벗어나고, 최종적으로 x의 레퍼런스를 쥐는 r도 x보다 오래 살지 않는다.

사정이 이러함에도 불구하고 앞 코드를 컴파일하려 하면 러스트는 y가 충분히 오래 살지 않는다고 불평한다. 러스트가 걱정하는 이유는 뭘까? 코드를 꼼꼼히 살펴보면 그 이유를 이해할 수 있다.

- S의 두 필드는 같은 수명 'a를 갖는 레퍼런스이므로, 러스트는 s.x와 s.y 모두에게 적합한 수명 하나를 찾아야 한다.
- 배정문 r = s.x는 'a가 r의 수명을 에워싸야 한다는 제약 조건을 만든다.
- s.y를 &y로 초기화하는 구문은 'a가 y의 수명보다 더 길면 안 된다는 제약 조건을 만든다.

즉, y의 범위보다는 짧고 r의 범위보다는 긴 그런 수명은 존재하지 않으므로, 위의 제약 조건을 만족시킬 수 없다고 판단한 러스트가 컴파일을 중단시키는 것이다.

문제는 S 안에 있는 두 레퍼런스가 같은 수명 'a를 갖는다는 데 있다. 따라서 각 레퍼런스가 고유한 수명을 갖도록 S의 정의를 바꾸면 모든 문제가 해결된다.

```
struct S<'a, 'b> {
    x: &'a i32,
    y: &'b i32
}
```

해당 정의에서는 s.x와 s.y가 독립된 수명을 갖는다. 이제 s.x로 무엇을 하든지 간에 s.y에 저장한 것에 영향을 주지 않으므로 제약 조건을 만족시키기가 쉽다. 그냥 'a는 r의 수명이 되면 되고, 'b는 s의 수명이 되면 된다(y의 수명도 'b에 적합하긴 하지만, 러스트는 여러 후보군 중에서 가장 짧은 수명을 채택한다). 그러면 모든 것이 순조롭게 풀린다.

이 방법은 함수 시그니처에서도 통한다. 다음과 같은 함수가 있다고 하자.

```
// 제약이 심해서 쓰기 어려울 수 있다.
fn f<'a>(r: &'a i32, s: &'a i32) -> &'a i32 { r }
```

여기서 두 레퍼런스 매개변수는 같은 수명 'a를 사용하는데, 이렇게 하면 앞서 봤던 것과 같은 식으로 호출부를 불필요하게 제한할 수 있다. 이게 문제가 될 때는 매개변수의 수명을 독립적으로 가져가면 된다.

```
// 제약이 좀 덜하다.
fn f<'a, 'b>(r: &'a i32, s: &'b i32) -> &'a i32 { r }
```

이 방법의 단점은 수명이 추가될수록 타입과 함수 시그니처가 점점 더 읽기 어려워질 수 있다는 것이다. 이럴 때 필자는 일단 가장 단순한 정의를 먼저 시도해 보고 나서 코드가 컴파일될 때까지 서서히 제약을 풀어가는 방식을 취한다. 러스트는 안전하지 않은 코드의 실행을 허용하지 않으므로, 문제가 있으면 알려 주겠거니 하며 그냥 기다리는 것도 괜찮은 전략이다.

수명 매개변수 생략하기

지금까지 이 책에서 살펴본 레퍼런스를 반환하거나 매개변수로 받는 함수들은 대부분 수명을 기재할 필요가 없었는데, 그렇다고 해서 수명이 존재하지 않았던 건 아니다. 러스트는 누가 어떤 수명을 가져야 하는지 명백히 알 수 있으면 수명을 생략할 수 있게 해준다.

코드가 아주 단순할 때는 매개변수의 수명을 기재하지 않아도 된다. 러스트가 필요한 곳에 알아서 고유한 수명을 배정해 준다. 예를 보자.

```
struct S<'a, 'b> {
    x: &'a i32,
    y: &'b i32
}

fn sum_r_xy(r: &i32, s: S) -> i32 {
    r + s.x + s.y
}
```

이 함수의 시그니처는 다음처럼 써야 하는 것이 줄어든 것이다.

```
fn sum_r_xy<'a, 'b, 'c>(r: &'a i32, s: S<'b, 'c>) -> i32
```

수명 매개변수를 가진 레퍼런스나 다른 타입을 반환하는 경우에도 코드가 모호하지 않을 때는 수명을 기재하지 않아도 된다. 러스트는 함수의 매개변수에 배정되는 수명이 하나뿐일 경우 그 수명을 반환값에도 배정한다.

```
fn first_third(point: &[i32; 3]) -> (&i32, &i32) {
    (&point[0], &point[2])
}
```

수명을 전부 기재하면 다음과 같다.

```
fn first_third<'a>(point: &'a [i32; 3]) -> (&'a i32, &'a i32)
```

매개변수에 배정되는 수명이 여러 개일 때는 러스트가 반환값에 배정할 수명을 고르기 어려우므로 뭐가 어떻게 돌아가는지를 직접 기재해야 한다.

함수가 어떤 타입의 메서드이면서 self 매개변수를 레퍼런스로 받는 경우에는 예외 규정이 적용되어 self의 수명이 반환값에 배정된다(self 매개변수는 메서드가 호출되던 당시의 대상값을 가리키며, C++, 자바, 자바스크립트의 this나 파이썬의 self에 해당한다. 메서드는 9장의 'impl로 메서드 정의하기' 절에서 다룬다).

예를 들어, 다음과 같은 코드를 작성했다고 하자.

```
struct StringTable {
    elements: Vec<String>,
}

impl StringTable {
    fn find_by_prefix(&self, prefix: &str) -> Option<&String> {
        for i in 0 .. self.elements.len() {
            if self.elements[i].starts_with(prefix) {
                return Some(&self.elements[i]);
            }
        }
        None
    }
}
```

여기서 find_by_prefix 메서드의 시그니처는 다음처럼 써야 하는 것이 줄어든 것이다.

```
fn find_by_prefix<'a, 'b>(&'a self, prefix: &'b str) -> Option<&'a String>
```

러스트는 여러분이 차용하고 있는 모든 것이 self에게서 온 것이라고 가정한다.

다시 말하지만, 이들은 그저 도움을 주려고 마련된 축약 표기일 뿐이다. 이들의 동작 방식이 여러분의 의도와 다르다면, 언제든 수명을 명시적으로 기재할 수 있다.

공유 vs. 변경

지금까지 러스트에서 왜 레퍼런스가 범위를 벗어난 변수를 가리킬 수 없는지에 대해 살펴봤다. 그러나 대상을 잃은 포인터가 비집고 나올 수 있는 틈이 아직 남아 있다. 간단한 예를 살펴보자.

```
let v = vec![4, 8, 19, 27, 34, 10];
let r = &v;
let aside = v;   // 벡터를 aside로 옮긴다.
r[0];            // 오류: 미초기화 상태가 된 `v`를 사용한다.
```

앞의 코드에서 aside에 배정이 일어나면 그림 5-7과 같이 벡터가 이동하여 v가 미초기화 상태로 남게 되고, r은 대상을 잃은 포인터로 바뀐다.

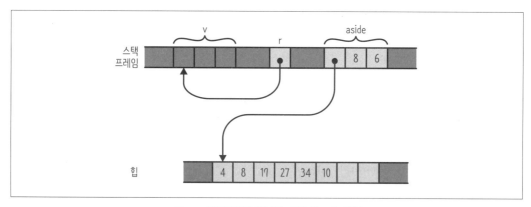

그림 5-7 **이동해버린 벡터를 가리키는 레퍼런스**

v가 r의 전체 수명 범위 안에 머물긴 하지만, 문제는 v의 값이 다른 곳으로 이동하여 v가 미초기화 상태로 남게 되는데도 r이 계속해서 이를 참조한다는 것이다. 당연히 러스트는 이런 오류를 파악해서 알려 준다.

```
error: cannot move out of `v` because it is borrowed
   |
9  |     let r = &v;
   |             - borrow of `v` occurs here
10 |     let aside = v;  // move vector to aside
   |         ^^^^^ move out of `v` occurs here
```

공유된 레퍼런스는 살아 있는 동안 참조 대상을 읽기 전용으로 설정해 두기 때문에 참조 대상에 배정하거나 해당 값을 다른 곳으로 옮길 수 없다. 앞의 코드는 r의 수명 범위 안에 벡터를 옮기려는 시도를 포함하고 있으므로, 러스트가 프로그램을 거부한다. 이럴 때는 프로그램을 다음처럼 바꾸면 문제가 사라진다.

```
let v = vec![4, 8, 19, 27, 34, 10];
{
    let r = &v;
    r[0];  // 벡터가 여전히 살아 있으므로 문제없다.
}
let aside = v;
```

이 버전에서는 r이 전보다 범위를 일찍 벗어나서 v가 aside로 이동하기 전에 레퍼런스의 수명이 끝나므로 아무런 문제가 없다.

대참사를 불러오는 방법은 또 있다. 다음과 같이 벡터에 슬라이스의 요소들을 이어 붙이는 함수가 있다고 하자.

```
fn extend(vec: &mut Vec<f64>, slice: &[f64]) {
    for elt in slice {
        vec.push(*elt);
    }
}
```

이 함수는 표준 라이브러리에 있는 벡터의 메서드 extend_from_slice의 덜 유연한(그리고 훨씬 덜 최적화된) 버전이다. 이 함수를 쓰면 다른 벡터나 배열의 슬라이스를 가지고 벡터를 만들 수 있다.

```
let mut wave = Vec::new();
let head = vec![0.0, 1.0];
let tail = [0.0, -1.0];

extend(&mut wave, &head);  // 또 다른 벡터를 가지고 wave를 확장한다.
```

```
extend(&mut wave, &tail);  // 배열을 가지고 wave를 확장한다.

assert_eq!(wave, vec![0.0, 1.0, 0.0, -1.0]);
```

앞의 코드는 사인파의 한 주기에 해당하는 값을 갖는 벡터를 만든다. 이때 이 벡터에 스스로를 이어 붙이는 방법으로 한 주기를 더 늘릴 수 있을까?

```
extend(&mut wave, &wave);
assert_eq!(wave, vec![0.0, 1.0, 0.0, -1.0,
                      0.0, 1.0, 0.0, -1.0]);
```

언뜻 보면 괜찮아 보일지 모른다. 그러나 벡터는 요소를 추가할 때 버퍼에 여유가 없으면 더 큰 공간을 갖는 새 버퍼를 할당한다는 걸 기억하자. 예를 들어 wave의 초기 용량을 4로 가정하면, extend가 다섯 번째 요소를 추가할 때 더 큰 버퍼가 할당되어 그림 5-8과 같은 메모리 구조가 된다.

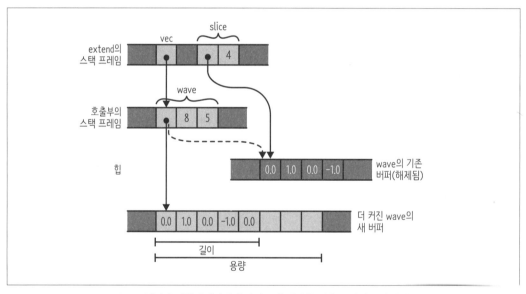

그림 5-8 **벡터가 재할당되면서 슬라이스가 대상을 잃은 포인터로 바뀌었다.**

extend 함수의 인수 vec이 빌려 온 호출부 소유의 wave는 여덟 개의 요소를 담을 수 있는 버퍼를 새로 할당해 주고 있다. 그러나 slice는 이미 드롭된 네 개의 요소를 담고 있던 초기 버퍼를 계속해서 가리킨다.

이런 종류의 문제는 러스트에만 있는 게 아니다. 컬렉션을 가리키면서 동시에 이를 변경하는 일은 많은 언어들이 까다로워하는 영역이다. C++의 std::vector 명세에는 '벡터의 버퍼가 재할당되면 해당 시퀀스의 요소들을 참조하는 레퍼런스, 포인터, 이터레이터가 전부 무효화된다'는 주의 문구가 쓰여 있다. 마찬가지로 자바는 `java.util.Hashtable` 객체의 변경에 대해서 다음과 같이 규정하고 있다.

> Hashtable이 자신과 연관된 이터레이터가 존재하는 상황에서 구조적으로 변경되면 이터레이터
> 는 ConcurrentModificationException을 던진다. 단, 이터레이터의 remove 메서드를 통한 변
> 경은 예외다.

이런 종류의 버그가 특히 까다로운 이유는 항상 발생하는 게 아니기 때문이다. 테스트할 때야 벡터의 공간이 늘 충분할 테고, 또 그러다 보면 버퍼가 재할당될 일도 전혀 없을테니 문제가 영영 수면 위로 떠오를 수 없다.

그러나 러스트는 컴파일 시점에 extend 호출이 가진 문제점을 알려 준다.

```
error: cannot borrow `wave` as immutable because it is also
       borrowed as mutable
   |
9  |    extend(&mut wave, &wave);
   |           ----      ^^^^- mutable borrow ends here
   |           |         |
   |           |         immutable borrow occurs here
   |           mutable borrow occurs here
```

이 오류 메시지를 쉽게 풀어 보면, 벡터의 변경할 수 있는 레퍼런스를 빌려 올 수도 있고, 그 안에 있는 요소들의 공유된 레퍼런스를 빌려 올 수도 있지만, 이 두 레퍼런스의 수명이 겹치는 건 안 된다는 뜻이다. 여기서는 두 레퍼런스의 수명이 extend 호출을 포함하고 있으므로 러스트가 코드를 거부한다.

이런 오류는 모두 러스트의 변경과 공유에 관한 규칙을 위반하는 데서 비롯된다.

- **공유된 접근은 읽기 전용 접근이다.**

  공유된 레퍼런스로 빌려 온 값은 읽을 수만 있다. 공유된 레퍼런스가 살아 있는 동안에는 **그 무엇도** 참조 대상이나 참조 대상을 통해 도달할 수 있는 다른 대상을 변경할 수 없다. 소유자 역시 읽기 전용으로 설정되기 때문에 이 구조에 관여된 대상의 변경할 수 있는 레퍼런스가 아예 존재할 수 없다. 한마디로 동결 상태라고 보면 된다.

- **변경할 수 있는 접근은 배타적인 접근이다.**

  변경할 수 있는 레퍼런스로 빌려 온 값은 그 레퍼런스를 통해서만 접근할 수 있다. 변경할 수 있는
  레퍼런스가 살아 있는 동안에는 참조 대상이나 참조 대상을 통해 도달할 수 있는 다른 대상에 접
  근할 수 있는 경로가 없다. 변경할 수 있는 레퍼런스와 수명이 겹칠 수 있는 유일한 레퍼런스는 변
  경할 수 있는 레퍼런스 그 자체에서 빌려 온 것들뿐이다.

러스트는 extend 예제가 두 번째 규칙을 위반했다고 지적한다. wave의 변경할 수 있는 레퍼런스를
빌려왔기 때문에 이 변경할 수 있는 레퍼런스를 통해서만 벡터나 그 안에 있는 요소들을 접근할 수
있어야 하는데, slice의 공유된 레퍼런스가 벡터의 요소들에 접근할 수 있는 다른 길을 열어 주고
있으므로 두 번째 규칙을 위반했다는 것이다.

그러나 러스트는 이 버그가 첫 번째 규칙을 위반한 것으로 간주할 수도 있었다. wave의 요소들에 대
한 공유된 레퍼런스를 빌려왔기 때문에 이 요소들과 Vec 자체가 모두 읽기 전용으로 설정되는데, 읽
기 전용 값에게서는 변경할 수 있는 레퍼런스를 빌려 올 수 없기 때문이다.

레퍼런스는 유형에 따라서 참조 대상에 이르는 소유 경로상의 값들과 참조 대상을 통해 도달할 수 있
는 값들을 가지고 할 수 있는 일이 다르다(그림 5-9).

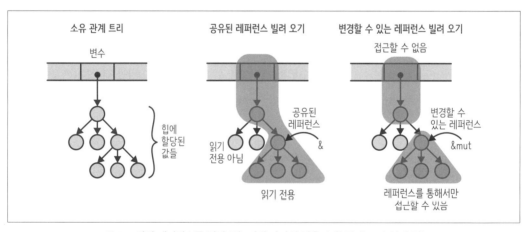

그림 5-9 어떤 레퍼런스를 빌려 오는지에 따라서 같은 소유 관계 트리 안에 있는
다른 값들을 가지고 할 수 있는 일이 달라진다.

레퍼런스가 살아 있는 동안에는 두 경우 모두 참조 대상에 이르는 소유 경로를 변경할 수 없다는 걸
눈여겨보자. 공유된 레퍼런스를 빌려 오면 경로가 읽기 전용이 되고, 변경할 수 있는 레퍼런스를 빌
려 오면 경로가 완전히 차단된다. 따라서 프로그램이 레퍼런스를 무효화할 방법이 아예 없다.

이러한 원칙을 간단한 예를 통해서 확인해 보자.

```
let mut x = 10;
let r1 = &x;
let r2 = &x;            // 공유된 레퍼런스는 여러 번 빌려와도 문제없다.
x += 10;               // 오류: `x`는 공유된 레퍼런스가 존재하므로 배정할 수 없다.
let m = &mut x;        // 오류: `x`는 변경할 수 없는 레퍼런스가 존재하므로
                       // 변경할 수 있는 레퍼런스를 빌려 올 수 없다.
println!("{}, {}, {}", r1, r2, m);  // 여기서 사용하는 레퍼런스들의 수명은
                                    // 적어도 이곳까지 지속되어야 한다.


let mut y = 20;
let m1 = &mut y;
let m2 = &mut y;        // 오류: 변경할 수 있는 레퍼런스는 두 번 이상 빌려 올 수 없다.
let z = y;             // 오류: `y`는 변경할 수 있는 레퍼런스가 존재하므로 사용할 수 없다.
println!("{}, {}, {}", m1, m2, z);  // 여기서 레퍼런스들을 사용한다.
```

공유된 레퍼런스에게서 다시 공유된 레퍼런스를 빌려 오는 건 문제없다.

```
let mut w = (107, 109);
let r = &w;
let r0 = &r.0;         // 공유된 레퍼런스에게서 다시 공유된 레퍼런스를 빌려 오는 건 문제없다.
let m1 = &mut r.1;     // 오류: 공유된 레퍼런스에게서 변경할 수 있는 레퍼런스를 빌려 올 수는 없다.
println!("{}", r0);   // 여기서 r0을 사용한다.
```

변경할 수 있는 레퍼런스에게서는 어떤 레퍼런스든 다시 빌려 올 수 있다.

```
let mut v = (136, 139);
let m = &mut v;
let m0 = &mut m.0;     // 변경할 수 있는 레퍼런스에게서 다시 변경할 수 있는 레퍼런스를
                       // 빌려 오는 건 문제없다.
*m0 = 137;
let r1 = &m.1;         // 변경할 수 있는 레퍼런스에게서 다시 공유된 레퍼런스를 빌려 오는 건
                       // 문제없다. m0과도 겹치지 않는다.
v.1;                   // 오류: 금지되어 있는 다른 경로를 통한 접근이다.
println!("{}", r1);   // 여기서 r1을 사용한다.
```

이들 제약은 꽤 엄격하다. 앞서 시도했던 extend(&mut wave, &wave) 호출을 되짚어 보면 해당 코드를 의도했던 대로 돌아가게 고칠 수 있는 쉽고 빠른 방법이 존재하지 않는다. 게다가 러스트는 이들 규칙을 모든 곳에 적용한다. 예를 들어 HashMap 안에 있는 키의 공유된 레퍼런스를 빌려 오면, 이 공유된 레퍼런스의 수명이 끝날 때까지 HashMap의 변경할 수 있는 레퍼런스를 빌려 올 수 없다.

그러나 여기에는 그럴만한 이유가 있다. 아무런 제약 없이 반복 처리와 변경을 동시에 지원하는 컬렉션을 설계하기란 어렵기도 하지만, 보다 단순하고 효율적인 구현이 나오는 걸 방해할 때가 많다. 자바의 Hashtable과 C++의 vector는 무시하는 전략을 택했고, 파이썬 딕셔너리와 자바스크립트 객체는 이런 식의 접근에 대응하는 정확한 동작 방식을 정의하지 않았다. 자바스크립트의 다른 컬렉션 타입들에는 이런 처리가 되어있긴 하지만, 그 덕분에 구현이 더 무거워졌다. C++의 std::map은 새 항목을 삽입한다고 해서 맵 안에 있는 다른 항목을 가리키는 포인터가 무효화되진 않지만, 이런 동작 방식을 약속하는 바람에 표준 쪽에서는 러스트의 BTreeMap처럼 트리의 개별 노드 안에 여러 항목을 저장하는 식의 캐시 효율이 높은 설계를 가져갈 수 없는 입장이다.

이들 규칙이 잡아 주는 또 다른 버그의 예를 보자. 아래의 C++ 코드는 파일 디스크립터를 관리한다. 문제를 단순화하기 위해서 생성자와 복사 배정 연산자만 살펴보고, 오류 처리는 생략한다.

```cpp
struct File {
  int descriptor;

  File(int d) : descriptor(d) { }

  File& operator=(const File &rhs) {
    close(descriptor);
    descriptor = dup(rhs.descriptor);
    return *this;
  }
};
```

이 배정 연산자는 너무 단순해서 무슨 문제가 있을까 싶지만, 다음과 같은 상황을 만나면 안 좋은 일이 벌어진다.

```cpp
File f(open("foo.txt", ...));
...
f = f;
```

File을 자기 자신에게 배정하면 rhs와 *this가 모두 같은 객체를 가리키게 되므로 operator=가 dup에 넘겨야 할 파일 디스크립터를 닫아버리게 된다. 복사하려던 자원을 폐기해버리는 꼴이다.

이와 유사한 코드를 러스트로 작성하면 다음과 같다.

```
struct File {
    descriptor: i32
}

fn new_file(d: i32) -> File {
    File { descriptor: d }
}

fn clone_from(this: &mut File, rhs: &File) {
    close(this.descriptor);
    this.descriptor = dup(rhs.descriptor);
}
```

(사실, 앞의 코드는 러스트답다고 볼 수 없다. 러스트 타입도 생성자 함수와 메서드를 가질 수 있지만, 아직 다루지 않은 내용이라 앞서 살펴본 예와 조건을 비슷하게 가져가는 선에서 간단히 정의했을 뿐이다. 이 부분은 9장에서 설명한다.)

File을 사용하다가 문제가 생겼던 부분을 러스트로 비슷하게 작성해 보면 다음과 같다.

```
let mut f = new_file(open("foo.txt", ...));
...
clone_from(&mut f, &f);
```

물론, 러스트는 앞의 코드를 컴파일하는 것조차 거부한다.

```
error: cannot borrow `f` as immutable because it is also
       borrowed as mutable
    |
18  |     clone_from(&mut f, &f);
    |                -   ^- mutable borrow ends here
    |                |   |
    |                |   immutable borrow occurs here
    |                mutable borrow occurs here
```

그런데 오류 메시지가 어딘가 낯이 익다. C++를 대표하는 두 가지 버그, 즉 자기 배정에 대처하지 못하는 것과 무효화된 이터레이터를 사용하는 것이 근본적으로 같은 종류의 버그였던 것이다! 두 경우 다 코드가 참조하는 값과 수정하는 값이 서로 다르다는 가정을 깔고 있는데, 알고 보니 그 둘이 같은 값인 상황이다. C나 C++에서 실수로 memcpy나 strcpy 호출의 원본과 대상을 서로 겹치게 설정해 본 적이 있는지 모르겠는데, 이 경우도 같은 버그라고 볼 수 있다. 러스트는 변경할 수 있는 접근을 배타적으로 취급해서 매일 겪는 다양한 유형의 실수들을 막아낸다.

마치 물과 기름처럼 서로 섞일 수 없는 공유된 레퍼런스와 변경할 수 있는 레퍼런스의 이런 성질은 동시적 코드를 작성할 때 그 진가를 발휘한다. 데이터 경합은 어떤 값이 변경할 수 있는 상태로 여러 스레드에 공유될 때만 생길 수 있는데, 러스트의 레퍼런스 규칙은 바로 그런 상황이 발생하지 않도록 해준다. unsafe 코드를 쓰지 않는 동시적 러스트 프로그램은 **구조적**으로 데이터 경합이 생길 수 없다. 요약하자면 러스트가 대부분의 다른 언어들보다 동시성을 사용하기가 훨씬 쉽다는 뜻인데, 이 부분은 19장에서 동시성에 대해 이야기할 때 좀 더 자세히 다룬다.

러스트의 공유된 레퍼런스 vs. C의 const 포인터

언뜻 보면 러스트의 공유된 레퍼런스는 C와 C++의 const 값을 가리키는 포인터와 무척 비슷해 보인다. 하지만 러스트의 공유된 레퍼런스가 적용받는 규칙은 훨씬 더 엄격하다. 예를 들어 다음의 C 코드를 보자.

```
int x = 42;           // int 변수. const 아님.
const int *p = &x;    // const int 포인터.
assert(*p == 42);
x++;                  // 변수를 직접 변경한다.
assert(*p == 43);     // '상수' 참조 대상의 값이 변경되었다.
```

p가 const int *라는 건 p를 통해서 참조 대상을 변경할 수 없다는 뜻이다. 즉, (*p)++와 같은 코드를 작성할 수 없다. 그러나 x는 const가 아니므로 참조 대상에 바로 접근해서 값을 변경할 수 있다. C 계열의 const 키워드는 나름의 용도가 있는 것이지, 참조 대상을 상수로 만들어 주는 건 아니다.

러스트의 공유된 레퍼런스는 자신의 수명이 끝날 때까지 참조 대상을 절대로 변경할 수 없도록 막는다.

```
let mut x = 42;        // 비const i32 변수.
let p = &x;            // i32의 공유된 레퍼런스.
assert_eq!(*p, 42);
x += 1;                // 오류: x는 공유된 레퍼런스가 존재하므로 배정할 수 없다.
assert_eq!(*p, 42);    // 위 배정문을 없앤다면 이 부분은 참이다.
```

값을 변경할 수 없게 막으려면 그 값에 이를 수 있는 모든 경로를 추적해서 변경을 허락하지 못하게 하거나 아예 사용할 수 없도록 만들어야 한다. C와 C++ 포인터는 제약이 너무 느슨해서 컴파일러가 이런 것들을 검사하기 어렵다. 반면, 러스트의 레퍼런스는 항상 특정 수명과 결부되어 있으므로 컴파일 시점에 이런 것들을 검사할 수 있다.

객체의 바다와 맞서기

1990년대에 자동 메모리 관리가 등장하면서 이후 모든 프로그램은 그림 5-10과 같은 **객체의 바다**sea of objects를 기본 아키텍처로 삼아 왔다.

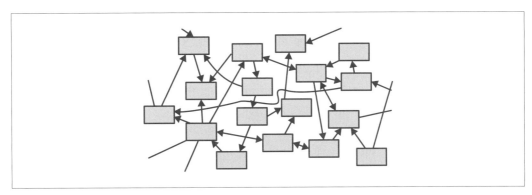

그림 5-10 **객체의 바다**

가비지 컬렉션을 갖춘 환경에서 아무런 설계 없이 프로그램을 작성하다 보면 이렇게 된다. 우리 모두는 이런 식으로 시스템을 구축해 왔다.

이 다이어그램에는 나와 있지 않지만 이 아키텍처에는 많은 장점이 숨어 있다. 초기 진행 속도가 빠르고, 여기저기 끼워 맞추기 쉬우며, 언젠가 완전히 다시 만들고 싶어지더라도 큰 어려움 없이 정당화할 수 있다는 점이 대표적이다(여기서 노래 한 곡 듣고 가죠. AC/DC가 부릅니다. 'Highway to Hell(지옥행 고속도로)').

물론 단점도 있다. 이런 식으로 모두가 모두에게 의존하는 구조는 테스트하기가 까다롭고, 확장하는데도 한계가 따르며, 심지어 구성 요소를 따로 분리해 생각하는 것조차 어렵다.

러스트에 관한 한 가지 흥미로운 점은 소유 모델이 바로 이 '지옥행 고속도로'에 과속 방지턱을 설치한다는 것이다. 러스트에서 두 값이 서로 상대방을 가리키는 순환 구조를 만들려면 Rc 같은 스마트 포인터 타입과 함께 아직 다루지 않은 주제인 **내부 가변성**(interior mutability)(9장의 해당 절 참조)을 활용해야 하는 등 약간의 노력이 필요하다. 러스트는 그림 5-11처럼 포인터, 소유권, 데이터 흐름이 시스템 전반에서 한 방향으로 흐르는 걸 선호한다.

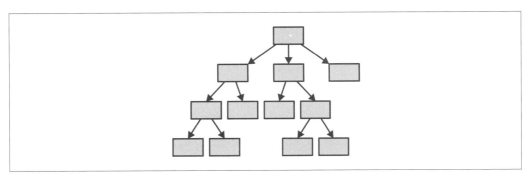

그림 5-11 **값 트리**

지금 이런 이야기를 꺼내는 이유는, 이번 장을 읽고 나면 당장 가서 세 가지 스마트 포인터로 휘감은 '스트럭트의 바다'를 만들어, 그동안 익숙하게 써왔던 객체 지향 안티패턴들을 전부 재현하려 들 게 뻔하기 때문이다. 그러나 해보면 알겠지만 러스트의 소유 모델에 발목이 잡혀서 그리 호락호락하지만은 않을 것이다. 미리 설계해 둔 그림을 바탕으로 더 나은 프로그램을 만들어가는 것만이 유일한 치유책이다.

러스트의 본질은 프로그램을 이해하는 데 따르는 고통을 미래에서 현재로 옮겨내는 데 있다. 이게 놀라우리만큼 잘 작동하는 이유는, 러스트가 프로그램이 스레드 안전성을 갖는 이유를 이해하도록 강요할 뿐만 아니라, 심지어 어느 정도 높은 수준의 아키텍처 설계를 요구하기 때문이다.

표현식

리스프 프로그래머들은 모든 것의 값은 알아도 그 비용은 전혀 모른다.

—앨런 펄리스Alan Perlis, 에피그램 #55

이번 장에서는 러스트 함수의 본문을 이루는 빌딩 블록이자 러스트 코드의 대다수를 차지하는 러스트의 **표현식**expression을 다룬다. 러스트는 대부분이 표현식으로 되어 있다. 따라서 먼저 표현식의 효용과 한계를 다루는 법에 대해 알아보고, 완전히 표현식을 중심으로 돌아가는 러스트의 제어 흐름에 대해 살펴본 다음, 러스트의 기본 연산자를 따로 또 같이 사용하는 법에 대해 짚어 본다.

클로저와 이터레이터 같이 엄밀히 따지면 이 부류에 속하지만 다루어야 할 내용이 많은 몇 가지 개념들은 뒤에서 따로 장을 마련해 살펴보겠다. 여기서는 적은 수의 페이지로 가능한 한 많은 문법을 다루는 게 목표다.

표현식 언어

러스트는 겉모습이 C 계열의 언어들과 비슷하지만, 여기에는 약간의 계략이 숨어 있다.

```
5 * (fahr-32) / 9
```

C에서는 이와 같은 형태의 코드 조각인 **표현식**과 다음과 같은 모습을 한 **실행문**statement 간에 뚜렷한 차이가 있다.

```
for (; begin != end; ++begin) {
    if (*begin == target)
        break;
}
```

표현식은 값을 갖는다. 반면 실행문은 값을 갖지 않는다.

러스트는 이른바 **표현식 언어**expression language다. 이 말은 러스트가 모든 일을 표현식으로 해내는 리스프의 오랜 전통을 따른다는 뜻이다.

C에서는 `if`와 `switch`가 실행문이다. 이들은 값을 산출하지 않으며, 표현식 중간에 쓰일 수 없다. 러스트에서는 `if`와 `match`가 값을 산출하는 것이 **가능**하다. 이미 2장에서 수칫값을 산출하는 `match` 표현식을 살펴본 바 있다.

```
pixels[r * bounds.0 + c] =
    match escapes(Complex { re: point.0, im: point.1 }, 255) {
        None => 0,
        Some(count) => 255 - count as u8
    };
```

`if` 표현식이 변수를 초기화하는 데 쓰일 수 있다.

```
let status =
    if cpu.temperature <= MAX_TEMP {
        HttpStatus::Ok
    } else {
        HttpStatus::ServerError  // 서버가 녹아내림.
    };
```

`match` 표현식이 함수나 매크로의 인수로 전달될 수 있다.

```
println!("Inside the vat, you see {}.",
    match vat.contents {
        Some(brain) => brain.desc(),
        None => "nothing of interest"
    });
```

러스트에 C의 삼항 연산자(*expr1 ? expr2 : expr3*)가 없는 이유가 바로 여기에 있다. C의 삼항 연산자는 쓰기 편하게 만든 `if` 문의 표현식 버전이나 다름없다. 러스트에서는 `if` 표현식이 두 경우에 다 쓰

```
```

일 수 있으므로 삼항 연산자가 필요 없다.

C에서는 대부분의 제어 흐름 도구들이 실행문이다. 반면, 러스트에서는 모든 게 표현식이다.

우선순위와 결합성

표 6-1은 러스트의 표현식 문법을 요약해 보여 준다. 이번 장에서는 이 표에 나와 있는 표현식을 종류별로 전부 다룬다. 연산자는 우선순위가 높은 순에서 낮은 순으로 나열되어 있다. (러스트는 대부분의 프로그래밍 언어들처럼 **연산자 우선순위**operator precedence를 두고 있다. 연산자 우선순위는 표현식이 인접한 여러 인자를 가질 때 연산의 순서를 결정한다. 예를 들어 limit < 2 * broom.size + 1에서 우선순위가 가장 높은 연산자는 .이므로 필드 접근이 제일 먼저 일어난다.)

표 6-1 **표현식**

표현식 타입	예	관련 트레이트
배열 리터럴	[1, 2, 3]	
반복 배열 리터럴	[0; 50]	
튜플	(6, "crullers")	
그룹짓기	(2 + 2)	
블록	{ f(); g() }	
제어 흐름 표현식	if ok { f() }	
	if ok { 1 } else { 0 }	
	if let Some(x) = f() { x } else { 0 }	
	match x { None => 0, _ => 1 }	
	for v in e { f(v); }	std::iter::IntoIterator
	while ok { ok = f(); }	
	while let Some(x) = it.next() { f(x); }	
	loop { next_event(); }	
	break	
	continue	
	return 0	
매크로 호출	println!("ok")	
경로	std::f64::consts::PI	
스트럭트 리터럴	Point {x: 0, y: 0}	
튜플 필드 접근	pair.0	Deref, DerefMut
스트럭트 필드 접근	point.x	Deref, DerefMut
메서드 호출	point.translate(50, 50)	Deref, DerefMut

표 6-1 **표현식(계속)**

표현식 타입	예	관련 트레이트
함수 호출	stdin()	Fn(Arg0, ...) -> T, FnMut(Arg0, ...) -> T, FnOnce(Arg0, ...) -> T
색인	arr[0]	Index, IndexMut Deref, DerefMut
오류 검사	create_dir("tmp")?	
논리부정/비트별 논리부정	!ok	Not
부정	-num	Neg
역참조	*ptr	Deref, DerefMut
차용	&val	
타입 캐스팅	x as u32	
곱셈	n * 2	Mul
나눗셈	n / 2	Div
나머지(모듈러스)	n % 2	Rem
덧셈	n + 1	Add
뺄셈	n - 1	Sub
왼쪽 자리 이동	n << 1	Shl
오른쪽 자리 이동	n >> 1	Shr
비트별 논리곱	n & 1	BitAnd
비트별 배타적 논리합	n ^ 1	BitXor
비트별 논리합	n ¦ 1	BitOr
미만	n < 1	std::cmp::PartialOrd
이하	n <= 1	std::cmp::PartialOrd
초과	n > 1	std::cmp::PartialOrd
이상	n >= 1	std::cmp::PartialOrd
상등	n == 1	std::cmp::PartialEq
부등	n != 1	std::cmp::PartialEq
논리곱	x.ok && y.ok	
논리합	x.ok ¦¦ backup.ok	
끝을 포함하지 않는 범위	start .. stop	
끝을 포함하는 범위	start ..= stop	
배정	x = val	
복합 배정	x *= 1	MulAssign
	x /= 1	DivAssign

표 6-1 표현식(계속)

표현식 타입	예	관련 트레이트
	x %= 1	RemAssign
	x += 1	AddAssign
	x -= 1	SubAssign
	x <<= 1	ShlAssign
	x >>= 1	ShrAssign
	x &= 1	BitAndAssign
	x ^= 1	BitXorAssign
	x |= 1	BitOrAssign
클로저	|x, y| x + y	

연결해서 쓸 때 유용한 연산자들은 모두 왼쪽 결합이다. 즉, a - b - c와 같이 연결한 일련의 연산들은 a - (b - c)가 아니라 (a - b) - c처럼 그룹지어진다. 이런 식으로 연결해 쓸 수 있는 연산자들은 다음과 같다.

```
* / % + - << >> & ^ | && || as
```

비교 연산자, 배정 연산자, 범위 연산자 ..와 ..=는 연결해 쓸 수 없다.

블록과 세미콜론

블록은 가장 일반적인 종류의 표현식이다. 블록은 값을 산출하며, 값이 필요한 모든 곳에 쓰일 수 있다.

```
let display_name = match post.author() {
    Some(author) => author.name(),
    None => {
        let network_info = post.get_network_metadata()?;
        let ip = network_info.client_address();
        ip.to_string()
    }
};
```

Some(author) => 다음에 있는 코드 author.name()은 간단한 표현식이다. None => 다음에 있는 코

드는 블록 표현식이다. 러스트에서는 이 둘 간에 차이가 없다. 여기서 블록의 값은 블록의 마지막 표현식인 `ip.to_string()`의 값이다.

`ip.to_string()` 메서드 호출 뒤에 세미콜론이 없다는 점을 눈여겨보자. 러스트에서는 대부분의 줄이 C나 자바처럼 세미콜론이나 중괄호로 끝난다. 그리고 블록이 모두 세미콜론으로 끝나는 문장으로 되어 있어서 C 코드처럼 보일 경우, 그 블록은 C 블록처럼 실행되고 ()이 그의 값이 된다. 2장에서 언급했다시피 블록에서 마지막 줄의 세미콜론을 생략하면, 그 블록은 ()이 아니라 마지막 표현식의 값을 자신의 값으로 산출하게 된다.

일부 언어들, 특히 자바스크립트에서는 세미콜론을 생략할 수 있는데, 이 경우에는 언어가 여러분 대신 세미콜론을 채워 준다. 이는 언어가 제공하는 일종의 소소한 편의사항인데, 이것과 앞서 한 이야기는 다르다. 러스트에서는 세미콜론이 실제로 모종의 의미를 갖는다.

```
let msg = {
    // let 선언문: 항상 세미콜론을 붙여야 한다.
    let dandelion_control = puffball.open();

    // 표현식 + 세미콜론: 호출된 메서드의 반환값이 드롭된다.
    dandelion_control.release_all_seeds(launch_codes);

    // 세미콜론이 없는 표현식: 호출된 메서드의 반환값이 `msg`에 저장된다.
    dandelion_control.get_status()
};
```

이렇게 선언을 포함하면서 끝에선 값도 산출하는 이 블록 기능은 깔끔하면서도 자연스럽게 느껴진다. 한 가지 단점은 실수로 세미콜론을 빠뜨릴 경우 이상한 오류 메시지가 나온다는 것이다.

```
...
if preferences.changed() {
    page.compute size()   // 어라, 세미콜론을 빠뜨렸네.
}
...
```

C나 자바 프로그램에서 이런 실수를 하면 컴파일러가 세미콜론이 누락되었다고 확실하게 알려 줄 것이다. 반면 러스트에서는 다음과 같은 오류 메시지가 나온다.

```
error: mismatched types
22 |          page.compute_size()  // oops, missing semicolon
```

```
|            ^^^^^^^^^^^^^^^^^^^^- help: try adding a semicolon: `;`
|            |
|            expected (), found tuple
|
= note: expected unit type `()`
        found tuple `(u32, u32)`
```

세미콜론이 없어서 `page.compute_size()`의 반환값을 블록의 값으로 쓰려고 봤더니, `else`가 없는 `if`는 항상 ()을 반환해야 한다는 규칙 때문에 그럴 수 없었다는 뜻이다. 이 내용만 가지고는 실수를 발견하기 어려운데, 다행히도 러스트가 어떤 경우에 이런 문제가 발생하는지 잘 알고 있어서 세미콜론을 넣어 보라고 제안해 준다.

선언

블록은 표현식과 세미콜론 외에도 많은 수의 선언문을 포함할 수 있다. 가장 일반적인 것은 지역변수를 선언하는 `let` 선언문이다.

```
let name: type = expr;
```

타입과 초기치는 옵션이지만 세미콜론은 필수다. 러스트의 모든 식별자가 그러하듯 변수 이름은 반드시 문자나 밑줄로 시작해야 하며, 숫자는 첫 문자 이후에만 올 수 있다. 러스트는 '문자'의 정의를 폭넓게 가져가고 있는데, 여기에는 그리스 문자, 악센트가 있는 라틴 문자, 그리고 유니코드 표준 부록 #31에 적합하다고 선언되어 있는 여러 심벌들이 포함된다. 이모지는 여기에 포함되지 않는다.

`let` 선언문은 초기화 없이 변수를 선언할 수 있다. 이렇게 선언한 변수는 나중에 배정을 통해서 초기화될 수 있다. 변수를 제어 흐름 구문 요소 같은 곳의 중간에서 초기화해야 할 때 유용하다.

```
let name;
if user.has_nickname() {
    name = user.nickname();
} else {
    name = generate_unique_name();
    user.register(&name);
}
```

앞의 코드에서 지역변수 `name`은 서로 다른 두 가지 방법으로 초기화될 수 있다. 그러나 어느 쪽이든 초기화는 딱 한 번만 일어나기 때문에 `name`을 `mut`로 선언할 필요는 없다.

변수를 초기화하기 전에 사용하는 건 오류다(이것은 이미 이동되어 없어진 값을 사용하는 오류와 밀접한 관련이 있다. 러스트는 정말로 여러분이 존재하는 값만 사용하길 원한다!).

간혹 다음과 같이 기존 변수를 다시 선언하는 것처럼 보이는 코드를 만날 수도 있다.

```
for line in file.lines() {
    let line = line?;
    ...
}
```

앞의 코드에서 let 선언문은 다른 타입으로 된 새로운 두 번째 변수를 생성한다. 첫 번째 line 변수의 타입은 Result<String, io::Error>이고, 두 번째 line 변수의 타입은 String이다. 이 두 번째 변수의 정의는 자신이 속한 블록이 끝날 때까지 첫 번째 변수의 정의를 대체한다. 이를 **섀도잉** shadowing이라고 하는데 러스트 프로그램에서 아주 흔히 쓰이는 기법이다.

```
for line_result in file.lines() {
    let line = line_result?;
    ...
}
```

이 책에서는 이런 상황에서 변수가 고유한 이름을 갖도록 _result 접미사를 쓸 것이다.

블록은 **아이템 선언**item declaration도 포함할 수 있다. 아이템이란 fn, struct, use와 같이 프로그램이나 모듈 전역에 등장할 수 있는 선언을 말한다.

아이템은 뒤에서 자세히 다룬다. 지금은 fn만 예로 들어도 충분하다. 모든 블록은 fn을 포함할 수 있다.

```
use std::io;
use std::cmp::Ordering;

fn show_files() -> io::Result<()> {
    let mut v = vec![];
    ...

    fn cmp_by_timestamp_then_name(a: &FileInfo, b: &FileInfo) -> Ordering {
        a.timestamp.cmp(&b.timestamp)     // 먼저 타임스탬프를 비교하고,
            .reverse()                    // 최신 파일이 먼저 오도록 정렬한 다음,
            .then(a.path.cmp(&b.path))    // 동률을 깨기 위해 경로를 비교한다.
    }
```

```
        v.sort_by(cmp_by_timestamp_then_name);
        ...
}
```

fn을 블록 안에 선언하면 해당 블록 전체가 그의 범위로 잡힌다. 즉, fn이 바깥쪽 블록 전역에서 **사용**될 수 있다는 뜻이다. 그러나 중첩된 fn은 범위 안에 있는 지역변수나 인수에 접근할 수 없다. 예를 들어, cmp_by_timestamp_then_name 함수는 v를 직접 사용할 수 없다(반면, 클로저는 바깥쪽 범위 안을 내다볼 수 있다. 자세한 내용은 14장을 참고하자).

블록은 심지어 전체 모듈을 포함할 수도 있다. 좀 과한 게 아닌가 싶을 수도 있지만(정말로 언어의 **모든** 부분을 다른 모든 부분 안에 끼워 넣을 수 있어야 하는 걸까?), 프로그래머(특히, 매크로를 쓰는 프로그래머)는 언어가 주는 직교성의 모든 면을 탈탈 털어 깨알 같은 활용 방안을 찾아내기 마련이다.

if와 match

if 표현식의 형태는 친숙하다.

```
if condition1 {
    block1
} else if condition2 {
    block2
} else {
    block_n
}
```

각 condition은 반드시 bool 타입의 표현식이어야 한다. 늘 그렇듯이 러스트는 암묵적으로 수나 포인터를 불 값으로 변환하지 않는다.

C와 달리 조건을 괄호 안에 둘 필요는 없다. 사실, rustc는 불필요한 괄호가 있으면 경고를 내보낸다. 그러나 중괄호는 꼭 있어야 한다.

else if 블록과 마지막 else 블록은 옵션이다. else 블록이 없는 if 표현식은 마치 빈 else 블록을 가진 것처럼 작동한다.

match 표현식은 C의 switch 문과 비슷하지만 좀 더 유연하다. 간단한 예를 보자.

```
match code {
    0 => println!("OK"),
    1 => println!("Wires Tangled"),
    2 => println!("User Asleep"),
    _ => println!("Unrecognized Error {}", code)
}
```

이 match 표현식은 switch 문처럼 code의 값에 따라 네 갈래의 코드 중 하나를 실행한다. 와일드카드 패턴 _은 모든 것을 매칭하는데, 반드시 맨 끝에 와야 한다는 점만 제외하면 switch 문의 default: 케이스와 비슷하다. _ 패턴을 다른 패턴보다 위에 두면 우선순위가 그만큼 높아져서 그 아래에 있는 패턴들이 매칭될 기회를 잃게 된다(따라서 컴파일러는 이런 일이 있을 때 경고를 내보낸다).

컴파일러는 C++의 switch 문처럼 점프 테이블을 써서 이런 종류의 match를 최적화할 수 있다. match의 각 갈래가 상숫값을 산출할 때도 비슷한 최적화가 적용된다. 이 경우 컴파일러는 해당 값들로 된 배열을 만든 다음 match를 이 배열에 접근하는 코드로 컴파일한다. 컴파일된 코드에는 범위 검사를 제외하면 분기하는 부분이 전혀 없다.

match의 다재다능함은 각 갈래의 => 왼편에 쓸 수 있는 다양한 지원 **패턴**에서 비롯된다. 위 예에 있는 각 패턴은 단순한 상수 정수다. 또한 다음처럼 두 종류의 Option 값을 구분하는 match 표현식도 살펴본 바 있다.

```
match params.get("name") {
    Some(name) => println!("Hello, {}!", name),
    None => println!("Greetings, stranger.")
}
```

그러나 이는 패턴이 할 수 있는 일의 일부에 불과하다. 패턴은 특정 범위에 있는 값들을 매칭할 수 있고, 튜플을 풀어낼 수 있고, 스트럭트의 개별 필드를 매칭할 수 있다. 또 패턴은 레퍼런스를 추적하고 값의 일부분을 빌려 오는 등 많은 일을 할 수 있다. 러스트의 패턴은 언어 속의 작은 언어라고 할 수 있는데 이 부분에 대해서는 10장에서 자세히 다룬다.

match 표현식의 일반적인 형태는 다음과 같다.

```
match value {
    pattern => expr,
    ...
}
```

expr이 블록일 때는 뒤에 있는 쉼표를 생략할 수 있다.

러스트는 주어진 *value*를 각 패턴과 처음부터 차례대로 맞춰본다. 패턴이 매칭되면 해당하는 *expr*이 평가되고 match 표현식이 완료되며, 나머지 패턴 검사는 진행되지 않는다. 이 과정에서 적어도 한 가지 패턴과 반드시 매칭이 이뤄져야 한다. 러스트는 가능한 값을 모두 다루지 않는 match 표현식을 금지한다.

```
let score = match card.rank {
    Jack => 10,
    Queen => 10,
    Ace => 11
}; // 오류: 불완전한 패턴
```

if 표현식의 모든 블록은 반드시 같은 타입의 값을 산출해야 한다.

```
let suggested_pet =
    if with_wings { Pet::Buzzard } else { Pet::Hyena };  // OK

let favorite_number =
    if user.is_hobbit() { "eleventy-one" } else { 9 };   // 오류

let best_sports_team =
    if is_hockey_season() { "Predators" };  // 오류
```

(마지막 예의 경우 7월에는 결과가 ()이 될 것이므로 오류다.)

마찬가지로 match 표현식의 모든 갈래는 반드시 같은 타입을 가져야 한다.

```
let suggested_pet =
    match favorites.element {
        Fire => Pet::RedPanda,
        Air => Pet::Buffalo,
        Water => Pet::Orca,
        _ => None  // 오류: 불완전한 타입
    };
```

if let

러스트에는 `if`의 형태가 한 가지 더 있는데, `if let` 표현식이 바로 그것이다.

```
if let pattern = expr {
    block1
} else {
    block2
}
```

주어진 *expr*이 *pattern*과 매칭되면 *block1*이 실행되고, 매칭되지 않으면 *block2*가 실행된다. 가끔 Option이나 Result에서 데이터를 꺼낼 때 쓰기 좋다.

```
if let Some(cookie) = request.session_cookie {
    return restore_session(cookie);
}

if let Err(err) = show_cheesy_anti_robot_task() {
    log_robot_attempt(err);
    politely_accuse_user_of_being_a_robot();
} else {
    session.mark_as_human();
}
```

`if let`으로 할 수 있는 모든 일은 match로도 할 수 있기 때문에 **굳이** `if let`을 고집해 써야 할 필요는 없다. `if let` 표현식은 다음의 패턴으로 된 match의 축약 표기다.

```
match expr {
    pattern => { block1 }
    _ => { block2 }
}
```

루프

루프 표현식의 종류는 네 가지다.

```
while condition {
    block
}
```

```
while let pattern = expr {
    block
}

loop {
    block
}

for pattern in iterable {
    block
}
```

러스트에서 루프는 표현식이지만, while이나 for 루프의 값이 항상 ()이라서 그다지 쓸모는 없다. 단, loop 표현식은 필요할 경우 산출할 값을 지정할 수 있다.

while 루프의 동작은 C와 동일하다. 단, 이번에도 *condition*은 반드시 bool 타입이어야 한다.

while let 루프는 if let과 비슷하다. 루프가 매번 반복을 시작할 때 *expr*의 값이 주어진 *pattern*과 매칭되면 *block*이 실행되고, 그렇지 않으면 루프가 종료된다.

loop는 무한 루프를 작성할 때 쓴다. 무한 루프는 *block*을 영원히(또는 break나 return을 만나거나 스레드가 패닉에 빠질 때까지) 반복 실행한다.

for 루프는 *iterable* 표현식을 평가한 뒤에 그 결과로 얻은 이터레이터의 개별 값에 대해서 한 번씩 *block*을 평가한다. Vec과 HashMap 같은 표준 컬렉션을 비롯한 많은 타입들이 이런 식으로 반복 처리될 수 있다.

```
for (int i = 0; i < 20; i++) {
    printf("%d\n", i);
}
```

이 표준 C for 루프를 러스트로 작성하면 다음과 같다.

```
for i in 0..20 {
    println!("{}", i);
}
```

마지막에 출력되는 수는 C의 경우와 마찬가지로 19다.

.. 연산자는 **범위**range를 산출한다. 범위는 start와 end 이렇게 두 개의 필드로 된 간단한 스트럭트다. 0..20은 std::ops::Range { start: 0, end: 20 }과 같다. Range는 반복 처리할 수 있는 타입이므로 for 루프에서 쓸 수 있다. Range는 std::iter::IntoIterator 트레이트를 구현하고 있는데, 이 부분은 15장에서 살펴본다. 표준 컬렉션도 배열과 슬라이스처럼 모두 반복 처리할 수 있다.

for 루프로 값을 반복 처리할 때는 러스트의 이동 의미론에 따라 값이 소비된다.

```
let strings: Vec<String> = error_messages();
for s in strings {                    // 각 String은 여기서 s로 이동되고,
    println!("{}", s);
}                                     // 여기서 드롭된다.
println!("{} error(s)", strings.len()); // 오류: 이동된 값을 사용한다.
```

하지만 이런 식으로 돌아가는 게 불편할 수 있다. 이를 해결하는 손쉬운 방법은 컬렉션의 레퍼런스를 반복 처리하는 것이다. 이렇게 하면 루프 변수가 컬렉션 안에 있는 개별 항목의 레퍼런스가 될 것이다.

```
for rs in &strings {
    println!("String {:?} is at address {:p}.", *rs, rs);
}
```

여기서 &strings의 타입은 &Vec<String>이고 rs의 타입은 &String이다.

mut 레퍼런스를 반복 처리할 때는 각 요소의 mut 레퍼런스가 제공된다.

```
for rs in &mut strings {   // rs의 타입은 &mut String이다.
    rs.push('\n');         // 각 문자열에 새 줄 문자를 추가한다.
}
```

for 루프에 대한 보다 자세한 내용과 다양한 이터레이터의 사용법에 대해서는 15장에서 다룬다.

루프의 제어 흐름

break 표현식은 자기가 속한 루프를 빠져나간다(러스트에서는 break가 루프 안에서만 작동한다. match 표현식은 switch 문과 달리 break가 필요 없다).

loop의 본문에서는 break에 루프의 값을 산출하는 표현식을 줄 수 있다.

```
// `next_line`은 호출할 때마다 `Some(line)`이나 `None` 둘 중 하나를 반환한다.
// 여기서 `Some(line)`의 `line`은 입력된 줄이고, `None`은 더 이상 입력된 줄이 없음을 나타낸다.
// 다음 코드는 "answer: "으로 시작하는 첫 줄을 찾아 반환하고,
// 없으면 "answer: nothing"을 반환한다.
let answer = loop {
    if let Some(line) = next_line() {
        if line.starts_with("answer: ") {
            break line;
        }
    } else {
        break "answer: nothing";
    }
};
```

당연한 이야기지만 loop 안에 있는 모든 break 표현식은 반드시 같은 타입으로 된 값을 산출해야 하며, 이때 이 타입이 loop 자체의 타입이 된다.

continue 표현식은 루프의 다음 반복 처리로 건너뛴다.

```
// 한 번에 한 줄씩 데이터를 읽는다.
for line in input_lines {
    let trimmed = trim_comments_and_whitespace(line);
    if trimmed.is_empty() {
        // 루프 맨 위로 되돌아가 입력된 다음 줄로 넘어간다.
        continue;
    }
    ...
}
```

for 루프에서 continue는 컬렉션에 있는 다음 값으로 넘어가게 만드는 역할을 한다. 값이 더 이상 없다면 루프는 종료된다. 마찬가지로 while 루프에서 continue는 루프 조건을 재확인하게 만드는 역할을 한다. 루프 조건이 거짓이라면 루프는 종료된다.

루프는 수명과 함께 **레이블**label을 가질 수 있다. 다음 예에서 'search:는 바깥쪽 for 루프를 위한 레이블이다. 따라서 break 'search는 안쪽 루프가 아니라 바깥쪽 루프를 빠져나간다.

```
'search:
for room in apartment {
    for spot in room.hiding_spots() {
```

```
        if spot.contains(keys) {
            println!("Your keys are {} in the {}.", spot, room);
            break 'search;
        }
    }
}
```

break는 레이블과 값 표현식을 모두 가질 수 있다.

```
// 일련의 수에서 첫 번째 완전제곱수의 제곱근을 구한다.
let sqrt = 'outer: loop {
    let n = next_number();
    for i in 1.. {
        let square = i * i;
        if square == n {
            // 제곱근을 구했다.
            break 'outer i;
        }
        if square > n {
            // `n`은 완전제곱수가 아니므로 다음으로 넘어간다.
            break;
        }
    }
};
```

continue에도 레이블을 쓸 수 있다.

return 표현식

return 표현식은 현재 함수를 빠져나와 호출부에 값을 반환한다.

값이 없는 return은 return ()의 축약 표기다.

```
fn f() {      // 반환 타입이 생략됨: ()이 기본값으로 쓰인다.
    return;   // 반환값이 생략됨: ()이 기본값으로 쓰인다.
}
```

함수는 명시적인 return 표현식을 갖지 않아도 된다. 함수의 본문이 블록 표현식처럼 작동하기 때문에, 마지막 표현식이 세미콜론으로 끝나지 않으면 그의 값이 해당 함수의 반환값이 된다. 실제로 러스트에서는 이런 식으로 함수의 반환값을 만들어 내는 걸 선호한다.

그렇다고 return이 쓸모없었다거나 표현식 언어에 익숙치 않은 사용자들을 위한 배려에 불과하다는 뜻은 아니다. return은 break 표현식처럼 진행 중인 작업을 중단할 수 있다. 예를 들어 2장에서는 실패할 수 있는 함수를 호출한 뒤에 오류를 검사하기 위해서 ? 연산자를 썼었다.

```
let output = File::create(filename)?;
```

그리고 이것이 다음과 같은 match 표현식의 축약 표기라고 설명했다.

```
let output = match File::create(filename) {
    Ok(f) => f,
    Err(err) => return Err(err)
};
```

이 코드는 File::create(filename)을 호출하는 것으로 시작한다. 만일 이 호출이 Ok(f)를 반환하면 전체 match 표현식이 f로 평가되기 때문에 f가 output에 저장되고, 이어서 match 다음 줄에 있는 코드가 실행된다.

그렇지 않으면 Err(err)이 매칭되어 return 표현식이 실행된다. 이렇게 되면 output 변수의 값을 결정하기 위해서 match 표현식을 평가 중이라는 사실이 더 이상 중요치 않게 된다. 따라서 하던 일을 모두 접고 현재 속한 함수를 빠져나와 File::create()에서 넘어온 오류를 반환한다.

? 연산자에 대해서는 7장의 '**오류 전파**' 절에서 보다 자세히 다룬다.

러스트에 loop가 있는 이유

러스트 컴파일러는 여러 측면에서 프로그램 전반의 제어 흐름을 분석한다.

- 러스트는 함수의 모든 경로가 예정된 반환 타입의 값을 반환하는지 검사한다. 이를 제대로 수행하기 위해서는 함수의 끝에 도달하는 것이 가능한지 아닌지 알아야 한다.

- 러스트는 지역변수가 초기화되지 않은 채로 쓰이는 일이 없는지 검사한다. 여기에는 함수의 모든 경로를 검사해서 초기화 코드를 거치지 않고서는 변수가 쓰이는 곳에 도달할 길이 없음을 확인하는 작업이 수반된다.

- 러스트는 도달할 수 없는 코드에 대해서 경고를 내보낸다. 함수에서 어떤 코드가 자신에게 이르는 경로를 **전혀** 갖지 못하면 그 코드는 도달할 수 없는 코드다.

이를 가리켜 **흐름을 고려한**flow-sensitive 분석이라고 한다. 전혀 새로울 것 없는 내용으로 자바는 이와 유사한 '확정 배정definite assignment' 분석을 수년째 수행해오고 있다.

언어가 이런 종류의 규칙을 시행할 때는 단순하게 갈 것인지 아니면 영리하게 갈 것인지를 두고 그 사이에서 균형을 잘 잡아야 한다. 단순하게 가면 컴파일러가 이따금씩 이야기하는 내용을 프로그래머가 쉽게 파악할 수 있게 되고, 영리하게 가면 컴파일러가 100% 안전한 프로그램을 거부하거나 잘못된 경고를 내보내는 일이 사라지게 된다. 러스트는 단순하게 가기로 했다. 러스트의 흐름을 고려한 분석은 루프 조건을 아예 검사하지 않는 대신, 단순히 프로그램의 모든 조건이 참이나 거짓일 수 있다고 가정한다.

이로 인해 러스트는 안전한 프로그램을 일부 거부하기도 한다.

```rust
fn wait_for_process(process: &mut Process) -> i32 {
    while true {
        if process.wait() {
            return process.exit_code();
        }
    }
}  // 오류: 일치하지 않는 타입: i32가 와야 하는데 ()이 왔다.
```

이 오류는 가짜다. 해당 함수는 return 문을 통해서만 종료되기 때문에 while 루프가 i32를 산출하지 않는다는 건 사실이 아니다.

loop 표현식은 바로 이 문제를 풀기 위해 제공되는 '니가-진짜로-원하는-게-뭐야' 식의 해결책이다.

러스트의 타입 시스템도 제어 흐름에 영향을 받는다. 앞서 우리는 if 표현식의 모든 가지가 반드시 같은 타입을 가져야 한다고 말한 바 있다. 하지만 break나 return 표현식, 무한 루프인 loop, panic!(), std::process::exit() 호출로 끝나는 블록에 이 규칙을 적용하는 건 아무래도 좀 이상하다. 이들 표현식의 공통점은 절대로 평상시처럼 값을 산출하고 끝나지 않는다는 것이다. break나 return은 현재 블록을 불쑥 빠져나가 버리고, 무한 루프인 loop는 끝이란 게 아예 없고, 등등 뭐 이런 식이다.

따라서 러스트에서는 이들 표현식이 평범한 타입을 갖지 않는다. 정상적으로 끝나지 않는 표현식에는 !라는 특수한 타입이 배정되고 타입 일치에 관한 규칙에서 면제된다. std::process::exit()의 함수 시그니처를 보면 !가 붙은 걸 확인할 수 있다.

```
fn exit(code: i32) -> !
```

여기서 !는 exit()이 절대로 복귀하지 않는다는 걸 뜻한다. 이런 함수를 **일탈 함수**divergent function 라고 한다.

같은 문법을 써서 직접 일탈 함수를 작성할 수도 있는데, 경우에 따라서는 그렇게 해야만 할 때도 있다.

```
fn serve_forever(socket: ServerSocket, handler: ServerHandler) -> ! {
    socket.listen();
    loop {
        let s = socket.accept();
        handler.handle(s);
    }
}
```

물론, 러스트는 일탈 함수가 정상적으로 복귀하는 경우를 오류로 간주한다.

지금까지 대규모 제어 흐름을 위한 빌딩 블록과 그 쓰임새를 살펴봤다. 이제 함수 호출과 산술 연산 자처럼 보통 이런 큰 흐름 안에서 쓰이는 보다 세분화된 표현식으로 넘어가 보자.

함수와 메서드 호출

러스트는 대부분의 다른 언어들처럼 함수 호출 문법과 메서드 호출 문법이 같다.

```
let x = gcd(1302, 462);  // 함수 호출

let room = player.location();  // 메서드 호출
```

두 번째 예에서 player는 .location()이라는 메서드를 가진 Player라는 사용자 정의 타입의 변수다. 모두 예시를 위해 지어낸 장치임을 유념하자(나만의 메서드를 정의하는 법은 9장에서 사용자 정의 타입을 다룰 때 살펴본다).

러스트는 보통 레퍼런스와 이들이 참조하는 값을 명확히 구분한다. 만일 i32를 기대하는 함수에 &i32를 넘기면 타입 오류가 발생한다. 눈치챘을 것 같은데 . 연산자는 이런 규칙을 조금 완화해 준다. player.location() 메서드 호출에서 player는 Player일 수도 있고, &Player 타입의 레퍼런

스일 수도 있고, Box<Player>나 Rc<Player> 타입의 스마트 포인터일 수도 있다. .location() 메서드는 player를 값 전달이나 레퍼런스 전달로 받을 수 있다. 러스트의 . 연산자는 필요에 따라 자동으로 player를 역참조하거나 이에 대한 레퍼런스를 빌려 오기 때문에 모든 경우에 대해서 똑같이 .location() 문법을 쓸 수 있다.

세 번째 문법은 Vec::new()와 같은 타입 연관 함수를 호출하는 데 쓰인다.

```
let mut numbers = Vec::new();  // 타입 연관 함수 호출
```

이들은 객체 지향 언어의 정적 메서드와 비슷하다. 일반적인 메서드는 (my_vec.len()처럼) 값에 대고 호출하고, 타입 연관 함수는 (Vec::new()처럼) 타입에 대고 호출한다.

물론 메서드 호출은 꼬리에 꼬리를 무는 식으로 연결될 수 있다.

```
// 2장에 있는 액틱스 기반의 웹 서버에서 가져옴:
server
    .bind("127.0.0.1:3000").expect("error binding server to address")
    .run().expect("error running server");
```

러스트 문법에서 한 가지 특이한 점은 Vec<T>와 같은 모습을 한 제네릭 타입의 일반적인 문법이 함수 호출이나 메서드 호출에서는 먹히지 않는다는 것이다.

```
return Vec<i32>::with_capacity(1000);  // 연이은 비교와 관련된 오류가 발생한다.

let ramp = (0 .. n).collect<Vec<i32>>();  // 여기도 마찬가지.
```

문제는 표현식에서 <가 미만 연산자로 쓰인다는 것이다. 러스트 컴파일러는 이런 경우에 <T> 대신 ::<T>를 쓰라고 제안하는데, 실제로 이렇게 하면 문제가 해결된다.

```
return Vec::<i32>::with_capacity(1000);  // ::<를 쓰면 해결된다.

let ramp = (0 .. n).collect::<Vec<i32>>();  // 여기도 마찬가지.
```

러스트 커뮤니티에서는 ::<...> 심벌을 **터보피시**turbofish라는 애칭으로 부른다.

아니면 타입 매개변수를 생략해서 러스트가 이를 대신 추론하게 두는 방법도 있다.

```
return Vec::with_capacity(10);   // fn의 반환 타입이 Vec<i32>라면 문제없다.

let ramp: Vec<i32> = (0 .. n).collect();   // 변수의 타입을 기재했으므로 문제없다.
```

추론될 수 있는 타입이라면 가능한 한 생략하는 것이 바람직한 스타일이다.

필드와 요소

스트럭트의 필드에 접근하는 문법은 다음에서 보다시피 친숙하다. 튜플의 경우도 같은 문법을 쓰는데, 다만 필드를 이름이 아닌 숫자로 쓴다는 점이 다르다.

```
game.black_pawns   // 스트럭트 필드
coords.1           // 튜플 요소
```

점 왼쪽에 있는 값이 레퍼런스나 스마트 포인터 타입일 경우에는 메서드를 호출할 때처럼 자동으로 역참조된다.

배열, 슬라이스, 벡터의 요소에 접근할 때는 대괄호를 쓴다.

```
pieces[i]          // 배열 요소
```

대괄호 왼쪽에 있는 값은 자동으로 역참조된다.

이 세 가지 표현식은 배정문 왼편에 올 수 있다고 해서 **L값**lvalue이라고 부른다.

```
game.black_pawns = 0x00ff0000_00000000_u64;
coords.1 = 0;
pieces[2] = Some(Piece::new(Black, Knight, coords));
```

물론, 앞의 코드는 game, coords, pieces가 mut 변수로 선언된 경우에만 허용된다.

배열이나 벡터에서 슬라이스를 추출하는 일은 간단하다.

```
let second_half = &game_moves[midpoint .. end];
```

여기서 game_moves는 배열일 수도 있고, 슬라이스일 수도 있고, 벡터일 수도 있다. 하지만 결과는 이와 무관하게 항상 end - midpoint 길이의 차용된 슬라이스다. game_moves는 second_half의 수명 동안 차용된 것으로 간주된다.

.. 연산자의 양옆에 오는 피연산자들은 생략할 수 있다. 그 결과 피연산자가 있고 없고에 따라서 최대 네 가지 타입의 서로 다른 객체가 만들어진다.

```
..        // RangeFull
a ..      // RangeFrom { start: a }
.. b      // RangeTo { end: b }
a .. b    // Range { start: a, end: b }
```

아래쪽에 있는 두 가지 형태는 **끝을 포함하지 않는 범위**end-exclusive range다. 이를 **반개구간**half-open interval이라고도 하는데, 산출되는 범위에 끝 값이 포함되지 않는다. 예를 들어 범위 0 .. 3은 숫자 0, 1, 2를 포함한다.

..= 연산자는 **끝을 포함하는 범위**end-inclusive range를 산출한다. 이를 **폐구간**closed interval이라고도 하는데, 산출되는 범위에 끝 값이 포함된다.

```
..= b     // RangeToInclusive { end: b }
a ..= b   // RangeInclusive::new(a, b)
```

예를 들어 범위 0 ..= 3은 숫자 0, 1, 2, 3을 포함한다.

범위는 시작 값을 포함하고 있는 경우에만 반복 처리가 가능한데, 루프가 작동하기 위해서는 반드시 시작 위치가 주어져야 하기 때문이다. 그러나 배열을 자를 때는 여섯 가지 형식이 모두 유용하다. 범위의 시작이나 끝을 지정하지 않으면 자를 대상이 되는 데이터의 시작이나 끝이 기본값으로 쓰인다.

이를 바탕으로 고진직인 분할 정복 정렬 알고리즘인 퀵소트quicksort를 일부 구현해 본다면 다음처럼 할 수 있을 것이다.

```
fn quicksort<T: Ord>(slice: &mut [T]) {
    if slice.len() <= 1 {
        return;  // 정렬할 게 없다.
    }

    // 슬라이스를 앞과 뒤, 두 부분으로 나눈다.
```

```
    let pivot_index = partition(slice);

    // `slice`의 앞부분을 재귀적으로 정렬한다.
    quicksort(&mut slice[.. pivot_index]);

    // 그리고 뒷부분을 정렬한다.
    quicksort(&mut slice[pivot_index + 1 ..]);
}
```

레퍼런스 연산자

주소 연산자 &와 &mut는 5장에서 이미 다루었다.

단항 연산자 *는 레퍼런스가 가리키는 값에 접근하기 위한 용도로 쓰인다. 앞서 살펴봤다시피 러스트
는 . 연산자로 필드나 메서드에 접근할 때 레퍼런스를 자동으로 따라가기 때문에, * 연산자는 레퍼런
스가 가리키는 값 자체를 읽거나 쓰고 싶을 때만 필요하다.

예를 들어, 이터레이터는 레퍼런스를 산출하는데, 프로그램은 실제 값을 원할 때가 그렇다.

```
let padovan: Vec<u64> = compute_padovan_sequence(n);
for elem in &padovan {
    draw_triangle(turtle, *elem);
}
```

해당 예에서 elem의 타입은 &u64이므로 *elem은 u64다.

산술, 비트별, 비교, 논리 연산자

러스트의 이항 연산자는 대부분의 다른 언어들과 비슷하다. 시간 절약을 위해 여기서는 이러한 언어
중 하나를 이미 잘 알고 있다고 가정하고, 러스트가 기존의 틀에서 벗어나 다르게 가져가는 몇 가지
부분에 집중한다.

러스트는 흔히 볼 수 있는 산술 연산자 +, -, *, /, %를 가지고 있다. 3장에서 언급했다시피 디버그
빌드에서는 정수 오버플로가 탐지되면 패닉에 빠진다. 표준 라이브러리는 오버플로 검사를 하지 않는
산술 연산을 위해서 a.wrapping_add(b)와 같은 메서드를 제공한다.

정수 나눗셈은 0에 가까운 쪽으로 반올림하며, 정수를 0으로 나누면 릴리스 빌드에서도 패닉에 빠진다. 정수가 가진 a.checked_div(b) 메서드는 Option(b가 0이면 None)을 반환하며, 절대로 패닉에 빠지지 않는다.

단항 연산자 -는 수의 부호를 뒤집는다. 부호 없는 정수를 제외한 모든 수치 타입에 쓸 수 있다. +는 단항 연산자가 존재하지 않는다.

```
println!("{}", -100);      // -100
println!("{}", -100u32);   // 오류: `u32` 타입에는 단항 연산자 `-`를 적용할 수 없다.
println!("{}", +100);      // 오류: `+`는 단항 연산자가 존재하지 않는다.
```

a % b는 C 언어에서처럼 0에 가까운 쪽으로 반올림하는 나눗셈의 부호 있는 나머지 또는 모듈러스를 계산한다. 결괏값의 부호는 왼편에 있는 피연산자와 같다. %는 정수는 물론 부동소수점 수에도 쓸 수 있다.

```
let x = 1234.567 % 10.0;   // 약 4.567
```

또 러스트는 C 언어의 비트별 정수 연산자 &, |, ^, <<, >>를 물려받았다. 그러나 러스트는 비트별 논리부정 연산자로 ~가 아니라 !를 쓴다.

```
let hi: u8 = 0xe0;
let lo = !hi;   // 0x1f
```

이 말은 정수 n이 있을 때 !n을 'n은 0'이란 의미로 쓸 수 없다는 뜻이다. 이렇게 하려면 n == 0이라고 써야 한다.

비트 자리 이동은 부호 있는 정수 타입의 경우 빈자리를 부호로 채우고, 부호 없는 정수 타입의 경우 빈자리를 0으로 채운다. 러스트에는 부호 없는 정수가 있으므로 자바의 >>> 연산자와 같은 부호 없는 자리 이동 연산자가 필요 없다.

비트별 연산은 C 언어와 달리 비교 연산보다 우선순위가 높아서, x & BIT != 0이라고 쓰면 본래 의도대로 (x & BIT) != 0과 같은 뜻이 된다. C 언어는 이것을 x & (BIT != 0)으로 해석해서 엉뚱한 비트를 검사하기 때문에, C 언어 방식보다는 러스트 방식이 훨씬 더 쓸모가 있다.

러스트의 비교 연산자에는 ==, !=, <, <=, >, >=이 있다. 비교하는 두 값은 반드시 같은 타입이어야 한다.

러스트는 평가 단축 논리 연산자 &&와 ||도 가지고 있다. 피연산자는 모두 정확히 bool 타입이어야 한다.

배정

= 연산자는 mut 변수와 그가 가진 필드 또는 요소에 뭔가를 배정하기 위한 용도로 쓰인다. 하지만 러스트에서는 기본적으로 변수를 변경할 수 없기 때문에 다른 언어에서만큼 배정이 그리 일반적이진 않다.

4장에서 설명했다시피 비Copy 타입의 값을 배정하는 경우에는 값이 목적지로 **이동**된다. 이때 값의 소유권은 원주인에게서 새 주인에게로 넘어가며, 새 주인이 쥐고 있던 이전 값은 드롭된다.

러스트는 복합 배정을 지원한다.

```
total += item.price;
```

이 코드는 total = total + item.price;와 동일하다. 러스트는 -=와 *= 등의 다른 연산자들도 지원하는데, 전체 목록은 이번 장 앞부분에 있는 표 6-1에 나와 있다.

러스트는 C 언어와 달리 연쇄 배정을 지원하지 않는다. 즉, a와 b에 3을 배정하기 위해서 a = b = 3이라고 쓸 수 없다. 러스트에서는 배정을 쓸 일이 별로 없어서 이런 축약 표기가 없어도 크게 아쉽지 않을 것이다.

러스트에는 C 언어의 증가 감소 연산자인 ++와 --가 없다.

타입 캐스팅

러스트에서는 한 타입의 값을 다른 타입으로 변환할 때 보통 명시적인 캐스팅을 요구한다. 캐스팅은 as 키워드를 써서 한다.

```
let x = 17;              // x의 타입은 i32다.
let index = x as usize;  // usize로 변환한다.
```

허용되는 캐스팅의 종류는 다음과 같다.

- 수는 기본 제공 수치 타입의 범주 안에서 자유롭게 캐스팅할 수 있다.

  정수를 다른 정수 타입으로 캐스팅하는 것은 항상 잘 정의되어 있다. 좁은 타입으로 캐스팅할 때는 결과가 잘려 나간다. 넓은 타입으로 캐스팅할 때는 부호 있는 정수의 경우 빈자리가 부호로 채워지고, 부호 없는 정수의 경우 빈자리가 0으로 채워진다. 한마디로 말해서 별로 특별할 게 없다.

  부동소수점 타입을 정수 타입으로 변환하면 0에 가까운 쪽으로 반올림된다. 예를 들어, -1.99 as i32의 값은 -1이다. 정수 타입으로 캐스팅할 때 값이 너무 크면 그 정수 타입이 표현할 수 있는 가장 가까운 값이 산출된다. 예를 들어 1e6 as u8의 값은 255다.

- bool, char, C 스타일 enum 타입의 값은 어떤 정수 타입으로든 캐스팅할 수 있다(이늄은 10장에서 다룬다).

  다른 방향으로 캐스팅하는 건 허용되지 않는데, 이는 bool, char, enum 타입이 모두 각자 가질 수 있는 값에 대해서 실행 시점 검사와 함께 적용되어야 할 규제책을 마련해 두고 있기 때문이다. 예를 들어 u16은 char 타입으로 캐스팅하는 게 금지되어 있는데, 이는 0xd800처럼 u16 값의 일부가 유니코드 서로게이트 코드 포인트에 해당돼서 유효한 char 값을 만들어 내지 못하기 때문이다. 표준 메서드 std::char::from_u32()는 실행 시점 검사를 수행하고 Option<char>를 반환하지만, 중요한 점은 이런 종류의 변환을 수행해야 하는 경우가 극히 드물다는 것이다. 보통은 전체 문자열이나 스트림을 한 번에 변환한다. 유니코드 텍스트와 관련된 알고리즘은 대개 간단치 않으므로 라이브러리를 쓰는 것이 가장 좋다.

  단, u8은 char 타입으로 캐스팅할 수 있는데, 이는 0부터 255까지의 정수가 모두 char에 들어갈 수 있는 유효한 유니코드 코드 포인트이기 때문이다.

- 안전하지 않은 포인터 타입과 관련된 캐스팅도 일부 허용되어 있는데, 이 부분은 22장의 '**원시 포인터**' 절을 참고하자.

앞서 우리는 변환이 **보통** 캐스팅을 요구한다고 말한 바 있다. 그러나 레퍼런스 대입과 관련된 변환 몇 가지는 아주 간단해서 캐스팅하지 않아도 언어가 변환을 수행해 준다. 한 가지 간단한 예가 바로 mut 레퍼런스를 비mut 레퍼런스로 바꾸는 일이다.

좀 더 중요한 자동 변환으로는 다음과 같은 것들이 있다.

- **&String** 타입의 값은 캐스팅 없이 **&str** 타입으로 자동 변환된다.
- **&Vec<i32>** 타입의 값은 **&[i32]**로 자동 변환된다.
- **&Box<Chessboard>** 타입의 값은 **&Chessboard**로 자동 변환된다.

이 변환들은 기본 제공 트레이트 Deref를 구현하고 있는 타입에 적용된다고 해서 **Deref 강제 변환** Deref coercion이라고 한다. Deref 강제 변환의 목적은 Box 같은 스마트 포인터 타입을 최대한 실제 값처럼 행동하도록 만드는 것이다. Deref 덕분에 Box<Chessboard>를 쓰는 것이 그냥 Chessboard를 쓰는 것과 거의 차이가 없다.

사용자 정의 타입도 Deref 트레이트를 구현할 수 있다. 나만의 스마트 포인터 타입을 작성해야 한다면 13장의 '**Deref와 DerefMut**' 절을 참고하자.

클로저

러스트는 간단한 함수처럼 생긴 값인 **클로저**closure를 가지고 있다. 클로저는 보통 세로 막대 사이에 주어지는 인수 목록과 그 뒤에 오는 표현식으로 구성된다.

```
let is_even = |x| x % 2 == 0;
```

러스트는 인수 타입과 반환 타입을 추론한다. 하지만 필요하다면 함수의 경우처럼 명시적으로 적어 줄 수도 있다. 반환 타입을 지정할 때는 클로저 본문을 블록 안에 두어야 구문 오류를 피할 수 있다.

```
let is_even = |x: u64| -> bool x % 2 == 0;  // 오류

let is_even = |x: u64| -> bool { x % 2 == 0 };  // OK
```

클로저를 호출하는 방법은 함수와 동일하다.

```
assert_eq!(is_even(14), true);
```

클로저는 러스트에서 가장 멋진 기능 가운데 하나로 해야 할 이야기가 아주 많다. 남은 이야기는 14장에서 계속 이어나가자.

전진, 앞으로!

표현식은 우리가 '실행 코드'라고 여기는 바로 그것이다. 이들은 기계어 명령으로 컴파일되는 러스트 프로그램의 일부분을 차지하지만, 전체 언어를 놓고 보면 작은 단편에 불과하다.

대부분의 프로그래밍 언어에서도 사정은 마찬가지다. 프로그램의 첫째 임무는 실행되는 것이지만, 그게 유일한 임무는 아니다. 프로그램은 소통해야 하고 테스트될 수 있어야 한다. 또 계속 성장해 나갈 수 있도록 체계를 갖춰야 하면서도 그 속에서 유연함을 잃지 말아야 한다. 프로그램은 다른 팀이 만든 코드와 서비스 사이에서 잘 맞물려 돌아가야 한다. 심지어 그냥 돌아가기만 하면 되는 프로그램이라도 러스트 같은 정적 타입 언어로 개발할 때는 튜플과 배열 이외에 데이터를 체계적으로 다루기 위한 도구가 더 필요하다.

뒷장부터는 바로 이 영역에 있는 기능들에 관해 이야기한다. 프로그램의 구조를 다루는 모듈과 크레이트에 대해 살펴보고 이어서 데이터의 구조를 다루는 스트럭트와 이늄에 대해 알아본다.

본격적으로 들어가기에 앞서 중요한 주제인 문제 상황 대처법부터 살펴보자.

CHAPTER

7

오류 처리

우물쭈물 살다가 내 이렇게 끝날 줄 알았지.

—조지 버나드 쇼George Bernard Shaw의 묘비명으로 알려진 문구

러스트의 오류 처리 방식은 내용이 많진 않아도 한 개 장을 할애해 다루어야 할 만큼 독특하다. 그렇다고 어려운 내용이 있는 건 아니다. 단지 좀 새로울 뿐이다. 이번 장은 러스트의 두 가지 오류 처리 기법인 패닉panic과 Result에 대해 다룬다.

일상적인 오류는 Result 타입으로 처리한다. Result는 보통 잘못된 입력, 네트워크 중단, 권한 문제와 같이 프로그램 바깥에 있는 것들에 의해서 발생하는 문제들을 표현한다. 이런 상황은 우리 잘못으로 생기는 게 아니라서, 버그가 없는 프로그램조차도 가끔씩 마주하곤 한다. 이번 장은 주로 이런 종류의 오류에 집중한다. 그러나 두 기법 중에 패닉이 더 간단하므로 패닉을 먼저 다룬다.

패닉은 다른 종류의 오류, 즉 **절대로 발생해서는 안 되는** 오류를 위한 것이다.

패닉

프로그램 자체에 있는 버그로 인해 문제가 생기면 프로그램은 패닉에 빠진다. 대표적인 예는 다음과 같다.

- 배열의 범위 밖에 있는 요소에 접근하는 행위
- 정수를 0으로 나누는 행위

- Err이 되어버린 Result에 대고 .expect()를 호출하는 행위

- 단언문 실패

(여러분이 작성한 코드가 잘못된 길로 들어서서 스스로 패닉에 빠져야 할 때 쓸 수 있는 panic!()이란 매크로도 있다. panic!()은 오류 메시지 작성을 위한 println!() 스타일의 인수를 옵션으로 받는다.)

이 조건들의 공통점은 솔직히 말해서 모두 프로그래머가 저지르는 실수라는 것이다. 그러니 당황스럽더라도 '패닉에 빠지진 말자.'

하지만 우리는 모두 실수를 한다. 발생해서는 안 되는 이런 오류들이 발생하면 그다음은 어떻게 되는 걸까? 놀랍게도 러스트는 우리에게 선택의 기회를 준다. 러스트는 패닉이 발생하면 스택을 해제하거나 프로세스를 중단할 수 있다. 기본 동작은 해제다.

해제

해적들이 습격에서 얻은 전리품을 나눌 때는 선장이 약탈물의 절반을 가져가고 선원들이 나머지 절반을 공평하게 나눠 가진다(해적들은 분수를 싫어해서 배분이 딱 맞게 떨어지지 않으면 결과를 내려서 맞추고 나머지는 그 배의 앵무새에게 준다).

```
fn pirate_share(total: u64, crew_size: usize) -> u64 {
    let half = total / 2;
    half / crew_size as u64
}
```

이 함수는 선장이 습격의 유일한 생존자가 되지 않는 한 오랜 세월 문제없이 작동할 것이다. 그러다 앞서 나온 함수의 crew_size에 0이 넘어오면 0으로 나누는 일이 벌어진다. C++에서는 이것이 미정의 동작을 일으킨다. 반면 러스트에서는 패닉에 빠지게 되며, 보통 다음의 절차가 진행된다.

- 터미널에 오류 메시지가 출력된다.

```
thread 'main' panicked at 'attempt to divide by zero', pirates.rs:3780
note: Run with `RUST_BACKTRACE=1` for a backtrace.
```

이 메시지가 제안하는 대로 RUST_BACKTRACE 환경 변수를 설정하면 러스트가 해당 지점의 스택을 같이 덤프해 준다.

- 스택이 해제된다. 이 부분은 C++의 예외 처리와 비슷하다.

  현재 함수가 쓰던 임시 값, 지역변수, 인수는 모두 생성된 순서와 반대로 드롭된다. 값을 드롭한다는 건 간단히 말해서 뒷정리를 한다는 뜻이다. 프로그램이 쓰던 String이나 Vec은 모두 해제되고 열린 File은 모두 닫힌다. 이 과정에서 사용자 정의 drop 메서드도 불리는데 이에 대해서는 13장의 '드롭' 절을 참고하자. pirate_share()의 경우에는 특별히 정리할 게 없다.

  현재 함수 호출이 정리되고 나면 이번에는 그의 호출부로 이동해서 같은 방법으로 변수와 인수를 드롭한다. 그리고 스택 끝에 닿을 때까지 이런 식으로 계속해서 그 함수의 호출부로 이동해 정리한다.

- 끝으로 스레드가 종료된다. 만일 패닉에 빠진 스레드가 메인 스레드였다면 (0이 아닌 종료 코드를 가지고) 전체 프로세스가 종료된다.

어쩌면 **패닉**은 이 규칙적인 과정에 어울리지 않는 이름일지 모른다. 패닉은 크래시crash도 아니고 미정의 동작도 아니다. 오히려 자바의 RuntimeException이나 C++의 std::logic_error에 가깝다. 동작은 잘 정의되어 있다. 단지 발생하면 안 될 뿐이다.

패닉은 안전하며 러스트의 어떤 안전 규칙도 위반하지 않는다. 심지어 본의 아니게 표준 라이브러리 메서드를 사용하다가 패닉에 빠지더라도 대상을 잃은 포인터나 초기화되다 만 값이 메모리에 절대로 남지 않는다. 러스트는 잘못된 배열 접근이든 뭐든 안 좋은 일이 벌어지기 **전에** 잡아낸다. 패닉에 빠지면 계속 진행하는 것이 위험하므로 러스트는 스택을 해제한다. 그러나 프로세스의 나머지 부분은 계속 실행을 이어갈 수 있다.

패닉은 스레드별로 발생한다. 한 스레드가 패닉에 빠져도 다른 스레드는 정상적으로 일을 수행할 수 있다. 19장에서는 부모 스레드에서 패닉에 빠진 자식 스레드를 찾는 법과 관련 오류를 매끄럽게 처리하는 법을 살펴본다.

스택 해제를 **잡아서** 스레드를 죽지 않고 계속 실행되게 만드는 방법도 있다. 표준 라이브러리 함수 std::panic::catch_unwind()가 하는 일이 바로 그것이다. 이 함수의 사용법을 다루진 않겠지만 러스트의 테스트 도구가 테스트에 있는 단언문이 실패할 때 이 메커니즘을 써서 원상 복구한다는 것 정도는 알아 두자(비러스트 코드에서 이뤄지는 해제는 미정의 동작이기 때문에 C나 C++에서 호출할 수 있는 러스트 코드를 작성할 때도 이 메커니즘이 필요할 수 있다. 이 부분은 22장을 참고하자).

물론 절대로 패닉에 빠지지 않는 버그 없는 코드를 짤 수 있다면 좋겠지만, 그럴 수 있는 완벽한 사람은 어디에도 없다. 하지만 스레드와 catch_unwind()로 패닉을 잘 다루면 프로그램을 보다 견고하게 만들 수 있다. 한 가지 꼭 알아둬야 할 점은 스택을 해제하는 패닉만 이런 식으로 잡을 수 있다는 것이다. 모든 패닉이 이런 식으로 처리되는 건 아니다.

중단

스택 해제는 패닉의 기본 동작이지만, 다음 두 가지 상황에서는 러스트가 스택 해제를 시도하지 않는다.

만일 러스트가 첫 번째 패닉을 정리하고 있는 상황에서 .drop() 메서드가 두 번째 패닉을 유발하면 이는 치명적인 상황으로 간주된다. 러스트는 해제를 멈추고 전체 프로세스를 중단한다.

또한 러스트의 패닉 동작은 변경이 가능하다. 프로그램을 -C panic=abort 옵션으로 컴파일하면 **첫 번째** 패닉이 발생하는 즉시 프로세스가 중단된다(이 옵션을 쓰면 러스트가 스택 해제 방법을 몰라도 되기 때문에 컴파일된 코드의 크기가 줄어들 수 있다).

러스트의 패닉에 관한 논의는 이것으로 마무리한다. 일상적인 러스트 코드는 패닉을 처리할 의무가 없으므로 해야 할 말이 그리 많지는 않다. 스레드나 catch_unwind()를 쓰더라도 패닉을 처리하는 코드는 모두 소수의 장소에 집중될 공산이 크다. 프로그램에 있는 모든 함수가 자기 코드에 있는 버그를 예견해 대처할 수 있기를 기대하는 건 무리다. 하지만 다른 요인에 의해 유발되는 오류는 전혀 다른 문제다.

Result

러스트에는 예외가 없다. 대신 실패할 수 있는 함수가 다음과 같은 반환 타입을 갖는다.

```
fn get_weather(location: LatLng) -> Result<WeatherReport, io::Error>
```

Result 타입은 실패 가능성을 암시한다. 앞의 get_weathcr() 함수는 **성공 결과 Ok(weather)**나 **실패 결과 Err(error_value)** 둘 중 하나를 반환하는데, 여기서 weather는 새 WeatherReport 값이고 error_value는 무엇이 잘못됐는지를 설명하는 io::Error 값이다.

러스트는 위 함수를 호출할 때마다 모종의 오류 처리 코드 작성을 요구한다. Result에 **뭔가**를 하지 않고서는 WeatherReport를 얻을 수 없으며, Result 값을 사용하지 않으면 컴파일러가 경고를 내보낼 것이다.

표준 라이브러리가 Result를 어떻게 정의하고 있는지 그리고 그와 유사한 타입은 어떻게 정의할 수 있는지는 10장에서 살펴보기로 하고, 여기서는 '요리책' 식의 접근법을 사용하여 원하는 오류 처리 동작을 Result로 구현하는 법에 대해 알아보자. 이 과정에서 오류를 잡고, 전파하고, 보고하는 법과 더불어 Result 타입을 구성하고 다룰 때 자주 쓰는 패턴도 살펴본다.

오류 잡기

Result를 다루는 가장 철저한 방법은 2장에서 본 것처럼 match 표현식을 쓰는 것이다.

```
match get_weather(hometown) {
    Ok(report) => {
        display_weather(hometown, &report);
    }
    Err(err) => {
        println!("error querying the weather: {}", err);
        schedule_weather_retry();
    }
}
```

이 방법은 다른 언어의 try/catch에 해당한다. 오류를 호출부에 넘기지 않고 직접 처리하고자 할 때 이 방법을 쓴다.

하지만 match는 코드를 구구절절 늘어놓게 되는 경향이 있다. 이 때문에 Result<T, E>는 자주 겪는 몇 가지 상황에서 유용하게 쓸 수 있는 메서드들을 모아 제공한다. 이 메서드들은 각자 자신의 구현 안에 match 표현식을 가지고 있다(Result의 전체 메서드 목록은 온라인 문서를 참고하자. 여기서는 가장 자주 쓰이는 메서드들만 소개한다).

- result.is_ok(), result.is_err()

  result가 성공 결과인지 오류 결과인지 말해 주는 bool을 반환한다.

- result.ok()

  성공값이 있을 경우 그것을 Option<T>로 반환한다. result가 성공 결과이면 Some(success_value)를 반환하고, 그렇지 않으면 None을 반환하며 오룻값은 버린다.

- result.err()

  오룻값이 있을 경우 그것을 Option<E>로 반환한다.

- result.unwrap_or(fallback)

result가 성공 결과일 경우 성공값을 반환하고, 그렇지 않으면 fallback을 반환하며 오룻값은 버린다.

```
// 남부 캘리포니아의 평상시 예측치.
const THE_USUAL: WeatherReport = WeatherReport::Sunny(72);

// 실제 날씨 정보를 받아온다.
// 받아올 수 없으면 평상시 예측치를 대신 쓴다.
let report = get_weather(los_angeles).unwrap_or(THE_USUAL);
display_weather(los_angeles, &report);
```

이 메서드는 반환 타입이 Option<T>가 아니라 T이기 때문에 .ok() 대신 쓰면 편리하다. 물론 적절한 대체값이 있을 때만 쓸 수 있다.

- result.unwrap_or_else(fallback_fn)

앞과 동일하지만 대체값을 직접 받는 게 아니라 함수나 클로저를 받는다는 점이 다르다. 쓰지도 않을 대체값을 계산하기 아까울 때 쓴다. fallback_fn은 오류 결과를 가질 때만 호출된다.

```
let report =
    get_weather(hometown)
    .unwrap_or_else(|_err| vague_prediction(hometown));
```

(클로저는 14장에서 자세히 다룬다.)

- result.unwrap()

마찬가지로 result가 성공 결과일 경우 성공값을 반환한다. 하지만 result가 오류 결과일 경우에는 패닉에 빠진다. 이 메서드는 용도가 따로 있는데 그 부분은 잠시 뒤에 살펴본다.

- result.expect(message)

.unwrap()과 동일하시만 패닉에 빠졌을 때 출력힐 메시지를 지정할 수 있다.

끝으로 다음 메서드들은 Result에 있는 레퍼런스를 다룰 때 사용한다.

- result.as_ref()

Result<T, E>를 Result<&T, &E>로 변환한다.

- result.as_mut()

  앞과 동일하지만 변경할 수 있는 레퍼런스를 빌려 온다는 점이 다르다. 반환 타입은 Result<&mut T, &mut E>다.

마지막 두 메서드가 유용한 이유 중 하나는 .is_ok()와 .is_err()을 제외한 여기 나열된 다른 모든 메서드들이 작업 대상인 result를 **소비**_{consume}한다는 것이다. 즉, 이들은 self 인수를 값으로 받는다. 경우에 따라서는 result에 있는 데이터를 소멸시키지 않고 접근하는 것이 아주 유용할 때가 있는데, 이렇게 할 수 있도록 해주는 것이 바로 .as_ref()와 .as_mut()다. 예를 들어, result.ok()를 호출하더라도 result가 그대로 남아 있길 원한다면 result.as_ref().ok()라고 쓰면 된다. 이렇게 하면 result를 빌려 오게 되므로 Option<T>가 아니라 Option<&T>가 반환된다.

Result 타입 별칭

러스트 문서를 보다 보면 가끔 오류 타입이 생략된 Result를 만날 때가 있다.

```
fn remove_file(path: &Path) -> Result<()>
```

이는 Result 타입 별칭을 쓰고 있다는 뜻이다.

타입 별칭은 타입 이름을 위한 일종의 축약 표기다. 모듈은 보통 Result 타입 별칭을 정의해서 그 모듈에 있는 함수들 대부분이 공통으로 사용하는 오류 타입을 반복해 적지 않아도 되게끔 만든다. 예를 들어 표준 라이브러리의 std::io 모듈에는 다음과 같은 코드가 들어 있다.

```
pub type Result<T> = result::Result<T, Error>;
```

앞의 코드는 std::io::Result<T>라는 공개 타입을 정의한다. 이 타입은 Result<T, E>의 별칭으로, 오류 타입이 std::io::Error로 고정되어 있다. 이 말은 use std::io;라고 써 두면 러스트가 io::Result<String>을 Result<String, io::Error>의 축약 표기로 이해한다는 뜻이다.

온라인 문서에서 Result<()>와 같은 것을 만날 경우 Result 식별자를 클릭하면 사용 중인 타입 별칭과 오류 타입을 확인할 수 있다. 사실 문서를 보지 않더라도 맥락을 통해서 명확히 알 수 있는 경우가 많다.

오류 출력하기

경우에 따라서는 오류를 터미널에 덤프하고 다음으로 넘어가는 게 유일한 방법일 때가 있다. 이미 앞에서 이렇게 하는 방법 중 하나를 살펴본 적이 있다.

```
println!("error querying the weather: {}", err);
```

표준 라이브러리는 std::io::Error, std::fmt::Error, std::str::Utf8Error 등 지루한 이름으로 된 오류 타입 몇 가지를 정의해 두고 있다. 이들은 모두 공통 인터페이스인 std::error::Error 트레이트를 구현하고 있는데, 그 말인즉슨 이들이 아래의 기능과 메서드를 공유하고 있다는 뜻이다.

- println!()

  모든 오류 타입은 이 메서드로 출력할 수 있다. {} 형식 지정자로 오류를 출력하면 보통 간단한 오류 메시지만 표시된다. 이것 말고 {:?} 형식 지정자를 써서 해당 오류의 Debug 뷰를 보는 방법도 있는데 내용은 좀 딱딱해도 추가적인 기술 정보를 같이 볼 수 있어서 좋다.

```
// `println!("error: {}", err);`의 결과
error: failed to look up address information: No address associated with
hostname

// `println!("error: {:?}", err);`의 결과
error: Error { repr: Custom(Custom { kind: Other, error: StringError(
"failed to look up address information: No address associated with
hostname") }) }
```

- err.to_string()

  오류 메시지를 String으로 반환한다.

- err.source()

  err의 원인이 되는 오류가 있을 경우 그것을 Option으로 반환한다. 예를 들어 네트워크 오류로 인해서 은행 거래가 실패했고, 그 때문에 여러분의 보트가 압류되는 일이 벌어졌다고 하자. err.to_string()이 "boat was repossessed(보트가 압류됨)"라면, err.source()는 이 거래 실패에 관한 오류를 반환할 것이다. 그러면 이 오류의 .to_string()은 "failed to transfer $300 to United Yacht Supply(United Yacht Supply에 $300 이체 실패)"가 되고, .source()는 이 모든 사태를 일으킨 특정 네트워크 중단 문제에 관한 상세한 내용을 담은 io::Error가 될 것이다. 이때 이 세 번째 오류는 문제의 근본 원인이므로, .source() 메서드는 None을 반환할 것이다. 표준 라이

브러리는 다소 낮은 수준의 기능들만 포함하고 있기 때문에 표준 라이브러리가 반환하는 오류의 원인은 보통 None이다.

오룟값을 출력하더라도 그 원인은 표시되지 않는다. 오류에 관한 모든 정보를 빠짐없이 출력하고 싶다면 다음 함수를 사용하자.

```
use std::error::Error;
use std::io::{Write, stderr};

/// 오류 메시지를 `stderr`에 덤프한다.
///
/// 오류 메시지를 생성하는 도중이나 `stderr`에 기록하는 도중에
/// 또 다른 오류가 발생하면 무시한다.
fn print_error(mut err: &dyn Error) {
    let _ = writeln!(stderr(), "error: {}", err);
    while let Some(source) = err.source() {
        let _ = writeln!(stderr(), "caused by: {}", source);
        err = source;
    }
}
```

writeln! 매크로는 데이터를 어떤 스트림에 기록할지 고를 수 있다는 점만 제외하면 println! 처럼 작동한다. 여기서는 표준 오류 스트림인 std::io::stderr에 오류 메시지를 기록한다. 이런 용도라면 eprintln!을 써도 되지만, 이 매크로는 오류가 발생하면 패닉에 빠지는 문제가 있다. print_error 에서는 메시지를 기록하는 도중에 발생하는 오류를 무시하고 싶었는데, 왜 그런지는 이 장 뒷부분에 나올 '오류 무시하기' 절에서 설명한다.

표준 라이브러리의 오류 타입은 스택 트레이스를 포함하지 않는다. 스택 트레이스를 포함하는 오류 타입이 필요할 때는 anyhow 크레이트의 도움을 받으면 되는데, 단 이 경우에는 정식으로 릴리스되지 않은 불안정한 버전의 러스트 컴파일러를 써야 한다(현재 러스트 1.50을 기준으로 보면 백트레이스를 캡처 할 때 쓰이는 표준 라이브러리 함수들이 아직 안정화되지 않았기 때문이다).

오류 전파하기

실패할 수도 있는 작업을 할 때마다 그 자리에서 오류를 잡아 처리하고 싶지는 않을 것이다. 문제가 생길 수 있는 곳마다 10줄짜리 match 문으로 코드를 도배하다시피 하는 건 너무 과하다.

오류가 발생하면 보통은 호출부에 처리를 맡기고 싶어 한다. 오류가 호출 스택을 타고 **전파**propagation 되길 원하는 것이다.

러스트에는 이런 일을 하는 ? 연산자가 있다. ?는 함수 호출 결과와 같이 Result를 산출하는 모든 표현식에 붙여 쓸 수 있다.

```
let weather = get_weather(hometown)?;
```

앞의 코드에서 ?의 동작은 함수가 성공 결과를 반환하는지, 오류 결과를 반환하는지에 따라 달라진다.

- 성공한 경우에는 Result를 풀어서 그 안에 있는 성공값을 꺼낸다. 여기서 weather의 타입은 Result<WeatherReport, io::Error>가 아니라 그냥 WeatherReport다.
- 오류가 발생한 경우에는 즉시 바깥쪽 함수에서 복귀하고 오류 결과를 호출 체인 위로 전달한다. 이 때문에 ?는 반환 타입이 Result인 함수에서만 쓸 수 있다.

? 연산자가 어떤 마법을 부리는 게 아니다. 좀 번거롭고 길지만 match 표현식으로도 이와 똑같은 처리를 할 수 있다.

```
let weather = match get_weather(hometown) {
    Ok(success_value) => success_value,
    Err(err) => return Err(err)
};
```

다만 이 둘은 타입과 변환이 개입되는 부분에서 약간의 미묘한 차이점이 있는데, 여기에 대해서는 다음 절에서 자세히 다룬다.

오래된 코드를 읽다 보면 try!() 매크로를 보게 될 수도 있다. 러스트 1.13에서 ? 연산자가 도입되기 전까지는 대부분 이 매크로를 써서 오류를 전파했다.

```
let weather = try!(get_weather(hometown));
```

이 매크로는 앞서 본 것과 같은 match 표현식으로 확장된다.

프로그램에서 특히 운영체제와 맞닿아 있는 코드는 오류의 가능성이 곳곳에 배어 있다는 걸 잊지 말자. 경우에 따라서는 함수의 거의 모든 줄에 ? 연산자가 붙기도 한다.

```
use std::fs;
use std::io;
use std::path::Path;
```

```
fn move_all(src: &Path, dst: &Path) -> io::Result<()> {
    for entry_result in src.read_dir()? {       // 디렉터리를 열 때 실패할 수 있다.
        let entry = entry_result?;              // 디렉터리를 읽을 때 실패할 수 있다.
        let dst_file = dst.join(entry.file_name());
        fs::rename(entry.path(), dst_file)?;   // 이름을 바꿀 때 실패할 수 있다.
    }
    Ok(())   // 휴, 무사통과!
}
```

?는 Option 타입에 대해서도 비슷하게 작동한다. Option을 반환하는 함수 안에서 ?로 값을 풀면
None일 경우에 조기 복귀할 수 있다.

```
let weather = get_weather(hometown).ok()?;
```

여러 오류 타입 다루기

가끔은 다루어야 할 오류의 종류가 여러 개일 때도 있다. 예를 들어 텍스트 파일에서 숫자들을 읽어
와야 한다고 하자.

```
use std::io::{self, BufRead};

/// 텍스트 파일에서 정수들을 읽어 온다.
/// 파일에는 숫자가 한 줄에 하나씩 있다고 가정한다.
fn read_numbers(file: &mut dyn BufRead) -> Result<Vec<i64>, io::Error> {
    let mut numbers = vec![];
    for line_result in file.lines() {
        let line = line_result?;        // 줄을 읽을 때 실패할 수 있다.
        numbers.push(line.parse()?);   // 정수를 파싱할 때 실패할 수 있다.
    }
    Ok(numbers)
}
```

러스트는 앞의 코드에 대해서 다음과 같은 컴파일러 오류를 낸다.

```
error: `?` couldn't convert the error to `std::io::Error`

  numbers.push(line.parse()?);       // parsing integers can fail
                          ^
          the trait `std::convert::From<std::num::ParseIntError>`
          is not implemented for `std::io::Error`
```

```
note: the question mark operation (`?`) implicitly performs a conversion
on the error value using the `From` trait
```

이 오류 메시지에 나오는 용어들은 트레이트를 다루는 11장을 읽고 나면 이해가 될 것이다. 일단 지금은? 연산자가 std::num::ParseIntError 값을 std::io::Error 타입으로 변환할 수 없어서 오류를 낸 것이라고만 이해해 두자.

여기서 문제는 파일을 한 줄 읽을 때 발생할 수 있는 오류 타입과 정수를 파싱할 때 발생할 수 있는 오류 타입이 서로 다르다는 데 있다. line_result의 타입은 Result<String, std::io::Error>다. line.parse()의 타입은 Result<i64, std::num::ParseIntError>다. read_numbers() 함수의 반환 타입은 io::Error만 수용한다. 따라서 러스트는 ParseIntError를 io::Error로 변환해 대처하려고 하지만, 그런 변환은 정의되어 있지 않기 때문에 타입 오류가 발생하게 된다.

이 문제를 해결하는 방법은 여러 가지가 있다. 예를 들어 2장에서 망델브로 집합의 이미지 파일을 만들 때 썼던 image 크레이트는 ImageError라는 자체 오류 타입을 정의하고, io::Error를 비롯한 다른 여러 오류 타입을 ImageError로 바꾸는 변환을 구현해 두었다. 이 방법을 택한다면 thiserror 크레이트가 도움이 될 것이다. 이 크레이트를 쓰면 몇 줄 안 되는 코드로 적당한 오류 타입을 손쉽게 정의할 수 있다.

좀 더 간단한 방법은 러스트에 내장된 기능을 이용하는 것이다. 표준 라이브러리의 모든 오류 타입은 Box<dyn std::error::Error + Send + Sync + 'static> 타입으로 변환될 수 있다. 어디에나 어울릴 만한 설정을 담고 있어서 이름이 좀 길고 복잡한데, dyn std::error::Error는 '모든 오류'를 표현하고, Send + Sync + 'static은 이를 스레드 간에 전달해도 안전하게 만들어 준다.[22] 다음처럼 타입 별칭을 정의해 쓰면 편리하다.

```
type GenericError = Box<dyn std::error::Error + Send + Sync + 'static>;
type GenericResult<T> = Result<T, GenericError>;
```

그런 다음 read_numbers()의 반환 타입을 GenericResult<Vec<i64>>로 바꾼다. 이렇게 하고 나면 함수가 문제없이 컴파일된다. 이제? 연산자는 필요에 따라 두 오류 타입을 GenericError로 자동 변환한다.

---

22 anyhow 크레이트를 쓰는 것도 고려해 보자. 앞서 정의한 GenericError와 GenericResult 같은 오류 타입과 결과 타입 외에도 훌륭한 몇 가지 추가 기능이 함께 제공되어 편리하다.

여담이지만 ? 연산자는 누구나 쓸 수 있는 표준 메서드를 써서 이 자동 변환을 수행한다. 임의의 오류를 GenericError 타입으로 변환하려면 GenericError::from()을 호출하면 된다.

```
let io_error = io::Error::new(              // io::Error를 만든다.
    io::ErrorKind::Other, "timed out");
return Err(GenericError::from(io_error));  // 직접 GenericError로 변환한다.
```

From 트레이트와 from() 메서드는 13장에서 제대로 다룬다.

GenericError 방식의 단점은 반환 타입이 이 이상 발생할 수 있는 오류의 종류를 콕 찍어 알려 주지 않는다는 것이다. 호출부는 만반의 준비가 되어 있어야 한다.

GenericResult를 반환하는 함수를 호출할 때 특정 유형으로 된 오류만 처리하고 나머지는 그냥 전파하길 원한다면 제네릭 메서드 error.downcast_ref::<ErrorType>()을 쓰면 된다. 이 메서드는 **만일** 어떤 오류가 여러분이 찾는 그 특정 유형의 것일 경우, 그 오류의 레퍼런스를 빌려 온다.

```
loop {
    match compile_project() {
        Ok(()) => return Ok(()),
        Err(err) => {
            if let Some(mse) = err.downcast_ref::<MissingSemicolonError>() {
                insert_semicolon_in_source_code(mse.file(), mse.line())?;
                continue;  // 다시 시도한다!
            }
            return Err(err);
        }
    }
}
```

많은 언어가 이를 위한 문법을 내장하고 있지만, 실제로 쓰이는 일은 거의 드물다. 따라서 러스트는 이를 메서드로 처리한다.

'발생할 리 없는' 오류 다루기

때로는 오류가 발생할 리 없다는 걸 **알고** 있을 때가 있다. 예를 들어 구성 파일을 파싱하는 코드를 작성 중이고, 파일의 다음 항목이 숫자 문자열인 상황이라고 하자.

```
if next_char.is_digit(10) {
    let start = current_index;
```

```
current_index = skip_digits(&line, current_index);
let digits = &line[start..current_index];
...
```

이 숫자 문자열을 실제 수로 바꾸고 싶은데 이럴 때 쓸 수 있는 표준 메서드가 있다.

```
let num = digits.parse::<u64>();
```

여기서 문제는 str.parse::<u64>() 메서드가 u64를 반환하지 않고 Result를 반환한다는 데 있다. 문자열이 다 숫자로 된 건 아니기 때문에 실패할 수 있다.

```
"bleen".parse::<u64>()   // ParseIntError: 잘못된 숫자
```

하지만 이 경우에는 digits가 숫자로만 되어 있다는 걸 알고 있다. 이럴 때는 어떻게 해야 할까?

이미 GenericResult를 반환하도록 코딩하고 있는 경우라면 그냥 ?를 붙이고 잊으면 된다. 그러나 그렇지 않다면 발생할 리 없는 오류를 두고 오류 처리 코드를 작성해야 하는 성가신 과제에 직면하게 된다. 가장 좋은 선택은 결과가 Ok이면 성공값을 반환하고, Err이면 패닉에 빠지는 Result 메서드 .unwrap()을 쓰는 것이다.

```
let num = digits.parse::<u64>().unwrap();
```

이 방법은 ?와 비슷하다. 단, 판단 착오로 인해 발생할 리 없다고 여겼던 오류가 발생하게 되면 패닉에 빠진다는 점이 다르다.

사실 위의 경우는 판단 착오가 맞다. 입력으로 들어온 숫자 문자열이 너무 길면 u64로 담을 수 없는 큰 수가 될 수 있기 때문이다.

```
"99999999999999999999".parse::<u64>()   // 오버플로 오류
```

이런 경우에 .unwrap()을 쓰면 버그가 된다. 가짜 입력으로 인해 패닉이 발생해서는 안 된다.

하지만 Result 값이 실제로 오류가 될 수 없는 상황이 있다. 예를 들어, 18장에서 살펴볼 Write 트레이트는 텍스트와 바이너리 출력을 위한 (.write() 등의) 공통 메서드 집합을 정의하고 있다. 이 메서드

들은 모두 io::Result를 반환하지만, Vec<u8>에 기록할 때는 절대로 실패하지 않는다. 이런 경우에는 .unwrap()이나 .expect(message)를 써서 불필요한 Result 처리를 없앨 수 있다.

이 메서드들은 오류가 나타내는 상황이 너무나 최악이라 패닉에 빠지는 것만이 답일 때도 유용하다.

```
fn print_file_age(filename: &Path, last_modified: SystemTime) {
    let age = last_modified.elapsed().expect("system clock drift");
    ...
}
```

여기서 .elapsed() 메서드는 시스템 시간이 파일의 생성 시간보다 **앞선** 경우에만 실패한다. 파일을 지금 막 만든 상태에서 프로그램이 실행되는 동안 시스템 시계를 뒤로 돌려 두면 이런 일이 벌어질 수 있다. 이 코드의 쓰임새에 따라 다를 순 있지만 이 경우는 오류를 처리하거나 호출부에 전파하는 것보다 패닉에 빠지는 것이 합리적이라는 게 개인적인 판단이다.

오류 무시하기

가끔은 오류를 완전히 무시하고 싶을 때도 있다. 예를 들어 앞서 살펴본 print_error() 함수에서는 오류 출력 과정에서 또 다른 오류가 발생하는 보기 드문 상황을 처리해야 했다. 이를테면 stderr이 다른 프로세스와 파이프로 연결된 상태에서 그 프로세스가 종료되는 경우에나 벌어질 수 있는 상황이다. 여러모로 볼 때 원래 알리려고 했던 오류를 전파하는 것이 더 중요해서 stderr과 관련된 문제를 그냥 무시하고 싶지만, 그랬다가는 러스트 컴파일러가 사용하지 않은 Result 값이 있다며 경고를 내보낸다.

```
writeln!(stderr(), "error: {}", err);  // 경고: 사용하지 않은 결과
```

이럴 때는 let _ = ... 관용구를 쓰면 경고를 잠재울 수 있다.

```
let _ = writeln!(stderr(), "error: {}", err);  // OK. 결과를 무시한다.
```

main()에서 오류 처리하기

Result가 산출되는 곳에서는 오류를 호출부에 전파하는 것이 올바른 처리 방법인 경우가 대부분이다. 러스트에서 ?가 한 문자로 된 것도 바로 그런 이유에서다. 이미 봐서 알겠지만 어떤 프로그램에서는 ?가 여러 줄의 코드에 연달아 쓰이기도 한다.

하지만 오류 전파 단계가 너무 길어지면 결국 main()까지 오게 되므로 뭔가 조치를 취해야 한다. 보통 main()은 반환 타입이 Result가 아니라서 ?를 쓸 수 없다.

```rust
fn main() {
    calculate_tides()?;  // 오류: 더 이상 책임을 전가할 수 없다.
}
```

main()에서 오류를 처리하는 가장 간단한 방법은 .expect()를 쓰는 것이다.

```rust
fn main() {
    calculate_tides().expect("error");  // 여기서 최종 책임을 진다.
}
```

calculate_tides()가 오류 결과를 반환하면 .expect() 메서드는 패닉에 빠진다. 패닉이 메인 스레드에서 발생하면 오류 메시지가 출력되고, 0이 아닌 종료 코드와 함께 종료된다. 이는 대체로 무난한 종료 방식이며, 작은 프로그램의 경우에는 항상 이 방식을 쓴다.

단, 오류 메시지가 다소 난감하다.

```
$ tidecalc --planet mercury
thread 'main' panicked at 'error: "moon not found"', src/main.rs:2:23
note: run with `RUST_BACKTRACE=1` environment variable to display a backtrace
```

오류 메시지가 다른 내용에 파묻혀 눈에 잘 띄지 않는다. 게다가 RUST_BACKTRACE=1은 이 경우와 맞지 않는 조언이다.

하지만 main()의 타입 시그니처를 바꿔서 Result 타입을 반환하게 만들면 ?를 쓸 수 있다.

```rust
fn main() -> Result<(), TideCalcError> {
    let tides = calculate_tides()?;
    print_tides(tides);
    Ok(())
}
```

이 기법은 {:?} 형식 지정자로 출력할 수 있는 모든 오류 타입에 대해 작동한다. std::io::Error와 같은 표준 오류 타입이 전부 여기에 해당한다. 사용법이 간단하고 오류 메시지가 단순하다는 장점이 있지만, 그렇다고 완벽한 해결책이라고 할 수는 없다.

```
$ tidecalc --planet mercury
Error: TideCalcError { error_type: NoMoon, message: "moon not found" }
```

다루어야 할 오류 타입이 복잡하거나 오류 메시지에 추가 정보를 넣고 싶을 때는 차라리 직접 오류 메시지를 출력하는 게 더 낫다.

```
fn main() {
    if let Err(err) = calculate_tides() {
        print_error(&err);
        std::process::exit(1);
    }
}
```

이 코드는 if let 표현식을 써서 calculate_tides() 호출이 오류 결과를 반환할 때만 오류 메시지를 출력한다. if let 표현식에 대한 자세한 내용은 10장을 참고하자. print_error 함수의 코드는 앞서 나온 '오류 출력하기' 절에 나와 있다.

이제 오류 메시지가 보기 쉽고 깔끔하게 출력된다.

```
$ tidecalc --planet mercury
error: moon not found
```

사용자 정의 오류 타입 선언하기

여러분이 새 JSON 파서를 작성 중이고, 여기에 자체 오류 타입을 넣고 싶다고 하자(아직 사용자 정의 타입을 다루진 않았지만 오류 타입은 아주 간단해서 여기에 있는 내용만으로도 충분히 이해할 수 있을 것이다. 사용자 정의 타입은 좀 더 뒤에서 다룬다).

작성해야 할 최소한의 코드는 대략 다음과 같다.

```
// json/src/error.rs

#[derive(Debug, Clone)]
pub struct JsonError {
    pub message: String,
    pub line: usize,
    pub column: usize,
}
```

이 스트럭트를 json::error::JsonError라고 하자. 이 타입의 오류를 발생시키고 싶을 때는 다음처럼 작성하면 된다.

```
return Err(JsonError {
    message: "expected ']' at end of array".to_string(),
    line: current_line,
    column: current_column
});
```

이렇게만 해도 충분하다. 그러나 라이브러리 사용자들의 기대에 발맞춰 이 오류 타입을 표준 오류 타입처럼 작동하게 만들고 싶다면 할 일이 좀 더 남아 있다.

```
use std::fmt;

// 오류는 출력 가능해야 한다.
impl fmt::Display for JsonError {
    fn fmt(&self, f: &mut fmt::Formatter) -> Result<(), fmt::Error> {
        write!(f, "{} ({}:{})", self.message, self.line, self.column)
    }
}

// 오류는 std::error::Error 트레이트를 구현해야 하지만,
// Error 메서드는 기본 정의를 써도 괜찮다.
impl std::error::Error for JsonError { }
```

다시 한번 말하지만 impl과 self 키워드를 비롯한 나머지 모든 것들의 의미는 좀 더 뒤에서 설명한다.

러스트 언어의 많은 측면이 그렇듯 오류 처리도 외부 크레이트의 도움을 받으면 일이 훨씬 더 쉽고 간단해진다. 오류 처리용 크레이트는 종류가 꽤 다양한데, 그중에서도 thiserror가 가장 많이 쓰인다. 이 크레이트는 앞서 했던 일들을 전부 대신 처리해 주기 때문에 다음과 같은 식으로 오류를 작성할 수 있다.

```
use thiserror::Error;

#[derive(Error, Debug)]
#[error("{message:} ({line:}, {column:})")]
pub struct JsonError {
    message: String,
    line: usize,
    column: usize,
}
```

#[derive(Error)] 지시문만 붙여 두면 thiserror가 앞서 봤던 코드를 대신 생성해 주기 때문에 많은 시간과 노력을 아낄 수 있다.

왜 Result일까?

이제 러스트가 예외 대신 Result를 선택해서 얻는 게 무엇인지 충분히 이해했을 것이다. 이 설계의 핵심 포인트는 다음과 같다.

- 러스트는 오류가 발생할 수 있는 모든 위치에서 프로그래머가 모종의 결정을 내린 뒤 그것을 코드에 기록할 것을 요구한다. 이렇게 하면 오류가 방치되어 잘못 처리되는 일이 줄기 때문에 좋다.
- 가장 일반적인 결정은 오류가 전파되도록 만드는 것인데, 여기에 필요한 코드는 ? 한 문자뿐이다. 따라서 C와 고Go처럼 오류 배관 작업으로 인해 코드가 어수선해지는 일이 없다. 게다가 가독성이 좋아서 코드를 조금만 봐도 오류가 전파되는 모든 곳을 한눈에 파악할 수 있다.
- 오류의 가능성이 모든 함수의 반환 타입에 명시되기 때문에 실패할 수 있는 함수와 실패할 수 없는 함수를 명확히 구분할 수 있다. 실패할 수 없는 함수를 실패할 수 있는 함수로 바꾸는 일은 곧 반환 타입을 바꾸는 일이므로, 컴파일러가 함수의 사용처를 모두 업데이트할 수 있도록 도와줄 것이다.
- 러스트는 Result 값의 사용 여부를 확인하기 때문에 실수로 오류를 무시하고 넘어가는 일이 생길 수 없다(C에서는 흔히 있는 실수다).
- Result는 평범한 데이터 타입이므로 성공 결과와 오류 결과를 같은 컬렉션 안에 담을 수 있는데, 이렇게 하면 부분적인 성공을 쉽게 모델링할 수 있다. 예를 들어, 텍스트 파일에서 수백만 개의 레코드를 읽어오는 프로그램을 작성 중이라고 하자. 이때 대부분은 성공하겠지만 간혹 실패할 수도 있는 상황에 대비할 방법이 필요하다면 Result 벡터로 해당 상황을 메모리에 표현할 수 있다.

여기에 따르는 비용이 있다면 다른 언어를 쓸 때보다 오류 처리에 대해 더 고민하고 대처하는 자신을 발견하게 될 거란 점이다. 다른 여러 영역도 마찬가지지만 오류 처리에 관한 러스트의 해석은 여러분이 익히 알던 것보다 좀 더 엄격하다. 시스템 프로그래밍의 경우에는 이 방침이 충분한 가치가 있다.

8

CHAPTER

크레이트와 모듈

러스트에 관한 메모 하나: 이제 시스템 프로그래머들도 멋진 걸 써서 개발할 수 있다.

—로버트 오캘러핸Robert O'Callahan, 'Random Thoughts on Rust: crates.io and IDEs'
(https://robert.ocallahan.org/2016/08/random-thoughts-on-rust-cratesio-and.html 단축 URL https://oreil.ly/Y22sV))

양치식물의 성장을 개별 세포 수준에서 시뮬레이션하는 프로그램을 작성 중이라고 하자. 프로그램은 마치 양치식물처럼 모든 코드가 한 파일 안에 들어가는 아주 단순한 형태로 시작할 것이다. 이 파일이 아이디어의 포자인 셈이다. 시간이 지나 프로그램이 성장하면 그에 따라 내부 구조를 갖기 시작하고, 서로 다른 목적을 가진 여러 부분으로 분화하면서 파일의 수도 늘고, 디렉터리 구조도 갖추게 될 것이다. 어쩌면 훗날 전체 소프트웨어 생태계에서 중요한 부분으로 자리매김할 만큼 성장할지도 모른다. 프로그램이 사용하는 데이터 구조의 수가 제법 되거나 코드의 규모가 수백 줄을 넘어가는 경우에는 어떤 식으로든 구조화가 필요하다.

이번 장은 프로그램에 유기적인 체계와 질서를 불어넣어 주는 러스트의 기능인 크레이트와 모듈을 다룬다. 아울러 양치식물 시뮬레이터를 실행 예제로 삼아 러스트 코드를 문서화하고 테스트하는 법, 원치 않는 컴파일러 경고를 잠재우는 법, 카고Cargo로 프로젝트 의존성과 버전을 관리하는 법, 오픈 소스 라이브러리를 러스트의 공개 크레이트 저장소인 crates.io에 게시하는 법, 러스트가 언어 에디션을 통해 진화하는 법 등 러스트 크레이트의 구조와 배포에 관한 주제들도 다룬다.

크레이트

러스트 프로그램은 **크레이트**crate로 구성된다. 각 크레이트는 하나의 완전하고 응집력 있는 단위다. 즉, 단일 라이브러리나 실행 파일의 모든 소스 코드를 비롯해 그와 연관된 테스트, 예제, 도구, 구성 등 여러 가지 것들이 독자적인 프로젝트를 이룬다는 뜻이다. 양치식물 시뮬레이터의 경우에는 아마도 3D 그래픽, 생물정보학, 병렬 계산 등을 위한 서드파티 라이브러리를 사용하게 될 것이다. 이들 라이브러리는 크레이트 형태로 배포된다(그림 8-1 참고).

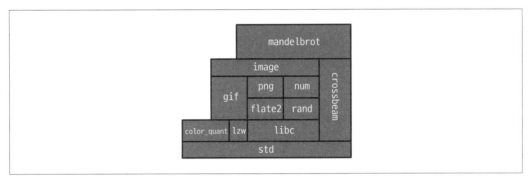

그림 8-1 **크레이트와 그의 의존성**

크레이트가 무엇이고 또 서로 어떻게 맞물려 돌아가는지를 파악하는 가장 쉬운 방법은 cargo build에 --verbose 플래그를 사용해서 몇 가지 의존성을 가진 기존 프로젝트를 빌드해 보는 것이다. 예를 들어 2상의 **'동시적 망델브로 프로그램'** 절에 있는 프로젝트를 이런 식으로 빌드해 보면 다음과 같은 결과가 나온다.

```
$ cd mandelbrot
$ cargo clean     # 전에 컴파일된 코드를 삭제한다.
$ cargo build --verbose
    Updating registry `https://github.com/rust-lang/crates.io-index`
 Downloading autocfg v1.0.0
 Downloading semver-parser v0.7.0
 Downloading gif v0.9.0
 Downloading png v0.7.0

... (downloading and compiling many more crates)

Compiling jpeg-decoder v0.1.18
    Running `rustc
        --crate-name jpeg_decoder
        --crate-type lib
        ...
```

```
        --extern byteorder=.../libbyteorder-29efdd0b59c6f920.rmeta
        ...
    Compiling image v0.13.0
      Running `rustc
        --crate-name image
        --crate-type lib
        ...
        --extern byteorder=.../libbyteorder-29efdd0b59c6f920.rmeta
        --extern gif=.../libgif-a7006d35f1b58927.rmeta
        --extern jpeg_decoder=.../libjpeg_decoder-5c10558d0d57d300.rmeta
    Compiling mandelbrot v0.1.0 (/tmp/rustbook-test-files/mandelbrot)
      Running `rustc
        --edition=2021
        --crate-name mandelbrot
        --crate-type bin
        ...
        --extern crossbeam=.../libcrossbeam-f87b4b3d3284acc2.rlib
        --extern image=.../libimage-b5737c12bd641c43.rlib
        --extern num=.../libnum-1974e9a1dc582ba7.rlib -C link-arg=-fuse-ld=lld`
    Finished dev [unoptimized + debuginfo] target(s) in 16.94s
$
```

가독성을 위해서 rustc 명령줄의 형식을 조금 바꿨고, 이번 절의 내용과 관련 없는 컴파일러 옵션은
삭제한 뒤 줄임표(...)로 대체했다.

기억할지 모르지만 완성된 망델브로 프로그램의 **main.rs**에는 다른 크레이트에 있는 아이템을 사용
하기 위한 여러 개의 use 선언문이 포함되어 있었다.

```
use num::Complex;
// ...
use image::ColorType;
use image::png::PNGEncoder;
```

또한 **Cargo.toml** 파일에 각 크레이트의 원하는 버전을 지정했었다.

```
[dependencies]
num = "0.4"
image = "0.13"
crossbeam = "0.8"
```

여기서 **dependencies**라는 단어는 이 프로젝트가 사용하는 다른 크레이트들, 즉 의존하고 있는 코
드를 뜻한다. 앞서 나온 크레이트들은 모두 러스트 커뮤니티의 오픈 소스 크레이트 사이트인 crates.

io(https://crates.io/)에서 찾은 것들이다. 예를 들어, image 라이브러리는 crates.io에서 이미지 라이브러리를 검색하다가 알게 됐다. crates.io의 각 크레이트 페이지는 해당 크레이트의 **README.md** 파일을 보여 주고, 문서와 소스에 대한 링크와 더불어 image = "0.13"과 같이 **Cargo.toml**에 복사해 넣을 수 있는 설정 코드를 제공한다. 앞에 표시된 버전 번호는 이 프로그램을 작성할 당시에 사용한 각 패키지의 최신 버전이다.

카고로 빌드할 때 출력되는 내용을 살펴보면 이러한 정보가 어떻게 쓰이는지 알 수 있다. cargo build를 실행하면 카고는 먼저 지정된 버전의 크레이트 소스 코드를 crates.io에서 내려받는다. 그런 다음 해당 크레이트의 **Cargo.toml** 파일을 읽고 **그가 가진** 의존성을 내려받는다. 그리고 이 과정을 재귀적으로 반복한다. 예를 들어 image 크레이트 버전 0.13.0의 소스 코드에 있는 **Cargo.toml** 파일은 아래의 내용을 담고 있다.

```
[dependencies]
byteorder = "1.0.0"
num-iter = "0.1.32"
num-rational = "0.1.32"
num-traits = "0.1.32"
enum_primitive = "0.1.0"
```

카고는 위 내용을 보고 image를 사용하기 위해서는 먼저 이 크레이트들을 가져와야 한다는 걸 알게 된다. 카고가 소스 코드를 crates.io 말고 깃 저장소나 로컬 파일시스템에서 가져오게 하는 방법도 있는데, 이 부분은 뒤에서 살펴본다.

이 크레이트들은 mandelbrot가 image 크레이트를 통해 간접적으로 의존한다고 해서 mandelbrot의 **추이적인 의존성**transitive dependency이라고 한다. 이러한 의존성 관계들의 모음을 통틀어서 크레이트의 **의존성 그래프**dependency graph라고 하는데, 카고는 이 의존성 그래프를 통해서 무슨 크레이트를 어떤 순서로 빌드해야 하는지 파악한다. 카고가 의존성 그래프와 추이적인 의존성을 알아서 처리해 주기 때문에 프로그래머들의 시간과 노력이 크게 절약된다.

모든 크레이트의 소스 코드가 확보되고 나면 컴파일이 시작된다. 카고는 프로젝트의 의존성 그래프를 따라 각 크레이트에 대해 러스트 컴파일러인 rustc를 실행한다. 라이브러리를 컴파일할 때는 --crate-type lib 옵션이 쓰인다. 이렇게 하면 rustc가 main() 함수를 찾지 않고 .rlib 파일을 만들게 된다. 이 파일은 컴파일된 코드를 담고 있어서 나중에 바이너리와 다른 .rlib 파일을 만드는 데 쓰일 수 있다.

프로그램을 컴파일할 때는 --crate-type bin 옵션이 쓰이며, 결과물로 대상 플랫폼의 바이너리 실행 파일이 만들어진다. 예를 들어 윈도우에서는 **mandelbrot.exe**가 만들어진다.

카고는 rustc 명령을 실행할 때 --extern 옵션을 통해서 해당 크레이트가 사용할 각 라이브러리의 파일 이름을 전달한다. 따라서 rustc는 use image::png::PNGEncoder와 같은 코드를 만날 때 **image**가 다른 크레이트의 이름이란 걸 알 수 있고, 또 카고 덕분에 그에 해당하는 컴파일된 크레이트가 디스크의 어느 위치에 있는지 알 수 있다. 러스트 컴파일러는 이렇게 전달된 **.rlib** 파일에 접근할 수 있어야 한다. 왜냐하면 바로 여기에 라이브러리의 컴파일된 코드가 들어 있기 때문이다. 러스트는 이 코드를 최종 실행 파일에 정적으로 링크한다. **.rlib**에는 타입 정보가 포함되어 있어서 러스트가 코드에서 사용 중인 라이브러리 기능이 실제로 크레이트에 존재하는지, 그리고 그 기능이 올바로 쓰이고 있는지 확인할 수 있다. 또 크레이트의 공개 인라인 함수, 제네릭, 매크로 등 러스트가 그 쓰임새를 보기 전에는 머신 코드로 완전히 컴파일할 수 없는 기능들의 복사본도 포함되어 있다.

cargo build는 다양한 종류의 옵션을 지원하는데, 대부분은 이 책의 범위를 벗어난다. 그래도 하나만 언급하자면 cargo build --release는 최적화된 빌드를 생성한다. 릴리스 빌드는 실행 속도가 더 빠르지만, 컴파일 시간이 더 오래 걸리고, 정수 오버플로를 검사하지 않고, debug_assert!() 단언문을 건너뛰고, 패닉에 빠질 때 생성되는 스택 트레이스의 신뢰성이 떨어진다.

에디션

러스트는 호환성 보장이 매우 뛰어나다. 러스트 1.0으로 컴파일된 코드는 러스트 1.50은 물론, 심지어 아직 릴리스되지 않은 러스트 1.900으로도 컴파일되어야 한다.

그러나 가끔은 기존 코드를 더 이상 컴파일되지 못하게 만들 수 있더라도 너무나 흥미로워서 진지하게 고민하지 않을 수 없는 언어 확장을 위한 제안이 존재할 때가 있다. 예를 들어, 러스트는 오랜 논의 끝에 식별자 async와 await를 키워드로 쓰는 비동기 프로그래밍 지원을 위한 문법을 확정했다(이 문법은 20장을 참고하자). 그러나 이 언어 변화는 async나 await를 변수 이름으로 쓰는 기존 코드를 모조리 깨뜨리고 말 것이다.

러스트는 기존 코드를 깨뜨리지 않고 진화하기 위해서 **에디션**edition을 사용한다. 러스트의 2015 에디션은 러스트 1.0과 호환된다. 2018 에디션은 async와 await를 키워드로 바꿨고 모듈 시스템을 간소화했으며, 2021 에디션은 배열의 사용성을 개선했고 널리 쓰이는 라이브러리 정의 몇 가지를 기본적으로 어디서나 쓸 수 있게 만들었다. 이들은 모두 언어의 중요한 개선 사항이지만, 기존 코드를 깨뜨리는 문제가 있다. 이를 피하기 위해서 각 크레이트는 Cargo.toml 파일 맨 위에 있는 [package] 부분에 다음처럼 자신이 사용하는 러스트의 에디션을 기재한다.

```
edition = "2021"
```

이 키워드가 없으면 2015 에디션을 쓰고 있다고 가정하기 때문에 기존 크레이트들을 변경할 필요가 전혀 없다. 그러나 비동기 함수나 새 모듈 시스템을 쓰려면 Cargo.toml 파일에 edition = "2018"이나 그 이상 되는 버전을 기재해야 한다.

러스트는 컴파일러가 항상 현존하는 언어의 모든 에디션을 수용할 것이라는 점과 프로그램이 서로 다른 에디션으로 된 크레이트들을 자유롭게 섞어 쓸 수 있다는 점을 약속한다. 심지어 2015 에디션으로 된 크레이트가 2021 에디션으로 된 크레이트에 의존하더라도 문제없다. 크레이트의 에디션은 해당 소스 코드의 해석 방식에만 영향을 미칠 뿐이라서 에디션 구분은 코드가 컴파일되고 나면 사라진다. 이 말은 굳이 기존 크레이트를 업데이트하려 애쓰지 않아도 모던 러스트 생태계에 계속 참여할 수 있다는 뜻이다. 또한 굳이 크레이트를 기존 에디션에 묶어 두려 애쓰지 않아도 사용자가 불편을 겪지 않는다는 뜻이기도 하다. 에디션은 코드에 새 기능을 쓰고 싶을 때만 바꿔 주면 된다.

에디션은 매년 나오는 게 아니라 러스트 프로젝트가 필요하다고 결정할 때만 나온다. 예를 들어, 2020 에디션은 존재하지 않으므로 edition을 "2020"으로 설정하면 오류가 발생한다. 각 에디션이 도입한 변화 내역과 에디션 시스템에 관한 자세한 내용은 러스트 에디션 가이드(https://doc.rust-lang.org/stable/edition-guide/)를 참고하자.

에디션은 사정이 허락하는 범위 안에서 가능한 한 최신으로 설정해 두고 쓰는 것이 좋다. 특히 새 코드는 최신 에디션으로 작성하는 게 바람직한데, cargo new로 새 프로젝트를 만들면 알아서 최신 에디션으로 설정해 준다. 이 책은 2021 에디션을 사용한다.

cargo fix 명령을 쓰면 오래된 에디션으로 작성된 크레이트의 코드를 알아서 최신 에디션으로 업그레이드해 준다. cargo fix 명령에 대한 보다 자세한 설명은 러스트 에디션 가이드를 참고하자.

빌드 프로필

Cargo.toml 파일에는 몇 가지 구성 설정을 둘 수 있는데, 이 설정값에 따라서 cargo가 생성하는 rustc 명령줄의 내용이 달라진다(표 8-1).

표 8-1 Cargo.toml의 구성 설정 영역

표 8-1 Cargo.toml의 구성 설정 영역

명령줄	사용되는 Cargo.toml 영역
cargo build	[profile.dev]
cargo build --release	[profile.release]
cargo test	[profile.test]

대부분의 경우는 기본 설정을 쓰면 되지만, 프로파일러를 쓰고자 하는 경우는 예외다. 프로파일러는 프로그램에서 CPU 시간이 소비되는 곳을 측정하는 도구다. 프로파일러에서 제대로 된 데이터를 얻으려면 (보통 릴리스 빌드에서만 적용되는) 최적화와 (보통 디버그 빌드에서만 생성되는) 디버그 심벌이 모두 필요하다. 이 둘을 모두 적용하려면 **Cargo.toml**에 다음 내용을 추가한다.

```
[profile.release]
debug = true  # 릴리스 빌드에서 디버그 심벌을 생성한다.
```

debug 설정은 rustc의 -g 옵션을 제어한다. 이 구성을 가지고 cargo build --release를 실행하면 디버그 심벌을 가진 바이너리가 만들어진다. 최적화 설정은 영향을 받지 않는다.

Cargo.toml에서 변경할 수 있는 다른 여러 설정들에 대해서는 카고 문서(https://doc.rust-lang.org/cargo/reference/manifest.html)를 참고하자.

모듈

크레이트가 프로젝트 간의 코드 공유에 관한 것이라면 **모듈**module은 프로젝트 **내부**의 코드 구성에 관한 것이다. 모듈은 러스트의 네임스페이스로, 러스트 프로그램이나 라이브러리를 구성하는 함수, 타입, 상수 등을 담는 컨테이너 역할을 한다. 모듈은 다음과 같은 형태를 갖는다.

```
mod spores {
    use cells::{Cell, Gene};

    /// 다 자란 양치식물에 형성되는 세포. 양치식물 수명 주기의 일환으로 바람에 날려 흩어진다.
    /// 포자는 최대 5㎜ 길이의 완전히 독립된 유기체인 전엽체로 자라고, 이 전엽체가 새로운
    /// 양치식물로 자라는 접합체를 생성한다(식물의 생식은 복잡하다).
    pub struct Spore {
        ...
    }

    /// 감수분열에 의한 포자 생산을 시뮬레이션한다.
```

```
    pub fn produce_spore(factory: &mut Sporangium) -> Spore {
        ...
    }

    /// 특정 포자의 유전자를 추출한다.
    pub(crate) fn genes(spore: &Spore) -> Vec<Gene> {
        ...
    }

    /// (간기의 일부로) 감수분열을 준비하기 위해서 유전자를 배합한다.
    fn recombine(parent: &mut Cell) {
        ...
    }

    ...
}
```

모듈은 **아이템**item의 집합체다. 아이템이란, 앞 예에 있는 Spore 스트럭트와 세 함수처럼 이름이 있는 기능을 말한다. pub 키워드는 아이템을 모듈 바깥에서 접근할 수 있도록 공개한다.

앞의 코드를 보면 함수 하나가 pub(crate)로 표시되어 있는데, 이는 해당 함수를 이 크레이트 내부 어디서든 사용할 수 있게 만들되 외부 인터페이스의 일부로 노출하진 않겠다는 뜻이다. 따라서 해당 함수는 다른 크레이트에서 사용할 수 없고 이 크레이트의 문서에도 표시되지 않는다.

pub으로 표시되지 않은 것은 모두 비공개이며, 자신이 정의된 모듈이나 자식 모듈에서만 사용할 수 있다.

```
let s = spores::produce_spore(&mut factory);  // OK

spores::recombine(&mut cell);  // 오류: `recombine`은 비공개다.
```

아이템을 pub으로 표시하는 걸 두고 아이템 '내보내기'라고도 한다.

이번 절의 나머지 부분에서는 모듈을 제대로 활용하기 위해 알아야 할 세부 내용을 다룬다.

- 모듈을 필요에 맞게 중첩하고 여러 파일과 디렉터리에 나눠 담는 법을 알아본다.
- 러스트가 다른 모듈에 있는 아이템을 참조하기 위해 사용하는 경로 문법을 설명하고, 아이템을 가져와서 전체 경로를 기재하지 않고 사용할 수 있게 만드는 법을 알아본다.
- 러스트의 섬세한 스트럭트 필드 제어에 대해 살펴본다.

- 누구나 필요로 할 법한 자주 쓰이는 가져오기들을 한 데 모아 가지고 있어서 상용구를 줄여 주는 **프렐류드**prelude 모듈을 소개한다.

- 이름 있는 값을 명확하고 일관되게 정의하기 위한 두 가지 방법인 **상수**constant와 **스태틱**static에 대해 알아본다.

중첩된 모듈

모듈은 중첩될 수 있는데, 다음처럼 한 모듈이 단순히 하위 모듈의 집합체로 쓰이는 경우를 심심찮게 볼 수 있다.

```
mod plant_structures {
    pub mod roots {
        ...
    }
    pub mod stems {
        ...
    }
    pub mod leaves {
        ...
    }
}
```

중첩된 모듈 안에 있는 아이템을 다른 크레이트에서 볼 수 있게 만들고 싶을 때는 아이템 자체와 **바깥쪽 모듈들을 전부** 공개로 표시해 둬야 한다. 그렇지 않으면 다음과 같은 경고를 보게 될 수도 있다.

```
warning: function is never used: `is_square`
   |
23 | /          pub fn is_square(root: &Root) -> bool {
24 | |              root.cross_section_shape().is_square()
25 | |          }
   | |_____^
   |
```

어쩌면 이 함수는 현시점에서 실제로 죽은 코드일 수 있다. 그러나 이 함수를 다른 크레이트에서 사용할 셈이었다면, 사실은 해당 함수가 다른 크레이트에서 볼 수 없는 상태에 있다는 걸 알려 주고 있는 것으로 봐야 한다. 이럴 때는 바깥쪽 모듈들도 전부 pub으로 되어 있는지 확인해봐야 한다.

아이템을 부모 모듈에서만 볼 수 있게 만들고 싶을 때는 pub(super)를 지정하면 되고, 아이템을 원하는 부모 모듈과 그의 자식 모듈에서 볼 수 있게 만들고 싶을 때는 pub(in <경로>)를 지정하면 된다. 특히, 이들은 깊이 중첩된 모듈을 쓸 때 유용하다.

```
mod plant_structures {
    pub mod roots {
        pub mod products {
            pub(in crate::plant_structures::roots) struct Cytokinin {
                ...
            }
        }

        use products::Cytokinin;      // OK: `roots` 모듈 안에서는 문제없다.
    }

    use roots::products::Cytokinin;   // 오류: `Cytokinin`은 비공개다.
}

// 오류: `Cytokinin`은 비공개다.
use plant_structures::roots::products::Cytokinin;
```

이렇게 해서 전체 프로그램을 이루는 많은 양의 코드와 전체 모듈 체계를 어떤 식으로든 원하는 대로 전부 하나의 소스 파일에 담아낼 수 있다.

그러나 실제로는 이렇게 하기가 쉽지 않기 때문에 다른 대안이 존재한다.

분리된 파일에 있는 모듈

모듈은 다음처럼 작성할 수도 있다.

```
mod spores;
```

앞에서는 spores 모듈의 본문을 중괄호 안에 넣어 포함시켰다. 반면, 여기서는 러스트 컴파일러에게 spores 모듈이 **spores.rs**라고 하는 별도의 파일에 들어 있다고 알리고 있다.

```
// spores.rs

/// 다 자란 양치식물에 형성되는 세포...
pub struct Spore {
    ...
}
```

```
/// 감수분열에 의한 포자 생산을 시뮬레이션한다.
pub fn produce_spore(factory: &mut Sporangium) -> Spore {
    ...
}

/// 특정 포자의 유전자를 추출한다.
pub(crate) fn genes(spore: &Spore) -> Vec<Gene> {
    ...
}

/// (간기의 일부로) 감수분열을 준비하기 위해서 유전자를 배합한다.
fn recombine(parent: &mut Cell) {
    ...
}
```

spores.rs에는 모듈을 구성하는 아이템만 포함된다. 모듈을 선언할 때 쓰는 그 어떤 종류의 상용구도 필요 없다.

앞서 나온 spores 모듈과 앞 절에서 본 버전의 **유일한** 차이점은 코드의 위치다. 공개인 것과 비공개인 것을 정하는 규칙은 두 경우 모두 동일하다. 러스트는 모듈이 분리된 파일에 있더라도 절대 따로 컴파일하지 않는다. 러스트 크레이트를 빌드하면 그때 여기에 속한 모든 모듈이 다시 컴파일된다.

모듈은 자기만의 디렉터리를 가질 수 있다. 러스트는 mod spores;를 만나면 **spores.rs**나 **spores/mod.rs**가 있는지를 확인한다. 둘 다 없거나 둘 다 있으면 오류다. 앞 예에서는 spores 모듈이 하위 모듈을 갖지 않기 때문에 **spores.rs**를 사용했다. 그러나 앞에서 작성했던 plant_structures 모듈을 생각해 보자. 이 모듈과 그 안에 있는 세 하위 모듈을 각각 분리된 파일로 나눈다면, 최종 프로젝트의 모습은 다음과 같을 것이다.

```
fern_sim/
├── Cargo.toml
└── src/
    ├── main.rs
    ├── spores.rs
    └── plant_structures/
        ├── mod.rs
        ├── leaves.rs
        ├── roots.rs
        └── stems.rs
```

plant_structures 모듈은 **main.rs**에 선언한다.

```
pub mod plant_structures;
```

그러면 러스트는 다음과 같이 세 하위 모듈이 선언되어 있는 **plant_structures/mod.rs**를 로드하게 된다.

```
// plant_structures/mod.rs
pub mod roots;
pub mod stems;
pub mod leaves;
```

이 세 모듈의 내용은 각각 **leaves.rs**, **roots.rs**, **stems.rs**라는 이름을 가진 파일에 저장된다. 이 파일들은 **mod.rs**가 있는 **plant_structures** 디렉터리에 들어 있다.

같은 이름으로 된 파일과 디렉터리를 써서 모듈을 구성할 수도 있다. 예를 들어 stems가 xylem과 phloem이라는 모듈을 포함해야 한다면, stems는 **plant_structures/stems.rs**에 그대로 놔둔 채 **stems** 디렉터리를 추가할 수 있다.

```
fern_sim/
├── Cargo.toml
└── src/
    ├── main.rs
    ├── spores.rs
    └── plant_structures/
        ├── mod.rs
        ├── leaves.rs
        ├── roots.rs
        ├── stems/
        │   ├── phloem.rs
        │   └── xylem.rs
        └── stems.rs
```

그런 다음 새로운 두 하위 모듈을 **stems.rs**에 선언한다.

```
// plant_structures/stems.rs
pub mod xylem;
pub mod phloem;
```

러스트의 모듈 시스템은 자체 파일로 된 모듈, 자체 디렉터리와 **mod.rs**로 된 모듈, 자체 파일과 하위 모듈을 포함하는 보조 디렉터리로 된 모듈. 이렇게 세 가지 옵션을 통해서 프로젝트 구조를 여러분이 원하는 대로 꾸려갈 수 있게 도와준다.

경로와 가져오기

:: 연산자는 모듈의 기능에 접근하기 위한 용도로 쓰인다. 경로를 쓰면 프로젝트에 있는 코드 어디서 든 표준 라이브러리 기능을 참조할 수 있다.

```
if s1 > s2 {
    std::mem::swap(&mut s1, &mut s2);
}
```

std는 표준 라이브러리의 이름이다. 경로 std는 표준 라이브러리의 최상위 모듈을 가리킨다. std::mem은 표준 라이브러리 안에 있는 하위 모듈이고 std::mem::swap은 그 모듈에 있는 공개 함 수다.

모든 코드를 이런 식으로 작성할 수도 있겠지만, 원circle이나 사전이 필요할 때마다 매번 std::f64::consts::PI나 std::collections::HashMap::new라고 적는 건 타이핑하기도 귀찮고 읽 기도 어렵다. 이럴 땐 사용하려는 기능을 모듈 안으로 **가져오면** 편하다.

```
use std::mem;

if s1 > s2 {
    mem::swap(&mut s1, &mut s2);
}
```

이 use 선언문은 바깥쪽 블록이나 모듈 전역에서 std::mem을 mem으로 쓸 수 있게 해준다. 즉, mem이 란 이름이 std::mem의 지역 별칭이 된다.

use std::mem::swap;이라고 써서 mem 모듈 대신 swap 함수 자체를 가져올 수도 있다. 그러나 위에 서 한 것처럼 타입, 트레이트, (std::mem 같은) 모듈을 가져오고 나서 상대 경로로 그 안에 있는 함수 와 상수를 비롯한 다른 멤버에 접근하는 것이 대개는 바람직한 스타일이다.

한 번에 여러 이름을 가져올 수도 있다.

```
use std::collections::{HashMap, HashSet};  // 둘 다 가져온다.
```

```
use std::fs::{self, File};   // `std::fs`와 `std::fs::File`을 가져온다.

use std::io::prelude::*;   // 전부 가져온다.
```

앞의 코드는 모든 걸 일일이 적어 가져오는 다음 코드의 축약 표기일 뿐이다.

```
use std::collections::HashMap;
use std::collections::HashSet;

use std::fs;
use std::fs::File;

// std::io::prelude에 있는 공개 아이템을 전부 가져온다.
use std::io::prelude::Read;
use std::io::prelude::Write;
use std::io::prelude::BufRead;
use std::io::prelude::Seek;
```

as를 쓰면 아이템을 가져올 때 지역적으로 다른 이름을 줄 수 있다.

```
use std::io::Result as IOResult;

// 아래의 반환 타입은 `std::io::Result<()>`라고 쓴 것이나 다름없다.
fn save_spore(spore: &Spore) -> IOResult<()>
...
```

모듈은 부모 모듈이 가진 이름을 자동으로 상속하지 **않는다**. 예를 들어 **proteins/mod.rs**의 내용이 다음과 같다고 하자.

```
// proteins/mod.rs
pub enum AminoAcid { ... }
pub mod synthesis;
```

그렇다고 해서 **synthesis.rs**에 있는 코드가 AminoAcid 타입을 자동으로 볼 수 있게 되는 건 아니다.

```
// proteins/synthesis.rs
pub fn synthesize(seq: &[AminoAcid])   // 오류: 타입 `AminoAcid`를 찾을 수 없다.
    ...
```

각 모듈은 백지상태에서 시작하기 때문에 반드시 자신이 사용하는 이름들을 가져와야 한다.

```
// proteins/synthesis.rs
use super::AminoAcid;   // 부모에게서 명시적으로 가져온다.

pub fn synthesize(seq: &[AminoAcid])   // OK
    ...
```

기본적으로 경로는 현재 모듈을 기준으로 한다.

```
// proteins/mod.rs

// 하위 모듈에서 가져온다.
use synthesis::synthesize;
```

self는 현재 모듈의 동의어이기도 하기 때문에 다음처럼 쓸 수도 있다.

```
// proteins/mod.rs

// 이늄의 이름들을 가져온다.
// 따라서 리신을 `AminoAcid::Lys`가 아니라 `Lys`라고 쓸 수 있다.
use self::AminoAcid::*;
```

아니면 간단히 다음처럼 써도 된다.

```
// proteins/mod.rs

use AminoAcid::*;
```

(물론 위에 있는 AminoAcid 예는 앞서 언급한 타입, 트레이트, 모듈만 가져오라는 스타일 규칙에서 벗어난 경우다. 만일 프로그램이 긴 아미노산 서열을 포함한다면, 이는 오웰의 여섯 번째 규칙Orwell's Sixth Rule[23]인 "말 같지 않은 말을 하느니 차라리 위 규칙들을 깨버려라."에 의거해 정당화된다.)

super와 crate 키워드는 경로에서 특별한 의미를 갖는데, super는 부모 모듈을 가리키고 crate는 현재 모듈을 포함하고 있는 크레이트를 가리킨다.

---

23 [옮긴이] 영국 소설가 조지 오웰(George Orwell)이 쓴 에세이 〈정치와 영어(Politics and the English Language)〉에 수록된 글쓰기 6원칙 중 마지막 원칙을 말한다.

현재 모듈이 아니라 크레이트 루트를 기준으로 하는 경로를 쓰면 현재 모듈의 경로가 바뀌더라도 가져오기가 깨지지 않기 때문에 프로젝트에서 코드를 옮기기가 수월해진다. 예를 들어 crate를 쓰도록 synthesis.rs를 고치면 다음과 같다.

```
// proteins/synthesis.rs
use crate::proteins::AminoAcid;   // 크레이트 루트를 기준으로 명시적으로 가져온다.

pub fn synthesize(seq: &[AminoAcid])   // OK
    ...
```

하위 모듈에서 부모 모듈에 있는 비공개 아이템에 접근하려면 use super::*라고 쓰면 된다.

사용 중인 크레이트와 같은 이름을 가진 모듈을 가지고 있을 때는 내용을 참조할 때 주의해야 한다. 예를 들어 **Cargo.toml** 파일에 image 크레이트를 의존성으로 등록해 둔 프로그램이 image라는 이름의 모듈을 가지고 있으면 image로 시작하는 경로들이 모호해진다.

```
mod image {
    pub struct Sampler {
        ...
    }
}

// 오류: `image` 모듈을 가리키는 것인지 `image` 크레이트를 가리키는 것인지 모호하다.
use image::Pixels;
```

앞의 코드에 있는 모호함은 image 모듈이 Pixels 타입을 가지고 있지 않더라도 여전히 오류로 간주된다. 왜냐하면 나중에 그런 정의가 추가될 경우 프로그램에 있는 경로들의 지칭 대상이 소리 소문 없이 바뀔 수 있어서 혼란을 불러올 여지가 있기 때문이다.

이런 모호함을 해결하기 위해서 러스트는 **절대 경로**absolute path라고 하는 특별한 종류의 경로를 가지고 있다. 절대 경로는 ::으로 시작하며, 항상 외부 크레이트를 참조한다. image 크레이트에 있는 Pixels 타입을 참조하려면 다음처럼 쓰면 된다.

```
use ::image::Pixels;        // `image` 크레이트의 `Pixels`
```

사용자 정의 모듈에 있는 Sampler 타입을 참조하려면 다음처럼 쓰면 된다.

```
use self::image::Sampler;  // `image` 모듈의 `Sampler`
```

모듈이 파일과 같진 않지만, 모듈하고 유닉스 파일시스템의 파일과 디렉터리 사이에는 타고난 유사점이 있다. ln 명령이 링크를 만들듯이, use 키워드는 별칭을 만든다. 경로는 파일 이름처럼 절대형과 상대형으로 쓸 수 있다. self와 super는 특수 디렉터리인 .과 ..하고 비슷하다.

표준 프렐류드

조금 전에 우리는 각 모듈이 가져오는 이름 없이 '백지상태'로 시작한다고 했다. 그런데 이게 **완전한 백지**는 아니다.

우선, 모든 프로젝트에는 표준 라이브러리 std가 자동으로 연결된다. 이 말은 use std::whatever라고 쓰거나 std::mem::swap()과 같은 식으로 코드 안에 이름을 인라인 처리하면 언제든 std 아이템을 참조할 수 있다는 뜻이다. 그뿐만 아니라 Vec과 Result처럼 자주 쓰이는 이름 몇 가지가 **표준 프렐류드**standard prelude에 들어 있어서 자동으로 포함된다. 러스트는 루트 모듈을 포함한 모든 모듈의 맨 앞에 아래의 가져오기가 있는 것처럼 행동한다.

```
use std::prelude::v1::*;
```

표준 프렐류드에는 자주 쓰이는 트레이트와 타입 수십 가지가 포함되어 있다.

2장에서 우리는 라이브러리가 경우에 따라 prelude라는 이름을 가진 모듈을 제공하기도 한다고 언급한 바 있다. 그러나 자동으로 포함되는 프렐류드는 std::prelude::v1뿐이다. 모듈에 prelude라는 이름을 붙이는 건 *를 써서 가져와야 하는 모듈임을 알리는 일종의 관례에 불과하다.

use 선언을 pub으로 만들기

use 선언은 별칭일 뿐이지만 공개될 수 있다.

```
// plant_structures/mod.rs
...
pub use self::leaves::Leaf;
pub use self::roots::Root;
```

앞의 코드는 Leaf와 Root가 plant_structures 모듈의 공개 아이템이라는 뜻이다. 이들은 여전히 plant_structures::leaves::Leaf와 plant_structures::roots::Root의 단순한 별칭이다.

표준 프렐류드에는 이런 식으로 일련의 pub 가져오기들이 나열되어 있다.

스트럭트 필드를 pub으로 만들기

모듈은 struct 키워드로 정의하는 사용자 정의 스트럭트 타입을 포함할 수 있다. 이 부분은 9장에서 자세히 다룰 텐데, 그래도 모듈이 스트럭트 필드의 가시성과 상호 작용하는 방식은 여기서 한 번 짚고 가는 게 좋겠다.

간단한 스트럭트는 다음처럼 생겼다.

```
pub struct Fern {
    pub roots: RootSet,
    pub stems: StemSet
}
```

스트럭트의 필드는 설령 비공개라 하더라도 그 스트럭트가 선언된 모듈과 그의 하위 모듈 전역에서 접근할 수 있다. 모듈 바깥에서는 공개 필드만 접근할 수 있다.

소프트웨어 설계의 관점에서 볼 때 모듈 단위의 접근 제어가 자바나 C++에서 채택한 클래스 단위의 접근 제어보다 훨씬 더 유용하다. 이렇게 하면 상투적인 '게터'와 '세터' 메서드를 쓰지 않아도 되고, C++의 friend 선언 같은 것을 써야 할 일도 크게 줄어든다. 또 이를테면 필요에 따라 서로의 비공개 필드에 접근하는 frond::LeafMap과 frond::LeafMapIter처럼, 밀접한 협력 관계에 있는 타입들을 한 모듈 안에 정의하면서도 여전히 이들의 세부 구현을 프로그램의 나머지 부분으로부터 숨길 수 있다.

스태틱과 상수

모듈은 함수, 타입, 중첩된 모듈 외에도 **상수**constant와 **스태틱**static을 정의할 수 있다.

상수는 const 키워드로 정의한다. 문법은 let과 비슷하지만 pub으로 표시할 수 있다는 점과 타입을 꼭 적어야 한다는 점이 다르다. 상수의 이름은 UPPERCASE_NAMES처럼 짓는 게 관례다.

```
pub const ROOM_TEMPERATURE: f64 = 20.0;   // 섭씨 온도
```

상수와 거의 똑같은 스태틱 아이템은 static 키워드로 정의한다.

```
pub static ROOM_TEMPERATURE: f64 = 68.0;  // 화씨 온도
```

상수는 C++의 #define과 약간 비슷한데, 코드에서 상수가 쓰이는 모든 곳에 해당 값이 컴파일되어 들어간다. 스태틱은 프로그램이 시작되기 전에 만들어져서 종료될 때까지 지속되는 변수다. 코드에 있는 매직 넘버와 문자열에 대해서는 상수를 쓰면 되고, 데이터 양이 많거나 상숫값의 레퍼런스를 빌려와야 할 때는 스태틱을 쓰면 된다.

mut 상수라는 건 없다. 스태틱을 mut로 표시할 순 있지만, 5장에서 이야기했다시피 러스트에는 mut 스태틱에 대해서 배타적 접근 규칙을 시행할 방법이 마련되어 있지 않다. 따라서 이들은 태생적으로 스레드 안전성을 갖지 않으며, 안전한 코드에서는 절대로 쓸 수 없다.

```
static mut PACKETS_SERVED: usize = 0;

println!("{} served", PACKETS_SERVED);  // 오류: 변경할 수 있는 스태틱이 쓰였다.
```

러스트는 변경할 수 있는 전역 상태를 권장하지 않는다. 어떤 대안이 있는지 궁금하다면 19장의 '**전역변수**' 절을 참고하자.

프로그램을 라이브러리로 바꾸기

양치식물 시뮬레이터의 기능이 점차 늘기 시작하면서 하나의 프로그램만 가지고는 어렵겠다는 판단이 섰다고 하자. 지금은 시뮬레이션을 돌리고 그 결과를 파일에 저장하는 명령줄 프로그램 하나가 전부지만, 앞으로 이 저장된 결과를 과학적으로 분석하고, 실시간으로 자라나는 식물의 3D 렌더링을 보여 주고, 사실적인 그림을 렌더링하는 등의 일을 할 다른 프로그램들을 작성해야 한다. 이 프로그램들은 모두 기본적인 양치식물 시뮬레이션 코드를 공유해야 할 텐데, 그러려면 라이브러리를 만들어야 한다.

첫 번째 단계는 기존 프로젝트를 라이브러리 크레이트와 실행 파일 이렇게 두 부분으로 나누는 것이다. 리이브리리 크레이트에는 공유할 모든 코드가 들어가고, 실행 파일에는 기존 명령줄 프로그램에 필요한 코드만 들어간다.

간단한 예제 프로그램을 통해서 어떻게 하면 되는지 살펴보자.

```
struct Fern {
    size: f64,
    growth_rate: f64
}
```

```
impl Fern {
    /// 양치식물의 하루치 성장을 시뮬레이션한다.
    fn grow(&mut self) {
        self.size *= 1.0 + self.growth_rate;
    }
}

/// 여러 날 분량의 양치식물 시뮬레이션을 돌린다.
fn run_simulation(fern: &mut Fern, days: usize) {
    for _ in 0 .. days {
        fern.grow();
    }
}

fn main() {
    let mut fern = Fern {
        size: 1.0,
        growth_rate: 0.001
    };
    run_simulation(&mut fern, 1000);
    println!("final fern size: {}", fern.size);
}
```

이 프로그램의 **Cargo.toml** 파일 내용은 다음과 같다고 하자.

```
[package]
name = "fern_sim"
version = "0.1.0"
authors = ["You <you@example.com>"]
edition = "2021"
```

이 프로그램을 라이브러리로 바꾸는 방법은 간단하다. 아래의 단계를 따르면 된다.

1. **src/main.rs** 파일의 이름을 **src/lib.rs**로 바꾼다.

2. **src/lib.rs**에서 라이브러리의 공개 기능이 될 아이템에 pub 키워드를 추가한다.

3. main 함수를 임시로 다른 파일에 옮겨 둔다. 이 부분은 잠시 뒤에 다시 사용할 것이다.

src/lib.rs 파일의 최종 내용은 다음과 같다.

```
pub struct Fern {
    pub size: f64,
```

```
    pub growth_rate: f64
}

impl Fern {
    /// 양치식물의 하루치 성장을 시뮬레이션한다.
    pub fn grow(&mut self) {
        self.size *= 1.0 + self.growth_rate;
    }
}

/// 여러 날 분량의 양치식물 시뮬레이션을 돌린다.
pub fn run_simulation(fern: &mut Fern, days: usize) {
    for _ in 0 .. days {
        fern.grow();
    }
}
```

Cargo.toml의 내용은 전혀 바꿀 필요가 없었다는 점을 눈여겨보자. 그럴 수 있었던 이유는 카고가 Cargo.toml 파일에 기재되지 않은 부분에 대해서 기본 동작을 수행하도록 되어 있기 때문이다. cargo build는 기본적으로 소스 디렉터리에 있는 파일을 보고 무엇을 빌드할지 결정한다. **src/lib.rs**를 보게 되면 라이브러리를 빌드해야 한다고 알게 되는 식이다.

src/lib.rs에 있는 코드는 라이브러리의 **루트 모듈**root module을 형성한다. 이 라이브러리를 쓰는 다른 크레이트들은 이 루트 모듈의 공개 아이템에만 접근할 수 있다.

src/bin 디렉터리

원래의 `fern_sim` 명령줄 프로그램을 다시 작동하게 만드는 일 역시 간단하다. 카고는 라이브러리와 같은 크레이트에 들어 있는 작은 프로그램들을 위해서 몇 가지 지원 기능을 내장하고 있다.

사실 카고 자체도 이런 식으로 작성되어 있어서 대부분의 코드가 러스트 라이브러리 안에 들어 있다. 이 책에서 줄곧 사용해온 `cargo` 명령줄 프로그램은 얇은 껍데기 프로그램에 불과하며, 힘든 일은 전부 라이브러리가 도맡아 처리한다. 라이브러리도 명령줄 프로그램도 모두 같은 소스 저장소(https://github.com/rust-lang/cargo)에 들어 있다.

우리 프로그램과 라이브러리도 같은 크레이트 안에 넣을 수 있다. 다음 코드를 **src/bin/efern.rs**라는 이름의 파일에 넣고 저장하자.

```
use fern_sim::{Fern, run_simulation};

fn main() {
    let mut fern = Fern {
        size: 1.0,
        growth_rate: 0.001
    };
    run_simulation(&mut fern, 1000);
    println!("final fern size: {}", fern.size);
}
```

이 main 함수는 앞에서 따로 빼두었던 것이다. Fern과 run_simulation은 이제 fern_sim 크레이트의 아이템이므로 이들에 대한 use 선언문을 추가했다. 즉, 크레이트를 라이브러리처럼 사용하고 있는 것이다.

이 파일을 src/bin에 넣어 두었기 때문에, 다음번에 cargo build를 실행하면 카고가 fern_sim 라이브러리와 이 프로그램을 모두 컴파일한다. efern 프로그램은 cargo run --bin efern으로 실행할 수 있다. 여기에 --verbose를 붙이면 다음처럼 카고가 실행하는 명령을 볼 수 있다.

```
$ cargo build --verbose
   Compiling fern_sim v0.1.0 (file:///.../fern_sim)
     Running `rustc src/lib.rs --crate-name fern_sim --crate-type lib ...`
     Running `rustc src/bin/efern.rs --crate-name efern --crate-type bin ...`
$ cargo run --bin efern --verbose
       Fresh fern_sim v0.1.0 (file:///.../fern_sim)
     Running `target/debug/efern`
final fern size: 2.7169239322355985
```

이번에도 Cargo.toml의 내용은 전혀 바꿀 필요가 없었다. 다시 말하지만 카고는 소스 파일을 보고서 무얼 할지를 결정하는 것이 기본 동작이다. src/bin에 있는 .rs 파일들은 추가 빌드해야 할 프로그램으로 자동 처리된다.

프로그램의 규모가 좀 크다 싶을 때는 src/bin 디렉터리 안에 하위 디렉터리를 만들면 된다. 예를 들어 화면에 양치식물을 그리는 두 번째 프로그램을 만들려고 하는데, 그리기와 관련된 코드가 제법 커서 이를 별도의 파일 안에 모듈화해 두었다고 하자. 이럴 때는 이 두 번째 프로그램을 별도의 하위 디렉터리 안에 넣으면 된다.

```
fern_sim/
├── Cargo.toml
```

```
└── src/
    └── bin/
        ├── efern.rs
        └── draw_fern/
            ├── main.rs
            └── draw.rs
```

이렇게 하면 큰 바이너리가 라이브러리 코드나 **src/bin** 디렉터리를 어지럽히지 않고도 자체 하위 모듈을 가질 수 있다는 이점이 있다.

물론, 이제는 fern_sim이 라이브러리이기 때문에 또 다른 선택지가 생겼다. 이 프로그램을 완전히 분리된 디렉터리 안에 있는 독립된 프로젝트로 만들고 **Cargo.toml**에 fern_sim을 의존성으로 추가하는 것이 바로 그것이다.

```
[dependencies]
fern_sim = { path = "../fern_sim" }
```

앞으로 만들게 될 다른 양치식물 시뮬레이션 프로그램에서는 아마 이 방법을 써야 할 것이다. **src/bin** 디렉터리는 efern과 draw_fern 같은 간단한 프로그램에 적합하다.

어트리뷰트

러스트 프로그램에 있는 모든 아이템은 **어트리뷰트**attribute로 장식할 수 있다. 어트리뷰트란, 컴파일러에 내리는 각종 지시와 권고를 작성하기 위한 러스트의 범용 문법이다. 예를 들어 다음의 경고가 발생했다고 하자.

```
libgit2.rs: warning: type `git_revspec` should have a camel case name
    such as `GitRevspec`, #[warn(non_camel_case_types)] on by default
```

하지만 이름을 이렇게 붙인 데는 다 이유가 있어서, 러스트가 이 부분에 대해서는 그냥 무시하고 넘어가 주길 원한다고 하자. 이럴 때는 해당 타입 위에 #[allow] 어트리뷰트를 붙여서 경고가 발생하지 않게 만들 수 있다.

```
#[allow(non_camel_case_types)]
pub struct git_revspec {
    ...
}
```

조건부 컴파일도 어트리뷰트를 사용해서 작성하는 기능 중 하나인데, 여기에는 #[cfg]가 쓰인다.

```
// 안드로이드용으로 빌드하는 경우에만 프로젝트에 이 모듈을 포함시킨다.
#[cfg(target_os = "android")]
mod mobile;
```

#[cfg]의 전체 문법은 러스트 레퍼런스(https://doc.rust-lang.org/reference/conditional-compilation.html)에 자세히 설명되어 있다. 가장 많이 쓰이는 옵션은 표 8-2와 같다.

표 8-2 가장 많이 쓰이는 #[cfg] 옵션

#[cfg(...)] 옵션	활성화 조건
test	테스트가 켜졌을 때(즉, cargo test나 rustc --test로 컴파일할 때).
debug_assertions	디버그 단언이 켜졌을 때(보통 비최적화 빌드 시에 켜진다).
unix	유닉스용으로 컴파일할 때. 맥OS도 포함된다.
windows	윈도우용으로 컴파일할 때.
target_pointer_width = "64"	64비트 플랫폼을 대상으로 할 때. 다른 값으로 "32"가 올 수 있다.
target_arch = "x86_64"	x86-64를 대상으로 할 때. 다른 값으로 "x86", "arm", "aarch64", "powerpc", "powerpc64", "mips"가 올 수 있다.
target_os = "macos"	맥OS용으로 컴파일할 때. 다른 값으로 "windows", "ios", "android", "linux", "freebsd", "openbsd", "netbsd", "dragonfly"가 올 수 있다.
feature = "robots"	"robots"라는 이름의 사용자 정의 기능이 켜졌을 때(즉, cargo build --feature robots나 rustc --cfg feature='"robots"'로 컴파일할 때). 기능은 Cargo.toml의 [features] 부분(https://doc.rust-lang.org/cargo/reference/features.html#the-features-section)에 선언한다.
not(A)	A를 만족하지 않을 때. 함수의 구현을 두 가지 버전으로 제공하려면 하나는 #[cfg(X)]로, 다른 하나는 #[cfg(not(X))]로 표시하면 된다.
all(A,B)	A와 B를 모두 만족할 때(&&와 같다).
any(A,B)	A나 B를 만족할 때(¦¦와 같다).

함수의 인라인 확장은 보통 컴파일러가 알아서 해주는 최적화지만, 가끔은 세세하게 관여하고 싶을 때가 있다. 이럴 때는 #[inline] 어트리뷰트를 쓰면 된다.

```
/// 인접한 두 세포 사이의 삼투현상으로 인한 이온 등의 농도를 조절한다.
#[inline]
fn do_osmosis(c1: &mut Cell, c2: &mut Cell) {
    ...
}
```

#[inline] 없이는 인라인 처리가 되지 **않는** 상황이 하나 있다. 한 크레이트에 정의된 함수나 메서드가 다른 크레이트에서 호출될 경우, 러스트는 이를 인라인 처리하지 않는다. 단, (타입 매개변수가 있는) 제네릭이거나 #[inline]을 명시적으로 표시해 둔 경우는 예외다.

컴파일러는 위의 경우가 아니면 #[inline]을 단순한 제안으로 치부한다. 러스트는 좀 더 강한 의지를 갖는 #[inline]도 지원하는데, #[inline(always)]는 함수가 모든 호출 지점에서 인라인으로 확장되어야 할 때 쓰고, #[inline(never)]는 함수가 절대로 인라인으로 확장되어서는 안 될 때 쓴다.

#[cfg]와 #[allow] 같은 일부 어트리뷰트는 전체 모듈에 붙여서 그 안에 있는 모든 아이템에 적용할 수 있다. #[test]와 #[inline] 같은 나머지 어트리뷰트는 반드시 개별 아이템에 붙여야 한다. 범용 기능이라는 말에서 예상할 수 있다시피, 각 어트리뷰트는 상황별로 다르게 만들어져 있어서 지원하는 인수의 종류도 각기 다르다. 전체 어트리뷰트 목록은 러스트 레퍼런스(https://doc.rust-lang.org/reference/attributes.html)에 자세히 나와 있으니 참고하자.

어트리뷰트를 전체 크레이트에 붙이려면 **main.rs**나 **lib.rs** 파일 맨 위에 추가한다. 단, 다른 아이템보다 앞에 와야 하며 # 대신 #!를 써야 한다.

```
// libgit2_sys/lib.rs
#![allow(non_camel_case_types)]

pub struct git_revspec {
    ...
}

pub struct git_error {
    ...
}
```

#!는 러스트에게 어트리뷰트를 다음 아이템이 아니라 바깥쪽 아이템에 붙이라고 지시한다. 앞서 나온 경우에는 #![allow] 어트리뷰트가 struct git_revspec뿐만 아니라 libgit2_sys 크레이트 전체에 붙는다.

함수와 스트럭트 등의 내부에서도 #!를 쓸 수 있지만, 대개는 파일 맨 위에서 어트리뷰트를 전체 모듈이나 크레이트에 붙이는 용도로만 쓴다. 전체 크레이트에만 적용할 수 있는 일부 어트리뷰트의 경우에는 항상 #! 문법을 쓴다.

예를 들어 #![feature] 어트리뷰트는 러스트 언어와 라이브러리의 **불안정한**unstable 기능, 즉 아직 실험 단계라서 버그가 있거나 나중에 변경 또는 제거될 수도 있는 기능을 켜는 데 쓰인다. 일례로 이 글을 쓰고 있는 현재 러스트는 assert!와 같은 매크로의 전개를 추적하는 기능을 실험 중이다. 하지만 이 기능은 실험 단계에 있기 때문에 (1) 러스트 나이틀리 버전을 설치하고, (2) 크레이트에서 매크로 추적을 쓰겠다고 명시적으로 선언하는 경우에만 쓸 수 있다.

```
#![feature(trace_macros)]

fn main() {
    // 다음의 assert_eq!가 실제 어떤 러스트 코드로 대체되는지 궁금하다!
    trace_macros!(true);
    assert_eq!(10*10*10 + 9*9*9, 12*12*12 + 1*1*1);
    trace_macros!(false);
}
```

러스트 팀이 오랜 시간에 걸쳐서 실험 단계에 있는 기능을 **안정화**stabilize하고 나면, 해당 기능이 언어의 표준으로 자리매김하기도 한다. 이렇게 되면 #![feature] 어트리뷰트가 불필요해지므로 러스트는 경고를 내보내서 해당 어트리뷰트를 삭제하라고 알려 준다.

테스트와 문서화

2장의 '단위 테스트 작성해 돌려보기' 절에서 살펴봤다시피 러스트는 간단한 단위 테스트 프레임워크를 내장하고 있다. 테스트는 #[test] 어트리뷰트가 달린 평범한 함수다.

```
#[test]
fn math_works() {
    let x: i32 = 1;
    assert!(x.is_positive());
    assert_eq!(x + 1, 2);
}
```

cargo test는 프로젝트 안에 있는 모든 테스트를 실행한다.

```
$ cargo test
   Compiling math_test v0.1.0 (file:///.../math_test)
     Running target/release/math_test-e31ed91ae51ebf22

running 1 test
```

```
test math_works ... ok

test result: ok. 1 passed; 0 failed; 0 ignored; 0 measured; 0 filtered out
```

(이때 '독 테스트doc-test'에 관한 내용도 함께 표시되는데, 이 부분은 잠시 뒤에 다룬다.)

테스트를 실행하는 방법은 크레이트가 실행 파일이든 라이브러리든 동일하다. 실행하고 싶은 테스트가 따로 있을 때는 해당 테스트를 카고에 인수로 전달하면 된다. 예를 들어, cargo test math는 이름에 math가 들어간 모든 테스트를 실행한다.

테스트에서는 주로 러스트 표준 라이브러리의 assert!와 assert_eq! 매크로를 사용한다. assert!(expr)은 expr이 참이면 성공한다. 그렇지 않으면 패닉이 발생하여 테스트가 실패한다. assert_eq!(v1, v2)는 assert!(v1 == v2)와 같지만, 단언이 실패할 경우 오류 메시지에 두 값이 표시된다는 점이 다르다.

일반 코드에서도 이들 매크로를 써서 불변성을 검사할 수 있다. 다만 주의할 점은 assert!와 assert_eq!가 릴리스 빌드에도 포함된다는 것이다. 이럴 때는 디버그 빌드에서만 검사가 이뤄지는 debug_assert!와 debug_assert_eq!를 써서 단언문을 작성하자.

오류 상황을 테스트하려면 해당 테스트에 #[should_panic] 어트리뷰트를 추가한다.

```
/// 이 테스트는 앞 장에서 다루었던 바와 같이 0으로 나누기가 패닉을 일으킬 때만 통과한다.
#[test]
#[allow(unconditional_panic, unused_must_use)]
#[should_panic(expected="divide by zero")]
fn test_divide_by_zero_error() {
    1 / 0;  // 패닉에 빠져야 한다!
}
```

단, 위의 경우처럼 누가 봐두 패닉에 빠질 게 뻔한 바보 같은 계획은 대개 컴파일 과정에서 발각되어 실패로 끝날 가능성이 높다. 따라서 여기서는 allow 어트리뷰트를 추가해서 컴파일러에게 이렇게 하는 데는 다 이유가 있으니 그냥 나눗셈을 수행하고 답은 버려 달라고 말해 줄 필요가 있다.

테스트는 Result<(), E>를 반환할 수도 있다. 오류 베리언트는 Debug일 때가 많은데, 그럴 때는 그냥 ?를 써서 Ok 베리언트는 버리고 Result만 반환해도 된다.

```
use std::num::ParseIntError;

/// 이 테스트는 "1024"가 올바른 숫자일 때 통과한다.
#[test]
fn main() -> Result<(), ParseIntError> {
    i32::from_str_radix("1024", 10)?;
    Ok(())
}
```

#[test]로 표시된 함수는 조건부로 컴파일된다. cargo build나 cargo build --release는 테스트 코드를 건너뛴다. 그러나 cargo test를 실행하면 카고는 프로그램을 일반적인 방법으로 한 번, 테스트와 테스트 도구를 활성화시켜서 한 번, 이렇게 두 번 빌드한다. 이 말은 단위 테스트를 테스트할 코드 바로 옆에 둘 수 있어서 필요할 경우 내부 구현의 세부 사항에 접근할 수 있으면서도 그에 따른 실행 시점 비용이 전혀 들지 않는다는 뜻이다. 그러나 경고가 발생하는 경우도 있다. 예를 보자.

```
fn roughly_equal(a: f64, b: f64) -> bool {
    (a - b).abs() < 1e-6
}

#[test]
fn trig_works() {
    use std::f64::consts::PI;
    assert!(roughly_equal(PI.sin(), 0.0));
}
```

테스트 코드가 빠진 빌드에서는 roughly_equal이 아무 데도 쓰이지 않으므로 러스트가 다음과 같은 경고를 내보낸다.

```
$ cargo build
   Compiling math_test v0.1.0 (file:///.../math_test)
warning: function is never used: `roughly_equal`
  |
7 | / fn roughly_equal(a: f64, b: f64) -> bool {
8 | |     (a - b).abs() < 1e-6
9 | | }
  | |_^
  |
   = note: #[warn(dead_code)] on by default
```

따라서 테스트가 지원 코드를 필요로 할 만큼 커지게 되면 이들을 tests 모듈에 넣고 #[cfg] 어트리뷰트를 사용해서 전체 모듈을 테스트 전용으로 선언하는 게 관례다.

```
#[cfg(test)]   // 테스트할 때만 이 모듈을 포함시킨다.
mod tests {
    fn roughly_equal(a: f64, b: f64) -> bool {
        (a - b).abs() < 1e-6
    }

    #[test]
    fn trig_works() {
        use std::f64::consts::PI;
        assert!(roughly_equal(PI.sin(), 0.0));
    }
}
```

러스트의 테스트 도구는 멀티 스레드를 써서 한 번에 여러 개의 테스트를 실행한다. 이는 러스트 코드가 기본적으로 스레드 안전성을 가지기 때문에 생기는 좋은 부수 이익이다. 이를 비활성화하려면 cargo test *testname*과 같이 테스트를 하나만 실행하거나 cargo test -- --test-threads 1을 실행하면 된다(첫 번째 --는 cargo test가 --test-threads 옵션을 테스트 실행 파일에 전달하도록 만든다). 이 말은 2장에서 살펴본 망델브로 프로그램이 엄밀히 말해 두 번째가 아니라 세 번째 멀티 스레드 프로그램이었다는 뜻이다! 2장의 '**단위 테스트 작성해 돌려보기**' 절에 있는 cargo test 실행이 첫 번째였다.

일반적으로 테스트 도구는 실패한 테스트의 출력만 보여 준다. 통과한 테스트의 출력도 함께 보려면 cargo test -- --no-capture를 실행하자.

통합 테스트

양치식물 시뮬레이터의 기능이 계속 늘어남에 따라 주요 기능을 전부 여러 실행 파일이 가져다 쓸 수 있는 라이브러리에 넣기로 했다고 하자. 이때 **fern_sim.rlib**을 외부 크레이트로 삼아서 최종 사용자가 하는 것처럼 라이브러리를 링크하는 테스트가 있다면 좋을 것이다. 또 바이너리 파일에 저장된 시뮬레이션을 불러오는 것으로 시작하는 여러 테스트가 있다고 할 때 이런 커다란 테스트 파일들을 **src** 디렉터리에 두기보다는 적당한 다른 곳에 둘 수 있다면 좋을 것이다. 통합 테스트는 이 두 문제를 해결하는 데 도움을 준다.

통합 테스트integration test란, 프로젝트의 **src** 디렉터리 옆에 나란히 위치한 **tests** 디렉터리에 들어 있는 .rs 파일들을 말한다. cargo test를 실행하면 카고는 각 통합 테스트를 개별적으로 컴파일한 다음, 라이브러리와 러스트 테스트 도구를 링크해서 독립된 크레이트를 만든다. 예를 보자.

```
// tests/unfurl.rs - 고사리 잎은 해가 들면 펼쳐진다.

use fern_sim::Terrarium;
use std::time::Duration;

#[test]
fn test_fiddlehead_unfurling() {
    let mut world = Terrarium::load("tests/unfurl_files/fiddlehead.tm");
    assert!(world.fern(0).is_furled());
    let one_hour = Duration::from_secs(60 * 60);
    world.apply_sunlight(one_hour);
    assert!(world.fern(0).is_fully_unfurled());
}
```

통합 테스트가 어느 정도 가치 있는 이유는 크레이트를 마치 사용자처럼 바깥에서 바라보기 때문이다. 통합 테스트는 크레이트의 공개 API를 테스트한다.

cargo test는 단위 테스트와 통합 테스트를 모두 실행한다. 특정 파일, 예를 들어 **tests/unfurl.rs**에 있는 통합 테스트만 실행하려면 cargo test --test unfurl 명령을 쓰면 된다.

문서화

cargo doc 명령은 여러분의 라이브러리를 위한 HTML 문서를 생성한다.

```
$ cargo doc --no-deps --open
  Documenting fern_sim v0.1.0 (file:///.../fern_sim)
```

--no-deps 옵션은 카고에게 fern_sim을 위한 문서를 생성하되, 의존하고 있는 크레이트에 관한 내용은 전부 제외해달라고 지시한다.

--open 옵션은 카고에게 생성된 문서를 브라우저에 열어달라고 지시한다.

결과는 그림 8-2에서 볼 수 있다. 카고는 생성한 문서 파일들을 **target/doc**에 저장한다. 시작 페이지는 **target/doc/fern_sim/index.html**이다.

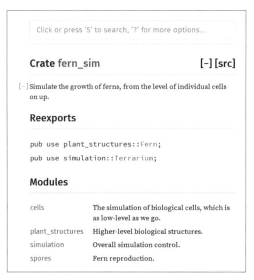

그림 8-2 rustdoc이 생성한 문서의 예

문서는 라이브러리에 있는 **pub** 기능과 여기에 달린 **문서 주석**doc comment을 바탕으로 생성된다. 문서 주석은 이번 장에서 이미 몇 번 사용했는데, 다음 주석처럼 생겼다.

```
/// 감수분열에 의한 포자 생산을 시뮬레이션한다.
pub fn produce_spore(factory: &mut Sporangium) -> Spore {
    ...
}
```

하지만 러스트는 세 개의 슬래시로 시작하는 주석을 #[doc] 어트리뷰트로 취급한다. 즉, 러스트는 앞의 코드를 다음 코드와 똑같다고 본다.

```
#[doc = "감수분열에 의한 포자 생산을 시뮬레이션한다."]
pub fn produce_spore(factory: &mut Sporangium) -> Spore {
    ...
}
```

라이브러리나 바이너리를 컴파일할 때는 이들 어트리뷰트가 무시되지만, 문서를 생성할 때는 공개 기능에 달린 문서 주석이 결과물에 포함된다.

마찬가지로 //!로 시작하는 주석은 #![doc] 어트리뷰트로 취급된다. 이 주석은 보통 모듈이나 크레이트 같은 바깥쪽 기능에 붙는다. 예를 들어 **fern_sim/src/lib.rs** 파일은 다음과 같이 시작될 수 있다.

```
//! 양치식물의 성장을 개별 세포 수준에서 시뮬레이션한다.
```

문서 주석의 내용은 간단한 HTML 서식을 쉽고 빠르게 쓸 수 있는 마크다운으로 작성한다. 이를테면 별표로 *기울인 꼴*과 **굵은 꼴**을 표현하고, 빈 줄로 단락을 나누는 식이다. HTML 태그를 쓸 수도 있는데, 문서 주석에 있는 HTML 태그는 적힌 그대로 형식화된 문서 안에 복사된다.

러스트의 문서 주석이 가진 한 가지 특별한 기능은 마크다운_{Markdown} 링크의 참조 대상을 지정할 때 상대 URL 대신 leaves::Leaf 같은 러스트 아이템 경로를 쓸 수 있다는 점이다. 이렇게 해 두면 카고가 그 경로의 참조 대상을 찾아서 알맞은 문서 페이지의 위치를 가리키는 링크로 대체해 준다. 예를 들어, 다음 코드에서 생성된 문서는 VascularPath, Leaf, Root에 해당하는 문서 페이지로 연결된다.

```
/// 주어진 [`Root`][r]에서 [`Leaf`](leaves::Leaf)까지 이어지는 영양소의 이동 경로를
/// 표현하는 [`VascularPath`]를 만들어 반환한다.
///
/// [r]: roots::Root
pub fn trace_path(leaf: &leaves::Leaf, root: &roots::Root) -> VascularPath {
    ...
}
```

또 검색 별칭을 달아서 기본으로 제공되는 검색 기능을 통해 내용을 좀 더 쉽게 찾을 수 있도록 만들 수도 있다. 예를 들어, 크레이트의 문서에서 "path"나 "route"를 검색할 때 VascularPath로 연결되도록 만들려면 다음처럼 하면 된다.

```
#[doc(alias = "route")]
pub struct VascularPath {
    ...
}
```

더 긴 문서 블록이 필요하거나 워크플로를 간소화하고 싶을 때는 외부 파일을 문서에 포함시킬 수 있다. 예를 들어 저장소의 **README.md** 파일이 크레이트의 최상위 문서로 쓸 텍스트를 쥐고 있을 때는 다음 코드를 **lib.rs**나 **main.rs** 맨 위에 두면 된다.

```
#![doc = include_str!("../README.md")]
```

텍스트 중간에 코드를 박아 넣을 때는 '역작은따옴표backtick'를 쓴다. 이렇게 하면 결과물에 코드가 고정폭 글꼴로 표시된다. 좀 더 큰 코드 샘플은 네 칸 들여쓰기해서 추가하면 된다.

```
/// 문서 주석에 있는 코드 블록:
///
///     if samples::everything().works() {
///         println!("ok");
///     }
```

마크다운의 펜스 코드 블록fenced code block을 쓸 수도 있는데, 이렇게 해도 효과는 동일하다.

```
/// 앞의 코드 조각을 다음처럼 작성할 수도 있다.
///
/// ```
/// if samples::everything().works() {
///     println!("ok");
/// }
/// ```
```

어떤 형식을 사용하든 문서 주석에 코드 블록을 넣으면 재미있는 일이 벌어지는데, 러스트가 그 코드 블록을 알아서 테스트로 바꾸어 준다.

독 테스트

러스트 라이브러리 크레이트에 있는 테스트를 실행하면 러스트는 문서에 나와 있는 모든 코드가 실제로 실행되고 작동되는지 확인한다. 문서 주석에 나와 있는 각 코드 블록을 가져다가 별도의 실행 파일 크레이트로 컴파일하고, 이를 라이브러리와 링크한 뒤 실행해 봄으로써 검증이 이뤄진다.

그럼 독 테스트의 예를 한 번 살펴보자. cargo new --lib ranges를 실행해 새 프로젝트를 만들고, 다음 코드를 **ranges/src/lib.rs**에 붙여 넣자(--lib 플래그는 카고에게 실행 파일 크레이트가 아니라 라이브러리 크레이트를 만들도록 지시한다).

```
use std::ops::Range;

/// 두 범위가 겹치면 true를 반환한다.
///
///     assert_eq!(ranges::overlap(0..7, 3..10), true);
///     assert_eq!(ranges::overlap(1..5, 101..105), false);
```

```
///
/// 두 범위 중 하나라도 비어 있으면 겹치지 않는다고 판단한다.
///
///     assert_eq!(ranges::overlap(0..0, 0..10), false);
///
pub fn overlap(r1: Range<usize>, r2: Range<usize>) -> bool {
    r1.start < r1.end && r2.start < r2.end &&
        r1.start < r2.end && r2.start < r1.end
}
```

해당 문서 주석에 있는 두 개의 작은 코드 블록은 그림 8-3처럼 cargo doc이 생성하는 문서에 표시된다.

그림 8-3 독 테스트가 포함된 문서

또한 이들은 두 개의 독립된 테스트가 된다.

```
$ cargo test
   Compiling ranges v0.1.0 (file:///.../ranges)
...
   Doc-tests ranges

running 2 tests
test overlap_0 ... ok
test overlap_1 ... ok

test result: ok. 2 passed; 0 failed; 0 ignored; 0 measured; 0 filtered out
```

카고에 --verbose 플래그를 넘겨보면 이 두 테스트가 rustdoc --test를 통해 실행된다는 걸 알 수 있다. rustdoc은 이 두 코드 샘플을 각각 별도의 파일에 저장한 뒤, 상용구 몇 줄을 더해서 총 두 개의 프로그램을 만들어 낸다. 첫 번째 프로그램은 다음과 같다.

```
use ranges;
fn main() {
    assert_eq!(ranges::overlap(0..7, 3..10), true);
    assert_eq!(ranges::overlap(1..5, 101..105), false);
}
```

그리고 두 번째 프로그램은 다음과 같다.

```
use ranges;
fn main() {
    assert_eq!(ranges::overlap(0..0, 0..10), false);
}
```

앞의 두 프로그램이 성공적으로 컴파일되고 실행되면 테스트가 통과된다.

앞 두 코드 샘플이 단언문으로만 되어 있는 것은 다른 이유가 있어서가 아니라, 단언문을 쓸 때 가장 적절히 문서화되는 상황이라고 판단했기 때문이다. 독 테스트의 취지는 테스트를 전부 주석에 넣자는 게 아니다. 가능한 한 좋은 문서를 작성하자는 게 본래 취지이며, 러스트가 문서에 있는 코드 샘플이 실제로 컴파일되고 실행되는지 확인해 이를 돕겠다는 것이다.

실제로 작동하는 예제를 작성하다 보면, 가져오기나 설정 코드처럼 코드를 컴파일하는 데 필요하지만 문서에 보여 줄 만큼 중요하지는 않은 세부 사항을 포함하고 있을 때가 많다. 코드 샘플에서 숨기고 싶은 줄이 있을 때는 그 줄 맨 앞에 #과 공백을 붙이면 된다.

```
/// 해가 드는 조건에서 주어진 시간만큼 시뮬레이션을 돌린다.
///
///     # use fern_sim::Terrarium;
///     # use std::time::Duration;
///     # let mut tm = Terrarium::new();
///     tm.apply_sunlight(Duration::from_secs(60));
///
pub fn apply_sunlight(&mut self, time: Duration) {
    ...
}
```

경우에 따라서는 main 함수가 포함된 완전한 샘플 프로그램을 문서에 보여 주는 게 도움이 될 때가 있다. 당연한 이야기지만 코드 샘플에 이런 것들이 이미 들어가 있다면 rustdoc이 굳이 다시 추가할 필요가 없다. 그래 봐야 컴파일되지도 않는다. 따라서 rustdoc은 fn main이라는 문자열을 정확히 포함하고 있는 코드 블록을 모두 완전한 프로그램으로 간주하고, 여기에는 아무것도 추가하지 않는다.

특정 코드 블록을 테스트하지 않게 만들 수도 있다. 예제를 컴파일하되 실제 실행되는 것까지는 바라지 않는다면, no_run 애너테이션이 붙은 펜스 코드 블록을 쓰면 된다.

```
/// 로컬 테라리엄을 전부 온라인 갤러리에 업로드한다.
///
/// ```no_run
/// let mut session = fern_sim::connect();
/// session.upload_all();
/// ```
pub fn upload_all(&mut self) {
    ...
}
```

코드가 컴파일도 안 되겠다 싶을 때는 no_run 대신 ignore를 쓰자. ignore로 표시된 블록은 cargo run의 출력에 표시되지 않지만, no_run 테스트는 컴파일이 될 경우 통과한 걸로 표시된다. 코드 블록이 러스트 코드가 아닐 때는 c++나 sh처럼 해당하는 언어의 이름을 쓰고 일반 텍스트일 때는 text를 쓰면 된다. rustdoc은 수백 개나 되는 프로그래밍 언어의 이름을 다 알지 못하기 때문에 인식할 수 없는 애너테이션은 전부 비러스트 코드 블록을 나타내는 것으로 간주한다. 이렇게 되면 독테스트뿐만 아니라 코드 강조 기능도 꺼진다.

의존성 지정하기

지금까지 카고에게 프로젝트가 의존하는 크레이트의 소스 코드 위치를 알리기 위해서 썼던 방법은 바로 버전 번호를 지정하는 것이었다.

```
image = "0.6.1"
```

의존성을 지정하는 방법은 이 외에도 여러 가지다. 방법마다 사용할 버전을 지정하는 방식과 의미가 조금씩 다르므로 이번 절에서 확실히 정리해 두면 도움이 될 것이다.

우선 crates.io에 게시되지 않은 의존성을 사용하고 싶을 때가 있다. 이럴 때는 깃 저장소 URL과 리비전을 지정하면 된다.

```
image = { git = "https://github.com/Piston/image.git", rev = "528f19c" }
```

이 크레이트는 깃허브에 호스팅되어 있는 오픈 소스지만, 기업망에 호스팅되어 있는 비공개 깃 저장소도 마찬가지 방법으로 손쉽게 가리킬 수 있다. 앞에 나와 있는 것처럼 rev, tag, branch에 사용하려는 리비전, 태그, 브랜치를 지정할 수도 있다(이들은 모두 깃에게 체크 아웃할 소스 코드의 리비전을 알리는 수단이다).

아니면 크레이트의 소스 코드가 담긴 디렉터리를 지정하는 방법도 있다.

```
image = { path = "vendor/image" }
```

이 방법은 팀이 여러 크레이트의 소스 코드나 전체 의존성 그래프를 하나의 버전 제어 저장소에 담아 두고 쓰는 경우에 편리하다. 각 크레이트는 상대 경로로 자신의 의존성을 지정할 수 있다.

의존성 제어의 수준이 이 정도다 보니 선택의 폭도 상당히 넓다. 사용 중인 오픈 소스 크레이트가 맘에 쏙 들지 않을 때는 그냥 포크해 버리면 그만이다. 깃허브에서 Fork 버튼을 누르고 **Cargo.toml** 파일에서 한 줄만 고치면 된다. 그러면 다음번부터 cargo build가 공식 버전이 아니라 포크한 크레이트를 쓰게 된다.

버전

Cargo.toml 파일에 image = "0.13.0"과 같이 적더라도 카고는 이를 다소 느슨하게 해석한다. 이 경우에는 버전 0.13.0과 호환되는 가장 최신 버전의 **image**가 쓰인다.

호환싱 규칙은 유의적 비진 권리(https://semver.org/)에 뿌리를 두고 있다.

- 카고는 0.0으로 시작하는 버전 번호를 아직 미완성 상태라 보고 다른 어떤 버전과도 호환되지 않는다고 간주한다.

- 0.x로 시작하는 버전 번호(여기서 x는 0이 아닌 숫자)는 0.x 시리즈의 다른 포인트 릴리스와 호환된다고 간주한다. image의 버전을 0.6.1로 지정했더라도 카고는 0.6.3이 있으면 이 버전을 사용한다(이 규칙은 유의적 버전 관리 표준이 정한 0.x 버전 번호에 관한 내용에 포함되어 있진 않지만 너무나 유용하다).

- 프로젝트가 1.0을 찍고 나면 주 버전이 새로 나올 경우에만 호환성이 깨진다. 따라서 버전 2.0.1을 요구할 경우, 카고는 2.17.99를 쓸 순 있어도 3.0을 쓸 수는 없다.

버전 번호는 기본적으로 유연하다. 그렇지 않으면 사용할 버전을 고를 때 과도한 제약에 휩싸여 금방 오도 가도 못하는 상황에 빠지기 때문이다. 예를 들어 libA 라이브러리는 num = "0.1.31"을 쓰고, libB 라이브러리는 num = "0.1.29"를 쓴다고 하자. 이때 버전 번호가 정확히 일치해야 한다면 어떤 프로젝트에서도 이 두 라이브러리를 같이 쓸 수 없을 것이다. 카고가 호환되는 버전을 찾아 쓰게끔 하는 것이 기본값으로는 훨씬 더 현실적이다.

그럼에도 불구하고 프로젝트는 저마다 다른 의존성과 버전 관리를 필요로 한다. 이럴 때는 표 8-3에 나와 있는 연산자들을 이용해서 정확한 버전이나 버전 범위를 지정할 수 있다.

표 8-3 Cargo.toml 파일에서 버전 지정하기

Cargo.toml 버전 표기	뜻
image = "=0.10.0"	0.10.0 버전만 쓴다.
image = ">=1.0.5"	1.0.5 이상의 버전이라면 무엇이든 쓴다(2.9라도 상관없다).
image = ">1.0.5 <1.1.9"	1.0.5보다 크고 1.1.9보다 작은 버전을 쓴다.
image = "<=2.7.10"	2.7.10 이하의 버전을 쓴다.

자주 보게 될 또 다른 버전 명세로 와일드카드 *가 있다. 와일드카드는 카고에게 어떤 버전이든 좋다고 알릴 때 쓴다. 그러면 카고는 다른 Cargo.toml 파일에 더 구체적인 제약이 포함되어 있지 않는 한 가장 최신 버전을 쓴다. 버전 명세에 관한 보다 자세한 내용은 doc.crates.io에 있는 **카고 문서** (https://doc.rust-lang.org/cargo/reference/specifying-dependencies.html)를 참고하자.

호환성 규칙을 통해 알 수 있는 사실 하나는 버전 번호를 순전히 마케팅 용도로만 골라서는 안 된다는 것이다. 버전 번호는 실제적 의미를 가진다. 크레이트의 유지 관리자와 사용자 사이의 계약인 것이다. 현재 유지 관리 중인 크레이트의 버전이 1.7이라고 하자. 이때 함수를 제거하거나 하위 호환성이 완벽하게 보장되지 않는 변경 작업을 해야 한다면, 버전 번호를 반드시 2.0으로 올려야 한다. 그러지 않고 1.8로 정하면 새 버전이 1.7과 호환된다고 주장하는 셈이 되어서 사용자의 빌드가 깨지고 말 것이다.

Cargo.lock

Cargo.toml에서 쓰는 버전 번호는 의도적으로 유연하게 만들어졌지만, 그렇다고 해서 빌드할 때마다 카고가 라이브러리를 최신 버전으로 업그레이드하길 바라진 않을 것이다. 한참을 집중해서 디버깅하고 있는데, 갑자기 cargo build가 라이브러리를 새 버전으로 업그레이드한다고 생각해 보자. 멘붕도 이런 멘붕이 없다. 디버깅 도중에 바뀌는 건 뭐든지 다 안 좋다. 사실 라이브러리에 있어서만큼은 예상치 못한 변화를 받아들이기 위한 적기라는 게 존재하지 않는다.

따라서 카고는 이를 방지하는 메커니즘을 내장하고 있다. 카고는 프로젝트를 처음 빌드할 때 **Cargo.lock** 파일을 만들고, 여기에 사용된 모든 크레이트의 정확한 버전을 기록해 둔다. 그리고 다음에 빌드할 때 이 파일에 있는 내용을 참고해서 계속 동일한 버전을 사용한다. 카고는 여러분이 **Cargo.toml** 파일에 있는 버전 번호를 직접 올리거나 cargo update를 실행하는 경우에만 새 버전으로 업그레이드한다.

```
$ cargo update
    Updating registry `https://github.com/rust-lang/crates.io-index`
    Updating libc v0.2.7 -> v0.2.11
    Updating png v0.4.2 -> v0.4.3
```

cargo update는 **Cargo.toml**에 명시된 버전과 호환되는 최신 버전으로만 업그레이드한다. image = "0.6.1"이라고 명시해 둔 상태에서 이를 버전 0.10.0으로 업그레이드하려면 **Cargo.toml**에서 해당 내용을 찾아 변경해야 한다. 그러면 카고는 다음에 빌드할 때 image를 새 버전으로 업데이트하고 이 새 버전 번호를 **Cargo.lock**에 기록할 것이다.

앞 예에서 카고는 crates.io에 호스팅되어 있는 두 크레이트를 업데이트하고 있다. 깃에 저장되어 있는 의존성에 대해서도 이와 매우 비슷한 일이 벌어진다. 예를 들어, **Cargo.toml** 파일이 아래의 내용을 담고 있다고 하자.

```
image = { git = "https://github.com/Piston/image.git", branch = "master" }
```

이때 **Cargo.lock** 파일이 있으면 cargo build는 깃 저장소에서 새로운 변경 사항을 가져오지 않는다. 그 대신 **Cargo.lock**을 읽고 지난번과 동일한 리비전을 찾아 사용한다. 하지만 cargo update는 master의 내용을 가져오기 때문에 다음에 빌드할 때 최신 리비전을 사용하게 된다.

Cargo.lock은 자동으로 생성되며, 보통은 직접 편집할 일이 없다. 하지만 실행 파일 프로젝트의 경우에는 **Cargo.lock**을 버전 제어에 커밋해야 한다. 그래야 프로젝트를 빌드하는 사람 모두가 항상 같은 버전을 사용하게 된다. 또 **Cargo.lock** 파일의 커밋 이력을 통해서 의존성이 어떻게 변화해 왔는지도 알 수 있다.

평범한 러스트 라이브러리 프로젝트의 경우에는 굳이 Cargo.lock을 커밋할 필요가 없다. 라이브러리의 다운스트림 사용자에게는 전체 의존성 그래프의 버전 정보가 담긴 Cargo.lock 파일이 있을 텐데, 이 파일이 라이브러리의 Cargo.lock 파일을 무시해버리기 때문이다. 드물긴 하지만 (결과물이 .dll, .dylib, .so 파일 중 하나가 되는) 공유 라이브러리 프로젝트의 경우에는 다운스트림 cargo 사용자라는 것이 없기 때문에 Cargo.lock을 커밋해야 한다.

Cargo.toml의 유연한 버전 지정자는 프로젝트에서 러스트 라이브러리를 손쉽게 쓸 수 있도록 해주고 라이브러리 간의 호환성을 극대화시켜준다. Cargo.lock의 기록 기능은 여러 컴퓨터에서 빌드를 똑같이 재현할 수 있게 해준다. 이 둘은 모두 의존성 지옥을 피하는 데 큰 도움을 준다.

crates.io에 크레이트 게시하기

양치식물 시뮬레이션 라이브러리를 오픈 소스 소프트웨어로 공개하기로 했다고 하자. 축하한다! 이 부분은 아주 간단하다.

먼저, 카고가 크레이트를 패키지로 만들 수 있는지 확인해야 한다.

```
$ cargo package
warning: manifest has no description, license, license-file, documentation,
homepage or repository. See http://doc.crates.io/manifest.html#package-metadata
for more info.
   Packaging fern_sim v0.1.0 (file:///.../fern_sim)
   Verifying fern_sim v0.1.0 (file:///.../fern_sim)
   Compiling fern_sim v0.1.0 (file:///.../fern_sim/target/package/fern_sim-0.1.0)
```

cargo package 명령은 Cargo.toml을 비롯한 라이브러리의 모든 소스 파일을 하나의 파일(앞의 경우는 target/package/fern_sim-0.1.0.crate)에 담아낸다. 바로 이 파일을 crates.io에 올려서 다른 이들과 공유하게 된다(cargo package --list를 쓰면 어떤 파일들이 포함되는지 볼 수 있다). 그런 다음 최종 사용자가 하는 것처럼 이 .crate 파일을 가지고 라이브러리를 빌드해서 제대로 작동하는지 다시 한번 확인한다.

앞에서 카고는 Cargo.toml의 [package] 부분에 코드 배포 라이선스와 같이 다운스트림 사용자에게 중요한 몇 가지 정보가 누락되었다고 경고한다. 이럴 때는 다음과 같은 정보를 Cargo.toml에 넣어 주면 해결된다. 앞의 경고에 포함된 URL에 가보면 [package] 부분에 올 수 있는 모든 필드가 자세히 설명되어 있으니 참고하자.

```
[package]
name = "fern_sim"
version = "0.1.0"
edition = "2021"
authors = ["You <you@example.com>"]
license = "MIT"
homepage = "https://fernsim.example.com/"
repository = "https://gitlair.com/sporeador/fern_sim"
documentation = "http://fernsim.example.com/docs"
description = """
Fern simulation, from the cellular level up.
"""
```

 crates.io에 이 크레이트를 게시하고 나면 크레이트를 내려받는 모든 사람이 **Cargo.toml** 파일을 볼 수 있다. 따라서 authors 필드에 공개하고 싶지 않은 이메일 주소가 포함되어 있다면 지금 바꾸어 두자.

이 단계에서 가끔 발생하는 또 다른 문제는 **Cargo.toml** 파일에 다른 크레이트의 위치가 앞서 나온 **'의존성 지정하기' 절**에서 본 것처럼 경로로 지정됐을 수 있다는 것이다.

```
image = { path = "vendor/image" }
```

여러분과 여러분의 팀에서는 이렇게 해도 전혀 문제가 없을 것이다. 그러나 다른 사람이 fern_sim 라이브러리를 내려받는 경우에는 그들의 컴퓨터에 여러분이 가진 것과 똑같은 파일과 디렉터리가 있을 리 없다. 그래서 카고는 자동으로 내려받은 라이브러리의 path 키를 **무시**하는데, 이로 인해서 빌드 오류가 발생할 수 있다. 이를 해결하는 방법은 의외로 간단하다. 라이브러리를 crates.io에 게시하려면 그의 의존성도 crates.io에 있어야 한다. 따라서 path 대신 버전 번호를 지정하면 된다.

```
image = "0.13.0"
```

원한다면 로컬 빌드 시에 우선해서 쓰이는 path와 나른 모든 사용자를 위한 version을 함께 지정할 수도 있다.

```
image = { path = "vendor/image", version = "0.13.0" }
```

물론, 이 둘을 동기화된 상태로 유지하는 건 여러분 책임이다.

마지막으로 크레이트를 게시하기 전에 crates.io에 로그인해서 API 키를 받아야 한다. 이 단계는 간단하다. crates.io에 계정이 있으면 'Account Settings' 페이지에 다음과 같은 `cargo login` 명령이 표시된다.

```
$ cargo login 5j0dV54BjlXBpUUbfIj7G9DvNl1vsWW1
```

카고는 이 키를 구성 파일에 저장한다. API 키는 암호처럼 비밀로 유지되어야 하므로, 이 명령은 여러분이 관리하는 컴퓨터에서만 실행해야 한다.

다 됐으면 끝으로 `cargo publish`를 실행한다.

```
$ cargo publish
    Updating registry `https://github.com/rust-lang/crates.io-index`
   Uploading fern_sim v0.1.0 (file:///.../fern_sim)
```

이렇게 하고 나면 여러분의 라이브러리는 crates.io에 있는 수천 개의 다른 라이브러리들과 어깨를 나란히 하게 된다.

워크스페이스

프로젝트의 규모가 점점 커지면 그만큼 작성하는 크레이트도 많아진다. 이들은 하나의 소스 저장소에 나란히 위치한다.

```
fernsoft/
├─── .git/...
├─── fern_sim/
│    ├─── Cargo.toml
│    ├─── Cargo.lock
│    ├─── src/...
│    └─── target/...
├─── fern_img/
│    ├─── Cargo.toml
│    ├─── Cargo.lock
│    ├─── src/...
│    └─── target/...
└─── fern_video/
     ├─── Cargo.toml
     ├─── Cargo.lock
     ├─── src/...
     └─── target/...
```

각 크레이트는 자신만의 빌드 디렉터리인 target을 갖는다. 여기에는 해당 크레이트의 모든 의존성이 개별적으로 빌드되어 들어간다. 빌드 디렉터리는 서로 완전히 독립되어 있다. 설령 두 크레이트가 공통된 의존성을 갖는다고 하더라도 이 둘은 컴파일된 코드를 전혀 공유할 수 없다. 이런 방식은 여러모로 낭비다.

이럴 때는 카고 **워크스페이스**workspace를 쓰면 컴파일 시간과 디스크 공간을 절약할 수 있다. 워크스페이스는 공통 빌드 디렉터리와 Cargo.lock 파일을 공유하는 크레이트들의 집합이다.

저장소의 루트 디렉터리에 **Cargo.toml** 파일을 만들고 여기에 다음 내용을 넣어 주기만 하면 된다.

```
[workspace]
members = ["fern_sim", "fern_img", "fern_video"]
```

여기서 fern_sim 등은 크레이트가 들어 있는 하위 디렉터리의 이름이다. 해당 하위 디렉터리에 남아 있는 **Cargo.lock** 파일과 **target** 디렉터리는 모두 지우면 된다.

이렇게 하고 난 뒤에 크레이트가 들어 있는 디렉터리에서 cargo build를 실행하면 루트 디렉터리(앞의 경우는 fernsoft/target) 밑에 공유 빌드 디렉터리가 자동으로 만들어져 사용된다. cargo build --workspace 명령은 현재 워크스페이스에 있는 모든 크레이트를 빌드한다. cargo test와 cargo doc 에도 --workspace 옵션을 줄 수 있다.

더 멋진 것들

아직도 2% 부족하다 느끼는 여러분을 위해서, 러스트 커뮤니티가 마련해 둔 알아 두면 쓸 데 있는 깨알 같은 도구들을 소개한다.

- **crates.io**에 오픈 소스 크레이트를 게시하면 오누르 아슬란Onur Aslan 덕분에 해당 문서가 자동으로 렌더링되어 **docs.rs**에 호스팅된다.
- 프로젝트가 깃허브에 있다면 코드를 밀어 넣을 때마다 이를 트래비스 CI로 빌드하고 테스트할 수 있다. 설정하는 방법은 아주 간단한데, 자세한 내용은 **travis-ci.org**를 참고하자. 트래비스 CI를 이미 잘 알고 있다면 다음의 **.travis.yml** 파일을 가지고 시작하면 된다.

```
language: rust
rust:
  - stable
```

- 리비오 리베이로_{Livio Ribeiro}의 서드파티 카고 플러그인을 쓰면 크레이트의 최상위 문서 주석으로부터 **README.md** 파일을 생성할 수 있다. `cargo install cargo-readme`를 실행하면 플러그인이 설치된다. `cargo readme --help`를 실행하면 사용법이 표시된다.

이 외에도 더 많은 도구가 마련되어 있다.

러스트는 새로운 언어지만 크고 야심 찬 프로젝트를 지원하도록 설계됐다. 또 훌륭한 도구와 활발한 커뮤니티를 보유하고 있다. 이제 시스템 프로그래머들도 멋진 걸 써서 개발**할 수 있다.**

9
CHAPTER

스트럭트

옛날에 양치기들은 두 무리의 양 떼가 동형인지 확인하고 싶을 때 한 가지 확실한 동형사상을 찾곤 했다.

—존 바에즈John C. Baez와 제임스 돌란James Dolan, 'Categorification'(https://arxiv.org/abs/math/9802029)

러스트 스트럭트(**구조체**structure라고도 한다)는 C와 C++의 **struct** 타입, 파이썬의 클래스, 자바스크립트의 객체와 비슷하다. 스트럭트는 여러 가지 타입의 값들이 모여서 하나의 값을 이루기 때문에 하나의 단위로 다룰 수 있다. 스트럭트의 구성 요소는 개별적으로 읽고 수정할 수 있다. 또 스트럭트는 자신의 구성 요소에 작용하는 연관 메서드를 가질 수 있다.

러스트의 스트럭트 타입에는 **이름 있는 필드로 된 스트럭트, 튜플형 스트럭트, 유닛형 스트럭트** 이렇게 세 가지가 있는데, 이들은 구성 요소를 참조하는 방식이 서로 다르다. 이름 있는 필드로 된 스트럭트는 각 구성 요소에 이름을 부여하는 반면, 튜플형 스트럭트는 구성 요소를 등장 순서로 식별한다. 유닛형 스트럭트는 구성 요소를 아예 갖지 않는데, 흔하진 않지만 생각보다 유용하다.

이번 장에서는 스트럭트의 각 종류를 자세히 살펴보고 어떤 식으로 메모리에 잡히는지 알아본다. 아울러 스트럭트에 메서드를 추가하는 법, 구성 요소 타입을 다양하게 가져갈 수 있는 제네릭 스트럭트 타입을 정의하는 법, 러스트에게 스트럭트가 필요로 하는 유용한 공통 트레이트의 구현을 생성해 달라고 요청하는 법도 다룬다.

이름 있는 필드로 된 스트럭트

이름 있는 필드로 된 스트럭트 타입의 정의는 다음과 같은 형태를 갖는다.

```
/// 8비트 회색조 픽셀들로 된 사각형.
struct GrayscaleMap {
    pixels: Vec<u8>,
    size: (usize, usize)
}
```

앞의 코드는 pixels와 size 이렇게 두 개의 필드를 갖는 GrayscaleMap이라는 타입을 선언한다. 러스트에서는 스트럭트를 포함한 모든 타입의 이름을 지을 때 GrayscaleMap처럼 각 단어의 첫 글자를 대문자로 쓰는데, 이 규칙을 **낙타 표기법**CamelCase(또는 **파스칼 표기법**PascalCase)이라고 한다. 필드와 메서드는 소문자로 쓰고 각 단어를 밑줄로 구분한다. 이 규칙은 **뱀 표기법**snake_case이라고 한다.

이 타입의 값은 다음처럼 **스트럭트 표현식**struct expression을 써서 만든다.

```
let width = 1024;
let height = 576;
let image = GrayscaleMap {
    pixels: vec![0; width * height],
    size: (width, height)
};
```

스트럭트 표현식은 먼저 타입 이름(GrayscaleMap)을 적고 그 뒤에 각 필드의 이름과 값을 중괄호 안에 모두 나열한다. 필드를 같은 이름으로 된 지역변수나 인수로 채우는 축약 표기도 있다.

```
fn new_map(size: (usize, usize), pixels: Vec<u8>) -> GrayscaleMap {
    assert_eq!(pixels.len(), size.0 * size.1);
    GrayscaleMap { pixels, size }
}
```

스트럭트 표현식 GrayscaleMap { pixels, size }는 GrayscaleMap { pixels: pixels, size: size }의 축약 표기다. 같은 스트럭트 표현식 안에서 key: value 문법과 축약 표기를 혼용해 쓸 수 있다.

스트럭트의 필드에 접근할 때는 . 연산자를 쓴다.

```
assert_eq!(image.size, (1024, 576));
assert_eq!(image.pixels.len(), 1024 * 576);
```

다른 모든 아이템과 마찬가지로 스트럭트는 비공개가 기본이며, 선언된 모듈과 하위 모듈 안에서만 볼 수 있다. 스트럭트의 정의 앞에 pub을 붙이면 모듈 바깥에서도 볼 수 있게 만들 수 있다. 스트럭트의 각 필드도 비공개가 기본이며, 같은 내용이 적용된다.

```
/// 8비트 회색조 픽셀들로 된 사각형.
pub struct GrayscaleMap {
    pub pixels: Vec<u8>,
    pub size: (usize, usize)
}
```

스트럭트가 pub으로 선언되어 있더라도 필드는 비공개일 수 있다.

```
/// 8비트 회색조 픽셀들로 된 사각형.
pub struct GrayscaleMap {
    pixels: Vec<u8>,
    size: (usize, usize)
}
```

다른 모듈은 이 스트럭트와 그 안에 있는 공개 연관 메서드를 쓸 수 있지만, 이름으로 비공개 필드에 접근하거나 스트럭트 표현식으로 새 GrayscaleMap 값을 만들 수는 없다. 스트럭트 값을 만들기 위해서는 그 스트럭트의 모든 필드를 볼 수 있어야 한다. String이나 Vec을 만들 때 스트럭트 표현식을 쓸 수 없는 이유가 바로 이 때문이다. 이들 표준 타입은 스트럭트지만 필드가 모두 비공개되어 있으므로 값을 만들려면 반드시 Vec::new()와 같은 공개된 타입 연관 메서드를 써야 한다.

이름 있는 필드로 된 스트럭트 값을 만들 때는 같은 타입의 다른 스트럭트를 써서 생략된 필드의 값을 채울 수 있다. 스트럭트 표현식에서 이름 있는 필드 다음에 .. EXPR이 오면, 언급되지 않은 모든 필드의 값을 EXPR에서 가져오게 된다. 단, EXPR은 반드시 같은 스트럭트 타입의 다른 값이어야 한다. 예를 들어 게임에서 몬스터를 표현하는 스트럭트가 있다고 하자.

```
// 이 게임에서 빗자루는 괴물이다. 두고 보면 알게 된다.
struct Broom {
    name: String,
    height: u32,
    health: u32,
    position: (f32, f32, f32),
```

```
        intent: BroomIntent
}

/// `Broom`이 할 수 있는 일 두 가지.
#[derive(Copy, Clone)]
enum BroomIntent { FetchWater, DumpWater }
```

프로그래머에게 있어 최고의 동화는 **마법사의 제자**The Sorcerer's Apprentice다. 초보 마술사는 요술을 부려서 자기가 해야 할 일을 빗자루가 대신하게 만들지만, 일을 다 했을 때 멈추게 하는 법은 모른다. 도끼로 빗자루를 내려찍어서 반으로 갈라놔도 딱 고만한 크기의 빗자루 두 개가 만들어질 뿐, 맹목적인 헌신을 다해 계속해서 일하는 건 변함이 없다.

```
// 입력에 해당하는 Broom을 값으로 받아서 소유권을 확보한다.
fn chop(b: Broom) -> (Broom, Broom) {
    // `broom1`을 `b`로 초기화하되 `height`만 바꾼다. `String`은 `Copy`가 아니므로
    // `b`에 있는 `name`의 소유권은 `broom1`이 갖는다.
    let mut broom1 = Broom { height: b.height / 2, .. b };

    // `broom2`를 `broom1`로 초기화한다. `String`은 `Copy`가 아니므로 `name`은
    // 명시적으로 복제해야 한다.
    let mut broom2 = Broom { name: broom1.name.clone(), .. broom1 };

    // 갈라진 빗자루에 고유한 이름을 준다.
    broom1.name.push_str(" I");
    broom2.name.push_str(" II");

    (broom1, broom2)
}
```

정의가 이와 같다고 할 때 빗자루 하나를 만들어 이를 둘로 쪼개면 어떤 결과가 나오는지 보자.

```
let hokey = Broom {
    name: "Hokey".to_string(),
    height: 60,
    health: 100,
    position: (100.0, 200.0, 0.0),
    intent: BroomIntent::FetchWater
};

let (hokey1, hokey2) = chop(hokey);
assert_eq!(hokey1.name, "Hokey I");
assert_eq!(hokey1.height, 30);
```

```
assert_eq!(hokey1.health, 100);

assert_eq!(hokey2.name, "Hokey II");
assert_eq!(hokey2.height, 30);
assert_eq!(hokey2.health, 100);
```

새 빗자루 hokey1과 hokey2는 달라진 이름과 반으로 줄어든 키를 가지지만, 건강 상태는 원래와 동일하다.

튜플형 스트럭트

두 번째 종류의 스트럭트 타입은 튜플을 닮았다고 해서 **튜플형 스트럭트**tuple-like struct라고 한다.

```
struct Bounds(usize, usize);
```

이 타입의 값을 만드는 방법은 맨 앞에 스트럭트 이름이 붙는 것만 제외하면 튜플을 만드는 방법과 같다.

```
let image_bounds = Bounds(1024, 768);
```

튜플형 스트럭트가 쥐고 있는 값은 튜플의 값과 마찬가지로 **요소**element라고 한다. 요소에 접근하는 방법도 튜플의 경우와 동일하다.

```
assert_eq!(image_bounds.0 * image_bounds.1, 786432);
```

튜플형 스트럭트의 각 요소는 공개일 수도 있고 아닐 수도 있다.

```
pub struct Bounds(pub usize, pub usize);
```

표현식 Bounds(1024, 768)은 함수 호출처럼 보이는데, 실제로 그렇다. 이와 같이 타입을 정의하면 다음과 같은 함수가 암묵적으로 정의된다.

```
fn Bounds(elem0: usize, elem1: usize) -> Bounds { ... }
```

핵심만 놓고 보면 이름 있는 필드로 된 스트럭트와 튜플형 스트럭트는 매우 유사하다. 어떤 걸 선택해 쓸지의 문제는 가독성, 모호성, 간결성에 관한 질문으로 귀결된다. . 연산자로 값의 구성 요소에 접근할 때는 이름으로 필드를 식별하는 것이 읽는 사람에게 더 많은 정보를 주고 오타로 인해 생기는 문제에도 훨씬 안전할 것이다. 패턴 매칭으로 요소를 찾을 때는 튜플형 스트럭트를 쓰는 게 작업하기가 더 좋다.

튜플형 스트럭트는 **뉴타입**newtype에 적합하다. 뉴타입이란, 타입 검사를 보다 엄격히 하기 위해서 정의하는 구성 요소가 하나인 스트럭트를 말한다. 예를 들어, 아스키로 된 텍스트만 다루고자 할 경우에는 다음과 같은 뉴타입을 정의할 수 있다.

```
struct Ascii(Vec<u8>);
```

이 타입으로 아스키 문자열을 다루는 것이 그냥 Vec<u8> 버퍼를 쓰고 주석에 무엇이 들었는지 설명하는 것보다 훨씬 낫다. 이 뉴타입은 러스트가 아스키 텍스트를 받는 함수에 다른 바이트 버퍼가 전달되는 실수를 잡아내는 데 도움을 준다. 효율적인 타입 변환을 위한 뉴타입의 사용 예는 22장에서 살펴본다.

유닛형 스트럭트

세 번째 종류의 스트럭트는 약간 이해하기 어려운데, 요소를 전혀 갖지 않는 스트럭트 타입을 선언한다.

```
struct Onesuch;
```

이런 타입의 값은 유닛 타입 ()과 마찬가지로 메모리를 차지하지 않는다. 러스트는 실제로 유닛형 스트럭트 값을 메모리에 저장하거나 이를 다루기 위한 코드를 생성하지 않는데, 왜냐하면 타입만 가지고도 값에 대한 모든 것을 알 수 있기 때문이다. 하지만 논리적으로 볼 때 빈 스트럭트도 다른 것들처럼 값이 있는 타입이며, 좀 더 정확하게는 하나의 값만 있는 타입이다.

```
let o = Onesuch;
```

유닛형 스트럭트는 6장의 '**필드와 요소**' 절에서 .. 범위 연산자를 다룰 때 이미 본 적이 있다. 3..5와 같은 표현식은 스트럭트 값 Range { start: 3, end: 5 }의 축약 표기인 반면, 양 끝점이 생략된 범위인 .. 표현식은 유닛형 스트럭트 값 RangeFull의 축약 표기다.

유닛형 스트럭트는 트레이트와 같이 쓸 때도 유용한데, 이 부분은 11장에서 설명한다.

스트럭트 레이아웃

메모리에서는 이름 있는 필드로 된 스트럭트와 튜플형 스트럭트가 동일하다. 즉, 다양한 타입으로 된 일련의 값들이 특정한 방식으로 메모리에 배치된다. 예를 들어, 이번 장 앞에서 다음의 스트럭트를 정의했었다.

```
struct GrayscaleMap {
    pixels: Vec<u8>,
    size: (usize, usize)
}
```

GrayscaleMap 값은 그림 9-1에 도식화된 형태로 메모리에 배치된다.

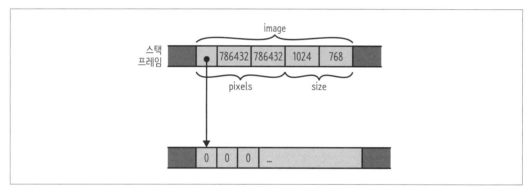

그림 9-1 GrayscaleMap 구조체의 메모리 구조

러스트는 C나 C++와 달리 스트럭트의 필드나 요소를 메모리에 어떤 순서로 배치할지에 관해서 아무것도 규정하고 있지 않다. 해당 다이어그램은 가능한 여러 배치 형태 중 하나를 보여 줄 뿐이다. 하지만 한 가지 확실한 것은 러스트가 필드의 값을 직접 스트럭트의 메모리 블록 안에 저장한다는 점이다. 자바스크립트, 파이썬, 자바는 pixels와 size 값을 힙에 할당된 각자의 블록에 넣고 GrayscaleMap의 필드가 이를 가리키게 하는 반면, 러스트는 pixels와 size를 직접 GrayscaleMap 값 안에 박아 넣는다. pixels 벡터가 소유한 힙 할당 버퍼만 자체 블록 안에 유지된다.

#[repr(C)] 어트리뷰트를 써서 러스트에게 구조체를 C나 C++와 호환되는 방식으로 배치해달라고 요청할 수도 있다. 이 부분은 23장에서 자세히 다룬다.

impl로 메서드 정의하기

돌아보면 책 전반에 걸쳐서 이 값 저 값에 대고 메서드를 호출할 일이 많았다. 벡터를 예로 들면 v.push(e)로 요소를 밀어 넣고, v.len()으로 길이를 가져오고, r.expect("msg")로 Result 값의 오류를 검사하는 식이었다. 사용자 정의 스트럭트 타입에도 메서드를 정의할 수 있다. 러스트 메서드는 C++나 자바에서처럼 스트럭트 정의 안에 나타나는 것이 아니라 별도의 impl 블록에 나타난다.

impl 블록은 단순한 fn 정의의 집합체로, 각 정의는 블록 맨 위에 지정된 이름을 가진 스트럭트 타입의 메서드가 된다. 예를 들어, 공개 스트럭트 Queue를 정의한 다음, 여기에 push와 pop 이렇게 두 개의 공개 메서드를 두면 다음과 같은 코드가 된다.

```
/// 먼저 들어온 것이 먼저 나오는 문자 큐.
pub struct Queue {
    older: Vec<char>,    // 오래된 요소들. 가장 오래된 요소가 끝에 있다.
    younger: Vec<char>  // 얼마 안 된 요소들. 가장 얼마 안 된 요소가 끝에 있다.
}

impl Queue {
    /// 문자를 큐 뒤에 넣는다.
    pub fn push(&mut self, c: char) {
        self.younger.push(c);
    }

    /// 문자를 큐 앞에서 꺼낸다. 꺼낼 문자가 있으면 `Some(c)`를 반환하고, 큐가 비었으면
    /// `None`을 반환한다.
    pub fn pop(&mut self) -> Option<char> {
        if self.older.is_empty() {
            if self.younger.is_empty() {
                return None;
            }

            // younger에 있는 요소들을 older로 가져와서 약속된 순서대로 놓아 둔다.
            use std::mem::swap;
            swap(&mut self.older, &mut self.younger);
            self.older.reverse();
        }

        // 이제 older는 확실히 뭔가를 들고 있다. Vec의 pop 메서드는 이미 Option을
        // 반환하도록 되어 있으므로 꺼낸 결과를 그대로 반환한다.
        self.older.pop()
    }
}
```

impl 블록 안에 정의된 함수는 특정 타입과 연관되어 있다고 해서 **연관 함수**associated function라고 한다. 연관 함수의 반대 개념인 **자유 함수**free function는 impl 블록의 아이템으로 정의되지 않는 것을 말한다.

러스트는 호출 대상이 되는 값을 메서드의 첫 번째 인수로 전달하는데, 이 인수는 self라는 특별한 이름을 가져야 한다. self의 타입은 impl 블록 맨 위에 지정된 이름을 가진 타입이거나 그의 레퍼런스일 수밖에 없으므로, 러스트는 self: Queue, self: &Queue, self: &mut Queue라고 적어야 할 것을 타입을 생략해서 self, &self, &mut self라고 적을 수 있게 해준다. 원한다면 긴 형식을 써도 되지만, 대부분의 러스트 코드는 앞 예처럼 짧은 형식을 쓴다.

앞 예에서 push와 pop 메서드는 Queue의 필드를 self.older와 self.younger 같은 식으로 참조한다. 'this' 객체의 멤버를 비한정 식별자처럼 메서드 본문에서 바로 볼 수 있는 C++나 자바와 달리, 러스트 메서드에서 호출 대상이 되는 값을 참조하려면 명시적으로 self를 써야 한다. 이 부분은 파이썬 메서드에서 self를 쓰는 것이나 자바스크립트 메서드에서 this를 쓰는 것과 비슷하다.

push와 pop은 Queue를 수정해야 하기 때문에 둘 다 &mut self를 받는다. 하지만 메서드를 호출할 때 직접 변경할 수 있는 레퍼런스를 빌려 올 필요는 없다. 이 부분은 일반적인 메서드 호출 문법을 쓰면 암묵적으로 알아서 처리된다. 따라서 정의가 위와 같다고 할 때 Queue는 다음과 같이 쓸 수 있다.

```
let mut q = Queue { older: Vec::new(), younger: Vec::new() };

q.push('0');
q.push('1');
assert_eq!(q.pop(), Some('0'));

q.push('∞');
assert_eq!(q.pop(), Some('1'));
assert_eq!(q.pop(), Some('∞'));
assert_eq!(q.pop(), None);
```

그냥 q.push(...)라고만 써도 push 메서드의 self가 &mut를 요구하기 때문에, 마치 (&mut q).push(...)라고 쓴 것처럼 q의 변경할 수 있는 레퍼런스를 빌려 오게 된다.

메서드가 자신의 self를 수정할 필요가 없다면 공유된 레퍼런스를 받도록 정의할 수 있다. 예를 보자.

```
impl Queue {
    pub fn is_empty(&self) -> bool {
```

```
        self.older.is_empty() && self.younger.is_empty()
    }
}
```

다시 말하지만 메서드 호출 표현식은 어떤 종류의 레퍼런스를 빌려와야 하는지 알고 있다.

```
assert!(q.is_empty());
q.push(' ');
assert!(!q.is_empty());
```

메서드가 self의 소유권을 가져야 하는 경우에는 self를 값으로 받으면 된다.

```
impl Queue {
    pub fn split(self) -> (Vec<char>, Vec<char>) {
        (self.older, self.younger)
    }
}
```

이 split 메서드를 호출하는 방법은 다른 메서드의 경우와 같다.

```
let mut q = Queue { older: Vec::new(), younger: Vec::new() };

q.push('P');
q.push('D');
assert_eq!(q.pop(), Some('P'));
q.push('X');

let (older, younger) = q.split();
// q는 이제 미초기화 상태다.
assert_eq!(older, vec!['D']);
assert_eq!(younger, vec!['X']);
```

그러나 split은 자신의 self를 값으로 받기 때문에 Queue가 q 밖으로 **이동**되어 q가 미초기화 상태로 남게 된다는 점에 유의하자. 이제 이 큐는 split의 self가 소유하므로, 그 안에 있는 개별 벡터를 꺼내서 호출부에 반환할 수 있다.

경우에 따라서는 self를 이렇게 값으로 받거나 심지어 레퍼런스로 받는 걸로도 부족할 때가 있다. 그래서 러스트는 self를 스마트 포인터 타입으로도 전달할 수 있게 해준다.

Self를 Box, Rc, Arc로 넘기기

메서드의 self 인수는 Box<Self>, Rc<Self>, Arc<Self>가 될 수도 있다. 이런 메서드는 주어진 포인터 타입으로 된 값에 대고만 호출할 수 있다. 그리고 해당 포인터의 소유권은 메서드를 호출할 때 넘어간다.

그러나 이렇게 해야 하는 경우는 잘 없다. self를 레퍼런스로 받는 메서드는 앞의 포인터 타입들 중 어떤 것에 대고 호출해도 잘 작동한다.

```
let mut bq = Box::new(Queue::new());

// `Queue::push`는 `&mut Queue`를 받지만 `bq`는 `Box<Queue>`다. 러스트는 아래의
// 호출이 일어나는 동안 `Box`에게서 `&mut Queue`를 빌려 오기 때문에 이렇게 해도 문제없다.
bq.push('■');
```

메서드 호출과 필드 접근의 경우에는 러스트가 Box, Rc, Arc 같은 포인터 타입에게서 레퍼런스를 자동으로 빌려 오기 때문에, 메서드 시그니처에는 가끔 self가 필요할 때 빼고는 &self와 &mut self를 쓰면 거의 문제없다.

그러나 어떤 메서드가 Self 포인터의 소유권을 필요로 하는데 때마침 그의 호출부가 그러한 포인터를 가지고 있다면, 러스트는 이를 그 메서드의 self 인수로 넘길 수 있게 해준다. 단, 그럴 수 있으려면 평범한 매개변수에 하듯이 self의 타입을 꼭 적어 주어야 한다.

```
impl Node {
    fn append_to(self: Rc<Self>, parent: &mut Node) {
        parent.children.push(self);
    }
}
```

타입 연관 함수

특정 타입의 impl 블록은 self를 인수로 받지 않는 함수도 정의할 수 있다. 이들은 impl 블록 안에 있으므로 여전히 연관된 함수지만, self 인수를 받지 않으므로 메서드는 아니다. 이들을 메서드와 구별하기 위해서 **타입 연관 함수**type-associated function라고 한다.

이들은 다음처럼 생성자 함수를 제공하는 데 자주 쓰인다.

```
impl Queue {
    pub fn new() -> Queue {
        Queue { older: Vec::new(), younger: Vec::new() }
    }
}
```

이 함수는 Queue::new와 같은 식으로 참조한다. 타입 이름, 콜론 두 개, 함수 이름을 차례로 적으면 된다. 이 메서드를 쓰면 앞서 봤던 Queue 예제 코드를 좀 더 간결하게 만들 수 있다.

```
let mut q = Queue::new();

q.push('*');
...
```

러스트에서는 생성자 함수의 이름을 new라고 짓는 게 관례다. Vec::new, Box::new, HashMap::new 등 이미 많은 곳에서 이 관례를 따르고 있다. 그렇다고 해서 new가 키워드라거나 뭔가 특별한 의미를 지닌 이름인 건 아니다. 경우에 따라서는 타입이 Vec::with_capacity처럼 생성자 역할을 하는 다른 연관 함수를 갖는 일도 더러 있다.

하나의 타입에 대해서 impl 블록을 여러 개 만들어 두고 쓸 순 있지만, 그럴 경우에는 모든 블록을 반드시 해당 타입이 정의된 크레이트 안에 넣어 둬야 한다. 여러분의 메서드를 다른 타입에 연결할 수 있는 방법도 있는데, 이 부분은 11장에서 설명한다.

C++나 자바에 익숙한 경우에는 타입의 정의에서 메서드를 분리하는 게 이상해 보일지 모르지만, 이렇게 하는 데는 몇 가지 장점이 있다.

- 타입의 데이터 멤버를 항상 쉽게 찾을 수 있다. 규모가 큰 C++ 클래스 정의에서 클래스의 데이터 멤버를 찾으려면, 수백 줄의 멤버 함수 정의를 이리저리 넘기며 살펴봐야 하는 데다 중간에 놓치는 일이 없도록 신경을 써야 한다. 러스트에서는 이들이 모두 한 곳에 모여 있다.
- 이름 있는 필드로 된 스트럭트의 문법에 잘 들어맞는 메서드라 할지라도 튜플형과 유닛형 스트럭트에는 그다지 어울리지 않을 수 있다. 메서드를 impl 블록으로 빼내면 이 세 가지 스트럭트 모두에 대해서 하나의 문법을 사용할 수 있다. 실제로 러스트는 enum 타입과 i32 같은 기본 타입처럼 스트럭트가 아닌 타입을 위한 메서드를 정의할 때 이와 동일한 문법을 쓴다(러스트는 모든 타입이 메서드를 가질 수 있다는 점 때문에 **객체**object라는 용어를 쓰기보다는 모든 걸 **값**value이라고 부르기를 선호한다).
- 트레이트를 구현하는 데도 같은 impl 문법이 쓰이는데, 이 부분은 11장에서 다룬다.

연관 상수

러스트의 타입 시스템이 C#과 자바 같은 언어에서 가져와 채택한 또 다른 기능으로, 타입의 특정 인스턴스가 아니라 타입 그 자체와 연관된 값이라는 개념이 있다. 러스트에서는 이를 **연관 상수** associated const라고 한다.

연관 상수는 이름에서 알 수 있다시피 상숫값이며, 보통 자주 사용되는 타입 값을 지정하는 데 쓰인다. 예를 들어 선형 대수에서 사용하는 2차원 벡터와 여기에 연관된 단위 벡터는 다음처럼 정의할 수 있다.

```
pub struct Vector2 {
    x: f32,
    y: f32,
}

impl Vector2 {
    const ZERO: Vector2 = Vector2 { x: 0.0, y: 0.0 };
    const UNIT: Vector2 = Vector2 { x: 1.0, y: 0.0 };
}
```

이 값들은 타입 자체와 연관되어 있으므로 Vector2의 인스턴스를 참조하지 않고도 사용할 수 있다. 연관 함수와 마찬가지로 타입 이름 뒤에 상수 이름을 적으면 된다.

```
let scaled = Vector2::UNIT.scaled_by(2.0);
```

연관 상수의 타입은 자신이 연관된 타입과 꼭 같지 않아도 되는데, 이 특징을 이용하면 타입에 ID나 이름을 넣을 수 있다. 예를 들어 Vector2와 비슷한 여러 타입을 파일에 기록해 두었다가 나중에 메모리로 읽어와야 하는 경우에는, 연관 상수로 이름이나 숫자로 된 ID를 넣어서 데이터 옆에 같이 기록해 두면 타입을 손쉽게 식별할 수 있다.

```
impl Vector2 {
    const NAME: &'static str = "Vector2";
    const ID: u32 = 18;
}
```

제네릭 스트럭트

앞서 살펴본 Queue의 정의는 만족스럽지 못하다. 문자를 담을 용도로 작성하긴 했지만, 그렇다고 해서 구조체나 메서드가 꼭 문자만을 위한 것이 되어야 할 이유는 전혀 없기 때문이다. 예를 들어 String 값을 담는 또 다른 스트럭트를 정의한다고 할 때, 만들어질 코드는 char가 String으로 바뀌게 될 뿐 전과 동일할 것이다. 이런 반복 작업은 시간 낭비다.

다행스럽게도 러스트 스트럭트는 **제네릭**generic이 될 수 있다. 이 말은 해당 정의가 템플릿으로 되어 있어서 원하는 타입을 끼워 넣을 수 있다는 뜻이다. 예를 들어, 다음은 어떤 타입의 값이든 담을 수 있는 Queue의 정의다.

```
pub struct Queue<T> {
    older: Vec<T>,
    younger: Vec<T>
}
```

Queue<T>에 있는 <T>는 '임의의 요소 타입 T에 대해서...'라고 읽으면 된다. 따라서 위 정의는 '임의의 타입 T에 대해서, Queue<T>는 Vec<T> 타입의 두 필드로 되어 있다'라고 읽는다. 예를 들어 Queue<String>에서 T는 String이므로, older와 younger의 타입은 Vec<String>이 된다. Queue<char>에서 T는 char이며, 앞서 살펴본 char에 특화된 스트럭트와 동일한 정의를 갖는다. 사실 Vec 자체도 이와 같은 식으로 정의된 제네릭 스트럭트다.

제네릭 스트럭트 정의에서 〈꺾쇠괄호〉 안에 쓰는 타입 이름을 **타입 매개변수**type parameter라고 한다. 제네릭 스트럭트의 impl 블록은 다음처럼 생겼다.

```
impl<T> Queue<T> {
    pub fn new() -> Queue<T> {
        Queue { older: Vec::new(), younger: Vec::new() }
    }

    pub fn push(&mut self, t: T) {
        self.younger.push(t);
    }

    pub fn is_empty(&self) -> bool {
        self.older.is_empty() && self.younger.is_empty()
    }

    ...
}
```

impl<T> Queue<T> 줄은 '임의의 타입 T에 대해서, Queue<T>와 함께 쓸 수 있는 연관 함수는 다음과 같다'라고 읽으면 된다. 연관 함수 정의 안에서는 타입 매개변수 T를 타입으로 쓸 수 있다.

문법이 좀 길고 번거로워 보일 수 있지만, impl<T>는 impl 블록이 임의의 타입 T를 다룬다는 걸 확실히 알 수 있게 해준다. 다음과 같이 한 가지 타입을 다루는 Queue를 위해 작성된 impl 블록과도 구별된다.

```
impl Queue<f64> {
    fn sum(&self) -> f64 {
        ...
    }
}
```

이 impl 블록 헤더는 'Queue<f64>만을 위해서 쓸 수 있는 연관 함수는 다음과 같다'고 읽는다. 앞의 코드가 Queue<f64>를 위해 정의하고 있는 sum 메서드는 다른 종류의 Queue에서 쓸 수 없다.

앞의 코드에서는 self 매개변수를 짧은 형식으로 썼다. 사방팔방에 Queue<T>라고 적어놔 봐야 늘어지고 산만해질 뿐이다. 이것 말고 또 다른 축약 표기가 있는데, 모든 impl 블록은 제네릭 여부와 상관없이 자신의 대상이 되는 타입을 특별한 타입 매개변수 Self로 정의한다(첫 글자가 대문자라는 것에 주의하자). 앞의 코드에서 Self는 Queue<T>가 되므로 Queue::new의 정의를 다음처럼 좀 더 간략하게 만들 수 있다.

```
pub fn new() -> Self {
    Queue { older: Vec::new(), younger: Vec::new() }
}
```

혹시 눈치챘을지 모르겠는데, new 본문에 있는 생성 표현식을 보면 타입 매개변수가 생략된 채 그냥 Queue { ... }라고만 되어 있다. 이렇게 해도 괜찮은 이유는 러스트의 타입 추론이 부족한 부분을 메꾸어 주기 때문이다. 위 함수의 반환값으로 쓸 수 있는 타입은 Queue<T> 하나뿐이므로 러스트가 매개변수를 대신 넣어 줄 수 있다. 하지만 함수 시그니처와 타입 정의에는 타입 매개변수를 꼭 적어야 한다. 러스트는 이들을 추론하지 않는 대신, 이렇게 명시적으로 기재된 타입을 바탕으로 함수 본문에 있는 타입을 추론한다.

Self도 이런 식으로 Self { ... }라고 적을 수 있다. 각자 이해하기 쉬운 방식을 골라 사용하면 된다.

연관 함수 호출의 경우에는 ::<>(터보피시turbofish) 표기법을 써서 타입 매개변수를 명시적으로 지정할 수 있다.

```
let mut q = Queue::<char>::new();
```

그러나 실제로는 러스트에게 처리를 맡기는 경우가 대부분이다.

```
let mut q = Queue::new();
let mut r = Queue::new();

q.push("CAD");      // Queue<&'static str>
r.push(0.74);       // Queue<f64>

q.push("BTC");      // 2019년 6월 비트코인 시세(USD)
r.push(13764.0);    // 러스트는 이상 과열을 감지하지 못한다.
```

사실 앞의 코드를 보면 Vec을 쓰고 있는 게 아닐까 싶을 정도로 사용 방식이 똑같은데, Vec 역시 제네릭 스트럭트 타입이다.

스트럭트만 제네릭이 될 수 있는 건 아니다. 이늄enum도 비슷한 문법으로 타입 매개변수를 받을 수 있는데, 이 부분은 10장의 '이늄' 절에서 살펴본다.

수명 매개변수를 갖는 제네릭 스트럭트

5장의 '레퍼런스를 갖는 스트럭트' 절에서 살펴봤다시피 스트럭트 타입이 레퍼런스를 갖는 경우에는 반드시 해당 레퍼런스의 수명을 지정해야 한다. 예를 들어, 어떤 슬라이스의 최대 요소와 최소 요소에 대한 레퍼런스를 쥐게 될 구조체를 생각해 보자.

```
struct Extrema<'elt> {
    greatest: &'elt i32,
    least: &'elt i32
}
```

앞서 우리는 struct Queue<T>와 같은 선언을 만나면 어떤 구체적인 타입 T가 주어질 때 해당 타입을 담는 Queue<T>를 만들 수 있다는 뜻으로 생각하자고 말한 바 있다. 마찬가지로 struct Extrema<'elt>를 만나면 어떤 구체적인 수명 'elt가 주어질 때 해당 수명을 가진 레퍼런스를 담는

Extrema<'elt>를 만들 수 있다는 뜻으로 생각할 수 있다.

다음 함수는 주어진 슬라이스에서 최대 요소와 최소 요소를 찾은 뒤 이들의 레퍼런스를 Extrema 값에 담아 반환한다.

```
fn find_extrema<'s>(slice: &'s [i32]) -> Extrema<'s> {
    let mut greatest = &slice[0];
    let mut least = &slice[0];

    for i in 1..slice.len() {
        if slice[i] < *least    { least    = &slice[i]; }
        if slice[i] > *greatest { greatest = &slice[i]; }
    }
    Extrema { greatest, least }
}
```

여기서 find_extrema는 수명이 's인 slice의 요소를 빌려 오므로 반환하는 Extrema 스트럭트도 's를 자신이 가진 레퍼런스의 수명으로 쓴다. 러스트는 항상 호출에 쓰이는 수명 매개변수를 추론하므로 find_extrema를 호출할 때 이를 따로 언급할 필요가 없다.

```
let a = [0, -3, 0, 15, 48];
let e = find_extrema(&a);
assert_eq!(*e.least, -3);
assert_eq!(*e.greatest, 48);
```

반환 타입의 수명은 인수와 똑같이 맞춰 쓰는 게 일반적이라서 수명으로 쓸 수 있는 후보가 하나뿐일 때는 이들을 생략할 수 있다. find_extrema의 시그니처를 다음처럼 써도 의미는 바뀌지 않는다.

```
fn find_extrema(slice: &[i32]) -> Extrema {
    ...
}
```

물론 위 시그니처가 Extrema<'static>을 의도했다고 볼 수도 있지만, 그건 상당히 드문 일이다. 러스트가 축약 표기를 제공할 때는 자주 쓰이는 일반적인 경우에 대한 것으로 봐야 한다.

상수 매개변수를 갖는 제네릭 스트럭트

제네릭 스트럭트는 상숫값으로 된 매개변수를 받을 수도 있다. 예를 들어, 임의의 차수를 갖는 다항식을 표현하는 타입은 다음처럼 정의할 수 있다.

```
/// N - 1차 다항식.
struct Polynomial<const N: usize> {
    /// 다항식의 계수.
    ///
    /// 다항식 a + bx + cx² + ... + zxⁿ⁻¹이 있을 때,
    /// `i`번째 요소는 xⁱ의 계수다.
    coefficients: [f64; N]
}
```

정의가 이와 같을 때 가령 Polynomial<3>이라고 하면 2차 다항식이 된다. <const N: usize> 절은 Polynomial 타입이 usize 값을 제네릭 매개변수로 받는다는 뜻이며, 여기서는 저장할 계수의 수를 결정하는 데 쓴다.

Vec은 길이와 용량은 필드로 쥐고 요소는 힙에 저장하지만, Polynomial은 계수만 값 안에 바로 저장할 뿐이다. 길이는 타입에 의해서 주어진다(Polynomials는 크기가 동적으로 늘어날 수 없으므로 용량은 따로 필요 없다).

매개변수 N은 타입의 연관 함수에서도 쓸 수 있다.

```
impl<const N: usize> Polynomial<N> {
    fn new(coefficients: [f64; N]) -> Polynomial<N> {
        Polynomial { coefficients }
    }

    /// `x`에 대해서 다항식을 평가한다.
    fn eval(&self, x: f64) -> f64 {
        // 호너의 방법은 수치 안정성을 가지면서도 효율적이고 단순하다.
        // c₀ + x(c₁ + x(c₂ + x(c₃ + ... x(c[n-1] + x c[n]))))
        let mut sum = 0.0;
        for i in (0..N).rev() {
            sum = self.coefficients[i] + x * sum;
        }

        sum
    }
}
```

앞의 코드에서 new 함수는 길이가 N인 배열을 받아서 그 안에 있는 요소를 새 Polynomial 값의 계수로 사용한다. eval 메서드는 범위 0..N을 돌면서 주어진 점 x에 대해서 다항식의 값을 구한다.

러스트는 타입과 수명 매개변수처럼 상수 매개변수에 적합한 값을 추론할 수 있다.

```
use std::f64::consts::FRAC_PI_2;  // π/2

// `sin` 함수를 근사한다: sin x ≅ x - 1/6 x³ + 1/120 x
// 거의 0에 가까운 값이 나오므로 꽤 정확하다!
let sine_poly = Polynomial::new([0.0, 1.0, 0.0, -1.0/6.0, 0.0,
                                 1.0/120.0]);
assert_eq!(sine_poly.eval(0.0), 0.0);
assert!((sine_poly.eval(FRAC_PI_2) - 1.).abs() < 0.005);
```

앞의 코드는 Polynomial::new에 여섯 개의 요소로 된 배열을 전달하고 있으므로 러스트는 Polynomial<6>을 생성해야 한다는 걸 알고 있다. eval 메서드는 간단히 Self 타입을 참조해서 for 루프가 몇 번이나 돌아야 하는지를 파악한다. 이때 이 길이는 컴파일 시점에 알 수 있으므로 컴파일러가 루프 전체를 한 땀 한 땀 풀어 쓴 코드로 대체할 가능성이 있다.

const 제네릭 매개변수는 임의의 정수 타입이거나 char이거나 bool일 수 있다. 부동소수점 수, 이늄, 기타 타입은 허용되지 않는다.

스트럭트가 다른 종류의 제네릭 매개변수를 받을 때는 먼저 수명 매개변수가 오고, 그 뒤에 타입이 오고, 그 뒤에 const 값이 와야 한다. 예를 들어, 레퍼런스 배열을 쥐고 있는 타입은 다음처럼 선언할 수 있다.

```
struct LumpOfReferences<'a, T, const N: usize> {
    the_lump: [&'a T; N]
}
```

상수 제네릭 매개변수는 비교적 최근에 추가된 러스트의 새 기능으로, 현재로서는 사용하는 데 다소 제약이 따른다. 예를 들어, Polynomial을 다음처럼 정의했다면 더 좋았을 것이다.

```
/// N차 다항식.
struct Polynomial<const N: usize> {
    coefficients: [f64; N + 1]
}
```

하지만 러스트는 이 정의를 거부한다.

```
error: generic parameters may not be used in const operations
  |
6 |     coefficients: [f64; N + 1]
  |                         ^ cannot perform const operation using `N`
  |
  = help: const parameters may only be used as standalone arguments, i.e. `N`
```

[f64; N]이라고 쓰는 건 괜찮은데 [f64; N + 1]과 같은 타입은 안 된다니 너무 까탈스럽게 구는 게 아닐까 싶지만, 러스트가 이 제약을 적용하는 건 당장 다음과 같은 문제에 직면하는 걸 피하기 위해 서다.

```
struct Ketchup<const N: usize> {
    tomayto: [i32; N & !31],
    tomahto: [i32; N - (N % 32)],
}
```

앞의 코드에서 N & !31과 N - (N % 32)는 N에 어떤 값이 오든지 결과가 동일하므로 tomayto와 tomahto의 타입은 항상 같다. 이런 상황에서는 어느 하나를 다른 하나에 배정할 수 있어야 한다. 그 러나 러스트의 타입 검사기에게 비트 조작 대수를 가르치게 되면, 안 그래도 복잡하기 그지없는 언어 부분에 알다가도 모를 까다로운 문제를 만들어 낼 위험이 있다는 사실을 인지할 필요가 있다. 물론, N + 1과 같은 단순한 표현식은 그보다는 훨씬 다루기 쉬우므로 러스트가 이를 원활히 처리할 수 있 게 가르치는 작업이 진행 중이다.

여기서 우려되는 부분은 타입 검사기의 동작이므로 이 제약은 배열의 길이처럼 타입에 나타나는 상 수 매개변수에만 적용된다. 일반 표현식에는 N을 원하는 대로 쓸 수 있어서 N + 1이나 N & !31이라고 써도 전혀 문제가 되지 않는다.

const 제네릭 매개변수에 넘기려는 값이 단순한 리터럴이나 하나의 식별자가 아닐 때는 이를 꼭 Polynomial<{5 + 1}>과 같은 식으로 중괄호 안에 넣어 주어야 한다. 이 규칙을 통해서 러스트가 문 법 오류를 더 정확히 알려 줄 수 있다.

스트럭트 타입에 공통 트레이트 구현하기

스트럭트를 작성하는 법은 아주 간단하다.

```
struct Point {
    x: f64,
    y: f64
}
```

하지만 이 Point 타입을 써보면 아마 금세 불편함을 느낄 것이다. 작성된 대로만 놓고 보면 이 Point 는 복사나 복제가 불가능하다. 또한, println!("{:?}", point);로 출력할 수도 없고 ==와 != 연산 자를 지원하지도 않는다.

러스트에서는 이러한 기능들을 각각 Copy, Clone, Debug, PartialEq라고 부르는데 사실 이들은 **트 레이트** 이름이다. 자신의 스트럭트에 직접 트레이트를 구현하는 법은 11장에서 살펴본다. 그러나 이 들 표준 트레이트와 일부 몇 가지 트레이트의 경우에는 사용자 정의 동작을 원하는 게 아닌 한 직접 구현하지 않아도 된다. 스트럭트에 #[derive] 어트리뷰트를 추가하기만 하면 러스트가 기계적 정확 성을 바탕으로 이들을 알아서 구현해 준다.

```
#[derive(Copy, Clone, Debug, PartialEq)]
struct Point {
    x: f64,
    y: f64
}
```

스트럭트에 트레이트가 자동으로 구현될 수 있으려면 해당 스트럭트의 각 필드가 그 트레이트를 구현 하고 있어야 한다. Point는 두 필드가 이미 PartialEq를 구현하고 있는 f64 타입으로 되어 있으므 로 러스트에게 PartialEq를 구현해달라고 요청할 수 있다.

<, >, <=, >= 비교 연산자에 대한 지원을 추가하는 PartialOrd 역시 자동 구현이 가능하지만, 여기 서는 요청하지 않았다. 점들 사이에는 흔히 말하는 순서라는 게 존재하지 않아서 두 점을 비교해 '대 소大小 관계'를 따진다는 것이 사실 좀 말이 안 된다. 따라서 Point 값에 이들 연산자를 넣지 않기로 했다. 러스트가 모든 트레이트를 자동으로 구현하지 않고 #[derive] 어트리뷰트를 작성하게 만들어 둔 이유 중 하나가 바로 이런 경우 때문이다. 이렇게 하는 또 다른 이유는 트레이트를 구현할 경우 해 당 기능이 자동으로 공개되어 버리기 때문이다. 복사 기능과 복제 기능 등이 모두 스트럭트의 공개 API가 되기 때문에 신중히 선택해야 한다.

러스트의 표준 트레이트에 관한 자세한 내용과 더불어 어떤 것들을 #[derive]로 구현할 수 있는지에 대해서는 13장에서 설명한다.

내부 가변성

가변성은 여느 것들처럼 과하면 문제가 되지만 적당히 쓰면 도움이 될 때가 많다. 예를 들어 여러분의 거미 로봇 제어 시스템에 SpiderRobot이라는 메인 스트럭트가 있고, 그 안에 여러 가지 설정과 I/O 핸들이 들어 있다고 하자. 이 스트럭트는 로봇이 부팅될 때 만들어지며, 절대로 값이 바뀌지 않는다.

```
pub struct SpiderRobot {
    species: String,
    web_enabled: bool,
    leg_devices: [fd::FileDesc; 8],
    ...
}
```

로봇의 모든 주요 시스템은 각자 다른 스트럭트가 맡아 처리하며, 이들 각각은 SpiderRobot의 포인터를 갖는다.

```
use std::rc::Rc;

pub struct SpiderSenses {
    robot: Rc<SpiderRobot>,   // <-- 설정과 I/O를 위한 포인터
    eyes: [Camera; 32],
    motion: Accelerometer,
    ...
}
```

거미줄 생성, 포식, 독 흐름 제어 등을 위한 스트럭트도 전부 Rc<SpiderRobot> 스마트 포인터를 갖는다. Rc가 레퍼런스 카운팅을 뜻한다는 점과 Rc 박스에 들어 있는 값은 항상 공유되고, 따라서 항상 변경할 수 없다는 점을 떠올려보자.

이제 SpiderRobot 스트럭트에 표준 File 타입을 이용한 간단한 로깅 기능을 넣고 싶다고 가정해 보자. 여기서 문제는 File이 mut여야 한다는 것이다. 이 파일에 기록하는 메서드는 전부 mut 레퍼런스를 요구한다.

이런 상황은 꽤 자주 발생한다. 여기서 원하는 건 변경할 수 없는 값(SpiderRobot 스트럭트) 안에서 변경할 수 있는 데이터(File)를 조금 쓰고 싶다는 것이다. 이를 가리켜 **내부 가변성**interior mutability이라고 한다. 러스트는 이를 실현하기 위한 방안 몇 가지를 제공하는데, 이번 절에서는 그중에서 가장 간단히 쓸 수 있는 두 가지 타입인 Cell<T>와 RefCell<T>를 살펴본다. 이들은 모두 std::cell 모듈에 들어 있다.

Cell<T>는 T 타입의 비공개 값 하나만 가지고 있는 스트럭트다. Cell이 특별한 이유는 Cell 자체에 대한 mut 접근 권한이 없더라도 그 안에 있는 필드를 가져오고 설정할 수 있다는 점 때문이다.

- Cell::new(value)

  새 Cell을 생성하고 주어진 value를 그 안으로 옮긴다.

- cell.get()

  cell에 들어 있는 값의 복사본을 반환한다.

- cell.set(value)

  주어진 value를 cell에 저장하고, 이전에 저장된 값은 드롭한다.

  이 메서드는 self를 비mut 레퍼런스로 받는다.

  ```
  fn set(&self, value: T)   // 주의: `&mut self`가 아님.
  ```

  물론, set이라는 이름을 가진 메서드에서 이렇게 하는 경우는 드물다. 지금까지는 데이터를 변경하고 싶으면 mut 접근 권한이 필요하다는 걸 먼저 떠올리라고 배웠다. 그러나 그런 권한 없이도 데이터를 변경할 수 있게 하는 것이 Cell의 핵심이다. 이는 그저 불변성에 관한 규칙을 안전하게 완화하는 방법일 뿐, 그 이상도 이하도 아니다.

Cell은 이 외에도 몇 가지 메서드를 더 가지고 있는데, 이 부분은 문서(https://doc.rust-lang.org/std/cell/struct.Cell.html)를 참고하자.

SpiderRobot에 간단한 카운터를 추가할 때도 Cell을 쓰면 편리하다. 이를테면 다음처럼 작성할 수 있다.

```
use std::cell::Cell;

pub struct SpiderRobot {
    ...
```

```
    hardware_error_count: Cell<u32>,
    ...
}
```

이렇게 하면 SpiderRobot의 비mut 메서드도 .get()과 .set() 메서드로 앞서 나온 u32에 접근할 수
있다.

```
impl SpiderRobot {
    /// 오류 카운트를 하나 올린다.
    pub fn add_hardware_error(&self) {
        let n = self.hardware_error_count.get();
        self.hardware_error_count.set(n + 1);
    }

    /// 보고된 하드웨어 오류가 하나라도 있으면 참을 반환한다.
    pub fn has_hardware_errors(&self) -> bool {
        self.hardware_error_count.get() > 0
    }
}
```

이 방법은 쉽고 간단하지만 로깅 문제를 해결하지는 못한다. Cell을 쓰면 공유된 값에 대고 mut 메서
드를 호출할 수 **없다**. .get() 메서드는 셀에 들어 있는 값의 복사본을 반환하기 때문에 T가 Copy 트
레이트를 구현하고 있는 경우에만 동작한다. 로깅을 위해서는 변경할 수 있는 File이 필요한데, File
은 복사가 불가능하다.

이 경우에 적합한 도구는 RefCell이다. Cell<T>와 마찬가지로 RefCell<T>는 T 타입의 값 하나만 가
지고 있는 제네릭 타입이다. Cell과 달리 RefCell은 자신이 가진 T 값의 레퍼런스를 빌려 올 수 있게
해준다.

- RefCell::new(value)

  새 RefCell을 생성하고 value를 그 안으로 옮긴다.

- ref_cell.borrow()

  ref_cell에 저장되어 있는 값의 공유된 레퍼런스인 Ref<T>를 반환한다.

  이 메서드는 값이 이미 변경할 수 있도록 차용되어 있을 경우 패닉에 빠진다. 자세한 내용은 잠시
  뒤에 설명한다.

- `ref_cell.borrow_mut()`

  `ref_cell`에 들어 있는 값의 변경할 수 있는 레퍼런스인 `RefMut<T>`를 반환한다.

  이 메서드는 값이 이미 차용되어 있을 경우 패닉에 빠진다. 자세한 내용은 잠시 뒤에 설명한다.

- `ref_cell.try_borrow()`, `ref_cell.try_borrow_mut()`

  `borrow()`와 `borrow_mut()`처럼 작동하지만 Result를 반환한다. 값이 이미 변경할 수 있도록 차용되어 있을 경우 패닉에 빠지지 않고 Err 값을 반환한다.

RefCell도 이 외에 몇 가지 메서드를 더 가지고 있는데, 이 부분은 문서(https://doc.rust-lang.org/std/cell/struct.RefCell.html)를 참고하자.

위 두 borrow 메서드는 mut 레퍼런스가 독점적인 레퍼런스라는 러스트 규칙을 깨려고 하는 경우에만 패닉에 빠진다. 예를 들어, 다음 코드는 패닉에 빠진다.

```
use std::cell::RefCell;

let ref_cell: RefCell<String> = RefCell::new("hello".to_string());

let r = ref_cell.borrow();          // OK: Ref<String>를 반환한다.
let count = r.len();                 // OK: "hello".len()를 반환한다.
assert_eq!(count, 5);

let mut w = ref_cell.borrow_mut();  // 패닉: 이미 차용되어 있다.
w.push_str(" world");
```

패닉에 빠지는 걸 피하려면 위에 있는 두 차용 구문을 서로 다른 블록에 두면 된다. 이렇게 하면 w를 빌려 오기 전에 r이 드롭될 것이다.

이는 일반적인 레퍼런스가 동작하는 방식과 매우 비슷하다. 유일한 차이점이라면, 일반적으로 변수의 레퍼런스를 빌려 올 때는 러스트가 **컴파일 시점**에 그 레퍼런스가 안전하게 쓰이고 있는지를 검사해 확인한다는 것이다. 이 검사가 실패하면 컴파일 오류가 발생한다. RefCell은 같은 규칙을 실행 시점 검사를 통해 적용한다. 따라서 이 규칙을 어기면 패닉에 빠지게 된다(단, `try_borrow`와 `try_borrow_mut`의 경우에는 Err이 반환된다).

그럼 이제 RefCell을 SpiderRobot 타입에 적용해 보자.

```
pub struct SpiderRobot {
    ...
    log_file: RefCell<File>,
    ...
}

impl SpiderRobot {
    /// 메시지를 로그 파일에 기록한다.
    pub fn log(&self, message: &str) {
        let mut file = self.log_file.borrow_mut();
        // `writeln!`은 출력을 주어진 파일로 보낸다는 점만 제외하면
        // `println!`과 비슷하다.
        writeln!(file, "{}", message).unwrap();
    }
}
```

변수 file의 타입은 RefMut<File>이다. 따라서 이 변수를 File의 변경할 수 있는 레퍼런스처럼 쓸 수 있다. 파일에 기록하는 법에 관한 자세한 내용은 18장을 참고하자.

셀은 사용하기 쉽다. .get()과 .set() 또는 .borrow()와 .borrow_mut()를 호출해야 한다는 게 조금 어색하긴 해도 규칙을 완화하는 데 드는 비용이려니 생각하면 편하다. 하지만 약간 이해하기 어려우면서도 조금 심각한 단점이 하나 있는데, 그것은 바로 셀과 셀을 포함하는 모든 타입이 스레드 안전성을 갖지 않는다는 것이다. 따라서 러스트는 여러 스레드가 이들을 동시에 접근하지 못하도록 막는다. 스레드 안전성을 갖는 내부 가변성은 19장에 있는 내용 중 **'Mutex<T>' 절, '원자성' 절, '전역 변수' 절**에서 설명한다.

이름 있는 필드로 된 스트럭트든 튜플형 스트럭트든, 스트럭트는 다른 값들의 집합체다. 예를 들어, SpiderSenses 스트럭트를 가졌다는 것은 공유된 SpiderRobot 스트럭트의 Rc 포인터와 눈과 가속도계 등을 가졌다는 것이다. 따라서 스트럭트의 본질은 X와 Y를 가졌다는 말에서 알 수 있다시피 '~와/과'라는 단어에 있다. 그런데 '~이나'라는 단어를 중심으로 만들어진 또 다른 종류의 타입이 있다면 어떨까? 다시 말해서 어떤 타입의 값을 가졌다는 것이 **X나 Y 중 하나**를 가졌다는 뜻이라면? 이런 타입은 러스트에서 안 쓰이는 곳이 없을 만큼 너무나 유용한데, 이것이 바로 다음 장의 주제다.

10
CHAPTER

이늄과 패턴

놀랍게도 컴퓨터의 많은 문제는 합 타입sum type의 비극적 결여로 설명할 수 있다(람다의 결여를 참고할 것).

—그레이든 호어Graydon Hoare(https://twitter.com/graydon_pub/status/555046888714416128)

이번 장의 첫 번째 주제는 역사가 오랜 만큼 강력하고, (대가는 따르지만) 많은 일을 재빨리 마칠 수 있게 도와주어 여러 문화권에서도 다양한 이름으로 알려져 있다. 하지만 악마는 아니다. 이것은 일종의 사용자 정의 데이터 타입으로, ML과 하스켈 해커들 사이에서는 합 타입, 구분된 유니언, 대수적 데이터 타입 등으로 통용된다. 러스트에서는 이들을 **이뉴머레이션**enumeration 또는 줄여서 **이늄**enum이라고 한다. 악마와 달리 이들은 매우 안전하며, 요구하는 대가도 그리 크지 않다.

C++와 C#에도 이늄이 있는데, 이를 사용하면 이름 있는 상수들의 집합을 값으로 갖는 나만의 타입을 정의할 수 있다. 예를 들면 Red, Orange, Yellow 등의 값을 갖는 Color라는 타입을 정의할 수 있다. 러스트 이늄도 이런 식으로 작동하지만 할 수 있는 일이 훨씬 더 많다. 러스트 이늄은 데이터를 가질 수도 있는데, 이때 데이터의 타입이 꼭 같을 필요가 없다. 예를 들어 러스트의 Result<String, io::Error> 타입은 이늄으로, String을 갖는 Ok 값이나 io::Error를 갖는 Err 값 중 하나를 값으로 갖는다. C++와 C# 이늄은 이런 일을 할 수 없다. C의 union과 더 비슷하다고도 볼 수 있지만, 러스트 이늄의 경우에는 타입 안전성을 갖는다는 점에서 다르다.

이늄은 값이 될 수 있는 후보가 여럿일 때 유용하다. 이를 사용하는 데 따르는 '대가'는 패턴 매칭을 사용해서 데이터에 안전하게 접근해야 한다는 것인데, 바로 이것이 이번 장의 두 번째 주제다.

파이썬의 언패킹이나 자바스크립트의 디스트럭처링을 써봤다면 패턴 역시 익숙할 텐데, 러스트는 패턴을 가지고 할 수 있는 일이 더 많다. 러스트 패턴은 모든 데이터를 위한 정규 표현식과 약간 비슷하다. 값이 원하는 형태로 되어 있는지 확인하는 데 쓰이고, 스트럭트나 튜플에 있는 여러 필드를 한 번에 지역변수로 빼낼 수 있으며, 정규 표현식처럼 간결해서 보통 코드 한 줄로 모든 걸 해낸다.

이번 장은 이늄에 관한 기본적인 내용을 시작으로, 데이터가 이늄 베리언트와 어떤 식으로 연관될 수 있는지 알아보고, 이늄이 메모리에 저장되는 방식을 살펴본다. 이어서 러스트의 패턴과 match 문이 어떤 식으로 이늄, 스트럭트, 배열, 슬라이스에 기반을 둔 논리를 간결하게 풀어내는지 살펴본다. 러스트에서는 패턴에 레퍼런스, 이동, if 조건을 쓸 수 있어서 쓰임새를 다양하게 가져갈 수 있다.

이늄

C 스타일 이늄은 단순해서 선언 방법도 간단하다.

```
enum Ordering {
    Less,
    Equal,
    Greater,
}
```

앞의 코드는 타입 Ordering과 그의 세 가지 후보 값 Ordering::Less, Ordering::Equal, Ordering::Greater를 선언한다. 이때 후보 값을 **베리언트**variant 또는 **생성자**constructor라고 한다. 앞서 나온 이늄은 표준 라이브러리의 일부이므로 다음처럼 가져올 수 있다.

```
use std::cmp::Ordering;

fn compare(n: i32, m: i32) -> Ordering {
    if n < m {
        Ordering::Less
    } else if n > m {
        Ordering::Greater
    } else {
        Ordering::Equal
    }
}
```

아니면 다음처럼 이늄 자체와 그의 생성자를 한꺼번에 가져올 수도 있다.

```
use std::cmp::Ordering::{self, *};   // `*`를 지정하면 자식들을 전부 가져온다.

fn compare(n: i32, m: i32) -> Ordering {
    if n < m {
        Less
    } else if n > m {
        Greater
    } else {
        Equal
    }
}
```

생성자를 가져오고 나면 `Ordering::Less`를 `Less`라고 쓸 수 있지만, 이럴 경우 의미가 덜 분명해지는 단점이 있다. 따라서 코드가 훨씬 더 읽기 쉬워지는 경우가 아니라면 이를 가져오지 **않는** 것이 대개는 더 나은 스타일이다.

현재 모듈에 선언된 이늄의 생성자를 가져올 때는 `self`를 쓴다.

```
enum Pet {
    Orca,
    Giraffe,
    ...
}

use self::Pet::*;
```

C 스타일 이늄의 값은 정수 형태로 메모리에 저장된다. 경우에 따라서는 러스트에게 사용할 정수를 알려 주는 게 유용할 때도 있다.

```
enum HttpStatus {
    Ok = 200,
    NotModified = 304,
    NotFound = 404,
    ...
}
```

그렇지 않으면 러스트가 0부터 순서대로 수를 배정해 준다.

러스트는 기본적으로 C 스타일 이늄을 저장할 때 이를 수용할 수 있는 가장 작은 크기의 기본 제공 정수 타입을 쓴다. 대부분의 경우는 한 바이트면 충분하다.

```
use std::mem::size_of;
assert_eq!(size_of::<Ordering>(), 1);
assert_eq!(size_of::<HttpStatus>(), 2);   // 404는 u8 안에 들어가지 않는다.
```

이늄에 #[repr] 어트리뷰트를 붙이면 러스트가 선택하는 메모리 내 표현을 재정의할 수 있다. 자세한 내용은 23장의 **'공통 데이터 표현 찾기'** 절을 참고하자.

C 스타일 이늄은 정수로 캐스팅할 수 있다.

```
assert_eq!(HttpStatus::Ok as i32, 200);
```

하지만 그 반대 방향, 즉 정수를 이늄으로 캐스팅할 수는 없다. 러스트에서는 C나 C++와 달리 enum 선언에 명시된 값만 이늄값으로 쓸 수 있게 되어 있는데, 정수 타입을 이늄 타입으로 바꾸는 무점검 캐스팅은 이 약속을 깰 수 있으므로 허용되지 않는다. 이럴 때는 다음처럼 점검 변환을 직접 작성하면 된다.

```
fn http_status_from_u32(n: u32) -> Option<HttpStatus> {
    match n {
        200 => Some(HttpStatus::Ok),
        304 => Some(HttpStatus::NotModified),
        404 => Some(HttpStatus::NotFound),
        ...
        _ => None,
    }
}
```

아니면 enum_primitive 크레이트(https://crates.io/crates/enum_primitive)를 쓰는 방법도 있다. 여기에는 이런 종류의 변환 코드를 자동으로 생성해 주는 매크로가 포함되어 있다.

컴파일러는 스트럭트의 경우처럼 == 연산자와 같은 기능을 대신 구현해 줄 수 있지만, 반드시 요청이 있어야 움직인다.

```
#[derive(Copy, Clone, Debug, PartialEq, Eq)]
enum TimeUnit {
    Seconds, Minutes, Hours, Days, Months, Years,
}
```

이늄도 스트럭트처럼 메서드를 가질 수 있다.

```
impl TimeUnit {
    /// 시간 단위의 복수형 명사를 반환한다.
    fn plural(self) -> &'static str {
        match self {
            TimeUnit::Seconds => "seconds",
            TimeUnit::Minutes => "minutes",
            TimeUnit::Hours => "hours",
            TimeUnit::Days => "days",
            TimeUnit::Months => "months",
            TimeUnit::Years => "years",
        }
    }

    /// 시간 단위의 단수형 명사를 반환한다.
    fn singular(self) -> &'static str {
        self.plural().trim_end_matches('s')
    }
}
```

C 스타일 이늄에 대해서는 이 정도로 마무리하고, 다음으로 보다 흥미로운 주제인 베리언트가 데이터를 갖는 러스트 이늄에 대해 알아보자. 이후 절에서는 이늄이 메모리에 저장되는 방식, 타입 매개변수를 추가해서 이늄을 제네릭으로 만드는 법, 이늄을 가지고 복잡한 데이터 구조를 만드는 법을 살펴본다.

데이터를 갖는 이늄

프로그램 중에는 항상 날짜와 시간을 밀리초까지 전부 표시해야 하는 것도 있지만, 대부분의 애플리케이션에서는 '두 달 전'처럼 대략적인 근사치를 쓰는 게 사용자 입장에서 좀 더 편리하다. 앞에서 정의한 이늄을 사용해서 이런 표시 작업을 도와줄 이늄을 작성해 보자.

```
/// 의도적으로 반올림된 타임스탬프. 따라서 프로그램은 "February 9, 2016, at 9:49 AM"가
/// 아니라 '6 months ago'라고 표시한다.
#[derive(Copy, Clone, Debug, PartialEq)]
enum RoughTime {
    InThePast(TimeUnit, u32),
    JustNow,
    InTheFuture(TimeUnit, u32),
}
```

해당 이늄의 베리언트 중 InThePast와 InTheFuture는 인수를 받는다. 이 둘을 **튜플 베리언트**tuple variant라고 한다. 이들 생성자는 튜플 스트럭트처럼 새 RoughTime 값을 생성하는 함수다.

```
let four_score_and_seven_years_ago =
    RoughTime::InThePast(TimeUnit::Years, 4 * 20 + 7);

let three_hours_from_now =
    RoughTime::InTheFuture(TimeUnit::Hours, 3);
```

이늄은 일반적인 스트럭트처럼 이름 있는 필드로 된 **스트럭트 베리언트**struct variant를 가질 수도 있다.

```
enum Shape {
    Sphere { center: Point3d, radius: f32 },
    Cuboid { corner1: Point3d, corner2: Point3d },
}

let unit_sphere = Shape::Sphere {
    center: ORIGIN,
    radius: 1.0,
};
```

러스트에는 총 세 종류의 이늄 베리언트가 있는데, 이들은 앞 장에서 살펴본 세 종류의 스트럭트와 맥을 같이 한다. 데이터를 갖지 않는 베리언트는 유닛형 스트럭트에 해당한다. 튜플 베리언트는 튜플 스트럭트와 모양과 기능이 비슷하다. 스트럭트 베리언트는 중괄호와 이름 있는 필드를 갖는다. 하나의 이늄이 이 세 종류의 베리언트를 모두 가질 수 있다.

```
enum RelationshipStatus {
    Single,
    InARelationship,
    ItsComplicated(Option<String>),
    ItsExtremelyComplicated {
        car: DifferentialEquation,
        cdr: EarlyModernistPoem,
    },
}
```

이늄의 생성자와 필드는 모두 이늄 자체와 동일한 가시성을 공유한다.

이늄의 메모리 구조

데이터를 갖는 이늄의 메모리 구조는 작은 정수 **태그**tag가 하나 오고, 그 뒤에 가장 큰 베리언트의 모든 필드가 들어갈 정도의 크기를 가진 메모리가 이어지는 형태로 되어 있다. 태그 필드는 러스트의 내부 용도로 쓰이는데, 어떤 생성자로 값을 생성했고 또 어떤 필드를 가지고 있는지 말해 준다.

현재 러스트 1.50을 기준으로 보면 RoughTime이 그림 10-1에 표시된 것처럼 8바이트로 잡힌다.

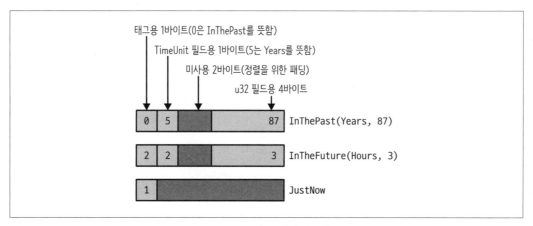

그림 10-1 RoughTime 값의 메모리 구조

하지만 러스트는 최적화의 여지를 남겨 두기 위해서 이늄 레이아웃에 관해 어떤 약속도 하지 않는다. 경우에 따라서는 해당 그림이 제안하는 것보다 더 효율적인 형태로 이늄을 배치할 수도 있을 것이다. 예를 들어, 일부 제네릭 스트럭트는 아예 태그 없이 저장할 수 있는데 이 부분은 뒤에서 살펴본다.

이늄을 이용한 리치 데이터 구조

이늄은 트리와 유사한 데이터 구조를 빠르게 구현하기에도 적합하다. 예를 들어, 러스트 프로그램에서 임의의 JSON 데이터를 다루어야 한다고 하자. 모든 JSON 문서는 메모리에 다음과 같은 러스트 타입의 값으로 표현될 수 있다.

```
use std::collections::HashMap;

enum Json {
    Null,
    Boolean(bool),
    Number(f64),
    String(String),
    Array(Vec<Json>),
    Object(Box<HashMap<String, Json>>),
}
```

러스트 코드로 된 해당 데이터 구조는 말로 된 설명보다 더 많은 걸 알려 준다. JSON 표준은 null, 불 값, 수, 문자열, JSON 값 배열, 문자열 키와 JSON 값을 갖는 객체 등 JSON 문서에 올 수 있는 다양한 데이터 타입을 명시하고 있다. 앞서 나온 Json 이늄은 이들 타입을 그대로 옮겨 적은 것일 뿐이다.

이는 가상의 예가 아니다. crates.io에서 가장 많이 내려받은 크레이트 중 하나인 serde_json이라는 러스트 스트럭트 직렬화 라이브러리에서도 이와 매우 비슷한 이늄을 찾을 수 있다.

Object를 나타내는 HashMap을 Box 안에 넣은 이유는 모든 Json 값을 좀 더 작게 만들기 위해서다. Json 타입의 값은 메모리에서 4 머신 워드를 차지한다. String과 Vec 값은 3워드이고, 러스트가 태그 바이트를 추가한다. Null과 Boolean 값은 이 공간을 다 채울 만한 데이터를 가지고 있지 않지만, 모든 Json 값은 반드시 크기가 같아야 하므로, 나머지 공간은 사용되지 않는다. 그림 10-2는 Json 값의 실제 메모리 구조 몇 가지를 보여 준다.

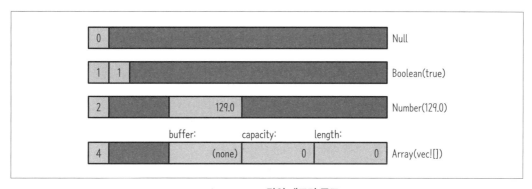

그림 10-2 Json 값의 메모리 구조

HashMap은 이보다 더 크다. 만일 모든 Json 값에 이를 위한 공간을 남겨둬야 했더라면 한 8워드쯤 되는 꽤 큰 값이 되었을 것이다. 그러나 Box<HashMap>은 1워드로 힙에 할당된 데이터의 포인터에 불과하다. 더 많은 필드를 박스에 넣는다면 Json을 훨씬 더 작게 만들 수 있을 것이다.

여기서 주목할 만한 점은 이와 같은 데이터 구조를 만들기가 상당히 쉽다는 것이다. C++였다면 다음과 같은 클래스를 작성했어야 할 것이다.

```cpp
class JSON {
private:
    enum Tag {
        Null, Boolean, Number, String, Array, Object
    };
    union Data {
        bool boolean;
        double number;
```

```
        shared_ptr<string> str;
        shared_ptr<vector<JSON>> array;
        shared_ptr<unordered_map<string, JSON>> object;

        Data() {}
        ~Data() {}
        ...
    };

    Tag tag;
    Data data;

public:
    bool is_null() const { return tag == Null; }
    bool is_boolean() const { return tag == Boolean; }
    bool get_boolean() const {
        assert(is_boolean());
        return data.boolean;
    }
    void set_boolean(bool value) {
        this->~JSON();   // 문자열, 배열, 객체 값을 정리한다.
        tag = Boolean;
        data.boolean = value;
    }
    ...
};
```

코드를 서른 줄은 작성해야 겨우 일을 시작할 수 있다. 위 클래스에는 생성자, 소멸자, 배정 연산자가
필요하다. 아니면 기본 클래스 JSON과 하위 클래스 JSONBoolean, JSONString 등으로 구성된 클래
스 계통을 만드는 방법도 있다. 어떤 방법을 쓰든지 간에 이 C++ JSON 라이브러리가 완성될 무렵에
는 메서드의 수가 십여 개 이상은 될 것이다. 이쯤 되면 다른 프로그래머들은 코드를 좀 뒤적여야 원
하는 걸 골라 쓸 수가 있다. 앞서 살펴본 러스트 이늄은 코드 여덟 줄이 전부다.

제네릭 이늄

이늄은 제네릭이 될 수 있다. 표준 라이브러리에서 가장 많이 쓰이는 데이터 타입의 예는 다음 두 가
지다.

```
enum Option<T> {
    None,
    Some(T),
}
```

```
enum Result<T, E> {
    Ok(T),
    Err(E),
}
```

이들 타입은 이제 눈 감고도 알 만큼 익숙할 것이다. 제네릭 이늄의 문법은 제네릭 스트럭트와 동일
하다.

한 가지 특이한 점은 타입 T가 레퍼런스이거나 Box이거나 기타 스마트 포인터 타입일 경우 러스트가
Option<T>의 태그 필드를 제거할 수 있다는 것이다. 이들 포인터 타입은 모두 0이 될 수 없으므로 러
스트는 이를테면 Option<Box<i32>>를 1 머신 워드로 표현할 수 있다. None은 0으로 Some 포인터는
0이 아닌 수로 표현하면 되기 때문이다. 바로 이런 특성이 Option 타입을 널이 될 수 있는 C나 C++
포인터 값과 아주 유사한 것으로 만들어 준다. 차이가 있다면 러스트의 타입 시스템이 Option의 내
용을 사용하기에 앞서 Some인지를 확인하도록 요구한다는 것인데, 이로 인해서 널 포인터 역참조가
사실상 제거된다.

제네릭 데이터 구조는 단 몇 줄의 코드로 만들 수 있다.

```
// `T`의 순서 있는 컬렉션.
enum BinaryTree<T> {
    Empty,
    NonEmpty(Box<TreeNode<T>>),
}

// BinaryTree의 한 부분.
struct TreeNode<T> {
    element: T,
    left: BinaryTree<T>,
    right: BinaryTree<T>,
}
```

앞의 코드는 몇 줄 안 되지만 T 타입의 값을 임의의 수만큼 저장할 수 있는 BinaryTree 타입을 정의
한다.

앞의 두 정의에는 많은 양의 정보가 담겨 있는데, 우선 코드에 쓰인 각 단어가 무슨 의미를 갖는지부
터 짚고 넘어가자. 각 BinaryTree 값은 Empty이거나 NonEmpty이다. Empty이면 아무 데이터도 갖지
않는다. NonEmpty이면 힙에 할당된 TreeNode의 포인터인 Box를 갖는다.

각 TreeNode 값은 실제 요소 하나와 BinaryTree 값 두 개를 갖는다. 즉, 트리는 하위 트리를 가질 수 있고, 따라서 NonEmpty 트리는 자손을 임의의 수만큼 가질 수 있다.

그림 10-3은 BinaryTree<&str> 타입의 값을 스케치해 보여 준다. 러스트는 Option<Box<T>>와 마찬가지로 태그 필드를 제거하기 때문에 BinaryTree 값은 1 머신 워드에 불과하다.

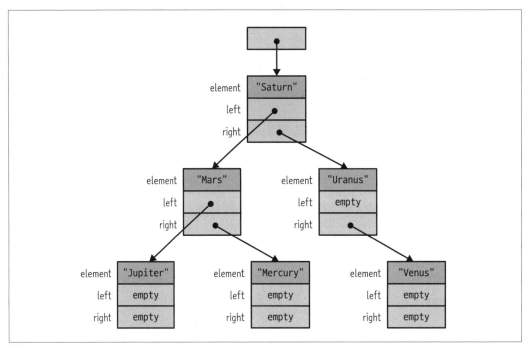

그림 10-3 여섯 개의 문자열을 가진 BinaryTree

이 트리에 있는 노드를 만드는 법은 간단하다.

```
use self::BinaryTree::*;
let jupiter_tree = NonEmpty(Box::new(TreeNode {
    element: "Jupiter",
    left: Empty,
    right: Empty,
}));
```

큰 트리는 작은 트리를 가지고 만들 수 있다.

```
let mars_tree = NonEmpty(Box::new(TreeNode {
    element: "Mars",
```

```
    left: jupiter_tree,
    right: mercury_tree,
}));
```

당연하지만 이 배정문은 jupiter_tree와 mercury_tree의 소유권을 새 부모 노드로 옮긴다.

트리의 나머지 부분도 같은 패턴을 따른다. 루트 노드라고 해서 다른 것들과 차이가 있는 건 아니다.

```
let tree = NonEmpty(Box::new(TreeNode {
    element: "Saturn",
    left: mars_tree,
    right: uranus_tree,
}));
```

BinaryTree 타입에 add 메서드를 구현하면 다음과 같은 식으로 코드를 작성할 수 있는데, 이 부분은 뒤에서 살펴본다.

```
let mut tree = BinaryTree::Empty;
for planet in planets {
    tree.add(planet);
}
```

여러분이 어떤 언어에서 넘어왔든지 간에 러스트로 BinaryTree 같은 데이터 구조를 만들기 위해서는 연습이 조금 필요하다. 처음에는 Box들을 어디에다 두어야 할지 감조차 잡기 어려울 것이다. 쓸만한 설계를 찾는 한 가지 방법은 그림 10-3처럼 요소들이 메모리에 어떤 식으로 배치되길 원하는지 그림으로 그려본 다음, 이를 다시 코드로 옮기는 것이다. 직사각형 묶음은 스트럭트나 튜플로 표현하고, 화살표는 Box나 다른 스마트 포인터로 표현하면 된다. 이때 필드의 타입을 무엇으로 할지 찾는 게 관건인데, 이 문제를 풀어야 프로그램의 메모리 사용량을 제어할 수 있게 된다.

이제 도입부에서 언급한 '대가'에 대해서 이야기해 보자. 이늄의 태그 필드는 약간의 메모리를 소모한다. 최악의 경우에는 최대 8바이트의 메모리가 소모되지만, 이 정도는 대개 무시할 만하다. 이늄의 진짜 문제(이걸 문제라고 할 수 있을지 잘 모르겠지만)는 러스트 코드가 필드에 직접 접근할 수 없다는 것인데, 이는 필드가 실제로 값 안에 있든 없든 마찬가지다.

```
let r = shape.radius;  // 오류: `Shape` 타입에는 `radius`라는 필드가 없다.
```

이늄 안에 있는 데이터에 접근하는 유일하고 안전한 방법은 바로 패턴을 쓰는 것이다.

패턴

이번 장 앞부분에서 살펴봤던 RoughTime 타입의 정의를 다시 보자.

```
enum RoughTime {
    InThePast(TimeUnit, u32),
    JustNow,
    InTheFuture(TimeUnit, u32),
}
```

이 RoughTime 값을 웹 페이지에 표시하고 싶다고 하자. 그러려면 이 값 안에 있는 TimeUnit과 u32 필드에 접근해야 한다. 하지만 값이 아무런 필드를 갖지 않는 RoughTime::JustNow일 수도 있기 때문에 rough_time.0과 rough_time.1을 써서 직접 접근하는 방법은 쓸 수 없다. 이런 상황에서 데이터를 가져오려면 어떻게 해야 할까?

이럴 때는 match 표현식을 쓰면 된다.

```
 1  fn rough_time_to_english(rt: RoughTime) -> String {
 2      match rt {
 3          RoughTime::InThePast(units, count) =>
 4              format!("{} {} ago", count, units.plural()),
 5          RoughTime::JustNow =>
 6              format!("just now"),
 7          RoughTime::InTheFuture(units, count) =>
 8              format!("{} {} from now", count, units.plural()),
 9      }
10  }
```

match는 패턴 매칭을 수행한다. 앞의 예에서는 3번, 5번, 7번 술의 => 기호 앞에 오는 부분이 **패턴** pattern이다. RoughTime 값과 매칭되는 패턴은 RoughTime 값을 생성하는 데 쓰이는 표현식처럼 보인다. 이것은 우연이 아니다. 표현식은 값을 **생산**하고 패턴은 값을 **소비**한다. 이 둘은 같은 문법을 쓸 때가 많다.

그럼 앞서 나온 match 표현식이 실행될 때 어떤 일이 벌어지는지 단계별로 살펴보자. rt는 RoughTime::InTheFuture(TimeUnit::Months, 1) 값이라고 가정한다. 러스트는 먼저 이 값이 3번 줄에 있는 패턴과 매칭되는지 본다. 결과는 그림 10-4에서 보다시피 매칭되지 않는다.

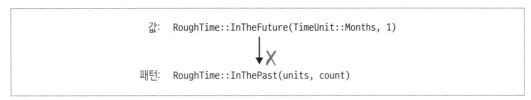

값: RoughTime::InTheFuture(TimeUnit::Months, 1)

패턴: RoughTime::InThePast(units, count)

그림 10-4 **매칭되지 않는 RoughTime 값과 패턴**

이늄, 스트럭트, 튜플의 패턴 매칭은 마치 러스트가 간단한 '왼쪽에서 오른쪽으로 스캔'을 수행하고 있는 것처럼 작동한다. 이 과정에서 패턴의 각 구성 요소가 값과 매칭되는지 보고, 그렇지 않으면 다음 패턴으로 넘어간다.

3번과 5번 줄에 있는 패턴은 매칭에 실패하지만, 7번 줄에 있는 패턴은 성공한다(그림 10-5).

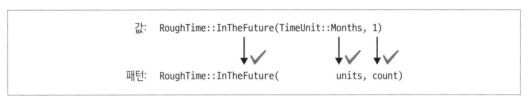

값: RoughTime::InTheFuture(TimeUnit::Months, 1)

패턴: RoughTime::InTheFuture(units, count)

그림 10-5 **매칭 성공**

패턴에 units와 count처럼 간단한 식별자가 포함되어 있을 때는 이들 식별자가 해당 패턴 뒤에 오는 코드의 지역변수가 된다. 이때 값에 들어 있던 내용은 새 변수에 복사되거나 이동된다. 앞의 경우에는 러스트가 units와 count에 각각 TimeUnit::Months와 1을 저장한 뒤, 8번 줄을 실행하고 문자열 "1 months from now"를 반환한다.

이 결과 문자열에는 사소한 문법 문제가 하나 있는데, 이는 앞의 match에 다음의 갈래를 추가해서 고칠 수 있다.

```
RoughTime::InTheFuture(unit, 1) =>
    format!("a {} from now", unit.singular()),
```

이 갈래는 count 필드가 정확히 1일 때만 매칭된다. 주의할 점은 앞의 코드를 반드시 7번 줄 앞에 추가해야 한다는 것이다. 이를 끝에 추가하면 InTheFuture 값이 모두 7번 줄에 있는 패턴과 매칭되기 때문에 영영 닿을 수 없게 된다. 러스트 컴파일러는 이런 종류의 실수에 대해서 '도달할 수 없는 패턴'이라는 경고를 내보낸다.

이와 같은 조치에도 불구하고 여전히 RoughTime::InTheFuture(TimeUnit::Hours, 1)과 관련된 문제가 남아 있다. 결과 문자열이 "a hour from now"가 될 경우, 관사가 어울리지 않아서 문장이 어색해지기 때문이다. 영어란 언어가 그렇다는데 별 수 있나, 그냥 따르는 수밖에 없다. 아무튼 이 문제 역시 앞의 match에 또 다른 갈래를 추가해서 고칠 수 있다.

앞 예에서 보다시피 패턴 매칭은 이늄과 함께 쓸 수 있을 뿐만 아니라 이늄이 가진 데이터를 테스트할 수도 있다. match를 C의 switch 문보다 더 강력하고 유연하다고 말하는 이유가 바로 이 때문이다. 지금까지는 이늄 값을 매칭하는 패턴만 살펴봤다. 하지만 이게 다가 아니다. 러스트 패턴은 표 10-1에 요약된 기능을 가진 언어 속의 작은 언어다. 이번 장의 나머지 부분에서는 이 표에 나와 있는 기능을 설명한다.

표 10-1 **패턴**

패턴 타입	예	설명
리터럴	100 "name"	주어진 값만 매칭된다. const 이름도 허용된다.
범위	0 ..= 100 'a' ..= 'k' 256..	범위에 있는 모든 값과 매칭되며, 끝 값이 있으면 포함된다.
와일드카드	_	어떤 값과도 매칭될 수 있으나 값 자체는 무시된다.
변수	name mut count	_과 비슷하나 값이 새 지역변수로 이동되거나 복사된다.
ref 변수	ref field ref mut field	매칭된 값이 이동되거나 복사되는 게 아니라 그 값의 레퍼런스가 차용된다.
서브패턴 바인딩	val @ 0 ..= 99 ref circle @ Shape::Circle { .. }	@ 오른쪽에 있는 패턴으로 패턴 매칭이 수행되며, 그 왼쪽은 변수 이름으로 쓰인다.
이늄 패턴	Some(value) None Pet::Orca	
튜플 패턴	(key, value) (r, g, b)	
배열 패턴	[a, b, c, d, e, f, g] [heading, carom, correction]	
슬라이스 패턴	[first, second] [first, _, third] [first, .., nth] []	

표 10-1 **패턴**(계속)

패턴 타입	예	설명
스트럭트 패턴	Color(r, g, b) Point { x, y } Card { suit: Clubs, rank: n } Account { id, name, .. }	
레퍼런스	&value &(k, v)	레퍼런스 값만 매칭된다.
논리합 패턴	'a' ¦ 'A' Some("left" ¦ "right")	
가드 표현식	x if x * x <= r2	match에서만 쓸 수 있다. (let 등에서는 쓸 수 없다.)

패턴에 쓰이는 리터럴, 변수, 와일드카드

지금까지는 이늄을 매칭하는 match 표현식만 살펴봤는데 사실 다른 타입도 매칭할 수 있다. C의 switch 문과 같은 게 필요할 때는 정숫값을 매칭하는 match를 쓰면 된다. 0과 1 같은 정수 리터럴은 패턴으로 쓰일 수 있다.

```
match meadow.count_rabbits() {
    0 => {}  // 할 말 없음.
    1 => println!("A rabbit is nosing around in the clover."),
    n => println!("There are {} rabbits hopping about in the meadow", n),
}
```

패턴 0은 풀밭에 토끼가 한 마리도 없을 때 매칭된다. 1은 한 마리뿐일 때 매칭된다. 토끼가 두 마리 이상 있을 때는 세 번째 패턴 n에 도달한다. 변수 이름만 있는 이 패턴은 어떤 값과도 매칭될 수 있으며, 매칭된 값은 새 지역변수로 이동되거나 복사된다. 따라서 이 경우에는 meadow.count_rabbits()의 값이 새 지역변수 n에 저장되고, 이후 출력에 쓰인다.

불Boolean, 문자, 문자열 등 다른 리터럴도 패턴으로 쓸 수 있다.

```
let calendar = match settings.get_string("calendar") {
    "gregorian" => Calendar::Gregorian,
    "chinese" => Calendar::Chinese,
    "ethiopian" => Calendar::Ethiopian,
    other => return parse_error("calendar", other),
};
```

이 예에서 other는 앞 예의 n처럼 범용 패턴으로 쓰인다. 이들 패턴은 switch 문의 default 케이스와 같은 역할을 하며, 다른 어떤 패턴과도 매칭되지 않은 값을 매칭한다.

범용 패턴이 필요하긴 한데 매칭된 값에는 별 관심이 없다면, 밑줄 하나로 된 패턴인 **와일드카드 패턴** wildcard pattern _을 쓸 수 있다.

```
let caption = match photo.tagged_pet() {
    Pet::Tyrannosaur => "RRRAAAAAHHHHHH",
    Pet::Samoyed => "*dog thoughts*",
    _ => "I'm cute, love me",  // 모든 애완동물에 적합한 일반적인 캡션
};
```

와일드카드 패턴은 어떤 값과도 매칭될 수 있으나, 값 자체는 어디에도 저장되지 않는다. 러스트는 모든 match 표현식이 있을 수 있는 모든 값을 처리해야 한다고 규정하고 있기 때문에 맨 끝에 와일드카드를 붙이는 경우가 많다. 설령 나머지 케이스가 발생할 수 없다고 확신하더라도 최소한 다음처럼 패닉을 일으키는 대체 갈래 정도는 꼭 있어야 한다.

```
// Shape의 종류는 여러 가지지만, 그중에서 '선택' 기능을 지원하는 건 텍스트 일부와
// 사각 영역 안에 있는 것들뿐이다. 타원이나 사다리꼴은 선택할 수 없다.
match document.selection() {
    Shape::TextSpan(start, end) => paint_text_selection(start, end),
    Shape::Rectangle(rect) => paint_rect_selection(rect),
    _ => panic!("unexpected selection type"),
}
```

튜플 패턴과 스트럭트 패턴

튜플 패턴은 튜플을 매칭한다. 하나의 match에서 여러 데이터를 다루고자 할 때 유용하다.

```
fn describe_point(x: i32, y: i32) -> &'static str {
    use std::cmp::Ordering::*;
    match (x.cmp(&0), y.cmp(&0)) {
        (Equal, Equal) => "at the origin",
        (_, Equal) => "on the x axis",
        (Equal, _) => "on the y axis",
        (Greater, Greater) => "in the first quadrant",
        (Less, Greater) => "in the second quadrant",
        _ => "somewhere else",
    }
}
```

스트럭트 패턴은 스트럭트 표현식과 마찬가지로 중괄호를 쓰며, 그 안에 각 필드에 대한 서브패턴을 갖는다.

```
match balloon.location {
    Point { x: 0, y: height } =>
        println!("straight up {} meters", height),
    Point { x: x, y: y } =>
        println!("at ({}m, {}m)", x, y),
}
```

이 예에서 첫 번째 갈래가 매칭되면 `balloon.location.y`가 새 지역변수 `height`에 저장된다.

`balloon.location`이 Point { x: 30, y: 40 }이라고 하자. 늘 그렇듯이 러스트는 그림 10-6처럼 각 패턴의 구성 요소를 차례대로 하나씩 확인한다.

그림 10-6 **스트럭트 패턴 매칭**

결과는 두 번째 갈래가 매칭되어 at (30m, 40m)이 된다.

스트럭트를 매칭할 때는 Point { x: x, y: y }와 같은 패턴을 쓰는 경우가 많은데, 같은 이름이 두 번씩 반복되는 게 보기에 썩 좋지 않아서 러스트는 이를 Point {x, y}와 같은 식으로 줄여 쓸 수 있게 해준다. 의미는 둘 다 똑같다. 이 패턴은 점의 x와 y 필드를 새 지역변수 x와 y에 각각 저장한다.

하지만 커다란 스트럭트에서 관심 있는 필드가 몇 개 안 될 때는 이렇게 줄여 쓰더라도 매칭하기가 번거롭다.

```
match get_account(id) {
    ...
    Some(Account {
            name, language,   // <--- 우리가 관심 있는 두 필드.
            id: _, status: _, address: _, birthday: _, eye_color: _,
            pet: _, security_question: _, hashed_innermost_secret: _,
            is_adamantium_preferred_customer: _, }) =>
        language.show_custom_greeting(name),
}
```

이럴 때는 ..을 써서 나머지 필드는 관심 없다고 러스트에게 알리면 된다.

```
Some(Account { name, language, .. }) =>
    language.show_custom_greeting(name),
```

배열 패턴과 슬라이스 패턴

배열 패턴은 배열을 매칭한다. 일부 특별한 경우에 해당하는 값을 필터링하기 위한 용도로 자주 쓰이며, 위치에 따라 값의 의미를 달리 가져가는 배열을 다룰 때 유용하다.

예를 들어 색상, 채도, 명도로 된 HSLhue, saturation, lightness 색 값을 빨강, 초록, 파랑으로 된 RGBred, green, blue 색 값으로 변환할 때 색이 최저 명도를 가졌으면 검은색이고, 최고 명도를 가졌으면 흰색이다. match 표현식을 쓰면 이런 특별한 경우를 손쉽게 처리할 수 있다.

```
fn hsl_to_rgb(hsl: [u8; 3]) -> [u8; 3] {
    match hsl {
        [_, _, 0] => [0, 0, 0],
        [_, _, 255] => [255, 255, 255],
        ...
    }
}
```

슬라이스 패턴도 비슷하다. 단, 슬라이스는 배열과 달리 길이가 가변적이기 때문에 값뿐만 아니라 길이도 매칭의 대상이 된다. 슬라이스 패턴의 ..은 여러 요소를 매칭한다.

```
fn greet_people(names: &[&str]) {
    match names {
        [] => { println!("Hello, nobody.") },
        [a] => { println!("Hello, {}.", a) },
        [a, b] => { println!("Hello, {} and {}.", a, b) },
        [a, .., b] => { println!("Hello, everyone from {} to {}.", a, b) }
    }
}
```

레퍼런스 패턴

러스트 패턴은 레퍼런스를 다루기 위한 두 가지 기능을 지원한다. ref 패턴은 매칭된 값의 일부를 빌려 온다. & 패턴은 레퍼런스를 매칭한다. 먼저 ref 패턴을 살펴보자.

복사할 수 없는 값이 매칭되면 그 값은 이동된다. 앞 절에 있는 Account 예를 계속 이어서 살펴볼 텐데 다음 코드는 문제가 좀 있다.

```
match account {
    Account { name, language, .. } => {
        ui.greet(&name, &language);
        ui.show_settings(&account);  // 오류: 이동된 값인 `account`를 차용하고 있다.
    }
}
```

여기서 account.name과 account.language는 지역변수 name과 language로 이동되고 account의 나머지 부분은 드롭된다. 그렇기 때문에 본문에서 account의 레퍼런스를 빌려 올 수 없는 것이다.

만일 name과 language가 모두 복사할 수 있는 값이었다면 러스트가 이들 필드를 이동하지 않고 복사했을 것이므로 앞의 코드도 별 문제가 없었을 것이다. 그러나 이들을 String이라고 가정한다면 어떻게 해야 할까?

이럴 때는 매칭된 값을 이동하지 않고 **빌려 오는** 패턴이 필요하다. 이런 일을 하는 키워드가 바로 ref다.

```
match account {
    Account { ref name, ref language, .. } => {
        ui.greet(name, language);
        ui.show_settings(&account);  // OK
    }
}
```

이제 지역변수 name과 language는 자신과 대응하는 account 필드의 레퍼런스다. account는 소비되지 않고 차용될 뿐이라서 이후 메서드 호출에 사용해도 문제없다.

mut 레퍼런스는 ref mut로 빌려 올 수 있다.

```
match line_result {
    Err(ref err) => log_error(err),   // `err`은 &Error다.
    Ok(ref mut line) => {             // `line`은 &mut String이다.
        trim_comments(line);          // 즉석에서 String을 수정한다.
        handle(line);
    }
}
```

Ok(ref mut line) 패턴은 성공 결과를 매칭하며, 그 안에 저장된 성공값의 mut 레퍼런스를 빌려온다.

& 패턴은 이와 반대되는 종류의 레퍼런스 패턴이다. &로 시작하는 패턴은 레퍼런스를 매칭한다.

```
match sphere.center() {
    &Point3d { x, y, z } => ...
}
```

이 예에서 sphere.center()가 sphere에 있는 비공개 필드의 레퍼런스를 반환한다고 하자. 러스트에서는 이런 경우가 흔하다. 이때 반환되는 값은 Point3d의 주소다. 만일 중심이 원점에 있다면 sphere.center()는 &Point3d { x: 0.0, y: 0.0, z: 0.0 }을 반환한다.

따라서 패턴 매칭은 그림 10-7과 같이 진행된다.

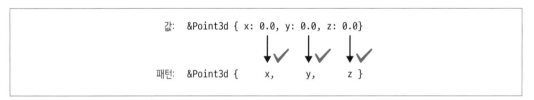

그림 10-7 레퍼런스 패턴 매칭

그런데 이 과정을 보면 러스트가 포인터를 따라가고 있어서 조금 헷갈린다. 포인터를 따라가는 건 보통 & 연산자가 아니라 * 연산자가 하는 일이라고 생각하기 때문이다. 한 가지 기억해 둘 것은 패턴과 표현식이 원래 서로 반대 관계라는 점이다. 표현식 (x, y)는 두 값을 튜플로 만들지만, 패턴 (x, y)는 그 반대로 튜플을 매칭해서 두 값으로 쪼갠다. &의 경우도 마찬가지다. 표현식에 있는 &는 레퍼런스를 생성하고, 패턴에 있는 &는 레퍼런스를 매칭한다.

레퍼런스 매칭은 우리가 익히 기대하는 모든 규칙을 따른다. 즉, 수명이 적용되고, 공유된 레퍼런스를 통해 mut 접근 권한을 얻을 수 없고, mut 레퍼런스라 하더라도 값을 레퍼런스 밖으로 옮길 수 없다. &Point3d { x, y, z } 패턴으로 매칭을 수행하면 변수 x, y, z는 좌표의 복사본을 넘겨받고, 원본 Point3d 값은 기존 상태 그대로 남는다. 이렇게 되는 이유는 필드가 모두 복사할 수 있는 타입이기 때문이다. 복사할 수 없는 필드로 된 스트럭트를 이런 식으로 매칭하면 오류가 발생한다.

```
match friend.borrow_car() {
    Some(&Car { engine, .. }) =>  // 오류: 빌려 온 걸 밖으로 옮길 수는 없다.
```

```
        ...
    None => {}
}
```

빌려 온 자동차의 부품을 폐기해버리면 안 될 일이며, 러스트는 이를 허용하지 않는다. 이럴 때는 ref 패턴으로 부품의 레퍼런스를 빌려 올 수 있다. 그러면 부품을 소유하지 않게 된다.

```
    Some(&Car { ref engine, .. }) =>  // OK: engine은 레퍼런스다.
```

& 패턴의 예를 하나 더 살펴보자. 예를 들어 문자열에 있는 문자들을 반복 처리하는 이터레이터 chars가 있고, 그 안에 다음 문자의 레퍼런스 Option<&char>를 반환하는 메서드 chars.peek()가 있다고 하자(피커블 이터레이터peekable iterator는 실제로 Option<&ItemType>을 반환하는데, 이 부분은 15장에서 살펴본다).

이 경우 프로그램은 다음과 같이 & 패턴으로 현재 가리키고 있는 문자를 가져올 수 있다.

```
match chars.peek() {
    Some(&c) => println!("coming up: {:?}", c),
    None => println!("end of chars"),
}
```

매치 가드

경우에 따라서는 match 갈래가 매칭으로 간주되기에 앞서 반드시 만족해야 하는 추가 조건을 가질 때가 있다. 예를 들어, 육각형 모양의 공간을 갖는 보드 게임을 구현하고 있다고 하자. 플레이어가 방금 한 칸 옆으로 이동하려고 빈 공간을 클릭했다고 할 때, 이 클릭이 유효한지 확인하기 위해서 다음과 같은 방법을 시도해 볼 수 있을 것이다.

```
fn check_move(current_hex: Hex, click: Point) -> game::Result<Hex> {
    match point_to_hex(click) {
        None =>
            Err("That's not a game space."),
        Some(current_hex) =>  // 사용자가 클릭한 곳이 current_hex인지 매칭해 본다.
                              // (매칭되면 현재 위치를 클릭한 것이므로 오류를 반환한다.)
            Err("You are already there! You must click somewhere else."),
        Some(other_hex) =>
            Ok(other_hex)
```

```
        }
    }
```

이 함수는 패턴에 있는 식별자가 **새로운** 변수를 만들어 내기 때문에 제대로 된 결과를 내지 못한다. 패턴 Some(current_hex)는 새로운 지역변수 current_hex를 생성하는데, 이 변수가 인수 current_hex를 가리는 게 문제다. 러스트는 앞의 코드에 대해서 몇 가지 경고를 내보내는데, 여기에는 match의 마지막 갈래가 도달 불가능하다는 내용도 포함된다. 이를 고치는 한 가지 방법은 다음처럼 간단히 match 갈래에 if 표현식을 쓰는 것이다.

```
match point_to_hex(click) {
    None => Err("That's not a game space."),
    Some(hex) => {
        if hex == current_hex {
            Err("You are already there! You must click somewhere else")
        } else {
            Ok(hex)
        }
    }
}
```

그러나 러스트는 이럴 때 쓸 수 있는 **매치 가드**match guard라는 걸 제공한다. 매치 가드란 match 갈래가 적용되기 위해서 반드시 참이어야 하는 추가 조건으로, 패턴과 갈래의 => 토큰 사이에 if CONDITION과 같은 식으로 적는다.

```
match point_to_hex(click) {
    None => Err("That's not a game space."),
    Some(hex) if hex == current_hex =>
        Err("You are already there! You must click somewhere else"),
    Some(hex) => Ok(hex)
}
```

패턴은 일치하는데 조건이 거짓이라면 매칭은 다음 갈래로 넘어가 계속된다.

여러 가능성 매칭하기

pat1 | *pat2* 형태의 패턴은 주어진 서브패턴 중 하나와 매칭될 때 매칭된다.

```
let at_end = match chars.peek() {
    Some(&'\r' | &'\n') | None => true,
    _ => false,
};
```

표현식에서는 |가 비트별 논리합 연산자지만, 여기서는 정규 표현식의 | 기호와 더 비슷하게 작동한다. 따라서 앞의 코드는 chars.peek()가 None이거나 Some이 캐리지 리턴이나 줄 바꿈을 쥐고 있을 때 at_end를 true로 설정한다.

..=을 쓰면 원하는 범위에 있는 값을 전부 매칭할 수 있다. 범위 패턴은 시작 값과 끝 값을 포함하므로 '0' ..= '9'는 모든 아스키 숫자를 매칭한다.

```
match next_char {
    '0'..='9' => self.read_number(),
    'a'..='z' | 'A'..='Z' => self.read_word(),
    ' ' | '\t' | '\n' => self.skip_whitespace(),
    _ => self.handle_punctuation(),
}
```

또 러스트는 x..과 같이 x와 그 타입의 최댓값 사이에 있는 모든 값을 매칭하는 범위 패턴을 허용한다. 하지만 0..100이나 ..100과 같은 끝을 포함하지 않는 여러 범위와 ..과 같은 무제한 범위는 아직 패턴으로 쓸 수 없다.

@ 패턴으로 바인딩하기

끝으로 x @ pattern은 주어진 pattern으로 매칭을 수행하는 건 똑같지만, 성공했을 때 매칭된 값의 일부를 변수로 만드는 게 아니라 x라는 변수를 하나 만들고 여기에 전체 값을 이동하거나 복사한다. 예를 들어, 다음과 같은 코드가 있다고 하자.

```
match self.get_selection() {
    Shape::Rect(top_left, bottom_right) => {
        optimized_paint(&Shape::Rect(top_left, bottom_right))
    }
    other_shape => {
        paint_outline(other_shape.get_outline())
    }
}
```

첫 번째 패턴의 경우를 보면 Shape::Rect 값을 분해하고 있는 이유가 단지 다음 줄에서 똑같은 Shape::Rect 값을 다시 만들기 위해서라는 걸 알 수 있다. 이럴 때는 다음처럼 @ 패턴을 쓰면 코드가 간단해진다.

```
rect @ Shape::Rect(..) => {
    optimized_paint(&rect)
}
```

@ 패턴은 범위와 같이 쓸 때도 유용하다.

```
match chars.next() {
    Some(digit @ '0'..='9') => read_number(digit, chars),
    ...
},
```

패턴을 쓸 수 있는 곳

패턴은 match 표현식에서 가장 많이 쓰긴 하지만 다른 여러 곳에서도 쓸 수 있는데, 특히 식별자 대신 쓰는 경우가 많다. 어디서 쓰든지 간에 의미는 항상 똑같다. 러스트는 패턴을 만나면 단순히 값을 변수에 저장하는 게 아니라 패턴 매칭을 수행해서 그 값을 분해한다.

이 말은 패턴으로 다음과 같은 일들을 할 수 있다는 뜻이다.

```
// 스트럭트를 3개의 새 지역변수로 풀어낸다.
let Track { album, track_number, title, .. } = song;

// 함수의 튜플 인수를 풀어낸다.
fn distance_to((x, y): (f64, f64)) -> f64 { ... }

// HashMap의 키와 값을 반복 처리한다.
for (id, document) in &cache_map {
    println!("Document #{}: {}", id, document.title);
}

// 클로저의 인수를 자동으로 역참조한다(이 부분은 복사본이 필요한 상황에서
// 다른 코드가 레퍼런스를 넘길 때 유용하다).
let sum = numbers.fold(0, |a, &num| a + num);
```

이들 각각은 상용구 코드boilerplate code를 두세 줄 줄여 준다. 다른 언어에도 이와 같은 개념이 있는데 자바스크립트에서는 **디스트럭처링**destructuring이라고 하는 반면, 파이썬에서는 **언패킹**unpacking이라고 한다.

앞의 네 가지 예에서 사용하고 있는 패턴은 모두 반드시 매칭된다는 점을 눈여겨보자. 예를 들어 패턴 Track { album, track_number, title, .. }은 Track 스트럭트 타입의 모든 값과 매칭되고, (x, y)는 모든 (f64, f64) 쌍과 매칭된다. 러스트는 이렇게 반드시 매칭되는 패턴을 특별하게 취급한다. 이를 **부인할 수 없는 패턴**irrefutable pattern이라고 하는데, 앞서 예로 든 장소 네 곳(let 뒤, 함수 인수 안, for 뒤, 클로저 인수 안)에서는 바로 이 패턴만 쓸 수 있다.

부인할 수 있는 패턴refutable pattern은 매칭되지 않을 수도 있는 패턴을 말한다. 예를 들어 Ok(x)는 오류 결과를 매칭하지 않고, '0' ..= '9'는 문자 'Q'를 매칭하지 않는다. 부인할 수 있는 패턴은 match 갈래에 쓸 수 있다. 한 패턴이 매칭에 실패할 때 이어서 벌어질 일을 명확히 알 수 있도록 하는 것이 바로 match의 설계 목적이기 때문이다. 앞의 네 가지 예는 러스트 프로그램에서 패턴을 쓰기에 좋은 곳이지만, 러스트가 매칭 실패를 허용하지 않는 곳이기도 하다.

부인할 수 있는 패턴은 if let과 while let 표현식에도 쓸 수 있어서 다음과 같은 식으로 활용할 수 있다.

```rust
// 딱 한 가지 이늄 베리언트만 처리한다.
if let RoughTime::InTheFuture(_, _) = user.date_of_birth() {
    user.set_time_traveler(true);
}

// 테이블 조회가 성공한 경우에만 코드를 실행한다.
if let Some(document) = cache_map.get(&id) {
    return send_cached_response(document);
}

// 성공할 때까지 뭔가를 반복 시도한다.
while let Err(err) = present_cheesy_anti_robot_task() {
    log_robot_attempt(err);
    // 사용자에게 다시 시도할 기회를 준다(아직 사람일 수 있다).
}

// 이터레이터를 직접 반복 처리한다.
while let Some(_) = lines.peek() {
    read_paragraph(&mut lines);
}
```

이들 표현식에 관한 자세한 내용은 6장의 'if let' 절과 '루프' 절을 참고하자.

바이너리 트리 채우기

이번에는 앞서 약속한 대로 BinaryTree에 노드를 추가하는 메서드 BinaryTree::add()의 구현 방법을 살펴본다.

```rust
// `T`의 순서 있는 컬렉션.
enum BinaryTree<T> {
    Empty,
    NonEmpty(Box<TreeNode<T>>),
}

// BinaryTree의 한 부분.
struct TreeNode<T> {
    element: T,
    left: BinaryTree<T>,
    right: BinaryTree<T>,
}
```

이 메서드를 작성하는 데 필요한 패턴 관련 지식은 앞서 살펴본 내용이면 충분하다. 바이너리 서치 트리를 설명하는 건 이 책의 범위를 벗어난다. 여기서는 여러분이 이미 이 주제를 잘 알고 있다고 가정하고 러스트에서 이를 어떤 식으로 구현하는지 살펴본다.

```rust
 1  impl<T: Ord> BinaryTree<T> {
 2      fn add(&mut self, value: T) {
 3          match *self {
 4              BinaryTree::Empty => {
 5                  *self = BinaryTree::NonEmpty(Box::new(TreeNode {
 6                      element: value,
 7                      left: BinaryTree::Empty,
 8                      right: BinaryTree::Empty,
 9                  }))
10              }
11              BinaryTree::NonEmpty(ref mut node) => {
12                  if value <= node.element {
13                      node.left.add(value);
14                  } else {
15                      node.right.add(value);
16                  }
17              }
18          }
19      }
20  }
```

1번 줄은 러스트에게 순서 있는 타입으로 된 BinaryTree의 메서드를 정의하고 있다는 걸 알린다. 여기에 쓰인 문법은 9장의 'impl로 메서드 정의하기'절에 설명된 제네릭 스트럭트의 메서드를 정의할 때 쓰는 문법과 동일하다.

기존 트리 *self가 비어 있을 때는 5번~9번 줄이 실행되어 Empty 트리가 NonEmpty 트리로 바뀐다. 여기서 Box::new() 호출은 힙에 새 TreeNode를 할당한다. 실행을 마치면 트리는 한 개의 요소를 갖게 된다. 이때 이 요소의 왼쪽과 오른쪽 하위 트리는 모두 Empty다.

*self가 비어 있지 않을 때는 11번 줄에 있는 패턴과 매칭된다.

```
BinaryTree::NonEmpty(ref mut node) => {
```

이 패턴은 Box<TreeNode<T>>의 변경할 수 있는 레퍼런스를 빌려 오기 때문에 트리 노드 안에 있는 데이터를 접근하고 수정할 수 있다. 이 레퍼런스의 이름은 node이고, 범위는 12번 줄부터 16번 줄까지다. 이 노드는 이미 요소를 가지고 있으므로 코드는 .add()를 재귀적으로 호출해서 새 요소를 왼쪽이나 오른쪽 하위 트리에 추가해야 한다.

이 새 메서드의 사용법은 다음과 같다.

```
let mut tree = BinaryTree::Empty;
tree.add("Mercury");
tree.add("Venus");
...
```

큰 그림

러스트의 이늄은 시스템 프로그래밍에는 새로울지 몰라도 전혀 새로운 개념이 아니다. 함수형 프로그래밍 언어에서는 **대수적 데이터 타입**algebraic data type과 같은 학술용어스러운 이름으로 여러 번 간판을 바꿔 달며 40년 넘게 쓰였다. C의 전통을 계승한 언어들 중에서 이 기능을 갖추고 있는 경우가 왜 그렇게 드문지는 확실치 않다. 아마도 프로그래밍 언어 설계자로서는 베리언트, 레퍼런스, 가변성, 메모리 안전성을 하나로 통합한다는 게 보통 어려운 일이 아니었을 것이다. 함수형 프로그래밍 언어는 가변성을 배제한다. 반면에 C의 union은 베리언트, 포인터, 가변성을 챙긴다. 그러나 이 union은 C의 기준으로 보더라도 굉장히 위험해서 최후의 수단으로만 쓴다. 러스트의 차용 검사기borrow checker는 이 네 가지를 전부 아무런 타협 없이 하나로 통합할 수 있게 해주는 마법과도 같다.

프로그래밍은 데이터 처리다. 데이터의 형태를 어떻게 가져가느냐에 따라서 작고, 빠르고, 우아한 프로그램이 되기도 하고, 강력 접착테이프를 잔뜩 감은 거대한 가상 메서드 호출 덩어리가 되기도 한다.

이것이 바로 이늄이 해결하려는 문제 영역이다. 이늄은 데이터를 올바른 형태로 만들기 위한 설계 도구다. 값이 될 수 있는 후보가 여럿일 때는 속도, 안전성, 코드량, 문서화 용이성 등 모든 면에서 이늄이 클래스 계통보다 낫다.

이 경우의 제한 요인은 유연성이다. 이늄은 최종 사용자가 새 베리언트를 추가해서 확장할 수 없다. 베리언트를 추가하려면 이늄 선언을 변경하는 수밖에 없는데, 그렇게 하면 기존 코드가 깨진다. 이럴 때는 해당 이늄의 각 베리언트를 개별적으로 매칭하는 match 표현식을 전부 찾아서 새 베리언트를 처리하는 갈래를 넣어 주어야 한다. 어떤 경우에는 유연성을 단순성과 맞바꾸는 게 현명할 때가 있다. 그렇게 해도 JSON 구조가 바뀌는 일은 없을 테니 말이다. 또 어떤 경우에는 이늄이 변경되었을 때 해당 이늄의 사용처를 전부 찾아 살피길 바랄 때도 있다. 예를 들어 컴파일러에서 프로그래밍 언어의 다양한 연산자를 enum으로 표현해 두면, 새 연산자가 추가될 때마다 **반드시** 연산자를 처리하는 모든 코드를 찾아 살피게 된다.

그러나 유연성이 더 요구되는 경우도 있다. 이런 상황에 쓸 수 있는 것이 바로 다음 장의 주제인 트레이트다.

트레이트와 제네릭

> 컴퓨터 과학자는 문제를 사례 1, 사례 2, 사례 3과 같이 비균일 구조로 다루려는 경향이 있는
> 반면, 수학자는 전체 시스템을 지배하는 하나의 통합된 공리를 추구하려는 경향이 있다.
>
> ―도널드 커누스Donald Knuth

프로그래밍의 위대한 발견 중 하나는 코드를 작성할 때 다루려는 값의 타입을 하나로 못박아 둘 필
요가 없다는 것이다. 쉽게 이야기해서 같은 코드로 다양한 타입의 값을 처리할 수 있다는 말인데, 여
기에는 **심지어 아직 있지도 않은 타입**의 값도 포함된다. 다음의 두 예를 보자.

- Vec<T>는 제네릭이다. 따라서 어떤 타입의 값이든 벡터로 만들 수 있는데, 여기에는 여러분의 프
  로그램 안에 정의된 타입처럼 Vec의 작성자가 전혀 예상치 못했을 타입의 값도 포함된다.

- File과 TcpStream을 비롯한 모든 라이터는 .write() 메서드를 가지고 있다. 따라서 라이터를 레
  퍼런스로 받기만 하면 어떤 라이터가 오든 상관없이 일관된 방법으로 데이터를 전달할 수 있다.
  코드에서 라이터의 실제 타입을 알아야 할 필요가 없기 때문에, 나중에 누군가가 새로운 라이터
  타입을 추가하더라도 이미 그 타입을 지원하는 것이나 다름없다.

물론, 이 기능을 도입한 건 러스트가 처음이 아니다. **다형성**polymorphism이라고 불리는 이 기능은
1970년대에 활발히 연구되던 새로운 프로그래밍 언어 기술로, 지금은 사실상 모든 언어가 채택하고
있다고 해도 과언이 아니다. 러스트는 관련된 두 가지 기능인 트레이트와 제네릭을 통해서 다형성을
지원한다. 이들 개념에 대해서는 많은 프로그래머들이 이미 잘 알고 있겠지만, 러스트는 여기에 하스
켈Haskell의 타입클래스에서 영감을 받은 새로운 접근법을 더했다.

트레이트trait는 러스트에서 인터페이스나 추상 기본 클래스의 역할을 하는데, 얼핏 보면 자바나 C#의 인터페이스처럼 느껴질 만큼 모습이 비슷하다. 예컨대 바이트열을 기록하기 위한 std::io::Write라고 하는 트레이트는 표준 라이브러리에 다음처럼 정의되어 있다.

```
trait Write {
    fn write(&mut self, buf: &[u8]) -> Result<usize>;
    fn flush(&mut self) -> Result<()>;

    fn write_all(&mut self, buf: &[u8]) -> Result<()> { ... }
    ...
}
```

이 트레이트가 제공하는 메서드는 여러 가지가 있는데, 여기서는 그중 처음 세 가지만 가져와 표시했다.

표준 타입인 File과 TcpStream은 모두 std::io::Write를 구현하고 있으며, Vec<u8>도 마찬가지다. 따라서 이 세 가지 타입은 모두 .write()와 .flush() 등의 이름으로 된 메서드를 제공한다. 이 점을 이용해서 다음처럼 코드를 작성하면 라이터를 사용할 때 이들의 실제 타입을 알아야 할 필요가 없다.

```
use std::io::Write;

fn say_hello(out: &mut dyn Write) -> std::io::Result<()> {
    out.write_all(b"hello world\n")?;
    out.flush()
}
```

out의 타입은 'Write 트레이트를 구현하고 있는 모든 값에 대한 변경할 수 있는 레퍼런스'를 뜻하는 &mut dyn Write다. 따라서 이 조건을 만족하기만 한다면 어떤 값이든 그의 변경할 수 있는 레퍼런스를 say_hello에 넘길 수 있다.

```
use std::fs::File;
let mut local_file = File::create("hello.txt")?;
say_hello(&mut local_file)?;  // 문제없다.

let mut bytes = vec![];
say_hello(&mut bytes)?;        // 역시 문제없다.
assert_eq!(bytes, b"hello world\n");
```

이번 장에서는 먼저 트레이트의 쓰임새와 동작 방식을 살펴보고, 나만의 트레이트를 정의하는 법에 대해 알아본다. 트레이트는 여러분이 짐작하는 것보다 훨씬 더 다양한 기능과 특징을 가지고 있다. 트레이트를 이용하면 기존 타입에 확장 메서드를 추가할 수 있는데, 여기에는 str와 bool 같은 기본 제공 타입도 포함된다. 또한 타입에 트레이트를 추가하더라도 메모리 비용이 증가하지 않으며, 트레이트를 쓸 때 가상 메서드 호출 비용이 생기지 않게 할 수도 있다. 이번 장에서는 이러한 것들이 왜 그리고 어떻게 가능한지 설명한다. 아울러 러스트가 연산자 오버로딩을 비롯한 여러 가지 기능을 지원하기 위해서 제공하는 언어와의 연결 고리인 기본 제공 트레이트에 대해서도 살펴본다. 그리고 하스켈에서 가져온 세 가지 기능인 Self 타입, 연관 함수, 연관 타입에 대해서도 다룰 텐데, 이들을 이용하면 다른 언어에서 온갖 꼼수와 회피 방법을 동원해 해결하던 문제들을 우아하게 풀어낼 수 있다.

제네릭generic은 러스트에서 다형성을 책임지는 또 다른 한 축이다. 제네릭 함수와 제네릭 타입은 C++ 템플릿처럼 같은 코드로 다양한 타입의 값을 처리할 수 있다.

```
/// 두 값이 주어지면 이 중에서 작은 값을 고른다.
fn min<T: Ord>(value1: T, value2: T) -> T {
    if value1 <= value2 {
        value1
    } else {
        value2
    }
}
```

여기서 <T: Ord>는 이 min 함수가 Ord 트레이트를 구현하고 있는 임의의 순서 있는 타입 T로 된 인수를 받는다는 걸 뜻한다. 이와 같은 요구 사항은 T에 올 수 있는 타입에 제한을 걸어둔다고 해서 **바운드**bound라고 한다. 컴파일러는 T의 실제 타입에 따라서 그에 알맞은 머신 코드를 생성한다.

제네릭과 트레이트는 서로 밀접하게 관련되어 있다. 제네릭 함수는 바운드 부분에 트레이트를 써서 자신이 적용될 수 있는 인수의 타입을 설명한다. 따라서 &mut dyn Write와 <T: Write>의 닮은 점과 다른 점을 살펴보고, 언제 어떤 트레이트 사용법을 선택해야 하는지에 대해서도 알아본다.

트레이트의 사용

트레이트는 임의의 주어진 타입이 지원할 수도 있고 지원하지 않을 수도 있는 기능이다. 대개의 경우에 트레이트는 타입의 능력, 즉 타입이 할 수 있는 무언가를 나타낸다.

- `std::io::Write`를 구현하는 값은 바이트열을 기록할 수 있다.

- `std::iter::Iterator`를 구현하는 값은 일련의 값을 산출할 수 있다.

- `std::clone::Clone`을 구현하는 값은 메모리에 자기 자신을 복제할 수 있다.

- `std::fmt::Debug`를 구현하는 값은 `println!()`에 `{:?}` 형식 지정자를 써서 출력할 수 있다.

이 네 가지 트레이트는 모두 러스트의 표준 라이브러리에 포함되어 있으며, 많은 표준 타입이 이를 구현하고 있다. 예를 보자.

- `std::fs::File`은 `Write` 트레이트를 구현하고 있으며, 로컬 파일에 바이트열을 기록한다. `std::net::TcpStream`은 네트워크 연결에 기록한다. `Vec<u8>`도 `Write`를 구현하고 있으며, `.write()`가 호출될 때마다 데이터를 바이트열 끝에 추가한다.

- (`0..10`의 타입인) `Range<i32>`는 `Iterator` 트레이트를 구현하고 있으며, 슬라이스나 해시 테이블 등과 연관된 일부 이터레이터 타입 역시 마찬가지다.

- 대부분의 표준 라이브러리 타입은 `Clone`을 구현하고 있다. 단, `TcpStream`처럼 단순히 메모리에 있는 데이터를 나타내는 게 다가 아닌 타입은 예외다.

- 마찬가지로 대부분의 표준 라이브러리 타입은 `Debug`를 지원한다.

트레이트 메서드에 관한 한 가지 특이한 규칙은 트레이트 자체가 반드시 범위 안에 있어야 한다는 것이다. 그렇지 않으면 그 안에 있는 메서드가 하나도 보이지 않는다.

```
let mut buf: Vec<u8> = vec![];
buf.write_all(b"hello")?;  // 오류: `write_all`이라는 메서드가 없다.
```

이 경우에는 컴파일러가 `use std::io::Write;`를 추가해 보라며 친절하게 오류 메시지를 출력해 주는데, 실제로 그렇게 하면 문제가 해결된다.

```
use std::io::Write;

let mut buf: Vec<u8> = vec![];
buf.write_all(b"hello")?;  // OK
```

러스트가 이런 규칙을 마련해 두고 있는 이유는 이번 장 뒷부분에서도 살펴보겠지만, 트레이트가 u32와 str 같은 표준 라이브러리 타입을 비롯한 임의의 타입에 새 메서드를 추가하기 위한 용도로 쓰일 수 있기 때문이다. 문제는 서드파티 크레이트도 똑같이 할 수 있다는 것인데, 이렇게 되면 이름 충돌이 발생할 가능성이 아주 높다! 그러나 러스트에서는 사용하려는 트레이트를 먼저 가져와야 하므로, 크레이트가 이 놀라운 기능을 마음껏 이용할 수 있다. 충돌을 일으키려면 같은 타입에 같은 이름으로 된 메서드를 추가하는 트레이트 두 가지를 가져와야 하는데, 실제로 이런 일이 발생하는 경우는 거의 없다(충돌이 발생하는 경우에는 이번 장 뒷부분에서 다룰 한정자가 모두 붙은 메서드 문법을 써서 원하는 내용을 기재하면 된다).

Clone과 Iterator 메서드는 따로 가져오기를 하지 않아도 쓸 수 있는데, 이것은 이들이 모든 모듈 안에 자동으로 포함되는 이름인 표준 프렐류드의 일부라서 기본적으로 범위 안에 늘 존재하기 때문이다. 사실 프렐류드에 들어 있는 내용의 상당 부분은 이렇게 꼭 필요한 트레이트들로 채워져 있다. 이 부분에 대해서는 13장에서 다룬다.

C++와 C# 프로그래머들은 트레이트 메서드가 가상 메서드와 비슷하다는 걸 이미 눈치챘을 것이다. 그럼에도 불구하고 앞에서 본 호출들은 일반적인 메서드 호출만큼 빠른데, 그 이유를 간단히 말하자면 여기에는 다형성이 개입하지 않기 때문이다. 즉, buf는 파일도 네트워크 연결도 아닌 벡터라는 게 명백하기 때문에, 컴파일러가 간단히 Vec<u8>::write()를 호출하는 코드로 만들 수 있고 심지어 해당 메서드를 인라인으로 처리할 수도 있다(C++와 C#도 이와 동일하게 처리하는 경우가 많지만, 경우에 따라서는 서브클래싱의 가능성으로 인해서 이러한 처리가 제한되기도 한다). 가상 메서드 호출이라고도 하는 동적 디스패치의 비용은 호출이 &mut dyn Write를 통해서 이뤄지는 경우에만 발생하는데, 이렇게 타입에 dyn 키워드가 붙어 있으면 동적 디스패치가 발생한다고 보면 된다. dyn Write는 **트레이트 객체**trait object라고도 하는데, 다음 절에서는 트레이트 객체의 기술적인 세부 사항과 제네릭 함수와의 차이점을 살펴본다.

트레이트 객체

러스트에서 트레이트를 이용해 다형적 코드를 작성하는 방법에는 두 가지가 있는데, 트레이트 객체와 제네릭이 바로 그것이다. 이번 절에서는 트레이트 객체를 살펴보고, 다음 절에서는 제네릭을 살펴본다.

러스트는 dyn Write 타입의 변수를 허용하지 않는다.

```
use std::io::Write;

let mut buf: Vec<u8> = vec![];
let writer: dyn Write = buf;  // 오류: `Write`는 크기가 일정하지 않다.
```

변수의 크기는 컴파일 시점에 결정되어야 하는데, Write를 구현하고 있는 타입의 크기가 모두 제각각일 수 있기 때문이다.

C#이나 자바 진영에서 넘어온 사람이라면 다소 의아해할 수 있는 부분인데, 이유를 따져보면 간단하다. 자바에서는 (std::io::Write와 비슷한 자바 표준 인터페이스인) OutputStream 타입의 변수가 OutputStream을 구현하고 있는 임의의 객체에 대한 레퍼런스이기 때문이다. 여기서 방점은 레퍼런스에 있는데, C#을 비롯한 대부분의 다른 언어들에 있는 인터페이스의 경우도 마찬가지다.

러스트에서 이와 동일한 효과를 얻으려면 사용하고자 하는 것이 레퍼런스임을 명시적으로 밝히면 된다.

```
let mut buf: Vec<u8> = vec![];
let writer: &mut dyn Write = &mut buf;  // OK
```

writer처럼 트레이트 타입을 가리키는 레퍼런스를 **트레이트 객체**라고 한다. 트레이트 객체도 여느 레퍼런스처럼 모종의 값을 가리키고, 수명을 가지며, mut가 붙거나 공유될 수 있다.

러스트는 보통 컴파일 시점에 참조 대상의 타입을 알 수 없다. 트레이트 객체가 특별한 이유는 바로 참조 대상의 타입에 관한 약간의 추가 정보를 포함하고 있다는 것이다. 러스트는 이 타입 정보를 내부용으로만 사용하는데, 예를 들어 writer.write(data)가 호출되면 이 타입 정보를 바탕으로 *writer의 타입에 맞는 올바른 write 메서드를 동적으로 찾아 호출하는 식이다. 우리가 이 타입 정보를 직접 조회할 수도 없을 뿐더러, 러스트가 &mut dyn Write 트레이트 객체를 다시 Vec<u8>과 같은 구체적인 타입으로 바꿔 주는 다운캐스팅을 지원하지도 않는다.

트레이트 객체 레이아웃

트레이트 객체는 값을 가리키는 포인터와 그 값의 타입을 나타내는 테이블을 가리키는 포인터로 구성되는 팻 포인터다. 따라서 각 트레이트 객체는 그림 11-1에 표시된 것처럼 메모리에서 2 머신 워드를 차지한다.

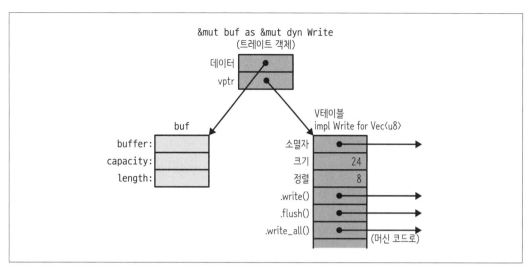

그림 11-1 **트레이트 객체의 메모리 구조**

C++도 이런 종류의 실행 시점 타입 정보를 가지고 있는데, 이를 **가상 테이블**virtual table 또는 **V테이블**vtable이라고 한다. 러스트의 V테이블은 C++의 경우와 마찬가지로 컴파일 시점에 한 번만 만들어지며, 같은 타입으로 된 모든 객체에 의해 공유된다. 그림 11-1에서 V테이블을 비롯한 짙은 갈색으로 표시된 모든 부분은 러스트의 내부 구현이 관리하는 세부 정보다. 다시 한번 말하지만, 이들은 우리가 직접 접근할 수 있는 필드와 데이터 구조가 아니다. 대신 우리가 트레이트 객체의 메서드를 호출하면, 언어가 알아서 V테이블을 이용해 호출해야 할 구현을 결정한다.

C++ 프로그래밍 고수라면 러스트와 C++가 메모리를 조금 다르게 사용한다는 걸 눈치챘을 것이다. C++에서는 V테이블 포인터인 **vptr**이 구조체 안에 저장된다. 반면 러스트는 팻 포인터를 쓰기 때문에 스트럭트 자체에는 필드만 포함된다. 이 방식은 스트럭트가 여러 개의 트레이트를 구현하더라도 vptr로 인한 공간 낭비가 없기 때문에, i32처럼 vptr 하나조차 제대로 수용할 여력이 없는 타입도 트레이트를 구현할 수 있다.

러스트는 필요하면 일반적인 레퍼런스를 트레이트 객체로 알아서 변환한다. 다음의 예에서 &mut local_file을 say_hello에 전달할 수 있는 이유가 바로 이 때문이다.

```
let mut local_file = File::create("hello.txt")?;
say_hello(&mut local_file)?;
```

&mut local_file의 타입은 &mut File이고, say_hello가 받는 인수의 타입은 &mut dyn Write다. 이런 상황에서 앞의 코드가 문제없이 작동하는 이유는 File이 일종의 라이터임을 인지한 러스트가

일반적인 레퍼런스를 트레이트 객체로 알아서 변환해 주기 때문이다.

같은 맥락에서 러스트는 Box<File>을 Box<dyn Write>로 변환해 주기도 한다. Box<dyn Write>는 힙에 있는 라이터를 소유하고 있는 값이다.

```
let w: Box<dyn Write> = Box::new(local_file);
```

Box<dyn Write>도 &mut dyn Write처럼 라이터 자체의 주소와 V테이블의 주소를 담고 있는 팻 포인터fat pointer다. Rc<dyn Write>를 비롯한 다른 포인터 타입들도 마찬가지다.

트레이트 객체는 이런 종류의 변환을 통해서만 만들 수 있다. 이 과정에서 컴파일러가 실제로 하고 있는 일은 매우 단순하다. 러스트가 변환이 일어나는 시점에 참조 대상의 진짜 타입을 알고 있으므로(앞의 경우에는 File), 여기에 적절한 V테이블의 주소를 더해서 일반적인 포인터를 팻 포인터로 바꿀 뿐이다.

제네릭 함수와 타입 매개변수

이번 장 맨 앞에서는 트레이트 객체 하나를 인수로 받는 say_hello() 함수를 살펴봤다. 이 함수를 제네릭 함수로 고쳐보자.

```
fn say_hello<W: Write>(out: &mut W) -> std::io::Result<()> {
    out.write_all(b"hello world\n")?;
    out.flush()
}
```

바뀐 거라곤 타입 시그니처뿐이다.

```
fn say_hello(out: &mut dyn Write)     // 평범한 함수

fn say_hello<W: Write>(out: &mut W)  // 제네릭 함수
```

이 함수를 제네릭으로 만들어 주는 건 바로 <W: Write> 부분이다. 이를 **타입 매개변수**type parameter 라고 하는데, 풀어서 설명하자면 함수 본문에 나오는 W가 Write 트레이트를 구현하고 있는 어떤 타입을 나타낸다는 뜻이다. 타입 매개변수는 보통 대문자 하나로 쓰는 게 관례다.

W가 나타내는 타입은 제네릭 함수의 쓰임새에 따라 달라진다.

```
say_hello(&mut local_file)?;  // say_hello::<File>을 호출한다.
say_hello(&mut bytes)?;       // say_hello::<Vec<u8>>을 호출한다.
```

제네릭 함수 say_hello()에 &mut local_file을 전달하면 say_hello::<File>()을 호출하는 것과
같다. 러스트는 이 함수에 대해서 File::write_all()과 File::flush()를 호출하는 머신 코드를
생성한다. 반면, &mut bytes를 전달하면 say_hello::<Vec<u8>>()을 호출하는 것과 같다. 러스트는
이 버전의 함수에 대해서 Vec<u8>이 가진 메서드를 호출하는 별도의 머신 코드를 생성한다. 러스트
는 두 경우 모두 인수의 타입을 보고 타입 W를 추론한다. 이 과정을 **단형성화**monomorphization라고도
하는데, 컴파일러가 이 모든 것을 알아서 처리한다.

물론, 다음처럼 타입 매개변수를 직접 적어 주어도 된다.

```
say_hello::<File>(&mut local_file)?;
```

그러나 보통은 러스트가 인수를 보고 타입 매개변수를 추론할 수 있기 때문에 그럴 필요가 거의 없
다. 앞의 코드의 경우 &mut W로 된 인수를 기대하는 제네릭 함수 say_hello에 &mut File을 전달하
고 있으므로, 러스트는 W = File이라고 추론한다.

호출하려는 제네릭 함수가 인수를 전혀 가지고 있지 않아서 타입 매개변수를 추론하는데, 필요한 단
서가 하나도 없을 때는 다음처럼 직접 적어 주어야 할 수도 있다.

```
// 아무런 인수도 받지 않는 제네릭 메서드 collect<C>()를 호출한다.
let v1 = (0 .. 1000).collect();              // 오류: 타입을 추론할 수 없다.
let v2 = (0 .. 1000).collect::<Vec<i32>>();  // OK
```

경우에 따라서는 타입 매개변수에 여러 가지 능력을 요구하고 싶을 때가 있다. 예컨대 벡터에 들어 있
는 값들 중에서 출현 빈도가 높은 상위 10개의 값을 출력하고 싶다고 하자. 이를 위해서는 일단 값이
출력될 수 있는 능력을 갖춰야 한다.

```
use std::fmt::Debug;

fn top_ten<T: Debug>(values: &Vec<T>) { ... }
```

그러나 이걸로는 부족하다. 출현 빈도가 높은 값을 찾을 때는 보통 출현하는 값을 해시 테이블의 키
로 이용하는 방법을 쓰는데, 이 말은 값이 Hash와 Eq 연산을 지원해야 한다는 뜻이다. 따라서 T의

바운드는 Debug와 함께 이 둘을 반드시 포함해야 한다. 이럴 때는 이들을 다음처럼 + 기호로 묶으면 된다.

```
use std::hash::Hash;
use std::fmt::Debug;

fn top_ten<T: Debug + Hash + Eq>(values: &Vec<T>) { ... }
```

그림 11-2에서 보다시피 타입 중에는 Debug를 구현하고 있는 것, Hash를 구현하고 있는 것, Eq를 구현하고 있는 것이 있고, 소수지만 u32와 String처럼 이 세 개를 모두 구현하고 있는 것이 있다.

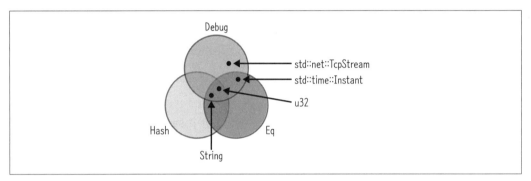

그림 11-2 **타입 집합으로서의 트레이트**

물론 바운드를 전혀 갖지 않는 타입 매개변수를 쓸 수도 있지만, 그럴 경우에는 값을 가지고 할 수 있는 일이 그리 많지 않다. 값을 옮기거나 박스나 벡터 안에 넣는 일 정도밖에 할 수 없다.

제네릭 함수는 타입 매개변수를 여러 개 가질 수 있다.

```
/// 분할된 대규모 데이터 세트를 대상으로 쿼리를 실행한다.
/// <http://research.google.com/archive/mapreduce.html>를 참고하자.
fn run_query<M: Mapper + Serialize, R: Reducer + Serialize>(
    data: &DataSet, map: M, reduce: R) -> Results
{ ... }
```

그러나 위 예에서 보다시피 바운드 부분이 길어지면 그 안에 있는 내용이 눈에 잘 안 들어온다. 따라서 러스트는 다음과 같이 where 키워드를 이용하는 대체 문법을 제공한다.

```
fn run_query<M, R>(data: &DataSet, map: M, reduce: R) -> Results
    where M: Mapper + Serialize,
```

```
        R: Reducer + Serialize
{ ... }
```

타입 매개변수 M과 R은 계속 앞쪽에 선언해 두고 바운드만 별도의 줄에다 옮겨 적으면 된다. 제네릭 스트럭트, 이늄, 타입 별칭, 메서드 등 바운드가 올 수 있는 곳이라면 어디서든 이런 식으로 where 절을 쓸 수 있다.

물론, 바운드 부분을 단순하게 가져가면 where 절을 쓸 이유가 없다. 프로그램을 작성할 때 제네릭을 과도하게 쓰지 않는 쪽으로 방향을 잡는 것도 좋은 대안이다.

5장의 '레퍼런스를 함수 인수로 전달받기' 절에서는 수명 매개변수에 대한 문법을 소개한 바 있다. 제네릭 함수는 수명 매개변수와 타입 매개변수를 모두 가질 수 있는데, 이럴 때는 수명 매개변수를 먼저 쓴다.

```
/// `candidates`에 있는 점들 중에서 `target` 점과 가장 가까운 점의 레퍼런스를 반환한다.
fn nearest<'t, 'c, P>(target: &'t P, candidates: &'c [P]) -> &'c P
    where P: MeasureDistance
{
    ...
}
```

이 함수는 target과 candidates 이렇게 두 개의 인수를 받는다. 둘 다 레퍼런스이고, (5장의 '고유한 수명 매개변수' 절에서 설명한 바와 같이) 각각에게 고유 수명 't와 'c가 부여된다. 또한 위 함수는 MeasureDistance 트레이트를 구현하고 있는 임의의 타입 P에 대해서 작동하기 때문에, 프로그램에 따라서 Point2d 값을 가지고 부를 수도 있고 Point3d 값을 가지고 부를 수도 있다.

수명은 머신 코드에 아무런 영향을 주지 않는다. 예를 들어 nearest()를 두 군데서 호출하는 데 사용하는 타입이 P로 같다면, 수명이 다르더라도 동일한 머신 코드로 컴파일된 함수를 호출하게 된다. 제네릭 함수가 여러 벌로 컴파일되는 경우는 호출할 때 쓰는 타입이 달라질 때뿐이다.

타입과 수명 외에도 제네릭 함수는 259쪽 **"상수 매개변수를 갖는 제네릭 스트럭트"** 절에서 본 Polynomial 스트럭트처럼 상수 매개변수를 받을 수 있다.

```
fn dot_product<const N: usize>(a: [f64; N], b: [f64; N]) -> f64 {
    let mut sum = 0.;
    for i in 0..N {
        sum += a[i] * b[i];
```

```
        }
    sum
}
```

여기서 <const N: usize> 부분은 dot_product 함수가 기대하는 제네릭 매개변수 N이 반드시 usize 여야 한다는 걸 나타낸다. N이 주어지면 이 함수는 [f64; N] 타입의 두 인수를 받아다가 서로 대응하는 요소의 곱을 구해 더한다. N이 보통의 usize 인수와 다른 점은 dot_product의 시그니처나 본문에 있는 타입 안에 쓸 수 있다는 것이다.

타입 매개변수와 마찬가지로 상수 매개변수는 명시적으로 제공할 수도 있고 러스트가 추론하게 둘 수도 있다.

```
// 명시적으로 `3`을 `N`의 값으로 제공한다.
dot_product::<3>([0.2, 0.4, 0.6], [0., 0., 1.])

// 러스트가 `N`을 `2`로 추론하게 둔다.
dot_product([3., 4.], [-5., 1.])
```

물론, 러스트에 있는 제네릭 코드의 종류가 함수뿐인 건 아니다.

- 제네릭 타입은 9장의 '**제네릭 스트럭트**' 절과 10장의 '**제네릭 이늄**' 절에서 이미 다룬 바 있다.

- 개별 메서드는 비제네릭 타입에 속해 있는 경우라도 제네릭이 될 수 있다.

```
impl PancakeStack {
    fn push<T: Topping>(&mut self, goop: T) -> PancakeResult<()> {
        goop.pour(&self);
        self.absorb_topping(goop)
    }
}
```

- 타입 별칭도 제네릭이 될 수 있다.

```
type PancakeResult<T> = Result<T, PancakeError>;
```

- 제네릭 트레이트는 이번 장 뒷부분에서 다룬다.

이번 절에서 소개한 바운드, where 절, 수명 매개변수 등의 모든 기능은 함수뿐만 아니라 모든 제네릭 아이템에서 쓸 수 있다.

어느 걸 써야 할까?

트레이트 객체와 제네릭 코드 중에서 어느 걸 쓸지 고르는 문제는 쉽게 답하기 어렵다. 두 기능 다 트레이트에 기반을 두고 있어서 서로 공통점이 많기 때문이다.

트레이트 객체는 다양한 타입으로 된 값들의 집합체가 필요할 때 쓰면 적합하다. 예를 보자.

```
trait Vegetable {
    ...
}

struct Salad<V: Vegetable> {
    veggies: Vec<V>
}
```

제네릭 샐러드를 만드는 게 기술적으로 가능할진 몰라도 이런 설계는 좀 난감하다. 이렇게 하면 한 가지 채소로 된 샐러드밖에 만들 수 없기 때문인데, 이런 샐러드는 아무나 시도할 수 있는 게 아니다. 필자는 14달러짜리 Salad<IcebergLettuce>를 사서 먹어 본 일이 있는데 그때의 경험을 아직도 잊을 수 없다.

어떻게 하면 더 나은 샐러드를 만들 수 있을까? Vegetable 값은 크기가 모두 제각각일 수 있기 때문에 Vec<dyn Vegetable>을 쓸 수는 없다.

```
struct Salad {
    veggies: Vec<dyn Vegetable>   // 오류: `dyn Vegetable`은 크기가 일정하지 않다.
}
```

이럴 때는 트레이트 객체를 쓰면 된다.

```
struct Salad {
    veggies: Vec<Box<dyn Vegetable>>
}
```

Box<dyn Vegetable>은 어떤 종류의 야채든 가리지 않고 소유할 수 있는 데다, 박스 자체의 크기도 포인터 두 개 분량으로 고정되어 있어서 벡터에 담아 두고 쓰기에 적합하다. 음식 안에 상자가 들어가는 비유는 좀 별로지만, 그 부분만 제외하면 우리의 요구와 정확히 맞아떨어진다. 또 이런 식의 접근은 그리기 앱에서 볼 수 있는 도형, 게임 속에 등장하는 괴물, 네트워크 라우터에 쓰이는 플러그형 라우팅 알고리즘 등을 표현하는 데도 제격이다.

트레이트 객체를 쓰면 컴파일된 코드의 총량을 줄이는 데도 도움이 될 수 있다. 제네릭 함수는 호출할 때 쓰는 타입이 달라질 때마다 새로 컴파일되어야 하기 때문에 이 과정의 반복 횟수가 늘면 바이너리가 커질 수 있다. C++ 쪽에서는 이를 **코드 부풀림**code bloat 현상이라고 부른다. 요즘은 다들 빵빵한 메모리 덕분에 코드 크기 따위는 개나 주라며 사치 부리기 일쑤지만, 그럴 수 없는 환경도 엄연히 존재한다.

샐러드나 자원이 빈약한 환경과 관련된 상황이 아니라면 트레이트 객체보다는 제네릭을 쓰는 게 좋다. 실제로 러스트에서는 제네릭을 쓰는 경우가 더 많은데 여기에는 세 가지 중요한 이점이 있기 때문이다.

첫 번째 이점은 속도다. 제네릭 함수 시그니처에는 dyn 키워드가 없다는 걸 눈여겨보자. 타입이 명시적으로든 타입 추론을 통해서든 컴파일 시점에 지정되기 때문에 컴파일러는 어떤 write 메서드를 호출해야 하는지 정확히 알고 있다. 트레이트 객체가 관여되어 있지 않으므로(따라서 동적 디스패치도 발생하지 않는다), dyn 키워드는 쓰이지 않는다.

이번 장 맨 앞에서 살펴본 제네릭 함수 min()은 min_u8, min_i64, min_string 등과 같은 식으로 작성된 함수만큼 빠르다. 제네릭 함수도 다른 함수들처럼 컴파일러의 인라인 처리 대상이 될 수 있기 때문에, 릴리스 빌드에서는 min::<i32> 호출이 불과 두세 개의 명령으로 대체될 가능성이 있다. 또한, min(5, 3)처럼 상수 인수를 쓰는 호출은 컴파일 시점에 평가를 끝내서 실행 시점 비용을 완전히 없앨 수 있으므로 더 빠르다.

아래의 제네릭 함수 호출을 생각해 보자.

```
let mut sink = std::io::sink();
say_hello(&mut sink)?;
```

std::io::sink()는 자신에게 기록된 모든 바이트열을 조용히 내다 버리는 Sink 타입의 라이터를 반환한다.

러스트는 머신 코드를 생성할 때 여러 가지 요소를 다각도로 고려한다. 일단 앞의 제네릭 함수 호출의 경우에는 함수 본문에 적힌 내용대로 먼저 Sink::write_all을 호출하고 오류가 있는지 확인한

다음, Sink::flush를 호출하는 코드를 생성할 수 있겠다.

그러나 러스트가 이 메서드들을 보고 다음과 같은 내용을 알게 될 수도 있다.

- Sink::write_all()이 아무 일도 하지 않는다.
- Sink::flush()가 아무 일도 하지 않는다.
- 두 메서드 모두 오류를 반환하지 않는다.

즉, 러스트가 이 함수 호출을 완전히 최적화하는 데 필요한 모든 정보를 가지고 있는 셈이다.

반면 트레이트 객체의 경우는 어떨까? 트레이트 객체가 가리키는 값의 타입은 실행 시점이 되어야만 알 수 있기 때문에 Sink를 전달하더라도 가상 메서드 호출 비용과 오류 검사 비용이 계속 붙게 된다.

제네릭의 두 번째 이점은 트레이트라고 해서 모두가 트레이트 객체를 지원할 수 있는 게 아니라는 데 있다. 트레이트가 지원하는 기능 중에는 연관 함수처럼 제네릭하고만 쓸 수 있고 트레이트 객체하고 는 쓸 수 없는 게 몇 가지 있는데, 이 부분은 뒤에서 설명한다.

제네릭의 세 번째 이점은 앞에서 top_ten 함수가 T 매개변수의 요구 사항으로 Debug + Hash + Eq 를 구현할 것을 내걸었을 때처럼, 제네릭 타입 매개변수의 바운드를 여러 트레이트를 써서 한 번에 그 리고 손쉽게 표현할 수 있다는 점이다. 트레이트 객체는 이렇게 할 수 없는데, 러스트는 &mut (dyn Debug + Hash + Eq)와 같은 타입을 지원하지 않는다(이 문제는 이번 장 뒷부분에서 설명할 서브트레이트를 써서 풀 수 있긴 하지만 약간 복잡하다).

트레이트의 정의와 구현

트레이트를 정의하는 법은 간단하다. 트레이트의 이름을 적고 트레이트 메서드의 타입 시그너처를 주 욱 나열하기만 하면 된다. 예컨대 게임을 만들고 있는 중이라면 다음과 같은 트레이트가 필요할지 모 른다.

```
/// 문자, 아이템, 풍경 등 화면에 보이는 게임 세계의 모든 것을 위한 트레이트.
trait Visible {
    /// 이 객체를 주어진 캔버스에 렌더링한다.
    fn draw(&self, canvas: &mut Canvas);

    /// (x, y)에서 발생한 클릭이 이 객체를 선택해야 하는 경우 true를 반환한다.
    fn hit_test(&self, x: i32, y: i32) -> bool;
}
```

트레이트를 구현할 때는 impl *TraitName* for *Type*과 같은 식으로 쓴다.

```
impl Visible for Broom {
    fn draw(&self, canvas: &mut Canvas) {
        for y in self.y - self.height - 1 .. self.y {
            canvas.write_at(self.x, y, '|');
        }
        canvas.write_at(self.x, self.y, 'M');
    }

    fn hit_test(&self, x: i32, y: i32) -> bool {
        self.x == x
        && self.y - self.height - 1 <= y
        && y <= self.y
    }
}
```

이 impl에는 Visible 트레이트가 가진 메서드의 구현만 포함되어 있다는 점을 눈여겨보자. 트레이트 impl에 정의된 모든 것은 실제로 그 트레이트가 가진 기능이어야 한다. 만일 Broom::draw()에서 쓸 도우미 메서드를 추가하고 싶다면, 별도의 impl 블록에 정의해야 한다.

```
impl Broom {
    /// 다음의 Broom::draw()에서 사용하는 도우미 함수.
    fn broomstick_range(&self) -> Range<i32> {
        self.y - self.height - 1 .. self.y
    }
}
```

이들 도우미 함수는 트레이트 impl 블록 안에서 쓸 수 있다.

```
impl Visible for Broom {
    fn draw(&self, canvas: &mut Canvas) {
        for y in self.broomstick_range() {
            ...
        }
        ...
    }
    ...
}
```

기본 메서드

앞에서 살펴본 Sink 라이터 타입은 간단해서 코드 몇 줄이면 구현할 수 있다. 먼저 타입을 정의해 보자.

```
/// 자신에게 기록되는 모든 데이터를 무시하는 Writer.
pub struct Sink;
```

Sink는 데이터를 저장할 필요가 없기 때문에 빈 스트럭트로 정의했다. 다음으로 Sink를 위한 Write 트레이트를 구현해 보자.

```
use std::io::{Write, Result};

impl Write for Sink {
    fn write(&mut self, buf: &[u8]) -> Result<usize> {
        // 전체 버퍼를 성공적으로 기록했다고 주장한다.
        Ok(buf.len())
    }

    fn flush(&mut self) -> Result<()> {
        Ok(())
    }
}
```

여기까지는 Visible 트레이트와 거의 비슷하다. 그런데 한 가지 이상한 점은 Write 트레이트가 가지고 있는 write_all 메서드가 보이지 않는다는 것이다.

```
let mut out = Sink;
out.write_all(b"hello world\n")?;
```

impl Write for Sink 블록에 정의되지 않은 메서드가 있는데도 왜 러스트는 이를 문제 삼지 않을까? 답은 표준 라이브러리에 있는 Write 트레이트의 정의에 write_all의 **기본 구현**default implementation 이 포함되어 있기 때문이다.

```
trait Write {
    fn write(&mut self, buf: &[u8]) -> Result<usize>;
    fn flush(&mut self) -> Result<()>;

    fn write_all(&mut self, buf: &[u8]) -> Result<()> {
        let mut bytes_written = 0;
```

```
        while bytes_written < buf.len() {
            bytes_written += self.write(&buf[bytes_written..])?;
        }
        Ok(())
    }

    ...
}
```

write와 flush 메서드는 모든 라이터가 반드시 구현해야 하는 기본 메서드다. write_all은 구현해도 되고 안 해도 되는데, 구현하지 않으면 위에 표시된 기본 구현이 대신 쓰인다.

사용자 정의 트레이트도 같은 식으로 기본 구현을 포함할 수 있다.

표준 라이브러리에서 기본 메서드를 가장 활발하게 쓰고 있는 트레이트는 바로 필수 메서드 하나 (.next())와 수십 개의 기본 메서드로 이뤄진 Iterator다. 보다 자세한 내용은 15장에서 설명한다.

트레이트와 내가 만들지 않은 타입들

러스트에서 타입은 어떤 트레이트든 구현할 수 있고, 트레이트는 어떤 타입에든 구현될 수 있다. 단, 대상이 되는 트레이트나 타입은 현재 크레이트에서 처음 선보이는 것이어야 한다.

이 말은 언제든 트레이트를 써서 원하는 메서드를 임의의 타입에 추가할 수 있다는 뜻이다.

```
trait IsEmoji {
    fn is_emoji(&self) -> bool;
}

/// 기본 제공 문자 타입에 대해서 IsEmoji를 구현한다.
impl IsEmoji for char {
    fn is_emoji(&self) -> bool {
        ...
    }
}

assert_eq!('$'.is_emoji(), false);
```

새 메서드 is_emoji는 여느 트레이트 메서드처럼 IsEmoji가 범위 안에 있을 때만 보인다.

이 트레이트의 유일한 목적은 기존 타입인 char에 메서드를 추가하는 것이다. 이런 트레이트를 **확장 트레이트**extension trait라고 한다. 물론 impl IsEmoji for str { ... }와 같은 식으로 써서 이 트레이트를 타입에 추가할 수도 있다.

심지어 제네릭 impl 블록을 쓰면 확장 트레이트를 동일 계열 타입군 전체에 한 번에 추가할 수 있다. 이 트레이트는 어떤 타입에든 구현될 수 있다.

```
use std::io::{self, Write};

/// HTML을 보낼 수 있는 값들을 위한 트레이트.
trait WriteHtml {
    fn write_html(&mut self, html: &HtmlDocument) -> io::Result<()>;
}
```

이 트레이트를 모든 라이터에 대해서 구현하면 메서드를 러스트의 모든 라이터에 추가하는 확장 트레이트가 된다.

```
/// 어떤 std::io 라이터에든 HTML을 기록할 수 있다.
impl<W: Write> WriteHtml for W {
    fn write_html(&mut self, html: &HtmlDocument) -> io::Result<()> {
        ...
    }
}
```

impl<W: Write> WriteHtml for W 부분은 '여기에 있는 WriteHtml의 구현이 Write를 구현하고 있는 모든 타입 W를 위한 것'이라는 의미다.

표준 타입을 대상으로 사용자 정의 트레이트를 구현해 쓰는 기법은 상당히 유용한데, serde 라이브러리를 통해서 그 진가를 알아보자. serde는 러스트 데이터 구조체를 디스크에 기록하고 다시 읽어오는 데 쓸 수 있는 직렬화 라이브러리다. 이 라이브러리는 Serialize라고 하는 트레이트를 정의하고, 이를 자신이 지원하는 모든 데이터 타입에 대해서 구현한다. 실제로 serde의 소스 코드에는 bool, i8, i16, i32, 배열, 튜플 타입 등과 더불어 Vec과 HashMap을 포함한 모든 표준 데이터 구조체에 대해서 Serialize를 구현하는 코드가 포함되어 있다.

serde는 이런 식으로 자신이 지원하는 모든 타입에 .serialize() 메서드를 추가한다. 이 메서드의 사용법은 다음과 같다.

```
use serde::Serialize;
use serde_json;

pub fn save_configuration(config: &HashMap<String, String>)
    -> std::io::Result<()>
```

```
{
    // 파일에 데이터를 기록하는 JSON 직렬 변환기를 만든다.
    let writer = File::create(config_filename())?;
    let mut serializer = serde_json::Serializer::new(writer);

    // 나머지 일은 serde의 `.serialize()` 메서드가 처리한다.
    config.serialize(&mut serializer)?;

    Ok(())
}
```

앞서 우리는 트레이트를 구현할 때 대상이 되는 트레이트나 타입이 현재 크레이트에서 처음 선보이는 것이어야 한다고 했다. 이를 **고아 규칙**orphan rule이라고 한다. 이 규칙은 러스트가 트레이트 구현의 유일성을 보장하는 데 도움을 준다. 여러분의 코드에서 impl Write for u8을 구현할 수 없는 이유는 Write와 u8이 모두 표준 라이브러리에 정의되어 있기 때문이다. 이를 허용했다가는 u8에 대한 Write 의 구현이 서로 다른 크레이트에 여러 벌 생기기 십상이라 러스트가 주어진 메서드 호출에 쓸 구현을 합리적으로 결정하기 어려워진다.

(C++에도 단일 정의 규칙One Definition Rule이라고 하는 비슷한 유일성 제약이 있다. 그러나 보통은 컴파일러가 아주 간단한 경우만 검사하기 때문에 이를 위반하면 미정의 동작이 일어난다.)

트레이트와 Self

트레이트는 Self 키워드를 타입으로 쓸 수 있다. 예를 들어 표준 트레이트인 Clone의 정의를 보자(주 제와 관련 없는 부분은 생략했다).

```
pub trait Clone {
    fn clone(&self) -> Self;
    ...
}
```

여기서 Self를 반환 타입으로 썼다는 건 x.clone()의 타입이 x의 타입과 같다는 뜻이다. 즉, x가 String이면 x.clone()의 타입은 String이 되지, dyn Clone이나 다른 복제할 수 있는 타입이 되는 게 아니다.

비슷한 예로 다음과 같이 정의한 트레이트가 있다고 하자.

```
pub trait Spliceable {
    fn splice(&self, other: &Self) -> Self;
}
```

또 여기에 대해서 다음과 같이 두 가지 구현이 있다고 하자.

```
impl Spliceable for CherryTree {
    fn splice(&self, other: &Self) -> Self {
        ...
    }
}

impl Spliceable for Mammoth {
    fn splice(&self, other: &Self) -> Self {
        ...
    }
}
```

이 경우 첫 번째 impl 안에 있는 Self는 CherryTree의 별칭이고, 두 번째 impl 안에 있는 Self는 Mammoth의 별칭이다. 이 말은 체리 나무 두 그루를 접붙이거나 매머드 두 마리를 교배할 순 있어도, 매머드 체리라는 잡종을 만들 수는 없다는 뜻이다. self의 타입과 other의 타입은 반드시 일치해야 한다.

Self 타입을 쓰는 트레이트는 트레이트 객체로 만들 수 없다.

```
// 오류: `Spliceable` 트레이트는 객체로 만들 수 없다.
fn splice_anything(left: &dyn Spliceable, right: &dyn Spliceable) {
    let combo = left.splice(right);
    // ...
}
```

이 부분은 앞으로 트레이트 객체의 고급 기능을 다루면서 겪게 될 문제와도 관련이 있으니 한 번 짚고 넘어가자. 러스트가 앞의 코드를 거부하는 이유는 left.splice(right) 호출에 대해서 타입 검사를 수행할 방법이 없기 때문이다. 트레이트 객체의 핵심은 실행 시점이 되어야만 그 타입을 알 수 있다는 데 있다. 러스트는 컴파일 시점에 트레이트의 요구대로 left와 right가 같은 타입으로 되어 있는지 확인할 길이 없다.

사실 트레이트 객체는 자바의 인터페이스나 C++의 추상 기본 클래스를 써서 구현할 수 있는 수준의 아주 단순한 트레이트를 위한 것이다. 트레이트 객체를 쓰면 러스트가 프로그램을 대상으로 타입 검사를 수행할 때 필요한 타입 정보가 손실되기 때문에 이 정보를 토대로 작동하는 유용한 트레이트의 여러 고급 기능들을 쓸 수 없게 된다.

유전적으로 불가능한 결합이 필요한 경우에는 다음처럼 트레이트 객체로 만들어 쓰기에 적합한 트레이트를 설계하면 된다.

```rust
pub trait MegaSpliceable {
    fn splice(&self, other: &dyn MegaSpliceable) -> Box<dyn MegaSpliceable>;
}
```

이 트레이트는 트레이트 객체로 만들 수 있다. other와 self의 타입이 모두 MegaSpliceable이기만 하다면 두 인수의 타입을 굳이 맞춰야 할 이유가 없기 때문에, 앞의 .splice() 메서드 호출에 대해서 타입 검사를 수행하는 데도 아무런 문제가 없다.

서브트레이트

기존에 있는 트레이트를 확장해서 새로운 트레이트를 만들 수도 있다.

```rust
/// 플레이어, 픽시, 가고일, 다람쥐, 괴물 등 게임 세계에 있는 생명체.
trait Creature: Visible {
    fn position(&self) -> (i32, i32);
    fn facing(&self) -> Direction;
    ...
}
```

trait Creature: Visible 부분은 모든 생명체creature가 눈에 보이는 특성visible을 갖는다는 뜻이다. Creature를 구현하는 모든 타입은 반드시 Visible 트레이트를 함께 구현해야 한다.

```rust
impl Visible for Broom {
    ...
}

impl Creature for Broom {
    ...
}
```

두 트레이트를 구현하는 순서는 아무래도 상관없지만 Visible은 구현하지 않은 채 Creature만 구현하는 건 오류다. 여기서 Creature는 Visible의 **서브트레이트**subtrait라고 하고, Visible은 Creature의 **슈퍼트레이트**supertrait라고 한다.

어떤 값이 서브트레이트를 구현하고 있을 때는 그 값이 해당 서브트레이트의 슈퍼트레이트도 함께 구현하고 있다고 볼 수 있다는 점에서, 서브트레이트는 자바나 C#의 서브인터페이스와 닮았다. 그러나 러스트에서는 서브트레이트가 슈퍼트레이트의 연관 아이템들을 상속하지 않는다. 트레이트의 메서드를 호출하려면 해당 트레이트가 여전히 범위 안에 있어야 한다.

사실 러스트의 서브트레이트는 실제로 Self의 바운드에 대한 축약 표기에 불과하다. 다음의 Creature 정의는 앞에서 본 것과 완전히 똑같다.

```
trait Creature where Self: Visible {
    ...
}
```

타입 연관 함수

대부분의 객체 지향 언어에서는 인터페이스가 정적 메서드나 생성자를 포함할 수 없지만, 트레이트는 러스트의 정적 메서드라 할 수 있는 타입 연관 함수를 포함할 수 있다.

```
trait StringSet {
    /// 새로운 빈 세트를 반환한다.
    fn new() -> Self;

    /// `strings`의 모든 문자열을 포함하는 세트를 반환한다.
    fn from_slice(strings: &[&str]) -> Self;

    /// 세트 안에 특정 `value`가 포함되어 있는지 알아본다.
    fn contains(&self, string: &str) -> bool;

    /// 세트에 문자열을 추가한다.
    fn add(&mut self, string: &str);
}
```

이 StringSet 트레이트를 구현하는 모든 타입은 위에 있는 네 가지 연관 함수를 반드시 구현해야 한다. 이 중에서 앞쪽에 있는 new()와 from_slice()는 self 인수를 받지 않으며 생성자 역할을 한다. 이들 함수를 비제네릭 코드에서 호출할 때는 타입 연관 함수를 호출할 때처럼 ::을 써서 한다.

```
// StringSet을 구현하는 두 가지 가상 타입의 세트를 만든다.
let set1 = SortedStringSet::new();
let set2 = HashedStringSet::new();
```

제네릭 코드에서 호출할 때도 마찬가지다. 단, 이때는 아래에 있는 S::new() 호출에서 보다시피 타입
부분을 타입 변수로 쓰는 경우가 많다.

```
/// `document`에 있는 단어들 중에서 `wordlist`에 없는 단어들의 세트를 반환한다.
fn unknown_words<S: StringSet>(document: &[String], wordlist: &S) -> S {
    let mut unknowns = S::new();
    for word in document {
        if !wordlist.contains(word) {
            unknowns.add(word);
        }
    }
    unknowns
}
```

자바와 C#의 인터페이스와 마찬가지로 트레이트 객체는 타입 연관 함수를 지원하지 않는다. &dyn
StringSet 트레이트 객체를 쓰고 싶으면 트레이트를 고쳐서, self 인수를 레퍼런스로 받지 않는 타
입 연관 함수가 where Self: Sized 바운드를 갖도록 만들어야 한다.

```
trait StringSet {
    fn new() -> Self
        where Self: Sized;

    fn from_slice(strings: &[&str]) -> Self
        where Self: Sized;

    fn contains(&self, string: &str) -> bool;

    fn add(&mut self, string: &str);
}
```

이렇게 하면 러스트가 위의 바운드를 가진 특정 연관 함수를 트레이트 객체의 메서드 목록에서 제외
하기 때문에 StringSet 트레이트 객체를 만들어 쓸 수 있게 된다. 이 경우 new나 from_slice는 당
연히 사용할 수 없고, .contains()와 .add()만 호출할 수 있다. 이 기법은 트레이트 객체와 호환되
지 않는 다른 메서드에도 통한다(왜 그런지를 설명하려면 길고 지루한 기술적인 이야기를 늘어놔야 하므로 생
략하기로 하자. 단, Sized 트레이트에 대해서는 13장에서 살펴본다).

한정자가 모두 붙은 메서드 호출

지금까지 살펴본 트레이트 메서드의 호출 방식에는 모두 러스트가 누락된 부분을 알아서 채워 준다는 전제가 깔려 있다. 예를 들어 다음과 같은 코드를 작성한다고 하자.

```
"hello".to_string()
```

to_string은 ToString 트레이트의 to_string 메서드를 가리키는 것으로 여기서는 str 타입의 구현을 호출하고 있다. 즉, 이 게임에는 트레이트, 이 트레이트의 메서드, 이 메서드의 구현, 이 구현이 적용되는 값 이렇게 4명의 플레이어가 개입되어 있는 셈이다. 메서드를 호출할 때마다 이 모든 걸 일일이 적지 않아도 된다는 건 분명 훌륭한 생각이지만, 경우에 따라서는 의도한 바를 정확히 언급할 방법이 필요할 때가 있다. 이럴 때는 한정자가 모두 붙은 메서드 호출을 쓰면 된다.

우선 메서드는 특별한 종류의 함수에 불과하다는 점을 아는 것이 도움이 된다. 예를 들어, 다음의 두 호출은 서로 동일하다.

```
"hello".to_string()

str::to_string("hello")
```

두 번째 형식은 연관 함수를 호출하는 것과 똑같다. 이 형식은 to_string 메서드가 self 인수를 받는 경우에도 통하는데, self를 함수의 첫 번째 인수로 넘기기만 하면 된다.

또한 to_string은 표준 트레이트인 ToString의 메서드이기 때문에 다음과 같은 형식으로도 호출할 수 있다.

```
ToString::to_string("hello")

<str as ToString>::to_string("hello")
```

앞의 네 가지 메서드 호출은 하는 일이 모두 똑같기 때문에 보통은 그냥 value.method()와 같은 식으로 많이 쓴다. 이를 제외한 나머지 형식은 메서드가 연관된 타입이나 트레이트를 지정하고 있다고 해서 **한정자가 붙은**qualified 메서드 호출이라고 한다. 특히, 꺾쇠괄호(<>)를 쓰는 마지막 형식은 이 둘을 모두 지정하고 있다고 해서 **한정자가 모두 붙은**fully qualified 메서드 호출이라고 한다.

. 연산자를 써서 "hello".to_string()이라고 쓸 때는 호출하고 있는 to_string 메서드가 정확히 어디에 있는지 밝히지 않는데, 이는 러스트가 가진 메서드 검색 알고리즘이 타입과 Deref 강제 변환 등을 고려해서 정확한 메서드를 찾아 주기 때문이다. 한정자가 모두 붙은 호출을 쓰면 원하는 메서드가 정확히 어디에 있는지 밝힐 수 있는데, 이렇게 하면 다음과 같이 특이한 경우를 해결하는 데 도움이 된다.

- 같은 이름을 가진 메서드가 둘일 때. 이런 상황을 설명하기 위해서 흔히 드는 억지스러운 예가 바로 두 개의 .draw() 메서드를 가진 Outlaw(무법자) 이야기다. Outlaw가 서로 다른 두 개의 트레이트로부터 .draw() 메서드를 하나씩 받았는데, 하나는 자신을 화면에 그리기draw 위한 용도이고, 다른 하나는 총을 꺼내서draw 범죄를 저지르기 위한 용도라고 하자.

```
outlaw.draw();              // 오류: 화면에 그리라는 건지 총을 꺼내라는 건지 알 수 없다.

Visible::draw(&outlaw);     // OK: 화면에 그린다.
HasPistol::draw(&outlaw);   // OK: 우리에 가둔다.
```

보통 이럴 때는 두 메서드 중에서 한쪽의 이름을 바꾸는 게 더 낫지만, 경우에 따라서는 그렇게 할 수 없을 때도 있다.

- self 인수의 타입을 추론할 수 없을 때.

```
let zero = 0;     // 타입이 지정되지 않아서 `i8`이나 `u8` 등이 될 수 있다.

zero.abs();       // 오류: 모호한 수치 타입에 대고 `abs` 메서드를 호출할 수 없다.

i64::abs(zero);   // OK
```

- 함수 자체를 함숫값으로 쓸 때.

```
let words: Vec<String> =
    line.split_whitespace()         // 이터레이터는 &str 값들을 산출한다.
        .map(ToString::to_string)   // OK
        .collect();
```

- 매크로 안에서 트레이트 메서드를 호출할 때. 이 부분은 21장에서 설명한다.

연관 함수도 한정자가 모두 붙는 형식을 쓸 수 있다. 예를 들어 앞 절에 있는 제네릭 함수는 S::new()라고 된 부분에서 새로운 세트를 만드는데, 이 부분을 StringSet::new()라고 쓰거나 <S as StringSet>::new()라고 쓸 수 있다.

타입 간의 관계를 정의하는 트레이트

지금까지 살펴본 모든 트레이트는 단독으로 쓰이면서 타입이 구현할 수 있는 메서드 모음의 역할을 했다. 그러나 트레이트는 타입 간의 관계를 기술할 수 있어서 여러 타입이 함께 맞물려 돌아가야 하는 상황에도 쓰일 수 있다.

- std::iter::Iterator 트레이트는 이터레이터 타입과 여기서 산출되는 값의 타입을 기술한다.
- std::ops::Mul 트레이트는 곱셈할 수 있는 타입을 기술한다. 표현식 a * b에서 값 a와 b는 같은 타입일 수도 있고, 다른 타입일 수도 있다.
- rand 크레이트는 난수 생성기를 위한 트레이트(rand::Rng)와 무작위로 생성될 수 있는 타입을 위한 트레이트(rand::Distribution)를 포함하고 있다. 이들 트레이트에는 관련된 타입들이 어떤 식으로 맞물려 돌아가는지가 정확히 정의되어 있다.

실제로 이런 트레이트를 만들 일은 그리 많지 않지만 표준 라이브러리와 서드파티 크레이트를 쓰다 보면 자주 마주치게 된다. 이번 절에서는 앞에서 예로 든 트레이트들이 어떤 식으로 구현되어 있는지 살펴보고, 필요에 따라서 관련된 러스트 언어 기능을 알아본다. 여기서 중요한 것은 트레이트와 메서드 시그니처를 읽고 이들이 관련된 타입에 대해서 어떤 말을 하고 있는지 파악할 줄 알아야 한다는 점이다.

연관 타입(이터레이터의 동작 방식)

먼저 이터레이터를 살펴보자. 이터레이터는 일련의 값에 대한 순차 처리를 표현하는 객체다. 요즘은 모든 객체 지향 언어가 어떤 식으로든 이터레이터를 기본으로 내장하고 있다.

러스트의 표준 트레이트인 Iterator는 다음처럼 정의되어 있다.

```
pub trait Iterator {
    type Item;

    fn next(&mut self) -> Option<Self::Item>;
    ...
}
```

이 트레이트의 첫 번째 특징은 type Item; 부분에 언급된 **연관 타입**associated type의 존재다. Iterator를 구현하는 모든 타입은 자신이 산출하는 아이템의 타입을 반드시 명시해야 한다.

두 번째 특징은 next() 메서드의 반환값 부분에 연관 타입이 쓰인다는 점이다. next()는 Option

<Self::Item>을 반환하는데, 순서상 다음 값이 있으면 그 값을 Some(item)에 담아 반환하고 없으면 None을 반환한다. 타입을 Item이 아니라 Self::Item이라고 적는 이유는, Item이 독립적으로 존재하는 타입이 아니라 이터레이터의 타입에 따라서 달리 결정되는 타입이기 때문이다. 늘 그렇듯이 self와 Self 타입은 코드에서 필드나 메서드 등을 쓸 때 장소 구분 없이 항상 명시적으로 적는다.

다음은 Iterator의 구현 예다.

```
// (std::env 표준 라이브러리 모듈에서 가져온 코드)
impl Iterator for Args {
    type Item = String;

    fn next(&mut self) -> Option<String> {
        ...
    }
    ...
}
```

std::env::Args는 2장에서 명령줄 인수를 가져올 때 썼던 표준 라이브러리 함수 std::env::args()가 반환하는 이터레이터의 타입이다. 이 이터레이터는 String 값을 산출하기 때문에 impl을 보면 연관 타입이 type Item = String;으로 선언되어 있다.

제네릭 코드에서도 연관 타입을 쓸 수 있다.

```
/// 이터레이터를 반복 처리해서 값들을 새 백터에 저장한다.
fn collect_into_vector<I: Iterator>(iter: I) -> Vec<I::Item> {
    let mut results = Vec::new();
    for value in iter {
        results.push(value);
    }
    results
}
```

이 함수에서 본문에 있는 value의 타입은 러스트가 알아서 추론해 주므로 편리하다. 그러나 collect_into_vector의 반환 타입은 반드시 직접 적어 주어야 하는데, 여기서는 맥락상 연관 타입인 Item이 올 수밖에 없다(그냥 Vec<I>라고 적으면 이터레이터의 벡터를 반환하겠다는 뜻이 되므로 유의하자!).

사실 위의 예와 같은 코드를 직접 작성할 일은 거의 없다. 15장을 읽고 나면 알게 되겠지만, 이터레이터에는 이미 위와 같은 일을 하는 표준 메서드 iter.collect()가 포함되어 있기 때문이다. 다음으로 넘어가기 전에 예를 하나 더 살펴보자.

```
/// 이터레이터가 산출하는 값들을 전부 출력한다.
fn dump<I>(iter: I)
    where I: Iterator
{
    for (index, value) in iter.enumerate() {
        println!("{}: {:?}", index, value);  // 오류
    }
}
```

앞의 코드는 잘 작동할 것처럼 보이지만, value가 출력할 수 있는 타입이 아닐 수도 있다는 문제가 있다.

```
error: `<I as Iterator>::Item` doesn't implement `Debug`
  |
8 |         println!("{}: {:?}", index, value);   // error
  |                                     ^^^^^
  |                      `<I as Iterator>::Item` cannot be formatted
  |                      using `{:?}` because it doesn't implement `Debug`
  |
  = help: the trait `Debug` is not implemented for `<I as Iterator>::Item`
  = note: required by `std::fmt::Debug::fmt`
help: consider further restricting the associated type
  |
5 |     where I: Iterator, <I as Iterator>::Item: Debug
  |                       ^^^^^^^^^^^^^^^^^^^^^^^^^^^^^^^
```

오류 메시지의 내용을 파악하기가 살짝 어려운데, 그냥 I::Item이라고 하면 될 것을 `<I as Iterator>::Item`과 같은 식으로 명확하게 보여 주려다 보니 내용이 길어져서 그렇다. 유효한 러스트 문법이긴 하지만 코드에서 타입을 이런 식으로 적는 일은 거의 없다.

이 오류 메시지의 요지는 I::Item이 Debug 트레이트를 구현하고 있다는 게 보장되어야만 앞의 제네릭 함수가 문제없이 컴파일된다는 것이다. 즉, 값을 {:?}로 형식화해서 출력할 수 있어야 한다는 의미다. 이를 해결하려면 오류 메시지가 제안하는 대로 다음과 같이 I::Item에 바운드를 두면 된다.

```
use std::fmt::Debug;

fn dump<I>(iter: I)
    where I: Iterator, I::Item: Debug
{
    ...
}
```

아니면 'I는 반드시 String 값을 산출하는 이터레이터여야 한다'고 적어도 된다.

```
fn dump<I>(iter: I)
    where I: Iterator<Item=String>
{
    ...
}
```

Iterator<Item=String> 자체도 트레이트다. Iterator가 모든 이터레이터 타입의 집합이라면 Iterator<Item=String>은 Iterator의 부분집합, 즉 String을 산출하는 이터레이터 타입의 집합이다. 이 문법은 트레이트 객체 타입을 포함한 트레이트의 이름이 올 수 있는 모든 곳에서 사용할 수 있다.

```
fn dump(iter: &mut dyn Iterator<Item=String>) {
    for (index, s) in iter.enumerate() {
        println!("{}: {:?}", index, s);
    }
}
```

Iterator처럼 연관 타입을 갖는 트레이트를 대상으로 트레이트 메서드를 호출해야 하는 경우에는 앞 예와 같이 연관 타입을 전부 적어 주어야 한다. 그렇지 않으면 러스트가 s의 타입을 알 수 없기 때문에 앞의 코드에 대해서 타입 검사를 수행할 수 없다.

지금까지 이터레이터와 관련된 많은 예를 살펴봤는데, 그도 그럴 것이 연관 타입의 가장 주된 사용처가 바로 이터레이터이기 때문이다. 그러나 연관 타입은 보통 트레이트가 단순한 메서드 모음 이상의 역할을 해야 할 때 늘 유용하다.

- 스레드 풀 라이브러리에서는 작업 단위를 나타내는 Task 트레이트가 Output을 연관 타입으로 가질 수 있을 것이다.
- 문자열 검색 방법을 나타내는 Pattern 트레이트는 패턴 매칭을 통해 수집된 모든 정보를 나타내는 Match를 연관 타입으로 가질 수 있을 것이다.

```
trait Pattern {
    type Match;

    fn search(&self, string: &str) -> Option<Self::Match>;
}
```

```
/// 문자열에서 특정 문자를 검색할 수 있다.
impl Pattern for char {
    /// 문자가 발견된 위치를 매칭 결과로 쓴다.
    type Match = usize;

    fn search(&self, string: &str) -> Option<usize> {
        ...
    }
}
```

정규 표현식을 잘 알고 있다면 impl Pattern for RegExp가 가져야 할 Match 타입의 형태를 쉽게 그려 볼 수 있을 텐데, 이를테면 매칭된 결과의 시작 부분과 길이, 그리고 괄호로 묶인 그룹이 매칭된 위치 등을 갖는 스트럭트처럼 보다 정교한 형태가 될 것이다.

- 관계형 데이터베이스를 다루는 라이브러리는 트랜잭션, 커서, 준비된 명령문 등을 나타내는 연관 타입이 포함된 DatabaseConnection 트레이트를 가질 수 있을 것이다.

연관 타입은 각 구현과 관련된 타입이 **하나**뿐인 경우에 적합하다. 예를 들어 Task는 유형별로 특정 타입과 관련된 Output을 산출하고, Pattern은 유형별로 특정 타입과 관련된 Match를 검색한다. 그러나 앞으로 보겠지만 타입 간의 관계가 늘 이런 식으로 풀리는 건 아니다.

제네릭 트레이트(연산자 오버로딩의 동작 방식)

러스트에서 곱셈은 다음의 트레이트를 통해 수행된다.

```
/// std::ops::Mul, `*`를 지원하는 타입을 위한 트레이트.
pub trait Mul<RHS> {
    /// `*` 연산자를 적용하고 난 뒤의 결과 타입.
    type Output;

    /// `*` 연산자를 위한 메서드.
    fn mul(self, rhs: RHS) -> Self::Output;
}
```

Mul은 제네릭 트레이트다. 타입 매개변수 RHS는 **righthand side**(오른쪽)의 준말이다.

여기서 이 타입 매개변수가 갖는 의미는 스트럭트나 함수에서 갖는 의미와 동일하다. 즉, Mul은 제네릭 트레이트이고, 이 트레이트의 인스턴스인 Mul<f64>, Mul<String>, Mul<Size> 등은 모두 서로 다른 트레이트다. min::<i32>와 min::<String>이 서로 다른 함수이고, Vec<i32>와 Vec<String>이 서로 다른 타입인 것과 같은 이치다.

하나의 타입은 여러 개의 트레이트를 구현할 수 있다. 예를 들어 WindowSize가 Mul<f64>와 Mul<i32> 등을 구현하면 다양한 타입과 곱셈할 수 있는 타입이 된다. 이때 각 구현은 자기만의 Output을 연관 타입으로 갖게 된다.

제네릭 트레이트에는 고아 규칙에 관한 특별 허가권이 부여된다. 트레이트의 타입 매개변수가 현재 크레이트에 정의된 타입을 하나라도 포함할 때는 외부 타입에 대해서 외부 트레이트를 구현할 수 있다는 게 바로 그것이다. 따라서 WindowSize를 직접 정의한 경우에는 Mul이나 f64를 정의하지 않았더라도 f64에 대해서 Mul<WindowSize>를 구현할 수 있다. 이들 구현은 심지어 impl<T> Mul<WindowSize> for Vec<T>와 같은 제네릭이 될 수 있다. 이게 통하는 이유는 다른 크레이트에서 Mul<WindowSize>를 정의할 방법이 없고, 따라서 구현 간에 충돌이 발생할 수 없기 때문이다(고아 규칙은 앞서 나온 '트레이트와 내가 만들지 않은 타입들' 절에서 소개했으니 참고하자). nalgebra 같은 크레이트가 바로 이런 식으로 벡터에 대해서 산술 연산을 정의한다.

앞의 트레이트에는 사소한 부분 하나가 생략되어 있는데, 실제 Mul 트레이트는 다음처럼 생겼다.

```
pub trait Mul<RHS=Self> {
    ...
}
```

RHS=Self는 RHS의 기본값이 Self라는 뜻이다. 따라서 Mul의 타입 매개변수를 지정하지 않은 채 impl Mul for Complex라고 쓰면, impl Mul<Complex> for Complex라는 의미다. 바운드의 경우도 where T: Mul이라고 쓰면 where T: Mul<T>라는 의미다.

러스트에서 표현식 lhs * rhs는 Mul::mul(lhs, rhs)의 축약 표기다. 따라서 * 연산자를 오버로딩하려면 Mul 트레이트를 구현하기만 하면 된다. 이 부분에 관한 예는 다음 장에서 살펴본다.

impl 트레이트

짐작하겠지만 많은 제네릭 타입을 조합하다 보면 금방 지저분해질 수 있다. 예를 들어, 표준 라이브러리 콤비네이터를 써서 이터레이터를 결합하다 보면 얼마 가지 않아 반환 타입이 흉물스럽게 변한다.

```
use std::iter;
use std::vec::IntoIter;
fn cyclical_zip(v: Vec<u8>, u: Vec<u8>) ->
    iter::Cycle<iter::Chain<IntoIter<u8>, IntoIter<u8>>> {
        v.into_iter().chain(u.into_iter()).cycle()
}
```

이렇게 뾰족뾰족 괄호가 많이 달린 반환 타입은 쉽게 트레이트 객체로 고쳐 쓸 수 있다.

```
fn cyclical_zip(v: Vec<u8>, u: Vec<u8>) -> Box<dyn Iterator<Item=u8>> {
    Box::new(v.into_iter().chain(u.into_iter()).cycle())
}
```

하지만 고작 보기 싫은 타입 시그니처 좀 피하겠다고 함수를 호출할 때마다 동적 디스패치와 불가피한 힙 할당에서 오는 오버헤드를 고스란히 떠안겠다고 하는 건 그리 썩 좋은 거래로 보이진 않는다.

러스트에는 딱 이런 상황에 쓰라고 만들어 둔 impl Trait라는 기능이 있다. impl Trait를 쓰면 동적 디스패치나 힙 할당 없이도 반환값의 타입은 '지우고' 그가 구현하고 있는 트레이트만 지정할 수 있다.

```
fn cyclical_zip(v: Vec<u8>, u: Vec<u8>) -> impl Iterator<Item=u8> {
    v.into_iter().chain(u.into_iter()).cycle()
}
```

이제 cyclical_zip의 시그니처는 여러 겹으로 된 이터레이터 콤비네이터 스트럭트의 타입을 구체적으로 기재하는 게 아니라, 그냥 u8을 반복 처리하는 모종의 이터레이터를 반환한다고만 명시한다. 반환 타입이 함수의 세부 구현이 아니라 의도를 표현하는 것이다.

이렇게 하니까 확실히 코드가 깔끔해져서 가독성이 높아졌는데, 사실 impl Trait는 편리한 단축 표기 그 이상의 의미를 갖는다. impl Trait를 쓴다는 건 반환되는 실제 타입을 Iterator<Item=u8>을 구현하는 다른 타입으로 언제든 바꿀 수 있다는 뜻이고, 이렇게 하더라도 그 함수를 호출하는 모든 코드가 계속 문제없이 컴파일된다는 뜻이다. 이렇게 되면 타입 시그니처에는 오로지 관련 있는 기능만 인코딩되기 때문에 라이브러리 개발자가 몸을 움직일 수 있는 폭이 더 넓어진다.

예를 들어 라이브러리의 첫 번째 버전이 앞에서 본 것과 같은 이터레이터 콤비네이터를 쓰도록 되어 있으면, 같은 처리를 하는 더 나은 알고리즘이 발견되었을 때 라이브러리 개발자는 다른 콤비네이터를 쓰거나 심지어 Iterator를 구현하는 사용자 정의 타입을 만들 수 있고, 따라서 라이브러리 사용자는 코드에 손 하나 까딱하지 않고도 향상된 성능을 얻을 수 있다.

어쩌면 impl Trait를 써서 객체 지향 언어에서 자주 쓰는 팩토리 패턴의 정적 디스패치 버전을 흉내 내고 싶을 수도 있다. 예를 들어, 다음과 같은 트레이트를 정의했다고 하자.

```
trait Shape {
    fn new() -> Self;
    fn area(&self) -> f64;
}
```

이 트레이트를 여러 타입에 대해 구현해 둔 다음, 다음처럼 사용자가 입력하는 문자열 같은 실행 시점 값에 따라 서로 다른 Shape을 사용하고 싶을 수 있는데, impl Shape을 반환 타입으로 쓸 때는 이런 전략이 통하지 않는다.

```
fn make_shape(shape: &str) -> impl Shape {
    match shape {
        "circle" => Circle::new(),
        "triangle" => Triangle::new(),  // 오류: 호환되지 않는 타입.
        "shape" => Rectangle::new(),
    }
}
```

호출부의 관점에서 보면 이런 함수는 그다지 의미가 없다. impl Trait는 정적 디스패치의 한 형태라서, 컴파일러가 컴파일 시점에 이 함수에서 반환되는 타입을 알아야 스택에 적절한 크기의 공간을 할당하고 해당 타입의 필드와 메서드에 정확히 접근할 수 있다. 이 함수의 반환 타입은 Circle, Triangle, Rectangle 중 하나가 되는데, 이들은 차지하는 공간의 크기와 area()의 구현이 전부 제각각일 수 있다.

러스트의 트레이트 메서드는 impl Trait를 반환 타입으로 쓸 수 없다는 걸 꼭 유념하자. 이를 지원하려면 언어의 타입 시스템 일부를 개선해야 한다. 따라서 이 작업이 이뤄지기 전까지는 자유 함수와 특정 타입에 연관된 함수만 impl Trait를 반환 타입으로 쓸 수 있다.

impl Trait는 제네릭 인수를 받는 함수에도 쓸 수 있다. 예를 들어, 다음과 같이 간단한 제네릭 함수를 보자.

```
fn print<T: Display>(val: T) {
    println!("{}", val);
}
```

위 코드는 다음의 impl Trait를 쓰는 버전과 동일하다.

```
fn print(val: impl Display) {
    println!("{}", val);
}
```

단, 한 가지 중요한 예외가 있는데, 제네릭을 쓸 때는 함수의 호출부가 print::<i32>(42)와 같은 식으로 제네릭 인수의 타입을 지정할 수 있는 반면, impl Trait를 쓸 때는 그럴 수 없다.

각 impl Trait 인수에는 고유한 익명 타입 매개변수가 배정되기 때문에, 인수를 위한 impl Trait는 인수의 타입 간에 아무런 관련이 없는 아주 단순한 제네릭 함수에만 쓸 수 있다.

연관 상수

스트럭트와 이늄처럼 트레이트도 연관 상수를 가질 수 있다. 연관 상수를 가진 트레이트를 선언하는 문법은 스트럭트나 이늄과 같다.

```
trait Greet {
    const GREETING: &'static str = "Hello";
    fn greet(&self) -> String;
}
```

그러나 트레이트의 연관 상수에는 특별한 기능이 있는데, 그것은 바로 연관 타입과 연관 함수처럼 값을 주지 않고 선언할 수 있다는 것이다.

```
trait Float {
    const ZERO: Self;
    const ONE: Self;
}
```

그리고 앞의 트레이트를 구현하는 쪽에서 이들의 값을 정의할 수 있다.

```
impl Float for f32 {
    const ZERO: f32 = 0.0;
    const ONE: f32 = 1.0;
}

impl Float for f64 {
    const ZERO: f64 = 0.0;
    const ONE: f64 = 1.0;
}
```

이런 게 되면 제네릭 코드를 작성할 때 이 값들을 쓸 수 있다.

```
fn add_one<T: Float + Add<Output=T>>(value: T) -> T {
    value + T::ONE
}
```

컴파일러는 컴파일 시점에 올바른 값을 선택하기 위해서 구현에 관한 타입 정보에 의존하기 때문에 연관 상수는 트레이트 객체와는 쓸 수 없다.

Float처럼 동작이 전혀 없는 단순한 트레이트도 몇 가지 연산자와 결합하면 피보나치 같은 일반적인 수학 함수를 구현하는 데 필요한 충분한 타입 정보를 제공할 수 있다.

```
fn fib<T: Float + Add<Output=T>>(n: usize) -> T {
    match n {
        0 => T::ZERO,
        1 => T::ONE,
        n => fib::<T>(n - 1) + fib::<T>(n - 2)
    }
}
```

지금까지 두 개의 절에 걸쳐서 트레이트로 타입 간의 관계를 기술하는 법을 살펴봤다. 두 방법 모두 컴파일 시점에 구체적인 타입이 결정되기 때문에 가상 메서드 비용과 다운캐스팅을 피하는 방법으로도 볼 수 있다.

바운드 역설계

제네릭 코드를 작성하다 보면 모든 요구 사항이 하나의 트레이트로 표현되지 않아서 막막할 때가 있다. 예를 들어, 뭔가를 계산하기 위해서 다음과 같은 비제네릭 함수를 작성했다고 하자.

```
fn dot(v1: &[i64], v2: &[i64]) -> i64 {
    let mut total = 0;
    for i in 0 .. v1.len() {
        total = total + v1[i] * v2[i];
    }
    total
}
```

같은 코드를 부동소수점 값에 적용해야 한다면 다음과 같은 식으로 해볼 수 있겠다.

```
fn dot<N>(v1: &[N], v2: &[N]) -> N {
    let mut total: N = 0;
    for i in 0 .. v1.len() {
        total = total + v1[i] * v2[i];
    }
    total
}
```

하지만 생각처럼 쉽게 되지 않는다. 러스트는 앞의 코드에서 *가 쓰인 부분과 0의 타입을 문제 삼는다. N에 +와 *를 지원하는 타입만 오도록 만드는 문제는 Add와 Mul 트레이트를 써서 해결할 수 있다. 그러나 0이 쓰인 부분은 러스트가 0을 항상 정수로 취급하기 때문에 수정이 불가피하다. 부동소수점 값의 경우에는 그 자리에 0.0이 와야 맞다. 이럴 때는 표준 Default 트레이트를 써서 기본값을 갖는 타입을 표현할 수 있는데, 수치 타입의 기본값은 항상 0이다.

```
use std::ops::{Add, Mul};

fn dot<N: Add + Mul + Default>(v1: &[N], v2: &[N]) -> N {
    let mut total = N::default();
    for i in 0 .. v1.len() {
        total = total + v1[i] * v2[i];
    }
    total
}
```

그러나 이렇게 해도 여전히 문제가 있다.

```
error: mismatched types
  |
5 |  fn dot<N: Add + Mul + Default>(v1: &[N], v2: &[N]) -> N {
  |         - this type parameter
...
8 |          total = total + v1[i] * v2[i];
  |                          ^^^^^^^^^^^^^ expected type parameter `N`,
  |                                        found associated type
  |
  = note: expected type parameter `N`
             found associated type `<N as Mul>::Output`
help: consider further restricting this bound
  |
```

```
5 | fn dot<N: Add + Mul + Default + Mul<Output = N>>(v1: &[N], v2: &[N]) -> N {
  |                                    ^^^^^^^^^^^^^^^^^^
```

새 코드는 N 타입의 두 값을 곱하면 또 다른 N 타입의 값이 나온다고 가정하고 있지만, 항상 그렇게
되는 건 아니다. 곱셈 연산자를 오버로딩해서 얼마든지 원하는 타입을 반환하게 만들 수 있기 때문이
다. 따라서 앞의 제네릭 함수가 N * N을 했을 때 N이 나오는 일반적인 형태의 곱셈을 지원하는 타입하
고만 작동한다는 사실을 러스트에게 어떻게든 알려야 한다. 이렇게 하려면 Mul을 Mul<Output=N>으
로 바꾸고 Add에 대해서도 똑같이 하면 된다. 오류 메시지가 주는 제안은 **거의** 옳다고 보면 된다.

```
fn dot<N: Add<Output=N> + Mul<Output=N> + Default>(v1: &[N], v2: &[N]) -> N
{
    ...
}
```

이제 슬슬 바운드가 쌓여가기 시작해서 코드를 읽기가 어렵다. 바운드를 where 절로 옮겨보자.

```
fn dot<N>(v1: &[N], v2: &[N]) -> N
    where N: Add<Output=N> + Mul<Output=N> + Default
{
    ...
}
```

한결 깔끔하다. 그러나 이번에도 문제는 계속된다.

```
error: cannot move out of type `[N]`, a non-copy slice
  |
8 |         total = total + v1[i] * v2[i];
  |                         ^^^^^
  |                         |
  |                         cannot move out of here
  |                         move occurs because `v1[_]` has type `N`,
  |                         which does not implement the `Copy` trait
```

N이 복사할 수 있는 타입이어야 한다고 요구하지 않았기 때문에 러스트는 v1[i]를 슬라이스 바깥
으로 값을 옮기려는 금지된 시도로 해석한다. 그러나 우리는 슬라이스를 수정하려는 의도가 전혀 없
다. 단지 작업에 필요한 값을 복사하고 싶을 뿐이다. 다행히도 러스트의 기본 제공 수치 타입은 모두
Copy를 구현하고 있어서 다음처럼 하면 N에 간단히 해당 제약 조건을 추가할 수 있다.

```
where N: Add<Output=N> + Mul<Output=N> + Default + Copy
```

이렇게 하고 나면 코드가 아무런 문제없이 컴파일되고 실행된다. 최종 코드는 다음과 같다.

```
use std::ops::{Add, Mul};

fn dot<N>(v1: &[N], v2: &[N]) -> N
    where N: Add<Output=N> + Mul<Output=N> + Default + Copy
{
    let mut total = N::default();
    for i in 0 .. v1.len() {
        total = total + v1[i] * v2[i];
    }
    total
}

#[test]
fn test_dot() {
    assert_eq!(dot(&[1, 2, 3, 4], &[1, 1, 1, 1]), 10);
    assert_eq!(dot(&[53.0, 7.0], &[1.0, 5.0]), 88.0);
}
```

컴파일러와 한바탕 전쟁을 치르고 나니 언제 그랬냐는 듯이 한결 깔끔하고 아름답게 실행되는 코드가 만들어졌다. 러스트에서는 이런 식의 일들이 가끔 벌어지곤 한다.

앞서 살펴본 내용은 컴파일러를 나침반 삼아서 N의 바운드를 역설계하는 과정이었다. 길이 조금 험난했던 이유는 표준 라이브러리에 우리가 사용하고자 했던 연산자와 메서드를 전부 포함하고 있는 Number 트레이트 같은 게 없었기 때문이다. 그런데 마침 num이라고 하는 유명한 오픈 소스 크레이트에서 그런 트레이트를 정의하고 있다! 이 사실을 미리 알았더라면 **Cargo.toml**에 num을 추가한 다음 다음처럼 작성하기만 하면 됐을 것이다.

```
use num::Num;

fn dot<N: Num + Copy>(v1: &[N], v2: &[N]) -> N {
    let mut total = N::zero();
    for i in 0 .. v1.len() {
        total = total + v1[i] * v2[i];
    }
    total
}
```

객체 지향 프로그래밍에서 올바른 인터페이스가 중요한 역할을 하듯이, 제네릭 프로그래밍에서는 올바른 트레이트가 중요한 역할을 한다.

그래도 과정이 너무 번거로운 건 사실이다. C++ 템플릿의 경우에는 제약 조건을 코드에 '덕 타이핑 (3장 참고)' 하듯이 암묵적으로 드러내는 식이라 이런 번거로움이 없는데, 왜 러스트의 설계자들은 제네릭을 이런 식으로 만들지 않았을까?

러스트 방식의 장점 중 하나는 제네릭 코드의 상위 호환성이다. 공개된 제네릭 함수나 메서드의 구현을 변경하더라도 시그니처가 바뀌지 않는 한은 사용자 측에 아무런 영향을 주지 않는다.

바운드의 또 다른 장점은 컴파일 오류가 났을 때 적어도 어디가 문제인지 알 수 있다는 것이다. C++ 템플릿의 경우에는 컴파일러가 문제의 원인이 템플릿 자체에 있는지 아니면 **그** 템플릿의 호출부에 있는지 알 길이 없는 데다. 호출부도 템플릿일 경우에는 상황이 점입가경으로 치달을 수 있어서, 의심 가는 코드를 하나 둘 언급하다 보면 컴파일 오류 메시지가 러스트보다 훨씬 길어지기 십상이다.

바운드를 명시적으로 적는 것의 가장 중요한 장점은 제약 조건이 코드에도 남고 문서화도 된다는 것이다. 러스트에서는 제네릭 함수의 시그니처를 보고 그 함수가 정확히 어떤 종류의 인수를 받는지 알 수 있다. 템플릿은 그렇다고 할 수 없다. 부스트Boost 같은 C++ 라이브러리에서 인수 타입을 완전히 문서화하려면 여기서 살펴본 것보다 훨씬 **더** 고된 과정을 거쳐야 한다. 부스트 개발자들에게는 그 과정을 점검해 줄 컴파일러가 없다.

밑바탕으로서의 트레이트

트레이트는 러스트에서 구조와 체계를 세울 때 쓰는 주요 기능 중 하나다. 프로그램이나 라이브러리를 설계할 때는 좋은 인터페이스를 갖추는 게 무엇보다 중요하며, 이를 위해서는 트레이트를 적재적소에 잘 활용할 줄 알아야 한다.

이번 장은 그야말로 문법과 규칙과 설명의 폭풍우나 다름없었다. 기본석인 내용은 나 짚있으니 이제 트레이트와 제네릭의 다양한 활용법에 대해 이야기해 볼 차례다. 사실 지금까지 다룬 내용은 수박 겉 핥기에 불과하다. 다음 두 장에서는 표준 라이브러리가 제공하는 공통 트레이트를 다룬다. 그리고 그 뒤에 이어지는 장에서는 클로저, 이터레이터, 입력/출력, 동시성을 다룬다. 트레이트와 제네릭은 이 모든 주제에서 중심적인 역할을 한다.

## CHAPTER 12

연산자 오버로딩

2장에서 살펴본 망델브로 집합 플로터에서는 복소평면 위의 수를 표현하기 위해서 num 크레이트의 Complex 타입을 사용했었다.

```
#[derive(Clone, Copy, Debug)]
struct Complex<T> {
    /// 복소수의 실수 부분
    re: T,

    /// 복소수의 허수 부분
    im: T,
}
```

Complex 수는 기본 제공 수치 타입처럼 러스트의 +와 * 연산자로 더하고 곱할 수 있었다.

```
z = z * z + c;
```

사용자 정의 타입도 산술 연산자를 비롯한 여러 연산자를 지원할 수 있다. 몇 가지 기본 제공 트레이트를 구현하기만 하면 되는데, 이를 **연산자 오버로딩**operator overloading이라고 한다. C++, C#, 파이썬, 루비의 연산자 오버로딩과 효과가 매우 비슷하다.

연산자 오버로딩을 위한 트레이트는 언어의 어떤 부분을 지원하는지에 따라 표 12-1과 같이 몇 가지 범주로 나뉜다. 이번 장에서는 이들 범주를 차례로 살펴본다. 이번 장의 목표는 여러분이 자신의 타입을 언어에 잘 통합하도록 돕는 것뿐만 아니라, 11장의 **'바운드 역설계' 절**에서 설명한 내적 함수처럼, 이들 연산자를 통해 쓰이는 타입에 가장 자연스럽게 작용하는 제네릭 함수를 작성하는 법에 관한 더 나은 감각을 전해 주는 것이다. 또 이번 장은 언어 자체가 가진 기능 중 일부의 구현 방식에 녹아 있는 약간의 통찰력을 전해 주고자 한다.

표 12-1 **연산자 오버로딩을 위한 트레이트**

범주	트레이트	연산자
단항 연산자	std::ops::Neg	-x
	std::ops::Not	!x
산술 연산자	std::ops::Add	x + y
	std::ops::Sub	x - y
	std::ops::Mul	x * y
	std::ops::Div	x / y
	std::ops::Rem	x % y
비트별 연산자	std::ops::BitAnd	x & y
	std::ops::BitOr	x ¦ y
	std::ops::BitXor	x ^ y
	std::ops::Shl	x << y
	std::ops::Shr	x >> y
복합 배정 산술 연산자	std::ops::AddAssign	x += y
	std::ops::SubAssign	x -= y
	std::ops::MulAssign	x *= y
	std::ops::DivAssign	x /= y
	std::ops::RemAssign	x %= y
복합 배정 비트별 연산자	std::ops::BitAndAssign	x &= y
	std::ops::BitOrAssign	x ¦= y
	std::ops::BitXorAssign	x ^= y
	std::ops::ShlAssign	x <<= y
	std::ops::ShrAssign	x >>= y
비교	std::cmp::PartialEq	x == y, x != y
	std::cmp::PartialOrd	x < y, x <= y, x > y, x >= y
색인	std::ops::Index	x[y], &x[y]
	std::ops::IndexMut	x[y] = z, &mut x[y]

산술 연산자와 비트별 연산자

러스트에서 표현식 a + b는 사실 a.add(b), 그러니까 표준 라이브러리의 트레이트 std::ops::Add가 가진 메서드 add에 대한 호출의 축약 표기다. 러스트의 표준 수치 타입은 모두 std::ops::Add를 구현하고 있다. 표현식 a + b가 Complex 값에도 통하는 이유는 num 크레이트가 Complex에 이 트레이트를 구현해 두었기 때문이다. 다른 연산자의 경우도 이와 비슷하다. 예를 들어 a * b는 트레이트 std::ops::Mul이 가진 메서드 a.mul(b)의 축약 표기이고, std::ops::Neg는 앞에 붙는 부호 부정 연산자 -를 담당한다.

만일 z.add(c)라고 쓰고 싶다면 Add 트레이트를 범위 안으로 가져와서 그 안에 있는 메서드를 볼 수 있게 만들어야 한다. 이런 식으로 모든 산술을 함수 호출로 다룰 수 있다.[24]

```
use std::ops::Add;

assert_eq!(4.125f32.add(5.75), 9.875);
assert_eq!(10.add(20), 10 + 20);
```

std::ops::Add의 정의는 다음과 같다.

```
trait Add<Rhs = Self> {
    type Output;
    fn add(self, rhs: Rhs) -> Self::Output;
}
```

즉, 트레이트 Add<T>는 T 값을 자기 자신에게 더하는 능력이다. 예를 들어, 여러분의 타입이 i32와 u32 값을 자기 자신에게 더할 수 있으려면 Add<i32>와 Add<u32>를 구현해야 한다. 이 트레이트의 타입 매개변수 Rhs는 기본값이 Self이므로, 같은 타입으로 된 두 값의 덧셈을 구현하는 경우라면 간단히 Add라고만 써도 된다. 연관 타입 Output은 덧셈의 결과 타입을 나타낸다.

예를 들어 Complex<i32> 값을 서로 더할 수 있으려면 Complex<i32>가 Add<Complex<i32>>를 구현해야 하는데, 같은 타입을 더하는 것이므로 그냥 Add라고만 쓰면 된다.

```
use std::ops::Add;
```

---

24 리스프 프로그래머들이여 기뻐하시라! 표현식 <i32 as Add>::add는 함숫값으로 캡처된 i32용 + 연산자다.

```
impl Add for Complex<i32> {
    type Output = Complex<i32>;
    fn add(self, rhs: Self) -> Self {
        Complex {
            re: self.re + rhs.re,
            im: self.im + rhs.im,
        }
    }
}
```

물론 Add를 Complex<i32>, Complex<f32>, Complex<f64> 등 타입별로 여러 번 구현할 필요까진 없다. 관련된 타입만 다르지 정의 자체는 모두 똑같을 것이므로, 복소수를 이루는 구성 요소의 타입이 덧셈을 지원하기만 한다면 제네릭 구현을 하나 작성해서 이 모두를 아우를 수 있어야 한다.

```
use std::ops::Add;

impl<T> Add for Complex<T>
where
    T: Add<Output = T>,
{
    type Output = Self;
    fn add(self, rhs: Self) -> Self {
        Complex {
            re: self.re + rhs.re,
            im: self.im + rhs.im,
        }
    }
}
```

where T: Add<Output=T>라고 쓴 것은 T의 타입을 덧셈이 가능하면서 그 결과로 또 다른 T 값을 산출하는 것으로 제한하겠다는 뜻이다. 나름 합리적인 제한이지만 여기에는 좀 더 느슨하게 가져갈 수 있는 부분이 있다. Add 트레이트는 +의 두 피연산자가 같은 타입일 것을 요구하지 않으며, 결과 타입을 제한하지도 않는다. 따라서 일반성을 최대한 끌어올린 제네릭 구현이라면 왼쪽과 오른쪽 피연산자를 서로 다르게 가져갈 수 있으면서, 구성 요소 간의 덧셈이 어떤 타입의 값을 만들어 내든지 간에 이를 Complex가 수용할 수 있어야 한다.

```
use std::ops::Add;

impl<L, R> Add<Complex<R>> for Complex<L>
where
```

```
    L: Add<R>,
{
    type Output = Complex<L::Output>;
    fn add(self, rhs: Complex<R>) -> Self::Output {
        Complex {
            re: self.re + rhs.re,
            im: self.im + rhs.im,
        }
    }
}
```

하지만 실제로 러스트는 여러 타입이 섞여 있는 연산을 지원하지 않으려는 경향이 있다. 앞의 코드에서 타입 매개변수 L은 반드시 Add<R>을 구현해야 하므로, 보통 L과 R이 같은 타입이 되기 마련이다. 다른 조합을 구현하고 있는 타입 중에는 L로 쓸 수 있는 게 그리 많지 않다 보니, 결국 일반성을 최대한 끌어올린 제네릭 버전이 앞서 살펴본 간단한 제네릭 정의보다 크게 유용하지 않을 수 있다.

산술 연산자와 비트별 연산자를 위한 러스트의 기본 제공 트레이트는 단항 연산자, 이항 연산자, 복합 배정 연산자 이렇게 세 그룹으로 나뉜다. 각 그룹 안에 있는 트레이트와 메서드는 모두 형태가 같으므로 그룹별로 예를 하나씩 살펴보자.

단항 연산자

13장의 'Deref와 DerefMut' 절에서 따로 살펴볼 역참조 연산자 *를 제외하면 러스트에는 표 12-2에서 보다시피 사용자 정의가 가능한 단항 연산자가 두 개 있다.

표 12-2 단항 연산자를 위한 기본 제공 트레이트

트레이트 이름	표현식	동등한 표현식
std::ops::Neg	-x	x.neg()
std::ops::Not	!x	x.not()

러스트의 부호 있는 수치 타입은 모두 단항 부호 부정 연산자 -를 위해서 std::ops::Neg를 구현하고 있고, 정수 타입과 bool은 단항 보수 연산자 !를 위해서 std::ops::Not을 구현하고 있다. 아울러 이들 타입의 레퍼런스를 위한 구현도 있다.

!를 bool 값에 쓰면 값이 반대가 되지만, 정수에 쓰면 비트별 반전(즉, 비트 뒤집기)이 일어난다. C와 C++의 입장에서 보자면 ! 연산자가 ~ 연산자의 역할도 하는 셈이다.

이들 트레이트의 정의는 간단하다.

```
trait Neg {
    type Output;
    fn neg(self) -> Self::Output;
}

trait Not {
    type Output;
    fn not(self) -> Self::Output;
}
```

복소수의 부호 부정은 각 구성 요소의 부호 부정과 같다. Complex 값을 위한 제네릭 부호 부정 구현은 다음처럼 작성할 수 있을 것이다.

```
use std::ops::Neg;

impl<T> Neg for Complex<T>
where
    T: Neg<Output = T>,
{
    type Output = Complex<T>;
    fn neg(self) -> Complex<T> {
        Complex {
            re: -self.re,
            im: -self.im,
        }
    }
}
```

이항 연산자

러스트의 이항 산술 연산자와 비트별 연산자 그리고 그에 대응하는 기본 제공 트레이트를 살펴보면 표 12-3과 같다.

표 12-3 **이항 연산자를 위한 기본 제공 트레이트**

범주	트레이트 이름	표현식	동등한 표현식
산술 연산자	std::ops::Add	x + y	x.add(y)
	std::ops::Sub	x - y	x.sub(y)
	std::ops::Mul	x * y	x.mul(y)
	std::ops::Div	x / y	x.div(y)
	std::ops::Rem	x % y	x.rem(y)

표 12-3 이항 연산자를 위한 기본 제공 트레이트(계속)

범주	트레이트 이름	표현식	동등한 표현식
비트별 연산자	std::ops::BitAnd	x & y	x.bitand(y)
	std::ops::BitOr	x | y	x.bitor(y)
	std::ops::BitXor	x ^ y	x.bitxor(y)
	std::ops::Shl	x << y	x.shl(y)
	std::ops::Shr	x >> y	x.shr(y)

러스트의 수치 타입은 모두 산술 연산자를 구현하고 있다. 러스트의 정수 타입과 bool은 비트별 연산자를 구현하고 있다. 아울러 이들 타입의 레퍼런스를 한쪽 또는 양쪽 피연산자로 쓸 수 있게 하기 위한 구현도 있다.

해당 트레이트들은 모두 동일한 일반적인 형태를 갖는다. ^ 연산자를 위한 std::ops::BitXor의 정의는 다음과 같다.

```
trait BitXor<Rhs = Self> {
    type Output;
    fn bitxor(self, rhs: Rhs) -> Self::Output;
}
```

이 범주에 있는 또 다른 트레이트인 std::ops::Add는 이미 이번 장 앞부분에서 몇 가지 샘플 구현과 함께 살펴본 바 있다.

+ 연산자를 쓰면 String을 &str 슬라이스나 다른 String과 연결할 수 있다. 하지만 러스트는 &str를 +의 왼쪽 피연산자로 쓰지 못하게 막고 있어서, 짧은 문자열을 왼쪽에 거듭 연결하는 방식으로는 긴 문자열을 만들 수 없다(이 방식은 최종 문자열 길이의 제곱에 이르는 시간이 소요되어 성능이 형편없다). 여러 문자열을 하나로 짜맞출 때는 보통 write! 매크로를 쓰는 게 더 낫다. 어떻게 하면 되는지는 17장의 '텍스트 추가와 삽입' 절에서 살펴본다.

복합 배정 연산자

복합 배정 표현식은 x += y나 x &= y와 같은 것을 말하며, 두 피연산자를 가지고 덧셈이나 비트별 논리곱 같은 연산을 수행한 뒤 결과를 다시 왼쪽 피연산자에 저장한다. 러스트에서 복합 배정 표현식의 값은 저장된 값이 아니라 항상 ()이다.

많은 언어가 이와 같은 연산자를 가지고 있고, 대개는 이를 x = x + y나 x = x & y와 같은 표현식의 축약 표기로 정의하고 있다. 하지만 러스트는 접근법이 다르다. x += y는 그런 뜻이 아니라 메서드 호출 x.add_assign(y)의 축약 표기다. 여기서 add_assign은 std::ops::AddAssign 트레이트가 가진 유일한 메서드다.

```
trait AddAssign<Rhs = Self> {
    fn add_assign(&mut self, rhs: Rhs);
}
```

표 12-4는 러스트의 모든 복합 배정 연산자와 이를 구현하고 있는 기본 제공 트레이트를 보여 준다.

표 12-4 **복합 배정 연산자를 위한 기본 제공 트레이트**

범주	트레이트 이름	표현식	동등한 표현식
산술 연산자	std::ops::AddAssign	x += y	x.add_assign(y)
	std::ops::SubAssign	x -= y	x.sub_assign(y)
	std::ops::MulAssign	x *= y	x.mul_assign(y)
	std::ops::DivAssign	x /= y	x.div_assign(y)
	std::ops::RemAssign	x %= y	x.rem_assign(y)
비트별 연산자	std::ops::BitAndAssign	x &= y	x.bitand_assign(y)
	std::ops::BitOrAssign	x |= y	x.bitor_assign(y)
	std::ops::BitXorAssign	x ^= y	x.bitxor_assign(y)
	std::ops::ShlAssign	x <<= y	x.shl_assign(y)
	std::ops::ShrAssign	x >>= y	x.shr_assign(y)

러스트의 수치 타입은 모두 산술 복합 배정 연산자를 구현하고 있다. 러스트의 정수 타입과 bool은 비트별 복합 배정 연산자를 구현하고 있다.

Complex 타입을 위한 AddAssign의 제네릭 구현은 간단하다.

```
use std::ops::AddAssign;

impl<T> AddAssign for Complex<T>
where
    T: AddAssign<T>,
{
    fn add_assign(&mut self, rhs: Complex<T>) {
        self.re += rhs.re;
        self.im += rhs.im;
    }
}
```

복합 배정 연산자를 위한 기본 제공 트레이트는 그에 상응하는 이항 연산자를 위한 기본 제공 트레이트와 완전히 별개다. `std::ops::Add`를 구현한다고 해서 `std::ops::AddAssign`이 자동으로 구현되지 않는다. 여러분의 타입을 += 연산자의 왼쪽 피연산자로 쓰고 싶다면 직접 `AddAssign`을 구현해야 한다.

동치 비교

러스트의 상등 연산자 ==와 !=는 트레이트 `std::cmp::PartialEq`가 가진 메서드 eq와 ne에 대한 호출의 축약 표기다.

```
assert_eq!(x == y, x.eq(&y));
assert_eq!(x != y, x.ne(&y));
```

`std::cmp::PartialEq`의 정의는 다음과 같다.

```
trait PartialEq<Rhs = Self>
where
    Rhs: ?Sized,
{
    fn eq(&self, other: &Rhs) -> bool;
    fn ne(&self, other: &Rhs) -> bool {
        !self.eq(other)
    }
}
```

ne 메서드는 기본 정의가 있기 때문에 `PartialEq` 트레이트를 구현할 때는 eq만 정의하면 된다. 따라서 Complex를 위한 완전한 구현은 다음과 같다.

```
impl<T: PartialEq> PartialEq for Complex<T> {
    fn eq(&self, other: &Complex<T>) -> bool {
        self.re == other.re && self.im == other.im
    }
}
```

즉, 앞의 코드는 상등 비교가 가능한 임의의 구성 요소 타입 T에 대해서 작동하는 `Complex<T>`를 위한 비교를 구현한다. Complex에 `std::ops::Mul`이 구현되어 있다고 가정하면 다음과 같은 코드를 작성할 수 있다.

```
let x = Complex { re: 5, im: 2 };
let y = Complex { re: 2, im: 5 };
assert_eq!(x * y, Complex { re: 0, im: 29 });
```

PartialEq의 구현은 거의 다 이런 식이다. 왼쪽 피연산자의 각 필드를 그에 대응하는 오른쪽 피연산자의 필드와 비교하는 게 전부라서, 자주 쓰이는 연산임에도 불구하고 코딩하기가 지루하기 그지없다. 따라서 러스트는 요청이 있을 경우 PartialEq의 구현을 자동으로 생성해 준다. 다음처럼 타입 정의의 derive 어트리뷰트에 PartialEq를 추가하기만 하면 된다.

```
#[derive(Clone, Copy, Debug, PartialEq)]
struct Complex<T> {
    ...
}
```

러스트가 자동으로 생성하는 구현은 타입의 각 필드나 요소를 차례로 비교하는 수작업으로 된 우리의 코드와 본질적으로 동일하다. 러스트는 enum 타입의 PartialEq 구현도 자동으로 생성해 준다. 당연한 이야기지만 해당 타입이 가지고 있는(enum의 경우에는 가질 수도 있는) 값들은 모두 PartialEq를 구현하고 있어야 한다.

산술과 비트별 트레이트는 피연산자를 값으로 받는 반면, PartialEq는 피연산자를 레퍼런스로 받는다. 이 말은 String, Vec, HashMap 같은 비Copy 값을 비교하더라도 **이동**이 발생하지 않는다는 뜻이다. 비교만 했을 뿐인데 값이 이동된다면 황당할 것이다.

```
let s = "d\x6fv\x65t\x61i\x6c".to_string();
let t = "\x64o\x76e\x74a\x69l".to_string();
assert!(s == t);  // s와 t는 차용될 뿐이다.

// 따라서 여기서도 값을 계속 사용할 수 있다.
assert_eq!(format!("{} {}", s, t), "dovetail dovetail");
```

이쯤에서 Rhs 타입 매개변수의 트레이트 바운드에 대해 짚고 넘어가자. 이 트레이트 바운드는 여태껏 보지 못했던 종류다.

```
where
    Rhs: ?Sized,
```

러스트는 보통 타입 매개변수가 균일 크기 타입이어야 한다고 요구한다. 그러나 앞과 같이 하면 이 요건이 완화되어 PartialEq<str>나 PartialEq<[T]> 같은 트레이트를 작성할 수 있게 된다. eq 와 ne 메서드는 &Rhs 타입의 매개변수를 받으므로, &str나 &[T]와 비교해도 전혀 문제없다. str는 PartialEq<str>를 구현하고 있으므로 다음의 두 단언문은 서로 동일하다.

```
assert!("ungula" != "ungulate");
assert!("ungula".ne("ungulate"));
```

여기서 Self와 Rhs는 모두 비균일 크기 타입인 str이므로 ne의 self와 rhs 매개변수는 모두 &str 값이 된다. 균일 크기 타입, 비균일 크기 타입, Sized 트레이트는 13장의 'Sized' 절에서 자세히 살펴본다.

왜 이 트레이트를 PartialEq라고 부를까? **동치 관계**equivalence relation의 전통적인 수학적 정의는 임의의 값 x와 y에 대해서 다음의 세 가지 요구 사항을 만족해야 한다고 말한다(상등은 동치 관계의 한 예다).

- x == y가 참이면 y == x도 참이어야 한다. 즉, 상등 비교의 두 변을 맞바꿔도 결과에 영향을 주지 않는다.
- x == y이고, y == z이면, x == z여야 한다. 일련의 값이 주어졌을 때, 각 값이 옆에 있는 값과 같다면 각 값은 나머지 모든 값과 같다. 상등성은 전염성이 있다.
- x == x는 항상 참이어야 한다.

마지막 요구 사항은 너무나 자명해서 언급할 가치도 없어 보이지만, 정확히 이 부분에서 일이 틀어진다. 러스트의 f32와 f64는 IEEE 표준 부동소수점 값이다. 이 표준에 따르면 0.0/0.0과 같이 적절한 값을 갖지 않는 표현식은 보통 NaN 값이라고 하는 특별한 **수가 아님**not-a-number 값을 산출해야 한다. 또한 이 표준은 NaN 값이 자기 자신을 포함한 다른 어떤 값과도 같다고 취급되어서는 안 된다고 요구한다. 예를 들어 이 표준이 요구하는 행동을 코드로 나타내면 다음과 같다.

```
assert!(f64::is_nan(0.0 / 0.0));
assert_eq!(0.0 / 0.0 == 0.0 / 0.0, false);
assert_eq!(0.0 / 0.0 != 0.0 / 0.0, true);
```

그뿐만 아니라 NaN 값의 순서 비교는 반드시 거짓을 반환해야 한다.

```
assert_eq!(0.0 / 0.0 < 0.0 / 0.0, false);
assert_eq!(0.0 / 0.0 > 0.0 / 0.0, false);
assert_eq!(0.0 / 0.0 <= 0.0 / 0.0, false);
assert_eq!(0.0 / 0.0 >= 0.0 / 0.0, false);
```

따라서 러스트의 == 연산자는 동치 관계의 요구 사항 중에서 첫 번째와 두 번째를 만족하지만, IEEE 부동소수점 값에 쓰일 때는 세 번째를 만족하지 않는다. 이를 **부분 동치 관계**partial equivalence relation 라고 하기 때문에 러스트는 == 연산자의 기본 제공 트레이트에 대해서 PartialEq라는 이름을 쓴다. 타입 매개변수로 PartialEq만 받는 제네릭 코드를 작성할 때는 처음 두 가지 요구 조건이 지켜진다고 가정할 수 있지만, 값이 그 자신과 항상 같을 거라고 가정해서는 안 된다.

이런 점은 다소 비직관적인 측면이 있는 데다 조심하지 않으면 버그의 원인이 되기도 한다. 만일 제네릭 코드가 완전 동치 관계를 필요로 한다면 완전 동치 관계를 나타내는 std::cmp::Eq 트레이트를 바운드로 쓰면 된다. Eq를 구현하고 있는 어떤 타입의 값 x에 대해서 x == x는 반드시 true여야 한다. 사실 PartialEq를 구현하고 있는 타입은 거의 대부분 Eq도 구현하고 있다. f32와 f64는 표준 라이브러리에서 PartialEq이지만, Eq는 아닌 유일한 타입이다.

표준 라이브러리는 Eq를 PartialEq의 확장으로 정의하고 있으며, 새로 추가한 메서드는 없다.

```
trait Eq: PartialEq<Self> {}
```

타입이 PartialEq이면서 Eq이기도 하려면 실제로 이를 위한 새 함수나 타입을 정의할 일이 없더라도 Eq를 명시적으로 구현해야 한다. 따라서 Complex 타입을 위한 Eq를 구현하려면 다음처럼 하면 된다. 보다시피 간단해서 금방 구현할 수 있다.

```
impl<T: Eq> Eq for Complex<T> {}
```

Eq를 Complex 타입 정의의 derive 어트리뷰트에 포함시키면 훨씬 더 간결하게 구현할 수 있다.

```
#[derive(Clone, Copy, Debug, Eq, PartialEq)]
struct Complex<T> {
    ...
}
```

제네릭 타입에 대해 자동으로 생성되는 구현은 타입 매개변수에 따라 다를 수 있다. derive 어트리뷰트가 앞과 같다고 할 때, Complex<i32>는 i32가 Eq를 구현하고 있으므로 Eq를 구현하지만, Complex<f32>는 f32가 Eq를 구현하고 있지 않으므로 PartialEq만 구현한다.

std::cmp::PartialEq를 여러분이 직접 구현할 경우 러스트는 여러분이 정의한 eq와 ne 메서드가 실제로 부분 또는 완전 동치의 요구대로 동작하는지 확인할 길이 없다. 이들 메서드는 무엇이든 원하는 대로 할 수 있다. 러스트는 그저 트레이트 사용자의 기대에 부합하는 상등성을 구현했다는 여러분의 말을 믿을 따름이다.

PartialEq의 정의가 ne의 기본 정의를 제공하긴 하지만, 원한다면 직접 구현할 수도 있다. 단, ne와 eq가 서로 완벽한 보수 관계에 있도록 만들어야 한다. PartialEq 트레이트의 사용자는 이들 메서드가 그런 관계에 있다고 가정한다.

순서 비교

러스트는 순서 비교 연산자 <, >, <=, >=의 행동을 모두 std::cmp::PartialOrd라고 하는 하나의 트레이트 안에 명시해 두고 있다.

```
trait PartialOrd<Rhs = Self>: PartialEq<Rhs>
where
    Rhs: ?Sized,
{
    fn partial_cmp(&self, other: &Rhs) -> Option<Ordering>;

    fn lt(&self, other: &Rhs) -> bool { ... }
    fn le(&self, other: &Rhs) -> bool { ... }
    fn gt(&self, other: &Rhs) -> bool { ... }
    fn ge(&self, other: &Rhs) -> bool { ... }
}
```

PartialOrd<Rhs>가 PartialEq<Rhs>를 확장하고 있음을 눈여겨보자. 즉, 상등 비교가 가능한 타입이어야 순서 비교도 가능하다.

PartialOrd에서 직접 구현해야 하는 메서드는 partial_cmp뿐이다. partial_cmp가 Some(o)를 반환하면, o는 self와 other의 관계를 나타낸다.

```
enum Ordering {
    Less,     // self < other
    Equal,    // self == other
    Greater,  // self > other
}
```

그러나 partial_cmp가 None을 반환하면 이는 self와 other가 서로 순서를 매길 수 없는 관계, 즉 크지도 작지도 같지도 않은 관계임을 뜻한다. 러스트의 기본 타입 중에서는 부동소수점 값을 비교하는 경우에만 None이 반환될 수 있는데, 특히 NaN(수가 아님) 값을 다른 값과 비교하면 None이 반환된다. NaN 값에 대한 보다 자세한 내용은 345쪽 **'동치 비교'** 절을 참고하자.

다른 이항 연산자와 마찬가지로 Left와 Right 이렇게 두 타입의 값을 비교하려면 Left가 PartialOrd<Right>를 구현해야 한다. 표 12-5에서 보다시피 x < y나 x >= y 같은 표현식은 PartialOrd 메서드 호출의 축약 표기다.

표 12-5 **순서 비교 연산자와 PartialOrd 메서드**

표현식	동등한 메서드 호출	기본 정의
x < y	x.lt(y)	x.partial_cmp(&y) == Some(Less)
x > y	x.gt(y)	x.partial_cmp(&y) == Some(Greater)
x <= y	x.le(y)	matches!(x.partial_cmp(&y), Some(Less ¦ Equal))
x >= y	x.ge(y)	matches!(x.partial_cmp(&y), Some(Greater ¦ Equal))

이전 예와 마찬가지로 표 안에 표시된 동등한 메서드 호출 코드는 std::cmp::PartialOrd와 std::cmp::Ordering이 범위 안에 있다고 가정한다.

두 타입의 값이 항상 서로 순서를 매길 수 있는 관계에 있다고 판단되면 보다 엄격한 std::cmp::Ord 트레이트를 구현할 수도 있다.

```
trait Ord: Eq + PartialOrd<Self> {
    fn cmp(&self, other: &Self) -> Ordering;
}
```

partial_cmp가 Option<Ordering>을 반환하는 것과 달리 cmp는 그냥 Ordering을 반환한다. 즉, cmp는 항상 두 인수가 같다고 선언하거나 그들의 상대적인 순서를 알려 주거나 둘 중 하나다. PartialOrd를 구현하고 있는 타입은 거의 대부분 Ord도 구현하고 있다. f32와 f64는 표준 라이브러리에서 이 규칙을 따르지 않는 유일한 예외다.

복소수는 일반적인 순서 관계가 성립하지 않기 때문에 앞 절에 있는 `Complex` 타입으로는 `PartialOrd`의 샘플 구현을 보여 줄 수가 없다. 따라서 주어진 반개구간에 포함되는 수 집합을 나타내는 다음의 타입을 가지고 이야기해 보자.

```
#[derive(Debug, PartialEq)]
struct Interval<T> {
    lower: T,  // 포함
    upper: T,  // 미포함
}
```

부분 동치 관계를 이용해서 이 타입으로 된 값들의 순서를 매기고 싶다고 하자. 어떤 구간이 다른 구간보다 작다는 건 그 구간 전체가 겹치는 부분 없이 다른 구간 앞에 온다는 뜻이다. 서로 다른 두 구간이 겹친다는 건 앞 구간의 일부 요소가 뒤 구간의 일부 요소보다 크다는 뜻이므로 이 경우에는 순서를 매길 수 없다. 두 구간이 서로 같다는 건 말 그대로 같다는 뜻이다. 다음의 `PartialOrd` 구현은 이러한 규칙들을 구현하고 있다.

```
use std::cmp::{Ordering, PartialOrd};

impl<T: PartialOrd> PartialOrd<Interval<T>> for Interval<T> {
    fn partial_cmp(&self, other: &Interval<T>) -> Option<Ordering> {
        if self == other {
            Some(Ordering::Equal)
        } else if self.lower >= other.upper {
            Some(Ordering::Greater)
        } else if self.upper <= other.lower {
            Some(Ordering::Less)
        } else {
            None
        }
    }
}
```

이 구현 덕분에 다음과 같은 코드를 작성할 수 있다.

```
assert!(Interval { lower: 10, upper: 20 } < Interval { lower: 20, upper: 40 });
assert!(Interval { lower: 7,  upper: 8 } >= Interval { lower: 0,  upper: 1  });
assert!(Interval { lower: 7,  upper: 8 } <= Interval { lower: 7,  upper: 8  });

// 겹치는 구간은 상대적인 순서를 매길 수 없다.
let left  = Interval { lower: 10, upper: 30 };
```

```
let right = Interval { lower: 20, upper: 40 };
assert!(!(left < right));
assert!(!(left >= right));
```

보통은 PartialOrd만 있어도 충분하지만, 표준 라이브러리에 구현된 정렬 기능처럼 Ord로 정의된 완벽한 순서 비교를 필요로 하는 경우도 있다. 예를 들어, PartialOrd 구현만 가지고는 구간을 정렬하는 게 불가능하다. 구간을 정렬하기 위해서는 순서를 매길 수 없을 때 생기는 간극을 메워 주어야 한다. 예를 들어, 상한을 기준으로 정렬하고 싶다면 다음처럼 sort_by_key로 쉽게 해결할 수 있다.

```
intervals.sort_by_key(|i| i.upper);
```

Reverse 래퍼 타입은 간단히 순서를 뒤집는 방법으로 Ord를 구현해 이를 활용한다. Ord를 구현하고 있는 임의의 타입 T에 대해서 std::cmp::Reverse<T>는 순서가 뒤집힌 Ord를 구현한다. 예를 들어, 구간을 하한을 기준으로 높은 순에서 낮은 순으로 정렬하려면 다음처럼 하면 된다.

```
use std::cmp::Reverse;
intervals.sort_by_key(|i| Reverse(i.lower));
```

Index와 IndexMut

타입에 std::ops::Index와 std::ops::IndexMut 트레이트를 구현하면 a[i] 같은 색인 표현식의 동작 방식을 지정할 수 있다. 배열은 [] 연산자를 직접 지원하지만, 나머지 타입의 경우에는 표현식 a[i]가 보통 *a.index(i)의 축약 표기다. 여기서 index는 std::ops::Index 트레이트의 메서드다. 하지만 이 표현식이 배정의 대상이 되거나 변경할 수 있도록 차용되는 경우에는 *a.index_mut(i)의 축약 표기가 된다. 여기서 index_mut는 std::ops::IndexMut 트레이트의 메서드다.

이들 트레이트의 정의는 다음과 같다.

```
trait Index<Idx> {
    type Output: ?Sized;
    fn index(&self, index: Idx) -> &Self::Output;
}

trait IndexMut<Idx>: Index<Idx> {
    fn index_mut(&mut self, index: Idx) -> &mut Self::Output;
}
```

이들 트레이트가 색인 표현식 타입을 매개변수로 받는다는 점을 눈여겨보자. 슬라이스는 Index<usize>를 구현하고 있으므로 usize로 된 색인을 써서 개별 요소를 참조할 수 있다. 또한 슬라이스는 Index<Range<usize>>를 구현하고 있으므로, a[i..j]와 같은 표현식을 써서 서브슬라이스를 참조할 수도 있다. 이 표현식은 다음 코드의 축약 표기다.

```
*a.index(std::ops::Range { start: i, end: j })
```

러스트의 HashMap과 BTreeMap 컬렉션은 해싱할 수 있는 타입이나 순서 있는 타입을 색인으로 쓸 수 있다. 다음 코드는 HashMap<&str, i32>가 Index<&str>를 구현하고 있기 때문에 작동한다.

```
use std::collections::HashMap;
let mut m = HashMap::new();
m.insert("十", 10);
m.insert("百", 100);
m.insert("千", 1000);
m.insert("万", 1_0000);
m.insert("億", 1_0000_0000);

assert_eq!(m["十"], 10);
assert_eq!(m["千"], 1000);
```

이 색인 표현식은 다음의 메서드 호출과 동등하다.

```
use std::ops::Index;
assert_eq!(*m.index("十"), 10);
assert_eq!(*m.index("千"), 1000);
```

Index 트레이트의 연관 타입 Output은 색인 표현식이 산출하는 타입을 명시한다. 앞의 HashMap을 위한 Index 구현의 Output 타입은 i32다.

IndexMut 트레이트는 Index를 확장하며, 추가로 index_mut 메서드를 갖는다. 이 메서드는 self의 변경할 수 있는 레퍼런스를 받아서 Output 값의 변경할 수 있는 레퍼런스를 반환한다. 러스트는 색인 표현식이 쓰이는 문맥을 보고 필요할 경우에는 index_mut를 자동으로 선택한다. 예를 들어 다음과 같은 코드가 있다고 하자.

```
let mut desserts =
    vec!["Howalon".to_string(), "Soan papdi".to_string()];
desserts[0].push_str(" (fictional)");
desserts[1].push_str(" (real)");
```

push_str 메서드는 &mut self에 작용하므로 마지막 두 줄은 다음의 메서드 호출과 동등하다.

```
use std::ops::IndexMut;
(*desserts.index_mut(0)).push_str(" (fictional)");
(*desserts.index_mut(1)).push_str(" (real)");
```

IndexMut의 설계상 제약 하나는 반드시 어떤 값의 변경할 수 있는 레퍼런스를 반환해야 한다는 것이다. HashMap m에 값을 넣을 때 m["+"] = 10;과 같은 표현식을 쓸 수 없는 이유가 바로 이 때문이다. 이를 위해서는 먼저 테이블이 "+"를 위해 기본값을 가진 항목을 하나 만들고 이 항목의 변경할 수 있는 레퍼런스를 반환해야 하는데, 문제는 기본값의 비용이 타입마다 달라서 경우에 따라서는 드롭할 때 비용이 많이 들 수도 있다는 것이다. 배정에 의해 곧 드롭될 값을 만드는 건 아무래도 낭비다 (이 부분은 앞으로 나올 버전에서 개선될 예정이다).

색인은 컬렉션을 다룰 때 가장 많이 쓴다. 예를 들어 2장에서 망델브로 집합 플로터가 만들어 내던 것과 같은 비트맵 이미지를 다루고 있다고 하자. 그 프로그램에는 다음과 같은 코드가 포함되어 있었다.

```
pixels[row * bounds.0 + column] = ...;
```

이보다는 2차원 배열처럼 작동하면서 매번 저렇게 산수를 풀지 않아도 픽셀에 접근할 수 있게 해주는, 이를테면 Image<u8>과 같은 타입이 있다면 더 좋을 것이다.

```
image[row][column] = ...;
```

그러려면 다음과 같이 스트럭트를 선언해야 한다.

```
struct Image<P> {
    width: usize,
    pixels: Vec<P>,
}
```

```
impl<P: Default + Copy> Image<P> {
    /// 주어진 크기를 갖는 새 이미지를 만든다.
    fn new(width: usize, height: usize) -> Image<P> {
        Image {
            width,
            pixels: vec![P::default(); width * height],
        }
    }
}
```

또 여기에 딱 맞는 Index와 IndexMut의 구현이 필요하다.

```
impl<P> std::ops::Index<usize> for Image<P> {
    type Output = [P];
    fn index(&self, row: usize) -> &[P] {
        let start = row * self.width;
        &self.pixels[start..start + self.width]
    }
}

impl<P> std::ops::IndexMut<usize> for Image<P> {
    fn index_mut(&mut self, row: usize) -> &mut [P] {
        let start = row * self.width;
        &mut self.pixels[start..start + self.width]
    }
}
```

Image를 색인하면 픽셀 슬라이스가 반환되고, 이 슬라이스를 색인하면 개별 픽셀이 반환된다.

image[row][column]을 쓸 때 row가 범위 밖에 있으면 .index() 메서드가 self.pixels의 범위 밖을 색인하게 되어 패닉이 발생하니 주의하자. 이처럼 Index와 IndexMut의 구현은 배열, 슬라이스, 벡터의 경우처럼 범위 밖에 있는 요소에 접근하는 행위를 감지해서 패닉을 발생시켜야 한다.

기타 연산자

러스트의 모든 연산자를 오버로딩할 수 있는 건 아니다. 현재 러스트 1.50을 기준으로 보면 오류 검사 연산자 ?는 Result와 Option 값에만 쓸 수 있으며, 현재 이를 사용자 정의 타입으로 확대하는 작업이 진행 중이다. 마찬가지로 논리 연산자 &&와 ||는 불 값에만 쓸 수 있다. ..과 ..= 연산자는 항상 범위의 경계를 나타내는 스트럭트를 생성하고, & 연산자는 항상 레퍼런스를 빌려 오고, = 연산자는 항상 값을 이동하거나 복사한다. 이들은 모두 오버로딩할 수 없다.

*val처럼 쓰는 역참조 연산자, 그리고 `val.field`와 `val.method()`처럼 필드에 접근하고 메서드를 호출할 때 쓰는 점 연산자는 다음 장에서 살펴볼 `Deref`와 `DerefMut` 트레이트를 써서 오버로딩할 수 있다(이들 트레이트는 연산자 오버로딩 외에도 하는 일이 많아서 이번 장에 포함하지 않았다).

러스트는 함수 호출 연산자 `f(x)`의 오버로딩을 지원하지 않는다. 그 대신 호출할 수 있는 값이 필요할 때는 클로저를 작성하면 된다. 클로저의 동작 방식과 특수 트레이트 `Fn`, `FnMut`, `FnOnce`에 대해서는 14장에서 설명한다.

유틸리티 트레이트

> 과학이란 자연의 거친 다양성 안에서, 좀 더 정확히 말하자면 저마다 다른 우리의 경험 속에서 통일성을 발견하려는 탐구에 지나지 않는다. 콜리지Coleridge의 표현을 빌리자면 시, 그림, 예술도 다양성 안에서 통일성을 찾으려는 똑같은 탐구다.
>
> —제이컵 브로노프스키Jacob Bronowski

이번 장에서는 러스트의 '유틸리티' 트레이트라고 하는 걸 설명한다. 유틸리티 트레이트란 표준 라이브러리에 있는 다양한 트레이트들 중에서 러스트의 표현력에 큰 영향을 미치는 것들을 가리키는 말로, 자연스러운 코드를 작성하려면, 또 사용자에게 진정 '러스트답다'고 평가받을 만한 그런 크레이트의 공개 인터페이스를 설계하려면 반드시 친해져야 한다. 유틸리티 트레이트는 크게 세 가지 범주로 나뉜다.

- **언어 확장 트레이트**

  앞 장에서 다룬 연산자 오버로딩 트레이트가 러스트의 표현식 연산자를 사용자 정의 타입에 대고 쓸 수 있게 해주듯이, 러스트의 연장점 역할을 하는 기타 표준 라이브러리 트레이트가 몇 가지 있어서 이를 통해 사용자 정의 타입을 언어와 더 밀접하게 통합할 수 있다. Drop, Deref, DerefMut와 더불어 변환 트레이트 From과 Into가 여기에 속하는데, 모두 이번 장에서 설명한다.

- **마커 트레이트**

  주로 제네릭 타입 변수의 바운드 부분에 알려 두어야 할 제약 조건을 표현하기 위한 용도로 쓰이는 트레이트다. Sized와 Copy가 여기에 속한다.

- **공용 어휘 트레이트**

이들 트레이트에는 마법 같은 컴파일러 통합이 개입하지 않는다. 그래서 동등한 트레이트를 여러분의 코드 안에 정의할 수도 있다. 그러나 여기에는 흔히 겪는 문제에 대한 일반적인 해결책을 확립한다는 중요한 목표가 깔려 있다. 이들은 특히 크레이트와 모듈 간의 공개 인터페이스에서 진가를 발휘하는데, 쓸데없는 변형을 줄여서 인터페이스를 더 쉽게 이해할 수 있도록 해줄 뿐만 아니라, 다른 크레이트의 기능을 별다른 상용구나 이어 붙이기 코드 없이 바로 연결해 쓸 수 있는 가능성을 높여 준다. Default, 레퍼런스를 빌려 오는 트레이트 AsRef, AsMut, Borrow, BorrowMut, 실패할 수도 있는 변환 트레이트 TryFrom과 TryInto, Clone의 일반화된 트레이트 ToOwned가 여기에 속한다.

표 13-1은 이 내용을 요약해 보여 준다.

표 13-1 이번 장에서 살펴볼 유틸리티 트레이트

트레이트	설명
Drop	소멸자. 값이 드롭될 때마다 러스트가 자동으로 실행하는 뒷정리 코드.
Sized	(슬라이스와 같이) 동적인 크기를 갖는 타입과 반대로, 컴파일 시점에 알 수 있는 고정된 크기를 갖는 타입을 표시하기 위한 트레이트.
Clone	값 복제를 지원하는 타입.
Copy	값이 들어 있는 메모리를 단순히 바이트 단위로 복사하는 것이 곧 복제인 타입을 표시하기 위한 트레이트.
Deref와 DerefMut	스마트 포인터 타입을 위한 트레이트.
Default	합리적인 '기본값'이 있는 타입.
AsRef와 AsMut	한 타입에서 다른 타입의 레퍼런스를 빌려 오기 위한 변환 트레이트.
Borrow와 BorrowMut	AsRef/AsMut와 비슷한 변환 트레이트. 추가로 해싱, 순서 비교, 상등 비교 결과의 일관성을 보장한다.
From과 Into	한 타입의 값을 다른 타입으로 바꾸기 위한 변환 트레이트.
TryFrom과 TryInto	한 타입의 값을 다른 타입으로 바꾸기 위한 변환 트레이트. 실패할 수도 있는 변환에 쓴다.
ToOwned	레퍼런스를 소유권이 있는 값으로 바꾸기 위한 변환 트레이트.

이 외에도 중요한 표준 라이브러리 트레이트가 몇 가지 더 있다. Iterator와 IntoIterator는 15장에서 다룬다. 해시 코드 계산을 위한 Hash 트레이트는 16장에서 다룬다. 스레드 안전성을 가진 타입을 표시할 때 쓰는 두 트레이트인 Send와 Sync는 19장에서 다룬다.

Drop

값의 소유자가 사라지면 러스트는 그 값을 **드롭**drop한다. 이때 그 값이 소유한 다른 값들과 힙 저장소, 그리고 시스템 자원은 드롭 과정에서 전부 해제된다. 드롭은 변수가 범위를 벗어날 때, 표현식 실행문의 끝에서, 벡터의 크기를 줄이려고 끝에 있는 요소들을 제거할 때 등 다양한 상황에서 발생한다.

대부분의 경우에는 러스트가 값을 알아서 드롭해 준다. 예를 들어, 다음과 같은 타입을 정의한다고 가정해 보자.

```
struct Appellation {
    name: String,
    nicknames: Vec<String>
}
```

Appellation은 문자열의 내용과 벡터의 요소 버퍼를 위한 힙 저장소를 소유한다. 러스트는 사용자가 따로 코딩하지 않더라도 Appellation이 드롭될 때마다 이 모든 것을 알아서 정리한다. 하지만 원한다면 std::ops::Drop 트레이트를 구현해서 러스트가 위 타입의 값을 드롭하는 과정에 관여해 필요한 작업을 수행할 수 있다.

```
trait Drop {
    fn drop(&mut self);
}
```

Drop 구현은 C++의 소멸자나 다른 언어의 종료자와 유사하다. 러스트는 드롭되는 값이 std::ops::Drop을 구현하고 있을 경우, 평상시처럼 그 값에 있는 필드나 요소가 소유한 값을 전부 드롭하기에 앞서 drop 메서드를 호출한다. drop 메서드는 러스트만 호출할 수 있으며, 코드에서 직접 호출하면 컴파일 오류가 발생한다.

러스트가 Drop::drop을 호출하는 시점은 아직 해당 값의 필드나 요소가 드롭되기 전이므로, 이 메서드가 받는 값은 항상 초기화 상태를 완벽히 유지한 채 넘어온다. 따라서 Appellation 타입을 위한 Drop을 구현할 때 마음껏 사용해도 안전하다.

```
impl Drop for Appellation {
    fn drop(&mut self) {
        print!("Dropping {}", self.name);
```

```
        if !self.nicknames.is_empty() {
            print!(" (AKA {})", self.nicknames.join(", "));
        }
        println!("");
    }
}
```

이 구현을 가지고 다음 코드를 실행하면 어떤 결과가 나올지 예상해 보자.

```
{
    let mut a = Appellation {
        name: "Zeus".to_string(),
        nicknames: vec!["cloud collector".to_string(),
                        "king of the gods".to_string()]
    };

    println!("before assignment");
    a = Appellation { name: "Hera".to_string(), nicknames: vec![] };
    println!("at end of block");
}
```

두 번째 Appellation을 a에 배정하면 첫 번째 것이 드롭되고, a가 범위를 벗어나면 두 번째 것이 드롭된다. 따라서 앞의 코드의 실행 결과는 다음과 같다.

```
before assignment
Dropping Zeus (AKA cloud collector, king of the gods)
at end of block
Dropping Hera
```

사실 Appellation을 위한 std::ops::Drop 구현은 메시지를 출력하는 것 외에는 아무 일도 하지 않는다. 그렇다면 메모리는 대체 누가 어떻게 정리하는 걸까? Vec 타입은 Drop을 구현해서 자신이 가진 요소들을 드롭하고, 이들이 차지했던 힙 할당 버퍼를 해제한다. String은 내부적으로 Vec<u8>을 써서 자신의 텍스트를 보관하기 때문에 따로 Drop을 구현하고 있진 않으며, 문자들을 해제하는 일은 Vec에게 위임하여 처리한다. 같은 원칙이 Appellation 값에도 적용된다. 앞의 코드에서 Appellation 값이 드롭되면 실제로는 Vec의 Drop 구현이 개별 문자열의 내용을 해제하고 마지막으로 벡터의 요소들이 보관되어 있던 버퍼를 해제한다. Appellation 값 자체를 쥐고 있는 메모리의 경우도 지역변수나 데이터 구조 등의 형태로 존재하는 소유자에게 이를 해제할 책임이 있다.

만일 어떤 변수가 이동을 통해 값을 잃고 나서 범위를 벗어날 때까지 미초기화 상태로 있다면 러스트는 그 변수를 드롭하지 않는다. 드롭하고 말고 할 값이 없기 때문이다.

이 원칙은 심지어 변수가 제어 흐름에 따라서 값을 잃을 수도 아닐 수도 있는 경우에도 똑같이 적용된다. 이런 경우 러스트는 변수의 값이 드롭되어야 하는지 아닌지를 나타내는 숨겨진 플래그를 써서 해당 변수의 상태를 추적한다.

```
let p;
{
    let q = Appellation { name: "Cardamine hirsuta".to_string(),
                          nicknames: vec!["shotweed".to_string(),
                                          "bittercress".to_string()] };
    if complicated_condition() {
        p = q;
    }
}
println!("Sproing! What was that?");
```

앞의 코드를 보면 complicated_condition이 true를 반환하는지 false를 반환하는지에 따라서, p와 q 둘 중 하나는 Appellation을 소유하고 다른 하나는 미초기화 상태가 된다. 이때 어느 쪽이 Appellation을 소유하느냐에 따라 드롭되는 시점이 달리 결정되는데, 소유자가 q라면 q가 범위를 벗어나는 시점인 println! 앞에서 드롭되고, 소유자가 p라면 p가 범위를 벗어나는 시점인 println! 뒤에서 드롭된다. 비록 값은 이리저리 옮겨 다닐지 몰라도 드롭이 일어나는 건 한 번뿐이다.

정의하고 있는 타입이 러스트가 모르는 자원을 소유하는 게 아니라면 대개는 std::ops::Drop을 구현할 필요가 없다. 예를 들어, 러스트의 표준 라이브러리는 내부적으로 다음의 타입을 써서 유닉스 시스템의 운영체제 파일 디스크립터를 표현한다.

```
struct FileDesc {
    fd: c_int,
}
```

FileDesc의 fd 필드는 프로그램이 사용을 마친 뒤에 닫아줘야 하는 단순한 파일 디스크립터 번호이며, c_int는 i32의 별칭이다. 표준 라이브러리는 FileDesc를 위한 Drop을 다음처럼 구현하고 있다.

```
impl Drop for FileDesc {
    fn drop(&mut self) {
```

```
        let _ = unsafe { libc::close(self.fd) };
    }
}
```

여기서 libc::close는 러스트에서 C 라이브러리의 close 함수를 가리키는 이름이다. 러스트 코드
는 unsafe 블록 안에서만 C 함수를 호출할 수 있으며, 표준 라이브러리라도 예외는 아니다.

Drop을 구현하고 있는 타입은 Copy 트레이트를 구현할 수 없다. 타입이 Copy라는 뜻은 간단한 바이
트 단위 복사만으로 값의 독립된 복사본을 만들 수 있다는 의미다. 그러나 같은 데이터에 대고 두 번
이상 drop 메서드를 호출하는 건 대부분 실수다.

표준 프렐류드는 값을 드롭하는 함수 drop을 포함하고 있다. 이 함수는 다음처럼 정의되어 있는데 희
한하게도 본문이 비어 있다. 어떤 원리가 숨어 있는 걸까?

```
fn drop<T>(_x: T) { }
```

이 함수가 하는 일이라곤 자신의 인수를 값으로 받아서 호출부가 가진 그의 소유권을 뺏어 오는 것
뿐이다. 이렇게 하면 _x가 범위를 벗어날 때 러스트가 다른 변수들처럼 그 값을 알아서 드롭해 주므
로 본문에서 따로 챙겨야 할 일이 없다.

Sized

균일 크기 타입sized type이란, 메모리에서 자신의 값이 차지하는 크기가 항상 일정한 타입을 말한다.
러스트에서는 거의 모든 타입이 균일 크기다. 예를 들어 u64는 항상 8바이트를 차지하고, (f32, f32,
f32) 튜플은 항상 12바이트를 차지한다. 심지어 이늄도 균일 크기다. 이늄은 실제로 어떤 베리언트가
오든 상관없이 항상 가장 큰 베리언트가 들어갈 수 있을 정도의 공간을 차지한다. 또 Vec<T>는 그때
그때 다른 크기의 힙 할당 버퍼를 소유하지만, Vec 값 자체는 그 버퍼의 포인터, 용량, 길이를 담고 있
을 뿐이다. 따라서 Vec<T>는 균일 크기 타입이다.

모든 균일 크기 타입은 std::marker::Sized 트레이트를 구현하고 있다. 이 트레이트는 메서드나 연
관 타입을 전혀 가지고 있지 않으며, 사용자가 직접 구현해 쓸 수는 없고 적용이 필요한 타입에는 러
스트가 스스로 알아서 구현해 준다. Sized를 쓸 수 있는 유일한 곳은 타입 변수의 바운드 부분뿐이
다. 예를 들어, 바운드 T: Sized는 T가 컴파일 시점에 크기를 알 수 있는 타입이어야 한다는 뜻이다.
이런 종류의 트레이트를 **마커 트레이트**marker trait라고 하는데, 러스트 언어 자체에서 타입이 가진 특

성을 표시하기 위한 용도로 쓰인다고 해서 그런 이름이 붙었다.

하지만 러스트는 **비균일 크기 타입**unsized type이라고 해서 자신의 값이 차지하는 크기가 항상 일정치 않은 타입도 몇 가지 가지고 있다. 예를 들어, 문자열 슬라이스 타입 str는 비균일 크기다(&가 붙지 않았다는 걸 유념하자). 문자열 리터럴 "diminutive"와 "big"은 각각 10바이트와 3바이트를 차지하는 str 슬라이스의 레퍼런스다. 그림 13-1에 나와 있는 것과 같은 식이다. [T]와 같은 배열 슬라이스 타입도 비균일 크기다(이번에도 &가 붙지 않았다). &[u8]과 같은 공유 레퍼런스는 어떤 크기의 [u8] 슬라이스든 다 가리킬 수 있다. str와 [T] 타입은 그때그때 다른 크기의 값집합을 나타내므로 비균일 크기 타입이다.

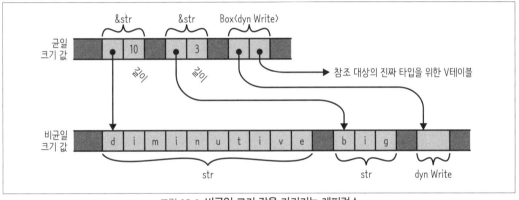

그림 13-1 비균일 크기 값을 가리키는 레퍼런스

러스트에서 자주 쓰이는 비균일 크기 타입의 또 다른 예는 트레이트 객체의 참조 대상인 dyn 타입이다. 11장의 '**트레이트 객체**' 절에서 설명했다시피 트레이트 객체는 주어진 트레이트를 구현하고 있는 값을 가리키는 포인터다. 예를 들어, 타입 &dyn std::io::Write와 Box<dyn std::io::Write>는 Write 트레이트를 구현하고 있는 값을 가리키는 포인터다. 이때 참조 대상은 파일일 수도 있고, 네트워크 소켓일 수도 있고, Write를 구현하고 있는 사용자 정의 타입일 수도 있다. Write를 구현하고 있는 타입의 집합은 한계가 없기 때문에 dyn Write는 비균일 크기 타입으로 간주된다. 즉, 값의 크기가 그때그때 다르다는 뜻이다.

러스트는 비균일 크기 값을 변수에 저장하거나 인수로 전달할 수 없다. 비균일 크기 값은 &str나 Box<dyn Write>처럼 균일 크기를 갖는 포인터를 통해서만 다룰 수 있다. 그림 13-1에서 보다시피 비균일 크기 값의 포인터는 항상 2워드 크기의 **팻 포인터**fat pointer다. 슬라이스의 포인터는 그 슬라이스의 길이를 같이 들고 있고, 트레이트 객체는 메서드 구현의 V테이블을 가리키는 포인터를 같이 들고 있다.

트레이트 객체와 슬라이스의 포인터는 서로 완벽히 대칭을 이룬다. 우선 두 경우 모두 자신이 가리키는 타입의 정보만 가지고는 값을 다루기 어렵다는 공통점이 있다. 예를 들어 [u8]의 경우 그의 길이를 모르면 색인을 쓸 수 없고, Box<dyn Write>의 경우 참조하고 있는 값에 알맞은 Write의 구현을 모르면 메서드를 호출할 수 없다. 또 두 경우 모두 팻 포인터가 자신이 가리키는 타입이 놓치고 있는 정보를 채워 주기 위해서 길이나 V테이블 포인터를 같이 들고 있다는 점도 비슷하다. 즉, 생략된 정적 정보를 동적 정보로 보충하고 있는 셈이다.

비균일 크기 타입은 제약이 너무 많기 때문에 특별한 경우가 아니라면 제네릭 타입 변수는 Sized 타입으로 제한해 두고 써야 한다. 실제로 러스트에서는 이렇게 해야 하는 경우가 다반사라서 이를 암묵적인 기본값으로 정해 두고 있다. 따라서 러스트는 struct S<T> { ... }라고 쓴 것을 struct S<T: Sized> { ... }라는 뜻으로 이해한다. 만일 T를 이런 식으로 제한하고 싶지 않다면 반드시 struct S<T: ?Sized> { ... }라고 써서 의도를 명시적으로 밝혀야 한다. 여기서 ?Sized는 이럴 때만 쓸 수 있는 문법으로 '꼭 Sized여야 할 필요는 없다'는 뜻이다. 예를 들어 struct S<T: ?Sized> { b: Box<T> }라고 쓰면 S<i32>와 S<String>은 물론 S<str>와 S<dyn Write>도 쓸 수 있게 된다. 이때 박스는 전자의 경우 팻 포인터가 되고, 후자의 경우 평범한 포인터가 된다.

이런 제약에도 불구하고 비균일 크기 타입은 러스트의 타입 시스템을 보다 유연하게 만들어 준다. 표준 라이브러리 문서를 읽다 보면 가끔씩 타입 변수에 ?Sized 바운드가 붙은 걸 볼 수 있는데, 이는 십중팔구 주어진 타입이 뭔가를 가리키는 용도로만 쓰인다는 뜻으로, 연관된 코드가 평범한 값뿐만 아니라 슬라이스와 트레이트 객체가 오더라도 문제없이 작동한다고 보면 된다. ?Sized 바운드가 붙은 타입 변수는 Sized일 수도 있고 아닐 수도 있어서 흔히들 **불확실한 크기를 가졌다**questionably sized고 한다.

비균일 크기 타입의 종류에는 슬라이스와 트레이트 객체 외에도 한 가지가 더 있다. 만일 어떤 스트럭트 타입이 마지막 필드만 비균일 크기 타입으로 되어 있다면, 그 스트럭트는 비균일 크기 타입이다. 예를 들어, 레퍼런스 카운트 기반의 포인터인 Rc<T>는 내부에 비공개 타입인 RcBox<T>의 포인터를 두고 그 안에 T와 레퍼런스 카운트를 저장하도록 구현되어 있다. RcBox의 정의를 간단히 살펴보면 다음과 같다.

```
struct RcBox<T: ?Sized> {
    ref_count: usize,
    value: T,
}
```

value 필드는 Rc<T>가 레퍼런스를 카운트하고 있는 바로 그 T다. Rc<T>는 바로 이 필드의 포인터로 역참조된다. ref_count 필드에는 레퍼런스 카운트가 저장된다.

실제 RcBox는 표준 라이브러리의 구현 세부 사항일 뿐이라서 공개적으로 쓸 수 없다. 그러나 여기서 는 이 정의를 가지고 작업하고 있다고 가정하자. 앞서 나온 RcBox는 RcBox<String>과 같이 균일 크 기 타입에 쓰면 결과는 균일 크기 스트럭트 타입이 되고, RcBox<dyn std::fmt::Display>와 같이 비균일 크기 타입에 쓰면 결과는 비균일 크기 스트럭트 타입이 된다(여기서 Display는 println! 등의 매 크로로 형식화할 수 있는 타입을 위한 트레이트다).

RcBox<dyn Display> 값을 곧바로 만들 수는 없다. RcBox<dyn Display> 값이 필요할 때는, 먼저 RcBox<String>과 같이 Display를 구현하고 있는 value 타입을 가지고 균일 크기를 갖는 평범한 RcBox를 만든 다음 &RcBox<String> 레퍼런스를 &RcBox<dyn Display> 팻 레퍼런스로 변환하는 방 법을 써야 한다.

```
let boxed_lunch: RcBox<String> = RcBox {
    ref_count: 1,
    value: "lunch".to_string()
};

use std::fmt::Display;
let boxed_displayable: &RcBox<dyn Display> = &boxed_lunch;
```

이 변환은 값을 함수에 전달할 때 암묵적으로 일어난다. 따라서 &RcBox<dyn Display>를 받는 함수 에 &RcBox<String>을 전달할 수 있다.

```
fn display(boxed: &RcBox<dyn Display>) {
    println!("For your enjoyment: {}", &boxed.value);
}

display(&boxed_lunch);
```

앞의 코드의 실행 결과는 다음과 같다.

```
For your enjoyment: lunch
```

Clone

std::clone::Clone은 자기 자신의 복사본을 만들 수 있는 타입을 위한 트레이트다. Clone은 다음과 같이 정의되어 있다.

```
trait Clone: Sized {
    fn clone(&self) -> Self;
    fn clone_from(&mut self, source: &Self) {
        *self = source.clone()
    }
}
```

clone 메서드는 self의 독립된 복사본을 만들어 반환해야 한다. Clone 트레이트가 Sized 트레이트를 확장하고 있는 이유는 이 메서드의 반환 타입이 Self라는 점도 한몫했지만, 함수란 모름지기 비균일 크기 값을 반환하지 않는 게 도리라는 점이 작용했다. 이렇게 하면 바깥쪽 구현의 Self 타입을 Sized로 제한하는 효과가 있다.

값을 복제할 때는 그 값이 소유한 모든 것의 복사본을 만들어야 하기 때문에 clone은 시간과 메모리를 많이 소비할 가능성이 높다. 예를 들어, Vec<String>을 복제하면 벡터만 달랑 복사되는 게 아니라 그 안에 있는 String 요소들도 전부 복사된다. 러스트가 값을 알아서 복제해 주지 않고 명시적으로 메서드를 호출하게 만들어 둔 건 바로 이 때문이다. 단, Rc<T>와 Arc<T> 같은 레퍼런스 카운트 기반의 포인터 타입들은 예외인데, 이들을 복제하면 레퍼런스 카운트만 올라간 새 포인터가 반환된다.

clone_from 메서드는 source의 복사본을 가지고 self의 내용을 수정한다. clone_from의 기본 정의는 단순히 source를 복제한 다음 이를 *self로 옮기게 되어 있다. 이 방법은 항상 통하지만, 타입에 따라서는 같은 효과를 내면서도 더 빠른 방법이 있는 경우가 있다. 예를 들어 s와 t가 String이라고 하자. 이 경우에 실행문 s = t.clone();은 t를 복제하고, s의 기존 값을 드롭하고, 복제된 값을 s로 옮겨야 하는데, 이 과정에서 힙 할당과 힙 할당 해제가 각각 한 번씩 발생한다. 그러나 만일 s가 원래 가지고 있던 힙 할당 버퍼의 용량이 t의 내용을 저장할 수 있을 만큼 크다면 그냥 t의 텍스트를 s의 버퍼에 복사한 다음, 길이만 조정해 주면 되기 때문에 할당이나 할당 해제가 전혀 필요 없다. 제네릭 코드를 작성할 때는 가능한 한 clone_from을 써서 최적화된 구현이 적재적소에 사용되도록 만들어야 한다.

만일 Clone을 구현할 때 대상이 되는 타입의 필드나 요소를 간단히 clone해서 얻은 복사본으로 새 값을 만들 수 있고, clone_from의 기본 구현만 있어도 충분한 경우라면 꼭 직접 구현하지 않아도 된다. 해당 타입의 정의 위에 #[derive(Clone)]을 붙여 두기만 하면 러스트가 이를 알아서 구현해
준다.

표준 라이브러리에 있는 타입 중에서 복사해도 되는 것들은 거의 다 Clone을 구현하고 있다. bool
과 i32 같은 기본 제공 타입이 그렇게 되어 있고 String, Vec<T>, HashMap 같은 컨테이너 타입
도 마찬가지다. 반면, std::sync::Mutex처럼 복사하면 안 되는 타입들은 Clone을 구현하지 않는
다. std::fs::File 같은 타입은 복사할 순 있지만, 운영체제의 자원이 부족하면 실패할 수 있으므
로 Clone을 구현하지 않는다. clone은 절대 실패해선 안 된다. 따라서 std::fs::File은 std::io::
Result<File>을 반환하는 try_clone 메서드를 둬서 실패 여부를 알 수 있게 하고 있다.

Copy

4장에서 우리는 배정이 이뤄질 때 대부분의 타입이 값을 복사하지 않고 이동한다고 설명한 바 있다.
값을 이동하면 소유하고 있는 자원을 추적하기가 훨씬 쉬워진다. 그러나 4장의 'Copy 타입: 이동의
예외' 절에서 예외가 있음을 지적했다시피, 자원을 전혀 소유하지 않는 단순한 타입은 Copy 타입이
될 수 있는데, 이 경우 배정이 이뤄질 때 값을 옮긴 뒤 원본을 미초기화 상태로 두는 게 아니라 원본
의 복사본을 만든다.

당시에는 Copy가 정확히 무엇인지 설명하지 않고 넘어갔지만 이제는 밝힐 수 있다. 어떤 타입이 Copy
라는 건 다음과 같이 정의된 std::marker::Copy 마커 트레이트를 구현한다는 뜻이다.

```
trait Copy: Clone { }
```

이 트레이트는 간단해서 사용자 정의 타입에 구현하기도 쉽다.

```
impl Copy for MyType { }
```

그러나 Copy는 언어적으로 남다른 의미를 가진 마커 트레이트라서 러스트에서는 바이트 단위의 얕은
복사만 수행하면 되는 타입만 Copy를 구현할 수 있다. 힙 버퍼나 운영체제 핸들 같은 다른 자원을 소
유하는 타입은 Copy를 구현할 수 없다.

Drop 트레이트를 구현하고 있는 모든 타입은 Copy가 될 수 없다. 특별한 뒷정리 코드를 필요로 하는
타입은 특별한 복사 코드를 필요로 하기 마련이므로 러스트는 이를 Copy가 될 수 없다고 간주한다.

Clone과 마찬가지로 Copy도 #[derive(Copy)]를 써서 러스트에게 이를 대신 구현해달라고 요청할 수 있다. 코드를 읽다 보면 이 둘을 한 번에 구현하기 위해서 #[derive(Copy, Clone)]이라고 써 둔 부분을 심심찮게 보게 될 것이다.

타입을 Copy로 만들 때는 신중히 생각하자. 이러면 타입이 더 쓰기 쉬워질지는 몰라도 구현에는 상당히 많은 제약이 따른다. 암묵적인 복사 역시 비용이 클 수 있다. 이런 요인들은 4장의 'Copy 타입: 이동의 예외' 절에 자세히 설명되어 있으니 참고하자.

Deref와 DerefMut

타입에 std::ops::Deref와 std::ops::DerefMut 트레이트를 구현하면 *와 . 같은 역참조 연산자의 동작 방식을 명시할 수 있다. Box<T>와 Rc<T> 같은 포인터 타입은 러스트의 기본 제공 포인터 타입처럼 작동할 수 있도록 이들 트레이트가 구현되어 있다. 예를 들어 Box<Complex> 값 b가 있을 때 *b는 b가 가리키는 Complex 값을 나타내고, b.re는 그의 실수부분을 나타낸다. 러스트는 참조 대상의 변경할 수 있는 레퍼런스를 배정하거나 빌려 오는 문맥에서는 (변경을 허용하는 역참조인) DerefMut 트레이트를 쓰고, 그렇지 않은 문맥에서는 읽기 전용 접근이면 충분하므로 Deref 트레이트를 쓴다.

이들 트레이트는 다음처럼 정의되어 있다.

```
trait Deref {
    type Target: ?Sized;
    fn deref(&self) -> &Self::Target;
}

trait DerefMut: Deref {
    fn deref_mut(&mut self) -> &mut Self::Target;
}
```

deref와 deret_mut 메서드는 &Self 레퍼런스를 받아서 &Self::Target 레퍼런스를 반환한다. Target은 Self가 포함하거나 소유하거나 참조하는 것이어야 한다. 일례로 Box<Complex>의 Target 타입은 Complex다. DerefMut가 Deref를 확장하고 있음을 눈여겨보자. 만일 우리가 어떤 대상을 역참조해 수정할 수 있다면 당연히 그 대상의 공유된 레퍼런스를 빌려 올 수도 있어야 한다. 앞 메서드들은 &self와 동일한 수명을 가진 레퍼런스를 반환하므로 self는 반환된 레퍼런스가 살아 있는 한 차용된 채로 유지된다.

Deref와 DerefMut 트레이트는 다른 역할로도 쓰인다. 러스트는 deref가 &Self 레퍼런스를 받아서 &Self::Target 레퍼런스를 반환한다는 점을 이용해 전자의 타입으로 된 레퍼런스를 후자로 알아서 변환해 준다. 다시 말해서 deref 호출이 타입 불일치를 막아줄 수 있는 상황이라면 러스트가 이를 알아서 넣어 준다는 뜻이다. DerefMut를 구현하면 변경할 수 있는 레퍼런스에 대해서도 똑같은 변환이 적용된다. 이를 두고 한 타입을 다른 타입처럼 작동하도록 '강제로 변환'한다고 해서 **Deref 강제 변환**Deref coercion이라고 한다.

Deref 강제 변환은 러스트가 알아서 챙겨주는 기능이라 코드에 명시적으로 표현할 방법이 없으므로, 언제 어떤 식으로 적용되는지를 미리 알아 두면 편리하다.

- 어떤 Rc<String> 값 r이 있을 때 여기에 String::find를 적용하려면 (*r).find('?') 대신 그냥 r.find('?')라고 쓰면 된다. Rc<T>가 Deref<Target=T>를 구현하고 있어서 메서드가 호출될 때 r이 암묵적으로 차용되고 &Rc<String>이 &String으로 강제 변환된다.

- String은 Deref<Target=str>를 구현하고 있어서 split_at이 str 슬라이스 타입의 메서드임에도 불구하고 split_at 같은 메서드를 String 값에 대고 쓸 수 있다. &String을 &str로 강제 변환할 수 있기 때문에 String이 str의 메서드를 전부 다시 구현할 필요가 없다.

- 바이트 벡터 v가 있을 때 이를 바이트 슬라이스 &[u8]을 받는 함수에 넘기려면 Vec<T>가 Deref<Target=[T]>를 구현하고 있으므로 그냥 &v를 인수로 넘기면 된다.

러스트는 필요할 경우 Deref 강제 변환을 연이어 적용한다. 예를 들어 앞서 언급한 강제 변환을 쓰면 split_at을 Rc<String>에 바로 적용할 수 있는데, 이는 &Rc<String>이 &String으로 역참조되고 다시 split_at 메서드를 가진 &str로 역참조되기 때문이다.

예를 들어 다음과 같은 타입이 있다고 하자.

```
struct Selector<T> {
    /// 이 `Selector`에서 사용할 수 있는 요소들.
    elements: Vec<T>,

    /// `elements`에 있는 '현재' 요소의 색인.
    /// `Selector`는 현재 요소의 포인터처럼 작동한다.
    current: usize
}
```

Selector를 문서 주석에 나와 있는 대로 작동하게 하려면 이 타입에 Deref와 DerefMut를 구현해야 한다.

```rust
use std::ops::{Deref, DerefMut};

impl<T> Deref for Selector<T> {
    type Target = T;
    fn deref(&self) -> &T {
        &self.elements[self.current]
    }
}

impl<T> DerefMut for Selector<T> {
    fn deref_mut(&mut self) -> &mut T {
        &mut self.elements[self.current]
    }
}
```

구현이 이와 같다면 Selector를 다음처럼 쓸 수 있다.

```rust
let mut s = Selector { elements: vec!['x', 'y', 'z'],
                        current: 2 };

// `Selector`가 `Deref`를 구현하고 있으므로 `*` 연산자를 써서 현재 요소를 참조할 수 있다.
assert_eq!(*s, 'z');

// Deref 강제 변환이 적용되므로 `char`가 가진 메서드를 `Selector`에 대고 바로 써서 'z'가
// 알파벳인지 확인한다.
assert!(s.is_alphabetic());

// `Selector`의 참조 대상에 바로 배정하는 방법을 써서 'z'를 'w'로 바꾼다.
*s = 'w';

assert_eq!(s.elements, ['x', 'y', 'w']);
```

Deref와 DerefMut 트레이트는 Box, Rc, Arc 같은 스마트 포인터 타입을 비롯하여, Vec<T>와 String 이 [T]과 str의 소유권을 갖는 버전 역할을 하는 것처럼, 레퍼런스 형태로 빈번하게 사용하는 무언가 의 소유권을 갖는 버전 역할을 하는 타입을 구현하기 위한 용도로 설계됐다. C++에서 하위 클래스 가 기본 클래스의 메서드를 볼 수 있는 것처럼, 단지 어떤 타입이 Target 타입의 메서드를 자동으로 볼 수 있게 만들 요량으로 Deref와 DerefMut를 구현해서는 안 된다. 그런다고 일이 늘 생각처럼 돌 아가는 것도 아니지만, 일이 틀어지면 혼란만 가중될 수 있다.

Deref 강제 변환에는 약간 아리송하다 싶을 수 있는 경고가 따라붙는다. 이유인즉슨 러스트가 타입 충돌을 해결할 때만 이를 적용하고 타입 변수에 있는 바운드를 만족하는지 볼 때는 모른 척하기 때 문이다. 예를 들어 다음 코드는 문제없이 작동한다.

```
let s = Selector { elements: vec!["good", "bad", "ugly"],
                   current: 2 };

fn show_it(thing: &str) { println!("{}", thing); }
show_it(&s);
```

러스트는 위에 있는 show_it(&s) 호출에서 &Selector<&str> 타입의 인수와 &str 타입의 매개변수를 인지하고는, Deref<Target=str> 구현을 찾아서 해당 호출을 show_it(s.deref())로 알맞게 고쳐 적는다.

하지만 show_it을 제네릭 함수로 바꾸면 러스트가 갑자기 비협조적으로 나온다.

```
use std::fmt::Display;
fn show_it_generic<T: Display>(thing: T) { println!("{}", thing); }
show_it_generic(&s);
```

오류 메시지는 다음과 같다.

```
error: `Selector<&str>` doesn't implement `std::fmt::Display`
   |
31 |    show_it_generic(&s);
   |                    ^^
   |                    |
   |                    `Selector<&str>` cannot be formatted with
   |                    the default formatter
   |                    help: consider adding dereference here: `&*s`
   |
note: required by a bound in `show_it_generic`
   |
30 |    fn show_it_generic<T: Display>(thing: T) { println!("{}", thing); }
   |                          ^^^^^^^ required by this bound
   |                                  in `show_it_generic`
```

함수를 제네릭으로 만들었을 뿐인데 오류라니 좀 황당할 수 있겠다. Selector<&str> 자체가 Display를 구현하고 있지 않은 건 사실이지만, 이를 구현하고 있는 게 확실한 &str로 역참조 되는데 이게 왜 문제일까?

앞의 코드는 &Selector<&str> 타입의 인수를 넘기고 있는데, 함수의 매개변수 타입이 &T이므로 타입 변수 T는 Selector<&str>여야 한다. 이 상태에서 러스트가 바운드 T: Display를 만족하는지 보는데, 문제는 Deref 강제 변환이 타입 변수에 있는 바운드를 만족하는지 볼 때는 적용되지 않으므로 이 검사가 실패한다는 것이다.

이 문제를 해결하려면 as 연산자를 써서 직접 강제 변환을 적어 주면 된다.

```
show_it_generic(&s as &str);
```

아니면 컴파일러가 제안하는 대로 &*를 써서 강제 변환을 해줘도 된다.

```
show_it_generic(&*s);
```

Default

어떤 타입은 누구나 수긍할 만큼 확실한 기본값을 가지고 있다. 예를 들어 벡터나 문자열은 빈 상태가 기본값이어야 하고, 수는 0이 기본값이어야 하며, Option은 None이 기본값이어야 한다. 이런 타입은 std::default::Default 트레이트를 구현할 수 있다.

```
trait Default {
    fn default() -> Self;
}
```

default 메서드는 단순히 Self 타입으로 된 새 값을 반환한다. String의 Default 구현을 보면 아주 간단하다.

```
impl Default for String {
    fn default() -> String {
        String::new()
    }
}
```

Vec, HashMap, BinaryHeap 등 러스트의 모든 컬렉션 타입은 Default를 구현하고 있으며, default 메서드가 빈 컬렉션을 반환한다. 이는 값 컬렉션을 만들어야 하는 상황에서 정확히 어떤 종류의 컬렉션을 만들지에 관한 결정권을 호출부_caller에게 주고 싶을 때 유용하다. 예를 들어 Iterator 트레이트의 partition 메서드는 이터레이터가 산출하는 값을 두 컬렉션으로 분할하는데, 이때 각 값을 어디로 보낼지 결정하기 위해서 클로저를 쓴다.

```
use std::collections::HashSet;
let squares = [4, 9, 16, 25, 36, 49, 64];
let (powers_of_two, impure): (HashSet<i32>, HashSet<i32>)
    = squares.iter().partition(|&n| n & (n-1) == 0);

assert_eq!(powers_of_two.len(), 3);
assert_eq!(impure.len(), 4);
```

클로저 |&n| n & (n-1) == 0은 간단한 비트 조작으로 2의 거듭제곱수를 판별하고, partition은 이를 이용해 두 개의 HashSet을 산출한다. 물론, partition이 HashSet에만 국한되는 건 아니다. 컬렉션 타입이 Default와 Extend<T>를 구현하고 있기만 하다면 어떤 종류든 원하는 컬렉션을 산출할 수 있는데, Default는 맨 처음 빈 컬렉션을 산출하는 데 필요하고, Extend<T>는 T를 컬렉션에 추가하는 데 필요하다. String은 Default와 Extend<char>를 구현하고 있으므로 다음처럼 작성할 수 있다.

```
let (upper, lower): (String, String)
    = "Great Teacher Onizuka".chars().partition(|&c| c.is_uppercase());
assert_eq!(upper, "GTO");
assert_eq!(lower, "reat eacher nizuka");
```

Default를 사용하는 또 다른 흔한 예는 변경할 일이 거의 없는 커다란 매개변수 모음을 표현하는 스트럭트의 기본값을 산출하는 것이다. 예를 들어, glium 크레이트는 강력하지만 복잡한 OpenGL 그래픽 라이브러리의 러스트 바인딩을 제공한다. glium::DrawParameters는 24개의 필드를 가진 스트럭트로, 각 필드는 OpenGL이 그래픽을 렌더링하는 방식을 두고 서로 다른 세부 사항을 제어한다. glium의 draw 함수는 이 DrawParameters 스트럭트를 인수로 받는다. DrawParameters는 Default를 구현하고 있으므로 다음처럼 변경하고 싶은 필드만 언급하는 식으로 하나 만들어서 draw에 넘기면 된다.

```
let params = glium::DrawParameters {
    line_width: Some(0.02),
    point_size: Some(0.02),
    .. Default::default()
};

target.draw(..., &params).unwrap();
```

앞의 코드는 Default::default()를 호출해서 모든 필드가 기본값으로 초기화된 DrawParameters 값을 만든 다음, 여기에 스트럭트를 위한 .. 문법을 써서 line_width와 point_size 필드가 변경된 새 값을 마련해 target.draw에 넘긴다.

타입 T가 Default를 구현하고 있을 때는 표준 라이브러리가 Rc<T>, Arc<T>, Box<T>, Cell<T>, RefCell<T>, Cow<T>, Mutex<T>, RwLock<T>에 대해서 자동으로 Default를 구현해 준다. 예를 들어, 타입 Rc<T>의 기본값은 타입 T의 기본값을 가리키는 Rc다.

튜플 타입의 모든 요소 타입이 Default를 구현하고 있을 때는 튜플 타입 자체도 마찬가지가 되어서 각 요소의 기본값을 쥐고 있는 튜플이 기본값이 된다.

러스트는 스트럭트 타입에 대해서 암묵적으로 Default를 구현하지 않지만, 스트럭트의 모든 필드가 Default를 구현하고 있을 때는 #[derive(Default)]를 써서 Default가 스트럭트에 자동으로 구현되도록 만들 수 있다.

AsRef와 AsMut

어떤 타입이 AsRef<T>를 구현하고 있다는 건 그 타입에게서 &T를 효율적으로 빌려 올 수 있다는 뜻이다. AsMut는 다 똑같지만 변경할 수 있는 레퍼런스를 빌려 올 수 있다는 점이 다르다. 이들의 정의는 다음과 같다.

```
trait AsRef<T: ?Sized> {
    fn as_ref(&self) -> &T;
}

trait AsMut<T: ?Sized> {
    fn as_mut(&mut self) -> &mut T;
}
```

예를 들어, Vec<T>는 AsRef<[T]>를 구현하고 있고 String은 AsRef<str>를 구현하고 있다. 특히, String은 AsRef<[u8]>도 구현하고 있어서 String의 내용을 바이트 배열로 빌려 올 수도 있다.

AsRef는 보통 함수가 받는 인수의 타입을 좀 더 유연하게 가져가기 위한 용도로 쓰인다. 한 예로 std::fs::File::open 함수는 다음처럼 선언되어 있다.

```
fn open<P: AsRef<Path>>(path: P) -> Result<File>
```

사실 open이 원하는 건 파일시스템 경로를 표현하는 타입인 &Path다. 그러나 시그니처를 앞과 같이 쓰면 open은 &Path를 빌려 올 수 있는 타입이라면 무엇이든 받는다. 즉, AsRef<Path>를 구현하고 있는 타입이라면 무엇이든 받는다는 뜻이다. 여기에는 PathBuf와 Path는 물론 String과 str, 그리고 운영체제 인터페이스 문자열 타입 OsString과 OsStr가 포함되는데, 전체 목록은 라이브러리 문서를 참고하자. open에 문자열 리터럴을 넘길 수 있는 건 바로 이런 이유 때문이다.

```
let dot_emacs = std::fs::File::open("/home/jimb/.emacs")?;
```

표준 라이브러리의 파일시스템 접근 함수는 모두 이런 식으로 경로 인수를 받는다. 호출부에서 느끼는 효과는 C++의 오버로딩된 함수와 비슷하지만, 러스트는 받아들일 인수 타입을 설정할 때 쓰는 접근법이 좀 다르다.

그런데 여기서 끝이 아니다. 문자열 리터럴은 &str이지만 AsRef<Path>를 구현하고 있는 타입은 &를 뺀 str다. 그리고 앞서 나온 'Deref와 DerefMut' 절에서 설명했다시피 러스트는 타입 변수 바운드를 만족하는지 볼 때 Deref 강제 변환을 시도하지 않으므로 여기서는 그러한 도움을 기대할 수 없다.

다행히 표준 라이브러리에는 다음과 같은 포괄적인 구현이 포함되어 있다.

```
impl<'a, T, U> AsRef<U> for &'a T
    where T: AsRef<U>,
          T: ?Sized, U: ?Sized
{
    fn as_ref(&self) -> &U {
        (*self).as_ref()
    }
}
```

말로 풀어 보면 임의의 타입 T와 U에 대해서 T: AsRef<U>가 성립하면 &T: AsRef<U>도 성립한다는 뜻이다. 레퍼런스의 경우에는 그냥 그 레퍼런스를 따라가서 똑같이 처리하면 그만이기 때문이다. 따라서 str: AsRef<Path>가 성립하면 &str: AsRef<Path>도 성립한다. 어떻게 보면 타입 변수의 AsRef 바운드를 검사하는 과정에서 제한된 형태의 Deref 강제 변환을 적용하는 셈이라고 할 수 있겠다.

어떤 타입이 AsRef<T>를 구현할 때는 AsMut<T>도 구현해야 한다고 생각할 수 있겠지만, 이게 적절치 않은 경우도 있다. 예를 들어 우리는 String이 AsRef<[u8]>을 구현하고 있다고 언급한 바 있는데, 이는 String마다 바이너리 데이터 형태로 접근할 때 유용할 수 있는 바이트 버퍼를 들고 있으므로 말이 되는 결정이다. 하지만 String은 이 바이트 버퍼의 내용이 적격한 UTF-8 인코딩으로 된 유니코드 텍스트임을 추가로 보장해야 하는데, String이 AsMut<[u8]>을 구현해 버리면 호출부가 String이 가진 바이트 버퍼의 내용을 마음대로 변경할 수 있게 되어 String을 더 이상 적격한 UTF-8이라고 신뢰할 수 없게 된다. AsMut<T>는 주어진 T를 수정하더라도 타입의 불변성이 깨지지 않는 그런 타입에만 구현해야 말이 된다.

AsRef와 AsMut는 아주 단순해 보여도 레퍼런스 변환을 위한 표준 제네릭 트레이트의 역할을 하기 때문에 여기저기 구체적인 변환 사례를 다루는 트레이트로 넘쳐나는 상황을 막아 준다. AsRef<Foo>를 구현하면 될 일을 가지고 직접 AsFoo 트레이트를 정의해 해결하려 들지 말자.

Borrow와 BorrowMut

std::borrow::Borrow 트레이트는 AsRef와 비슷한데, 어떤 타입이 Borrow<T>를 구현하고 있으면 borrow 메서드가 그 타입에게서 &T를 효율적으로 빌려 올 수 있다. 그러나 Borrow는 제약이 좀 더 세서 &T가 자신이 차용되어 나온 원래 값과 같은 식으로 해싱하고 비교하는 그런 타입에만 Borrow<T>를 구현해야 한다(단, 이 부분은 트레이트의 의도가 그렇다는 것이지 러스트가 강제하고 있다는 뜻은 아니다). Borrow의 진가는 해시 테이블과 트리의 키를 다룰 때나 모종의 이유로 해싱이나 비교가 필요한 값을 다룰 때 드러난다.

이런 구분은 이를테면 String에게서 뭔가를 빌려 올 때 중요하다. String은 AsRef<str>, AsRef<[u8]>, AsRef<Path>를 구현하고 있지만, 일반적으로 이 세 가지 대상 타입은 서로 다른 해시값을 갖는다. 오직 &str 슬라이스만 동등한 String처럼 해싱되는 게 보장되므로 String은 Borrow<str>만 구현하고 있다.

Borrow의 정의는 AsRef와 동일하며, 단지 이름만 다를 뿐이다.

```
trait Borrow<Borrowed: ?Sized> {
    fn borrow(&self) -> &Borrowed;
}
```

Borrow는 제네릭 해시 테이블과 기타 연관 컬렉션 타입을 쓸 때 벌어지는 한 가지 구체적인 상황을 해결하도록 설계됐다. 예를 들어, 문자열을 수에 매핑하는 std::collections::HashMap<String, i32>가 있다고 하자. 이 테이블의 키는 String이고, 각 항목이 하나씩 소유한다. 이때 이 테이블의 항목을 조회하는 메서드의 시그니처는 어떤 모습이어야 할까? 우선 다음과 같은 형태를 보자.

```
impl<K, V> HashMap<K, V> where K: Eq + Hash
{
    fn get(&self, key: K) -> Option<&V> { ... }
}
```

테이블의 항목을 조회하려면 적절한 타입으로 된 키를 제공해야 하므로 앞의 코드는 말이 된다. 그런데 이 경우는 K가 String이다. 해당 시그니처는 get을 호출할 때마다 String을 값으로 넘기도록 강요하고 있는데 사실 키의 레퍼런스만 있어도 되는 상황이므로 이 부분은 확실히 낭비다.

```
impl<K, V> HashMap<K, V> where K: Eq + Hash
{
    fn get(&self, key: &K) -> Option<&V> { ... }
}
```

이와 같은 형태가 좀 더 낫지만, 이번에는 키를 &String으로 넘겨야 하기 때문에 상수 문자열로 조회하고 싶을 때는 다음처럼 써야 한다.

```
hashtable.get(&"twenty-two".to_string())
```

아니, 조회 한 번 할 때마다 힙에 String 버퍼를 할당해서 텍스트를 그리로 복사해 넣고, 다시 이를 &String으로 빌려와서 get에 넘긴 다음 드롭해야 한다니, 이 무슨 황당한 사연인가.

해싱할 수 있고 키 타입과 비교할 수 있는 것이라면 무엇이든 넘길 수 있어야 하는데, 이를테면 &str가 여기에 딱 맞는 예다. 이를 반영하고 나면 최종적으로 다음과 같이 표준 라이브러리에서 찾을 수 있는 코드가 된다.

```
impl<K, V> HashMap<K, V> where K: Eq + Hash
{
    fn get<Q: ?Sized>(&self, key: &Q) -> Option<&V>
        where K: Borrow<Q>,
              Q: Eq + Hash
    { ... }
}
```

말로 풀어 보면 항목의 키를 &Q로 빌려 올 수 있고 또 이렇게 얻은 레퍼런스가 키 자체와 같은 식으로 해싱하고 비교할 때는 &Q를 키 타입으로 허용하겠다는 뜻이다. String은 Borrow<str>와 Borrow<String>을 구현하고 있으므로, 앞서 나온 get의 최종 버전에는 필요에 따라 &String이나

&str를 키로 넘길 수 있다.

Vec<T>와 [T: N]은 Borrow<[T]>를 구현하고 있다. 모든 유사 문자열 타입에게서는 그에 대응하는 슬라이스 타입을 빌려 올 수 있는데, 이는 이를테면 String은 Borrow<str>를 구현하고 있어서 그렇고 PathBuf는 Borrow<Path>를 구현하고 있어서 그렇다. 또 표준 라이브러리의 연관 컬렉션 타입은 모두 Borrow를 써서 자신의 조회 함수에 넘길 수 있는 타입을 결정한다.

표준 라이브러리는 임의의 타입 T에게서 &T를 빌려 올 수 있게 해주는 포괄적인 구현을 포함하고 있다. 즉, T: Borrow<T>가 성립한다는 뜻으로, 이를 통해서 항상 &K가 HashMap<K, V>의 항목을 조회하는 데 쓸 수 있는 타입으로 인정된다.

편의상 모든 &mut T 타입은 Borrow<T>를 같이 구현하고 있어서 여느 때처럼 공유된 레퍼런스 &T를 반환한다. 이를 통해 공유된 레퍼런스를 다시 빌려 오지 않고도 변경할 수 있는 레퍼런스를 컬렉션 조회 함수에 바로 넘길 수 있어서, 러스트에서 늘 벌어지는 변경할 수 있는 레퍼런스를 공유된 레퍼런스로 바꾸는 암묵적인 강제 변환을 모방할 수 있다.

BorrowMut 트레이트는 변경할 수 있는 레퍼런스를 위한 Borrow라고 보면 된다.

```
trait BorrowMut<Borrowed: ?Sized>: Borrow<Borrowed> {
    fn borrow_mut(&mut self) -> &mut Borrowed;
}
```

Borrow에 대해 설명한 모든 내용은 BorrowMut에도 그대로 통한다.

From과 Into

std::convert::From과 std::convert::Into 트레이트는 한 타입의 값을 소비하고 다른 타입의 값을 반환하는 변환을 표현한다. AsRef와 AsMut 트레이트가 한 타입에게서 다른 타입의 레퍼런스를 빌려 오는 것과 달리, From과 Into는 인수의 소유권을 가져와 변환한 다음 그 결과의 소유권을 다시 호출부에 반환한다.

이들의 정의는 정확히 대칭을 이룬다.

```
trait Into<T>: Sized {
    fn into(self) -> T;
}
```

```
trait From<T>: Sized {
    fn from(other: T) -> Self;
}
```

변환의 대상 타입과 결과 타입이 모두 같을 때는 처리하기가 무척 간단해서 표준 라이브러리가 해당 변환을 자동으로 구현해 준다. 따라서 모든 타입 T는 From<T>와 Into<T>를 구현하고 있다.

이들 트레이트는 그저 같은 일을 하는 두 가지 방법을 제공할 뿐이지만 용도는 서로 다르다.

일반적으로 Into는 함수가 받는 인수를 좀 더 유연하게 가져가기 위한 용도로 쓰인다. 예를 들어, 다음과 같이 작성한 코드가 있다고 하자.

```
use std::net::Ipv4Addr;
fn ping<A>(address: A) -> std::io::Result<bool>
    where A: Into<Ipv4Addr>
{
    let ipv4_address = address.into();
    ...
}
```

이렇게 하면 ping은 Ipv4Addr 뿐만 아니라 u32나 [u8; 4] 배열을 인수로 받을 수 있는데, 이는 우연찮게도 이들 타입이 모두 Into<Ipv4Addr>을 구현하고 있기 때문이다(경우에 따라서는 이렇게 IPv4 주소를 32비트 값 하나로 다루거나 4바이트짜리 배열로 다루는 게 유용할 때가 있다). ping이 address에 대해 아는 것이라고는 Into<Ipv4Addr>을 구현하고 있다는 것뿐이므로 into를 호출할 때 어떤 타입을 원하는지 지정할 필요가 없다. 여기에 올 수 있는 타입은 하나뿐이라서 타입 추론이 이 부분을 대신 채워 준다.

앞 절의 AsRef와 마찬가지로 이로 인한 효과는 C++의 오버로딩된 함수와 무척이나 비슷하다. 앞에 있는 ping의 정의를 쓰면 다음과 같은 식의 호출이 가능하다.

```
println!("{:?}", ping(Ipv4Addr::new(23, 21, 68, 141)));  // Ipv4Addr을 넘긴다.
println!("{:?}", ping([66, 146, 219, 98]));              // [u8; 4]를 넘긴다.
println!("{:?}", ping(0xd076eb94_u32));                  // u32를 넘긴다.
```

하지만 From 트레이트는 다른 역할을 한다. from 메서드는 다른 타입으로 된 값을 가지고 인스턴스를 만들어 내기 위한 제네릭 생성자 역할을 한다. 예를 들어 Ipv4Addr은 from_array와 from_u32 이렇게 두 가지 메서드를 갖기보다는, 간단히 From<[u8;4]>와 From<u32>를 구현하는 쪽을 택해서 다음과 같은 식으로 쓸 수 있게 했다.

```
let addr1 = Ipv4Addr::from([66, 146, 219, 98]);
let addr2 = Ipv4Addr::from(0xd076eb94_u32);
```

어떤 구현을 적용할지는 타입 추론이 알아서 해결하게 두면 된다.

적절한 From 구현이 주어지면 표준 라이브러리는 그에 대응하는 Into 트레이트를 자동으로 구현한다. 사용자 정의 타입을 정의할 때 인수를 하나만 받는 생성자가 있는 경우에는 이를 적절한 타입에 대한 From<T> 구현 형태로 작성해야 한다. 그래야 그에 대응하는 Into 구현을 공짜로 얻을 수 있다.

변환 메서드 from과 into는 인수의 소유권을 넘겨 받으므로, 변환을 수행할 때 원래 값의 자원을 재사용해서 변환된 값을 만들어 낼 수 있다. 예를 들어, 다음과 같은 코드를 작성했다고 하자.

```
let text = "Beautiful Soup".to_string();
let bytes: Vec<u8> = text.into();
```

String을 위한 Into<Vec<u8>> 구현은 단순히 String의 힙 버퍼를 가져다가 내용은 그대로 놔둔 채 용도만 바꿔서 반환하는 벡터의 요소 버퍼로 쓴다. 이 변환은 텍스트를 할당하거나 복사할 필요가 전혀 없어서, 이동이 효율적인 구현을 낳은 또 다른 사례라고 할 수 있겠다.

또 이들 변환은 어떤 제약이 있는 타입으로 된 값이 있을 때 그 타입이 보장하는 부분은 건드리지 않으면서 좀 더 유연한 무언가로 완화해 주는 멋진 방법을 제공한다. 예를 들어 String은 자신이 가진 내용이 항상 유효한 UTF-8임을 보장하며, 사용자가 변경 메서드를 쓸 때 어떤 식으로든 잘못된 UTF-8을 만들어 내는 일이 없도록 용법을 철저하게 제한한다. 그러나 앞 예는 String을 원하는 모든 작업이 가능한 평범한 바이트 블록으로 '강등'하기 때문에, 이를테면 이를 압축한다거나 UTF-8이 아닌 다른 바이너리 데이터와 결합하는 등의 일을 할 수 있다. into는 인수들 값으로 받기 때문에 위 변환을 거치고 나면 text는 더 이상 초기화 상태가 아니게 되는데, 이는 이전 String의 버퍼를 자유롭게 접근하더라도 잔존하는 String이 하나도 깨지지 않는다는 뜻이다.

하지만 비용이 크지 않은 변환은 Into와 From의 계약 내용에 포함되지 않는다. AsRef와 AsMut 변환은 비용이 그리 크지 않으리라 예상되는 반면, From과 Into 변환은 값의 내용을 할당하기도 하고, 복사하기도 하고, 다른 식으로 처리하기도 한다. 예를 들어, String은 문자열 슬라이스를 새로 마련한 String의 힙 할당 버퍼에 복사해 넣는 From<&str>를 구현하고 있다. 또한, std::collections::BinaryHeap<T>는 내장된 알고리즘의 요구 사항에 따라 요소들을 비교하고 순서를 다시 매기는 From<Vec<T>>를 구현하고 있다.

? 연산자는 From과 Into를 써서 필요에 따라 특정 오류 타입을 일반적인 것으로 알아서 바꿔 주기 때문에 여러모로 실패할 가능성이 있는 함수의 코드를 정리하는 데 도움이 된다.

예를 들어 바이너리 데이터를 읽어다가 이 가운데 일부를 UTF-8 텍스트로 해석한 뒤, 다시 이를 10진수로 변환해야 하는 시스템을 생각해 보자. 이는 std::str::from_utf8과 i32를 위한 FromStr 구현을 쓴다는 뜻인데, 이 둘은 각자 다른 타입으로 된 오류를 반환할 수 있다. 7장에서 오류 처리를 다룰 때 정의한 GenericError와 GenericResult 타입을 쓴다고 가정하면 ? 연산자가 이 변환을 알아서 처리해 줄 것이다.

```
type GenericError = Box<dyn std::error::Error + Send + Sync + 'static>;
type GenericResult<T> = Result<T, GenericError>;

fn parse_i32_bytes(b: &[u8]) -> GenericResult<i32> {
    Ok(std::str::from_utf8(b)?.parse::<i32>()?)
}
```

대부분의 오류 타입과 마찬가지로 Utf8Error와 ParseIntError는 Error 트레이트를 구현하고 있으며, 표준 라이브러리는 Error를 구현하고 있는 모든 것을 Box<dyn Error>로 변환해 주는 포괄적인 From 구현을 제공하는데, ?도 자동으로 이 구현을 사용한다.

```
impl<'a, E: Error + Send + Sync + 'a> From<E>
  for Box<dyn Error + Send + Sync + 'a> {
    fn from(err: E) -> Box<dyn Error + Send + Sync + 'a> {
        Box::new(err)
    }
}
```

앞의 코드 덕분에 두 개의 match 문을 가진 상당히 큰 함수로 해결했어야 할 일이 한 줄로 줄어든다.

From과 Into가 표준 라이브러리에 들어오기 전에는 러스트 코드가 온통 구체적인 변환 사례를 다루는 임시변통의 변환 트레이트와 생성 메서드로 가득했다. From과 Into는 사용자가 여러분의 타입을 딱히 배우지 않아도 쉽게 쓸 수 있도록 만들고자 할 때 따라야 할 규칙을 명문화한다. 다른 라이브러리와 언어 자체도 규칙을 표현할 때는 이들 트레이트를 정석이자 표준화된 방법으로 여기고 활용한다.

From과 Into는 실패할 가능성이 없는 트레이트다. 따라서 여기에 속한 API는 실패할 가능성이 없는 변환을 요구한다. 하지만 불행하게도 많은 변환은 그 나름의 복잡한 속내를 안고 있다. 예를 들어 i64 같은 커다란 정수는 i32보다 큰 수를 저장할 수 있는데, 어떤 추가 정보도 없이 2_000_000_000_000i64 같은 수를 그냥 i32로 변환하겠다고 하는 건 말이 안 된다. 단순히 앞쪽 32비트를 버리는 비트 단위 변환으로는 바라는 결과를 얻지 못할 때가 많다.

```
let huge = 2_000_000_000_000i64;
let smaller = huge as i32;
println!("{}", smaller);  // -1454759936
```

이런 상황을 처리하는 방법에는 여러 가지가 있는데, 상황에 따라서는 '순환wrapping' 변환을 쓰는 게 적절할 수도 있다. 반면에 디지털 신호 처리와 제어 시스템 같은 애플리케이션에서는 존재할 수 있는 최댓값보다 더 큰 수가 오면 이를 그 최댓값으로 대체하는 '포화saturating' 변환을 쓰는 경우가 많다.

TryFrom과 TryInto

앞서 본 것처럼 이런 변환은 어떤 식으로 작동해야 하는지 불분명하므로, 러스트는 i32에 대해서 From<i64>를 구현하고 있지 않는 건 물론이고 정보를 잃어버릴 가능성이 있는 수치 타입 간의 변환을 아예 구현하고 있지 않다. 그 대신 i32는 TryFrom<i64>를 구현하고 있다. TryFrom과 TryInto는 From과 Into의 사촌이라고 보면 되는데, 서로 비슷하지만 실패할 가능성이 있다는 점이 다르다. TryFrom을 구현하고 있다는 건 TryInto도 구현하고 있다는 뜻이다.

이들의 정의는 From과 Into보다 아주 약간 더 복잡할 뿐이다.

```
pub trait TryFrom<T>: Sized {
    type Error;
    fn try_from(value: T) -> Result<Self, Self::Error>;
}

pub trait TryInto<T>: Sized {
    type Error;
    fn try_into(self) -> Result<T, Self::Error>;
}
```

try_into() 메서드는 Result를 주기 때문에 수가 너무 커서 결과 타입에 맞지 않을 때와 같은 예외적인 경우에 할 일을 선택할 수 있다.

```
// 오버플로가 발생하면 순환 변환 대신 포화 변환으로 처리한다.
let smaller: i32 = huge.try_into().unwrap_or(i32::MAX);
```

음수의 경우를 처리하고자 할 때도 Result의 unwrap_or_else() 메서드를 쓸 수 있다.

```
let smaller: i32 = huge.try_into().unwrap_or_else(|_|{
    if huge >= 0 {
        i32::MAX
    } else {
        i32::MIN
    }
});
```

사용자 정의 타입에 실패할 가능성이 있는 변환을 구현하는 것 역시 쉽다. Error 타입은 애플리케이션의 필요에 따라 간단할 수도 있고, 복잡할 수도 있다. 표준 라이브러리는 발생할 가능성이 있는 오류가 오버플로뿐이므로 빈 스트럭트를 사용해 오류가 발생했다는 사실 외에는 아무런 정보도 주지 않는다. 반면, 좀 더 복잡한 타입 간의 변환은 보다 많은 정보를 반환하고 싶을 수도 있다.

```
impl TryInto<LinearShift> for Transform {
    type Error = TransformError;

    fn try_into(self) -> Result<LinearShift, Self::Error> {
        if !self.normalized() {
            return Err(TransformError::NotNormalized);
        }
        ...
    }
}
```

From과 Into가 단순한 변환을 통해서 타입을 서로 연결한다면, TryFrom과 TryInto는 From과 Into 변환이 가진 단순함을 Result가 제공하는 뛰어난 표현력을 가진 오류 처리 기능으로 확장한다. 이 네 가지 트레이트를 이용하면 같은 크레이트 안에 있는 많은 타입을 서로 연결할 수 있다.

ToOwned

어떤 레퍼런스가 주어질 때 그의 참조 대상을 가지고 소유권이 있는 복사본을 만들려면, 보통 그 타입이 std::clone::Clone을 구현하고 있다고 가정하고 clone을 호출한다. 그러나 &str나 &[i32]를 복제하고 싶을 때는 어떻게 해야 할까? 아마도 String이나 Vec<i32>를 원할 텐데 Clone의 정의가 이를 허락하지 않는다. 정의에 따르면 &T를 복제할 때는 항상 T 타입으로 된 값을 반환해야 하는데, str와 [u8]이 비균일 크기라서 함수가 반환할 수 있는 타입이 아니기 때문이다.

std::borrow::ToOwned 트레이트는 레퍼런스를 소유권이 있는 값으로 변환하는 살짝 느슨한 방법을 제공한다.

```
trait ToOwned {
    type Owned: Borrow<Self>;
    fn to_owned(&self) -> Self::Owned;
}
```

clone이 정확히 Self를 반환해야 하는 것과 달리 to_owned는 &Self를 빌려 올 수 있는 것이라면 무엇이든 반환할 수 있는데, 이는 Owned 타입이 반드시 Borrow<Self>를 구현하고 있어야 하기 때문이다. Vec<T>에서 &[T]를 빌려 올 수 있으므로, T가 Clone을 구현하고 있는 한 [T]는 ToOwned<Owned=Vec<T>>를 구현할 수 있고, 따라서 슬라이스의 요소들을 벡터로 복사할 수 있는 것이다. 마찬가지로 str는 ToOwned<Owned=String>을 구현하고 있고 Path는 ToOwned<Owned=PathBuf>를 구현하고 있는 식이다.

Borrow + ToOwned = Cow

러스트를 제대로 활용하려다 보면 함수가 매개변수를 레퍼런스로 받아야 하는지, 아니면 값으로 받아야 하는지와 같은 소유권 문제를 두고 고심하게 되는 순간이 온다. 대개는 한두 가지 접근법을 정해 두고 사용하기 마련이고, 그 결정은 매개변수의 타입에 반영되어 드러난다. 그러나 경우에 따라서는 프로그램이 실행될 때까지 빌려 쓰는 게 맞을지, 소유하는 게 맞을지 결정할 수 없을 때도 있다. ('기록 중 복제clone on write'를 위한) std::borrow::Cow 타입은 이럴 때 쓸 수 있는 방법 한 가지를 제공한다.

이 타입의 정의는 다음과 같다.

```
enum Cow<'a, B: ?Sized>
    where B: ToOwned
{
    Borrowed(&'a B),
    Owned(<B as ToOwned>::Owned),
}
```

Cow<B>는 B의 공유된 레퍼런스를 빌려 오거나 그런 레퍼런스를 빌려 올 수 있는 값을 소유한다. Cow 는 Deref를 구현하고 있으므로, 마치 B의 공유된 레퍼런스인 것처럼 여기에 대고 메서드를 호출할 수 있다. Owned일 때는 소유권이 있는 값의 공유된 레퍼런스를 빌려 오고, Borrowed일 때는 단순히 쥐 고 있는 레퍼런스를 내어 주는 식이다.

또한 &mut B를 반환하는 to_mut 메서드를 호출하면, Cow가 가진 값의 변경할 수 있는 레퍼런스를 얻을 수도 있다. Cow가 우연찮게도 Cow::Borrowed이면, to_mut는 간단히 레퍼런스의 to_owned 메서 드를 호출해서 참조 대상의 소유권이 있는 복사본을 확보하고, Cow를 Cow::Owned로 바꾼 다음, 새로 확보한 소유권이 있는 값의 변경할 수 있는 레퍼런스를 빌려 온다. 이것이 바로 타입의 이름이 가리키 는 '기록 중 복제' 동작이다.

마찬가지로 Cow는 필요할 경우 레퍼런스를 소유권이 있는 값으로 승격시킨 뒤, 이를 반환해서 소유권 을 호출부로 옮기고, 또 그 과정에서 Cow를 소비하는 into_owned 메서드를 가진다.

Cow를 사용하는 흔한 예 중 하나는 정적으로 할당된 문자열 상수나 계산된 문자열 중 하나를 반환 하는 것이다. 예를 들어, 오류 이늄을 메시지로 변환해야 한다고 가정하자. 대부분의 베리언트는 고 정된 문자열로 처리할 수 있지만, 그중 일부는 메시지 안에 포함되어야 하는 추가 데이터를 갖는다. 이럴 때는 Cow<'static, str>를 반환하면 된다.

```
use std::path::PathBuf;
use std::borrow::Cow;
fn describe(error: &Error) -> Cow<'static, str> {
    match *error {
        Error::OutOfMemory => "out of memory".into(),
        Error::StackOverflow => "stack overflow".into(),
        Error::MachineOnFire => "machine on fire".into(),
        Error::Unfathomable => "machine bewildered".into(),
        Error::FileNotFound(ref path) => {
            format!("file not found: {}", path.display()).into()
        }
    }
}
```

앞의 코드는 Cow의 Into 구현을 써서 값을 만들어 낸다. 위 match 문에서 대부분의 갈래는 정적으로 할당된 문자열을 가리키는 Cow::Borrowed를 반환한다. 그러나 FileNotFound 베리언트를 만나면 format!을 써서 주어진 파일 이름이 포함된 메시지를 구성한다. 앞의 match 문에서 해당 갈래는 Cow::Owned 값을 산출한다.

값을 바꿀 필요가 없는 describe의 호출부에서는 Cow를 그냥 &str로 취급하면 된다.

```
println!("Disaster has struck: {}", describe(&error));
```

소유권이 있는 값이 필요한 호출부에서는 원하는 값을 곧바로 만들어 쓰면 된다.

```
let mut log: Vec<String> = Vec::new();
...
log.push(describe(&error).into_owned());
```

Cow를 쓰면 describe과 그의 호출부가 할당을 필요한 시점이 될 때까지 미루는 데 도움이 된다.

CHAPTER 14

클로저

환경을 구합시다! 오늘 당장 클로저를 만듭시다!

—코맥 플래너건Cormac Flanagan

정수 벡터는 쉽게 정렬할 수 있다.

```
integers.sort();
```

하지만 안타깝게도 어떤 데이터를 정렬하고자 할 때 그것이 정수 벡터인 경우는 거의 없다. 보통은
레코드 형태로 된 데이터를 정렬할 때가 많은데, 대개 이런 경우에는 기본 제공 sort 메서드가 작동
하지 않는다.

```
struct City {
    name: String,
    population: i64,
    country: String,
    ...
}

fn sort_cities(cities: &mut Vec<City>) {
    cities.sort();  // 오류: 뭘 기준으로 정렬해야 할까?
}
```

러스트는 앞의 코드에서 City가 std::cmp::Ord를 구현하지 않는다고 불평한다. 이럴 때는 다음처럼

정렬 순서를 지정해 주면 된다.

```
/// 도시를 인구 기준으로 정렬하기 위한 도우미 함수.
fn city_population_descending(city: &City) -> i64 {
    -city.population
}

fn sort_cities(cities: &mut Vec<City>) {
    cities.sort_by_key(city_population_descending);  // OK
}
```

도우미 함수 city_population_descending은 City 레코드를 받아서 정렬의 기준으로 쓸 필드를 **키** key로 추출한다. (음수를 반환하는 이유는 sort가 수를 오름차순으로 정렬하는 반면, 여기서는 내림차순, 즉 인구가 가장 많은 도시가 먼저 오도록 정렬하고 싶기 때문이다.) sort_by_key 메서드는 이 키 함수를 매개변수로 받는다.

앞의 코드는 잘 작동한다. 그러나 앞서 나온 도우미 함수를 익명의 함수 표현식인 **클로저** closure로 작성하면 코드를 보다 간결하게 만들 수 있다.

```
fn sort_cities(cities: &mut Vec<City>) {
    cities.sort_by_key(|city| -city.population);
}
```

여기서 |city| -city.population 부분이 바로 클로저다. 이 클로저는 인수 city를 받아서 -city. population을 반환한다. 러스트는 이 클로저의 쓰임새에서 인수 타입과 반환 타입을 추론한다.

표준 라이브러리 기능 중에서 클로저를 받는 또 다른 예는 다음과 같다.

- 순차 데이터를 다루기 위한 map과 filter와 같은 Iterator 메서드. 이들 메서드는 15장에서 다룬다.

- 새 시스템 스레드를 시작하는 thread::spawn과 같은 스레딩 API. 동시성의 본질은 결국 작업을 다른 스레드로 옮기는 것인데, 클로저를 쓰면 이런 작업의 단위를 손쉽게 표현할 수 있다. 이들 기능은 19장에서 다룬다.

- HashMap 항목의 or_insert_with 메서드와 같이 조건부로 기본값을 계산해야 하는 일부 메서드. 이 메서드는 HashMap의 항목을 가져오거나 생성하며, 기본값을 계산하는 데 비용이 많이 들 때 쓴다. 클로저 형태로 전달되는 기본값은 새 항목을 생성해야 하는 경우에만 호출된다.

물론 요즘은 어딜가나 익명 함수를 볼 수 있고, 심지어 원래는 가지고 있지 않았던 자바, C#, 파이썬, C++와 같은 언어에서도 찾아볼 수 있다. 따라서 지금부터는 여러분이 전에 익명 함수를 본 적이 있다고 가정하고, 러스트의 클로저만이 갖는 소소한 차이점에 초점을 맞출 것이다. 이번 장에서는 클로저의 세 가지 타입, 표준 라이브러리 메서드에 클로저를 전달하는 법, 클로저에서 자신의 범위에 있는 변수를 '캡처'하는 법, 클로저를 인수로 받는 함수와 메서드를 작성하는 법, 클로저를 저장했다가 나중에 콜백으로 쓰는 법을 살펴본다. 또한, 러스트 클로저의 구현 방식과 더불어 왜 기대보다 더 빠른지에 대해서도 설명한다.

변수 캡처하기

클로저는 바깥쪽 함수에 속한 데이터를 사용할 수 있다. 예를 보자.

```
/// 여러 통계를 기준으로 정렬한다.
fn sort_by_statistic(cities: &mut Vec<City>, stat: Statistic) {
    cities.sort_by_key(|city| -city.get_statistic(stat));
}
```

여기서 클로저는 바깥쪽 함수 sort_by_statistic이 소유한 stat을 사용한다. 이를 가리켜 클로저가 stat을 '캡처'한다고 말한다. 이는 클로저의 전형적인 기능 중 하나이기 때문에 당연히 러스트도 지원한다. 그러나 러스트에서는 이 기능에 조건이 붙는다.

클로저를 갖춘 대부분의 언어들에서는 가비지 컬렉션이 중요한 역할을 한다. 예를 들어 다음의 자바스크립트 코드를 생각해 보자.

```
// 도시 테이블의 행을 재정렬하는 애니메이션을 시작한다.
function startSortingAnimation(cities, stat) {
    // 테이블을 정렬하는 데 쓸 도우미 함수.
    // 이 함수는 stat을 참조한다.
    function keyfn(city) {
        return city.get_statistic(stat);
    }

    if (pendingSort)
        pendingSort.cancel();

    // 이제 keyfn을 가지고 애니메이션을 시작한다.
    // keyfn은 정렬 알고리즘이 수행되는 과정에서 호출된다.
    pendingSort = new SortingAnimation(cities, keyfn);
}
```

클로저 keyfn은 새 SortingAnimation 객체에 저장되며, 아마 startSortingAnimation이 복귀한 이후에 호출될 것이다. 함수가 복귀하면 보통은 그의 모든 변수와 인수가 범위를 벗어나 버려진다. 그러나 여기서는 클로저가 stat을 사용하므로 자바스크립트 엔진은 이를 어떻게든 유지해 두어야 한다. 대부분의 자바스크립트 엔진은 stat을 힙에 할당하고 가비지 컬렉터가 나중에 이를 회수하게 하는 방법으로 이 문제를 해결한다.

가비지 컬렉션이 없는 러스트는 이 문제를 어떻게 해결할까? 두 가지 예를 통해서 답을 알아보자.

빌리는 클로저

먼저 이 절의 시작 부분에 있는 예를 다시 한번 보자.

```
/// 여러 통계를 기준으로 정렬한다.
fn sort_by_statistic(cities: &mut Vec<City>, stat: Statistic) {
    cities.sort_by_key(|city| -city.get_statistic(stat));
}
```

이 경우에는 러스트가 클로저를 생성할 때 stat의 레퍼런스가 자동으로 차용된다. 클로저가 stat을 참조하고 있으므로 그의 레퍼런스를 가지고 있어야 하는 건 너무나 당연하다.

나머지 부분은 간단하다. 클로저는 5장에서 설명한 차용과 수명에 관한 규칙을 적용받는다. 특히 앞서 나온 클로저는 stat의 레퍼런스를 가지고 있으므로 stat보다 더 오래 지속될 수 없다. 앞 예에서는 클로저가 정렬하는 동안에만 쓰이므로 문제 될 게 없다.

요약하면 러스트는 가비지 컬렉션 대신 수명을 써서 안전성을 보장한다. 러스트의 방법은 더 빠른데, 아무리 빠른 GC 할당도 위의 경우처럼 stat을 스택에 저장하는 것보다는 느리기 마련이다.

훔치는 클로저

두 번째 예는 좀 더 까다롭다.

```
use std::thread;

fn start_sorting_thread(mut cities: Vec<City>, stat: Statistic)
    -> thread::JoinHandle<Vec<City>>
{
    let key_fn = |city: &City| -> i64 { -city.get_statistic(stat) };

    thread::spawn(|| {
```

```
        cities.sort_by_key(key_fn);
        cities
    })
}
```

이 예는 앞서 살펴본 자바스크립트 예와 비슷한 일을 한다. thread::spawn은 주어진 클로저를 새 시스템 스레드에서 호출한다. ||는 클로저의 빈 인수 목록이다.

새 스레드는 호출부와 병렬로 실행되며, 클로저가 복귀하면 종료된다(클로저의 반환값은 JoinHandle 값을 통해서 호출 스레드로 되돌아간다. 이 부분은 19장에서 다룬다).

이 예에서도 클로저 key_fn은 stat의 레퍼런스를 갖는다. 그러나 이번에는 러스트가 이 레퍼런스의 안전한 사용을 보장할 수 없어서 프로그램을 거부한다.

```
error: closure may outlive the current function, but it borrows `stat`,
      which is owned by the current function
   |
33 | let key_fn = |city: &City| -> i64 { -city.get_statistic(stat) };
   |              ^^^^^^^^^^^^^^^^^^^^^^          ^^^^
   |              |                              `stat` is borrowed here
   |              may outlive borrowed value `stat`
```

사실 이 오류 메시지에는 표시되지 않았지만, cities도 안전하게 공유되고 있지 않기 때문에 두 가지 문제가 있다고 봐야 한다. 해당 프로그램이 거부되는 이유는 간단히 말해서, thread::spawn이 생성한 새 스레드가 앞서 나온 함수의 끝에서 cities와 stat이 소멸되기 전에 자신의 일을 마치리라고 기대할 수 없기 때문이다.

두 문제의 해결책은 동일하다. 러스트에게 cities와 stat의 레퍼런스를 빌리지 말고 대신 이 둘을 앞서 나온 클로저 안으로 **옮겨**달라고 말하는 것이다.

```
fn start_sorting_thread(mut cities: Vec<City>, stat: Statistic)
    -> thread::JoinHandle<Vec<City>>
{
    let key_fn = move |city: &City| -> i64 { -city.get_statistic(stat) };

    thread::spawn(move || {
        cities.sort_by_key(key_fn);
        cities
    })
}
```

두 클로저 앞에 move 키워드가 추가된 것 외에는 바뀐 게 전혀 없다. move 키워드는 러스트에게 클로저가 자신이 사용하는 변수를 빌리지 않고 훔친다고 말한다.

첫 번째 클로저 key_fn은 stat의 소유권을 갖는다. 그리고 두 번째 클로저는 cities와 key_fn의 소유권을 갖는다.

러스트는 이와 같이 클로저에서 바깥쪽 범위에 있는 데이터를 가져오기 위한 방법으로 이동과 차용 이렇게 두 가지를 제공한다. 정말 이것 말고는 더 말할 게 없다. 클로저는 4장과 5장에서 이미 살펴본 이동과 차용에 관한 동일한 규칙을 따른다. 몇 가지 사례를 보자.

- 언어의 다른 모든 부분에서도 그렇지만, 클로저가 i32처럼 복사할 수 있는 타입의 값을 move할 경우에는 이동이 아니라 복사가 일어난다. 따라서 Statistic이 복사할 수 있는 타입일 경우에는 move 클로저를 생성한 이후에도 stat을 계속 사용할 수 있다.

- Vec<City>처럼 복사할 수 없는 타입의 값은 실제로 이동된다. 앞의 코드는 move 클로저를 통해서 cities를 새 스레드로 옮긴다. 따라서 클로저를 생성한 이후에는 cities에 접근할 수 없다.

- 공교롭게도 앞의 코드는 클로저가 cities를 옮기고 난 이후에 다시 이를 사용하는 일이 없다. 그러나 그래야 하는 경우도 있는데, 이럴 때는 cities를 복제해서 그 사본을 다른 변수에 담아 두는 간단한 우회책을 사용할 수 있다. 그러면 클로저가 여러 사본 중에서 자신이 참조하고 있는 것만 훔치게 될 것이다.

러스트의 엄격한 규칙을 받아들이면 스레드 안전성이라는 중요한 결과를 얻게 된다. 벡터가 여러 스레드 간에 공유되는 것이 아니라 이동되기 때문에, 새 스레드가 벡터를 변경하는 동안에도 이전 스레드가 이를 해제하지 않으리란 걸 알 수 있다.

함수와 클로저 타입

이번 장에서는 함수와 클로저를 값처럼 쓰는 경우가 많다. 이 말은 이들에게도 타입이 있다는 뜻이다. 예를 보자.

```
fn city_population_descending(city: &City) -> i64 {
    -city.population
}
```

이 함수는 &City 하나를 인수로 받아 i64를 반환하며, 타입은 fn(&City) -> i64다.

함수는 다른 값들과 똑같이 취급해 사용할 수 있다. 함수를 변수에 저장할 수도 있고, 함숫값을 계산할 때도 통상의 러스트 문법을 모두 사용할 수 있다.

```
let my_key_fn: fn(&City) -> i64 =
    if user.prefs.by_population {
        city_population_descending
    } else {
        city_monster_attack_risk_descending
    };

cities.sort_by_key(my_key_fn);
```

스트럭트에 함수 타입으로 된 필드를 둘 수도 있고, Vec과 같은 제네릭 타입에 같은 fn 타입을 공유하는 여러 함수를 저장할 수도 있다. 함숫값은 크기가 아주 작다. fn 값은 C++의 함수 포인터와 마찬가지로 함수의 머신 코드를 가리키는 메모리 주소다.

함수는 다른 함수를 인수로 받을 수 있다. 예를 보자.

```
/// 도시 목록과 테스트 함수를 받아서 테스트를 통과하는 도시의 수를 반환한다.
fn count_selected_cities(cities: &Vec<City>,
                         test_fn: fn(&City) -> bool) -> usize
{
    let mut count = 0;
    for city in cities {
        if test_fn(city) {
            count += 1;
        }
    }
    count
}

/// 테스트 함수의 예. 이 함수의 타입이 `count_selected_cities`의 인수
/// `test_fn`와 같은 `fn(&City) -> bool`이라는 점을 눈여겨보자.
fn has_monster_attacks(city: &City) -> bool {
    city.monster_attack_risk > 0.0
}

// 몬스터의 공격 위협에 노출된 도시의 수를 구한다.
let n = count_selected_cities(&my_cities, has_monster_attacks);
```

C/C++의 함수 포인터에 익숙하다면 러스트의 함숫값이 결국 똑같은 것이란 걸 알 수 있을 것이다.

이렇게 설명해놓고 이제 와서 클로저의 타입이 함수의 타입과 **다르다**고 하면 조금 황당할 수 있겠다.

```
let limit = preferences.acceptable_monster_risk();
let n = count_selected_cities(
    &my_cities,
    |city| city.monster_attack_risk > limit);  // 오류: 타입 불일치.
```

앞의 코드는 두 번째 인수가 타입 오류를 일으킨다. 위 함수가 클로저를 지원하기 위해서는 타입 시그니처를 다음처럼 보이게 바꿔야 한다.

```
fn count_selected_cities<F>(cities: &Vec<City>, test_fn: F) -> usize
    where F: Fn(&City) -> bool
{
    let mut count = 0;
    for city in cities {
        if test_fn(city) {
            count += 1;
        }
    }
    count
}
```

count_selected_cities의 타입 시그니처만 바꿨을 뿐 본문은 그대로다. 이 새 버전은 제네릭으로, 특수 트레이트 Fn(&City) -> bool을 구현하고 있는 임의의 타입 F로 된 test_fn을 받는다. &City 하나를 인수로 받아 불 값을 반환하는 모든 함수와 대부분의 클로저에는 이 트레이트가 자동으로 구현된다.

```
fn(&City) -> bool  // fn 타입. (함수만 받는다.)
Fn(&City) -> bool  // Fn 트레이트. (함수와 클로저를 모두 받는다.)
```

이 특수 문법은 언어에 내장되어 있다. ->와 반환 타입은 옵션이며 생략할 경우 반환 타입은 ()이다.

count_selected_cities의 새 버전은 함수와 클로저를 모두 받는다.

```
count_selected_cities(
    &my_cities,
    has_monster_attacks);  // OK

count_selected_cities(
    &my_cities,
    |city| city.monster_attack_risk > limit);  // 이것도 OK
```

기존 버전이 실패한 이유는 뭘까? 클로저는 호출할 수 있지만 fn은 아니다. 클로저 |city| city.monster_attack_risk > limit은 fn 타입이 아니라 자기만의 고유한 타입을 갖는다.

사실, 모든 클로저가 자기만의 고유한 타입을 갖는다. 왜냐하면 클로저가 바깥쪽 범위에서 빌리거나 훔친 값을 데이터로 가질 수도 있고, 또 가지고 있는 변수의 수와 타입의 조합이 전부 제각각일 수 있기 때문이다. 따라서 모든 클로저는 컴파일러로부터 자신의 데이터가 전부 들어갈 만한 크기를 가진 임시 타입을 부여받는다. 똑같은 타입을 가진 클로저란 있을 수 없다. 그러나 모든 클로저는 Fn 트레이트를 구현한다. 앞서 나온 예에 있는 클로저는 Fn(&City) -> i64를 구현한다.

모든 클로저는 자기만의 고유한 타입을 가지므로 클로저를 다루는 코드는 보통 count_selected_cities처럼 제네릭이 될 필요가 있다. 제네릭 타입을 적을 때마다 살짝 귀찮음이 느껴지긴 해도 계속 접하다 보면 이 설계의 이점을 이해하게 될 것이다.

클로저 성능

러스트의 클로저는 빠른 실행을 목표로 설계되었다. 그래서 함수 포인터보다 빠르고, 성능에 민감한 코드에서도 쓸 수 있을 만큼 빠르다. C++ 람다에 익숙하다면 러스트 클로저가 람다처럼 빠르고 작을 뿐 아니라 더 안전하다는 걸 알게 될 것이다.

대부분의 언어에서는 클로저가 힙에 할당되고, 동적으로 디스패치되고, 가비지 컬렉션된다. 따라서 이를 생성하고, 호출하고, 컬렉션할 때마다 약간의 추가 CPU 시간이 소모된다. 설상가상으로 클로저는 컴파일러가 함수 호출 비용을 없애고 다양한 최적화를 적용하기 위해 사용하는 핵심 기법인 **인라인**inline 처리의 대상이 되지 못하는 경우가 많다. 이런 언어에서는 클로저가 너무 느려서 짧고 빠른 주기로 도는 안쪽 루프에서는 쓰지 않는 게 오히려 나을 정도다.

러스트 클로저는 이러한 성능 문제가 전혀 없다. 러스트 클로저는 가비지 컬렉션되지 않으며, 러스트의 다른 모든 부분이 그렇듯이 일부러 Box나 Vec 등의 컨테이너에 집어넣지 않는 이상은 힙에 할당되지 않는다. 또 각 클로저가 서로 다른 타입을 갖기 때문에, 러스트 컴파일러가 여러분이 호출하고 있는 클로저의 타입을 인식할 때마다 해당 클로저의 코드를 인라인 처리할 수 있다. 그 덕분에 클로저를 짧고 빠른 주기로 도는 루프에서 써도 문제가 없는데, 15장에서도 보겠지만 실제로 러스트 프로그램에서 이런 식으로 쓰는 경우가 많다.

그림 14-1은 러스트 클로저가 메모리에 어떤 식으로 배치되는지 보여 준다. 이 그림에서 예로 든 클로저들은 맨 위에 표시된 지역변수들을 참조한다. 여기서 food는 문자열이고, weather는 27이라는 수

칫값을 가진 간단한 이늄이다.

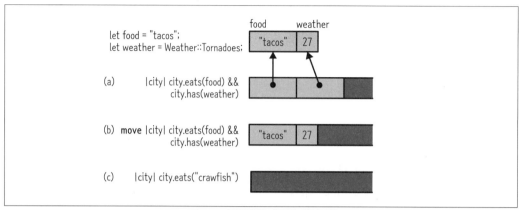

그림 14-1 **클로저의 메모리 레이아웃**

클로저 ⓐ는 두 변수를 모두 사용한다. 보아하니 타코와 토네이도가 모두 있는 도시를 찾고 있는 것 같다. 이 클로저의 메모리 구조는 앞서 나온 두 변수의 레퍼런스를 가진 작은 스트럭트를 닮았다.

코드의 포인터가 포함되어 있지 않다는 점을 눈여겨보자! 러스트는 클로저의 타입을 알고 있어서 호출이 들어올 때 어떤 코드를 실행해야 하는지 알기 때문에 그럴 필요가 없다.

클로저 ⓑ는 move 클로저라서 레퍼런스 대신 값을 갖는다는 점만 제외하면 똑같다.

클로저 ⓒ는 자기 환경에 있는 변수를 하나도 사용하지 않는다. 스트럭트가 비어 있으므로 이 클로저는 메모리를 전혀 차지하지 않는다.

그림에서 보다시피 이들 클로저는 그리 많은 공간을 차지하지 않는다. 심지어 이 몇 바이트 안 되는 공간마저도 실제로 항상 필요로 하는 건 아니다. 컴파일러가 클로저의 모든 호출을 인라인 처리할 수 있는 경우가 많으므로 위 그림에 표시된 작은 스트럭트들도 최적화될 가능성이 있다.

뒤에 나올 '**콜백**' 절에서는 트레이트 객체를 써서 클로저를 힙에 할당하고 동적으로 호출하는 법을 살펴본다. 이 방법은 조금 느리지만 그래도 여전히 다른 트레이트 객체 메서드만큼 빠르다.

클로저와 안전성

지금까지는 클로저가 주변 코드로부터 변수를 빌리거나 옮길 때 러스트가 어떤 식으로 언어의 안전 규칙을 준수하게 만드는지에 대해서 이야기했다. 그러나 이 외에도 딱 부러지게 이렇다고 말할 수 없는 추가 결과가 몇 가지 더 있다. 이번 절에서는 클로저가 캡처된 값을 드롭하거나 수정할 때 벌어지는 일들에 대해서 좀 더 설명한다.

죽이는 클로저

지금까지 값을 빌리는 클로저와 이를 훔치는 클로저를 살펴봤다. 그런데 여기에는 아직 드러나지 않은 위험이 도사리고 있어서 사실 시간 문제일 뿐 언제라도 잘못된 일이 벌어질 수 있다.

물론 **죽인다**는 표현이 그리 적절한 건 아니다. 러스트에서는 값을 **드롭한다**고 말하기 때문이다. 값을 드롭하는 가장 간단한 방법은 drop()을 호출하는 것이다.

```
let my_str = "hello".to_string();
let f = || drop(my_str);
```

f가 호출되면 my_str이 드롭된다.

그럼 이를 두 번 호출하면 무슨 일이 벌어질까?

```
f();
f();
```

찬찬히 한번 따져보자. 첫 번째 줄에서 f를 호출하면 my_str이 드롭된다. 이 말은 문자열이 저장되어 있던 메모리가 해제되어 시스템에 반환된다는 뜻이다. 문제는 두 번째 줄에서 f를 호출할 때도 똑같은 일이 벌어진다는 것이다. 이게 바로 **중복 해제**double free다. 중복 해제는 C++ 프로그래밍에서 미정의 동작을 일으키는 대표적인 실수다.

String을 두 번 드롭하는 건 러스트에서도 바람직하지 않다. 다행히도 러스트는 그리 쉽게 속지 않는다.

```
f();  // OK
f();  // 오류: 이동된 값을 사용한다.
```

러스트는 이 클로저가 두 번 호출될 수 없다는 걸 알고 있다.

한 번만 호출될 수 있는 클로저란 게 다소 특이해 보일 순 있지만, 이 역시도 이 책에서 내내 이야기하고 있는 소유권과 수명에 관한 내용과 관련이 있다. 값이 소모된다는(즉, 이동된다는) 발상은 러스트의 핵심 개념 중 하나다. 다른 모든 게 그렇듯이 클로저에도 이 개념이 적용된다.

FnOnce

러스트를 다시 한번 속여서 String이 두 번 드롭되게 해보자. 이번에는 다음의 제네릭 함수를 사용한다.

```
fn call_twice<F>(closure: F) where F: Fn() {
    closure();
    closure();
}
```

이 제네릭 함수에는 Fn() 트레이트를 구현하고 있는 모든 클로저, 즉 아무 인수도 받지 않고 ()을 반환하는 클로저를 전달할 수 있다(함수와 마찬가지로 반환 타입이 ()일 때는 생략할 수 있다. Fn()은 Fn() -> ()의 축약 표기다).

그런데 앞서 나온 제네릭 함수에 안전하지 않은 클로저를 전달하면 무슨 일이 벌어질까?

```
let my_str = "hello".to_string();
let f = || drop(my_str);
call_twice(f);
```

이번에도 이 클로저를 호출하면 my_str이 드롭된다. 따라서 이를 두 번 호출하면 중복 해제가 발생할 것이다. 그러나 러스트는 이번에도 속지 않는다.

```
error: expected a closure that implements the `Fn` trait, but
       this closure only implements `FnOnce`
   |
 8 |   let f = || drop(my_str);
   |           ^^^^^^^^------^
   |                   |      |
   |                   |      closure is `FnOnce` because it moves the variable `my_str`
   |                   |      out of its environment
   |                   this closure implements `FnOnce`, not `Fn`
 9 |   call_twice(f);
   |   ---------- the requirement to implement `Fn` derives from here
```

이 오류 메시지는 러스트가 '죽이는 클로저'를 다루는 법에 대해 자세히 알려 준다. 죽이는 클로저를 언어에서 아예 금지할 수도 있지만, 경우에 따라서는 이런 식으로 뒷정리를 하는 클로저가 유용할 때도 있기 때문에 러스트는 이를 금지하는 대신 용도를 제한하고 있다. f처럼 값을 드롭하는 클로저는 Fn을 가질 수 없다. 말 그대로 Fn이 아닌 것이다. 그 대신 덜 강력한 트레이트인 FnOnce를 구현하는

데, 이는 한 번만 호출될 수 있는 클로저의 트레이트다.

FnOnce 클로저는 처음 호출될 때 **클로저 자체가 소모된다.** Fn과 FnOnce 두 트레이트는 다음처럼 정의되어 있다고 보면 된다.

```
// 인수를 갖지 않는 `Fn`과 `FnOnce` 트레이트를 보여주는 의사코드.
trait Fn() -> R {
    fn call(&self) -> R;
}

trait FnOnce() -> R {
    fn call_once(self) -> R;
}
```

산술 표현식 a + b가 메서드 호출 Add::add(a, b)의 축약 표기인 것처럼, 러스트는 closure()를 위 예에 나와 있는 두 트레이트 메서드 중 하나의 축약 표기로 취급한다. Fn 클로저의 경우에는 closure()가 closure.call()로 확장된다. 이 메서드는 self를 레퍼런스로 받으므로 클로저가 이동되지 않는다. 그러나 클로저가 처음 호출될 때만 안전한 경우에는 closure()가 closure.call_once()로 확장된다. 이 메서드는 self를 값으로 받으므로 클로저가 소모된다.

물론 여기서는 고의로 drop()을 써서 문제를 일으켰지만, 실제로는 대부분 우연히 이런 상황에 빠진다. 자주 그러진 않겠지만 어쩌다 한 번쯤은 나도 모르게 값을 소모하는 클로저 코드를 작성할 수도 있다.

```
let dict = produce_glossary();
let debug_dump_dict = || {
    for (key, value) in dict {  // 웁스!
        println!("{:?} - {:?}", key, value);
    }
};
```

이와 같이 정의한 debug_dump_dict()를 두 번 이상 호출하면, 다음과 같은 오류 메시지가 표시된다.

```
error: use of moved value: `debug_dump_dict`
   |
19 |     debug_dump_dict();
   |     --------------- `debug_dump_dict` moved due to this call
20 |     debug_dump_dict();
   |     ^^^^^^^^^^^^^^^ value used here after move
```

```
     |
note: closure cannot be invoked more than once because it moves the variable
`dict` out of its environment
     |
13 |          for (key, value) in dict {
     |                               ^^^^
```

이를 디버깅하려면 클로저가 FnOnce인 이유를 알아내야 한다. 어떤 값이 소모되고 있는 걸까? 컴파일러는 앞의 코드에서 참조하고 있는 유일한 값인 dict를 유력한 용의자로 지목하고 있다. 아, 바로 여기에 버그가 있다. dict를 직접 반복 처리하는 바람에 값이 소모되고 있는 것이다. 따라서 그냥 dict 대신 &dict를 반복 처리하게 고쳐서 레퍼런스로 값을 접근하도록 만들어야 한다.

```
let debug_dump_dict = || {
    for (key, value) in &dict {   // dict를 소모하지 않는다.
        println!("{:?} - {:?}", key, value);
    }
};
```

이렇게 하면 문제가 해결된다. 이제 이 함수는 Fn이므로 여러 번 호출할 수 있다.

FnMut

클로저의 종류에는 한 가지가 더 있는데, 변경할 수 있는 데이터나 mut 레퍼런스를 가지고 있는 클로저가 바로 그것이다.

러스트는 비mut 값을 여러 스레드에 공유해도 안전하다고 본다. 그러나 mut 데이터를 가진 비mut 클로저를 공유하는 건 안전하지 않다. 이런 클로저를 여러 스레드에서 호출하게 되면 스레드들이 동시에 같은 데이터를 읽고 쓰려 하기 때문에 온갖 종류의 경합 상태가 발생할 수 있다.

따라서 러스트는 클로저의 범주를 하나 더 마련해 두었는데, 쓰는 클로저를 위한 FnMut가 바로 그것이다. FnMut 클로저는 mut 레퍼런스를 통해 호출되며, 다음처럼 정의되어 있다고 보면 된다.

```
// `Fn`, `FnMut`, `FnOnce` 트레이트의 의사코드.
trait Fn() -> R {
    fn call(&self) -> R;
}

trait FnMut() -> R {
    fn call_mut(&mut self) -> R;
```

```
}

trait FnOnce() -> R {
    fn call_once(self) -> R;
}
```

값의 mut 접근 권한을 필요로 하지만 아무런 값도 드롭하지 않는 클로저가 바로 **FnMut** 클로저다. 예를 보자.

```
let mut i = 0;
let incr = || {
    i += 1;  // incr은 i의 mut 레퍼런스를 빌려 온다.
    println!("Ding! i is now: {}", i);
};
call_twice(incr);
```

앞서 작성한 `call_twice`는 Fn을 요구한다. 그러나 `incr`은 Fn이 아니라 FnMut이므로 앞의 코드는 컴파일되지 않는다. 이 문제의 해결책은 간단하다. 이 해결책을 이해하기 위해서 한 걸음 뒤로 물러나 지금까지 살펴본 러스트 클로저의 세 가지 범주에 관한 내용을 요약해 보자.

- **Fn**은 제한 없이 여러 번 호출할 수 있는 클로저와 함수군이다. 모든 **fn** 함수 역시 이 최상위 범주에 포함된다.
- **FnMut**는 클로저 자체를 **mut**로 선언한 경우에 여러 번 호출할 수 있는 클로저군이다.
- **FnOnce**는 호출부가 클로저를 소유한 경우에 한 번만 호출할 수 있는 클로저군이다.

모든 **Fn**은 **FnMut**의 요건을 충족하고, 모든 **FnMut**는 **FnOnce**의 요건을 충족한다. 그림 14-2에서 보다시피 이 세 가지 범주는 서로 아무런 관련이 없는 게 아니다.

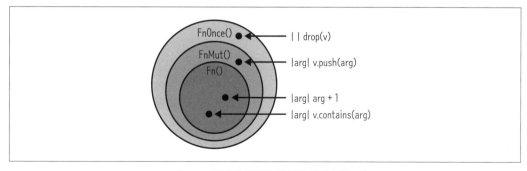

그림 14-2 **세 가지 클로저 범주의 벤 다이어그램**

Fn()은 FnMut()의 서브트레이트고 FnMut()는 FnOnce()의 서브트레이트다. 따라서 Fn은 가장 배타적인 범주이자 가장 강력한 범주다. FnMut와 FnOnce는 용도에 제한이 있는 클로저를 포함하는 더 넓은 범주다.

이렇게 정리하고 나니 해결책이 명확히 보인다. 다음처럼 call_twice 함수가 모든 FnMut 클로저를 받도록 고쳐서 수용할 수 있는 클로저의 범주를 넓히면 된다.

```
fn call_twice<F>(mut closure: F) where F: FnMut() {
    closure();
    closure();
}
```

첫 번째 줄에 있는 바운드가 F: Fn()에서 F: FnMut()로 바뀌었다. 이렇게 하면 여전히 모든 Fn 클로저를 받을 수 있는 데다, 데이터를 변경하는 클로저에 대해서도 call_twice를 쓸 수 있게 된다.

```
let mut i = 0;
call_twice(|| i += 1);  // OK!
assert_eq!(i, 2);
```

클로저를 위한 Copy와 Clone

러스트는 한 번만 호출될 수 있는 클로저를 알아서 파악했던 것처럼, Copy와 Clone을 구현할 수 있는 클로저와 그럴 수 없는 클로저를 파악할 수 있다.

앞서 설명했다시피 클로저는 (move 클로저일 경우) 자신이 캡처하는 변수의 값이나 (비move 클로저일 경우) 그 값의 레퍼런스를 갖는 스트럭트로 표현된다. 클로저를 위한 Copy와 Clone 규칙은 일반적인 스트럭트를 위한 Copy와 Clone 규칙과 같다. 변수를 변경하지 않는 비move 클로저는 Clone이면서 Copy인 공유된 레퍼런스만 쥐므로, 클로저 역시 Clone이면서 Copy다.

```
let y = 10;
let add_y = |x| x + y;
let copy_of_add_y = add_y;              // 이 클로저는 `Copy`다.
assert_eq!(add_y(copy_of_add_y(22)), 42);   // 따라서 둘 다 호출할 수 있다.
```

반면 값을 **변경하는** 비move 클로저는 내부 표현 안에 변경할 수 있는 레퍼런스를 갖는다. 변경할 수 있는 레퍼런스는 Clone도 아니고 Copy도 아니므로 이를 사용하는 클로저 역시 둘 다 아닌 게 된다.

```
let mut x = 0;
let mut add_to_x = |n| { x += n; x };

let copy_of_add_to_x = add_to_x;               // 여기서는 복사되지 않고 이동된다.
assert_eq!(add_to_x(copy_of_add_to_x(1)), 2);  // 오류: 이동된 값을 사용한다.
```

move 클로저의 경우에는 규칙이 훨씬 더 단순하다. move 클로저가 캡처하는 게 전부 Copy이면 클로저도 Copy이고, 전부 Clone이면 클로저도 Clone이다. 예를 보자.

```
let mut greeting = String::from("Hello, ");
let greet = move |name| {
    greeting.push_str(name);
    println!("{}", greeting);
};
greet.clone()("Alfred");
greet.clone()("Bruce");
```

.clone()(...) 문법이 좀 이상해 보일 수 있는데 이는 클로저를 복제한 뒤 이 복제본을 호출하겠다는 뜻이다. 해당 프로그램은 다음의 내용을 출력한다.

```
Hello, Alfred
Hello, Bruce
```

greet은 move 클로저이므로 이 안에서 사용하는 greeting은 내부적으로 greet을 표현하는 스트럭트 안으로 이동된다. 그리고 greet을 복제하면 그 안에 있는 모든 것이 같이 복제된다. 따라서 greeting의 복사본이 두 개가 되고, greet의 복제본이 호출되면 각자 따로 수정된다. 이 자체로는 그다지 유용하지 않지만 같은 클로저를 둘 이상의 함수에 넘겨야 할 때는 아주 유용할 수 있다.

콜백

많은 라이브러리가 **콜백**callback을 자신이 가진 API의 일부로 사용한다. 콜백은 라이브러리가 나중에 호출할 수 있도록 사용자가 제공하는 함수다. 사실 이 책에서 이런 API를 이미 본 적이 있다. 2장에서 actix-web 프레임워크를 사용해 작성했던 간단한 웹 서버 프로그램은 다음과 같은 모습을 한 라우터가 중요한 역할을 했다.

```
App::new()
    .route("/", web::get().to(get_index))
    .route("/gcd", web::post().to(post_gcd))
```

라우터의 목적은 인터넷에서 들어오는 요청을 가져다가 해당 유형의 요청을 처리하는 러스트 코드로 보내는 것이다. 앞서 나온 예에서 get_index와 post_gcd는 프로그램 어딘가에 fn 키워드로 선언된 함수의 이름이다. 그러나 그 자리에 다음처럼 클로저를 전달할 수도 있다.

```
App::new()
    .route("/", web::get().to(|| {
        HttpResponse::Ok()
            .content_type("text/html")
            .body("<title>GCD Calculator</title>...")
    }))
    .route("/gcd", web::post().to(|form: web::Form<GcdParameters>| {
        HttpResponse::Ok()
            .content_type("text/html")
            .body(format!("The GCD of {} and {} is {}.",
                          form.n, form.m, gcd(form.n, form.m)))
    }))
```

이렇게 할 수 있는 이유는 actix-web이 스레드 안전성을 가진 Fn을 인수로 받도록 작성되었기 때문이다.

여러분의 프로그램에서 이렇게 할 수 있으려면 어떻게 해야 할까? 아주 간단한 우리만의 라우터를 actix-web의 도움 없이 처음부터 작성해 보자. 먼저 HTTP 요청과 응답을 나타내는 타입 몇 가지를 선언하는 것으로 시작하자.

```
struct Request {
    method: String,
    url: String,
    headers: HashMap<String, String>,
    body: Vec<u8>
}

struct Response {
    code: u32,
    headers: HashMap<String, String>,
    body: Vec<u8>
}
```

이제 라우터는 URL과 콜백의 매핑 테이블을 저장해 두었다가 요구가 있을 때 올바른 콜백을 호출하기만 하면 된다(편의상 여기서는 사용자가 한 가지 URL과 정확히 일치하는 경로만 생성할 수 있게 할 것이다).

```
struct BasicRouter<C> where C: Fn(&Request) -> Response {
    routes: HashMap<String, C>
}

impl<C> BasicRouter<C> where C: Fn(&Request) -> Response {
    /// 빈 라우터를 만든다.
    fn new() -> BasicRouter<C> {
        BasicRouter { routes: HashMap::new() }
    }

    /// 경로를 라우터에 추가한다.
    fn add_route(&mut self, url: &str, callback: C) {
        self.routes.insert(url.to_string(), callback);
    }
}
```

안타깝지만 앞의 코드에는 잘못된 부분이 하나 있다. 어떤 부분이 잘못됐을까?

앞서 나온 라우터는 추가된 경로가 하나일 때만 제대로 작동한다.

```
let mut router = BasicRouter::new();
router.add_route("/", |_| get_form_response());
```

앞의 코드는 아무런 문제 없이 컴파일되고 실행된다.

```
router.add_route("/gcd", |req| get_gcd_response(req));
```

그러나 또 다른 경로를 추가하면 다음과 같은 오류가 발생한다.

```
error: mismatched types
   |
41 |     router.add_route("/gcd", |req| get_gcd_response(req));
   |                              ^^^^^^^^^^^^^^^^^^^^^^^^^^^^
   |                              expected closure, found a different closure
   |
   = note: expected type `[closure@closures_bad_router.rs:40:27: 40:50]`
              found type `[closure@closures_bad_router.rs:41:30: 41:57]`
note: no two closures, even if identical, have the same type
help: consider boxing your closure and/or using it as a trait object
```

문제는 BasicRouter 타입을 정의한 방식에 있다.

```
struct BasicRouter<C> where C: Fn(&Request) -> Response {
    routes: HashMap<String, C>
}
```

무의식적으로 각 BasicRouter가 단일 콜백 타입 C를 가지며, HashMap에 있는 모든 콜백이 해당 타입으로 되어 있다고 선언해버린 것이다. 11장의 '어느 걸 써야 할까?' 절에서 살펴봤던 Salad 타입도 같은 문제를 안고 있었다.

```
struct Salad<V: Vegetable> {
    veggies: Vec<V>
}
```

따라서 이 문제의 해결책 역시 샐러드의 경우와 동일하다. 즉, 다양한 타입을 지원하고자 하는 경우이므로 박스와 트레이트 객체를 써야 한다.

```
type BoxedCallback = Box<dyn Fn(&Request) -> Response>;

struct BasicRouter {
    routes: HashMap<String, BoxedCallback>
}
```

각 박스는 서로 다른 타입의 클로저를 가질 수 있으므로 하나의 HashMap 안에 모든 종류의 콜백을 담을 수 있다. 타입 매개변수 C가 사라졌다는 점을 눈여겨보자.

메서드도 조금 고쳐야 한다.

```
impl BasicRouter {
    // 빈 라우터를 만든다.
    fn new() -> BasicRouter {
        BasicRouter { routes: HashMap::new() }
    }

    // 경로를 라우터에 추가한다.
    fn add_route<C>(&mut self, url: &str, callback: C)
        where C: Fn(&Request) -> Response + 'static
    {
        self.routes.insert(url.to_string(), Box::new(callback));
```

```
        }
    }
```

 add_route의 타입 시그니처를 보면 C의 바운드가 두 개인데, 특정 형식으로 된 Fn 트레이트와 'static 수명이 바로 그것이다. 여기서 'static 바운드가 없으면 Box::new(callback)을 호출할 때 오류가 발생할 수 있다. 왜냐하면 곧 범위에서 사라질 변수의 차용된 레퍼런스를 가지고 있는 클로저의 경우에는 저장해 두는 것이 안전하지 않기 때문이다.

이제 이 라우터를 가지고 들어오는 요청을 처리할 준비가 끝났다.

```
impl BasicRouter {
    fn handle_request(&self, request: &Request) -> Response {
        match self.routes.get(&request.url) {
            None => not_found_response(),
            Some(callback) => callback(request)
        }
    }
}
```

트레이트 객체를 저장하지 말고 **함수 포인터**function pointer나 fn 타입을 쓰면 유연성은 조금 떨어져도 공간 효율이 좀 더 좋은 버전의 라우터를 작성할 수 있다. fn(u32) -> u32와 같은 이런 타입은 클로저와 매우 비슷하게 작동한다.

```
fn add_ten(x: u32) -> u32 {
    x + 10
}

let fn_ptr: fn(u32) -> u32 = add_ten;
let eleven = fn_ptr(1);    // 11
```

사실 자신의 환경에서 아무것도 캡처하지 않는 클로저는 캡처된 변수에 관한 추가 정보를 줄 필요가 없기 때문에 함수 포인터와 동일하다. 따라서 바인딩이나 함수 시그니처로 적절한 fn 타입을 지정해 두면, 컴파일러가 이를 찰떡같이 알아듣고는 다음과 같은 식으로 쓸 수 있게 해준다.

```
let closure_ptr: fn(u32) -> u32 = |x| x + 1;
let two = closure_ptr(1);  // 2
```

캡처하는 클로저와 달리 이런 함수 포인터는 usize 하나 크기의 공간만 차지한다.

함수 포인터를 쥐고 있는 라우팅 테이블의 모습은 다음과 같다.

```
struct FnPointerRouter {
    routes: HashMap<String, fn(&Request) -> Response>
}
```

앞의 코드에서 HashMap은 String 하나당 usize 하나만 저장하며, 결정적으로 Box를 쓰지 않는다.
HashMap 자체를 제외하면 동적 할당이 전혀 없다. 물론, 메서드도 여기에 맞게 조금 손봐야 한다.

```
impl FnPointerRouter {
    // 빈 라우터를 만든다.
    fn new() -> FnPointerRouter {
        FnPointerRouter { routes: HashMap::new() }
    }

    // 경로를 라우터에 추가한다.
    fn add_route(&mut self, url: &str, callback: fn(&Request) -> Response) {
        self.routes.insert(url.to_string(), callback);
    }
}
```

그림 14-1에 나와 있는 것처럼 클로저는 각기 다른 변수를 캡처하므로 고유한 타입을 가지며, 무엇보
다도 크기가 제각각 다르다. 하지만 아무것도 캡처하지 않으면 저장할 것이 전혀 없다. 콜백을 받는
함수에 fn 포인터를 쓰면 호출부가 이런 비캡처 클로저만 쓰도록 제한할 수 있는데, 이렇게 하면 API
의 사용자가 몸을 움직일 수 있는 폭이 줄어드는 대신 콜백을 쓰는 코드 안에서는 성능과 유연성을
어느 정도 챙길 수 있다.

효율적인 클로저 사용법

지금까지 살펴본 것처럼 러스트의 클로저는 대부분의 다른 언어에 있는 클로저와 다르다. 가장 큰 차
이점은 GC가 있는 언어의 경우는 클로저에서 지역변수를 사용할 때 수명이나 소유권에 대해 걱정할
필요가 없다는 것이다. GC가 없다면 이야기가 달라진다. 자바, C#, 자바스크립트에서 흔히 볼 수 있
는 디자인 패턴 중 일부는 그대로 가져다 써봤자 러스트에서 제대로 작동하지 않는다.

예를 들어 그림 14-3에 나와 있는 모델-뷰-컨트롤러(줄여서 MVC) 디자인 패턴을 살펴보자. MVC 프

레임워크는 사용자 인터페이스의 모든 요소에 대해서 각각 세 가지 객체를 생성한다. UI 요소의 상태를 나타내는 **모델**model, 그의 겉모양을 책임지는 **뷰**view, 사용자 상호 작용을 처리하는 **컨트롤러**controller가 바로 그것이다. MVC는 역사가 오래된 만큼 변형된 구현이 셀 수 없이 많지만, 어쨌든 이세 가지 객체가 UI의 책임을 나누어 진다는 것이 핵심 개념이다.

그림 14-3에서 보다시피 보통 각 객체는 다른 객체를 직접 또는 콜백을 통해 간섭 참조한다. 한 객체에서 무슨 일이 생길 때마다 이를 나머지 객체들에게 알려서 모두를 즉시 업데이트하기 위해서다. 그런데 문제는 여기서 누가 누굴 '소유'하는지 전혀 알 수 없다는 것이다.

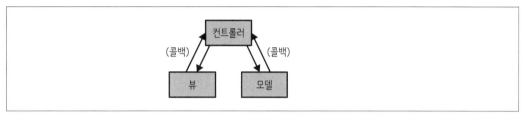

그림 14-3 **모델-뷰-컨트롤러 디자인 패턴**

리스트에서는 이 패턴을 그대로 가져다 구현할 수 없다. 고칠 부분이 조금 있는데, 소유권을 명시해야 하고 참조 순환을 제거해야 한다. 또 모델과 컨트롤러는 서로를 직접 참조할 수 없다.

리스트는 좋은 대안 설계를 마련하는 쪽에 과감히 판돈을 걸었다. 이를테면 각 클로저가 필요로 하는 레퍼런스를 인수로 받도록 만들어서 클로저의 소유권과 수명에 관한 문제를 해결하는 방법이 있을 수 있다. 또한, 시스템 안에 있는 모든 것에 번호를 부여해서 레퍼런스 대신 이 번호를 돌리는 방법도 생각해 볼 수 있다. 객체들이 서로를 아예 참조하지 않는 MVC의 여러 변형 중 하나를 구현해볼 수도 있고, 아니면 그림 14-4에 나와 있는 페이스북의 플럭스Flux 아키텍처처럼 데이터가 한 방향으로 흐르는 비MVC 시스템을 본떠서 우리만의 툴킷을 만들 수도 있다.

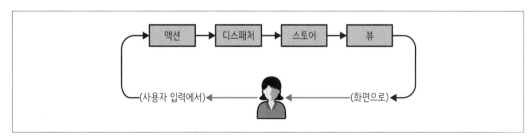

그림 14-4 **MVC의 대안인 플럭스 아키텍처**

요약하자면 이렇다. 러스트 클로저를 써서 '객체의 바다'를 만들 작정이라면 고생 꽤나 해야 할 것이다. 그러나 대안이 있다. 앞의 경우에는 대안이 더 간단하기 때문에 소프트웨어 공학 분야에서는 이미 그쪽으로 가고 있는 듯 보인다.

다음 장에서는 클로저가 진가를 발휘하는 주제인 러스트 이터레이터에 대해 다룬다. 러스트 클로저가 가진 간결성, 속도, 효율성을 최대한 활용하는 코드를 작성해 볼 텐데, 이 과정을 통해서 코딩하는 재미와 함께 완성된 코드가 얼마나 읽기 쉽고 실용적인지 느끼게 될 것이다.

15

이터레이터

어제는 하루가 너무 길었거든요.

—필Phil

이터레이터iterator는 일련의 값들을 산출하는 값으로, 보통 루프에서 뭔가를 반복 처리하기 위한 용도로 많이 쓰인다. 러스트의 표준 라이브러리는 벡터, 문자열, 해시 테이블 등의 컬렉션을 순회할 때 쓰는 이터레이터뿐만 아니라, 입력 스트림에서 텍스트를 줄 단위로 읽고, 네트워크 서버에 도착한 연결을 그때그때 수락하고, 통신 채널을 통해 받은 다른 스레드가 보낸 값을 개별적으로 가져오는 등의 일을 할 때 쓰는 이터레이터도 제공한다. 물론, 나만의 용도를 가진 이터레이터를 구현할 수도 있다. 이터레이터는 for 루프에 물려놓고 쓰는 게 문법 구조상 자연스럽지만, 이터레이터 자체도 매핑하기, 필터링하기, 연결하기, 수집하기 등을 위한 여러 가지 메서드들을 제공하기 때문에 다양한 활용이 가능하다.

러스트의 이터레이터는 유연하고, 표현력이 뛰어나며, 효율적이다. 예를 들어, 1부터 n까지 이어지는 양의 정수들의 합(이를 보통 **n번째 삼각수**nth triangle number라고 한다)을 반환하는 함수를 보자.

```
fn triangle(n: i32) -> i32 {
    let mut sum = 0;
    for i in 1..=n {
        sum += i;
    }
    sum
}
```

표현식 1..=n은 RangeInclusive<i32> 값이다. RangeInclusive<i32>는 시작 값부터 끝 값까지 이어지는 정수들(양 끝 값 포함)을 산출하는 이터레이터이므로, 1부터 n까지 이어지는 값들의 합을 구하는 for 루프의 피연산자로 쓸 수 있다.

그러나 이터레이터에는 이 for 루프와 같은 일을 하는 fold 메서드가 있어서 앞서 나온 함수의 정의를 다음처럼 쓸 수도 있다.

```
fn triangle(n: i32) -> i32 {
    (1..=n).fold(0, |sum, item| sum + item)
}
```

fold는 1..=n이 산출하는 값을 하나씩 받아서 0을 초깃값으로 갖는 누적 합계와 이 값을 대상으로 클로저 |sum, item| sum + item을 적용한다. 이 과정에서 클로저의 반환값은 새 누적 합계가 되고 마지막 반환값은 fold 자체의 반환값이 되는데, 이때 이 반환값은 전체 시퀀스의 총합이다. for와 while 루프만 주로 써왔다면 이게 뭔가 싶겠지만, 한 번 익숙해지고 나면 루프를 읽기 쉽고 간결하게 쓰고 싶을 때마다 fold를 찾게 될지도 모른다.

표현력을 중요시하는 함수형 프로그래밍 언어에서는 이런 식으로 문제를 푸는 일이 꽤 흔하다. 그러나 러스트의 이터레이터는 컴파일러가 좋은 성능을 내는 머신 코드로 옮길 수 있도록 세심하게 설계되어 있어서 표현력뿐만 아니라 효율성도 같이 챙긴다. 예를 들어 앞서 살펴본 두 번째 정의를 릴리스 모드로 빌드하면, 러스트는 fold의 정의를 파악해서 이를 triangle 안에 인라인으로 처리하고, 이어서 클로저 |sum, item| sum + item를 다시 그 안에 인라인으로 처리한다. 그런 다음 이 인라인 처리가 끝난 코드를 하나하나 따져보기 시작하는데, 이 과정에서 1부터 n까지 이어지는 수들의 합을 구하는 것이 항상 n * (n + 1) / 2를 푸는 것과 같다는 걸 인지하게 된다. 따라서 최종적으로 러스트는 루프와 클로저 등으로 된 triangle의 전체 본문을 곱셈 명령 하나와 기타 산술 명령 몇 가지로 된 보다 간단한 식으로 옮겨 낸다.

단순한 계산을 예로 들어서 그렇지, 이터레이터는 이것보다 더 어렵고 복잡한 일도 잘 해낸다. 이터레이터는 러스트가 제공하는 유연한 추상화의 또 다른 예로서 보통 사용하는 데 따르는 오버헤드가 거의 없거나 아예 없다.

이번 장에서 설명할 내용은 다음과 같다.

- 러스트 이터레이터의 기반이 되는 Iterator와 IntoIterator 트레이트

- 전형적인 이터레이터 파이프라인의 세 가지 단계: 원하는 값 소스에서 이터레이터 생성하기, 이터 레이터를 조정해서 흐르는 값을 취사선택하거나 가공하기, 이터레이터가 산출하는 값 소비하기
- 사용자 정의 타입을 위한 이터레이터 구현법

이번 장은 다루는 메서드의 양이 많으므로 일단 대략적인 개념만 파악한 다음, 각 절에서 다루는 세 부 내용은 대강 훑어 보고 넘어가도 괜찮다. 그러나 러스트다운 코드를 작성하려면 이터레이터를 피 할래야 피할 수 없으므로, 러스트를 마스터하려면 이터레이터를 비롯하여 여기에 딸린 여러 가지 도 구들을 자유자재로 다룰 줄 알아야 한다.

Iterator와 IntoIterator 트레이트

이터레이터란, std::iter::Iterator 트레이트를 구현하고 있는 모든 값을 말한다.

```
trait Iterator {
    type Item;
    fn next(&mut self) -> Option<Self::Item>;
    ... // 이 외에도 많은 기본 메서드들이 있다.
}
```

Item은 이터레이터가 산출하는 값의 타입이다. next 메서드는 Some(v)나 None 둘 중 하나를 반환하 는데, 여기서 v는 이터레이터의 다음 값이고 None은 시퀀스의 끝을 나타낸다. Iterator는 이 외에도 많은 기본 메서드들을 포함하고 있는데, 이들에 대해서는 이번 장 전반에 걸쳐서 하나씩 다루어볼 것 이다.

만일 어떤 타입을 반복 처리하는 고유한 방법이 존재한다면, 그 타입은 std::iter::IntoIterator 를 구현할 수 있다. 이때 이 트레이트의 into_iter 메서드는 값을 하나 받아서 그 값을 반복 처리하 기 위한 이터레이터를 반환한다.

```
trait IntoIterator where Self::IntoIter: Iterator<Item=Self::Item> {
    type Item;
    type IntoIter: Iterator;
    fn into_iter(self) -> Self::IntoIter;
}
```

IntoIter는 이터레이터 값 자체의 타입이고, Item은 그가 산출하는 값의 타입이다. IntoIterator 를 구현하고 있는 모든 타입은 요청하면 반복 처리할 수 있다고 해서 **이터러블**iterable이라고 한다.

러스트의 for 루프는 이 모든 부분을 아주 멋지게 결합해 낸다. 벡터의 요소들을 반복 처리하려면 다음처럼 작성하면 된다.

```
println!("There's:");
let v = vec!["antimony", "arsenic", "aluminum", "selenium"];

for element in &v {
    println!("{}", element);
}
```

사실, 모든 for 루프는 내부적으로 IntoIterator와 Iterator의 메서드들을 호출하도록 된 축약 표기에 불과하다.

```
let mut iterator = (&v).into_iter();
while let Some(element) = iterator.next() {
    println!("{}", element);
}
```

이 while 루프는 IntoIterator::into_iter를 써서 피연산자 &v를 이터레이터로 변환한 다음, Iterator::next를 반복해서 호출한다. 이때 Some(element)가 반환되면 그때마다 자신의 본문을 실행하고, None이 반환되면 루프를 종료한다.

이 예를 바탕으로 이터레이터와 관련된 용어 몇 가지를 정리해 보자.

- 앞서 이야기한 것처럼 **이터레이터**란 Iterator를 구현하고 있는 모든 타입을 말한다.
- **이터러블**이란, IntoIterator를 구현하고 있는 모든 타입을 말한다. 이터러블이 가진 into_iter 메서드를 호출하면 그 이터러블의 이터레이터를 얻을 수 있다. 앞서 나온 예에서는 벡터 레퍼런스 &v가 이터러블이다.
- 이터레이터는 값을 **산출**한다.
- 이터레이터가 산출하는 값을 **아이템**item이라고 한다. 앞서 나온 예에서는 "antimony"와 "arsenic" 등이 아이템이다.
- 이터레이터가 산출하는 아이템을 전달받는 코드를 **소비자**consumer라고 한다. 앞 예에서는 for 루프가 소비자다.

for 루프는 항상 피연산자에 대고 into_iter를 호출하도록 되어 있지만 for 루프에 이터레이터를 직접 전달해도 상관없는데, 이를테면 Range를 반복 처리할 때 이런 식으로 많이 쓴다. 모든 이터레이터는 자동으로 IntoIterator를 구현하며, into_iter 메서드가 이터레이터 자신을 반환하게 되어 있다.

Iterator 트레이트는 이미 None을 반환한 이터레이터에 대고 다시 next 메서드를 호출하는 경우에 어떤 식으로 대응해야 하는지를 명시해 두고 있지 않다. 대부분의 이터레이터는 다시 None을 반환하겠지만, 꼭 그런 건 아니다(이게 문제가 되는 상황이라면 뒤에 나올 'fuse' 절에서 다루고 있는 fuse 어댑터가 도움이 될 수 있으니 참고하자).

이터레이터 생성하기

러스트 표준 라이브러리 문서에는 각 타입이 제공하는 이터레이터의 종류가 자세히 설명되어 있는데, 사실 라이브러리의 구성 방식에는 몇 가지 규칙이 있어서 이를 잘 이해하면 필요한 것을 손쉽게 찾을 수 있다.

iter와 iter_mut 메서드

대부분의 컬렉션 타입은 그 타입의 고유한 이터레이터를 반환하는 iter와 iter_mut 메서드를 제공한다. 이들 메서드가 반환하는 이터레이터는 각 아이템의 공유된 레퍼런스와 변경할 수 있는 레퍼런스를 산출한다. &[T]와 &mut [T] 같은 배열 슬라이스도 iter와 iter_mut 메서드를 갖는다. for 루프 말고 다른 데서 이터레이터를 써야 할 때는 이들 메서드로 가져오면 된다.

```
let v = vec![4, 20, 12, 8, 6];
let mut iterator = v.iter();
assert_eq!(iterator.next(), Some(&4));
assert_eq!(iterator.next(), Some(&20));
assert_eq!(iterator.next(), Some(&12));
assert_eq!(iterator.next(), Some(&8));
assert_eq!(iterator.next(), Some(&6));
assert_eq!(iterator.next(), None);
```

이 이터레이터가 산출하는 아이템의 타입은 &i32다. 이 이터레이터에 대고 next를 호출하면 벡터의 끝에 도달할 때까지 매번 다음 요소의 레퍼런스가 산출된다.

타입에 iter와 iter_mut를 구현할 때는 이렇다 할 기준이 있는 게 아니라서, 그 타입의 목적에 가장 잘 어울리는 방식을 찾아 자유롭게 구현하면 된다. 한 예로 std::path::Path의 iter 메서드는 경로의 구성 요소를 하나씩 산출하는 이터레이터를 반환하도록 되어 있다.

```
use std::ffi::OsStr;
use std::path::Path;

let path = Path::new("C:/Users/JimB/Downloads/Fedora.iso");
let mut iterator = path.iter();
assert_eq!(iterator.next(), Some(OsStr::new("C:")));
assert_eq!(iterator.next(), Some(OsStr::new("Users")));
assert_eq!(iterator.next(), Some(OsStr::new("JimB")));
...
```

이 이터레이터가 산출하는 아이템의 타입은 운영체제 호출이 허용하는 형식으로 된 문자열의 빌려 온 슬라이스를 뜻하는 &std::ffi::OsStr다.

어떤 타입을 반복 처리하는 방법이 두 가지 이상 존재할 때는 iter 메서드가 어떤 방법을 나타내야 할지 모호하므로, 보통 그 타입에서 각 순회 방법을 나타내는 구체적인 이름을 가진 메서드들을 제공한다. 예를 들어 문자열 슬라이스 타입 &str에는 iter 메서드가 없다. 그 대신 s가 &str일 때 s.bytes()는 s의 각 바이트를 산출하는 이터레이터를 반환하고, s.chars()는 s의 내용을 UTF-8로 해석한 뒤 각 유니코드 문자를 산출하는 이터레이터를 반환한다.

IntoIterator 구현

어떤 타입이 IntoIterator를 구현하고 있다면 for 루프가 하는 것처럼 거기에 대고 직접 into_iter 메서드를 호출할 수 있다.

```
// 보통은 HashSet을 써야 하지만 그렇게 하면 반복 순서가 매번 달라지므로,
// 이 예에서는 BTreeSet을 쓰는 게 더 어울린다.
use std::collections::BTreeSet;
let mut favorites = BTreeSet::new();
favorites.insert("Lucy in the Sky With Diamonds".to_string());
favorites.insert("Liebesträume No. 3".to_string());

let mut it = favorites.into_iter();
assert_eq!(it.next(), Some("Liebesträume No. 3".to_string()));
assert_eq!(it.next(), Some("Lucy in the Sky With Diamonds".to_string()));
assert_eq!(it.next(), None);
```

사실 대부분의 컬렉션들은 IntoIterator의 구현을 한 벌이 아니라 여러 벌 제공하는데, 이들은 공유된 레퍼런스(&T)용, 변경할 수 있는 레퍼런스(&mut T)용, 이동(T)용으로 나뉜다.

- 컬렉션의 **공유된 레퍼런스**shared reference가 주어지면 `into_iter`는 해당 아이템들의 공유된 레퍼런스를 산출하는 이터레이터를 반환한다. 예를 들어, 앞의 코드에서 `(&favorites).into_iter()`는 Item 타입이 `&String`인 이터레이터를 반환한다.

- 컬렉션의 **변경할 수 있는 레퍼런스**mutable reference가 주어지면 `into_iter`는 해당 아이템들의 변경할 수 있는 레퍼런스를 산출하는 이터레이터를 반환한다. 예를 들어, vector가 `Vec<String>`일 때 `(&mut vector).into_iter()` 호출은 Item 타입이 `&mut String`인 이터레이터를 반환한다.

- 컬렉션이 **값 전달**by value로 주어지면 `into_iter`는 컬렉션의 소유권을 넘겨받아 해당 아이템들을 값 전달로 반환하는 이터레이터를 반환한다. 이때 이 아이템들의 소유권은 컬렉션에서 소비자에게로 이동되고, 그 과정에서 원본 컬렉션은 소비된다. 예를 들어 앞의 코드에서 `favorites.into_iter()` 호출은 각 문자열을 값 전달로 산출하는 이터레이터를 반환하는데, 이때 소비자가 각 문자열의 소유권을 넘겨받는다. 이 이터레이터가 드롭되면 `BTreeSet`에 남아 있는 모든 요소가 함께 드롭되고, 빈 껍데기로 남게 되는 세트도 폐기된다.

`for` 루프는 피연산자에 `IntoIterator::into_iter`를 적용하기 때문에 결과적으로 사용하려는 구현에 따라서 다음과 같이 세 가지 관용구가 만들어진다. 즉, 컬렉션의 공유된 레퍼런스를 반복 처리하기 원하는지, 컬렉션의 변경할 수 있는 레퍼런스를 반복 처리하기 원하는지, 아니면 컬렉션의 소유권을 넘겨받아 해당 아이템들을 소비하기를 원하는지에 따라서 피연산자의 형태를 달리 가져가야 한다는 뜻이다.

```
for element in &collection { ... }
for element in &mut collection { ... }
for element in collection { ... }
```

이들은 각자 위에 나열된 `IntoIterator` 구현 중 한 가지를 호출하게 된다.

모든 타입이 이 세 가지 구현을 다 제공하는 건 아니다. 예를 들어 `HashSet`, `BTreeSet`, `BinaryHeap`은 요소가 변경될 경우 타입의 불변성이 훼손될 가능성이 있어서 변경할 수 있는 레퍼런스에 대한 `IntoIterator`를 구현하지 않는다. 왜냐하면 요소가 변경되어서 값이 전과 다른 해시값을 갖게 되거나 주변 값들과의 상대적인 순서가 틀어지게 되면, 그 요소는 결국 부정확한 위치에 놓이게 되기 때문이다. 또 어떤 타입들은 부분적인 변경만 지원하기도 한다. 예를 들어 `HashMap`과 `BTreeMap`은 앞서 언급한 것과 비슷한 이유로 해당 항목들의 값에 대해서 변경할 수 있는 레퍼런스를 산출하지만, 키에 대해서는 공유된 레퍼런스만 산출한다.

이 부분에 관한 일반적인 원칙은 반복 처리가 효율적이고 예측 가능해야 한다는 것이다. 따라서 러스트는 비용이 많이 들거나 예기치 않은 동작을 보일 가능성이 있는 구현을 제공하기보다는 아예 배제하는 쪽을 택했다(예를 들어 변경된 HashSet 항목들을 다시 해싱하면 그만큼 비용이 늘어날 뿐만 아니라, 남아 있는 반복 처리 단계에서 이들 아이템을 다시 만나게 될 가능성도 배제할 수 없다).

슬라이스는 앞의 세 가지 IntoIterator 변형 중에서 두 가지를 구현한다. 슬라이스는 자신의 요소들을 소유하지 않으므로 '값 전달'에 해당하는 경우가 없다. 그 대신 into_iter는 &[T]와 &mut [T]에 대해서 각각 해당 요소들의 공유된 레퍼런스와 변경할 수 있는 레퍼런스를 산출하는 이터레이터를 반환한다. 기본 슬라이스 타입 [T]를 일종의 컬렉션으로 생각하면 전체 패턴에 딱 들어맞는다.

혹시 앞서 나온 IntoIterator 변형 중에서 공유된 레퍼런스용과 변경할 수 있는 레퍼런스용 이 두 가지가 참조 대상에 대고 iter와 iter_mut를 호출하는 것과 같다는 걸 눈치챘을지도 모르겠다. 러스트는 왜 같은 기능을 중복해서 제공하는 걸까?

IntoIterator는 for 루프를 돌아가게 하는 역할을 하므로 당연히 필요하다. 그러나 for 루프를 쓰지 않을 때는 (&favorites).into_iter()보다 favorites.iter()라고 쓰는 게 더 명확하다. 공유된 레퍼런스를 이용한 반복 처리는 자주 필요한 일이라서 iter와 iter_mut는 인간 공학적으로 여전히 가치가 있다.

IntoIterator는 제네릭 코드에도 유용하게 쓰인다. 예를 들어 T: IntoIterator와 같은 식으로 바운드를 쓰면, 타입 변수 T를 반복 처리할 수 있는 타입으로 제한할 수 있다. 또한, T: IntoIterator<Item=U>와 같은 식으로 써서 반복 처리할 때 U라는 타입만 산출하도록 추가로 요구할 수도 있다. 다음 함수는 "{:?}" 형식으로 출력할 수 있는 아이템들로 된 이터러블을 받아서 그 안에 있는 값들을 전부 출력한다.

```
use std::fmt::Debug;

fn dump<T, U>(t: T)
    where T: IntoIterator<Item=U>,
          U: Debug
{
    for u in t {
        println!("{:?}", u);
    }
}
```

iter와 iter_mut 메서드는 어느 트레이트에도 속하지 않으므로 앞서 나온 제네릭 함수에서 쓸 수 없다. 대부분의 이터러블 타입이 iter와 iter_mut 메서드를 갖게 된 것은 일부러 이름을 그렇게 맞춰 지었기 때문이다.

from_fn과 successors

일련의 값들을 만들어 내는 단순하고 일반적인 방법 중 하나는 바로 그 값 자체를 반환하는 클로저를 제공하는 것이다.

std::iter::from_fn에 Option<T>를 반환하는 함수를 넘기면 단순히 그 함수를 호출해서 아이템들을 산출하는 이터레이터가 반환된다. 예를 보자.

```
use rand::random;   // Cargo.toml의 dependencies 부분에 rand = "0.7"을 추가해야 한다.
use std::iter::from_fn;

// 양 끝점이 구간 [0, 1] 안에 균일하게 분포되어 있는 임의의 선분 1,000개의 길이를 생성한다.
// (`rand_distr` 크레이트가 제공하는 균일 분포를 써서 구현해도 되지만 여기서는 쉬운 방법을 택했다.)
let lengths: Vec<f64> =
    from_fn(|| Some((random::<f64>() - random::<f64>()).abs()))
    .take(1000)
    .collect();
```

앞의 코드는 from_fn을 호출해서 난수를 산출하는 이터레이터를 만든다. 이 이터레이터는 항상 Some을 반환하기 때문에 시퀀스가 영영 끝나지 않는다. 따라서 여기서는 take(1000)을 호출해서 산출되는 요소의 개수를 1,000개로 제한한다. 그런 다음 collect를 호출해서 반복 처리를 통해 얻은 결과를 가지고 벡터를 만든다. 이렇게 하면 초기화된 벡터를 효율적으로 만들어 낼 수 있는데, 왜 그런지는 이번 장 뒷부분에 있는 '컬렉션 만들기: collect와 FromIterator' 절에서 설명한다.

각 아이템이 이전 아이템에 의존하는 경우라면 std::iter::successors 함수가 제격이다. 초기 아이템과 함께 아이템 하나를 받아서 다음 아이템을 Option에 담아 반환하는 함수를 전달하면 되는데, 이때 이 함수가 None을 반환하면 반복 처리가 끝난다. 예를 들어, 2장에 있는 망델브로 집합 플로터의 escape_time 함수를 이 방식으로 작성하면 다음과 같다.

```
use num::Complex;
use std::iter::successors;

fn escape_time(c: Complex<f64>, limit: usize) -> Option<usize> {
    let zero = Complex { re: 0.0, im: 0.0 };
    successors(Some(zero), |&z| { Some(z * z + c) })
```

```
        .take(limit)
        .enumerate()
        .find(|(_i, z)| z.norm_sqr() > 4.0)
        .map(|(i, _z)| i)
}
```

앞서 나온 successors 호출은 0을 초깃값으로 갖는 마지막 점을 제곱한 다음 여기에 매개변수 c를
더하는 절차를 반복 실행하는 방법으로, 복소평면 위에 있는 일련의 점들을 산출한다. 망델브로 집
합을 그릴 때는 이 시퀀스가 원점 근처를 맴도는지, 아니면 무한대로 발산하는지 봐야 한다. 이를 위
해서 take(limit) 호출로 이 시퀀스의 추적 횟수에 제한을 걸고, enumerate 호출로 각 점마다 번호
를 매겨서 점 z를 튜플 (i, z)로 바꾼 다음, find 호출로 원점에서 주어진 거리 이상 벗어나는 최초
의 점을 찾는다. 이때 find 메서드는 Option을 반환하는데, 그런 점이 존재하면 Some((i, z))가 되
고, 없으면 None이 된다. 여기에 대고 Option::map을 호출해서 Some((i, z))는 Some(i)로 바꿔서
내보내고 None은 그대로 내보내면, 정확히 원하는 반환값이 만들어진다.

from_fn과 successors는 둘 다 FnMut 클로저를 받으므로 클로저에서 주변 범위에 있는 변수들을
캡처하고 수정할 수 있다. 예를 들어, 다음의 fibonacci 함수는 move 클로저를 이용해서 변수 하나
를 캡처해다가 이를 자신의 실행 상태로 쓴다.

```
fn fibonacci() -> impl Iterator<Item=usize> {
    let mut state = (0, 1);
    std::iter::from_fn(move || {
        state = (state.1, state.0 + state.1);
        Some(state.0)
    })
}

assert_eq!(fibonacci().take(8).collect::<Vec<_>>(),
           vec![1, 1, 2, 3, 5, 8, 13, 21]);
```

한 가지 유의할 점은 from_fn과 successors가 이터레이터를 쓰는 웬만한 코드를 하나의 메서드 호
출 안에 담아낼 수 있을 정도로 유연하다 보니, 필요한 동작을 전부 클로저 안에 구현하려 드는 경우
가 생길 수 있다는 것이다. 이렇게 하면 데이터가 계산 과정에서 어떤 식으로 흐르는지를 명확히 나
타내기 어렵고, 또 자주 쓰이는 패턴에 붙는 표준 이름을 사용하지 못하기 때문에 이터레이터가 주는
이점을 제대로 활용하지 못하게 된다. 그러니 이 두 메서드에만 의존하려 하지 말고 이번 장에 있는
다른 이터레이터 메서드들을 제대로 한 번 짚고 넘어가자. 같은 일을 훨씬 멋지게 풀어낼 수 있는 방
법이 생각보다 많다.

drain 메서드

많은 컬렉션 타입들은 컬렉션의 변경할 수 있는 레퍼런스를 받아서 각 요소의 소유권을 소비자에게 넘겨주는 이터레이터를 반환하는 drain 메서드를 제공한다. 하지만 컬렉션을 값으로 받아서 소비하는 into_iter() 메서드와 달리, drain은 컬렉션의 변경할 수 있는 레퍼런스를 빌려 올 뿐이며, 이터레이터가 드롭되면 컬렉션에 남아 있는 요소들을 전부 제거하기 때문에 빈 컬렉션이 된다.

String, 벡터, VecDeque처럼 범위를 색인으로 쓸 수 있는 타입들은 drain 메서드가 전체 시퀀스를 배출하는 게 아니라 내보낼 요소들의 범위를 받는다.

```
let mut outer = "Earth".to_string();
let inner = String::from_iter(outer.drain(1..4));

assert_eq!(outer, "Eh");
assert_eq!(inner, "art");
```

전체 시퀀스를 밖으로 빼내야 한다면 전체 범위 ..을 인수로 쓰면 된다.

기타 이터레이터 소스들

앞 절에서는 벡터와 HashMap 같은 컬렉션 타입만 가지고 이야기했는데, 사실 이 외에도 표준 라이브러리에 있는 많은 타입들이 반복 처리를 지원한다. 표 15-1은 이 중에서 알아 두면 쓸모 있는 것 몇 가지를 요약해 보여 준다. 여기에 있는 메서드들 중 일부는 16장, 17장, 18장에서 구체적인 타입과 함께 보다 자세히 다룬다.

표 15-1 표준 라이브러리가 제공하는 기타 이터레이터들

타입 또는 트레이트	표현식	설명
std::ops::Range	1..10	양 끝점은 반복할 수 있는 정수 타입이어야 한다. 시작 값은 범위에 포함되지만 끝 값은 범위에 포함되지 않는다.
	(1..10).step_by(2)	1, 3, 5, 7, 9를 산출한다.
std::ops::RangeFrom	1..	무한 반복. 시작 값은 정수여야 한다. 값이 해당 타입의 한계에 도달하면 패닉에 빠지거나 오버플로가 발생한다.
std::ops::RangeInclusive	1..=10	Range와 비슷하지만 끝 값이 범위에 포함된다.
Option<T>	Some(10).iter()	길이가 0(None) 또는 1(Some(v))인 벡터처럼 작동한다.

표 15-1 표준 라이브러리가 제공하는 기타 이터레이터들(계속)

타입 또는 트레이트	표현식	설명
Result<T, E>	Ok("blah").iter()	Option과 비슷하지만 Ok 값을 산출한다.
Vec<T>, &[T]	v.windows(16)	주어진 길이를 갖는 인접한 슬라이스들을 전부 산출한다. 이동 방향은 왼쪽에서 오른쪽이다. 윈도들은 끝과 끝이 서로 겹쳐져 있다.
	v.chunks(16)	주어진 길이를 갖는 인접한 슬라이스들을 끝과 끝이 서로 겹치지 않게 산출한다. 이동 방향은 왼쪽에서 오른쪽이다.
	v.chunks_mut(1024)	chunks와 비슷하지만 변경할 수 있는 슬라이스들을 산출한다.
	v.split(¦byte¦ byte & 1 != 0)	주어진 술어 구문과 일치하는 요소들을 기준으로 분할된 슬라이스들을 산출한다.
	v.split_mut(...)	앞과 같지만 변경할 수 있는 슬라이스들을 산출한다.
	v.rsplit(...)	split과 비슷하지만 오른쪽에서 왼쪽 방향으로 슬라이스들을 산출한다.
	v.splitn(n, ...)	split과 비슷하지만 슬라이스들을 최대 n개까지만 산출한다.
String, &str	s.bytes()	UTF-8 형식으로 된 바이트열을 산출한다.
	s.chars()	UTF-8을 표현하는 char열을 산출한다.
	s.split_whitespace()	문자열을 공백을 기준으로 분할한 뒤, 그 결과를 가리키는 슬라이스들을 산출한다.
	s.lines()	문자열의 각 줄을 가리키는 슬라이스들을 산출한다.
	s.split('/')	문자열을 주어진 패턴과 일치하는 부분들을 기준으로 분할한 뒤 그 결과를 가리키는 슬라이스들을 산출한다. 문자, 문자열, 클로저 등을 패턴으로 쓸 수 있다.
	s.matches(char::is_numeric)	주어진 패턴과 일치하는 슬라이스들을 산출한다.
std::collections::HashMap, std::collections::BTreeMap	map.keys(), map.values()	맵의 키나 값에 대한 공유된 레퍼런스들을 산출한다.
	map.values_mut()	항목의 값에 대한 변경할 수 있는 레퍼런스들을 산출한다.
std::collections::HashSet, std::collections::BTreeSet	set1.union(set2)	set1과 set2의 합집합에 속한 요소들의 공유된 레퍼런스들을 산출한다.
	set1.intersection(set2)	set1과 set2의 교집합에 속한 요소들의 공유된 레퍼런스들을 산출한다.
std::sync::mpsc::Receiver	recv.iter()	해당 Sender의 다른 스레드에서 보낸 값들을 산출한다.

표 15-1 표준 라이브러리가 제공하는 기타 이터레이터들(계속)

타입 또는 트레이트	표현식	설명
std::io::Read	stream.bytes()	I/O 스트림으로부터 바이트열을 산출한다.
	stream.chars()	스트림을 UTF-8로 파싱한 뒤 char열을 산출한다.
std::io::BufRead	bufstream.lines()	스트림을 UTF-8로 파싱한 뒤 각 줄을 담은 String들을 산출한다.
	bufstream.split(0)	스트림을 주어진 바이트를 기준으로 분할한 뒤 그 결과를 담은 바이트 버퍼 Vec<u8>들을 산출한다.
std::fs::ReadDir	std::fs::read_dir(path)	디렉터리 항목들을 산출한다.
std::net::TcpListener	listener.incoming()	들어오는 네트워크 연결들을 산출한다.
자유 함수	std::iter::empty()	즉시 None을 반환한다.
	std::iter::once(5)	주어진 값을 산출한 뒤 종료한다.
	std::iter::repeat("#9")	주어진 값을 계속해서 산출한다.

이터레이터 어댑터

이터레이터를 손에 쥐는 법을 익혔으니 이제 Iterator 트레이트가 제공하는 다양한 **어댑터 메서드** adapter method들을 알아볼 차례다. 어댑터 메서드는 줄여서 그냥 **어댑터**adapter라고도 하는데, 기존의 이터레이터를 가져다가 유용한 동작을 하는 새로운 이터레이터로 탈바꿈하는 일을 한다. 이번 절은 어댑터가 어떻게 작동하는지 보기 위해서 먼저 가장 많이 쓰이는 두 가지 어댑터인 map과 filter를 살펴본다. 그런 다음 어댑터 도구 상자의 나머지 부분을 다룰 텐데, 이 과정에서 잘라내기, 건너뛰기, 조합하기, 뒤바꾸기, 연결하기, 반복하기 등 다른 시퀀스를 가져다가 새 시퀀스를 만들 때 생각해 볼 수 있는 거의 모든 방법을 짚어 본다.

map과 filter

Iterator 트레이트의 map 어댑터를 쓰면 이터레이터가 산출하는 각 아이템에 클로저를 적용해서 변화를 줄 수 있다. 또한, filter 어댑터를 쓰면 남길 것과 버릴 것을 결정짓는 클로저를 가지고 이터레이터가 산출하는 아이템들을 필터링할 수 있다.

예를 들어 텍스트를 줄 단위로 반복 처리할 때 각 줄의 양 끝에 있는 공백을 제거하고 싶다고 하자. 표준 라이브러리의 str::trim 메서드는 &str를 빌려다가 양 끝에 있는 공백이 제거된 새로운 &str를 반환한다. 따라서 이럴 때는 map 어댑터를 써서 이터레이터가 산출하는 각 줄에 str::trim을 적용하면 된다.

```
let text = "  ponies  \n  giraffes\niguanas  \nsquid".to_string();
let v: Vec<&str> = text.lines()
    .map(str::trim)
    .collect();
assert_eq!(v, ["ponies", "giraffes", "iguanas", "squid"]);
```

앞의 코드에서 text.lines() 호출은 문자열을 줄 단위로 산출하는 이터레이터를 반환한다. 이 이터 레이터에 대고 호출하는 map은 각 줄에 str::trim을 적용한 결과를 자신의 아이템으로 산출하는 두 번째 이터레이터를 반환한다. 끝에 있는 collect는 이 아이템들을 벡터 안에 모아 담는다.

물론, map이 반환하는 이터레이터에도 추가로 어댑터를 적용할 수 있다. 만일 위 결과에서 iguanas를 제외하고 싶다면 다음처럼 작성하면 된다.

```
let text = "  ponies  \n  giraffes\niguanas  \nsquid".to_string();
let v: Vec<&str> = text.lines()
    .map(str::trim)
    .filter(|s| *s != "iguanas")
    .collect();
assert_eq!(v, ["ponies", "giraffes", "squid"]);
```

여기서 filter는 map 이터레이터의 아이템들 중에서 클로저 |s| *s != "iguanas"가 true를 반환하는 것들만 산출하는 세 번째 이터레이터를 반환한다. 꼬리에 꼬리를 무는 이터레이터 어댑터의 체인은 유닉스 셸의 파이프라인과 비슷하다. 각 어댑터는 한 가지 목적을 가지므로 왼쪽에서 오른쪽으로 읽어 나가면 시퀀스가 어떤 식으로 변형되는지 쉽게 이해할 수 있다.

이들 어댑터의 시그니처는 다음과 같다.

```
fn map<B, F>(self, f: F) -> impl Iterator<Item=B>
    where Self: Sized, F: FnMut(Self::Item) -> B;

fn filter<P>(self, predicate: P) -> impl Iterator<Item=Self::Item>
    where Self: Sized, P: FnMut(&Self::Item) -> bool;
```

표준 라이브러리에 있는 map과 filter는 사실 std::iter::Map과 std::iter::Filter라고 하는 구체적인 불투명 struct 타입을 반환한다. 그러나 이들의 이름만 봐서는 알 수 있는 게 그리 많지 않으므로, 이 책에서는 그냥 -> impl Iterator<Item=...>과 같은 식으로 써서 진짜 필요한 정보를 알 수 있게 하겠다. 이렇게 해야 이들 메서드가 주어진 타입으로 된 아이템들을 산출하는 Iterator를 반환한다는 걸 알 수 있다.

대부분의 어댑터들은 self를 값으로 받기 때문에 Self가 Sized일 것을 요구한다(표준 라이브러리에 있는 이터레이터들은 전부 이 기준을 만족한다).

map 이터레이터는 클로저에 각 아이템을 값 전달로 넘기고 그 결과의 소유권을 소비자에게 넘긴다. filter 이터레이터는 클로저에 각 아이템을 공유된 레퍼런스로 넘기고, 그 아이템이 소비자에게 넘어가야 하는 경우에는 소유권을 보존한다. 앞의 예에서 s와 "iguanas"를 비교할 때 s를 역참조해야 하는 이유가 바로 이 때문인데, filter 이터레이터의 아이템 타입이 &str이므로 클로저의 인수 s의 타입은 &&str가 된다.

이터레이터 어댑터를 쓸 때는 주의해야 할 두 가지 중요한 점이 있다.

첫 번째는, 어댑터를 이터레이터에 대고 호출한다고 해서 곧바로 아이템들이 소비되는 건 아니라는 점이다. 그저 첫 번째 이터레이터에서 필요에 따라 아이템들을 끄집어내 이를 바탕으로 자신의 아이템들을 산출하도록 된 새로운 이터레이터가 반환될 뿐이다. 어댑터의 체인 끝에 있는 이터레이터에 대고 next를 호출해야만 비로소 실질적인 뭔가가 작동한다.

따라서 앞 예에 있는 text.lines() 메서드 호출 자체는 실제로 문자열을 줄 단위로 파싱하지 않는다. 그저 요구가 있을 때 파싱을 수행하는 이터레이터를 반환할 뿐이다. map과 filter 역시 마찬가지로 그저 요구가 있을 때 매핑이나 필터링을 수행하는 새로운 이터레이터를 반환할 뿐이다. collect가 filter 이터레이터에 대고 next를 호출하기 전까지는 아무런 일도 일어나지 않는다.

이 점은 부수 효과가 있는 어댑터를 사용할 때 특히 중요하다. 예를 들어, 다음 코드는 아무것도 출력하지 않는다.

```
["earth", "water", "air", "fire"]
    .iter().map(|elt| println!("{}", elt));
```

앞의 코드에서 iter 호출은 배열의 요소들을 반복 처리하기 위한 이터레이터를 반환하고, map 호출은 이 이터레이터가 산출하는 각 값에 클로저를 적용하는 두 번째 이터레이터를 반환한다. 그러나 여기에는 전체 체인에서 실제로 값을 요구하는 부분이 없으므로 next 메서드가 영영 실행되지 않는다. 사실 러스트는 이 부분을 두고 다음과 같이 경고한다.

```
warning: unused `std::iter::Map` that must be used
  |
7 | /     ["earth", "water", "air", "fire"]
8 | |         .iter().map(|elt| println!("{}", elt));
```

```
| |_____^
|
= note: iterators are lazy and do nothing unless consumed
```

해당 오류 메시지에 나오는 'lazy(게으른)'라는 단어는 누구를 폄하하는 말이 아니라, 실제로 값이 필요할 때까지 계산을 뒤로 미루는 모든 메커니즘을 지칭하는 우리 쪽 업계 은어다. 러스트에서는 이터레이터가 각 next 호출을 만족시키는 데 필요한 최소한의 일만 해야 한다는 것이 관례인데, 앞 예에서는 next 호출이 아예 없으므로 아무런 일도 일어나지 않는다.

두 번째는, 이터레이터 어댑터가 무비용 추상화라는 점이다. map과 filter는 물론이고 여기에 딸린 기능들이 전부 제네릭으로 되어 있어서, 이들을 이터레이터에 적용하면 그 이터레이터 타입에 맞게 특수화된 코드가 만들어진다. 이 말은 러스트가 각 이터레이터의 next 메서드를 소비자 안에 인라인 처리한 뒤, 전체 처리 과정을 한 단위로 된 머신 코드로 옮겨내기 위한 충분한 정보를 가지고 있다는 뜻이다. 따라서 앞에서 본 lines/map/filter 이터레이터의 체인은 다음과 같이 손으로 쓴 코드만큼이나 효율적이다.

```
for line in text.lines() {
    let line = line.trim();
    if line != "iguanas" {
        v.push(line);
    }
}
```

이번 절의 나머지 부분에서는 Iterator 트레이트가 제공하는 다양한 어댑터들을 다룬다.

filter_map과 flat_map

map 어댑터는 들어오는 아이템 하나가 나가는 아이템 하나를 산출하는 상황에 적합하다. 그러나 반복 처리 과정에서 일부 아이템들을 삭제하고 싶다거나 개별 아이템을 0개 이상의 아이템들로 대체하고 싶을 때는 어떻게 해야 할까? filter_map과 flat_map 어댑터는 바로 이런 일들을 할 때 필요한 유연함을 갖췄다.

filter_map 어댑터는 map과 비슷하지만 클로저가 (map이 하는 것처럼) 기존 아이템을 새 아이템으로 변형하거나 반복 처리 과정에서 제외할 수 있다는 점이 다르다. filter와 map을 조합한 것과 약간 비슷하다고 볼 수 있다. 시그니처는 다음과 같다.

```
fn filter_map<B, F>(self, f: F) -> impl Iterator<Item=B>
    where Self: Sized, F: FnMut(Self::Item) -> Option<B>;
```

클로저가 그냥 B가 아니라 Option<B>를 반환한다는 점만 제외하면 map의 시그니처와 같다. 클로저
가 None을 반환하면 아이템이 반복 처리 과정에서 제외되고, Some(b)를 반환하면 b가 filter_map
이터레이터가 산출하는 다음 아이템이 된다.

예를 들어, 문자열을 공백을 기준으로 분할한 뒤 수로 파싱할 수 있는 것만 처리하고 나머지는 버리
고자 한다면 다음처럼 작성하면 된다.

```
use std::str::FromStr;

let text = "1\nfrond .25  289\n3.1415 estuary\n";
for number in text
    .split_whitespace()
    .filter_map(|w| f64::from_str(w).ok())
{
    println!("{:4.2}", number.sqrt());
}
```

앞의 코드는 다음의 결과를 출력한다.

```
1.00
0.50
17.00
1.77
```

filter_map에 주어진 클로저는 f64::from_str를 써서 공백으로 분리된 각 슬라이스를 대상으
로 파싱을 시도한다. 파싱 결과는 Result<f64, ParseFloatError>로 반환되고 .ok()는 이를
Option<f64>로 바꾸는데, 결과가 파싱 실패일 때는 None이 되고 파싱 성공일 때는 Some(v)가 된다.
filter_map 이터레이터는 None 값을 전부 버리고 각 Some(v)에 대해서 값 v를 산출한다.

그런데 map과 filter 어댑터를 직접 쓰지 않고 이렇게 하나의 연산으로 결합해 쓰면 어떤 점이 좋은
걸까? filter_map 어댑터는 방금 본 상황처럼 주어진 아이템을 두고 실제로 뭔가를 해봐야만 그 아
이템을 반복 처리 과정에 포함시킬지 말지 알 수 있을 때 그 진가를 발휘한다. filter와 map만 가지
고도 똑같은 일을 할 순 있지만 보다시피 눈에 잘 안 들어온다.

```
text.split_whitespace()
    .map(|w| f64::from_str(w))
    .filter(|r| r.is_ok())
    .map(|r| r.unwrap())
```

flat_map 어댑터는 map과 filter_map의 연장선 위에 있다고 보면 되는데, 단 이번에는 클로저가 (map처럼) 한 개의 아이템만 반환할 수도 있고, (filter_map처럼) 0개 이상의 아이템들을 반환할 수도 있고, 아니면 아예 임의의 개수로 된 아이템들의 시퀀스를 반환할 수도 있다는 점이 다르다. flat_map 이터레이터는 클로저가 반환하는 시퀀스들의 연결을 산출한다.

flat_map의 시그니처는 다음과 같다.

```
fn flat_map<U, F>(self, f: F) -> impl Iterator<Item=U::Item>
    where F: FnMut(Self::Item) -> U, U: IntoIterator;
```

flat_map에 넘기는 클로저는 반드시 이터러블을 반환해야 하는데, 이터러블의 종류는 아무래도 상관없다.[25]

예를 들어, 나라별로 주요 도시들을 매핑하고 있는 테이블이 있다고 하자. 이때 주어진 나라들을 대상으로 그들의 주요 도시들을 반복 처리하려면 어떻게 해야 할까?

```
use std::collections::HashMap;

let mut major_cities = HashMap::new();
major_cities.insert("Japan", vec!["Tokyo", "Kyoto"]);
major_cities.insert("The United States", vec!["Portland", "Nashville"]);
major_cities.insert("Brazil", vec!["São Paulo", "Brasília"]);
major_cities.insert("Kenya", vec!["Nairobi", "Mombasa"]);
major_cities.insert("The Netherlands", vec!["Amsterdam", "Utrecht"]);

let countries = ["Japan", "Brazil", "Kenya"];

for &city in countries.iter().flat_map(|country| &major_cities[country]) {
    println!("{}", city);
}
```

---

25 사실 Option은 0개 또는 1개의 아이템으로 된 시퀀스처럼 작동하는 이터러블이므로, closure가 Option<T>를 반환한다고 가정하면 iterator.filter_map(closure)는 iterator.flat_map(closure)와 동일하다.

앞의 코드는 다음의 결과를 출력한다.

```
Tokyo
Kyoto
São Paulo
Brasília
Nairobi
Mombasa
```

각 나라별로 도시들의 벡터를 가져다가 전부 하나의 시퀀스로 연결해 출력하고 있다고 볼 수도 있겠다.

그러나 이터레이터는 게으르다는 걸 기억하자. for 루프가 flat_map 이터레이터의 next 메서드를 호출해야만 비로소 일이 진행되기 때문에, 메모리에 전부 연결된 시퀀스가 절대로 생성되지 않는다. 그게 아니라 마치 작은 상태 머신처럼 도시 이터레이터의 아이템들을 하나씩 가져다가 반복 처리하고, 이게 다 소진되면 새로 다른 나라의 도시 이터레이터를 산출해서 이를 다시 반복 처리하는 식으로 작동한다. 중첩된 루프의 효과가 하나의 이터레이터에 담겨 있는 셈이다.

flatten

flatten 어댑터는 이터레이터의 아이템들을 연결하는데, 이때 각 아이템을 이터러블이라고 가정한다.

```rust
use std::collections::BTreeMap;

// 도시별로 공원들을 매핑하고 있는 테이블. 각 값은 벡터다.
let mut parks = BTreeMap::new();
parks.insert("Portland",  vec!["Mt. Tabor Park", "Forest Park"]);
parks.insert("Kyoto",     vec!["Tadasu-no-Mori Forest", "Maruyama Koen"]);
parks.insert("Nashville", vec!["Percy Warner Park", "Dragon Park"]);

// 공원들을 전부 벡터에 담는다. `values`는 벡터들을 산출하는 이터레이터를 주고,
// `flatten`은 각 벡터의 요소들을 차례로 산출한다.
let all_parks: Vec<_> = parks.values().flatten().cloned().collect();

assert_eq!(all_parks,
           vec!["Tadasu-no-Mori Forest", "Maruyama Koen", "Percy Warner Park",
                "Dragon Park", "Mt. Tabor Park", "Forest Park"]);
```

'flatten(평면화하다)'이란 이름은 2레벨 구조를 1레벨 구조로 평면화한다는 개념에서 왔다. 앞의 코드는 BTreeMap과 그의 Vec들을 평면화해서 여기에 속한 이름들을 전부 산출하는 이터레이터를 만든다.

flatten의 시그니처는 다음과 같다.

```
fn flatten(self) -> impl Iterator<Item=Self::Item::Item>
    where Self::Item: IntoIterator;
```

즉, 기본 이터레이터의 아이템이 실질적으로 시퀀스의 시퀀스가 되기 위해서는 자체적으로 IntoIterator를 구현해야 한다. flatten 메서드는 이 시퀀스들의 연결을 반복 처리하는 이터레이터를 반환한다. 물론, 이 과정은 요전 것에 대한 반복 처리를 마쳤을 때만 self에서 새 아이템을 가져오는 식으로 게으르게 진행된다.

flatten 메서드를 의외의 용도로 쓰기도 한다. 예를 들어 Vec<Option<...>>에서 Some 값만 반복 처리하고 싶을 때는 flatten을 쓰면 딱이다.

```
assert_eq!(vec![None, Some("day"), None, Some("one")]
        .into_iter()
        .flatten()
        .collect::<Vec<_>>(),
        vec!["day", "one"]);
```

이렇게 할 수 있는 이유는 Option 자체가 0개 또는 1개의 요소로 된 시퀀스를 표현하도록 IntoIterator를 구현하고 있기 때문이다. None 요소들은 반복 처리에 기여하는 것이 전혀 없는 반면, Some 요소들은 각자 하나의 값을 기여한다. 마찬가지로 Option<Vec<...>> 값들 역시 flatten으로 반복 처리할 수 있는데, 이때 None은 빈 벡터처럼 작동한다.

Result도 Err이 빈 시퀀스를 표현하도록 IntoIterator를 구현하고 있어서, Result 값들의 이터레이터에 flatten을 적용하면 사실상 Err을 전부 모아 버리고 난 나머지에서 꺼낸 성공값들의 스트림이 만들어진다. 코드에 있는 오류를 무시해도 좋다고 말하는 건 아니지만, 뭐가 어떻게 돌아가고 있는지를 제대로 알고 쓰면 꽤 괜찮은 꼼수다.

사실 flat_map이 필요한 일인데 flatten에 손을 뻗는 경우가 가끔 있다. 예를 들어, 표준 라이브러리의 str::to_uppercase 메서드는 다음과 같은 식으로 문자열을 대문자로 바꾼다.

```
fn to_uppercase(&self) -> String {
    self.chars()
        .map(char::to_uppercase)
        .flatten()  // 더 좋은 방법이 있다.
```

```
        .collect()
}
```

여기서 flatten이 필요한 이유는 ch.to_uppercase()가 문자 하나를 반환하는 게 아니라 한 개 이상의 문자들을 산출하는 이터레이터를 반환하기 때문이다. 즉, 각 문자를 그에 대응하는 대문자로 매핑하고 나면 문자들의 이터레이터들을 산출하는 이터레이터가 나오기 때문에, 끝에서 collect가 이들을 String으로 담아낼 수 있도록 flatten을 써서 전부 알맞은 형태로 잘라줘야 하는 것이다.

그러나 map과 flatten을 이런 식으로 조합해 쓰는 경우가 자주 있다보니 조금 번거롭다는 게 문제인데, 바로 이럴 때 쓰라고 Iterator가 flat_map 어댑터를 제공한다고 보면 쉽다(사실은 flat_map이 flatten보다 먼저 표준 라이브러리에 추가됐다). 따라서 앞의 코드는 다음처럼 바꿔 쓸 수 있다.

```
fn to_uppercase(&self) -> String {
    self.chars()
        .flat_map(char::to_uppercase)
        .collect()
}
```

take과 take_while

Iterator 트레이트의 take과 take_while 어댑터를 쓰면 아이템들의 수가 정해 둔 기준을 넘거나, 클로저가 작업 중단을 결정할 때 반복 처리를 끝낼 수 있다. 이들의 시그니처는 다음과 같다.

```
fn take(self, n: usize) -> impl Iterator<Item=Self::Item>
    where Self: Sized;

fn take_while<P>(self, predicate: P) -> impl Iterator<Item=Self::Item>
    where Self: Sized, P: FnMut(&Self::Item) -> bool;
```

둘 다 이터레이터의 소유권을 넘겨받아서 그의 아이템들을 차례로 건네주는 새 이터레이터를 반환하는데, 이때 시퀀스의 길이는 전보다 짧을 수도 있다. take 이터레이터는 최대 n개의 아이템들을 산출한 뒤에 None을 반환한다. take_while 이터레이터는 각 아이템에 predicate을 적용해서 predicate이 false를 반환하는 최초의 아이템과 이후 이어지는 모든 next 호출에 대해서 None을 반환한다.

예를 들어, 헤더와 본문이 빈 줄로 구분되어 있는 이메일 메시지에서 헤더만 반복 처리하려면 다음처럼 take_while을 쓰면 된다.

```
let message = "To: jimb\r\n\
                From: superego <editor@oreilly.com>\r\n\
                \r\n\
                Did you get any writing done today?\r\n\
                When will you stop wasting time plotting fractals?\r\n";
for header in message.lines().take_while(|l| !l.is_empty()) {
    println!("{}" , header);
}
```

3장의 **'문자열 리터럴'** 절에서 살펴본 것처럼, 러스트는 문자열 안에 있는 어떤 줄이 백슬래시로 끝날 때 그다음 줄의 들여쓰기를 포함시키지 않으므로, 앞서 나온 문자열 안에 있는 모든 줄은 선행 공백을 갖지 않는다. 이 말은 message의 세 번째 줄이 비어 있다는 뜻이다. take_while 어댑터는 빈 줄을 만나는 즉시 반복 처리를 끝내므로, 앞의 코드가 출력하는 내용은 아래의 두 줄뿐이다.

```
To: jimb
From: superego <editor@oreilly.com>
```

skip과 skip_while

Iterator 트레이트의 skip과 skip_while은 take과 take_while의 반대 동작을 하는 메서드로, 반복 처리를 시작할 때 정해 둔 개수만큼 아이템들을 버리거나 클로저가 만족할 때까지 아이템들을 버린 다음 나머지 아이템들을 손대지 않은 채로 넘긴다. 이들의 시그니처는 다음과 같다.

```
fn skip(self, n: usize) -> impl Iterator<Item=Self::Item>
    where Self: Sized;

fn skip_while<P>(self, predicate: P) -> impl Iterator<Item=Self::Item>
    where Self: Sized, P: FnMut(&Self::Item) -> bool;
```

skip 어댑터는 프로그램의 명령줄 인수를 반복 처리할 때 명령 이름을 건너뛰기 위한 용도로 자주 쓰인다. 일례로 2장에서 다룬 최대공약수 계산기는 다음과 같은 식으로 명령줄 인수를 반복 처리했다.

```
for arg in std::env::args().skip(1) {
    ...
}
```

std::env::args 함수는 프로그램의 인수를 String으로 산출하는 이터레이터를 반환한다. 이 이터레이터는 첫 번째 아이템으로 프로그램 자체의 이름을 주는데, 문제는 이 문자열이 앞서 나온 루프의 처리 대상으로 오면 안 된다는 것이다. 이럴 때 이 이터레이터에 대고 skip(1)을 호출하면, 프로그램의 이름은 버리고 나머지 인수들만 전부 산출하는 새 이터레이터가 반환된다.

skip_while 어댑터는 클로저를 사용해 시퀀스의 아이템들을 앞에서부터 몇 개나 버릴지 결정한다. 예를 들어, 앞 절에서 예로 든 이메일 메시지에서 본문만 반복 처리하려면 다음처럼 하면 된다.

```
for body in message.lines()
    .skip_while(|l| !l.is_empty())
    .skip(1) {
    println!("{}" , body);
}
```

앞의 코드는 skip_while을 써서 공백이 아닌 줄을 건너뛰는데, 다만 빈 줄을 만나면 클로저가 false를 반환하므로 이터레이터가 그 빈 줄까지 산출해 버리는 문제가 있다. 따라서 여기에 다시 skip 메서드를 써서 그 빈 줄을 버리고 본문의 첫 번째 줄을 첫 번째 아이템으로 산출하는 이터레이터를 만든다. 앞 절에 있는 message 선언을 가지고 앞의 코드를 실행하면 다음의 내용이 출력된다.

```
Did you get any writing done today?
When will you stop wasting time plotting fractals?
```

peekable

피커블 이터레이터를 쓰면 다음번에 산출될 아이템을 실제로 소비하지 않고도 미리 볼 수 있다. Iterator 트레이트의 peekable 메서드를 호출하면 어떤 이터레이터든 피커블 이터레이터로 바꿀 수 있다.

```
fn peekable(self) -> std::iter::Peekable<Self>
    where Self: Sized;
```

여기서 Peekable<Self>는 Iterator<Item=Self::Item>을 구현하고 있는 struct이고, Self는 기본 이터레이터의 타입이다.

Peekable 이터레이터는 Option<&Item>을 반환하는 peek 메서드를 추가로 가지고 있다. 반환값은 기본 이터레이터의 반복 처리가 끝났으면 None이 되고 그렇지 않으면 Some(r)이 되는데, 여기서 r은 다음 아이템의 공유된 레퍼런스다(이터레이터의 아이템 타입이 이미 무언가의 레퍼런스일 때는 레퍼런스의 레퍼런스가 되니 유의하자).

peek 호출은 기본 이터레이터에서 다음 아이템을 하나 꺼내 보고 있으면, 이를 다음번 next 호출 시까지 캐시cache에 넣어 둔다. Peekable의 다른 모든 Iterator 메서드들은 이 캐시에 대해 알고 있다. 예를 들어, 피커블 이터레이터 iter의 iter.last()는 기본 이터레이터의 반복 처리가 끝난 경우 이 캐시를 확인하도록 되어 있다.

피커블 이터레이터는 앞을 미리 내다보지 않고는 아이템을 몇 개나 소비해야 좋을지 모를 때 필수적이다. 예를 들어 문자 스트림을 수로 파싱하는 경우에는, 먼저 뒤따르는 비숫자 문자의 위치가 파악되어야 그 수가 어디서 끝날지 알 수 있다.

```
use std::iter::Peekable;

fn parse_number<I>(tokens: &mut Peekable<I>) -> u32
    where I: Iterator<Item=char>
{
    let mut n = 0;
    loop {
        match tokens.peek() {
            Some(r) if r.is_digit(10) => {
                n = n * 10 + r.to_digit(10).unwrap();
            }
            _ => return n
        }
        tokens.next();
    }
}

let mut chars = "226153980,1766319049".chars().peekable();
assert_eq!(parse_number(&mut chars), 226153980);
// `parse_number`는 쉼표를 소비하지 않으므로 직접 해줘야 한다.
assert_eq!(chars.next(), Some(','));
assert_eq!(parse_number(&mut chars), 1766319049);
assert_eq!(chars.next(), None);
```

parse_number 함수는 peek을 써서 다음 문자를 미리 보고 숫자일 때만 가져와 소비한다. 숫자가 아니거나 이터레이터의 반복 처리가 끝났으면(즉, peek가 None을 반환하면) 지금까지 파싱한 수를 반환하고 이터레이터의 다음 문자가 소비될 수 있도록 준비한다.

fuse

Iterator 트레이트는 이미 None을 반환한 이터레이터에 대고 다시 next 메서드를 호출하는 경우에 어떤 식으로 대응해야 하는지를 명시해 두고 있지 않다. 대부분의 이터레이터는 다시 None을 반환하고 말겠지만 꼭 그런 건 아니다. 따라서 코드가 이 동작에 의존하는 경우에는 아차 싶을 때가 있을 수 있다.

fuse 어댑터는 아무 이터레이터나 가져다가 맨 처음 None이 반환되는 시점부터 계속 None을 반환하는 이터레이터를 생성한다.

```
struct Flaky(bool);

impl Iterator for Flaky {
    type Item = &'static str;
    fn next(&mut self) -> Option<Self::Item> {
        if self.0 {
            self.0 = false;
            Some("totally the last item")
        } else {
            self.0 = true;   // 아차!
            None
        }
    }
}

let mut flaky = Flaky(true);
assert_eq!(flaky.next(), Some("totally the last item"));
assert_eq!(flaky.next(), None);
assert_eq!(flaky.next(), Some("totally the last item"));

let mut not_flaky = Flaky(true).fuse();
assert_eq!(not_flaky.next(), Some("totally the last item"));
assert_eq!(not_flaky.next(), None);
assert_eq!(not_flaky.next(), None);
```

fuse 어댑터는 출처가 불분명한 이터레이터를 가지고 일을 해야 하는 제네릭 코드에서 쓸 때 아마 가장 유용할 것이다. 다루어야 할 이터레이터가 모두 제대로 작동하기를 무작정 바라기보다는 fuse를 써서 그 부분을 확실하게 짚고 갈 수 있다.

뒤집을 수 있는 이터레이터와 rev

일부 이터레이터는 아이템을 시퀀스의 양쪽 끝에서 꺼낼 수 있다. 이런 이터레이터는 rev 어댑터를 써서 순서를 뒤집을 수 있다. 예를 들어, 벡터를 반복 처리하는 이터레이터는 벡터 앞쪽에서 아이템을 꺼내듯 손쉽게 뒤쪽에서 아이템을 꺼낼 수 있다. 이런 이터레이터는 Iterator를 확장하고 있는 std::iter::DoubleEndedIterator 트레이트를 구현할 수 있다.

```
trait DoubleEndedIterator: Iterator {
    fn next_back(&mut self) -> Option<Self::Item>;
}
```

양방향 이터레이터는 두 개의 손가락이 시퀀스의 앞쪽과 뒤쪽을 가리키고 있다고 생각하면 된다. 어느 한쪽 끝에서 아이템을 꺼내면 손가락이 다른 한쪽을 향해 이동하고, 그러다 두 손가락이 만나면 반복 처리가 끝나는 식이다.

```
let bee_parts = ["head", "thorax", "abdomen"];

let mut iter = bee_parts.iter();
assert_eq!(iter.next(),      Some(&"head"));
assert_eq!(iter.next_back(), Some(&"abdomen"));
assert_eq!(iter.next(),      Some(&"thorax"));

assert_eq!(iter.next_back(), None);
assert_eq!(iter.next(),      None);
```

슬라이스를 반복 처리하는 이터레이터는 그 특유의 구조 덕분에 앞의 동작을 구현하기가 수월하다. 아직 산출되지 않은 요소들의 범위를 양 끝에서 가리키는 포인터 한 쌍이 말 그대로 앞서 설명한 손가락 역할을 하기 때문에, next와 next_back은 이들이 가리키는 위치에서 아이템을 꺼내기만 하면 된다. BTreeSet과 BTreeMap 같은 순서 있는 컬렉션을 위한 이터레이터도 양방향이라서 next_back 메서드가 가상 큰 요소나 항목을 넌서 써낸다. 일반적으로 표준 라이브러리는 양빙향 빈복 치리를 제공하는 걸 기본으로 가져간다고 보면 된다.

그러나 말이 쉽지 모든 이터레이터가 그렇게 할 수 있는 건 아니다. 예를 들어, 채널의 Receiver에 도착하는 다른 스레드에서 오는 값을 산출하는 이터레이터는 마지막으로 받을 값을 예측할 방법이 없다. 일반적으로 DoubleEndedIterator를 구현하고 있는 이터레이터와 그렇지 않은 이터레이터를 보려면 표준 라이브러리의 문서를 확인해야 한다.

이터레이터가 양방향일 때는 rev 어댑터를 써서 순서를 뒤집을 수 있다.

```
fn rev(self) -> impl Iterator<Item=Self>
    where Self: Sized + DoubleEndedIterator;
```

이때 반환되는 이터레이터 역시 양방향이므로 next와 next_back 메서드가 서로 반대로 작동한다.

```
let meals = ["breakfast", "lunch", "dinner"];

let mut iter = meals.iter().rev();
assert_eq!(iter.next(), Some(&"dinner"));
assert_eq!(iter.next(), Some(&"lunch"));
assert_eq!(iter.next(), Some(&"breakfast"));
assert_eq!(iter.next(), None);
```

뒤집을 수 있는 이터레이터에 적용한 이터레이터 어댑터는 대부분 뒤집을 수 있는 이터레이터를 반환한다. 예를 들어 map과 filter는 뒤집힌 상태를 보존한다.

inspect

inspect 어댑터는 이터레이터 어댑터의 파이프라인을 디버깅할 때 유용하지만, 프로덕션 코드에서는 그리 많이 쓰이지 않는다. 이 어댑터는 단순히 클로저를 각 아이템의 공유된 레퍼런스에 적용한 다음에 해당 아이템을 내보내는데, 이때 클로저는 아이템에 영향을 줄 수 없고, 이를테면 아이템을 출력한다거나 단언문으로 검사하는 등의 일만 할 수 있다.

다음의 예는 문자열을 대문자로 변환할 때 길이가 바뀌는 경우를 보여 준다.

```
let upper_case: String = "große".chars()
    .inspect(|c| println!("before: {:?}", c))
    .flat_map(|c| c.to_uppercase())
    .inspect(|c| println!(" after:     {:?}", c))
    .collect();
assert_eq!(upper_case, "GROSSE");
```

독일어 소문자 'ß'에 해당하는 대문자는 'SS'인데, char::to_uppercase가 하나의 대체 문자가 아니라 문자들을 반복 처리하는 이터레이터를 반환하는 이유가 바로 여기에 있다. 앞의 코드는 flat_map을 써서 to_uppercase가 반환하는 모든 시퀀스를 하나의 String으로 연결하는 과정에서 다음과 같은 내용을 출력한다.

```
before: 'g'
 after:      'G'
before: 'r'
 after:      'R'
before: 'o'
 after:      'O'
before: 'ß'
 after:      'S'
 after:      'S'
before: 'e'
 after:      'E'
```

chain

chain 어댑터는 한 이터레이터를 다른 이터레이터 뒤에 덧붙인다. 예를 들어 i1.chain(i2)는 i1에서 아이템을 꺼내다가 다 떨어지면 i2에서 아이템을 꺼내는 이터레이터를 반환한다.

chain 어댑터의 시그니처는 다음과 같다.

```
fn chain<U>(self, other: U) -> impl Iterator<Item=Self::Item>
    where Self: Sized, U: IntoIterator<Item=Self::Item>;
```

즉, 이터레이터와 산출하는 아이템 타입이 같다면 어떤 이터러블이든 연결할 수 있다.

예를 보자.

```
let v: Vec<i32> = (1..4).chain([20, 30, 40]).collect();
assert_eq!(v, [1, 2, 3, 20, 30, 40]);
```

연결한 두 기본 이터레이터가 모두 순서를 뒤집을 수 있다면 chain 이터레이터도 순서를 뒤집을 수 있다.

```
let v: Vec<i32> = (1..4).chain([20, 30, 40]).rev().collect();
assert_eq!(v, [40, 30, 20, 3, 2, 1]);
```

chain 이터레이터는 연결한 두 기본 이터레이터의 None 반환 여부를 따로 추적해서 next와 next_back 호출이 적절한 이터레이터에 붙어 실행되게 만든다.

enumerate

Iterator 트레이트의 enumerate는 시퀀스에 색인을 붙이는 어댑터로, 아이템 A, B, C, ...를 산출하는 이터레이터를 받아다가 (0, A), (1, B), (2, C), ... 쌍을 산출하는 이터레이터를 반환한다. 얼핏 보면 별것 아닌 것 같지만 의외로 자주 쓰인다.

소비자는 이 색인을 가지고 아이템을 구별하고, 각각을 처리하기 위한 맥락을 따져볼 수 있다. 예를 들어 2장에 있는 망델브로 집합 플로터는 이미지를 여덟 줄의 띠로 나눠서 서로 다른 스레드에 하나씩 배정하는데, 이때 enumerate를 써서 각 스레드에게 자신이 받는 띠가 이미지의 어느 부분에 해당하는지를 알려 준다.

코드는 직사각형 픽셀 버퍼를 가지고 시작한다.

```
let mut pixels = vec![0; columns * rows];
```

이어서 chunks_mut를 써서 이미지를 스레드당 하나씩 띠로 나눈다.

```
let threads = 8;
let band_rows = rows / threads + 1;
...
let bands: Vec<&mut [u8]> = pixels.chunks_mut(band_rows * columns).collect();
```

그런 다음 이 띠를 반복 처리하면서 각각에 해당하는 스레드를 실행시킨다.

```
for (i, band) in bands.into_iter().enumerate() {
    let top = band_rows * i;
    // 스레드를 실행시켜서 `top..top + band_rows` 범위에 해당하는 줄을 렌더링한다.
    ...
}
```

앞의 코드에서는 매번 반복할 때마다 (i, band) 쌍이 주어지는데 여기서 band는 스레드가 그려야 할 픽셀 버퍼의 &mut [u8] 슬라이스이고, i는 enumerate 어댑터가 제공하는 전체 이미지를 기준으로 한 그 띠의 색인이다. 이미지의 경계와 띠의 크기가 주어지면 스레드는 이 정보를 가지고 자신에게 배정된 이미지 부분을 파악해서 band 안에 그려야 할 내용을 결정한다.

enumerate가 산출하는 (index, item) 쌍은 HashMap이나 다른 연관 컬렉션을 반복 처리할 때 주어지는 (key, value) 쌍과 유사하다고 볼 수 있다. 만일 슬라이스나 벡터를 반복 처리하고 있다면 index는 item을 꺼내는 '키'가 된다.

zip

zip 어댑터는 두 개의 이터레이터를 한 개의 이터레이터로 결합한다. 이렇게 해서 만들어진 이터레이터는 두 면을 하나의 솔기로 잇는 지퍼처럼 각 이터레이터에서 꺼낸 값을 한 쌍씩 묶어 산출하며, 두 기본 이터레이터 중 어느 쪽이든 더 이상 꺼낼 값이 없으면 산출을 멈춘다.

예를 들어 zip으로 끝이 없는 범위 0..를 다른 이터레이터와 결합하면 enumerate 어댑터와 똑같은 효과를 얻을 수 있다.

```
let v: Vec<_> = (0..).zip("ABCD".chars()).collect();
assert_eq!(v, vec![(0, 'A'), (1, 'B'), (2, 'C'), (3, 'D')]);
```

이런 의미에서 zip을 enumerate의 일반화로 생각할 수 있다. enumerate는 시퀀스에 색인을 붙이지만 zip은 임의의 이터레이터 아이템을 붙인다. 앞서 우리는 enumerate가 아이템 처리를 위한 맥락을 제공하는 데 도움을 줄 수 있다고 넌지시 이야기한 바 있는데, zip은 똑같은 일을 하는 좀 더 유연한 방법이다.

zip의 인수가 이터레이터 자체일 필요는 없으며, 이터러블이기만 하다면 무엇이든 가능하다.

```
use std::iter::repeat;

let endings = ["once", "twice", "chicken soup with rice"];
let rhyme: Vec<_> = repeat("going")
    .zip(endings)
    .collect();
assert_eq!(rhyme, vec![("going", "once"),
                       ("going", "twice"),
                       ("going", "chicken soup with rice")]);
```

by_ref

이번 절에서는 주로 어댑터를 이터레이터에 붙여 썼다. 그런데 이렇게 하고 나면 어댑터를 다시 뗄 수 있을까? 어댑터는 기본 이터레이터의 소유권을 가져가서 이를 되돌려 줄 방법을 제공하지 않으므로 보통은 그럴 수 없다.

이터레이터의 by_ref 메서드는 어댑터를 레퍼런스에 적용할 수 있도록 이터레이터의 변경할 수 있는 레퍼런스를 빌려 온다. 어댑터가 주는 아이템을 전부 소비하고 난 뒤에 어댑터를 드롭하면 이 차용이 마무리되서 원래 있던 이터레이터를 다시 쓸 수 있게 된다.

예를 들어, 이번 장 앞부분에서는 take_while과 skip_while을 써서 메일 메시지의 헤더 라인과 본문을 처리하는 법을 살펴봤다. 그런데 이 두 가지 일을 같은 기본 이터레이터를 써서 하고 싶다면 어떻게 해야 할까? by_ref를 쓰면 take_while로 먼저 헤더를 처리한 다음 다시 기본 이터레이터를 가져다가 take_while이 남긴 바로 그 지점부터 메시지 본문을 처리할 수 있다.

```
let message = "To: jimb\r\n\
               From: id\r\n\
               \r\n\
               Oooooh, donuts!!\r\n";

let mut lines = message.lines();

println!("Headers:");
for header in lines.by_ref().take_while(|l| !l.is_empty()) {
    println!("{}" , header);
}

println!("\nBody:");
for body in lines {
    println!("{}" , body);
}
```

앞의 코드에서 lines.by_ref() 호출은 이터레이터의 변경할 수 있는 레퍼런스를 빌려 오는데, take_while 이터레이터는 바로 이 레퍼런스의 소유권을 가져가게 된다. 이 이터레이터가 첫 번째 for 루프의 끝에서 범위를 벗어나면 차용이 끝났다는 뜻이므로, 두 번째 for 루프에서 다시 lines를 쓸 수 있다. 앞의 코드가 출력하는 내용은 다음과 같다.

```
Headers:
To: jimb
From: id

Body:
Oooooh, donuts!!
```

by_ref 어댑터의 정의는 단순해서 이터레이터의 변경할 수 있는 레퍼런스를 반환하는 게 전부다. 하지만 표준 라이브러리는 여기에 다음과 같이 생긴 좀 이상해 보이는 작은 구현을 더한다.

```
impl<'a, I: Iterator + ?Sized> Iterator for &'a mut I {
    type Item = I::Item;
```

```
    fn next(&mut self) -> Option<I::Item> {
        (**self).next()
    }
    fn size_hint(&self) -> (usize, Option<usize>) {
        (**self).size_hint()
    }
}
```

즉, I가 이터레이터 타입이면 &mut I도 이터레이터가 되며, next와 size_hint 메서드의 동작을 참조 대상에게 위임한다. 어댑터를 이터레이터의 변경할 수 있는 레퍼런스에 대고 호출하면 어댑터는 이터레이터 자체가 아니라 **레퍼런스**의 소유권을 가져간다. 이는 어댑터가 범위를 벗어나면 끝나는 차용에 불과하다.

cloned, copied

cloned 어댑터는 레퍼런스를 산출하는 이터레이터를 가져다가 이들 레퍼런스의 복제본을 산출하는 이터레이터를 반환하는데, iter.map(|item| item.clone())과 아주 비슷하다고 보면 된다. 당연한 이야기지만 참조 대상의 타입은 반드시 Clone을 구현하고 있어야 한다. 예를 보자.

```
let a = ['1', '2', '3', '∞'];

assert_eq!(a.iter().next(),          Some(&'1'));
assert_eq!(a.iter().cloned().next(), Some('1'));
```

copied 어댑터는 개념은 같지만 좀 더 제한적인데, 참조 대상의 타입은 반드시 Copy를 구현하고 있어야 한다. iter.copied() 같은 호출은 iter.map(|r| *r)과 거의 똑같다. Copy를 구현하고 있는 모든 타입은 Clone도 구현하고 있으므로 엄밀히 말하면 cloned가 좀 더 일반적이라고 할 수 있지만, clone 호출은 아이템 타입에 따라서 임의대로 할당과 복사를 수행할 수 있다. 아이템 타입이 너무 단순해서 그런 일이 벌어지지 않을 거라고 추정하는 경우에는 copied를 써서 타입 검사기가 그 추정을 점검하도록 만드는 것이 가장 좋다.

cycle

cycle 어댑터는 기본 이터레이터가 산출하는 시퀀스를 끝없이 반복하는 이터레이터를 반환한다. cycle이 자신의 초기 상태를 저장하고 있다가 주기가 다시 시작될 때마다 이를 재사용할 수 있으려면, 기본 이터레이터가 std::clone::Clone을 구현하고 있어야 한다.

예를 보자.

```
let dirs = ["North", "East", "South", "West"];
let mut spin = dirs.iter().cycle();
assert_eq!(spin.next(), Some(&"North"));
assert_eq!(spin.next(), Some(&"East"));
assert_eq!(spin.next(), Some(&"South"));
assert_eq!(spin.next(), Some(&"West"));
assert_eq!(spin.next(), Some(&"North"));
assert_eq!(spin.next(), Some(&"East"));
```

다음과 같은 식으로 이터레이터를 활용할 수도 있다.

```
use std::iter::{once, repeat};

let fizzes = repeat("").take(2).chain(once("fizz")).cycle();
let buzzes = repeat("").take(4).chain(once("buzz")).cycle();
let fizzes_buzzes = fizzes.zip(buzzes);

let fizz_buzz = (1..100).zip(fizzes_buzzes)
    .map(|tuple|
        match tuple {
            (i, ("", "")) => i.to_string(),
            (_, (fizz, buzz)) => format!("{}{}", fizz, buzz)
        });

for line in fizz_buzz {
    println!("{}", line);
}
```

앞의 코드는 아이들이 즐겨 하는 단어 게임인 피즈버즈fizzbuzz를 구현한 것인데, 요즘은 코딩 인터뷰 문제로도 종종 쓰인다. 이 게임의 규칙은 플레이어들이 교대로 수를 세면서 3의 배수가 나오면 피즈fizz를, 5의 배수가 나오면 버즈buzz를, 둘 다 해당되는 수가 나오면 피즈버즈를 외치는 것이다.

이터레이터 소비하기

지금까지 이터레이터를 생성하는 법과 이를 새 이터레이터로 변형하는 법을 다루었다. 이제 마지막으로 이를 소비하는 법을 살펴보자.

물론 for 루프를 쓰거나 직접 next를 호출하는 식으로 이터레이터를 소비할 수도 있겠지만, 이터레이터를 가지고 하는 일이란 게 뻔할 때가 많아서 이런 식으로 하다 보면 아무래도 비슷한 코드를 여러 번 반복해서 작성하는 경우가 생기기 마련이다. Iterator 트레이트는 이렇게 자주 필요로 하는 작업을 다루는 다양한 종류의 메서드를 제공한다.

단순 누적: count, sum, product

count 메서드는 이터레이터가 None을 반환할 때까지 아이템을 꺼내서 몇 개나 가졌는지 알려 준다. 다음의 작은 프로그램은 표준 입력으로 받은 내용이 몇 줄인지 센다.

```
use std::io::prelude::*;

fn main() {
    let stdin = std::io::stdin();
    println!("{}", stdin.lock().lines().count());
}
```

sum과 product 메서드는 이터레이터가 산출하는 아이템의 합과 곱을 구하는데, 이때 아이템은 반드시 정수이거나 부동소수점 수여야 한다.

```
fn triangle(n: u64) -> u64 {
    (1..=n).sum()
}
assert_eq!(triangle(20), 210);

fn factorial(n: u64) -> u64 {
    (1..=n).product()
}
assert_eq!(factorial(20), 2432902008176640000);
```

(이 책에서 설명하진 않지만 std::iter::Sum과 std::iter::Product 트레이트를 구현하면 sum과 product를 다른 타입과 쓸 수 있게 확장할 수 있다.)

max, min

Iterator의 max와 min 메서드는 각각 이터레이터가 산출하는 최대 아이템과 최소 아이템을 반환한다. 이터레이터의 아이템 타입은 아이템끼리 서로 비교할 수 있도록 반드시 std::cmp::Ord를 구현하고 있어야 한다. 예를 보자.

```
assert_eq!([-2, 0, 1, 0, -2, -5].iter().max(), Some(&1));
assert_eq!([-2, 0, 1, 0, -2, -5].iter().min(), Some(&-5));
```

이들 메서드는 Option<Self::Item>을 반환하므로 이터레이터가 아이템을 산출하지 않으면 None을
반환할 수 있다.

12장의 '동치 비교' 절에서 설명했다시피, 러스트의 부동소수점 타입 f32와 f64는 std::cmp::PartialOrd
만 구현하고 있을 뿐 std::cmp::Ord는 구현하고 있지 않으므로, max와 min 메서드를 써서 부동소수
점 수 시퀀스의 최댓값과 최솟값을 구할 수 없다. 러스트의 이런 설계를 모두가 좋아하는 건 아니지
만 이는 다분히 의도적인 결정이다. 왜냐하면 이런 함수들이 IEEE NaN 값을 어떤 식으로 다루어야
하는지 명확치 않은 데다, 그렇다고 해서 그냥 무시하면 코드에 더 심각한 문제를 숨겨 둘 위험이 있
기 때문이다.

NaN 값을 어떤 식으로 다루어야 하는지 알고 있는 경우에는 max_by와 min_by 이터레이터 메서드를
써서 직접 작성한 비교 함수를 제공할 수 있다.

max_by, min_by

max_by와 min_by 메서드는 각각 이터레이터가 산출하는 최대 아이템과 최소 아이템을 반환하는데,
이들을 결정할 때 사용자가 제공하는 비교 함수를 쓴다.

```
use std::cmp::Ordering;

// f64 값 두 개를 비교한다. NaN이 주어지면 패닉에 빠진다.
fn cmp(lhs: &f64, rhs: &f64) -> Ordering {
    lhs.partial_cmp(rhs).unwrap()
}

let numbers = [1.0, 4.0, 2.0];
assert_eq!(numbers.iter().copied().max_by(cmp), Some(4.0));
assert_eq!(numbers.iter().copied().min_by(cmp), Some(1.0));

let numbers = [1.0, 4.0, std::f64::NAN, 2.0];
assert_eq!(numbers.iter().copied().max_by(cmp), Some(4.0));  // 패닉에 빠진다.
```

max_by와 min_by 메서드는 어떤 종류의 이터레이터가 와도 효율적으로 작동할 수 있도록 비교 함수
에 아이템을 넘길 때 레퍼런스 전달을 쓴다. 따라서 copied를 써서 f64 아이템을 산출하는 이터레이
터를 가져오더라도 cmp는 인수가 레퍼런스 전달로 넘어오리라 기대한다.

```
```

max_by_key, min_by_key

Iterator의 max_by_key와 min_by_key 메서드를 쓰면 각 아이템에 적용되는 클로저의 결정에 따라 각각 최대 아이템과 최소 아이템을 선택할 수 있다. 이때 클로저는 아이템이 가진 필드 일부를 선택할 수도 있고, 아이템을 대상으로 계산을 수행할 수도 있다. 보통은 극(極)값extremum 자체보다 최댓값이나 최솟값에 연관된 데이터에 관심 있는 경우가 많은데, 이럴 때는 이들 함수가 max와 min보다 더 유용할 때가 많다. 이들의 시그니처는 다음과 같다.

```
fn min_by_key<B: Ord, F>(self, f: F) -> Option<Self::Item>
    where Self: Sized, F: FnMut(&Self::Item) -> B;

fn max_by_key<B: Ord, F>(self, f: F) -> Option<Self::Item>
    where Self: Sized, F: FnMut(&Self::Item) -> B;
```

즉, 아이템 하나를 받아서 임의의 순서 있는 타입 B를 반환하는 클로저가 주어지면, 이 클로저가 반환한 최댓값 또는 최솟값 B에 해당하는 아이템을 반환하고, 산출된 아이템이 없으면 None을 반환한다는 뜻이다.

예를 들어 도시 정보가 담긴 해시 테이블을 뒤져서 인구수가 가장 많은 도시와 가장 적은 도시를 찾아야 한다면 다음처럼 작성할 수 있다.

```
use std::collections::HashMap;

let mut populations = HashMap::new();
populations.insert("Portland",   583_776);
populations.insert("Fossil",         449);
populations.insert("Greenhorn",        2);
populations.insert("Boring",       7_762);
populations.insert("The Dalles", 15_340);

assert_eq!(populations.iter().max_by_key(|&(_name, pop)| pop),
           Some((&"Portland", &583_776)));
assert_eq!(populations.iter().min_by_key(|&(_name, pop)| pop),
           Some((&"Greenhorn", &2)));
```

클로저 |&(_name, pop)| pop은 이터레이터가 산출하는 각 아이템에 적용되어 비교에 사용할 값, 즉 도시의 인구수를 반환한다. 앞의 코드가 최종적으로 반환하는 값은 이 클로저가 반환하는 값이 아니라 전체 아이템이다(물론 이와 같은 질의를 자주 수행해야 할 때는 이런 식으로 테이블을 선형 탐색하기보다는 좀 더 효율적으로 항목을 찾는 방법을 모색해야 할 것이다).

아이템 시퀀스 비교하기

문자열, 벡터, 슬라이스는 <과 == 연산자를 써서 비교할 수 있는데, 여기에는 이들이 가진 개별 요소를 비교할 수 있어야 한다는 전제가 깔려 있다. 이터레이터는 러스트의 비교 연산자를 지원하지 않지만 같은 일을 하는 eq와 lt 같은 메서드를 제공하는데, 이들은 이터레이터에서 아이템을 한 쌍씩 꺼내다가 결과를 판단할 수 있을 때까지 비교를 이어간다. 예를 보자.

```
let packed =  "Helen of Troy";
let spaced = "Helen   of   Troy";
let obscure = "Helen of Sandusky";  // 좋은 사람, 단지 유명하지 않을 뿐.

assert!(packed != spaced);
assert!(packed.split_whitespace().eq(spaced.split_whitespace()));

// ' ' < 'o'가 참이므로 아래도 참이다.
assert!(spaced < obscure);

// 'Troy' > 'Sandusky'가 참이므로 아래도 참이다.
assert!(spaced.split_whitespace().gt(obscure.split_whitespace()));
```

split_whitespace 호출은 문자열에서 공백으로 구분된 단어들을 반복 처리하는 이터레이터를 반환한다. 이들 이터레이터의 eq와 gt 메서드를 쓰면, 문자별 비교가 아니라 단어별 비교가 수행된다. 이렇게 할 수 있는 건 다 &str가 PartialOrd와 PartialEq를 구현하고 있기 때문이다.

이터레이터는 상등 비교를 위해서 eq와 ne 메서드를 제공하고, 순서 비교를 위해서 lt, le, gt, ge 메서드를 제공한다. cmp와 partial_cmp 메서드는 Ord와 PartialOrd 트레이트에 있는 같은 이름으로 된 메서드처럼 작동한다.

any와 all

any와 all 메서드는 클로저를 이터레이터가 산출하는 각 아이템에 적용해서 그 결과가 원하는 조건을 충족하는지 보는데, any는 클로저가 임의의 아이템에 대해서 true를 반환할 때 true를 반환하고, all은 클로저가 모든 아이템에 대해서 true를 반환할 때 true를 반환한다.

```
let id = "Iterator";

assert!( id.chars().any(char::is_uppercase));
assert!(!id.chars().all(char::is_uppercase));
```

이들 메서드는 답을 내는 데 필요한 만큼만 아이템을 소비한다. 예를 들어 클로저가 주어진 아이템에 대해서 늘 true를 반환한다고 하면, any는 더 이상 이터레이터에서 아이템을 꺼내 보지 않고 즉시 true를 반환한다.

position, rposition, ExactSizeIterator

position 메서드는 클로저를 이터레이터의 각 아이템에 적용해서 클로저가 true를 반환하는 첫 번째 아이템의 색인을 반환한다. 좀 더 정확히 말하자면 이 색인의 Option을 반환하는데, 클로저가 true를 반환하는 아이템이 없으면 position은 None을 반환한다. 이 메서드는 클로저가 true를 반환하면 그 즉시 아이템 꺼내기를 멈춘다. 예를 보자.

```
let text = "Xerxes";
assert_eq!(text.chars().position(¦c¦ c == 'e'), Some(1));
assert_eq!(text.chars().position(¦c¦ c == 'z'), None);
```

rposition 메서드는 똑같은데 오른쪽에서부터 찾아 들어간다는 점이 다르다. 예를 보자.

```
let bytes = b"Xerxes";
assert_eq!(bytes.iter().rposition(¦&c¦ c == b'e'), Some(4));
assert_eq!(bytes.iter().rposition(¦&c¦ c == b'X'), Some(0));
```

rposition 메서드는 시퀀스의 오른쪽 끝에서 아이템을 꺼내기 위해 뒤집을 수 있는 이터레이터를 필요로 한다. 또한 position이 왼쪽에서 0부터 색인을 매기는 것과 마찬가지로, 오른쪽에서 그렇게 하기 위해 크기를 정확히 알 수 있는 이터레이터를 필요로 한다. 크기를 정확히 알 수 있는 이터레이터란 std::iter::ExactSizeIterator 트레이트를 구현하고 있는 이터레이터를 말한다.

```
trait ExactSizeIterator: Iterator {
    fn len(&self) -> usize { ... }
    fn is_empty(&self) -> bool { ... }
}
```

len 메서드는 남아 있는 아이템의 수를 반환하고, is_empty 메서드는 반복 처리가 끝난 경우 true를 반환한다.

당연한 이야기지만 모든 이터레이터가 자신이 산출하게 될 아이템의 수를 미리 알 수 있는 건 아니다. 예를 들어 앞에서 사용한 str::chars 이터레이터는 (UTF-8이 가변폭 인코딩이라) 그럴 수 없으므로, 문자열에는 rposition을 쓸 수 없다. 그러나 바이트 배열을 반복 처리하는 이터레이터는 배열의 길이를 알고 있으므로 ExactSizeIterator를 구현할 수 있다.

fold와 rfold

fold 메서드는 이터레이터가 산출하는 아이템 시퀀스 전체에 대해서 모종의 결과를 누적하기 위한 매우 일반적인 도구다. **누적기**accumulator라고 부르는 초깃값과 클로저가 주어지면, fold는 이 클로저를 현재 누적기와 이터레이터의 다음 아이템에 반복해서 적용한다. 이때 클로저가 반환하는 값은 새 누적기가 되어서 다음 아이템과 함께 클로저에 전달된다. 최종 누적기 값은 fold 자체가 반환하는 값이다. 시퀀스가 비어 있으면 fold는 그냥 초기 누적기를 반환한다.

이터레이터의 값을 소비하기 위한 다른 많은 메서드들은 fold를 써서 작성할 수 있다.

```
let a = [5, 6, 7, 8, 9, 10];

assert_eq!(a.iter().fold(0, |n, _| n+1), 6);        // count
assert_eq!(a.iter().fold(0, |n, i| n+i), 45);        // sum
assert_eq!(a.iter().fold(1, |n, i| n*i), 151200);  // product

// max
assert_eq!(a.iter().cloned().fold(i32::min_value(), std::cmp::max),
           10);
```

fold 메서드의 시그니처는 다음과 같다.

```
fn fold<A, F>(self, init: A, f: F) -> A
    where Self: Sized, F: FnMut(A, Self::Item) -> A;
```

여기서 A는 누적기 타입이다. 인수 init의 타입은 클로저의 첫 번째 인수와 반환값, 그리고 fold 자체의 반환값과 마찬가지로 A가 된다.

누적기 값이 클로저의 안과 밖을 옮겨 다닌다는 점을 눈여겨보자. 따라서 fold에 비Copy 누적기 타입을 쓸 수 있다.

```
let a = ["Pack", "my", "box", "with",
         "five", "dozen", "liquor", "jugs"];

// 참고: 슬라이스의 `join` 메서드를 쓸 때는
```

```
// 맨 끝에 추가 공백이 붙지 않는다.
let pangram = a.iter()
    .fold(String::new(), |s, w| s + w + " ");
assert_eq!(pangram, "Pack my box with five dozen liquor jugs ");
```

rfold 메서드는 fold와 똑같은데, 양방향 이터레이터를 필요로 한다는 점과 아이템을 뒤에서부터 처리한다는 점이 다르다.

```
let weird_pangram = a.iter()
    .rfold(String::new(), |s, w| s + w + " ");
assert_eq!(weird_pangram, "jugs liquor dozen five with box my Pack ");
```

try_fold와 try_rfold

try_fold 메서드는 fold와 똑같은데 반복 처리가 이터레이터의 값을 다 소비하지 않고 일찍 끝날 수 있다는 점이 다르다. try_fold에 넘긴 클로저의 반환값은 즉시 복귀해야 할지, 아니면 이터레이터의 아이템을 계속 폴딩해야 할지를 나타낸다.

클로저는 폴딩의 진행 방식을 나타내는 여러 타입 중 하나를 반환할 수 있다.

* 클로저가 Result<T, E>를 반환할 때는 아마도 I/O를 수행하거나 실패할 수도 있는 다른 작업을 수행하기 때문일 텐데, try_fold는 Ok(v)가 반환되면 v를 새 누적기 값으로 삼아서 폴딩을 이어가고, Err(e)가 반환되면 즉시 폴딩을 멈춘다. 폴딩의 최종 값은 최종 누적기 값이나 클로저가 반환한 오류를 쥐고 있는 Result다.

* 클로저가 Option<T>를 반환하면, Some(v)는 v를 새 누적기 값으로 삼아서 폴딩을 이어가야 한다는 뜻이고, None은 즉시 반복 처리를 멈춰야 한다는 뜻이다. 폴딩의 최종 값 역시 Option이다.

* 끝으로 클로저는 std::ops::ControlFlow 값을 반환할 수 있다. 이 타입은 Continue(c)와 Break(b) 이렇게 두 개의 베리언트를 가진 이늄으로 각각 새 누적기 값 c를 가지고 계속 진행하거나 일찍 멈추라는 뜻으로 쓰인다. 폴딩의 결과는 ControlFlow 값인데, 폴딩이 전체 이터레이터를 소비해서 최종 누적기 값 v를 산출했다면 Continue(v)가 되고, 클로저가 그 값을 반환했다면 Break(b)가 된다.

  Continue(c)와 Break(b)의 동작 방식은 Ok(c)와 Err(b)와 똑같다. Result 대신 ControlFlow를 썼을 때의 이점은 조기 종료가 오류가 아닌, 단지 답이 일찍 준비되었을 뿐이라는 걸 뜻할 때 코드를 좀 더 읽기 쉽게 만들어 준다는 점이다. 어떤 느낌인지 예를 보자.

다음의 프로그램은 표준 입력에서 읽은 수를 합산한다.

```
use std::error::Error;
use std::io::prelude::*;
use std::str::FromStr;

fn main() -> Result<(), Box<dyn Error>> {
    let stdin = std::io::stdin();
    let sum = stdin.lock()
        .lines()
        .try_fold(0, |sum, line| -> Result<u64, Box<dyn Error>> {
            Ok(sum + u64::from_str(&line?.trim())?)
        })?;
    println!("{}", sum);
    Ok(())
}
```

버퍼링되는 입력 스트림의 lines 이터레이터는 Result<String, std::io::Error> 타입으로 된 아이템을 산출하고, String을 정수로 파싱하는 것 역시 실패할 가능성이 있다. 여기에 try_fold를 쓰면 클로저가 Result<u64, ...>를 반환하게 되므로 ? 연산자를 써서 클로저의 실패를 main 함수 쪽으로 전파할 수 있다.

try_fold는 상당히 유연해서 Iterator의 다른 많은 소비자 메서드를 구현하는 데 쓰인다. 예를 들어 all은 다음처럼 구현되어 있다.

```
fn all<P>(&mut self, mut predicate: P) -> bool
    where P: FnMut(Self::Item) -> bool,
          Self: Sized
{
    use std::ops::ControlFlow::*;
    self.try_fold((), |_, item| {
        if predicate(item) { Continue(()) } else { Break(()) }
    }) == Continue(())
}
```

fold로는 이와 같은 코드를 작성할 수 없다는 걸 유념하자. all은 predicate이 false를 반환하는 즉시 기본 이터레이터에서 아이템을 가져와 소비하기를 멈춰야 하지만, fold는 항상 전체 이터레이터를 소비하기 때문이다.

사용자 정의 이터레이터 타입을 구현하는 경우에는 try_fold를 Iterator 트레이트의 기본 정의보다 더 효율적으로 구현할 수 있을지 잘 따져보는 게 좋다. try_fold의 속도를 높일 수 있으면 여기에 기반을 두고 있는 다른 모든 메서드가 그 혜택을 같이 누리게 될 것이다.

try_rfold 메서드는 이름에서 알 수 있다시피 try_fold와 똑같은데, 값을 앞이 아니라 뒤에서 꺼낸다는 점과 양방향 이터레이터를 필요로 한다는 점이 다르다.

nth, nth_back

nth 메서드는 색인 n을 받아서 그 개수만큼 이터레이터의 아이템을 건너뛰고 난 다음에 있는 아이템을 반환하는데, 시퀀스가 해당 지점보다 앞에서 끝나면 None을 반환한다. .nth(0)을 호출하는 건 .next()를 호출하는 것과 같다.

이 메서드는 어댑터와 달리 이터레이터의 소유권을 가져가지 않으므로 여러 번 호출할 수 있다.

```
let mut squares = (0..10).map(|i| i*i);

assert_eq!(squares.nth(4), Some(16));
assert_eq!(squares.nth(0), Some(25));
assert_eq!(squares.nth(6), None);
```

시그니처는 다음과 같다.

```
fn nth(&mut self, n: usize) -> Option<Self::Item>
    where Self: Sized;
```

nth_back 메서드는 거의 똑같은데 아이템을 양방향 이터레이터의 뒤에서 꺼낸다는 점이 다르다. .nth_back(0)을 호출하는 건 .next_back()을 호출하는 것과 같아서 마지막 아이템을 반환하지만, 이터레이터가 비어 있으면 None을 반환한다.

last

last 메서드는 이터레이터가 산출하는 마지막 아이템을 반환하는데, 이터레이터가 비어 있으면 None을 반환한다. 시그니처는 다음과 같다.

```
fn last(self) -> Option<Self::Item>;
```

예를 보자.

```
let squares = (0..10).map(|i| i*i);
assert_eq!(squares.last(), Some(81));
```

이 메서드는 이터레이터의 아이템을 앞에서부터 전부 소비하는데, 이는 뒤집을 수 있는 이터레이터의 경우도 마찬가지다. 뒤집을 수 있는 이터레이터를 가지고 있어서 아이템을 전부 소비할 필요가 없을 때는 이 메서드 대신 그냥 `iter.next_back()`을 쓰면 된다.

find, rfind, find_map

`find` 메서드는 이터레이터에서 아이템을 꺼내다가 주어진 클로저가 true를 반환하는 첫 번째 아이템을 반환하는데, 시퀀스가 적절한 아이템이 발견되기 전에 끝나면 None을 반환한다. 시그니처는 다음과 같다.

```
fn find<P>(&mut self, predicate: P) -> Option<Self::Item>
    where Self: Sized,
          P: FnMut(&Self::Item) -> bool;
```

`rfind` 메서드는 비슷하지만 양방향 이터레이터를 필요로 한다는 점과 값을 뒤에서 앞으로 찾는다는 점이 다르다.

예를 들어 앞서 나온 'max_by_key, min_by_key' 절에 있는 도시와 인구수 테이블을 쓰면 다음과 같은 식으로 코드를 작성할 수 있다.

```
assert_eq!(populations.iter().find(|&(_name, &pop)| pop > 1_000_000),
           None);
assert_eq!(populations.iter().find(|&(_name, &pop)| pop > 500_000),
           Some((&"Portland", &583_776)));
```

이 테이블에 있는 도시 중에서 인구수가 100만 명이 넘는 곳은 한 군데도 없지만, 50만 명에 달하는 곳은 한 군데가 있다.

경우에 따라서는 클로저가 단순히 각 아이템에 대해서 불 판단을 내리고 넘어가는 간단한 술어 구문이 아니라, 자체적으로 흥미로운 값을 산출하는 보다 복잡한 무언가일 수도 있다. 이럴 때 필요한 게 바로 `find_map`이다. 시그니처는 다음과 같다.

```
fn find_map<B, F>(&mut self, f: F) -> Option<B> where
    F: FnMut(Self::Item) -> Option<B>;
```

find_map은 find와 거의 비슷한데, 클로저가 bool이 아니라 어떤 값을 가진 Option을 반환해야 한다는 점이 다르다. find_map은 Some으로 판명되는 첫 번째 Option을 반환한다.

예를 들어 도시별 공원 정보가 담긴 데이터베이스에서 화산으로 된 것이 있는지 보고, 있으면 그 공원의 이름을 반환하는 기능은 다음처럼 작성하면 된다.

```
let big_city_with_volcano_park = populations.iter()
    .find_map(|(&city, _)| {
        if let Some(park) = find_volcano_park(city, &parks) {
            // find_map이 이 값을 반환하기 때문에,
            // 호출부에서 우리가 찾은 공원이 *어디인지* 알게 된다.
            return Some((city, park.name));
        }

        // 이 아이템을 거부하고 검색을 이어간다.
        None
    });

assert_eq!(big_city_with_volcano_park,
           Some(("Portland", "Mt. Tabor Park")));
```

컬렉션 만들기: collect와 FromIterator

지금까지는 이터레이터의 아이템을 쥐고 있는 벡터를 만들 때 책 전반에 걸쳐서 collect 메서드를 사용해 왔다. 예를 들어 2장에서는 std::env::args()를 호출해서 프로그램의 명령줄 인수를 반복 처리하는 이터레이터를 가져온 다음, 이 이터레이터의 collect 메서드를 호출해서 이들을 벡터 안에 모아 담았다.

```
let args: Vec<String> = std::env::args().collect();
```

그러나 collect가 벡터만 만들 수 있는 건 아니다. 사실 이터레이터가 적절한 아이템 타입을 산출하기만 한다면 러스트의 표준 라이브러리에 있는 모든 종류의 컬렉션을 만들 수 있다.

```
use std::collections::{HashSet, BTreeSet, LinkedList, HashMap, BTreeMap};
```

```
let args: HashSet<String> = std::env::args().collect();
let args: BTreeSet<String> = std::env::args().collect();
let args: LinkedList<String> = std::env::args().collect();

// 맵을 만들 때는 (키, 값) 쌍이 필요하므로, 이 예에서는 zip을 써서
// 문자열 시퀀스를 정수 시퀀스와 묶는다.
let args: HashMap<String, usize> = std::env::args().zip(0..).collect();
let args: BTreeMap<String, usize> = std::env::args().zip(0..).collect();

// 기타 등등.
```

당연한 이야기지만 collect 자체가 이 모든 타입을 어떻게 생성하는지 알고 있는 게 아니다. 그게 아니라 Vec이나 HashMap 같은 일부 컬렉션 타입들은 이터레이터에서 자기 자신을 어떻게 생성하는지 알고 있을 때 std::iter::FromIterator 트레이트를 구현해 두고 있으므로, collect가 이 부분을 이용하고 있을 뿐이다.

```
trait FromIterator<A>: Sized {
    fn from_iter<T: IntoIterator<Item=A>>(iter: T) -> Self;
}
```

어떤 컬렉션 타입이 FromIterator<A>를 구현하고 있다면, 그 타입의 연관 함수 from_iter는 A 타입으로 된 아이템들을 산출하는 이터러블을 가지고 그 타입으로 된 값을 만든다.

아주 단순한 경우라면 그냥 빈 컬렉션을 하나 만든 다음 여기에 이터레이터에서 꺼낸 아이템을 하나씩 추가하도록 구현하면 될 것이다. 예를 들어 std::collections::LinkedList의 FromIterator 구현이 딱 이런 식으로 작동한다.

하지만 타입에 따라서 보다 효율적인 구현 방법이 있을 수도 있다. 예를 들어, 이터레이터 iter를 가지고 벡터를 만든다고 할 때 구현을 다음처럼 간단히 가져갈 수도 있다.

```
let mut vec = Vec::new();
for item in iter {
    vec.push(item)
}
vec
```

그러나 이것이 그리 좋은 방법이라고 볼 수 없는 게, 벡터가 커져서 자신의 버퍼를 확장해야 하는 순간이 오면 힙 할당기를 호출하고 기존 요소들을 복사해야 할 수도 있기 때문이다. 벡터는 이 오버헤

드를 낮게 유지하기 위해서 알고리즘적인 조치를 취하지만, 처음부터 그냥 적당한 크기의 버퍼를 할당할 방법이 있다면 크기를 조정할 필요가 전혀 없을 것이다.

이럴 때 필요한 게 바로 Iterator 트레이트의 size_hint 메서드다.

```
trait Iterator {
    ...
    fn size_hint(&self) -> (usize, Option<usize>) {
        (0, None)
    }
}
```

이 메서드는 이터레이터가 산출하게 될 아이템들의 수에 관한 하한과 상한을 반환하는데, 여기서 상한은 옵션이다. 기본 정의는 0을 하한으로 반환하고 상한은 지정하기를 거부하여 사실상 '난 잘 몰라요'라고 말하는 셈인데, 많은 이터레이터들이 이것보다는 더 잘 해낼 여지가 있다. 예를 들어, Range를 반복 처리하는 이터레이터는 Vec이나 HashMap을 반복 처리하는 이터레이터와 마찬가지로 자신이 산출하게 될 아이템들의 수를 정확히 알고 있다. 이런 이터레이터들은 자신의 특성을 제대로 활용해 정의한 size_hint를 제공한다.

이 경계는 Vec의 FromIterator 구현이 새 벡터의 버퍼 크기를 처음부터 정확히 잡기 위해서 필요로 하는 바로 그 정보다. 삽입은 버퍼에 여전히 여유가 있는지를 검사하기 때문에, 설령 이 힌트가 부정확하더라도 성능에만 영향을 줄 뿐 안전성에는 문제가 없다. 다른 타입도 이와 비슷한 단계를 가져갈 수 있는데, 예를 들어 HashSet과 HashMap도 Iterator::size_hint를 써서 해시 테이블의 적절한 초기 크기를 고른다.

타입 추론에 관해서 한 가지 유념할 것은, 이번 절 맨 앞에서 예로 든 std::env::args().collect() 호출이 맥락에 따라 서로 다른 네 가지 종류의 컬렉션을 산출하는 걸 두고 이상하게 볼 필요가 전혀 없다는 점이다. collect는 타입 매개변수가 곧 반환 타입이므로 맨 앞에 있는 두 호출은 다음과 동일하다.

```
let args = std::env::args().collect::<Vec<String>>();
let args = std::env::args().collect::<HashSet<String>>();
```

그러나 collect의 인수로 쓸 수 있는 타입이 하나뿐일 때는 러스트의 타입 추론이 이를 대신 지정해준다. 따라서 args의 타입을 적을 때는 꼭 그럴 필요가 있는지 다시 한번 따져보자.

Extend 트레이트

어떤 타입이 std::iter::Extend 트레이트를 구현하고 있다면, 그 타입의 extend 메서드는 컬렉션에 이터러블의 아이템들을 추가한다.

```
let mut v: Vec<i32> = (0..5).map(|i| 1 << i).collect();
v.extend([31, 57, 99, 163]);
assert_eq!(v, [1, 2, 4, 8, 16, 31, 57, 99, 163]);
```

표준 컬렉션들은 전부 Extend를 구현하고 있으므로 모두 이 메서드를 가지고 있고, 따라서 String도 마찬가지다. 길이가 고정되어 있는 배열과 슬라이스는 여기에 해당되지 않는다.

앞서 나온 트레이트의 정의는 다음과 같다.

```
trait Extend<A> {
    fn extend<T>(&mut self, iter: T)
        where T: IntoIterator<Item=A>;
}
```

딱 봐도 std::iter::FromIterator와 아주 비슷하다는 걸 알 수 있는데, 다만 FromIterator는 새 컬렉션을 만들지만 Extend는 기존 컬렉션을 확장한다. 사실 표준 라이브러리에 있는 FromIterator의 구현 몇 가지는 단순히 빈 컬렉션을 새로 하나 만들고 extend를 호출해서 이를 채운다. 예를 들어, std::collections::LinkedList를 위한 FromIterator의 구현이 이런 식으로 작동한다.

```
impl<T> FromIterator<T> for LinkedList<T> {
    fn from_iter<I: IntoIterator<Item = T>>(iter: I) -> Self {
        let mut list = Self::new();
        list.extend(iter);
        list
    }
}
```

partition

partition 메서드는 이터레이터의 아이템들을 두 개의 컬렉션으로 나누는데, 이때 클로저를 써서 각 아이템이 어디에 소속될지를 결정한다.

```
let things = ["doorknob", "mushroom", "noodle", "giraffe", "grapefruit"];

// 여기서는 생물의 이름이 항상 홀수로 된 문자로 시작한다는 놀라운 사실을 이용한다.
let (living, nonliving): (Vec<&str>, Vec<&str>)
    = things.iter().partition(|name| name.as_bytes()[0] & 1 != 0);

assert_eq!(living,    vec!["mushroom", "giraffe", "grapefruit"]);
assert_eq!(nonliving, vec!["doorknob", "noodle"]);
```

collect와 마찬가지로 partition은 원하는 모든 종류의 컬렉션을 만들 수 있지만, 결과는 둘 다 같은 타입이어야 한다. 또한, collect와 마찬가지로 반환 타입을 지정해야 한다. 앞서 나온 예에서는 living과 nonliving의 타입을 적어 두어서 타입 추론이 partition 호출을 위한 올바른 타입 매개변수를 알아서 고르도록 했다.

partition의 시그니처는 다음과 같다.

```
fn partition<B, F>(self, f: F) -> (B, B)
    where Self: Sized,
          B: Default + Extend<Self::Item>,
          F: FnMut(&Self::Item) -> bool;
```

collect는 반환 타입이 FromIterator를 구현하고 있어야 하지만, partition은 반환 타입이 std::default::Default와 std::default::Extend를 구현하고 있어야 한다. 모든 러스트 컬렉션은 std::default::Default를 구현하고 있으며, 빈 컬렉션을 반환하게 되어 있다.

다른 언어들이 제공하는 partition 연산은 주어진 이터레이터를 단순히 두 개의 이터레이터로 나누는 식인데, 이는 러스트에 적합한 방식이 아니다. 설령 이 방식을 쓰더라도 기본 이터레이터에서만 나오고 아직 적절히 분할된 이터레이터에서 나오지 않은 아이템들은 어딘가에 버퍼링해 두어야 하므로, 내부적으로는 어떤 식으로든 모종의 컬렉션을 만들어야 할 것이다.

for_each와 try_for_each

for_each 메서드는 단순히 클로저를 각 아이템에 적용한다.

```
["doves", "hens", "birds"].iter()
    .zip(["turtle", "french", "calling"])
    .zip(2..5)
    .rev()
```

```
    .map(|((item, kind), quantity)| {
        format!("{} {} {}", quantity, kind, item)
    })
    .for_each(|gift| {
        println!("You have received: {}", gift);
    });
```

앞의 코드는 다음의 결과를 출력한다.

```
You have received: 4 calling birds
You have received: 3 french hens
You have received: 2 turtle doves
```

for_each는 break와 continue 같은 제어 구조를 쓸 수도 있는 단순한 for 루프와 매우 비슷하다. 그러나 이렇게 꼬리에 꼬리를 문 긴 어댑터 호출의 체인을 for 루프에 쓰는 건 좀 어색하다.

```
for gift in ["doves", "hens", "birds"].iter()
    .zip(["turtle", "french", "calling"])
    .zip(2..5)
    .rev()
    .map(|((item, kind), quantity)| {
        format!("{} {} {}", quantity, kind, item)
    })
{
    println!("You have received: {}", gift);
}
```

이렇게 하면 바인딩되는 패턴 gift가 실제로 쓰이는 루프 본문에서 꽤 멀리 떨어져 있을 수 있다.

클로저가 실패할 가능성이 있거나 일찍 종료해야 할 때는 try_for_each를 쓰면 된다.

```
...
    .try_for_each(|gift| {
        writeln!(&mut output_file, "You have received: {}", gift)
    })?;
```

나만의 이터레이터 구현하기

사용자 정의 타입에 IntoIterator와 Iterator 트레이트를 구현하면, 이번 장에서 살펴본 어댑터와 소비자는 물론이고 표준 이터레이터 인터페이스와 함께 작동하도록 작성된 수많은 라이브러리와 크레이트 코드를 모조리 쓸 수 있게 된다. 이번 절에서는 먼저 범위 타입을 반복 처리하는 간단한 이터레이터를 살펴보고, 이어서 바이너리 트리 타입을 반복 처리하는 좀 더 복잡한 이터레이터를 살펴본다.

다음과 같은 범위 타입이 있다고 하자(이 타입은 표준 라이브러리의 std::ops::Range<T> 타입을 단순화한 것이다).

```
struct I32Range {
    start: i32,
    end: i32
}
```

범위를 반복 처리할 때는 현재 값과 반복 처리가 끝나야 하는 지점인 한계 값, 이렇게 두 가지 상태가 필요하다. I32Range 타입은 여기에 발맞춰 start에 다음 값을 end에 한계 값을 담는 식으로 범위를 표현한다. 따라서 다음처럼 Iterator를 구현할 수 있다.

```
impl Iterator for I32Range {
    type Item = i32;
    fn next(&mut self) -> Option<i32> {
        if self.start >= self.end {
            return None;
        }
        let result = Some(self.start);
        self.start += 1;
        result
    }
}
```

이 이터레이터는 i32 아이템들을 산출하므로 i32가 Item 타입이 된다. 반복 처리가 완료되면 next는 None을 반환하고, 그렇지 않으면 다음 값을 산출한 뒤 자신의 상태를 업데이트해서 다음 호출에 대비한다.

물론 for 루프는 IntoIterator::into_iter를 써서 자신의 피연산자를 이터레이터로 변환한다. 그러나 표준 라이브러리는 Iterator를 구현하고 있는 모든 타입을 위한 IntoIterator의 포괄적인 구현을 제공하므로, I32Range에 대해서 별다른 조치를 취할 필요가 없다.

```
let mut pi = 0.0;
let mut numerator = 1.0;

for k in (I32Range { start: 0, end: 14 }) {
    pi += numerator / (2*k + 1) as f64;
    numerator /= -3.0;
}
pi *= f64::sqrt(12.0);

// IEEE 754는 이 결과를 정확히 명시하고 있다.
assert_eq!(pi as f32, std::f32::consts::PI);
```

그러나 **I32Range**는 이터러블과 이터레이터가 같은 타입이라는 점에서 특별한 경우다. 많은 경우는 그렇게 간단치가 않다. 예를 들어 10장에 있는 바이너리 트리 타입을 보자.

```
enum BinaryTree<T> {
    Empty,
    NonEmpty(Box<TreeNode<T>>)
}

struct TreeNode<T> {
    element: T,
    left: BinaryTree<T>,
    right: BinaryTree<T>
}
```

바이너리 트리를 순회하는 전통적인 방법은 재귀적으로 함수 호출 스택을 써서 트리의 현재 위치와 아직 방문하지 않은 노드들을 추적하는 것이다. 그러나 `BinaryTree<T>`를 위한 `Iterator`를 구현할 때는 next가 호출될 때마다 정확히 한 개의 값을 산출해서 반환하도록 만들어야 한다. 아직 산출하지 않은 트리 노드들을 추적하기 위해서는 이터레이터가 자체적으로 스택을 유지해야 한다. 다음은 `BinaryTree`를 위한 이터레이터 타입의 한 가지 예다.

```
use self::BinaryTree::*;

// `BinaryTree`의 중위 순회 상태.
struct TreeIter<'a, T> {
    // 트리 노드들의 레퍼런스 스택.
    // `Vec`의 `push`와 `pop` 메서드를 사용하므로,
    // 벡터의 맨 끝이 스택의 맨 꼭대기다.
    //
    // 이터레이터가 다음에 방문해야 할 노드는 스택의 맨 꼭대기에 있고,
```

```
        // 아직 방문하지 않은 그의 조상들은 그 아래에 있다.
        // 스택이 텅 빈 상태가 되면 반복 처리가 끝난다.
        unvisited: Vec<&'a TreeNode<T>>
}
```

새 TreeIter를 생성했을 때의 초기 상태는 트리의 맨 왼쪽에 있는 잎 노드를 산출하기 직전이어야
한다. unvisited 스택의 규칙에 따르면, 이 말은 결국 해당 잎이 맨 꼭대기에 있어야 하고 그 아래에
방문하지 않은 그의 조상들, 즉 트리의 왼쪽 가장자리를 따라 위치한 노드들이 있어야 한다는 뜻이
다. unvisited는 트리의 왼쪽 가장자리를 뿌리부터 잎까지 죽 따라가면서 그때그때 만나는 개별 노
드를 밀어 넣는 식으로 초기화할 수 있으므로, 여기서는 이를 수행하는 메서드를 TreeIter에 정의할
것이다.

```
impl<'a, T: 'a> TreeIter<'a, T> {
    fn push_left_edge(&mut self, mut tree: &'a BinaryTree<T>) {
        while let NonEmpty(ref node) = *tree {
            self.unvisited.push(node);
            tree = &node.left;
        }
    }
}
```

mut tree라고 쓰면 루프가 왼쪽 가장자리를 따라 내려가면서 tree가 가리키는 노드를 변경할 수 있
지만, tree가 공유된 레퍼런스이므로 노드 자체를 변경할 수는 없다.

이 도우미 메서드를 쓰면 BinaryTree에 트리를 반복 처리하는 이터레이터를 반환하는 iter 메서드
를 줄 수 있다.

```
impl<T> BinaryTree<T> {
    fn iter(&self) -> TreeIter<T> {
        let mut iter = TreeIter { unvisited: Vec::new() };
        iter.push_left_edge(self);
        iter
    }
}
```

이 iter 메서드는 빈 unvisited 스택을 가진 TreeIter를 생성한 다음, push_left_edge를 호출해
서 이를 초기화한다. 이렇게 하고 나면 unvisited 스택의 규칙이 요구하는 바에 따라 맨 왼쪽에 있
는 노드가 맨 위에 오게 된다.

이제 표준 라이브러리의 관행을 따라 `BinaryTree::iter`를 호출해서 트리의 공유된 레퍼런스에 대한 `IntoIterator`를 구현할 수 있다.

```
impl<'a, T: 'a> IntoIterator for &'a BinaryTree<T> {
    type Item = &'a T;
    type IntoIter = TreeIter<'a, T>;
    fn into_iter(self) -> Self::IntoIter {
        self.iter()
    }
}
```

이 `IntoIter` 정의는 `TreeIter`를 `&BinaryTree`를 위한 이터레이터 타입으로 설정한다.

끝으로 `Iterator` 구현에서는 실제로 트리를 순회한다. `BinaryTree`의 `iter` 메서드와 마찬가지로 이터레이터의 `next` 메서드는 스택의 규칙에 따라서 움직인다.

```
impl<'a, T> Iterator for TreeIter<'a, T> {
    type Item = &'a T;
    fn next(&mut self) -> Option<&'a T> {
        // 이번 반복 처리에서 산출해야 할 노드를 찾거나 반복 처리를 끝낸다.
        // (`?` 연산자를 써서 `None`일 경우 즉시 복귀한다.)
        let node = self.unvisited.pop()?;

        // `node` 다음으로 산출해야 할 것은 `node`의 오른쪽 서브트리에서
        // 맨 왼쪽에 있는 자식이어야 하므로, 여기서 해당 경로를 밀어 넣는다.
        // 이번에도 앞서 만든 도우미 메서드가 여기서 필요로 하는 일을 해준다.
        self.push_left_edge(&node.right);

        // 이 노드의 값을 참조하는 레퍼런스를 산출한다.
        Some(&node.element)
    }
}
```

스택이 비어 있으면 반복 처리는 끝난다. 그렇지 않으면 `node`는 이제 방문해야 할 노드의 레퍼런스가 되는데, 앞서 나온 호출은 이 노드가 가진 `element` 필드의 레퍼런스를 반환한다. 그러나 먼저 이터레이터의 상태를 다음 노드로 옮겨야 한다. 이 노드가 오른쪽 서브트리를 가지고 있으면, 방문해야 할 다음 노드는 이 서브트리의 맨 왼쪽에 있는 노드가 되고, `push_left_edge`는 이 노드와 방문하지 않은 그의 조상들을 스택에 밀어 넣는다. 그러나 이 노드가 오른쪽 서브트리를 가지고 있지 않으면, `push_left_edge`는 아무런 일도 하지 않는다. 이런 결과는 딱 여기서 원하는 바이기도 해서, `node`의 방문하지 않은 첫 번째 조상이 존재한다면 그 노드가 스택의 맨 꼭대기에 있다고 믿고 갈 수 있다.

이렇게 IntoIterator와 Iterator 구현을 마련하고 나면, 비로소 for 루프를 써서 BinaryTree의 레퍼런스를 반복 처리할 수 있다. 10장의 **'바이너리 트리 채우기' 절**에 있는 BinaryTree의 add 메서드를 쓰면 다음과 같은 식으로 테스트해 볼 수 있다.

```
// 작은 트리를 만든다.
let mut tree = BinaryTree::Empty;
tree.add("jaeger");
tree.add("robot");
tree.add("droid");
tree.add("mecha");

// 이 트리를 반복 처리한다.
let mut v = Vec::new();
for kind in &tree {
    v.push(*kind);
}
assert_eq!(v, ["droid", "jaeger", "mecha", "robot"]);
```

그림 15-1은 샘플 트리를 반복 처리할 때 unvisited 스택이 어떤 식으로 움직이는지 보여 준다. 모든 단계에서 방문해야 할 다음 노드는 스택의 맨 꼭대기에 있고, 방문하지 않은 그의 조상들은 전부 그 아래에 있다.

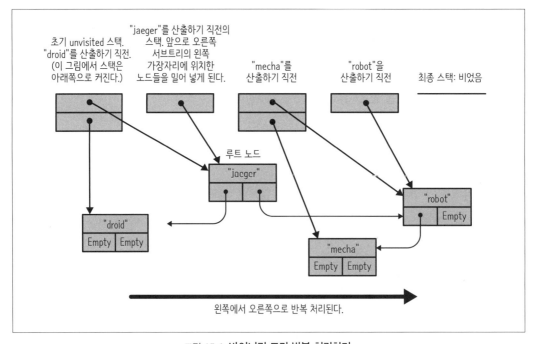

그림 15-1 바이너리 트리 반복 처리하기

이 트리에는 일반적인 이터레이터 어댑터와 소비자를 전부 사용할 수 있다.

```
assert_eq!(tree.iter()
        .map(|name| format!("mega-{}", name))
        .collect::<Vec<_>>(),
        vec!["mega-droid", "mega-jaeger",
            "mega-mecha", "mega-robot"]);
```

이터레이터는 코드의 표현력과 가독성을 향상시켜 주는 강력한 무비용 추상화를 제공한다는 러스트 철학의 전형이다. 이터레이터는 루프를 완전히 대체하진 않지만, 내장된 지연 평가와 훌륭한 성능을 갖춘 유능한 기본 요소를 제공한다.

16
CHAPTER

컬렉션

우리는 모두 맥스웰의 도깨비처럼 행동한다. 유기체는 조직한다. 진지한 물리학자들이 두 세기에 걸쳐 만화에나 나올 법한 이 상상의 산물을 살려 둔 이유는 우리가 매일 경험하는 일상에 있다. 우리는 우편물을 분류하고, 모래성을 쌓고, 낱말풀이를 하고, 밀과 겨를 분리하고, 체스 말을 재배열하고, 우표를 수집하고, 책을 알파벳 순서대로 배열하고, 대칭을 만들고, 소네트와 소나타를 쓰고, 방을 정돈한다. 지능을 활용하는 한 이 모든 일들을 하는 데는 큰 에너지가 필요하지 않다.

—제임스 글릭James Gleick, 《인포메이션: 인간과 우주에 담긴 정보의 빅히스토리》

러스트 표준 라이브러리는 데이터를 메모리에 저장하기 위한 제네릭 타입인 몇 가지 **컬렉션**collection을 가지고 있다. 우리는 이미 책 전반에 걸쳐서 Vec과 HashMap 같은 컬렉션들을 사용해 왔다. 이번 장에서는 이 두 가지 타입을 비롯해서 기타 표준 컬렉션 여섯 가지가 가진 메서드들을 자세히 들여다본다. 그 전에 러스트의 컬렉션과 다른 언어에 있는 컬렉션 간의 체계적 차이점 몇 가지를 짚어 보자.

첫 번째는 이동move과 차용borrowing이 곳곳에서 일어난다는 점이다. 러스트는 이동을 써서 값의 깊은 복사를 피한다. Vec<T>::push(item) 메서드가 인수를 레퍼런스 전달이 아니라 값 전달로 받는 이유가 바로 여기에 있다. 값은 벡터 안으로 이동된다. 4장에 있는 다이어그램들은 이 과정이 실제로 어떻게 벌어지는지 보여 준다. 러스트에서 String을 Vec<String>에 밀어 넣는 게 빠른 이유는 러스트가 문자열의 문자 데이터를 복사할 필요가 없고 문자열의 소유권이 항상 명확하기 때문이다.

두 번째는 무효화 오류invalidation error가 없다는 점이다. 러스트에서는 프로그램이 데이터 포인터가 담긴 컬렉션의 크기를 조절하거나 다른 식의 변경을 가해도 대상을 잃은 포인터 버그의 일종인 무효화 오류가 발생하지 않는다. 무효화 오류는 C++에서 미정의 동작을 일으키는 원인 중 하나이며, 메모리 안전성을 가진 언어에서조차 가끔 ConcurrentModificationException을 일으킨다. 러스트의 차용 검사기는 이들을 컴파일 시점에 배제한다.

세 번째는 null이 없다는 점이다. 러스트에서는 다른 언어라면 null을 쓸 법한 곳에 Option을 쓴다고 보면 된다.

이러한 차이점을 제외하면 러스트의 컬렉션은 여러분이 예상하는 딱 그대로다. 컬렉션을 이미 잘 아는 프로그래머라면 시간 절약을 위해서 그냥 대충 훑어 보고 넘어가도 좋지만, 뒤에서 나올 **'항목' 절**만큼은 절대 놓치지 말자.

둘러보기

표 16-1은 러스트의 여덟 가지 표준 컬렉션을 요약해 보여 준다. 모두 제네릭 타입이다.

표 16-1 **표준 컬렉션**

컬렉션	설명	다른 언어에 있는 비슷한 컬렉션 타입		
		C++	자바	파이썬
Vec<T>	크기가 늘 수 있는 배열	vector	ArrayList	list
VecDeque<T>	양방향 큐 (크기가 늘 수 있는 링 버퍼)	deque	ArrayDeque	collections.deque
LinkedList<T>	양방향 연결 리스트	list	LinkedList	—
BinaryHeap<T> where T: Ord	최대 힙	priority_queue	PriorityQueue	heapq
HashMap<K, V> where K: Eq + Hash	키-값 해시 테이블	unordered_map	HashMap	dict
BTreeMap<K, V> where K: Ord	정렬된 키-값 테이블	map	TreeMap	—
HashSet<T> where T: Eq + Hash	순서 없는 해시 기반 세트	unordered_set	HashSet	set
BTreeSet<T> where T: Ord	정렬된 세트	set	TreeSet	—

보통은 Vec<T>, HashMap<K, V>, HashSet<T>를 가장 많이 쓰며, 나머지 컬렉션 타입은 각자 자기만의 용도가 따로 있다. 이번 장에서는 이들 컬렉션 타입을 하나씩 차례로 살펴본다.

- Vec<T>

  힙에 할당되어 크기가 늘 수 있는 T 타입으로 된 값들의 배열. 이번 장의 절반가량은 Vec과 여기에 포함된 많은 유용한 메서드들을 다루는 데 할애한다.

- VecDeque<T>

  Vec<T>와 비슷하지만 선입선출 큐로 쓰기에 좋다. 리스트의 앞과 뒤에서 값을 효율적으로 넣고 뺄 수 있게 되어 있지만, 이로 인해서 나머지 연산이 전부 살짝 느리다.

- BinaryHeap<T>

  우선순위 큐. BinaryHeap에 있는 값들은 항상 최댓값을 효율적으로 찾아 제거할 수 있는 방식으로 구성된다.

- HashMap<K, V>

  키-값 쌍의 테이블. 키로 값을 빠르게 찾는다. 항목들은 임의의 순서로 저장된다.

- BTreeMap<K, V>

  HashMap<K, V>와 비슷하지만 항목들이 키를 기준으로 정렬된다. BTreeMap<String, i32>는 항목들을 String 비교 순서에 따라서 저장한다. 항목들이 정렬되어 있을 필요가 없다면 HashMap을 쓰는 게 더 빠르다.

- HashSet<T>

  T 타입으로 된 값들의 세트. 값을 넣고 빼는 일과 주어진 값이 세트 안에 있는지의 여부를 확인하는 일의 속도가 빠르다.

- BTreeSet<T>

  HashSet<T>와 비슷하지만 요소들이 값을 기준으로 정렬된다. 이 경우에도 데이터가 정렬되어 있을 필요가 없다면 HashSet을 쓰는 게 더 빠르다.

LinkedList는 거의 쓰이지 않으므로 (또 대부분의 경우에 성능 면에서나 인터페이스 면에서 더 나은 대안이 있으므로) 여기서 설명하지 않는다.

Vec<T>

Vec은 이미 책 전반에 걸쳐서 사용해 왔으므로 어느 정도 익숙하다고 가정하겠다. 기억이 좀 가물가물하다 싶으면 3장의 '벡터' 절에 있는 소개를 참고하자. 여기서는 Vec이 가진 메서드들과 내부 동작 방식을 자세히 설명한다.

벡터를 만드는 가장 쉬운 방법은 vec! 매크로를 쓰는 것이다.

```
// 빈 벡터를 만든다.
let mut numbers: Vec<i32> = vec![];

// 주어진 내용으로 벡터를 만든다.
let words = vec!["step", "on", "no", "pets"];
let mut buffer = vec![0u8; 1024];   // 전부 0으로 초기화된 1024바이트짜리 벡터.
```

4장에서 설명했다시피, 벡터는 길이와 용량, 그리고 요소들이 저장되는 힙 공간을 가리키는 포인터 이렇게 세 개의 필드를 가지고 있다. 그림 16-1은 위 벡터들이 어떤 식으로 메모리에 표현되는지 보여 준다. 빈 벡터인 numbers는 초기 용량이 0이다. 여기에 첫 번째 요소가 추가되기 전까지는 힙 메모리 가 할당되지 않는다.

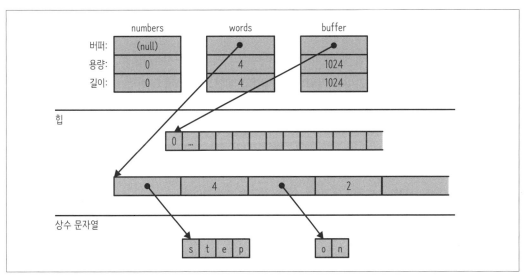

그림 16-1 **벡터의 메모리 레이아웃. words의 각 요소는 포인터와 길이로 구성된 &str 값이다.**

모든 컬렉션이 그렇듯이 Vec은 std::iter::FromIterator를 구현하고 있으므로, 15장의 '컬렉션 만 들기: collect와 FromIterator' 절에서 설명한 것처럼, 이터레이터의 .collect() 메서드를 쓰면 손에 쥔 이터레이터가 무엇이든 상관없이 벡터로 만들 수 있다.

```
// 다른 컬렉션을 벡터로 변환한다.
let my_vec = my_set.into_iter().collect::<Vec<String>>();
```

요소에 접근하기

색인을 써서 배열, 슬라이스, 벡터의 요소를 가져오는 방법은 간단하다.

```
// 요소의 레퍼런스를 가져온다.
let first_line = &lines[0];

// 요소의 복사본을 만든다.
let fifth_number = numbers[4];          // Copy가 필요하다.
let second_line = lines[1].clone();     // Clone이 필요하다.

// 슬라이스의 레퍼런스를 가져온다.
let my_ref = &buffer[4..12];

// 슬라이스의 복사본을 만든다.
let my_copy = buffer[4..12].to_vec();   // Clone이 필요하다.
```

이 방법들은 모두 색인이 범위를 벗어나면 패닉에 빠진다.

러스트는 수치 타입을 대할 때면 늘 진심이라서 벡터라고 예외를 두지 않는다. 벡터의 길이와 색인은 모두 usize 타입의 값이다. u32, u64, isize를 벡터의 색인으로 쓰려고 하면 오류가 발생한다. 이럴 때는 n as usize 캐스팅을 써서 필요에 맞게 변환하면 되는데, 이 부분은 6장의 **'타입 캐스팅'** 절을 참고하자.

이 외에도 벡터나 슬라이스의 특정 요소를 손쉽게 접근할 수 있도록 해주는 여러 메서드들이 있다(슬라이스 메서드들은 모두 배열과 벡터에 대고서도 쓸 수 있다는 걸 유념하자).

- slice.first()

  slice의 첫 번째 요소가 있으면 이를 참조하는 레퍼런스를 반환한다.

  반환 타입은 Option<&T>이므로 반환값은 slice가 비어 있으면 None이 되고, 비어 있지 않으면 Some(&slice[0])이 된다.

  ```
  if let Some(item) = v.first() {
      println!("We got one! {}", item);
  }
  ```

- slice.last()

  비슷하지만 마지막 요소의 레퍼런스를 반환한다.

- slice.get(index)

  slice[index]가 있으면 이를 참조하는 Some 레퍼런스를 반환한다. slice가 가진 요소의 개수가 index + 1보다 적으면 None을 반환한다.

  ```
  let slice = [0, 1, 2, 3];
  assert_eq!(slice.get(2), Some(&2));
  assert_eq!(slice.get(4), None);
  ```

- slice.first_mut(), slice.last_mut(), slice.get_mut(index)

  앞서 살펴본 메서드들의 변형으로 mut 레퍼런스를 빌려 온다.

  ```
  let mut slice = [0, 1, 2, 3];
  {
      let last = slice.last_mut().unwrap();   // last의 타입은 &mut i32다.
      assert_eq!(*last, 3);
      *last = 100;
  }
  assert_eq!(slice, [0, 1, 2, 100]);
  ```

T를 값으로 반환한다는 건 이동된다는 뜻이므로 즉석에서 요소에 접근하는 메서드들은 보통 해당 요소를 레퍼런스로 반환한다.

단, 복사본을 만드는 .to_vec() 메서드는 예외다.

- slice.to_vec()

  전체 슬라이스를 복제해서 새 벡터를 반환한다.

  ```
  let v = [1, 2, 3, 4, 5, 6, 7, 8, 9];
  assert_eq!(v.to_vec(),
             vec![1, 2, 3, 4, 5, 6, 7, 8, 9]);
  assert_eq!(v[0..6].to_vec(),
             vec![1, 2, 3, 4, 5, 6]);
  ```

  이 메서드는 요소들이 복제 가능할 때만, 즉 where T: Clone을 만족할 때만 사용할 수 있다.

반복 처리

벡터, 배열, 슬라이스는 15장의 'IntoIterator 구현' 절에서 설명한 패턴을 따라 값 전달이나 레퍼런스 전달을 써서 반복 처리할 수 있다.

- Vec<T>나 배열 [T; N]을 반복 처리하면 T 타입으로 된 아이템들이 산출된다. 이때 요소들은 벡터나 배열 밖으로 하나씩 이동되고 소비된다.
- &[T; N], &[T], &Vec<T> 타입(즉, 배열, 슬라이스, 벡터의 레퍼런스)의 값을 반복 처리하면 &T 타입으로 된 아이템들(즉, 개별 요소들의 레퍼런스들)이 산출된다. 이때 요소들은 이동되지 않는다.
- &mut [T; N], &mut [T], &mut Vec<T> 타입의 값을 반복 처리하면 &mut T 타입으로 된 아이템들이 산출된다.

또한 배열, 슬라이스, 벡터는 (15장의 'iter와 iter_mut 메서드' 절에서 설명한) .iter()와 .iter_mut() 메서드를 가지고 있어서 자신이 가진 요소들의 레퍼런스들을 산출하는 이터레이터를 만들 수 있다.

슬라이스를 반복 처리하는 좀 더 다양한 방법은 뒤에서 나올 **'분할' 절**에서 다룬다.

벡터 늘이고 줄이기

배열, 슬라이스, 벡터의 **길이**length는 그 안에 들어 있는 요소의 개수다.

- slice.len()

  slice의 길이를 usize로 반환한다.

- slice.is_empty()

  slice가 아무 요소도 가지고 있지 않으면(즉, slice.len() == 0이면) 참이다.

이번 절에 있는 나머지 메서드들은 벡터를 늘이고 줄이는 일과 관련되어 있다. 이 메서드들은 한 번 만들어지고 나면 크기를 조절할 수 없는 배열과 슬라이스에는 쓸 수 없다.

벡터의 요소들은 모두 힙에 할당된 인접한 메모리 영역에 저장된다. 벡터의 **용량**capacity은 이 영역에 들어갈 수 있는 요소의 최대 개수다. Vec은 보통 공간이 더 필요할 때 더 큰 버퍼를 할당한 뒤 요소들을 그리로 옮기는 식으로 용량을 알아서 관리한다. 그러나 용량을 명시적으로 관리하기 위한 메서드도 몇 가지 제공한다.

- Vec::with_capacity(n)

  용량이 n인 빈 벡터를 새로 만든다.

- vec.capacity()

  vec의 용량을 usize로 반환한다. vec.capacity() >= vec.len()은 항상 참이다.

- vec.reserve(n)

  벡터가 적어도 n개 이상의 요소를 더 담을 수 있도록, 즉 vec.capacity()가 적어도 vec.len() + n 이상 되도록 충분한 여유 용량을 확보한다. 공간이 이미 충분하면 아무 일도 하지 않는다. 그렇지 않으면 더 큰 버퍼를 할당하고 벡터의 내용을 그리로 옮긴다.

- vec.reserve_exact(n)

  vec.reserve(n)과 비슷하지만 vec이 앞으로 n보다 더 늘어날 걸 대비해서 추가로 용량을 할당하진 않는다. 이를 적용하고 나면 vec.capacity()는 정확히 vec.len() + n이 된다.

- vec.shrink_to_fit()

  vec.capacity()가 vec.len()보다 크면 여분의 메모리를 해제하려고 시도한다.

Vec<T>에는 요소를 넣고 빼는 많은 메서드들이 있다. 이들은 벡터의 길이를 바꾸며, self 인수를 mut 레퍼런스로 받는다.

다음의 두 메서드는 값 하나를 벡터의 맨 끝에서 넣고 뺀다.

- vec.push(value)

  주어진 value를 vec의 맨 끝에 넣는다.

- vec.pop()

  마지막 요소를 빼서 반환한다. 반환 타입은 Option<T>다. 꺼낸 요소가 x이면 Some(x)를 반환하고, 벡터가 이미 비어 있으면 None을 반환한다.

.push()는 인수를 레퍼런스 전달이 아니라 값 전달로 받는다는 점을 눈여겨보자. 마찬가지로 .pop()은 꺼낸 값의 레퍼런스가 아니라 그 값 자체를 반환한다. 이번 절에 있는 나머지 메서드들도 대부분 마찬가지라서 값이 벡터의 안과 밖을 옮겨 다닌다.

다음의 두 메서드는 벡터의 어느 위치에서나 값을 넣고 뺀다.

- vec.insert(index, value)

  주어진 value를 vec[index]에 끼워 넣고 vec[index..]에 있는 기존 값들을 전부 오른쪽으로 한 칸씩 밀어서 공간을 마련한다.

  index > vec.len()이면 패닉에 빠진다.

- vec.remove(index)

    vec[index]를 빼서 반환하고 vec[index + 1..]에 있는 기존 값들을 전부 왼쪽으로 한 칸씩 밀어서 빈틈을 메운다.

    index >= vec.len()이면 vec[index]에서 빼낼 수 있는 요소가 없으므로 패닉에 빠진다.

    이 연산은 벡터가 길수록 느려진다. vec.remove(0)이 자주 필요한 상황이라면 Vec 대신 (뒤에 나올 'VecDeque<T>' 절에서 설명할) VecDeque를 쓰는 걸 고려하자.

.insert()와 .remove()는 모두 옮겨야 할 요소가 많을수록 느리다.

다음의 네 메서드는 벡터의 길이를 특정 값으로 바꾼다.

- vec.resize(new_len, value)

    vec의 길이를 new_len으로 설정한다. 이렇게 해서 vec의 길이가 늘면 value의 복사본을 넣어서 새 공간을 채운다. 이 요소 타입은 반드시 Clone 트레이트를 구현하고 있어야 한다.

- vec.resize_with(new_len, closure)

    vec.resize와 똑같지만 매번 클로저를 호출해서 새 요소를 생성한다는 점이 다르다. Clone이 아닌 요소들로 된 벡터에 쓸 수 있다.

- vec.truncate(new_len)

    vec의 길이를 new_len으로 줄이고 vec[new_len..] 범위에 있던 요소들은 전부 드롭한다.

    vec.len()이 이미 new_len보다 작거나 같으면 아무 일도 하지 않는다.

- vec.clear()

    vec에 있는 요소들을 전부 제거한다. vec.truncate(0)과 똑같다.

다음의 네 메서드는 많은 값을 한 번에 넣고 뺀다.

- vec.extend(iterable)

    주어진 iterable 값이 산출하는 아이템들을 전부 vec의 맨 끝에 차례로 넣는다. 한 번에 여러 값을 받는 .push()라고 보면 된다. iterable 인수는 IntoIterator<Item=T>를 구현하고 있는 것이라면 무엇이든 될 수 있다.

    이 메서드는 상당히 유용해서 이를 위한 Extend라는 표준 트레이트가 마련되어 있고, 표준 컬렉션이 전부 이를 구현하고 있을 정도다. 사정이 이렇다 보니 rustdoc이 만들어 주는 HTML을 보면 맨 아래쪽에 .extend()가 다른 트레이트 메서드들과 함께 커다란 뭉텅이처럼 뒤섞여 있어서 필요할 때 찾기가 어렵다. 그러니 귀찮더라도 이 점을 꼭 기억해 두었다가 필요할 때 떠올리길 바란다. 없는 게 아니라 있는데 눈에 잘 안 띌 뿐이다. 보다 자세한 내용은 15장의 '**Extend 트레이트**' 절을 참고하자.

- vec.split_off(index)

  vec.truncate(index)와 비슷하지만 vec의 끝에서 제거한 값들이 담긴 Vec<T>를 반환한다는 점이 다르다. 한 번에 여러 값을 빼서 반환하는 .pop()이라고 보면 된다.

- vec.append(&mut vec2)

  vec2에 있는 요소들을 전부 vec으로 옮긴다. 여기서 vec2는 Vec<T> 타입으로 된 또 다른 벡터다. 이를 적용하고 나면 vec2는 텅 빈 상태가 된다.

  vec.extend(vec2)와 비슷하지만 이를 적용하고 난 뒤에도 vec2가 용량이 바뀌지 않은 채 계속 존재한다는 점이 다르다.

- vec.drain(range)

  vec에서 vec[range] 범위에 해당하는 요소들을 제거한 뒤 이를 반복 처리하는 이터레이터를 반환한다. 여기서 range는 ..이나 0..4 같은 범위 값이다.

벡터의 일부 요소를 선택적으로 제거하는 괴짜 같은 메서드도 몇 가지 있다.

- vec.retain(test)

  주어진 테스트를 통과하지 못한 요소들을 전부 제거한다. test 인수는 FnMut(&T) -> bool을 구현하고 있는 함수나 클로저다. vec이 가진 요소마다 test(&element)를 호출해서 false가 반환되면 해당 요소를 벡터에서 제거한 뒤 드롭한다.

  성능을 논외로 하면 다음과 같이 작성하는 것과 같다.

  ```
  vec = vec.into_iter().filter(test).collect();
  ```

- vec.dedup()

  반복되는 요소를 드롭한다. 유닉스 셸 유틸리티인 uniq와 비슷하다. vec에서 같은 값을 가진 인접한 요소들을 찾아 하나만 남기고 전부 드롭한다.

  ```
  let mut byte_vec = b"Missssssssissippi".to_vec();
  ```

```
byte_vec.dedup();
assert_eq!(&byte_vec, b"Misisipi");
```

결과에는 여전히 두 개의 's' 문자가 남아 있다는 점을 눈여겨보자. 이 메서드는 **인접한**adjacent 중복 요소들만 제거한다. 중복 요소들을 전부 제거하려면 세 가지 옵션이 있는데, .dedup()을 호출하기 전에 벡터를 정렬하거나, 데이터를 **세트**로 옮기거나, (요소들을 원래 순서대로 유지하려면) 다음의 .retain() 꼼수를 쓰면 된다.

```
let mut byte_vec = b"Missssssssissippi".to_vec();

let mut seen = HashSet::new();
byte_vec.retain(|r| seen.insert(*r));

assert_eq!(&byte_vec, b"Misp");
```

이 방법이 먹히는 이유는 .insert()가 끼워 넣으려는 아이템이 이미 세트 안에 있으면 false를 반환하기 때문이다.

- vec.dedup_by(same)

  vec.dedup()과 같지만 == 연산자 대신 same(&mut elem1, &mut elem2) 함수나 클로저를 써서 두 요소를 동일하다고 봐야 할지 말아야 할지 검사한다는 점이 다르다.

- vec.dedup_by_key(key)

  vec.dedup()과 같지만 두 요소가 key(&mut elem1) == key(&mut elem2)를 만족하면 동일하다고 본다는 점이 다르다.

  예를 들어 errors가 Vec<Box<dyn Error>>라면 다음처럼 쓸 수 있다.

  ```
  // 중복된 메시지를 가진 오류를 제거한다.
  errors.dedup_by_key(|err| err.to_string());
  ```

이번 절에서 다룬 메서드들 중에서 값을 복제하는 건 .resize()뿐이다. 나머지는 값을 한 곳에서 다른 곳으로 옮기는 방식을 쓴다.

연결

배열, 슬라이스, 벡터 자체를 요소로 갖는 배열, 슬라이스, 벡터를 뜻하는 **배열의 배열**array of array에 작용하는 메서드는 두 가지다.

- slices.concat()

  슬라이스들을 전부 연결해 만든 새 벡터를 반환한다.

  ```
  assert_eq!([[1, 2], [3, 4], [5, 6]].concat(),
             vec![1, 2, 3, 4, 5, 6]);
  ```

- slices.join(&separator)

  똑같지만 슬라이스들 사이에 separator 값의 복사본을 끼워 넣는다는 점이 다르다.

  ```
  assert_eq!([[1, 2], [3, 4], [5, 6]].join(&0),
             vec![1, 2, 0, 3, 4, 0, 5, 6]);
  ```

분할

비mut 레퍼런스 여러 개를 한 번에 배열, 슬라이스, 벡터로 가져오는 건 쉽다.

```
let v = vec![0, 1, 2, 3];
let a = &v[i];
let b = &v[j];

let mid = v.len() / 2;
let front_half = &v[..mid];
let back_half = &v[mid..];
```

그러나 mut 레퍼런스 여러 개를 가져오는 건 그리 쉽지 않다.

```
let mut v = vec![0, 1, 2, 3];
let a = &mut v[i];
let b = &mut v[j];  // 오류: `v`를 변경할 수 있게 빌려 오는 건
                    //      동시에 두 번 이상 할 수 없다.

*a = 6;             // 레퍼런스 `a`와 `b`가 여기서 쓰이므로,
*b = 7;             // 이 둘의 수명이 겹칠 수밖에 없다.
```

러스트가 이를 금지하는 이유는 i == j이면 a와 b가 같은 정수를 참조하는 두 개의 mut 레퍼런스가 되는 셈이라서 러스트의 안전 규칙을 위반하기 때문이다(5장의 **'공유와 변경'** 절을 참고하자).

러스트에는 배열, 슬라이스, 벡터의 일부를 참조하는 mut 레퍼런스 여러 개를 한 번에 빌려 올

수 있는 다양한 메서드들이 있다. 앞서 본 코드와 달리 이들 메서드는 데이터를 항상 **겹치지 않는** nonoverlapping 영역으로 분할하도록 설계되어 있기 때문에 안전하다. 이들 메서드 중 상당수는 비mut 슬라이스를 다룰 때도 편리하기 때문에 mut 버전과 비mut 버전이 모두 마련되어 있다.

그림 16-2는 이들 메서드의 동작 방식을 보여 준다.

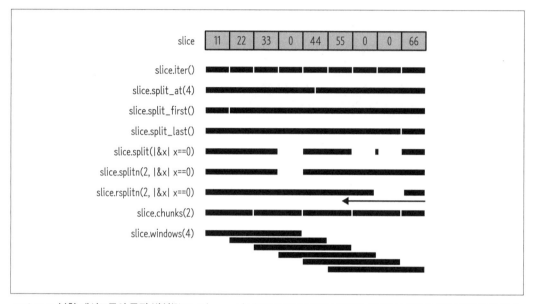

그림 16-2 **분할 메서드들의 동작 방식**(참고: `slice.split()`의 결과에서 작은 사각형은 인접한 두 구분 기호로 인해 발생한 빈 슬라이스이며, `rsplitn`은 다른 것들과 달리 결과를 뒤에서 앞으로 오는 순서로 산출한다).

이들 메서드 중에서 배열, 슬라이스, 벡터를 직접 수정하는 건 하나도 없다. 이들은 단지 내부 데이터의 일부를 참조하는 새 레퍼런스를 반환할 뿐이다.

- `slice.iter()`, `slice.iter_mut()`

  `slice`의 각 요소를 참조하는 레퍼런스를 산출한다. 이 장의 '**반복 처리**' 절에서 다루었다.

- `slice.split_at(index)`, `slice.split_at_mut(index)`

  슬라이스를 둘로 쪼갠 뒤 쌍으로 묶어 반환한다. `slice.split_at(index)`는 (`&slice[..index]`, `&slice[index..]`)와 동일하다. 이들 메서드는 index가 범위를 벗어나면 패닉에 빠진다.

- `slice.split_first()`, `slice.split_first_mut()`

  첫 번째 요소(`slice[0]`)를 참조하는 레퍼런스와 나머지 모든 요소(`slice[1..]`)를 참조하는 슬라이스 레퍼런스를 쌍으로 묶어 반환한다.

.split_first()의 반환 타입은 Option<(&T, &[T])>다. slice가 비어 있으면 결과는 None이다.

- slice.split_last(), slice.split_last_mut()

  이들은 유사하지만 첫 번째 요소가 아니라 마지막 요소를 쪼갠다는 점이 다르다.

  .split_last()의 반환 타입은 Option<(&T, &[T])>다.

- slice.split(is_sep), slice.split_mut(is_sep)

  slice를 둘 이상의 서브슬라이스subslice로 분할하며, 분할 위치는 함수나 클로저 is_sep을 써서 찾는다. 그리고 이렇게 나온 서브슬라이스들을 반복 처리하는 이터레이터를 반환한다.

  이 이터레이터를 소비하면 슬라이스에 있는 각 요소를 대상으로 is_sep(&element)가 호출된다. is_sep(&element)가 true이면 그 요소는 구분 기호다. 구분 기호separator는 결과로 나오는 서브슬라이스에 포함되지 않는다.

  결과에는 적어도 서브슬라이스 하나가 반드시 포함되며, 여기에 구분 기호당 하나씩 더 추가된다. 구분 기호가 서로 인접해 나타나거나 slice 끝에 나타날 때마다 빈 서브슬라이스가 포함된다.

- slice.split_inclusive(is_sep), slice.split_inclusive_mut(is_sep)

  split과 split_mut와 동작 방식이 똑같지만 구분 기호를 제외하지 않고 이전 서브슬라이스의 끝에 포함시킨다는 점이 다르다.

- slice.rsplit(is_sep), slice.rsplit_mut(is_sep)

  slice와 slice_mut와 똑같지만 슬라이스의 끝에서 시작한다는 점이 다르다.

- slice.splitn(n, is_sep), slice.splitn_mut(n, is_sep)

  똑같지만 최대 n개의 서브슬라이스를 산출한다는 점이 다르다. 앞쪽에 있는 n - 1 개의 슬라이스를 찾고 나면 is_sep이 다시 호출되지 않는다. 마지막 서브슬라이스에는 남아 있는 요소들이 전부 포함된다.

- slice.rsplitn(n, is_sep), slice.rsplitn_mut(n, is_sep)

  .splitn()과 .splitn_mut()와 똑같지만 슬라이스를 역순으로 뒤진다는 점이 다르다. 즉, 이들 메서드는 슬라이스의 앞쪽이 아니라 **뒤쪽**에 있는 n - 1 개의 구분 기호를 분할하며, 뒤쪽에서부터 서브슬라이스를 산출한다.

- slice.chunks(n), slice.chunks_mut(n)

  길이가 n인 서로 겹치지 않는 서브슬라이스들을 반복 처리하는 이터레이터를 반환한다. slice.len()이 n으로 정확히 나누어떨어지지 않으면 마지막 덩어리에는 n개보다 적은 수의 요소들이 포함된다.

- slice.rchunks(n), slice.rchunks_mut(n)

    slice.chunks와 slice.chunks_mut와 똑같지만 슬라이스의 끝에서 시작한다는 점이 다르다.

- slice.chunks_exact(n), slice.chunks_exact_mut(n)

    길이가 n인 서로 겹치지 않는 서브슬라이스들을 반복 처리하는 이터레이터를 반환한다. slice.len()이 n으로 나누어떨어지지 않으면 (n개보다 적은 수의 요소들을 가진) 마지막 덩어리는 결과의 remainder() 메서드로 가져올 수 있다.

- slice.rchunks_exact(n), slice.rchunks_exact_mut(n)

    slice.chunks_exact과 slice.chunks_exact_mut와 똑같지만 슬라이스의 끝에서 시작한다는 점이 다르다.

서브슬라이스들을 반복 처리하는 메서드에는 한 가지가 더 있다.

- slice.windows(n)

    slice의 데이터를 대상으로 '슬라이딩 윈도'처럼 작동하는 이터레이터를 반환한다. 이 이터레이터는 slice에서 n개의 연속된 요소들에 걸쳐 있는 서브슬라이스들을 산출한다. 산출되는 첫 번째 값은 &slice[0..n]이 되고, 두 번째 값은 &slice[1..n+1]이 되는 식이다.

    n이 slice의 길이보다 크면 산출되는 슬라이스가 없다. n이 0이면 메서드가 패닉에 빠진다.

    예를 들어 days.len() == 31이면 days.windows(7)을 호출해서 days를 전부 7일 간격으로 산출할 수 있다.

    길이가 2인 슬라이딩 윈도를 쓰면 일련의 데이터가 한 지점에서 다른 지점으로 어떻게 변화하는지를 알아볼 때 유용하다.

    ```
    let changes = daily_high_temperatures
                    .windows(2)             // 인접한 요일의 온도를 가져온다.
                    .map(|w| w[1] - w[0])   // 얼마나 변화했나?
                    .collect::<Vec<_>>();
    ```

    이 서브슬라이스들은 서로 겹칠 수밖에 없다. 따라서 이 메서드는 mut 레퍼런스를 반환하는 변형이 존재하지 않는다.

교환

다음의 메서드들을 쓰면 슬라이스의 내용을 손쉽게 교환할 수 있다.

- slice.swap(i, j)

  두 요소 slice[i]와 slice[j]를 교환한다.

- slice_a.swap(&mut slice_b)

  slice_a와 slice_b의 전체 내용을 교환한다. slice_a와 slice_b의 길이는 반드시 같아야 한다.

이 부분과 관련해서 벡터는 어떤 요소든 효과적으로 제거하기 위한 메서드를 별도로 가지고 있다.

- vec.swap_remove(i)

  vec[i]를 빼서 반환한다. vec.remove(i)와 비슷하지만 벡터의 나머지 요소들을 밀어서 빈틈을 메우는 게 아니라 그냥 vec의 마지막 요소를 빈틈으로 옮긴다는 점이 다르다. 벡터에 남아 있는 아이템들의 순서가 아무래도 상관없을 때 유용하다.

채움

다음의 두 메서드를 쓰면 변경할 수 있는 슬라이스의 내용을 손쉽게 대체할 수 있다.

- slice.fill(value)

  슬라이스를 value의 복제본으로 채운다.

- slice.fill_with(function)

  슬라이스를 주어진 함수를 호출해서 만든 값들로 채운다. 이는 T가 Clone이 아닌 Option<T>나 Vec<T>처럼 Default를 구현하고 있지만, Clone은 아닌 타입에 특히 유용하다.

정렬과 검색

슬라이스는 세 가지 정렬 메서드를 제공한다.

- slice.sort()

  요소들을 오름차순으로 정렬한다. 이 메서드는 요소 타입이 Ord를 구현하고 있을 때만 존재한다.

- slice.sort_by(cmp)

  정렬 순서를 지정하는 함수나 클로저 cmp를 써서 slice의 요소들을 정렬한다. cmp는 반드시 Fn(&T, &T) -> std::cmp::Ordering을 구현하고 있어야 한다.

  .cmp() 메서드에 위임하지 않고 직접 cmp를 구현하기란 여간 어려운 게 아니다.

  ```
  students.sort_by(|a, b| a.last_name.cmp(&b.last_name));
  ```

한 필드를 기준으로 정렬하다가 동률이 생길 때 다시 두 번째 필드를 기준으로 정렬하려면 튜플을 비교하면 된다.

```
students.sort_by(|a, b| {
    let a_key = (&a.last_name, &a.first_name);
    let b_key = (&b.last_name, &b.first_name);
    a_key.cmp(&b_key)
});
```

- slice.sort_by_key(key)

함수나 클로저 key에 의해 주어지는 정렬 키를 기준으로 slice의 요소들을 오름차순으로 정렬한다. key의 타입은 반드시 K: Ord인 Fn(&T) -> K를 구현하고 있어야 한다.

이는 T가 둘 이상의 순서 있는 필드를 가지고 있어서 다양한 방법으로 정렬할 수 있을 때 유용하다.

```
// 학점 평균을 기준으로 낮은 점수가 먼저 오게 정렬한다.
students.sort_by_key(|s| s.grade_point_average());
```

이러한 정렬 키값은 정렬 과정에서 캐싱되지 않으므로 key 함수가 n번 이상 호출될 수 있다는 점을 유의하자.

기술적인 이유로 key(element)는 요소에서 빌려 온 레퍼런스를 반환할 수 없다. 다음 코드는 작동하지 않는다.

```
students.sort_by_key(|s| &s.last_name);   // 오류: 수명을 추론할 수 없다.
```

러스트가 수명을 파악하지 못해서 생기는 문제인데, 단 위 경우는 차선책으로 .sort_by()를 써서 손쉽게 해결할 수 있다.

이 세 가지 메서드는 모두 안정한 정렬을 수행한다.

역순으로 정렬하려면 두 인수를 교환하는 cmp 클로저를 가지고 sort_by를 쓰면 된다. 인수를 |a, b| 대신 |b, a|로 받으면 실제로 반대 순서가 산출된다. 아니면 일단 정렬하고 난 후에 .reverse() 메서드를 호출하는 방법도 있다.

- slice.reverse()

슬라이스를 즉석에서 뒤집는다.

슬라이스는 정렬하고 나면 효과적으로 검색할 수 있게 된다.

- slice.binary_search(&value), slice.binary_search_by(&value, cmp), slice.binary_search_by_key(&value, key)

  정렬된 slice가 주어지면 여기서 value를 전부 찾는다. value는 레퍼런스로 전달된다는 점을 눈여겨보자.

  이들 메서드의 반환 타입은 Result<usize, usize>다. 지정된 정렬 순서에 따라 slice[index]가 value와 같으면 Ok(index)를 반환한다. 그런 색인이 없으면 Err(insertion_point)를 반환하는데, 여기서 insertion_point는 value를 끼워 넣었을 때 순서가 유지되는 지점이다.

물론, 바이너리 서치는 슬라이스가 실제로 지정된 순서에 따라 정렬되어 있을 때만 작동한다. 그렇지 않으면 결과가 제멋대로 나온다. 콩 심은 데서 콩 나고 팥 심은 데서 팥 나는 것_{garbage in, garbage out}과 같은 이치다.

f32와 f64는 NaN 값을 가지므로 Ord를 구현하고 있지 않으며, 따라서 정렬과 바이너리 서치 메서드의 키로 바로 쓸 수 없다. 부동소수점 데이터에 쓸 수 있는 비슷한 메서드가 필요하다면 ord_subset 크레이트를 사용하자.

정렬되어 있지 않은 벡터에서 뭔가를 찾을 때 쓸 수 있는 메서드가 하나 있다.

- slice.contains(&value)

  slice에 있는 요소들 중에서 value와 같은 게 하나라도 있으면 true를 반환한다. 단순히 일치하는 게 나올 때까지 슬라이스의 각 요소를 검사해 나가는 식으로 작동한다. 여기서도 value는 레퍼런스로 전달된다.

자바스크립트의 array.indexOf(value)처럼 슬라이스에서 값의 위치를 찾으려면 이터레이터를 쓰면 된다.

```
slice.iter().position(|x| *x == value)
```

앞의 코드는 Option<usize>를 반환한다.

슬라이스 비교하기

타입 T가 연산자 ==와 !=를 지원하면(즉, 12장의 '**동치 비교**' 절에서 설명한 PartialEq 트레이트를 지원하면)

배열 [T; N], 슬라이스 [T], 벡터 Vec<T>도 이를 지원한다. 두 슬라이스가 동일하다는 건 이들의 길이가 같고 서로 대응하는 요소들이 동일하다는 뜻이다. 배열과 벡터도 마찬가지다.

T가 연산자 <, <=, >, >=를 지원하면(즉, 12장의 **'순서 비교' 절**에서 설명한 PartialOrd 트레이트를 지원하면) T의 배열, 슬라이스, 벡터도 이를 지원한다. 슬라이스 비교는 사전식 순서를 쓴다.

다음의 두 메서드를 쓰면 자주 쓰이는 슬라이스 비교를 손쉽게 수행할 수 있다.

- slice.starts_with(other)

  slice가 슬라이스 other의 요소들과 동일한 일련의 값들로 시작하면 true를 반환한다.

  ```
  assert_eq!([1, 2, 3, 4].starts_with(&[1, 2]), true);
  assert_eq!([1, 2, 3, 4].starts_with(&[2, 3]), false);
  ```

- slice.ends_with(other)

  비슷하지만 slice의 끝을 검사한다는 점이 다르다.

  ```
  assert_eq!([1, 2, 3, 4].ends_with(&[3, 4]), true);
  ```

임의의 요소

난수는 러스트 표준 라이브러리에 내장된 기능이 아니다. 이 기능을 제공하는 rand 크레이트에는 배열, 슬라이스, 벡터에서 임의의 결과를 만들어 낼 때 쓸 수 있는 두 가지 메서드가 있다.

- slice.choose(&mut rng)

  슬라이스에서 임의의 요소를 참조하는 레퍼런스를 반환한다. slice.first()와 slice.last()와 마찬가지로 Option<&T>를 반환하며, 슬라이스가 비어 있을 때만 None이 된다.

- slice.shuffle(&mut rng)

  슬라이스의 요소들을 즉석에서 무작위로 섞는다. 슬라이스는 반드시 mut 레퍼런스로 전달되어야 한다.

이들은 rand::Rng 트레이트의 메서드이므로 호출하려면 난수 생성기 Rng가 필요하다. 다행히도 난수 생성기는 rand::thread_rng()를 호출하면 쉽게 하나 얻을 수 있다. 벡터 my_vec을 무작위로 섞으려면 다음처럼 작성하면 된다.

```
use rand::seq::SliceRandom;
use rand::thread_rng;

my_vec.shuffle(&mut thread_rng());
```

러스트에는 무효화 오류가 없다

대부분의 주류 프로그래밍 언어들은 컬렉션과 이터레이터를 가지고 있으며, 크고 작은 차이는 있지만 하나같이 컬렉션을 반복 처리하는 동안에는 수정하지 말자는 규칙을 두고 있다. 예를 들어 파이썬의 벡터라 할 수 있는 리스트를 보자.

```
my_list = [1, 3, 5, 7, 9]
```

my_list에서 4보다 큰 값을 전부 제거하고 싶다고 하자.

```
for index, val in enumerate(my_list):
    if val > 4:
        del my_list[index]  # 버그: 리스트를 반복 처리하는 과정에서 수정이 발생한다.

print(my_list)
```

(파이썬의 enumerate 함수는 15장의 'enumerate' 절에서 설명한 리스트의 .enumerate() 메서드와 동일하다.)

이 프로그램은 놀랍게도 [1, 3, 7]을 출력한다. 7은 4보다 큰데 어쩌다 놓치게 된 걸까? 이는 프로그램이 데이터를 반복 처리하는 과정에서 수정하는 바람에 이터레이터가 **무효화**돼서 생긴 무효화 오류다. 같은 문제가 자바에서는 예외가 되고 C++에서는 미정의 동작이 된다. 파이썬에서는 동작이 잘 정의되어 있긴 하지만 직관적이지 않다보니 실수하기 쉬운데, 이터레이터가 요소를 그냥 건너뛰기 때문에 **val**은 절대로 7이 될 수 없다.

이 버그를 러스트로 재현해 보자.

```
fn main() {
    let mut my_vec = vec![1, 3, 5, 7, 9];

    for (index, &val) in my_vec.iter().enumerate() {
        if val > 4 {
            my_vec.remove(index);  // 오류: `my_vec`을 변경할 수 있게 빌려 올 수 없다.
        }
```

```
    }
    println!("{:?}", my_vec);
}
```

당연한 이야기지만 러스트는 이 프로그램을 컴파일 시점에 거부한다. my_vec.iter() 호출은 벡터의 공유된 (비mut) 레퍼런스를 빌려 오는데, 이 레퍼런스의 수명은 이터레이터의 수명과 같아서 for 루프 끝까지 지속되므로, 이 비mut 레퍼런스가 존재하는 동안은 my_vec.remove(index) 호출로 벡터를 수정할 수 없다.

오류를 지적해 주어서 고맙긴 한데, 그래서 기대했던 동작을 구현하려면 어떻게 해야 한단 말인가! 가장 쉬운 건 다음의 방법을 쓰는 것이다.

```
my_vec.retain(|&val| val <= 4);
```

아니면 파이썬이나 다른 언어에서 하듯이 filter를 써서 새 벡터를 만드는 방법도 있다.

VecDeque<T>

Vec은 뒤에서만 요소를 효율적으로 넣고 뺄 수 있게 되어 있다. 따라서 프로그램이 값을 저장할 '대기열' 같은 공간을 필요로 할 때 Vec은 성능 면에서 그리 좋은 선택지가 아니다.

러스트의 std::collections::VecDeque<T>는 양방향 큐, 즉 **덱**deque이다. 넣고 빼는 연산이 앞과 뒤 양쪽에서 모두 효율적으로 작동하게 되어 있다.

* deque.push_front(value)

  값을 큐의 맨 앞에 넣는다.

* deque.push_back(value)

  값을 맨 뒤에 넣는다(통상 큐를 쓸 때는 사람들이 대기열을 통과할 때처럼 값을 넣는 건 뒤에서 빼는 건 앞에서 하기 마련이라 이 메서드가 .push_front()보다 훨씬 더 많이 쓰인다).

* deque.pop_front()

  vec.pop()과 마찬가지로 큐의 맨 앞에 있는 값을 빼서 Option<T>에 담아 반환하는데, 큐가 비어 있으면 None이 된다.

- deque.pop_back()

  맨 뒤에 있는 값을 빼서 Option<T>에 담아 반환한다.

- deque.front(), deque.back()

  vec.first()와 vec.last()와 비슷하게 작동한다. 이들은 큐의 맨 앞에 있는 요소와 맨 뒤에 있는 요소의 레퍼런스를 반환한다. 반환값은 Option<&T>이며 큐가 비어 있으면 None이 된다.

- deque.front_mut(), deque.back_mut()

  vec.first_mut()와 vec.last_mut()와 비슷하게 작동하며, Option<&mut T>를 반환한다.

VecDeque의 구현은 그림 16-3에서 보다시피 링 버퍼다.

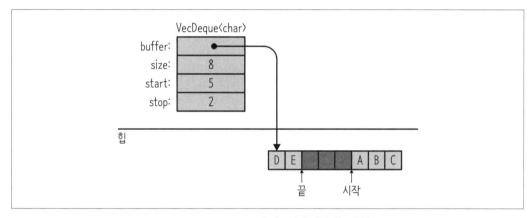

그림 16-3 **VecDeque이 메모리에 저장되는 방식**

VecDeque은 Vec과 마찬가지로 요소들이 저장되는 힙 공간 하나를 가지고 있다. 그러나 Vec과 달리 데이터가 늘 이 영역의 맨 앞에서부터 시작되는 건 아니며, 보다시피 '끝에서 끝으로 순환'될 수 있다. 앞서 나온 덱이 가진 요소들을 순서대로 나열해 보면 ['A', 'B', 'C', 'D', 'E']가 된다. 그림에서 **start**와 **stop**이라고 이름 붙인 부분은 비공개 필드로, 버퍼에 있는 데이터의 시작과 끝을 기억하는 용도로 쓰인다.

값을 큐의 어느 한쪽 끝에 넣는다는 건 그림에서 짙은 블록으로 표시된 미사용 구간에 있는 빈자리 하나를 요구한다는 뜻으로, 그 과정에서 결과가 끝에서 끝으로 순환되기도 하고 필요하면 더 큰 메모리가 할당되기도 한다.

순환과 관련된 부분은 **VecDeque**이 알아서 관리하기 때문에 따로 신경 쓸 필요가 없다. 그림 16-3은 러스트가 .pop_front()의 동작을 빠르게 가져가기 위해서 설계한 이면의 모습을 보여 준다.

보통 덱이 필요할 때는 .push_back()과 .pop_front() 이렇게 두 개의 메서드만 쓰게 될 가능성이 높다. 큐를 만들 때 쓰는 타입 연관 함수 VecDeque::new()와 VecDeque::with_capacity(n)은 Vec에 있는 것과 똑같은 식으로 작동한다. .len(), .is_empty(), .insert(index, value), .remove(index), .extend(iterable) 등 Vec에 있는 많은 메서드들이 VecDeque에도 구현되어 있다.

덱은 벡터와 마찬가지로 값 전달, 공유된 레퍼런스 전달, mut 레퍼런스 전달을 써서 반복 처리할 수 있다. 또한 .into_iter(), .iter(), .iter_mut() 이렇게 세 가지 이터레이터 메서드를 가지고 있으며, deque[index]와 같은 식으로 색인을 쓸 수도 있다.

덱은 자신의 요소들을 인접한 메모리에 저장하지 않으므로 슬라이스가 가진 메서드들을 다 상속받을 수 없다. 그러나 내용을 옮기는 데 드는 비용을 기꺼이 지불할 의향이 있다면 VecDeque이 제공하는 다음 메서드를 사용해서 문제를 해결할 수 있다.

- deque.make_contiguous()

  &mut self를 받아서 VecDeque을 인접한 메모리에 재배열한 뒤 &mut [T]를 반환한다.

Vec과 VecDeque은 서로 밀접하게 관련되어 있다. 따라서 표준 라이브러리는 이 둘 사이의 변환을 손쉽게 가져가기 위해서 두 가지 트레이트 구현을 제공한다.

- Vec::from(deque)

  Vec<T>는 From<VecDeque<T>>를 구현하고 있으므로 이 메서드는 덱을 벡터로 바꾼다. 요소들을 재배열해야 할 수도 있어서 O(n) 시간이 소요된다.

- VecDeque::from(vec)

  VecDeque<T>는 From<Vec<T>>를 구현하고 있으므로 이 메서드는 벡터를 덱으로 바꾼다. 마찬가지로 O(n) 시간이 소요되지만, 벡터의 힙 공간을 간단히 새 덱으로 옮길 수 있어서 벡터가 크더라도 보통은 수행 속도가 빠르다.

  이 메서드를 쓰면 표준 vec_deque![] 매크로 없이도 지정된 요소들을 가진 덱을 손쉽게 만들 수 있다.

```
use std::collections::VecDeque;

let v = VecDeque::from(vec![1, 2, 3, 4]);
```

BinaryHeap\<T>

BinaryHeap은 큰 값이 항상 큐의 맨 앞에 오도록 요소들이 느슨하게 편성된 컬렉션이다. BinaryHeap 메서드 중에서 가장 자주 쓰이는 것 네 가지는 다음과 같다.

- heap.push(value)

  값을 힙에 넣는다.

- heap.pop()

  힙에서 가장 큰 값을 빼서 Option\<T>에 담아 반환하는데, 큐가 비어 있으면 None이 된다.

- heap.peek()

  힙에 있는 가장 큰 값의 레퍼런스를 반환한다. 반환 타입은 Option\<&T>다.

- heap.peek_mut()

  힙에 있는 가장 큰 값의 변경할 수 있는 레퍼런스 역할을 하면서 이 값을 힙에서 빼내기 위한 타입 연관 함수 pop()을 제공하는 PeekMut\<T>를 반환한다. 이 메서드를 쓰면 최댓값에 따라 값을 힙에서 뺄지 말지 선택할 수 있다.

```
use std::collections::binary_heap::PeekMut;

if let Some(top) = heap.peek_mut() {
    if *top > 10 {
        PeekMut::pop(top);
    }
}
```

또한 BinaryHeap은 BinaryHeap::new(), .len(), .is_empty(), .capacity(), .clear(), .append(&mut heap2) 등 Vec이 가진 메서드들 중 일부를 지원한다.

예를 들어 BinaryHeap을 일련의 수로 채운다고 가정해 보자.

```
use std::collections::BinaryHeap;

let mut heap = BinaryHeap::from(vec![2, 3, 8, 6, 9, 5, 4]);
```

값 9는 힙의 맨 꼭대기에 있다.

```
assert_eq!(heap.peek(), Some(&9));
assert_eq!(heap.pop(), Some(9));
```

여기서 값 9를 빼면 이제 8이 맨 앞에 오도록 나머지 요소들이 조금씩 재배열되고, 값을 뺄 때마다 같은 일이 반복된다.

```
assert_eq!(heap.pop(), Some(8));
assert_eq!(heap.pop(), Some(6));
assert_eq!(heap.pop(), Some(5));
...
```

물론, BinaryHeap에 수칫값만 넣을 수 있는 건 아니다. 기본 제공 트레이트 Ord를 구현하고 있는 타입의 값이라면 무엇이든 넣을 수 있다.

이런 점 때문에 BinaryHeap을 작업 큐로 쓰면 좋다. 작업 스트럭트를 정의할 때 우선순위를 잘 따져서 높은 우선순위를 가진 작업이 낮은 우선순위를 가진 작업보다 Greater하다고 판단하도록 Ord를 구현한 다음, 대기 중인 작업들을 전부 담아 둘 BinaryHeap을 생성하면 된다. 이렇게 하면 .pop() 메서드가 항상 제일 중요한 아이템, 즉 프로그램이 다음번에 처리해야 할 작업을 반환하게 된다.

BinaryHeap은 반복 처리할 수 있으므로 .iter() 메서드를 가지고 있지만, 이 이터레이터는 힙의 요소들을 큰 순서에서 작은 순서로 산출하는 게 아니라 임의의 순서로 산출한다는 점을 유념하자. BinaryHeap에 있는 값들을 우선순위 순으로 소비하려면 while 루프를 쓰면 된다.

```
while let Some(task) = heap.pop() {
    handle(task);
}
```

HashMap<K, V>와 BTreeMap<K, V>

맵map은 (**항목**entry이라고 하는) 키-값 쌍의 컬렉션이다. 같은 키를 갖는 항목이 둘 이상 존재하지 않으며, 키를 가지고 있을 때 맵에서 그에 대응하는 값을 효율적으로 조회할 수 있도록 항목들이 편성되어 있다. 간단히 말해서 맵은 조회 테이블이다.

러스트는 HashMap<K, V>와 BTreeMap<K, V> 이렇게 두 가지 맵 타입을 제공한다. 이 둘은 같은 메서드를 상당수 공유하지만, 빠른 조회를 위해서 항목들의 배열 방식을 달리 가져간다는 차이가 있다.

HashMap은 키와 값을 해시 테이블에 저장하므로 키 타입 K는 해싱과 상등성을 위한 표준 트레이트인 Hash와 Eq를 구현하고 있어야 한다.

그림 16-4는 HashMap의 메모리 구조를 보여 준다. 짙은 영역은 미사용 구간이다. 키, 값, 캐싱된 해시 코드는 전부 하나의 힙 할당 테이블에 저장된다. 항목을 넣을 공간이 부족하면 HashMap은 알아서 더 큰 테이블을 할당하여 데이터를 전부 그리로 옮긴다.

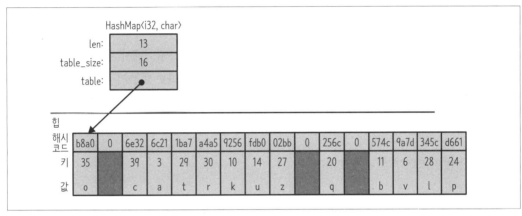

그림 16-4 **HashMap의 메모리 구조**

BTreeMap은 항목들을 키 순서에 따라 트리 구조에 저장하므로 키 타입 K는 Ord를 구현하고 있어야 한다. 그림 16-5는 BTreeMap을 보여 준다. 다시 말하지만 짙은 영역은 미사용 예비 용량이다.

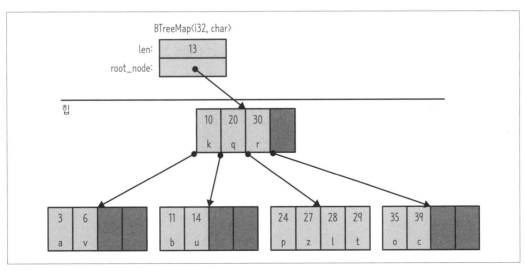

그림 16-5 **BTreeMap의 메모리 구조**

BTreeMap은 자신의 항목을 **노드**node에 저장한다. BTreeMap에 있는 대부분의 노드는 키-값 쌍만 갖는다. 해당 그림에 있는 루트 노드처럼 잎이 아닌 노드는 자식 노드의 포인터를 위한 공간도 갖는다. (20, 'q')와 (30, 'r') 사이의 포인터는 20과 30 사이의 키를 갖는 자식 노드를 가리킨다. 항목을 넣을 때 정렬된 상태를 유지하기 위해서 노드의 기존 항목 중 일부를 오른쪽으로 밀어야 하는 경우가 종종 있으며, 새 노드를 할당해야 하는 경우도 가끔 있다.

그림 16-5는 페이지에 맞게 약간 단순화한 것이다. 예를 들어, 실제 BTreeMap 노드는 4개가 아니라 11개의 항목을 위한 공간을 갖는다.

러스트 표준 라이브러리는 균형 잡힌 바이너리 트리 대신 최신 하드웨어에서 더 빠른 B-트리를 쓴다. 바이너리 트리가 B-트리보다 검색당 비교 횟수가 더 적을진 몰라도 B-트리 검색이 더 나은 **지역성**locality을 갖는다. 즉, 메모리 접근이 전체 힙 안에서 사방에 퍼져 있지 않고 한데 모여 일어나므로, CPU 캐시 누락 발생 빈도가 줄어들어 상당한 속도 향상으로 이어지는 것이다.

맵은 다양한 방법으로 생성할 수 있다.

- `HashMap::new()`, `BTreeMap::new()`

  빈 맵을 새로 만든다.

- `iter.collect()`

  일련의 키-값 쌍을 가진 HashMap과 BTreeMap을 새로 만들 때 쓴다. 이때 `iter`는 반드시 `Iterator<Item=(K, V)>`여야 한다.

- `HashMap::with_capacity(n)`

  항목을 적어도 n개 이상 담을 수 있는 빈 해시 맵을 새로 만든다. HashMap은 벡터처럼 자신의 데이터를 하나의 힙 공간에 저장하므로 용량을 가지며, 그와 관련된 메서드 `hash_map.capacity()`, `hash_map.reserve(additional)`, `hash_map.shrink_to_fit()`을 제공한다. BTreeMap에는 없는 기능이다.

HashMap과 BTreeMap은 키와 값을 대상으로 쓸 수 있는 동일한 핵심 메서드를 가지고 있다.

- `map.len()`

  항목의 개수를 반환한다.

- `map.is_empty()`

  map이 아무런 항목도 가지고 있지 않으면 `true`를 반환한다.

- `map.contains_key(&key)`

  맵이 주어진 key에 대응하는 항목을 가지고 있으면 true를 반환한다.

- `map.get(&key)`

  map에서 주어진 key에 대응하는 항목을 찾는다. 일치하는 항목이 발견되면 Some(r)을 반환하는데, 여기서 r은 해당 값의 레퍼런스다. 그렇지 않으면 None을 반환한다.

- `map.get_mut(&key)`

  비슷하지만 해당 값의 mut 레퍼런스를 반환한다는 점이 다르다.

  보통 맵을 쓸 때 내부에 저장된 값은 mut로 접근할 수 있지만 키는 그럴 수 없다. 값은 원하는 대로 수정할 수 있지만, 키는 항목을 편성하는 기준이라서 절대로 바뀌면 안 되므로 맵 자체에 귀속된다. 키를 즉석에서 변경하는 건 버그다.

- `map.insert(key, value)`

  항목 (key, value)를 map에 끼워 넣고 기존 값이 있으면 반환한다. 반환 타입은 Option<V>다. key에 대응하는 항목이 맵에 이미 있으면 새로 끼워 넣은 value가 기존 값을 덮어쓴다.

- `map.extend(iterable)`

  iterable의 (K, V) 아이템들을 반복 처리해서 주어진 키-값 쌍을 하나씩 map에 끼워 넣는다.

- `map.append(&mut map2)`

  map2에 있는 항목들을 전부 map으로 옮긴다. 이를 적용하고 나면 map2는 텅 빈 상태가 된다.

- `map.remove(&key)`

  map에서 주어진 key에 대응하는 항목을 찾아다가 있으면 그 값을 제거한 뒤 반환한다. 반환 타입은 Option<V>다.

- `map.remove_entry(&key)`

  map에서 주어진 key에 대응하는 항목을 찾아다가 있으면 그 키와 값을 제거한 뒤 반환한다. 반환 타입은 Option<(K, V)>다.

- `map.retain(test)`

  주어진 테스트를 통과하지 못한 요소들을 전부 제거한다. test 인수는 FnMut(&K, &mut V) -> bool을 구현하고 있는 함수나 클로저다. map이 가진 요소마다 test(&key, &mut value)를 호출해서 false가 반환되면 해당 요소를 맵에서 제거한 뒤 드롭한다.

  성능을 논외로 하면 다음과 같이 작성하는 것과 같다.

```
map = map.into_iter().filter(test).collect();
```

- `map.clear()`

  요소들을 전부 제거한다.

맵은 map[&key]와 같은 식으로 대괄호를 써서 질의할 수도 있다. 즉, 맵은 기본 제공 트레이트 Index를 구현하고 있다. 하지만 주어진 key에 대응하는 항목이 존재하지 않으면 배열의 범위 밖에 있는 요소에 접근할 때처럼 패닉에 빠지므로, 이 문법은 찾고 있는 항목이 확실히 들어 있을 때만 써야 한다.

`.contains_key()`, `.get()`, `.get_mut()`, `.remove()`의 인수 key에 넘기는 값이 꼭 &K 타입일 필요는 없다. 이들 메서드는 K에서 빌려 올 수 있는 타입을 다 받을 수 있도록 된 제네릭이다. HashMap<String, Fish>에 대고 fish_map.contains_key("conger")를 호출할 수 있는 건, 딱 잘라 말해서 "conger"가 String은 아니지만, String이 Borrow<&str>를 구현하고 있기 때문이다. 자세한 내용은 13장의 'Borrow와 BorrowMut' 절을 참고하자.

BTreeMap<K, V>는 항목들이 키를 기준으로 정렬되기 때문에 여기에 기초를 둔 추가 연산을 지원한다.

- `btree_map.split_off(&key)`

  btree_map을 둘로 분할한다. key보다 작은 키를 가진 항목들은 btree_map에 남고, 나머지 항목들은 새 BTreeMap<K, V>에 담겨 반환된다.

항목

HashMap과 BTreeMap은 모두 각자 자신과 대응하는 Entry 타입을 가지고 있다. 항목의 핵심은 맵에서 불필요한 조회를 없애는 것이다. 예를 들어 학생 기록이 있으면 가져오고, 없으면 만드는 코드를 보자.

```
// 이 학생의 기록이 실제로 존재하는지 본다.
if !student_map.contains_key(name) {
    // 없으면 하나 만든다.
    student_map.insert(name.to_string(), Student::new());
}
// 이제 기록이 확실히 존재한다.
let record = student_map.get_mut(name).unwrap();
...
```

앞의 코드는 잘 작동하지만 student_map을 두세 번 정도 접근하는 과정에서 매번 같은 조회를 수행하는 문제가 있다.

항목의 밑바탕에 깔린 생각은 조회를 한 번만 수행하되 이때 산출되는 Entry 값을 이어지는 모든 작업에서 쓰겠다는 것이다. 다음에 있는 한 줄짜리 코드는 앞에 있는 코드와 똑같은 일을 하면서도 조회는 한 번만 수행한다.

```
let record = student_map.entry(name.to_string()).or_insert_with(Student::new);
```

student_map.entry(name.to_string())이 반환하는 Entry 값은 맵 내부에 있는 공간 하나를 참조하는 변경할 수 있는 레퍼런스 역할을 한다. 이 공간은 키-값 쌍이 들어 있는 **사용 중인 상태**일 수도 있고, 아직 아무런 항목도 들어 있지 않은 **비어 있는 상태**일 수도 있다. 비어 있는 상태일 때는 항목의 .or_insert_with() 메서드가 새 Student를 끼워 넣는다. 항목을 쓸 때는 대부분 이런 식으로 뜻이 통하는 선에서 짧고 간결하게 쓴다.

Entry 값은 전부 똑같은 메서드로 생성한다.

- map.entry(key)

  주어진 key에 대응하는 Entry를 반환한다. 맵에 그런 키가 없으면 비어 있는 상태의 Entry를 반환한다.

  이 메서드는 self 인수를 mut 레퍼런스로 받으며, 같은 수명을 가진 Entry를 반환한다.

  ```
  pub fn entry<'a>(&'a mut self, key: K) -> Entry<'a, K, V>
  ```

  Entry 타입은 사실상 맵을 참조하는 일종의 빌려 온 mut 레퍼런스이므로 수명 매개변수 'a를 갖는다. 따라서 Entry가 존재하는 한 맵을 독점적으로 접근할 수 있다.

  우리는 5장의 **'레퍼런스를 갖는 스트럭트'** 절에서 레퍼런스를 타입에 저장하는 법과 그렇게 했을 때 수명에 미치는 영향을 살펴본 바 있는데, 이번에는 사용자의 관점에서 이 부분이 어떤 식으로 다가오는지 보고 있다. 이것이 바로 Entry를 쓸 때 벌어지는 일들이다.

  안타깝지만 맵이 String 키를 쓰는 경우에는 이 메서드에 &str 타입의 레퍼런스를 넘길 수 없다. 이 경우에는 .entry() 메서드가 진짜 String을 요구한다.

Entry 값은 비어 있는 상태의 항목을 다루는 세 가지 메서드를 제공한다.

- map.entry(key).or_insert(value)

  map이 주어진 key에 대응하는 항목을 가지고 있는지 확인하며, 필요하면 주어진 value를 갖는 새 항목을 끼워 넣는다. 새 값이나 기존 값의 mut 레퍼런스를 반환한다.

  예를 들어, 투표에서 얻은 각 후보별 득표 수를 따져보고 싶다면 다음처럼 작성하면 된다.

  ```
  let mut vote_counts: HashMap<String, usize> = HashMap::new();
  for name in ballots {
      let count = vote_counts.entry(name).or_insert(0);
      *count += 1;
  }
  ```

  .or_insert()는 mut 레퍼런스를 반환하므로 count의 타입은 &mut usize다.

- map.entry(key).or_default()

  map이 주어진 키에 대응하는 항목을 가지고 있는지 확인하며, 필요하면 Default::default()가 반환하는 값을 갖는 새 항목을 끼워 넣는다. 이 메서드는 Default를 구현하고 있는 타입하고만 작동하며, or_insert와 마찬가지로 새 값이나 기존 값의 mut 레퍼런스를 반환한다.

- map.entry(key).or_insert_with(default_fn)

  똑같지만 새 항목을 만들어야 할 때 default_fn()을 호출해서 기본값을 가져와 쓴다는 점이 다르다. key에 대응하는 항목이 이미 map에 있으면 default_fn은 쓰이지 않는다.

  예를 들어, 무슨 단어가 어떤 파일에 등장하는지 알고 싶다면 다음처럼 작성하면 된다.

  ```
  // 이 맵은 단어별로 그 단어가 등장하는 파일들의 집합을 담는다.
  let mut word_occurrence: HashMap<String, HashSet<String>> =
      HashMap::new();
  for file in files {
      for word in read_words(file)? {
          let set = word_occurrence
              .entry(word)
              .or_insert_with(HashSet::new);
          set.insert(file.clone());
      }
  }
  ```

또한, Entry는 기존 필드만 수정하는 편리한 방법을 제공한다.

- `map.entry(key).and_modify(closure)`

key에 대응하는 항목이 존재하면 그 값의 변경할 수 있는 레퍼런스를 가지고 closure를 호출한다. Entry를 반환하므로 뒤에 다른 메서드를 연결해 쓸 수 있다.

예를 들어 다음 코드를 쓰면 문자열에서 각 단어의 출현 빈도를 셀 수 있다.

```rust
// 이 맵은 주어진 문자열의 모든 단어와 그 단어의 출현 빈도를 담는다.
let mut word_frequency: HashMap<&str, u32> = HashMap::new();
for c in text.split_whitespace() {
    word_frequency.entry(c)
        .and_modify(|count| *count += 1)
        .or_insert(1);
}
```

Entry 타입은 이늄으로, HashMap의 경우에는 다음처럼 정의되어 있다(BTreeMap의 경우도 비슷하다).

```rust
// std::collections::hash_map에서 가져옴.
pub enum Entry<'a, K, V> {
    Occupied(OccupiedEntry<'a, K, V>),
    Vacant(VacantEntry<'a, K, V>)
}
```

OccupiedEntry와 VacantEntry 타입은 초기 조회를 반복하지 않고도 항목을 삽입하고, 제거하고, 접근할 수 있는 메서드들을 가지고 있다. 이들의 사용법은 온라인 문서를 참고하자. 이들 메서드는 가끔 중복 조회를 제거하는 데 쓰이지만, 대부분의 경우는 `.or_insert()`와 `.or_insert_with()`로 다 커버된다.

맵 반복 처리

맵을 반복 처리하는 방법은 여러 가지다.

- (`for (k, v) in map`과 같은 식으로) 값 전달을 써서 반복 처리하면 (K, V) 쌍이 산출된다. 이 방법은 맵을 소비한다.
- (`for (k, v) in &map`과 같은 식으로) 공유된 레퍼런스를 반복 처리하면 (&K, &V) 쌍이 산출된다.
- (`for (k, v) in &mut map`과 같은 식으로) mut 레퍼런스를 반복 처리하면 (&K, &mut V) 쌍이 산출된다(앞에서 이야기한 것처럼 항목은 키를 기준으로 편성되기 때문에 맵에 저장된 키를 mut로 접근할 수는 없다).

벡터와 마찬가지로 맵은 &map이나 &mut map을 반복 처리할 때처럼 이터레이터를 레퍼런스 전달로 반환하는 .iter()와 .iter_mut() 메서드를 가지고 있다. 또 이 외에도 다음과 같은 것들이 마련되어 있다.

- map.keys()

  키를 반복 처리하는 이터레이터를 레퍼런스 전달로 반환한다.

- map.values()

  값을 반복 처리하는 이터레이터를 레퍼런스 전달로 반환한다.

- map.values_mut()

  값을 반복 처리하는 이터레이터를 mut 레퍼런스 전달로 반환한다.

- map.into_iter(), map.into_keys(), map.into_values()

  맵을 소비하며 각각 키와 값의 튜플 (K, V), 키, 값을 반복 처리하는 이터레이터를 반환한다.

HashMap 이터레이터는 모두 맵의 항목을 임의의 순서로 방문하고, BTreeMap 이터레이터는 키 순서로 방문한다.

HashSet\<T>와 BTreeSet\<T>

세트set는 집합에 속하는지 아닌지를 빠르게 알아볼 수 있도록 편성된 값의 컬렉션이다.

```
let b1 = large_vector.contains(&"needle");     // 모든 요소를 검사하므로 느리다.
let b2 = large_hash_set.contains(&"needle");   // 해시를 써서 조회하므로 빠르다.
```

세트 안에는 같은 값의 여러 복사본이 절대로 존재할 수 없다.

맵과 세트가 가지고 있는 메서드는 서로 다르지만, 그 이면을 보면 세트는 키-값 쌍이 아니라 키만 가지고 있는 맵과 같다. 실제로 러스트의 두 가지 세트 타입인 HashSet\<T>와 BTreeSet\<T>는 HashMap\<T, ()>와 BTreeMap\<T, ()>를 가지고 구현한 얇은 래퍼thin wrapper다.

- HashSet::new(), BTreeSet::new()

  세트를 새로 만든다.

- iter.collect()

  이터레이터를 가지고 세트를 새로 만들 때 쓸 수 있다. iter가 같은 값을 두 번 이상 산출하면 중복된 값이 드롭된다.

- HashSet::with_capacity(n)

  값을 적어도 n개 이상 담을 수 있는 빈 HashSet을 만든다.

HashSet<T>와 BTreeSet<T>가 공통으로 가지고 있는 기본 메서드는 다음과 같다.

- set.len()

  set에 있는 값의 개수를 반환한다.

- set.is_empty()

  세트가 아무 요소도 가지고 있지 않으면 true를 반환한다.

- set.contains(&value)

  세트가 주어진 value을 가지고 있으면 true를 반환한다.

- set.insert(value)

  value를 세트에 넣는다. 값이 들어갔으면 true를 반환하고, 애초부터 세트에 있었으면 false를 반환한다.

- set.remove(&value)

  value를 세트에서 제거한다. 값이 제거됐으면 true를 반환하고, 애초부터 세트에 없었으면 false를 반환한다.

- set.retain(test)

  주어진 테스트를 통과하지 못한 요소들을 전부 제거한다. test 인수는 FnMut(&T) -> bool을 구현하고 있는 함수나 클로저다. set이 가진 요소마다 test(&value)를 호출해서 false가 반환되면, 해당 요소를 세트에서 제거한 뒤 드롭한다.

  성능을 논외로 하면 다음과 같이 작성하는 것과 같다.

  ```
  set = set.into_iter().filter(test).collect();
  ```

맵과 마찬가지로 레퍼런스 전달을 써서 값을 조회하는 메서드들은 T에서 빌려 올 수 있는 타입을 다 받을 수 있도록 된 제네릭이다. 자세한 내용은 13장의 **'Borrow와 BorrowMut'** 절을 참고하자.

세트 반복 처리

세트를 반복 처리하는 방법은 두 가지다.

- (for v in set과 같은 식으로) 값 전달을 써서 반복 처리하면 세트의 멤버들이 산출된다(그리고 세트가 소비된다).
- (for v in &set과 같은 식으로) 공유된 레퍼런스를 반복 처리하면 세트의 멤버를 참조하는 공유된 레퍼런스들이 산출된다.

세트는 mut 레퍼런스를 써서 하는 반복 처리를 지원하지 않는다. 세트에 저장된 값은 mut 레퍼런스로 접근할 수 없다.

- set.iter()

  set의 멤버를 반복 처리하는 이터레이터를 레퍼런스 전달로 반환한다.

HashSet 이터레이터는 HashMap 이터레이터처럼 자신의 값을 임의의 순서로 산출하고, BTreeSet 이터레이터는 정렬된 벡터처럼 값을 차례로 산출한다.

같은 값이 다를 때

세트에는 '같은' 값들 간의 차이를 고려해야 할 때 쓸 수 있는 특이한 메서드가 몇 가지 있다.

이런 차이는 꽤 흔하다. 예를 들어, 다음의 두 String 값은 같은 내용을 가졌어도 서로 다른 메모리 위치에 문자들을 저장한다.

```
let s1 = "hello".to_string();
let s2 = "hello".to_string();
println!("{:p}", &s1 as &str);  // 0x7f8b32060008
println!("{:p}", &s2 as &str);  // 0x7f8b32060010
```

보통은 이런 부분까지 신경 쓰진 않는다.

그래도 어느 것 하나 놓치기 싫을 때는 다음의 메서드들을 사용해서 세트 내부에 저장된 실제 값을 접근하면 된다. 각 메서드는 Option을 반환하며, set이 일치하는 값을 가지고 있지 않으면 None이 된다.

- set.get(&value)

  value와 같은 set 멤버가 있으면 그 멤버의 공유된 레퍼런스를 반환한다. Option<&T>를 반환한다.

- set.take(&value)

  set.remove(&value)와 비슷하지만 제거된 값이 있으면 이를 반환한다는 점이 다르다. Option<T>를 반환한다.

- set.replace(value)

  set.insert(value)와 비슷하지만 set에 이미 value와 같은 값이 있으면 기존 값을 대체한 뒤 반환한다는 점이 다르다.

전체 세트를 대상으로 하는 연산들

지금까지 살펴본 세트 메서드들은 대부분 단일 세트 안에 있는 단일 값에 초점을 맞추고 있다. 세트는 이 외에도 전체 세트를 대상으로 작동하는 메서드들을 가지고 있다.

- set1.intersection(&set2)

  set1과 set2 양쪽 모두에 들어 있는 값들을 반복 처리하는 이터레이터를 반환한다.

  예를 들어, 뇌 수술 수업과 로켓 과학 수업을 모두 듣고 있는 학생들의 이름을 출력하고 싶다면 다음처럼 작성하면 된다.

```
for student in &brain_class {
    if rocket_class.contains(student) {
        println!("{}", student);
    }
}
```

아니면 다음처럼 짧게 작성할 수도 있다.

```
for student in brain_class.intersection(&rocket_class) {
    println!("{}", student);
}
```

그런데 놀랍게도 이런 일을 하는 연산자가 있다.

&set1 & &set2는 set1과 set2의 교집합을 담은 새 세트를 반환한다. 두 레퍼런스에 적용되는 이항 비트별 논리곱 연산자로, set1과 set2 양쪽 모두에 들어 있는 값들을 찾는다.

```
let overachievers = &brain_class & &rocket_class;
```

- set1.union(&set2)

  set1이나 set2 또는 양쪽 모두에 들어 있는 값들을 반복 처리하는 이터레이터를 반환한다.

  &set1 | &set2는 여기에 해당하는 값들을 전부 담은 새 세트를 반환한다. 즉, set1이나 set2에 들어 있는 값들을 찾는다.

- set1.difference(&set2)

  set1에는 있지만 set2에는 없는 값들을 반복 처리하는 이터레이터를 반환한다.

  &set1 - &set2는 여기에 해당하는 값들을 전부 담은 새 세트를 반환한다.

- set1.symmetric_difference(&set2)

  set1이나 set2에 들어 있지만 양쪽 모두에 들어 있는 건 아닌 값들을 반복 처리하는 이터레이터를 반환한다.

  &set1 ^ &set2는 여기에 해당하는 값들을 전부 담은 새 세트를 반환한다.

또한, 세트 간의 관계를 테스트하기 위한 메서드가 세 가지 있다.

- set1.is_disjoint(set2)

  set1과 set2가 공통으로 가지고 있는 값이 없으면, 즉 이 둘의 교집합이 없으면 참이다.

- set1.is_subset(set2)

  set1이 set2의 부분집합이면, 즉 set1에 들어 있는 모든 값이 set2에도 들어 있으면 참이다.

- set1.is_superset(set2)

  반대로 set1이 set2의 확대집합이면 참이다.

세트는 ==과 !=을 이용한 상등 테스트도 지원한다. 두 세트가 같은 값들을 가지고 있으면 이들은 서로 같다.

해싱

std::hash::Hash는 해싱할 수 있는 타입을 위한 표준 라이브러리 트레이트다. HashMap 키와 HashSet 요소는 반드시 Hash와 Eq를 구현해야 한다.

Eq를 구현하고 있는 대부분의 기본 제공 타입은 Hash도 구현하고 있다. 정수 타입, char, String은 모두 해싱할 수 있다. 또 해싱할 수 있는 요소들로 된 튜플, 배열, 슬라이스, 벡터는 해싱할 수 있다.

표준 라이브러리의 한 가지 원칙은 값이 저장되는 위치나 참조되는 방식에 상관없이 같은 해시 코드를 가져야 한다는 것이다. 따라서 레퍼런스는 자신이 참조하는 값과 같은 해시 코드를 가지며, Box는 박스에 들어 있는 값과 같은 해시 코드를 가진다. 벡터 vec은 자신의 데이터를 전부 담고 있는 슬라이스 &vec[..]와 같은 해시 코드를 가진다. String은 같은 문자들로 된 &str와 같은 해시 코드를 가진다.

스트럭트와 이늄은 기본적으로 Hash를 구현하고 있지 않지만, 필요하면 구현을 자동으로 생성할 수 있다.

```
/// 대영 박물관 소장품의 개별 ID 번호.
#[derive(Clone, PartialEq, Eq, Hash)]
enum MuseumNumber {
    ...
}
```

단, 타입은 해싱할 수 있는 필드로만 되어 있어야 한다.

타입에 PartialEq를 직접 구현했다면 Hash도 직접 구현해야 한다. 예를 들어, 귀중한 역사적 보물을 표현하는 다음과 같은 타입이 있다고 하자.

```
struct Artifact {
    id: MuseumNumber,
    name: String,
    cultures: Vec<Culture>,
    date: RoughTime,
    ...
}
```

두 Artifact가 같은 ID를 가지고 있으면 이들을 같다고 간주한다.

```
impl PartialEq for Artifact {
    fn eq(&self, other: &Artifact) -> bool {
        self.id == other.id
    }
}

impl Eq for Artifact {}
```

유물을 ID만 가지고 비교하므로 해싱도 같은 식으로 해야 한다.

```
use std::hash::{Hash, Hasher};

impl Hash for Artifact {
    fn hash<H: Hasher>(&self, hasher: &mut H) {
        // 해싱을 MuseumNumber에 위임한다.
        self.id.hash(hasher);
    }
}
```

(안 그러면 HashSet<Artifact>가 제대로 작동하지 않는다. 모든 해시 테이블이 그렇듯이 a == b이면 hash(a) == hash(b)여야 한다.)

이렇게 하면 Artifacts의 HashSet을 만들 수 있다.

```
let mut collection = HashSet::<Artifact>::new();
```

앞의 코드에서 알 수 있다시피 Hash를 직접 구현하더라도 해싱 알고리즘에 대해서 전혀 알 필요가 없다. .hash()는 해싱 알고리즘을 표현하는 Hasher의 레퍼런스를 받는다. 따라서 == 연산자와 관련된 데이터를 전부 이 Hasher에 넘겨주기만 하면 된다. 그러면 Hasher는 주어진 내용을 가지고 해시 코드를 계산한다.

사용자 정의 해싱 알고리즘 사용하기

hash 메서드는 제네릭이므로 앞에서 본 Hash 구현은 Hasher를 구현하고 있는 모든 타입에 데이터를 넘겨줄 수 있다. 러스트는 바로 이런 식으로 플러그형 해싱 알고리즘을 지원한다.

세 번째 트레이트인 std::hash::BuildHasher는 해싱 알고리즘의 초기 상태를 표현하는 타입을 위한 트레이트다. Hasher는 이터레이터처럼 한 번 쓰고 버리는 일회용이지만, BuildHasher는 재사용할 수 있다.

모든 HashMap은 내부에 BuildHasher를 마련해 두고 해시 코드를 계산해야 할 때마다 이를 사용한다. 이 BuildHasher 값에는 해싱 알고리즘이 실행될 때마다 필요한 키와 초기 상태를 비롯한 여러 매개변수가 포함되어 있다.

해시 코드를 계산하기 위한 전체 프로토콜은 다음과 같다.

```
use std::hash::{Hash, Hasher, BuildHasher};

fn compute_hash<B, T>(builder: &B, value: &T) -> u64
    where B: BuildHasher, T: Hash
{
    let mut hasher = builder.build_hasher();  // 1. 알고리즘을 시작한다.
    value.hash(&mut hasher);                   // 2. 데이터를 넘겨준다.
    hasher.finish()                            // 3. 마치면서 u64를 산출한다.
}
```

HashMap은 해시 코드를 계산해야 할 때마다 이 세 가지 메서드를 호출한다. 이들 메서드는 모두 인라인으로 처리할 수 있어서 아주 빠르다.

러스트의 기본 해싱 알고리즘은 SipHash-1-3이라고 하는 잘 알려진 알고리즘이다. SipHash는 빠르고 해시 충돌을 최소화하는 능력이 매우 뛰어나다. 사실 SipHash는 암호화 알고리즘으로, SipHash-1-3 충돌을 만들어 내는 효과적인 방법이 알려져 있지 않은 상태다. 해시 테이블마다 예측할 수 없는 서로 다른 키를 쓰기만 한다면, 러스트는 공격자가 의도적으로 해시 충돌을 써서 서버의 성능을 최악으로 떨어뜨리는 HashDoS라고 하는 일종의 서비스 거부 공격denial-of-service attack에 안전하다.

그러나 애플리케이션이 이런 기능을 필요로 하지 않을 수도 있다. 정수나 아주 짧은 문자열처럼 작은 키를 많이 저장하는 경우라면 HashDoS의 보안성을 희생하는 대신 더 빠른 해시 함수를 구현할 수 있다. fnv 크레이트는 이러한 알고리즘 중 하나인 파울러-놀-보Fowler-Noll-Vo, FNV 해시를 구현하고 있다. 사용해 보려면 **Cargo.toml**에 다음 내용을 추가한다.

```
[dependencies]
fnv = "1.0"
```

그런 다음 fnv에 있는 맵과 세트 타입을 가져온다.

```
use fnv::{FnvHashMap, FnvHashSet};
```

이 두 타입을 HashMap과 HashSet 대신 바꿔 쓰면 된다. fnv의 소스 코드를 들여다보면 이들이 다음과 같은 식으로 정의되어 있는 걸 확인할 수 있다.

```
/// 기본 FNV 해셔를 쓰는 `HashMap`.
pub type FnvHashMap<K, V> = HashMap<K, V, FnvBuildHasher>;

/// 기본 FNV 해셔를 쓰는 `HashSet`.
pub type FnvHashSet<T> = HashSet<T, FnvBuildHasher>;
```

표준 HashMap과 HashSet 컬렉션은 해싱 알고리즘을 지정하는 추가 타입 매개변수를 옵션으로 받는다. FnvHashMap과 FnvHashSet은 이 매개변수에 FNV 해셔를 지정해 둔 HashMap과 HashSet의 제네릭 타입 별칭이다.

표준 컬렉션에서 한 걸음 더 나아가기

러스트에서 새로운 사용자 정의 컬렉션 타입을 만드는 과정은 다른 언어에서 만드는 과정과 거의 똑같다. 언어가 제공하는 여러 부분들, 즉 스트럭트와 이늄, 표준 컬렉션, Option, Box 등을 엮어서 데이터를 편성하기만 하면 된다. 이를테면 10장의 '제네릭 이늄' 절에서 정의한 BinaryTree<T> 타입과 같은 식으로 말이다.

C++에서 원시 포인터, 수동 메모리 관리, 메모리 지정 new, 명시적인 소멸자 호출을 써서 끌어모을 수 있는 성능을 죄다 쥐어 짜내는 식으로 데이터 구조를 구현하는 데 익숙하다면, 의심할 여지없이 안전한 러스트를 오히려 갑갑하게 느낄 것이다. 이러한 도구들은 모두 본질적으로 안전하지 않다. 러스트에서도 이러한 기법들을 구사할 수 있지만, 안전하지 않은 코드에서만 허용된다. 어떻게 하는지는 22장을 참고하자. 안전하지 않은 코드를 조금 써서 안전한 사용자 정의 컬렉션을 구현하는 예가 수록되어 있다.

당분간은 표준 컬렉션과 이들이 가진 안전하고 효율적인 API의 품 안에서 내리쬐는 따스한 햇살을 만끽할 것이다. 대부분의 러스트 표준 라이브러리와 마찬가지로 이들은 가능한 한 unsafe를 작성하지 않아도 되도록 설계됐다.

17

문자열과 텍스트

문자열은 엄연한 데이터 구조이며, 전달되는 곳마다 처리 과정의 많은 부분이 중복해서 나타난다. 정보를 숨기기에 더할 나위 없이 완벽한 수단이다.

—앨런 펄리스Alan Perlis, 에피그램 #34

지금까지 우리는 책 전반에 걸쳐서 러스트의 주요 텍스트 타입인 String, str, char를 사용해 왔다. 3장의 '문자열 타입' 절에서는 문자와 문자열 리터럴의 문법을 살펴봤고 문자열이 메모리에 어떤 식으로 표현되는지 알아봤다. 이번 장에서는 텍스트 처리에 대해 좀 더 자세히 다룬다.

이번 장에서 다룰 내용은 다음과 같다.

- 표준 라이브러리의 설계를 이해하는 데 도움이 될 유니코드에 대한 몇 가지 배경지식을 짚어본다.
- 단일 유니코드 코드 포인트를 표현하는 char 타입을 설명한다.
- 일련의 유니코드 문자들을 소유권이 있는 형태와 빌려 온 형태로 표현하는 String과 str 타입을 설명한다. 이들은 자신의 내용을 만들고, 검색하고, 수정하고, 반복 처리하기 위한 다양한 종류의 메서드를 제공한다.
- println!과 format! 매크로와 같은 러스트의 문자열 형식화 기능을 다룬다. 문자열 형식화 기능을 갖춘 나만의 매크로를 작성하면 이들이 사용자 정의 타입을 지원하도록 확장할 수 있다.
- 러스트의 정규 표현식 지원에 대해 간단히 살펴본다.

- 끝으로 유니코드 정규화가 왜 중요한지 이야기하고, 러스트에서는 어떤 식으로 이뤄지는지 알아본다.

유니코드에 대한 몇 가지 배경지식

이 책의 주제는 러스트이지 유니코드가 아니다. 유니코드를 제대로 다루려면 책 한 권을 통째로 할애해도 모자라며, 시중에 나와 있는 것만 해도 벌써 여러 권이다. 그러나 러스트의 문자와 문자열 타입은 유니코드를 중심으로 설계됐다. 따라서 여기서는 유니코드에 관한 내용 중에서 러스트를 설명하는 데 도움이 될 부분만 가볍게 짚어 보기로 하자.

아스키, 라틴-1, 유니코드

유니코드와 아스키ASCII는 0부터 0x7f까지가 전부 아스키의 코드 포인트와 일치한다. 예를 들어 이 둘은 문자 *를 코드 포인트 42에 배정하고 있다. 마찬가지로 유니코드는 0부터 0xff까지를 서유럽 언어를 지원하기 위한 아스키의 8비트 확대집합인 ISO/IEC 8859-1 문자 집합과 같은 문자들에 배정하고 있다. 유니코드는 이 범위에 있는 코드 포인트를 **라틴-1 코드 블록**이라고 부르므로, 여기서는 ISO/IEC 8859-1을 좀 더 기억하기 쉬운 이름인 **라틴-1**로 부르겠다.

유니코드는 라틴-1의 확대집합이므로 라틴-1을 유니코드로 변환할 때는 테이블조차 필요 없다.

```
fn latin1_to_char(latin1: u8) -> char {
    latin1 as char
}
```

코드 포인트가 라틴-1 범위에 속한다고 가정하면 역변환도 간단하다.

```
fn char_to_latin1(c: char) -> Option<u8> {
    if c as u32 <= 0xff {
        Some(c as u8)
    } else {
        None
    }
}
```

UTF-8

러스트의 String과 str 타입은 텍스트를 UTF-8 인코딩 형식으로 표현한다. UTF-8은 한 문자를 1에서 4바이트 길이로 된 시퀀스로 인코딩한다(그림 17-1).

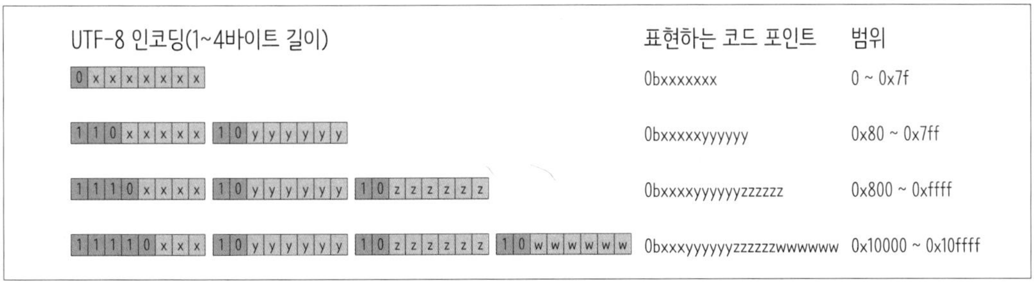

UTF-8 인코딩(1~4바이트 길이)	표현하는 코드 포인트	범위
0xxxxxxx	0bxxxxxxx	0 ~ 0x7f
110xxxxx 10yyyyyy	0bxxxxxyyyyyy	0x80 ~ 0x7ff
1110xxxx 10yyyyyy 10zzzzzz	0bxxxxyyyyyyzzzzzz	0x800 ~ 0xffff
11110xxx 10yyyyyy 10zzzzzz 10wwwwww	0bxxxyyyyyyzzzzzzwwwwww	0x10000 ~ 0x10ffff

그림 17-1 **UTF-8 인코딩**

적격한 UTF-8 시퀀스에는 두 가지 제약이 있다. 첫 번째는 주어진 코드 포인트에 대해서 가장 짧은 인코딩만 적격한 것으로 간주한다는 점이다. 즉, 3바이트 인코딩이면 되는 코드 포인트에 대고 4바이트 인코딩을 쓸 수 없다. 이 규칙은 주어진 코드 포인트에 대한 UTF-8 인코딩이 딱 하나만 존재하도록 만들어 준다. 두 번째는 적격한 UTF-8은 0xd800에서 0xdfff 사이에 있는 수나 0x10ffff보다 큰 수를 절대로 인코딩하지 않는다는 점이다. 이들은 비문자용으로 예약되어 있거나 유니코드의 범위를 완전히 벗어난 값이다.

그림 17-2는 몇 가지 예를 보여 준다.

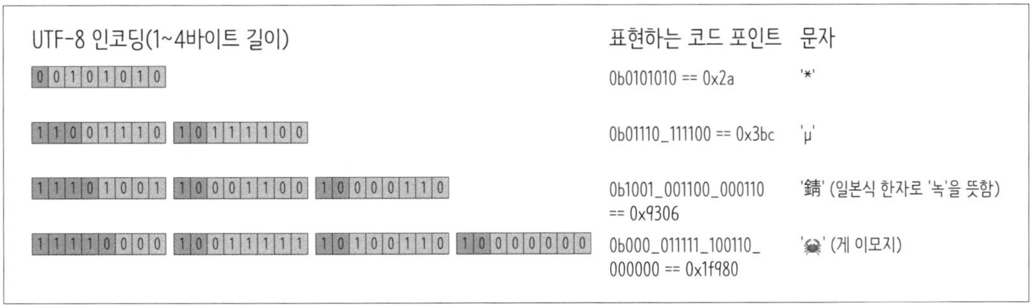

UTF-8 인코딩(1~4바이트 길이)	표현하는 코드 포인트	문자
00101010	0b0101010 == 0x2a	'*'
11001110 10111100	0b01110_111100 == 0x3bc	'μ'
11101001 10001100 10000110	0b1001_001100_000110 == 0x9306	'錆' (일본식 한자로 '녹'을 뜻함)
11110000 10011111 10100110 10000000	0b000_011111_100110_000000 == 0x1f980	'🦀' (게 이모지)

그림 17-2 **UTF-8의 예**

게 이모지는 코드 포인트의 선행 바이트가 전부 0임에도 불구하고 여전히 4바이트 인코딩을 필요로 한다는 걸 눈여겨보자. 3바이트 UTF-8 인코딩은 16비트 코드 포인트만 전달할 수 있으며, 0x1f980 은 17비트 길이다.

다음은 다양한 길이로 인코딩 된 문자들을 포함하고 있는 문자열의 예다.

```
assert_eq!("うどん: udon".as_bytes(),
          &[0xe3, 0x81, 0x86,  // う
            0xe3, 0x81, 0xa9,  // ど
            0xe3, 0x82, 0x93,  // ん
            0x3a, 0x20, 0x75, 0x64, 0x6f, 0x6e  // : udon
          ]);
```

또한, 그림 17-2는 UTF-8의 매우 유용한 특성 몇 가지를 보여 준다.

- UTF-8은 0에서 0x7f 사이의 코드 포인트를 있는 그대로 0에서 0x7f 사이의 바이트로 인코딩하기 때문에 아스키 텍스트를 쥐고 있는 바이트열은 유효한 UTF-8이다. 또한 UTF-8로 된 문자열이 아스키로 된 문자들만 포함하고 있으면 그 역이 성립하므로, 해당 UTF-8 인코딩은 유효한 아스키다.

  라틴-1에는 같은 내용이 적용되지 않는다. 예를 들어 라틴-1은 é를 바이트 0xe9로 인코딩하는데, UTF-8은 이를 3바이트 인코딩의 첫 번째 바이트로 해석한다.

- 어떤 바이트의 상위 비트를 보면 그것이 어떤 문자의 UTF-8 인코딩이 시작되는 부분인지, 아니면 그냥 한가운데 있는 바이트인지 바로 알 수 있다.

- 인코딩의 첫 번째 바이트만 가지고도 그 안에 있는 선행 비트를 통해서 해당 인코딩의 전체 길이를 알 수 있다.

- 어떤 인코딩도 길이가 4바이트를 넘지 않기 때문에 UTF-8을 처리할 때는 무한 루프를 쓸 일이 전혀 없다. 이 부분은 신뢰할 수 없는 데이터를 다룰 때 이점으로 작용한다.

- 적격한 UTF-8은 늘 문자의 인코딩이 어디서 시작하고 끝나는지 명확히 알 수 있는데, 심지어 바이트열 한가운데 있는 임의의 지점에서 시작하는 경우에도 마찬가지다. UTF-8의 첫 번째 바이트와 뒤에 오는 바이트는 항상 구분이 가능하므로 한 인코딩이 다른 인코딩 한가운데서 시작할 수 없다. 첫 번째 바이트는 인코딩의 전체 길이를 결정하므로 어떤 인코딩도 다른 인코딩의 접두사가 될 수 없다. 정책을 이렇게 가져가면 여러모로 좋은 점이 많다. 예를 들어, UTF-8 문자열에서 아스키 구분 기호 문자를 검색할 때는 그냥 해당 구분 기호의 바이트를 찾으면 된다. 이 바이트가 멀티바이트 인코딩의 일부로 쓰이는 일은 절대로 없기 때문에 UTF-8 구조를 추적할 필요가 전혀 없다. 마찬가지로 주어진 문자열에서 한 바이트로 된 문자열을 검색하는 알고리즘도 아무런 수정 없이 UTF-8 문자열에 그대로 쓸 수 있으며, 심지어 경우에 따라서는 검색 대상이 되는 텍스트의 바이트열을 일일이 다 검사하지 않을 수도 있다.

가변폭 인코딩이 고정폭 인코딩에 비해 좀 더 복잡한 건 사실이지만 UTF-8은 이러한 특성 덕분에 생각보다 다루기가 수월하다. 표준 라이브러리는 이와 관련된 대부분의 문제를 알아서 처리해 준다.

텍스트 방향성

라틴어, 키릴 자모, 태국어 같은 언어는 글씨를 왼쪽에서 오른쪽으로 쓰지만, 히브리어와 아랍어 같은 언어는 글씨를 오른쪽에서 왼쪽으로 쓴다. 유니코드는 일반적으로 문자들을 쓰거나 읽는 순서대로 저장하므로, 가령 히브리어 텍스트를 쥐고 있는 문자열의 초기 바이트열은 오른쪽에 쓴 문자를 인코딩한다.

```
assert_eq!("טוב רקע".chars().next(), Some('ע'));
```

문자(char)

러스트의 char는 유니코드 코드 포인트를 쥐고 있는 32비트 값이다. char는 항상 0에서 0xd7ff 사이나 0xe000에서 0x10ffff 사이의 값만 갖는다는 것이 보장되며, char 값을 만들고 조작하기 위한 메서드는 전부 이 전제를 바탕으로 움직인다. char 타입은 Copy와 Clone을 비롯하여 비교, 해싱, 형식화를 위한 일반적인 트레이트들을 전부 구현하고 있다.

문자열 슬라이스는 slice.chars()를 써서 자기가 가진 문자들을 반복 처리하는 이터레이터를 산출할 수 있다.

```
assert_eq!("カニ".chars().next(), Some('カ'));
```

이어지는 설명에서 등장하는 변수 ch의 타입은 항상 char다.

문자 분류하기

char 타입은 표 17-1에 나열된 것처럼 문자를 몇 가지 공통 범주로 분류하기 위한 메서드들을 가지고 있다. 이들의 정의는 모두 유니코드에 뿌리를 두고 있다.

표 17-1 char 타입을 위한 분류 메서드

메서드	설명	예
ch.is_numeric()	수치 문자. 여기에는 유니코드 일반 범주의 'Number; digit'과 'Number; letter'만 포함되고 'Number; other'는 포함되지 않는다.	'4'.is_numeric() '↑'.is_numeric() '⑧'.is_numeric()
ch.is_alphabetic()	알파벳 문자: 유니코드의 'Alphabetic' 파생 속성.	'q'.is_alphabetic() '七'.is_alphabetic()
ch.is_alphanumeric()	앞서 정의한 수치 문자나 알파벳 문자 중 하나.	'9'.is_alphanumeric() '饂'.is_alphanumeric() !'*'.is_alphanumeric()
ch.is_whitespace()	공백 문자: 유니코드의 'WSpace=Y' 문자 속성.	' '.is_whitespace() '\n'.is_whitespace() '\u{A0}'.is_whitespace()
ch.is_control()	제어 문자: 유니코드의 'Other, control' 일반 범주.	'\n'.is_control() '\u{85}'.is_control()

다음 메서드들은 비슷한 일을 하지만 아스키 전용으로 비아스키 char에 대해서 false를 반환한다(표 17-2).

표 17-2 char를 위한 아스키 분류 메서드

메서드	설명	예
ch.is_ascii()	아스키 문자: 코드 포인트가 0에서 127 사이에 있는 것.	'n'.is_ascii() !'ñ'.is_ascii()
ch.is_ascii_alphabetic()	'A'..='Z'와 'a'..='z' 범위에 있는 아스키 대소문자.	'n'.is_ascii_alphabetic() !'1'.is_ascii_alphabetic() !'ñ'.is_ascii_alphabetic()
ch.is_ascii_digit()	'0'..='9' 범위에 있는 아스키 숫자.	'8'.is_ascii_digit() !'-'.is_ascii_digit() !'⑧'.is_ascii_digit()
ch.is_ascii_hexdigit()	'0'..='9', 'A'..='F', 'a'..='f' 범위에 있는 모든 문자.	
ch.is_ascii_alphanumeric()	아스키 숫자나 대소문자.	'q'.is_ascii_alphanumeric() '0'.is_ascii_alphanumeric()
ch.is_ascii_control()	'DEL'을 포함한 아스키 제어 문자.	'\n'.is_ascii_control() '\x7f'.is_ascii_control()
ch.is_ascii_graphic()	페이지에 잉크를 남기는 모든 아스키 문자. 빈칸이나 제어 문자는 여기에 포함되지 않는다.	'Q'.is_ascii_graphic() '~'.is_ascii_graphic() !' '.is_ascii_graphic()

표 17-2 char를 위한 아스키 분류 메서드(계속)

메서드	설명	예
ch.is_ascii_uppercase(), ch.is_ascii_lowercase()	아스키 대소문자.	'z'.is_ascii_lowercase() 'Z'.is_ascii_uppercase()
ch.is_ascii_punctuation()	알파벳도 숫자도 아닌 모든 아스키 그래픽 문자.	
ch.is_ascii_whitespace()	아스키 공백 문자: 빈칸, 가로 탭, 줄 바꿈, 용지 먹임, 캐리지 리턴.	' '.is_ascii_whitespace() '\n'.is_ascii_whitespace() !'\u{A0}'.is_ascii_whitespace()

모든 is_ascii_... 메서드는 u8 바이트 타입에 대고 쓸 수 있다.

```
assert!(32u8.is_ascii_whitespace());
assert!(b'9'.is_ascii_digit());
```

이들 함수를 프로그래밍 언어 표준이나 파일 포맷처럼 기존에 있는 명세를 구현하기 위한 용도로 쓸 때는 예기치 않은 곳에서 분류가 달라질 수 있으니 주의하자. 예를 들어, is_whitespace와 is_ascii_whitespace는 특정 문자를 처리하는 방식이 다르다는 걸 유념하자.

```
let line_tab = '\u{000b}';  // '줄 탭'. '세로 탭'이라고도 함.
assert_eq!(line_tab.is_whitespace(), true);
assert_eq!(line_tab.is_ascii_whitespace(), false);
```

char::is_ascii_whitespace 함수는 많은 웹 표준이 공통으로 사용하는 공백의 정의를 구현하고 있는 반면, char::is_whitespace는 유니코드 표준을 따른다.

숫자 다루기

숫자를 다룰 때 쓸 수 있는 메서드에는 다음과 같은 것들이 있다.

- ch.to_digit(radix)

  ch가 밑이 radix인 숫자인지 여부를 판단한다. 맞으면 Some(num)을 반환하는데, 여기서 num은 u32다. 그렇지 않으면 None을 반환한다. 이 메서드는 아스키 숫자만 인식하며, char::is_numeric 이 다루는 더 넓은 부류의 문자는 인식하지 못한다. radix 매개변수의 범위는 2에서 36 사이이다. 기수가 10보다 클 때는 해당 아스키 문자를 10에서 35 사이의 값을 가진 숫자로 간주한다.

- `std::char::from_digit(num, radix)`

  u32 숫잣값 num을 char로 변환하는 자유 함수다. num을 밑이 radix인 한 자리 숫자로 표현할 수 있으면 from_digit은 Some(ch)를 반환하는데, 여기서 ch는 그 숫자다. radix가 10보다 클 때는 ch가 소문자일 수 있다. 그렇지 않으면 None을 반환한다.

  이 함수는 to_digit의 역이다. std::char::from_digit(num, radix)가 Some(ch)이면 ch.to_digit(radix)는 Some(num)이다. ch가 아스키 숫자이거나 소문자이면 그 역도 마찬가지 결과를 낸다.

- `ch.is_digit(radix)`

  ch가 밑이 radix인 아스키 숫자이면 true를 반환한다. ch.to_digit(radix) != None과 같다.

예를 보자.

```
assert_eq!('F'.to_digit(16), Some(15));
assert_eq!(std::char::from_digit(15, 16), Some('f'));
assert!(char::is_digit('f', 16));
```

대소문자 변환

대소문자를 다룰 때 쓸 수 있는 메서드에는 다음과 같은 것들이 있다.

- `ch.is_lowercase()`, `ch.is_uppercase()`

  ch가 알파벳 소문자인지 대문자인지 여부를 나타낸다. 이들은 유니코드의 Lowercase와 Uppercase 파생 속성을 따르므로, 그리스어와 키릴 자모 같은 비라틴non-Latin 알파벳을 지원하며, 아스키에 대해서도 기대에 부합하는 답을 준다.

- `ch.to_lowercase()`, `ch.to_uppercase()`

  유니코드 기본 대소문자 변환 알고리즘에 따라 ch에 해당하는 소문자와 대문자를 산출하는 이터레이터를 반환한다.

```
let mut upper = 's'.to_uppercase();
assert_eq!(upper.next(), Some('S'));
assert_eq!(upper.next(), None);
```

유니코드의 대소문자 변환은 처리 결과가 항상 일대일로 떨어지는 게 아니라서 이들 메서드는 단일 문자가 아니라 이터레이터를 반환한다.

```rust
// 독일어 글자 '샤프 S'의 대문자 형태는 'SS'다.
let mut upper = 'ß'.to_uppercase();
assert_eq!(upper.next(), Some('S'));
assert_eq!(upper.next(), Some('S'));
assert_eq!(upper.next(), None);

// 유니코드는 터키어의 점이 있는 대문자 'İ'를 소문자로 바꿀 때
// 'i' 뒤에다가 위에 점 붙이기를 뜻하는 `'\u{307}'`을 더해 두므로
// 나중에 대문자로 다시 변환할 때 점을 그대로 유지할 수 있다.
let ch = 'İ';  // `'\u{130}'`
let mut lower = ch.to_lowercase();
assert_eq!(lower.next(), Some('i'));
assert_eq!(lower.next(), Some('\u{307}'));
assert_eq!(lower.next(), None);
```

이들 이터레이터는 편의상 std::fmt::Display 트레이트를 구현하고 있으므로 println!이나 write! 매크로에 바로 넘길 수 있다.

문자와 정수 간의 변환

러스트의 as 연산자는 char를 임의의 정수 타입으로 변환할 수 있는데, 이때 상위 비트들을 조용히 숨긴다.

```rust
assert_eq!('B' as u32, 66);
assert_eq!('饂' as u8, 66);     // 상위 비트들이 잘림.
assert_eq!('二' as i8, -116);  // 여기도 마찬가지.
```

as 연산자는 임의의 u8 값을 char로 변환할 수 있으며, char 역시 From<u8>을 구현하고 있지만, 폭이 더 넓은 정수 타입은 잘못된 코드 포인트를 표현할 수 있으므로 이럴 때는 반드시 Option<char>를 반환하는 std::char::from_u32를 써야 한다.

```rust
assert_eq!(char::from(66), 'B');
assert_eq!(std::char::from_u32(0x9942), Some('饂'));
assert_eq!(std::char::from_u32(0xd800), None);  // UTF-16을 위해 예약됨.
```

String과 str

러스트의 String과 str 타입은 적격한 UTF-8만 갖는다는 것이 보장된다. 라이브러리는 String과 str 값을 만들 수 있는 방법과 여기에 수행할 수 있는 연산에 제약을 둬서 이 명제를 지켜내기 때문에, 애초부터 적격성을 갖춘 값이 만들어질 뿐만 아니라 사용되는 과정에서 그 성질을 잃지 않는다. 이들이 가진 메서드는 전부 이를 보장하게 되어 있으므로 안전한 연산을 통해서는 부적격한 UTF-8이 생겨날 수 없다. 바로 이 점 덕분에 텍스트를 다루는 코드를 단순하게 가져갈 수 있다.

러스트의 텍스트 처리 메서드는 당장 필요한 게 크기 조절이 가능한 버퍼인지 아니면 그냥 즉석에서 사용할 텍스트인지에 따라 나뉘어져 있어서, String과 str가 가지고 있는 메서드가 서로 다르다. 그러나 String은 &str로 역참조되기 때문에 str에 정의된 모든 메서드를 String에 대고 바로 사용할 수 있다. 이번 절에서는 이 두 가지 타입이 가진 메서드를 대략적인 기능별로 나눠서 살펴본다.

이들 메서드는 일을 할 때 문자 단위로 하는 경우가 별로 없다. 텍스트를 접근할 때는 바이트 오프셋을 색인으로 쓰고 길이를 잴 때는 바이트 단위를 쓴다. 실제로 유니코드의 특성을 고려할 때 문자 단위로 하는 색인은 생각만큼 유용하지 않으며, 바이트 오프셋이 더 빠르고 간단하다. 어떤 문자의 UTF-8 인코딩 한가운데를 가리키는 바이트 오프셋을 쓰려고 하면 메서드가 패닉에 빠지기 때문에, 이런 식으로 하더라도 부적격한 UTF-8이 생겨날 수 없다.

String은 Vec<u8>의 래퍼 형태로 구현되어 있으며, 벡터의 내용이 항상 적격한 UTF-8임을 보장한다. 러스트가 String을 뜯어고쳐서 좀 더 복잡한 표현을 쓰겠다고 할 리는 절대 없을 것이므로 String은 Vec의 성능 특성을 그대로 공유한다고 보면 된다.

이어지는 설명에서 예로 들 변수와 타입이 표 17-3에 나와 있다.

표 17-3 이어지는 설명에서 예로 들 변수와 타입

변수	추정 타입
string	String
slice	&str 또는 String이나 Rc<String>처럼 &str로 역참조 되는 그 무엇.
ch	char
n	usize, 길이.
i, j	usize, 바이트 오프셋.
range	usize 바이트 오프셋의 범위. i..j와 같은 식의 폐구간이거나, i.., ..j, ..와 같은 식의 반개구간.
pattern	임의의 패턴 타입: char, String, &str, &[char], FnMut(char) -> bool 등.

패턴 타입은 뒤에 나올 '**텍스트 검색을 위한 패턴**' 절에서 설명한다.

String 값 만들기

String 값을 만드는 일반적인 방법 몇 가지를 살펴보면 다음과 같다.

- `String::new()`

  빈 문자열을 새로 만들어 반환한다. 이 문자열은 힙 할당 버퍼를 갖지 않으며, 필요할 때 내부적으로 알아서 할당한다.

- `String::with_capacity(n)`

  적어도 n바이트 이상 담을 수 있게 미리 할당해 둔 버퍼를 가진 빈 문자열을 새로 만들어 반환한다. 만들고 있는 문자열의 길이를 미리 알고 있을 때 이 생성자를 쓰면, 버퍼의 크기를 계속 늘려 나갈 필요 없이 애초부터 정확한 크기를 가진 버퍼를 확보할 수 있다. 이렇게 하더라도 문자열의 길이가 n바이트를 초과하게 되면 필요에 맞게 버퍼의 크기가 계속 늘어난다. 벡터와 마찬가지로 문자열에는 `capacity`, `reserve`, `shrink_to_fit` 메서드가 있지만, 대개는 기본 할당 로직만 써도 충분하다.

- `str_slice.to_string()`

  str_slice의 복사본을 내용으로 갖는 새로운 String을 할당한다. 문자열 리터럴에서 String을 만들어 내는 `"literal text".to_string()`과 같은 표현식은 이미 책 전반에 걸쳐서 사용해 본 바 있다.

- `iter.collect()`

  char, &str, String 등으로 된 이터레이터의 아이템들을 연결해 문자열을 생성한다. 예를 들어, 문자열에 있는 모든 공백을 제거하려면 다음처럼 작성하면 된다.

  ```
  let spacey = "man hat tan";
  let spaceless: String =
      spacey.chars().filter(|c| !c.is_whitespace()).collect();
  assert_eq!(spaceless, "manhattan");
  ```

  collect를 써서 문자열을 생성하는 방식은 String의 std::iter::FromIterator 트레이트 구현을 이용한다.

- `slice.to_owned()`

  slice의 복사본을 새로 할당된 String으로 반환한다. str 타입은 Clone을 구현할 수 없다. 그러려면 &str에 대한 clone이 str 값을 반환할 수 있어야 하는데, str가 비균일 크기라서 그럴 수 없기 때문이다. 그 대신 &str는 구현자가 그와 동등한 소유권이 있는 대상을 지정할 수 있는 ToOwned를 구현하고 있다.

간단한 점검

문자열 슬라이스에서 기본 정보를 가져오는 메서드는 다음과 같다.

- slice.len()

  바이트 단위로 된 slice의 길이다.

- slice.is_empty()

  slice.len() == 0이면 참이다.

- slice[range]

  슬라이스에서 주어진 범위에 해당하는 부분을 빌려와 슬라이스로 반환한다. 반개구간과 개구간
  모두 사용할 수 있다. 예를 보자.

```
let full = "bookkeeping";
assert_eq!(&full[..4], "book");
assert_eq!(&full[5..], "eeping");
assert_eq!(&full[2..4], "ok");
assert_eq!(full[..].len(), 11);
assert_eq!(full[5..].contains("boo"), false);
```

  문자열 슬라이스는 slice[i]와 같은 식으로 하나의 위치만 써서 색인할 수 없다는 걸 유념하자.
  주어진 바이트 오프셋에 있는 문자 하나를 가져오는 일은 다루기가 약간 까다롭다. 이럴 때는 해
  당 슬라이스를 반복 처리하는 chars 이터레이터를 가져와서 그 문자의 UTF-8을 파싱해 달라고
  요청해야 한다.

```
let parenthesized = "Rust (饂)";
assert_eq!(parenthesized[6..].chars().next(), Some('饂'));
```

  하지만 실제로 이렇게 하는 경우는 거의 없다. 러스트는 슬라이스를 반복 처리하는 훨씬 더 나은
  방법들을 제공하는데, 이 부분은 뒤에 나올 **'텍스트 반복 처리하기'** 절에서 설명한다.

- slice.split_at(i)

  slice에서 빌려 온 두 개의 공유된 슬라이스를 요소로 갖는 튜플을 반환한다. 바이트 오프셋 i
  를 기준으로 앞부분이 첫 번째 요소가 되고, 뒷부분이 두 번째 요소가 된다. 즉, (slice[..i],
  slice[i..])를 반환한다.

- slice.is_char_boundary(i)

  바이트 오프셋 i가 문자 경계 사이에 떨어져서 slice의 오프셋으로 적합하면 참이다.

당연한 이야기지만 슬라이스는 상등, 순서, 해시 비교가 가능하다. 순서 비교는 단순히 문자열을 일련의 유니코드 코드 포인트로 취급하며, 대상을 사전식 순서로 비교한다.

텍스트 덧붙이기와 끼워 넣기

텍스트를 String에 더하는 메서드는 다음과 같다.

- string.push(ch)

  문자 ch를 string 끝에 덧붙인다.

- string.push_str(slice)

  slice의 전체 내용을 덧붙인다.

- string.extend(iter)

  이터레이터 iter가 산출하는 아이템들을 문자열에 덧붙인다. 이때 이터레이터는 char, str, String 값을 산출할 수 있다. 이들은 String의 std::iter::Extend 구현들이다.

  ```
  let mut also_spaceless = "con".to_string();
  also_spaceless.extend("tri but ion".split_whitespace());
  assert_eq!(also_spaceless, "contribution");
  ```

- string.insert(i, ch)

  문자 ch를 string의 바이트 오프셋 i 위치에 끼워 넣는다. 이때 ch를 위한 공간을 마련하기 위해서 i 뒤에 있는 모든 문자를 옮기는 작업이 수반되므로, 이 방식으로 문자열을 만들면 문자열 길이의 제곱에 해당하는 시간이 필요할 수 있다.

- string.insert_str(i, slice)

  똑같지만 slice를 끼워 넣는다는 점이 다르다. 성능상 주의해야 할 부분 역시 같다.

String은 std::fmt::Write를 구현하고 있다. 이 말은 write!와 writeln! 매크로를 써서 서식이 지정된 텍스트를 String에 덧붙일 수 있다는 뜻이다.

```
use std::fmt::Write;
```

```
let mut letter = String::new();
writeln!(letter, "Whose {} these are I think I know", "rutabagas")?;
writeln!(letter, "His house is in the village though;")?;
assert_eq!(letter, "Whose rutabagas these are I think I know\n\
                    His house is in the village though;\n");
```

write!와 writeln!은 출력 스트림에 기록하기 위한 용도로 설계됐기 때문에 Result를 반환한다. 이 걸 처리하지 않고 그냥 무시하면 러스트가 잔소리를 늘어놓기 때문에 여기서는 ? 연산자를 써서 해결 했다. 하지만 String에 하는 기록 작업은 사실상 실패하지 않으므로 이런 경우에는 그냥 .unwrap() 을 호출해도 상관없다.

String은 Add<&str>와 AddAssign<&str>를 구현하고 있으므로 다음처럼 코드를 작성할 수 있다.

```
let left = "partners".to_string();
let mut right = "crime".to_string();
assert_eq!(left + " in " + &right, "partners in crime");

right += " doesn't pay";
assert_eq!(right, "crime doesn't pay");
```

문자열의 경우는 + 연산자가 자신의 왼쪽 피연산자를 값으로 받기 때문에 사실상 그 String을 덧셈 의 결과로 재사용할 수 있다. 따라서 왼쪽 피연산자의 버퍼가 결과를 담을 수 있을 만큼 크다면 할당 이 아예 필요 없어진다.

유감이지만 &str는 +의 왼쪽 피연산자가 될 수 없으므로 다음처럼 쓸 수 없다.

```
let parenthetical = "(" + string + ")";
```

이럴 때는 다음처럼 작성해야 한다.

```
let parenthetical = "(".to_string() + &string + ")";
```

그러나 이 제약은 문자열을 뒤에서부터 거꾸로 만들 때 방해가 된다. 이런 식으로 문자열을 만들면 텍스트를 버퍼 끝으로 계속 옮겨야 하기 때문에 성능이 형편없다.

하지만 짧은 문자열을 앞에서 뒤로 덧붙여 나가는 방식은 효율적이다. String의 동작 방식은 벡터와 같아서 용량이 더 필요할 때마다 버퍼의 크기를 최소 두 배씩 늘려나간다. 따라서 재복사에 따르는 오버헤드가 최종 크기에 비례해서 발생한다. 그렇더라도 String::with_capacity를 써서 애초부터 올바른 크기의 버퍼를 가진 문자열을 만들면 크기 조절을 피할 수 있을 뿐만 아니라 힙 할당기의 호출 횟수를 줄일 수 있다.

텍스트 제거하기와 맞바꾸기

String에는 텍스트를 제거하기 위한 메서드가 몇 가지 있다(이들은 문자열의 용량에 영향을 미치지 않는다. 메모리 해제가 필요하면 shrink_to_fit을 사용하자).

- string.clear()

  string을 빈 문자열로 재설정한다.

- string.truncate(n)

  바이트 오프셋 n 뒤에 있는 모든 문자를 버려서 string의 길이를 최대 n으로 만든다. string이 n 바이트보다 짧으면 아무 일도 일어나지 않는다.

- string.pop()

  string에 마지막 문자가 있으면 이를 빼서 Option<char>로 반환한다.

- string.remove(i)

  string에서 바이트 오프셋 i 위치에 있는 문자를 빼서 반환하고, 그 뒤에 있는 문자들을 전부 앞으로 옮긴다. 여기에 드는 시간은 옮겨야 할 문자들의 수에 선형적으로 비례한다.

- string.drain(range)

  주어진 범위의 바이트 색인들을 반복 처리하는 이터레이터를 반환하며, 이 이터레이터가 드롭되면 해당 문자들을 제거한다. 이 범위 뒤에 있는 문자들은 전부 앞으로 이동된다.

  ```
  let mut choco = "chocolate".to_string();
  assert_eq!(choco.drain(3..6).collect::<String>(), "col");
  assert_eq!(choco, "choate");
  ```

  그냥 범위만 제거하고 싶을 때는 이터레이터에서 아무 아이템도 꺼내지 말고 바로 드롭하면 된다.

  ```
  let mut winston = "Churchill".to_string();
  winston.drain(2..6);
  assert_eq!(winston, "Chill");
  ```

- `string.replace_range(range, replacement)`

  `string`에서 주어진 범위를 주어진 대체 문자열 슬라이스로 맞바꾼다. 이때 슬라이스의 길이가 맞바꿀 범위와 꼭 같을 필요는 없지만, 맞바꿀 범위가 `string` 끝까지 이어지지 않으면 이 범위 뒤에 있는 바이트들은 전부 앞으로 이동된다.

  ```
  let mut beverage = "a piña colada".to_string();
  beverage.replace_range(2..7, "kahlua");   // 'ñ'은 2바이트다!
  assert_eq!(beverage, "a kahlua colada");
  ```

검색과 반복 처리를 위한 관례

텍스트를 검색하고 반복 처리하는 러스트의 표준 라이브러리 함수는 기억하기 쉽도록 몇 가지 명명 규칙을 따른다.

- r

  대부분의 텍스트 작업은 앞에서 뒤로 처리되지만, 이름이 r로 시작하는 작업은 뒤에서 앞으로 처리된다. 예를 들어, `rsplit`은 작업이 뒤에서 앞으로 처리되는 `split`의 거꾸로 버전이다. 경우에 따라서는 이런 처리 방향의 변화가 산출되는 값의 순서뿐만 아니라 값 자체에도 영향을 줄 수 있다. 그런 예가 그림 17-3에 있는 다이어그램에 나와 있다.

- n

  이름이 n으로 끝나는 이터레이터는 반복 처리가 주어진 횟수로 제한된다.

- _indices

  이름이 _indices로 끝나는 이터레이터는 일반적인 반복 처리 값과 더불어 그 값이 위치한 슬라이스의 바이트 오프셋을 산출한다.

표준 라이브러리가 모든 작업에 대해서 있을 수 있는 조합을 전부 제공하는 건 아니다. 예를 들어 많은 작업이 n 변형을 필요로 하지 않는 이유는 군이 그렇게 하지 않더라도 반복 처리를 일찍 끝내는 게 충분히 쉽기 때문이다.

텍스트 검색을 위한 패턴

표준 라이브러리 함수는 텍스트를 검색하고, 매칭하고, 분할하고, 다듬어야 할 때 찾을 대상을 표현하는 여러 가지 타입을 받는다.

```
let haystack = "One fine day, in the middle of the night";

assert_eq!(haystack.find(','), Some(12));
assert_eq!(haystack.find("night"), Some(35));
assert_eq!(haystack.find(char::is_whitespace), Some(3));
```

이들 타입을 **패턴**pattern이라고 하며, 대부분의 작업이 이를 지원한다.

```
assert_eq!("## Elephants"
           .trim_start_matches(|ch: char| ch == '#' || ch.is_whitespace()),
           "Elephants");
```

표준 라이브러리는 다음의 네 가지 주요 패턴 유형을 지원한다.

- char를 패턴으로 쓰면 해당 문자를 매칭한다.

- String, &str, &&str를 패턴으로 쓰면 해당 패턴과 일치하는 부분 문자열을 매칭한다.

- FnMut(char) -> bool 클로저를 패턴으로 쓰면, 해당 클로저가 참을 반환하는 문자 하나를 매칭
  한다.

- &[char](&str가 아니라 일련의 char 값을 가리키는 슬라이스)를 패턴으로 쓰면 해당 리스트에 들어
  있는 모든 문자를 개별 매칭한다. 이 리스트를 배열 리터럴로 적을 때는 타입을 제대로 맞추기 위
  해서 as_ref()를 호출해야 할 수도 있다는 걸 유념하자.

  ```
  let code = "\t   function noodle() { ";
  assert_eq!(code.trim_start_matches([' ', '\t'].as_ref()),
             "function noodle() { ");
  // 짧게 쓰면 &[' ', '\t'][..]와 같다.
  ```

  안 그러면 리스트가 고정 크기 배열 타입 &[char; 2]와 헷갈려할 수 있는데, 안타깝게도 이 타입
  은 패턴 타입이 아니다.

라이브러리 자체 코드에서 패턴은 std::str::Pattern 트레이트를 구현하고 있는 모든 타입이다.
Pattern의 세부 사항은 아직 안정되지 않아서 이를 안정한 러스트로 된 사용자 정의 타입에 구현할
수는 없지만, 향후 정규 표현식과 기타 정교한 패턴을 허용하려는 계획이 예정되어 있다. 러스트는 현
재 지원하는 패턴 타입이 앞으로도 계속 작동할 것임을 보장한다.

검색하기와 맞바꾸기

러스트에는 슬라이스에 있는 패턴을 검색하고 이를 새 텍스트와 맞바꾸기 위한 메서드가 몇 가지 있다.

- `slice.contains(pattern)`

  slice에 pattern과 매칭되는 부분이 있으면 참을 반환한다.

- `slice.starts_with(pattern)`, `slice.ends_with(pattern)`

  slice가 가진 텍스트의 시작 부분과 끝 부분이 pattern과 매칭되면 참을 반환한다.

  ```
  assert!("2017".starts_with(char::is_numeric));
  ```

- `slice.find(pattern)`, `slice.rfind(pattern)`

  slice에 pattern과 매칭되는 부분이 있으면 Some(i)를 반환하는데, 여기서 i는 해당 패턴이 있는 위치의 바이트 오프셋이다. find 메서드는 첫 번째 매칭을 반환하고 rfind 메서드는 마지막 매칭을 반환한다.

  ```
  let quip = "We also know there are known unknowns";
  assert_eq!(quip.find("know"), Some(8));
  assert_eq!(quip.rfind("know"), Some(31));
  assert_eq!(quip.find("ya know"), None);
  assert_eq!(quip.rfind(char::is_uppercase), Some(0));
  ```

- `slice.replace(pattern, replacement)`

  pattern과 매칭되는 부분을 그때그때 전부 replacement와 맞바꿔서 그 결과를 새 String으로 반환한다.

  ```
  assert_eq!("The only thing we have to fear is fear itself"
              .replace("fear", "spin"),
             "The only thing we have to spin is spin itself");

  assert_eq!("`Borrow` and `BorrowMut`"
              .replace(|ch:char| !ch.is_alphanumeric(), ""),
             "BorrowandBorrowMut");
  ```

맞바꾸기가 그때그때 이뤄지기 때문에 매칭되는 부분이 겹쳐 있을 때는 `.replace()`의 동작이 기대와 다를 수 있다. 예를 들어 다음 코드는 패턴 **"aba"**와 매칭되는 부분이 네 군데지만, 첫 번째와 세 번째가 맞바꾸기 되고 나면 두 번째와 네 번째는 더 이상 매칭되지 않는다.

```
assert_eq!("cababababababbage"
           .replace("aba", "***"),
           "c***b***babbage")
```

- slice.replacen(pattern, replacement, n)

  똑같지만 매칭되는 부분 중에서 앞에 있는 n개까지만 맞바꾸기 된다는 점이 다르다.

텍스트 반복 처리하기

표준 라이브러리는 슬라이스의 텍스트를 반복 처리하기 위한 방법 몇 가지를 제공한다. 그중 일부가 그림 17-3에 나와 있다.

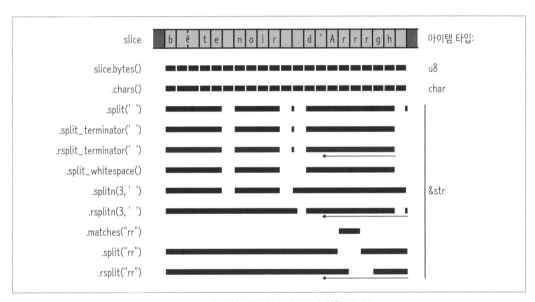

그림 17-3 슬라이스를 반복 처리하기 위한 방법들

split 계열과 match 계열은 상호 보완적인 관계에 있다고 볼 수 있다. 분할 결과는 매칭된 곳 사이의 범위다.

이들 메서드의 대부분은 (DoubleEndedIterator를 구현하고 있는) 뒤집을 수 있는 이터레이터를 반환한다. 여기에 대고 .rev() 어댑터 메서드를 호출하면 같은 아이템들을 역순으로 산출하는 이터레이터가 주어진다.

- slice.chars()

slice의 문자들을 반복 처리하는 이터레이터를 반환한다.

- slice.char_indices()

slice의 문자들을 해당 바이트 오프셋과 함께 반복 처리하는 이터레이터를 반환한다.

```
assert_eq!("élan".char_indices().collect::<Vec<_>>(),
          vec![(0, 'é'),   // 2바이트짜리 UTF-8 인코딩을 쓴다.
               (2, 'l'),
               (3, 'a'),
               (4, 'n')]);
```

이 메서드가 주는 건 슬라이스에 있는 각 문자의 바이트 오프셋으로, 단순히 문자에 번호를 매기는 .chars().enumerate()와는 다르다는 걸 유념하자.

- slice.bytes()

UTF-8 인코딩으로 된 slice의 개별 바이트를 반복 처리하는 이터레이터를 반환한다.

```
assert_eq!("élan".bytes().collect::<Vec<_>>(),
          vec![195, 169, b'l', b'a', b'n']);
```

- slice.lines()

slice의 줄들을 반복 처리하는 이터레이터를 반환한다. 줄은 "\n"이나 "\r\n"으로 끝난다. 산출되는 각 아이템은 slice에서 빌려 온 &str다. 각 아이템은 해당 줄의 종료 문자를 포함하지 않는다.

- slice.split(pattern)

slice에서 pattern과 매칭되는 곳을 기준으로 분할된 부분들을 반복 처리하는 이터레이터를 반환한다. 이 이터레이터는 매칭된 곳이 slice의 시작과 끝일 때 그리고 매칭된 곳끼리 나란히 붙어 있을 때 빈 문자열을 산출한다.

pattern이 &str일 때는 반환된 이터레이터를 뒤집을 수 없다. 이런 패턴은 스캔 방향에 따라서 산출하는 매칭 결과가 다를 수 있는데, 뒤집을 수 있는 이터레이터는 이렇게 하는 것이 금지되어 있다. 이럴 때는 이어서 살펴볼 rsplit 메서드를 쓰면 해결될 수도 있다.

- slice.rsplit(pattern)

이 메서드는 똑같지만 slice를 뒤에서 앞으로 스캔하면서 해당 순서로 매칭되는 부분을 산출한다는 점이 다르다.

- `slice.split_terminator(pattern)`, `slice.rsplit_terminator(pattern)`

비슷하지만 패턴을 구분 기호가 아니라 종료 기호로 취급한다는 점이 다르다. 그래서 `split`이나 `rsplit`과 달리 pattern이 slice의 맨 끝에서 매칭되면, 이터레이터가 매칭된 곳과 슬라이스의 끝 사이에 있는 빈 문자열을 표현하는 빈 슬라이스를 산출하지 않는다. 예를 보자.

```
// 여기서 ':' 문자는 구분 기호다. 결과가 ""로 끝나는 점을 눈여겨보자.
assert_eq!("jimb:1000:Jim Blandy:".split(':').collect::<Vec<_>>(),
           vec!["jimb", "1000", "Jim Blandy", ""]);

// 여기서 '\n' 문자는 종료 기호다.
assert_eq!("127.0.0.1  localhost\n\
            127.0.0.1  www.reddit.com\n"
           .split_terminator('\n').collect::<Vec<_>>(),
           vec!["127.0.0.1  localhost",
               "127.0.0.1  www.reddit.com"]);
               // ""로 끝나지 않는다!
```

- `slice.splitn(n, pattern)`, `slice.rsplitn(n, pattern)`

`split`이나 `rsplit`과 비슷하지만 문자열을 최대 n개의 슬라이스로 분할한다는 점이 다르다. 이때 결과에는 pattern과 매칭되는 곳을 기준으로 분할된 부분들 중 앞쪽 혹은 뒤쪽에서 최대 n-1개 가 선별되어 들어간다.

- `slice.split_whitespace()`, `slice.split_ascii_whitespace()`

slice에서 공백을 기준으로 분할된 부분들을 반복 처리하는 이터레이터를 반환한다. 여러 개의 공백 문자가 연이어 붙어 있는 구간은 구분 기호 하나로 간주한다. 후행 공백은 무시한다.

`split_whitespace` 메서드는 char에 구현된 `is_whitespace` 메서드와 마찬가지로 유니코드에 정의된 공백을 쓴다. 반면, `split_ascii_whitespace` 메서드는 아스키 공백 문자만 인식하는 `char::is_ascii_whitespace`를 쓴다.

```
let poem = "This  is  just  to say\n\
            I have eaten\n\
            the plums\n\
            again\n";

assert_eq!(poem.split_whitespace().collect::<Vec<_>>(),
           vec!["This", "is", "just", "to", "say",
               "I", "have", "eaten", "the", "plums",
               "again"]);
```

- `slice.matches(pattern)`

  슬라이스에서 `pattern`과 매칭되는 부분들을 반복 처리하는 이터레이터를 반환한다. `slice.rmatches(pattern)`은 똑같지만 뒤에서 앞으로 반복 처리한다는 점이 다르다.

- `slice.match_indices(pattern)`, `slice.rmatch_indices(pattern)`

  비슷하지만 산출되는 아이템이 `(offset, match)` 쌍이라는 점이 다르다. 여기서 `offset`은 매칭된 부분의 시작 위치를 가리키는 바이트 오프셋이고, `match`는 매칭된 슬라이스다.

다듬기

문자열을 **다듬기**한다는 건 문자열 앞뒤에 있는 텍스트를 제거한다는 뜻으로, 보통은 공백을 제거하는 걸 말한다. 파일에서 읽은 입력을 다루다 보면 사용자가 가독성을 위해서 텍스트를 들여쓰기했거나 실수로 줄 끝에 공백을 남긴 경우를 자주 마주하는데, 다듬기는 이런 걸 정리할 때 쓰면 유용하다.

- `slice.trim()`

  `slice`에서 앞뒤에 있는 공백을 전부 생략한 서브슬라이스를 반환한다. `slice.trim_start()`는 앞에 있는 공백만 생략하고, `slice.trim_end()`는 뒤에 있는 공백만 생략한다.

  ```
  assert_eq!("\t*.rs  ".trim(), "*.rs");
  assert_eq!("\t*.rs  ".trim_start(), "*.rs  ");
  assert_eq!("\t*.rs  ".trim_end(), "\t*.rs");
  ```

- `slice.trim_matches(pattern)`

  `slice`에서 앞뒤에 있는 `pattern`과 매칭되는 부분을 전부 생략한 서브슬라이스를 반환한다. `trim_start_matches`는 앞에 있는 매칭 결과만 생략하고, `trim_end_matches`는 뒤에 있는 매칭 결과만 생략한다.

  ```
  assert_eq!("001990".trim_start_matches('0'), "1990");
  ```

- `slice.strip_prefix(pattern)`, `slice.strip_suffix(pattern)`

  `slice`가 `pattern`으로 시작하면, `strip_prefix`는 매칭된 텍스트가 제거된 슬라이스를 쥐고 있는 Some을 반환한다. 그렇지 않으면 None을 반환한다. `strip_suffix` 메서드는 비슷하지만 문자열 끝에서 매칭을 수행한다는 점이 다르다.

trim_start_matches나 trim_end_matches와 비슷하지만, Option을 반환한다는 점과 pattern의 복사본을 하나만 제거한다는 점이 다르다.

```
let slice = "banana";
assert_eq!(slice.strip_suffix("na"),
           Some("bana"))
```

문자열의 대소문자 변환

메서드 slice.to_uppercase()와 slice.to_lowercase()는 대문자와 소문자로 변환된 slice의 텍스트를 쥐고 있는 문자열을 새로 할당해서 반환한다. 결과의 길이는 slice와 같지 않을 수도 있다. 자세한 내용은 앞서 나온 '대소문자 변환' 절을 참고하자.

문자열을 다른 타입으로 파싱하기

러스트는 문자열을 값으로 파싱하기와 값의 텍스트 표현 생성하기를 위한 표준 트레이트를 제공한다.

어떤 타입이 std::str::FromStr 트레이트를 구현하고 있다면, 그 타입은 문자열 슬라이스를 값으로 파싱하는 표준 방법을 제공한다.

```
pub trait FromStr: Sized {
    type Err;
    fn from_str(s: &str) -> Result<Self, Self::Err>;
}
```

일반적인 머신 타입은 전부 FromStr를 구현하고 있다.

```
use std::str::FromStr;

assert_eq!(usize::from_str("3628800"), Ok(3628800));
assert_eq!(f64::from_str("128.5625"), Ok(128.5625));
assert_eq!(bool::from_str("true"), Ok(true));

assert!(f64::from_str("not a float at all").is_err());
assert!(bool::from_str("TRUE").is_err());
```

char 타입도 한 문자로 된 문자열을 위해서 FromStr를 구현하고 있다.

```
assert_eq!(char::from_str("é"), Ok('é'));
assert!(char::from_str("abcdefg").is_err());
```

IPv4나 IPv6 인터넷 주소를 쥐고 있는 enum인 std::net::IpAddr 타입도 FromStr를 구현하고 있다.

```
use std::net::IpAddr;

let address = IpAddr::from_str("fe80::0000:3ea9:f4ff:fe34:7a50")?;
assert_eq!(address,
          IpAddr::from([0xfe80, 0, 0, 0, 0x3ea9, 0xf4ff, 0xfe34, 0x7a50]));
```

문자열 슬라이스는 그 슬라이스를 임의의 원하는 타입으로 파싱하는 parse 메서드를 가지고 있는데, 이때 그 타입이 FromStr를 구현하고 있다고 가정한다. Iterator::collect를 쓸 때처럼 원하는 타입이 무엇인지 적어 주어야 할 수도 있어서, parse가 from_str를 직접 호출할 때보다 가독성이 항상 좋은 건 아니다.

```
let address = "fe80::0000:3ea9:f4ff:fe34:7a50".parse::<IpAddr>()?;
```

다른 타입을 문자열로 바꾸기

비텍스트 값을 문자열로 바꾸는 방법은 크게 세 가지다.

- 사람이 읽을 수 있는 자연스러운 인쇄 형태를 가진 타입은 std::fmt::Display 트레이트를 구현할 수 있는데, 이렇게 하면 format! 매크로에서 {} 형식 지정자를 쓸 수 있다.

```
assert_eq!(format!("{}, wow", "doge"), "doge, wow");
assert_eq!(format!("{}", true), "true");
assert_eq!(format!("({:.3}, {:.3})", 0.5, f64::sqrt(3.0)/2.0),
          "(0.500, 0.866)");

// 앞 절에 있는 `address`도 이런 식으로 바꿀 수 있다.
let formatted_addr: String = format!("{}", address);
assert_eq!(formatted_addr, "fe80::3ea9:f4ff:fe34:7a50");
```

러스트의 머신 수치 타입은 문자, 문자열, 슬라이스와 마찬가지로 전부 Display를 구현하고 있다. T가 Display를 구현하고 있으면 스마트 포인터 타입 Box<T>, Rc<T>, Arc<T>도 마찬가지가 되는데, 이때 이들의 출력 형태는 참조 대상의 출력 형태와 같다. Vec과 HashMap 같은 컨테이너는 사람이 읽을 수 있는 자연스러운 인쇄 형태가 존재하지 않으므로 Display를 구현하지 않는다.

- 타입이 Display를 구현하고 있으면 표준 라이브러리가 여기에 std::str::ToString 트레이트를 알아서 구현해 준다. format!이 가진 유연성이 필요치 않을 때는 이 트레이트가 가진 유일한 메서드인 to_string을 쓰는 게 더 편할 수 있다.

```
// 앞에 있는 코드와 이어짐.
assert_eq!(address.to_string(), "fe80::3ea9:f4ff:fe34:7a50");
```

ToString 트레이트는 Display가 도입되기 전에 있던 것으로 유연성이 조금 떨어진다. 사용자 정의 타입에는 일반적으로 ToString 대신 Display를 구현해야 한다.

- 표준 라이브러리에 있는 공개 타입은 전부 std::fmt::Debug를 구현하고 있는데, 이 트레이트는 값을 받아서 프로그래머에게 유용한 정보를 주는 형식화된 문자열로 바꾸어 준다. Debug를 써서 문자열을 생성하는 가장 쉬운 방법은 format! 매크로의 {:?} 형식 지정자를 쓰는 것이다.

```
// 앞에 있는 코드와 이어짐.
let addresses = vec![address,
                     IpAddr::from_str("192.168.0.1")?];
assert_eq!(format!("{:?}", addresses),
           "[fe80::3ea9:f4ff:fe34:7a50, 192.168.0.1]");
```

앞의 코드는 Debug를 구현하고 있는 임의의 T에 대해서 Vec<T>에 마련된 Debug의 포괄적인 구현을 활용한다. 러스트의 모든 컬렉션 타입에는 이런 구현이 마련되어 있다.

사용자 정의 타입을 만들 때도 Debug를 구현해야 한다. 대개는 12장에서 Complex 타입에 했던 것처럼 러스트가 구현을 생성하도록 두는 게 가장 좋다.

```
#[derive(Copy, Clone, Debug)]
struct Complex { re: f64, im: f64 }
```

형식화 트레이트 Display와 Debug는 format! 매크로류가 값을 텍스트로 형식화할 때 쓰는 여러 가지 기능 중 하나에 불과하다. 나머지 기능에 대한 내용과 구현 방법은 뒤에 나올 '**값 형식화하기**' 절에서 다룬다.

유사 텍스트 타입으로 빌려 오기

슬라이스의 내용을 빌려 올 수 있는 방법은 여러 가지다.

- 슬라이스와 String은 AsRef<str>, AsRef<[u8]>, AsRef<Path>, AsRef<OsStr>를 구현하고 있다. 많은 표준 라이브러리 함수가 이들 트레이트를 매개변수 타입의 바운드로 쓰고 있기 때문에, 설령 이들이 다른 타입을 원한다고 할지라도 여기에 슬라이스와 문자열을 바로 넘길 수 있다. 보다 자세한 설명은 13장의 'AsRef와 AsMut' 절을 참고하자.

- 슬라이스와 문자열은 std::borrow::Borrow<str> 트레이트도 구현하고 있다. HashMap과 BTreeMap은 Borrow를 써서 String이 테이블의 키 역할을 제대로 수행하도록 만든다. 자세한 내용은 13장의 'Borrow와 BorrowMut' 절을 참고하자.

텍스트를 UTF-8로 접근하기

텍스트를 표현하는 바이트열에 접근하는 방법은 바이트열의 소유권을 넘겨받을지, 아니면 그냥 빌려오기만 할지에 따라서 크게 두 가지다.

- slice.as_bytes()

  slice의 바이트열을 &[u8]로 빌려 온다. 이때 변경할 수 있는 레퍼런스를 주는 게 아니므로 slice의 바이트열이 계속 적격한 UTF-8 상태를 유지한다고 가정할 수 있다.

- string.into_bytes()

  string의 소유권을 넘겨받아서 문자열의 바이트열을 담은 Vec<u8>을 값 전달로 반환한다. 이 변환은 문자열이 버퍼로 쓰고 있던 Vec<u8>을 그냥 넘겨줄 뿐이므로 비용이 저렴하다. string은 더 이상 존재하지 않으므로 바이트열이 계속 적격한 UTF-8 상태를 유지할 필요가 없고, 따라서 호출부는 Vec<u8>을 원하는 대로 마음껏 수정할 수 있다.

UTF-8 데이터를 가지고 텍스트 생성하기

UTF-8 데이터를 가졌다고 생각되는 바이트열 블록이 있을 때 이를 String이나 슬라이스로 변환하는 방법은 오류를 어떤 식으로 처리하고 싶은지에 따라서 몇 가지 선택지가 있다.

- str::from_utf8(byte_slice)

  바이트열의 &[u8] 슬라이스를 받아서 Result를 반환한다. byte_slice가 적격한 UTF-8을 포함하고 있으면 Ok(&str)이고 그렇지 않으면 오류다.

- String::from_utf8(vec)

  값 전달로 넘어온 Vec<u8>을 가지고 문자열 생성을 시도한다. vec이 적격한 UTF-8을 쥐고 있으면 from_utf8은 Ok(string)을 반환하는데, 여기서 string은 vec의 소유권을 넘겨받아서 이를 버퍼로 쓴다. 따라서 힙 할당이나 텍스트 복사가 전혀 발생하지 않는다.

반면 바이트열이 유효한 UTF-8이 아니면 Err(e)를 반환하는데, 여기서 e는 FromUtf8Error 오룻값이다. e.into_bytes() 호출이 원래 있던 벡터 vec를 되돌려 주기 때문에 변환이 실패하더라도 잃는 게 없다.

```
let good_utf8: Vec<u8> = vec![0xe9, 0x8c, 0x86];
assert_eq!(String::from_utf8(good_utf8).ok(), Some("錆".to_string()));

let bad_utf8:  Vec<u8> = vec![0x9f, 0xf0, 0xa6, 0x80];
let result = String::from_utf8(bad_utf8);
assert!(result.is_err());
// String::from_utf8은 실패했으므로 원래 있던 벡터를 소비하지 않으며,
// 오룻값이 이를 원래 상태 그대로 되돌려 준다.
assert_eq!(result.unwrap_err().into_bytes(),
           vec![0x9f, 0xf0, 0xa6, 0x80]);
```

- String::from_utf8_lossy(byte_slice)

  바이트열의 공유된 슬라이스 &[u8]을 가지고 String이나 &str 생성을 시도한다. 이 변환은 항상 성공하며, 부적격한 UTF-8을 전부 유니코드 대체 문자로 바꾼다. 반환값은 Cow<str>인데, 이 값은 byte_slice가 적격한 UTF-8을 포함하고 있으면 여기서 직접 &str를 빌려 오고, 그게 아니면 부적격한 바이트가 대체 문자로 바뀐 새로운 String을 할당해 소유한다. 따라서 byte_slice가 적격하면 힙 할당이나 복사가 전혀 발생하지 않는다. Cow<str>는 이어서 나올 '할당 미루기' 절에서 보다 자세히 이야기한다.

- String::from_utf8_unchecked

  어떤 Vec<u8>이 적격한 UTF-8을 가졌다는 걸 알고 있을 때는 안전하지 않은 함수를 호출할 수 있다. 이 함수는 주어진 Vec<u8>을 아무런 검사도 하지 않은 채 그냥 String으로 감싸서 반환한다. 따라서 부적격한 UTF-8이 시스템에 생기지 않도록 챙기고 또 챙겨야 하는 건 여러분 몫이다. 함수에 unsafe가 붙은 것도 다 그런 이유에서다.

- str::from_utf8_unchecked

  비슷하지만 &[u8]을 받아서 적격한 UTF-8을 쥐고 있는지 묻지도 따지지도 않은 채 &str로 반환한다는 점이 다르다. String::from_utf8_unchecked와 마찬가지로 이 함수를 안전하게 사용하고 챙겨가야 하는 건 여러분 몫이다.

할당 미루기

예를 들어, 프로그램이 사용자에게 인사말을 건네야 한다고 하자. 유닉스에서는 다음처럼 작성할 수 있다.

```
fn get_name() -> String {
    std::env::var("USER")  // 윈도우는 "USERNAME"을 쓴다.
        .unwrap_or("whoever you are".to_string())
}

println!("Greetings, {}!", get_name());
```

앞의 코드는 유닉스 사용자에게는 사용자 이름이 담긴 인사말을 건내고, 윈도우 사용자와 안타깝게도 이름이 없는 사용자에게는 미리 준비한 대체 텍스트가 담긴 인사말을 건넨다.

std::env::var 함수는 String을 반환하는데, 이렇게 하는 데는 나름의 이유가 있지만 여기서 설명하진 않겠다. 그런데 이 말은 미리 준비한 대체 텍스트도 String으로 반환해야 한다는 뜻이다. 이 부분은 get_name이 할당이 전혀 필요 없는 정적 문자열을 반환하는 경우도 있다는 점을 감안하면 여간 실망스러운 게 아니다.

문제의 핵심은 get_name의 반환값이 소유권이 있는 String이어야 할 때도 있고 &'static str여야 할 때도 있는데, 프로그램이 실행되기 전에는 어떤 것이 될지 알 수 없다는 것이다. 이렇게 동적인 특성이 필요해지면, 소유권이 있는 데이터나 빌려 온 데이터 중 하나를 쥘 수 있는 기록 중 복제 타입 std::borrow::Cow의 사용을 고려할 때가 됐다는 뜻으로 여기자.

13장의 'Borrow + ToOwned = Cow' 절에서 설명했다시피 Cow<'a, T>는 Owned와 Borrowed 이렇게 두 개의 베리언트를 가진 이늄이다. Borrowed는 레퍼런스 &'a T를 쥐고 Owned는 &T의 소유권이 있는 버전을 쥔다. &str의 경우에는 String을 쥐고 &[i32]의 경우에는 Vec<i32>를 쥐는 식이다. Cow<'a, T>는 Owned이든 Borrowed이든 상관없이 항상 &T를 산출할 수 있다. 실제로 Cow<'a, T>는 &T로 역참조되므로 일종의 스마트 포인터처럼 작동한다.

get_name이 Cow를 반환하도록 바꾸면 다음과 같은 모습이 된다.

```
use std::borrow::Cow;

fn get_name() -> Cow<'static, str> {
    std::env::var("USER")
        .map(|v| Cow::Owned(v))
```

```
        .unwrap_or(Cow::Borrowed("whoever you are"))
}
```

앞의 코드는 환경 변수 "USER"를 읽는 데 성공하면 map이 결과 String을 Cow::Owned로 반환하고, 실패하면 unwrap_or이 정적 &str를 Cow::Borrowed로 반환한다. 호출부는 아무것도 바꿀 필요가 없다.

```
println!("Greetings, {}!", get_name());
```

T가 std::fmt::Display 트레이트를 구현하고 있는 한 Cow<'a, T>를 표시하는 것은 T를 표시하는 것과 같은 결과를 낸다.

Cow는 빌려 온 텍스트를 수정해야 할지 말아야 할지 모를 때도 유용하다. 변경할 일이 전혀 없을 때는 빌려 온 상태를 계속 가져갈 수 있다. 그러나 필요할 때 요구하면 Cow의 풀어 쓴 이름이기도 한 기록 중 복제 기능을 통해서 소유권이 있는 값의 변경할 수 있는 복사본을 건네받을 수 있다. Cow의 to_mut 메서드는 Cow가 Cow::Owned인지 확인한 다음, 필요하면 해당 값의 ToOwned 구현을 적용해서 그 값의 변경할 수 있는 레퍼런스를 반환한다.

따라서 전체 사용자 가운데 특별히 원하는 호칭이 있는 경우를 찾으려면 다음처럼 하면 된다.

```
fn get_title() -> Option<&'static str> { ... }

let mut name = get_name();
if let Some(title) = get_title() {
    name.to_mut().push_str(", ");
    name.to_mut().push_str(title);
}

println!("Greetings, {}!", name);
```

앞의 코드는 다음의 결과를 출력한다.

```
$ cargo run
Greetings, jimb, Esq.!
$
```

여기서 멋진 점은 get_name()이 정적 문자열을 반환하고 get_title이 None을 반환하면 Cow가 이 정적 문자열을 println!까지 바로 실어 나른다는 것이다. 정말 필요한 경우가 아니면 할당을 미루도록 관리해 나가면서도 이를 위해 작성한 코드는 여전히 단순하다.

Cow는 문자열과 함께 쓰이는 일이 많으므로 표준 라이브러리는 Cow<'a, str>를 위한 특별 지원 몇 가지를 제공한다. 이 중에서 String과 &str를 대상으로 하는 From과 Into 변환을 쓰면 get_name을 보다 간결하게 작성할 수 있다.

```
fn get_name() -> Cow<'static, str> {
    std::env::var("USER")
        .map(|v| v.into())
        .unwrap_or("whoever you are".into())
}
```

또한 Cow<'a, str>는 std::ops::Add와 std::ops::AddAssign을 구현하고 있으므로, 이름에 호칭을 붙이는 부분을 다음처럼 작성할 수도 있다.

```
if let Some(title) = get_title() {
    name += ", ";
    name += title;
}
```

아니면 String을 write! 매크로의 목적지로 물려 놓고 쓰는 방법도 있다.

```
use std::fmt::Write;

if let Some(title) = get_title() {
    write!(name.to_mut(), ", {}", title).unwrap();
}
```

전과 마찬가지로 Cow를 수정하려 들기 전에는 할당이 전혀 일어나지 않는다.

모든 Cow<..., str>가 꼭 'static이어야 하는 건 아니라는 점을 명심하자. 복사본이 필요한 순간이 오기 전까지는 Cow를 써서 이전에 계산된 텍스트를 빌려 올 수 있다.

제네릭 컬렉션으로서의 문자열

String은 std::default::Default와 std::iter::Extend를 모두 구현하고 있다. 따라서 default는 빈 문자열을 반환하고 extend는 문자, 문자열 슬라이스, Cow<..., str>, 문자열을 문자열 끝에 덧붙일 수 있다. 이 트레이트 조합은 Vec과 HashMap 같은 러스트의 다른 컬렉션 타입들이 collect와 partition 같은 제네릭 생성 패턴을 위해 구현하고 있는 것과 같다.

&str 타입도 빈 슬라이스를 반환하는 Default를 구현하고 있다. 그 덕분에 몇 가지 특이한 경우를 다루기가 쉬운데, 예를 들어 문자열 슬라이스를 갖는 스트럭트에 Default가 자동으로 구현되도록 만들 수 있다.

값 형식화하기

지금까지 우리는 책 전반에 걸쳐서 println! 같은 텍스트 형식화 매크로를 사용해 왔다.

```
println!("{:.3}μs: relocated {} at {:#x} to {:#x}, {} bytes",
         0.84391, "object",
         140737488346304_usize, 6299664_usize, 64);
```

이 호출의 실행 결과는 다음과 같다.

```
0.844μs: relocated object at 0x7fffffffdcc0 to 0x602010, 64 bytes
```

문자열 리터럴은 출력을 위한 템플릿 역할을 한다. 템플릿에 있는 각 {...}는 뒤에 오는 인수 가운데 하나를 형식화한 결과로 대체된다. 템플릿 문자열은 러스트가 컴파일 시점에 인수의 타입을 검사할 수 있어야 하므로 반드시 상수여야 한다. 각 인수는 반드시 사용되어야 하며, 그렇지 않으면 러스트가 컴파일 시점 오류를 낸다.

표준 라이브러리에 있는 기능 중 몇 가지는 문자열 형식화를 위한 이 작은 언어를 공유한다.

- format! 매크로는 이를 사용해 String을 만든다.
- println!과 print! 매크로는 형식화된 텍스트를 표준 출력 스트림에 기록한다.
- writeln!과 write! 매크로는 이를 지정된 출력 스트림에 기록한다.
- panic! 매크로는 이를 사용해 (패닉의 이유를 알 수 있는 유용한 정보를 담은) 극도의 실망감을 표출한다.

러스트의 형식화 설비는 개방형으로 설계됐다. `std::fmt` 모듈의 형식화 트레이트를 구현하면 이들 매크로가 사용자 정의 타입을 지원하도록 확장할 수 있다. 또한 `format_args!` 매크로와 `std::fmt::Arguments` 타입을 쓰면, 사용자 정의 함수와 매크로가 형식화 언어를 지원하도록 만들 수 있다.

형식화 매크로는 항상 자신의 인수를 대상으로 공유된 레퍼런스를 빌려 오지, 절대로 소유권을 넘겨받거나 변경하지 않는다.

템플릿에 있는 `{...}`는 **형식 매개변수**format parameter라고 하며 *{which:how}* 형태를 갖는다. 두 부분 다 옵션이라서 `{}`가 자주 쓰인다.

which 값은 템플릿 뒤에 오는 인수 중에서 매개변수의 자리를 차지할 대상을 선택한다. 색인을 써서 선택할 수도 있고 이름을 써서 선택할 수도 있다. *which* 값을 갖지 않는 매개변수는 단순히 왼쪽에서 오른쪽 순으로 인수와 짝을 이룬다.

how 값은 인수의 형식화 방식을 나타낸다. 즉, 패딩은 얼마로 할지, 어떤 정밀도를 쓸지, 어떤 기수 숫자를 쓸지 등을 기술한다. *how*가 있으면 반드시 그 앞에 콜론이 와야 한다. 표 17-4는 몇 가지 예를 보여 준다.

표 17-4 형식화된 문자열의 예

템플릿 문자열	인수 목록	결과
`"number of {}: {}"`	`"elephants"`, 19	`"number of elephants: 19"`
`"from {1} to {0}"`	`"the grave"`, `"the cradle"`	`"from the cradle to the grave"`
`"v = {:?}"`	`vec![0,1,2,5,12,29]`	`"v = [0, 1, 2, 5, 12, 29]"`
`"name = {:?}"`	`"Nemo"`	`"name = \"Nemo\""`
`"{:8.2} km/s"`	11.186	`"    11.19 km/s"`
`"{:20} {:02x} {:02x}"`	`"adc #42"`, 105, 42	`"adc #42              69 2a"`
`"{1:02x} {2:02x}  {0}"`	`"adc #42"`, 105, 42	`"69 2a  adc #42"`
`"{lsb:02x} {msb:02x}  {insn}"`	`insn="adc #42"`, lsb=105, msb=42	`"69 2a  adc #42"`
`"{:02?}"`	`[110, 11, 9]`	`"[110, 11, 09]"`
`"{:02x?}"`	`[110, 11, 9]`	`"[6e, 0b, 09]"`

출력에 `{` 또는 `}` 문자를 포함시키고 싶을 때는 템플릿 안에 그 문자를 두 번씩 적으면 된다.

```
assert_eq!(format!("{{a, c}} ⊂ {{a, b, c}}"),
           "{a, c} ⊂ {a, b, c}");
```

텍스트 값 형식화하기

&str나 String(char는 한 문자로 된 문자열로 취급된다) 같은 텍스트 타입을 형식화할 때는 매개변수의 *how* 값이 다음과 같은 요소들로 구성되는데, 이는 모두 옵션이다.

- **텍스트 길이 제한**. 러스트는 인수의 길이가 이보다 길면 잘라낸다. 제한을 지정하지 않으면 러스트는 전체 텍스트를 사용한다.

- **최소 필드 너비**. 잘라낸 인수의 길이가 이보다 짧으면 러스트는 오른쪽(기본값)에 공백(기본값)을 덧대서 필드의 너비를 맞춘다. 생략하면 러스트는 인수에 패드를 덧대지 않는다.

- **정렬**. 인수의 길이가 최소 필드 너비보다 짧아서 패드를 덧대야 할 때, 텍스트를 필드 내부 어디에 배치할지 정한다. <, ^, >는 텍스트를 각각 시작, 중간, 끝에 배치한다.

- 이 패딩 과정에 쓸 **패딩** 문자. 생략하면 러스트는 공백을 쓴다. 패딩 문자를 지정할 때는 반드시 정렬도 함께 지정해야 한다.

표 17-5는 텍스트를 위한 형식 문자열 지시문의 예 몇 가지와 이들이 갖는 효과를 보여 준다. 인수는 모두 똑같이 여덟 자로 된 "bookends"를 쓴다.

표 17-5 **텍스트를 위한 형식 문자열 지시문**

사용한 기능	템플릿 문자열	결과
기본값	"{}"	"bookends"
최소 필드 너비	"{:4}"	"bookends"
	"{:12}"	"bookends "
텍스트 길이 제한	"{:.4}"	"book"
	"{:.12}"	"bookends"
필드 너비, 길이 제한	"{:12.20}"	"bookends "
	"{:4.20}"	"bookends"
	"{:4.6}"	"booken"
	"{:6.4}"	"book "
왼쪽 정렬, 너비	"{:<12}"	"bookends "
가운데 정렬, 너비	"{:^12}"	" bookends "
오른쪽 정렬, 너비	"{:>12}"	" bookends"
'=' 패딩, 가운데 정렬, 너비	"{:=^12}"	"==bookends=="
'*' 패딩, 오른쪽 정렬, 너비, 제한	"{:*>12.4}"	"********book"

러스트의 포맷터는 너비를 아주 얕은 수준에서 이해하며, 각 문자가 한 개의 열을 차지한다고 가정한다. 따라서 조합 문자, 반각 가타카나, 너비가 0인 공백 등 유니코드의 지저분한 현실을 깡그리 무시한다. 예를 보자.

```
assert_eq!(format!("{:4}", "th\u{e9}"),    "th\u{e9} ");
assert_eq!(format!("{:4}", "the\u{301}"), "the\u{301}");
```

유니코드는 이들 문자열을 전부 "thé"와 같다고 보지만, 러스트의 포맷터는 양음 악센트 붙이기를 뜻하는 '\u{301}' 같은 문자에 특별한 처리가 필요하다는 걸 모른다. 따라서 첫 번째 문자열은 제대로 패딩 처리가 되지만, 두 번째 문자열은 너비가 네 개의 열을 차지한다고 생각해서 패딩 처리가 제대로 이루어지지 않는다. 딱 이 사례만 놓고 보면 러스트를 어떻게 개선해야 좋을지 쉽게 알 수 있지만, 유니코드 스크립트 전체를 대상으로 하는 다국어 텍스트 형식화는 실로 엄청난 작업이라서 플랫폼이 제공하는 사용자 인터페이스 툴킷의 도움을 받거나, 아니면 HTML과 CSS를 생성해서 웹 브라우저에게 위임해야 제대로 처리된다. unicode-width라고 하는 크레이트를 쓰면 이런 측면 중 일부를 처리할 수 있다.

&str 및 String과 더불어 Rc<String>이나 Cow<'a, str>처럼 텍스트를 참조 대상으로 갖는 스마트 포인터 타입도 별다른 처리 없이 형식화 매크로에 넘길 수 있다.

파일 이름 경로는 적격한 UTF-8일 필요가 없으므로 std::path::Path는 텍스트 타입으로 보기 어렵고, 따라서 std::path::Path를 형식화 매크로에 바로 넘길 수 없다. 하지만 Path의 display 메서드는 플랫폼에 적합한 방식으로 형식화할 수 있는 값을 반환한다.

```
println!("processing file: {}", path.display());
```

수 형식화하기

usize나 f64 같은 수치 타입을 가진 인수를 형식화할 때는 매개변수의 *how* 값이 다음과 같은 요소들로 구성되는데, 이는 모두 옵션이다.

- **패딩**과 **정렬**. 이 둘은 텍스트 타입의 경우와 마찬가지 방식으로 작동한다.
- + 문자. 인수가 양수더라도 수의 부호를 항상 표시하도록 요구한다.
- # 문자. 0x나 0b 같은 명시적인 기수 접두사를 요구한다. 전체 목록은 다음 페이지의 '표기법' 항목을 참고하자.

- 0 문자. 일반적인 패딩 방식 대신 수 앞에 0을 덧대는 식으로 최소 필드 너비를 맞추도록 요구한다.

- **최소 필드 너비**. 형식화된 수의 너비가 이보다 짧으면 러스트는 왼쪽(기본값)에 공백(기본값)을 덧대서 필드의 너비를 맞춘다.

- 부동소수점 인수를 위한 **정밀도**. 러스트가 소수점 뒤에 있는 숫자를 몇 개나 포함시켜야 하는지 나타낸다. 러스트는 이 개수를 정확히 맞추기 위해서 필요에 따라 반올림하거나 0으로 채운다. 정밀도를 생략하면 러스트는 가능한 한 적은 수의 숫자를 써서 값을 정확히 표현하려고 시도한다. 정수 타입으로 된 인수의 경우는 정밀도가 무시된다.

- **표기법**. 정수 타입의 경우 b는 2진수, o는 8진수, x나 X는 소문자나 대문자로 된 16진수를 뜻한다. # 문자를 같이 쓰면 결과에 명시적인 러스트 스타일 기수 접두사 0b, 0o, 0x, 0X가 붙는다. 부동소수점 타입의 경우, 기수 e나 E는 정규화된 계수와 함께 e나 E를 지수로 쓰는 과학적 표기법을 요구한다. 아무런 표기법도 지정하지 않으면 러스트는 수를 10진수로 형식화한다.

표 17-6은 i32 값 1234를 형식화하는 예 몇 가지를 보여 준다.

표 17-6 **정수를 위한 형식 문자열 지시문**

사용한 기능	템플릿 문자열	결과
기본값	"{}"	"1234"
강제로 부호 표시	"{:+}"	"+1234"
최소 필드 너비	"{:12}"	" 1234"
	"{:2}"	"1234"
부호, 너비	"{:+12}"	" +1234"
앞을 0으로 채움, 너비	"{:012}"	"000000001234"
부호, 0, 너비	"{:+012}"	"+00000001234"
왼쪽 정렬, 너비	"{:<12}"	"1234 "
가운데 정렬, 너비	"{:^12}"	" 1234 "
오른쪽 정렬, 너비	"{:>12}"	" 1234"
왼쪽 정렬, 부호, 너비	"{:<+12}"	"+1234 "
가운데 정렬, 부호, 너비	"{:^+12}"	" +1234 "
오른쪽 정렬, 부호, 너비	"{:>+12}"	" +1234"
'=' 패딩, 가운데 정렬, 너비	"{:=^12}"	"====1234===="
2진수 표기법	"{:b}"	"10011010010"
너비, 8진수 표기법	"{:12o}"	" 2322"
부호, 너비, 16진수 표기법	"{:+12x}"	" +4d2"

표 17-6 정수를 위한 형식 문자열 지시문(계속)

사용한 기능	템플릿 문자열	결과
부호, 너비, 대문자로 된 16진수	`"{:+12X}"`	`"        +4D2"`
부호, 명시적인 기수 접두사, 너비, 16진수	`"{:+#12x}"`	`"      +0x4d2"`
부호, 기수, 0, 너비, 16진수	`"{:+#012x}"`	`"+0x0000004d2"`
	`"{:+#06x}"`	`"+0x4d2"`

맨 아래에 있는 두 예에서 보다시피 최소 필드 너비는 전체 수, 부호, 기수 접두사 모두에 적용된다.

음수에는 항상 부호가 포함된다. 결과는 '강제로 부호 표시' 예에 나와 있는 것과 같다.

앞에 0을 덧대어 달라고 요구하면 수 앞에 계속 0을 붙여서 전체 필드를 채우므로 정렬과 패딩 문자가 무시된다.

이번에는 인수 1234.5678을 가지고 부동소수점 타입에 적용되는 효과를 알아보자(표 17-7).

표 17-7 부동소수점 수를 위한 형식 문자열 지시문

사용한 기능	템플릿 문자열	결과
기본값	`"{}"`	`"1234.5678"`
정밀도	`"{:.2}"`	`"1234.57"`
	`"{:.6}"`	`"1234.567800"`
최소 필드 너비	`"{:12}"`	`"   1234.5678"`
최소, 정밀도	`"{:12.2}"`	`"     1234.57"`
	`"{:12.6}"`	`"  1234.567800"`
앞을 0으로 채움, 최소, 정밀도	`"{:012.6}"`	`"01234.567800"`
과학적	`"{:e}"`	`"1.2345678e3"`
과학적, 정밀도	`"{:.3e}"`	`"1.235e3"`
과학적, 최소, 정밀도	`"{:12.3e}"`	`"     1.235e3"`
	`"{:12.3E}"`	`"     1.235E3"`

기타 타입 형식화하기

표준 라이브러리에는 문자열과 수 외에도 형식화할 수 있는 다른 여러 타입이 있다.

- 오류 타입은 전부 바로 형식화할 수 있어서 오류 메시지에 손쉽게 포함시킬 수 있다. 모든 오류 타입은 기본 형식화 트레이트인 `std::fmt::Display`를 확장한 `std::error::Error` 트레이트를 구

현해야 한다. 따라서 결과적으로 Error를 구현하고 있는 모든 타입은 형식화할 준비가 되어 있는 셈이다.

- std::net::IpAddr과 std::net::SocketAddr 같은 인터넷 프로토콜 주소 타입을 형식화할 수 있다.
- 불 값 true와 false는 보통 최종 사용자에게 바로 보여 주기 좋은 문자열은 아니지만 어쨌든 형식화할 수 있다.

이들 타입에 대해서도 문자열에 쓰던 것과 같은 종류의 형식 매개변수를 써야 한다. 길이 제한, 필드 너비, 정렬 제어는 여기서도 통한다.

디버깅용으로 값 형식화하기

디버깅과 로깅을 돕기 위해 마련된 {:?} 매개변수는 프로그래머에게 유용한 정보를 가득 담아서 러스트 표준 라이브러리에 있는 모든 공개 타입을 형식화한다. 이를 통해서 벡터, 슬라이스, 튜플, 해시 테이블, 스레드 등 수백여 가지의 타입을 조사하고 판단할 수 있다.

예를 들어 다음과 같이 코드를 작성했다고 하자.

```
use std::collections::HashMap;
let mut map = HashMap::new();
map.insert("Portland", (45.5237606,-122.6819273));
map.insert("Taipei",   (25.0375167, 121.5637));
println!("{:?}", map);
```

앞의 코드는 다음의 결과를 출력한다.

```
{"Taipei": (25.0375167, 121.5637), "Portland": (45.5237606, -122.6819273)}
```

HashMap과 (f64, f64) 타입은 이미 스스로를 어떤 식으로 형식화해야 하는지 알고 있으므로 별다른 조치를 하지 않아도 된다.

형식 매개변수에 # 문자를 넣으면 러스트가 값을 보기 좋게 출력해 준다. 앞의 코드에서 마지막 줄을 println!("{:#?}", map)으로 바꾸면 다음의 결과가 출력된다.

```
{
    "Taipei": (
```

```
        25.0375167,
        121.5637
    ),
    "Portland": (
        45.5237606,
        -122.6819273
    )
}
```

하지만 결과가 항상 이런 식으로 출력된다고 단정 지으면 안 된다. 여기에 쓰이는 정확한 출력 양식은 러스트의 새 버전이 나오면 달라질 수도 있다.

디버깅 형식화는 보통 수를 10진수로 출력하지만 물음표 앞에 x나 X를 붙여서 16진수로 출력해 달라고 요구할 수 있다. 앞에 0을 덧대는 문법과 필드 너비 문법 역시 허용된다. 예를 들어 다음과 같이 코드를 작성했다고 하자.

```
println!("ordinary: {:02?}", [9, 15, 240]);
println!("hex:      {:02x?}", [9, 15, 240]);
```

앞의 코드는 다음의 결과를 출력한다.

```
ordinary: [09, 15, 240]
hex:      [09, 0f, f0]
```

앞서 언급했다시피 #[derive(Debug)] 문법을 쓰면 사용자 정의 타입에도 {:?}를 쓸 수 있다.

```
#[derive(Copy, Clone, Debug)]
struct Complex { re: f64, im: f64 }
```

이 정의를 사용하면 {:?}를 써서 Complex 값을 출력힐 수 있다.

```
let third = Complex { re: -0.5, im: f64::sqrt(0.75) };
println!("{:?}", third);
```

앞의 코드는 다음의 결과를 출력한다.

```
Complex { re: -0.5, im: 0.8660254037844386 }
```

디버깅에서는 이 정도만 되어도 훌륭하지만 {}가 이를 -0.5 + 0.8660254037844386i처럼 보다 전통적인 형식으로 출력해 준다면 더 좋을 것이다. 뒤에 나올 '**사용자 정의 타입 형식화하기**' 절에서 어떻게 하면 되는지 살펴본다.

디버깅용으로 포인터 형식화하기

일반적으로 형식화 매크로에 레퍼런스, Box, Rc 같은 포인터를 넘기면 매크로는 단순히 포인터를 따라가서 참조 대상을 형식화한다. 즉, 포인터 자체는 관심 대상이 아니다. 그러나 디버깅을 할 때는 포인터를 보는 게 도움이 될 때가 있다. 주소가 개별 값의 대략적인 '이름' 역할을 할 수 있어서 순환 구조나 공유 구조를 가진 스트럭트를 들여다볼 때 힌트가 될 수 있다.

{:p} 표기법은 레퍼런스, 박스, 기타 유사 포인터 타입을 주소로 형식화한다.

```
use std::rc::Rc;
let original = Rc::new("mazurka".to_string());
let cloned = original.clone();
let impostor = Rc::new("mazurka".to_string());
println!("text:     {}, {}, {}",          original, cloned, impostor);
println!("pointers: {:p}, {:p}, {:p}", original, cloned, impostor);
```

앞의 코드는 다음의 결과를 출력한다.

```
text:     mazurka, mazurka, mazurka
pointers: 0x7f99af80e000, 0x7f99af80e000, 0x7f99af80e030
```

물론 구체적인 포인터 값은 실행될 때마다 달라지지만, 그렇더라도 주소를 비교해 보면 앞에 있는 둘은 같은 String을 참조하는 레퍼런스인 반면, 세 번째는 별개의 값을 가리킨다는 점이 명확히 드러난다.

주소가 많아지면 세상이 온통 16진수로 도배된 것처럼 보일 수 있어서 보다 세련된 시각화 기법을 쓰면 더 좋겠지만, 그럼에도 불구하고 {:p} 스타일은 여전히 빠르고 간편한 해결책으로 쓰기에 좋다.

색인이나 이름으로 인수 참조하기

형식 매개변수는 사용할 인수를 명시적으로 선택할 수 있다. 예를 보자.

```
assert_eq!(format!("{1},{0},{2}", "zeroth", "first", "second"),
           "first,zeroth,second");
```

콜론을 쓰는 형식 매개변수도 사용법은 같다.

```
assert_eq!(format!("{2:#06x},{1:b},{0:=>10}", "first", 10, 100),
           "0x0064,1010,=====first");
```

이름을 써서 인수를 선택할 수도 있다. 이렇게 하면 매개변수가 많은 복잡한 템플릿을 훨씬 더 쉽게 읽을 수 있다. 예를 보자.

```
assert_eq!(format!("{description:.<25}{quantity:2} @ {price:5.2}",
                    price=3.25,
                    quantity=3,
                    description="Maple Turmeric Latte"),
           "Maple Turmeric Latte..... 3 @  3.25");
```

(앞의 코드에 있는 이름 있는 인수는 파이썬의 키워드 인수와 비슷해 보이지만, 형식화 매크로가 가진 특별한 기능일 뿐 러스트의 함수 호출 문법에 포함된 내용은 아니다.)

같은 형식화 매크로 안에서 색인을 쓰는 매개변수, 이름을 쓰는 매개변수, 위치를 쓰는 (즉, 색인을 쓰는 것도 이름을 쓰는 것도 아닌) 매개변수를 섞어 쓸 수 있다. 위치를 쓰는 매개변수는 마치 색인을 쓰는 매개변수와 이름을 쓰는 매개변수가 존재하지 않을 때처럼 왼쪽에서 오른쪽 순으로 인수와 짝을 이룬다.

```
assert_eq!(format!("{mode} {2} {} {}",
                    "people", "eater", "purple", mode="flying"),
           "flying purple people eater");
```

이름 있는 인수는 반드시 목록 끝에 와야 한다.

동적 너비와 정밀도

매개변수의 최소 필드 너비, 텍스트 길이 제한, 수치 정밀도에 쓰이는 값은 고정해 둘 필요가 없으며, 실행 시점에 선택할 수 있다.

앞서 우리는 다음과 같은 표현식을 살펴본 바 있다. 다음 코드는 문자열 content가 가진 내용을 20

자 너비의 필드에 넣은 다음 오른쪽을 기준으로 정렬해서 반환한다.

```
format!("{:>20}", content)
```

그러나 코드를 다음처럼 작성하면 이 필드의 너비를 실행 시점에 선택할 수 있다.

```
format!("{:>1$}", content, get_width())
```

최소 필드 너비 자리에 1$라고 쓰면 format!이 두 번째 인수의 값을 너비로 사용한다. 이때 인용된 인수는 반드시 usize여야 한다. 이름을 써서 인수를 참조할 수도 있다.

```
format!("{:>width$}", content, width=get_width())
```

텍스트 길이 제한에도 같은 접근법이 통한다.

```
format!("{:>width$.limit$}", content,
        width=get_width(), limit=get_limit())
```

텍스트 길이 제한이나 부동소수점 정밀도 대신에 *를 써서 다음 위치에 있는 인수를 정밀도로 쓸 수도 있다. 다음 코드는 content를 최대 get_limit() 개의 문자만 남겨 두고 전부 잘라낸다.

```
format!("{:.*}", get_limit(), content)
```

정밀도로 쓰는 인수는 반드시 usize여야 한다. 필드 너비의 경우에는 관련된 문법이 존재하지 않는다.

사용자 정의 타입 형식화하기

형식화 매크로는 std::fmt 모듈에 정의된 트레이트 집합을 써서 값을 텍스트로 변환한다. 이들 트레이트 중 일부를 직접 구현하면 러스트의 형식화 매크로가 사용자 정의 타입을 형식화하도록 만들 수 있다.

형식 매개변수의 표기법은 표 17-8에 나와 있는 것처럼 인수의 타입이 반드시 구현해야 하는 트레이트의 종류를 나타낸다.

표 17-8 형식 문자열 지시문 표기법

표기법	예	트레이트	용도
none	{}	std::fmt::Display	텍스트, 수, 오류: 범용 트레이트
b	{bits:#b}	std::fmt::Binary	2진수
o	{:#5o}	std::fmt::Octal	8진수
x	{:4x}	std::fmt::LowerHex	소문자로 된 16진수
X	{:016X}	std::fmt::UpperHex	대문자로 된 16진수
e	{:.3e}	std::fmt::LowerExp	과학적 표기법으로 된 부동소수점 수
E	{:.3E}	std::fmt::UpperExp	위와 같지만 대문자 E를 씀
?	{:#?}	std::fmt::Debug	디버깅 뷰, 개발자용
p	{:p}	std::fmt::Pointer	포인터를 주소로 표시함, 개발자용

{:?} 형식 매개변수를 쓸 수 있게 타입 정의 위에 #[derive(Debug)] 어트리뷰트를 달아 두는 건, 결국 러스트에게 std::fmt::Debug 트레이트를 대신 구현해 달라고 요청하는 것과 같다.

형식화 트레이트는 이름만 다를 뿐 모두 같은 구조로 되어 있다. 따라서 대표로 std::fmt::Display 를 살펴보기로 하자.

```
trait Display {
    fn fmt(&self, dest: &mut std::fmt::Formatter)
        -> std::fmt::Result;
}
```

fmt 메서드가 하는 일은 self를 형식화해서 적절한 표현으로 만든 다음, 해당 문자들을 dest에 기록하는 것이다. dest 인수는 출력 스트림 역할을 하는 것 외에도 형식 매개변수에서 파싱한 정렬과 최소 필드 너비 같은 세부 정보를 실어 나른다.

예를 들어, 이번 장 앞부분에서는 Complex 값이 쓰는 모를 일반적인 a + bi 형식으로 출력해 준다면 더 좋을 것이라고 제안한 바 있다. 이를 수행하는 Display 구현은 다음과 같다.

```
use std::fmt;

impl fmt::Display for Complex {
    fn fmt(&self, dest: &mut fmt::Formatter) -> fmt::Result {
        let im_sign = if self.im < 0.0 { '-' } else { '+' };
        write!(dest, "{} {} {}i", self.re, im_sign, f64::abs(self.im))
```

```
        }
    }
```

이 구현은 Formatter 자체가 출력 스트림이라는 사실을 이용하므로 write! 매크로가 대부분의 일을 대신 도맡아 처리한다. 이 구현을 사용하면 다음과 같은 코드를 작성할 수 있다.

```
let one_twenty = Complex { re: -0.5, im: 0.866 };
assert_eq!(format!("{}", one_twenty),
           "-0.5 + 0.866i");

let two_forty = Complex { re: -0.5, im: -0.866 };
assert_eq!(format!("{}", two_forty),
           "-0.5 - 0.866i");
```

경우에 따라서는 복소수를 극형식polar form으로 표시하는 게 도움이 될 때가 있다. 복소평면 위에 그린 선이 원점을 출발해서 어떤 수에 닿을 때, 극형식은 그 선의 길이와 양의 X축을 기준 삼아 시계 방향으로 잰 각도를 알려 준다. 형식 매개변수의 # 문자는 보통 대체 표시 형식을 선택하는 데 쓰이므로, Display 구현에서 이를 극형식으로 표시하라는 요구로 받아들여 처리할 수 있다.

```
impl fmt::Display for Complex {
    fn fmt(&self, dest: &mut fmt::Formatter) -> fmt::Result {
        let (re, im) = (self.re, self.im);
        if dest.alternate() {
            let abs = f64::sqrt(re * re + im * im);
            let angle = f64::atan2(im, re) / std::f64::consts::PI * 180.0;
            write!(dest, "{} ∠ {}°", abs, angle)
        } else {
            let im_sign = if im < 0.0 { '-' } else { '+' };
            write!(dest, "{} {} {}i", re, im_sign, f64::abs(im))
        }
    }
}
```

이 구현을 사용하면 다음과 같은 코드를 작성할 수 있다.

```
let ninety = Complex { re: 0.0, im: 2.0 };
assert_eq!(format!("{}", ninety),
           "0 + 2i");
assert_eq!(format!("{:#}", ninety),
           "2 ∠ 90°");
```

형식화 트레이트의 fmt 메서드가 (전형적인 모듈별 Result 타입이라 할 수 있는) fmt::Result 값을 반환하긴 하지만, 위 fmt::Display 구현이 write!를 호출할 때 하고 있는 것처럼 Formatter와 관련된 작업에서 발생하는 실패만 전파해야지, 형식화 함수 자체와 관련된 오류를 만들어 내서는 안 된다. 형식화된 텍스트를 String 뒤에 덧붙이는 건 절대로 실패하지 않기 때문에, 이렇게 하면 format! 같은 매크로가 Result<String, ...>이 아니라 그냥 String을 반환할 수 있다. 또 write! 나 writeln!에서 발생하는 모든 오류가 형식화 문제가 아니라 밑바닥에 있는 I/O 스트림과 관련된 진짜 문제라는 걸 반영할 수 있다.

Formatter는 맵과 리스트 같은 구조화된 데이터를 다루기 위한 메서드를 포함해서 여러 가지 유용한 메서드를 많이 가지고 있는데, 여기서는 다루지 않으니 자세한 내용은 온라인 문서를 참고하자.

내 코드에서 형식화 언어 사용하기

러스트의 format_args! 매크로와 std::fmt::Arguments 타입을 쓰면 형식 템플릿과 인수를 받는 사용자 정의 함수와 매크로를 작성할 수 있다. 예를 들어 프로그램이 실행되는 과정에서 상태 메시지를 남겨야 하는데, 여기에 러스트의 텍스트 형식화 언어를 쓰고 싶다고 가정하자. 일단은 다음과 같은 식으로 시작해볼 수 있겠다.

```
fn logging_enabled() -> bool { ... }

use std::fs::OpenOptions;
use std::io::Write;

fn write_log_entry(entry: std::fmt::Arguments) {
    if logging_enabled() {
        // 문제를 단순화하기 위해서 일단은 파일을 매번 열기로 하자.
        let mut log_file = OpenOptions::new()
            .append(true)
            .create(true)
            .open("log-file-name")
            .expect("failed to open log file");

        log_file.write_fmt(entry)
            .expect("failed to write to log");
    }
}
```

write_log_entry는 다음과 같은 식으로 호출하면 된다.

```
write_log_entry(format_args!("Hark! {:?}\n", mysterious_value));
```

format_args! 매크로는 컴파일 시점에 템플릿 문자열을 파싱하고 인수의 타입을 검사해서 문제가 있으면 오류를 낸다. 그런 다음 실행 시점에 인수를 평가해서 텍스트를 형식화하는 데 필요한 모든 정보를 실어 나르는 Arguments 값을 만든다. 즉, 인수 값의 공유된 레퍼런스를 쥐고 있는 미리 파싱해 둔 형태의 템플릿을 만든다고 보면 된다.

Arguments 값을 만드는 과정은 포인터 몇 가지를 모아 담는 게 전부라서 생성 비용이 저렴하다. 형식화 작업은 이 단계가 아니라 뒷 단계에서 일어나는 일이고 여기서는 그때 필요한 정보를 미리 모아 둘 뿐이다. 이런 식으로 단계를 구분해 두는 건 상당히 중요한데, 이렇게 하지 않으면 로깅을 켜지 않은 상태에서도 수를 10진수로 변환하고 값에 패드를 덧대는 등의 작업을 하느라 시간을 낭비하게 된다.

File 타입은 std::io::Write 트레이트를 구현하고 있고, 그 안에 있는 write_fmt 메서드는 Argument를 받아서 형식화를 수행한 다음, 그 결과를 기본 스트림에 기록한다.

그런데 write_log_entry를 호출하는 쪽을 보면 가독성이 그리 좋지 않다. 이럴 때는 매크로를 만들어 쓰는 게 도움이 된다.

```
macro_rules! log {   // 매크로를 정의할 때는 이름 뒤에 !를 붙이지 않는다.
    ($format:tt, $($arg:expr),*) => (
        write_log_entry(format_args!($format, $($arg),*))
    )
}
```

매크로는 21장에서 자세히 다룬다. 일단 지금은 앞의 코드가 새 매크로 log!를 정의하는 것이고, 이 매크로는 인수를 format_args!에 전달한 뒤 그 결과로 나온 Arguments 값을 가지고 write_log_entry 함수를 호출한다는 정도로만 이해하고 넘어가자. println!, writeln!, format! 같은 형식화 매크로는 전부 이런 식으로 되어 있다고 보면 된다.

log!는 다음처럼 쓰면 된다.

```
log!("O day and night, but this is wondrous strange! {:?}\n",
    mysterious_value);
```

딱 봐도 이게 좀 더 나아 보인다.

정규 표현식

외부 크레이트 regex는 러스트의 공식 정규 표현식 라이브러리다. 일반적인 검색과 매칭 기능을 제공하고, 유니코드를 잘 지원할 뿐만 아니라 바이트 문자열 검색 기능도 제공한다. 비록 역참조와 전/후방 탐색 패턴처럼 다른 정규 표현식 패키지에서 찾아볼 수 있는 기능을 일부 지원하지 않지만, 이런 단순함 덕분에 regex는 검색에 드는 시간을 표현식의 크기와 검색이 이뤄지는 텍스트의 길이에 선형적으로 비례하도록 만들 수 있다. 무엇보다도 이러한 보장은 신뢰할 수 없는 텍스트를 검색하는, 신뢰할 수 없는 표현식의 틈바구니에서 regex를 안전하게 쓸 수 있게 만들어 준다.

이 책에서는 regex의 개요만 간단히 살펴본다. 자세한 내용은 온라인 문서를 참고하자.

regex 크레이트는 std에 포함되어 있지 않지만 std를 담당하는 그룹인 러스트 라이브러리 팀에서 관리한다. regex를 사용하려면 크레이트의 **Cargo.toml** 파일을 열어서 다음 내용을 [dependencies] 부분에 추가한다.

```
regex = "1"
```

이어지는 절에서는 위 내용을 이미 적용해 두었다고 가정한다.

Regex 기본 사용법

Regex 값은 바로 사용할 수 있는 파싱된 정규 표현식을 표현한다. Regex::new 생성자는 &str를 정규 표현식으로 파싱하고 Result를 반환한다.

```
use regex::Regex;

// 0.2.1과 같은 식으로 된 유의적 버전 번호.
// 0.2.1-alpha와 같은 식으로 된 시험판 버전 접미사를 포함할 수 있다.
// (간결함을 위해서 빌드 메타데이터 접미사는 붙이지 않는다.)
//
// 백슬래시가 난무하는 걸 피하기 위해서 r"..." 원시 문자열 문법을 사용한다.
let semver = Regex::new(r"(\d+)\.(\d+)\.(\d+)(-[-.[:alnum:]]*)?")?;

// 불 결과를 내는 단순한 검색.
let haystack = r#"regex = "0.2.5""#;
assert!(semver.is_match(haystack));
```

Regex::captures 메서드는 문자열에서 첫 번째 매칭을 검색한 다음, 표현식에 있는 각 그룹에 대한 매칭 정보를 쥐고 있는 regex::Captures 값을 반환한다.

```
// 캡처 그룹을 검색할 수 있다.
let captures = semver.captures(haystack)
    .ok_or("semver regex should have matched")?;
assert_eq!(&captures[0], "0.2.5");
assert_eq!(&captures[1], "0");
assert_eq!(&captures[2], "2");
assert_eq!(&captures[3], "5");
```

요청한 그룹이 매칭되지 않았는데 색인을 써서 Captures 값을 접근하면 패닉에 빠진다. 특정 그룹이 매칭되었는지 여부를 테스트하려면, Option<regex::Match>를 반환하는 Captures::get을 호출하면 된다. Match 값은 한 그룹의 매칭을 기록한다.

```
assert_eq!(captures.get(4), None);
assert_eq!(captures.get(3).unwrap().start(), 13);
assert_eq!(captures.get(3).unwrap().end(), 14);
assert_eq!(captures.get(3).unwrap().as_str(), "5");
```

문자열에서 매칭된 부분을 전부 반복 처리할 수도 있다.

```
let haystack = "In the beginning, there was 1.0.0. \
                For a while, we used 1.0.1-beta, \
                but in the end, we settled on 1.2.4.";

let matches: Vec<&str> = semver.find_iter(haystack)
    .map(|match_| match_.as_str())
    .collect();
assert_eq!(matches, vec!["1.0.0", "1.0.1-beta", "1.2.4"]);
```

find_iter 이터레이터는 문자열을 처음부터 끝까지 돌면서 표현식의 겹치지 않는 각 매칭에 대해서 Match 값을 산출한다. captures_iter 메서드는 비슷하지만 캡처 그룹을 전부 기록하고 있는 Captures 값을 산출한다는 점이 다르다. 캡처 그룹을 꼭 받아봐야 하는 경우에는 검색 속도가 느려질 수 있으므로, 필요한 경우가 아니라면 이를 반환하지 않는 메서드들 중 하나를 쓰는 것이 가장 좋다.

Regex 값 생성 지연시키기

Regex::new 생성자는 실행 비용이 클 수 있는데, 1,200자로 된 정규 표현식을 가지고 Regex를 만들면 빠른 개발 머신에서도 거의 밀리초가 소요되며, 간단한 표현식조차도 마이크로초가 소요된다. 따라서 계산량이 많은 복잡한 루프에서는 Regex를 만들지 않는 것이 상책이며, Regex는 한 번만 만들어 두고 재사용해야 한다.

lazy_static 크레이트는 정적인 값의 생성 시점을 최초 사용 시점으로 미루는 훌륭한 방법을 제공한다. 사용하려면 **Cargo.toml** 파일에 의존성을 추가하면 된다.

```
[dependencies]
lazy_static = "1"
```

이 크레이트는 그런 변수를 선언하기 위한 매크로를 제공한다.

```
use lazy_static::lazy_static;

lazy_static! {
    static ref SEMVER: Regex
        = Regex::new(r"(\d+)\.(\d+)\.(\d+)(-[-.[:alnum:]]*)?")
            .expect("error parsing regex");
}
```

이 매크로는 SEMVER라는 이름을 가진 정적 변수의 선언문으로 확장된다. 이때 이 변수의 타입은 Regex가 아니라 매크로에 의해 생성되는 Deref<Target=Regex>를 구현하고 있는 타입이 되고, 따라서 Regex가 가진 메서드를 전부 그대로 노출한다. SEMVER를 처음 역참조하는 시점이 오면 그제서야 초기화 코드가 평가되고, 그 값이 나중에 쓸 목적으로 저장된다. SEMVER는 그냥 지역변수가 아니라 정적 변수이므로 초기화 코드는 프로그램이 실행될 때 딱 한 번만 실행된다.

이 정의를 사용하면 SEMVER를 손쉽게 사용힐 수 있다.

```
use std::io::BufRead;

let stdin = std::io::stdin();
for line_result in stdin.lock().lines() {
    let line = line_result?;
    if let Some(match_) = SEMVER.find(&line) {
        println!("{}", match_.as_str());
    }
}
```

lazy_static! 선언은 범위만 적절하다면 모듈 안에 둘 수도 있고, 심지어 Regex를 사용하는 함수 안에 둘 수도 있다. 어디에 두던지 간에 정규 표현식은 여전히 프로그램이 실행될 때 딱 한 번만 컴파일된다.

정규화

대부분의 사용자는 프랑스어로 차를 뜻하는 단어인 **thé**의 길이를 세 글자라고 생각할 것이다. 하지만 유니코드에는 실제로 이 텍스트를 표현하는 방법이 두 가지가 있다.

- **결합** 형식은 'thé'를 't', 'h', 'é' 이렇게 세 개의 문자로 구성하며, 이때 'é'는 코드 포인트가 0xe9인 단일 유니코드 문자다.
- **분해** 형식은 'thé'를 't', 'h', 'e', '\u{301}' 이렇게 네 개의 문자로 구성하며, 이때 'e'는 악센트가 없는 일반 아스키 문자이고, 코드 포인트 0x301은 앞에 있는 문자에 양음 악센트를 붙이는 '양음 악센트 붙이기' 문자다.

유니코드는 **é**의 결합 형식이나 분해 형식을 '올바른' 형식으로 보지 않는다. 그보다는 이 둘을 같은 추상 문자의 동등한 표현으로 본다. 유니코드는 두 형식이 모두 같은 방식으로 표시되어야 한다고 말하고 있고, 텍스트 입력 방법이 둘 중 하나를 생성할 수 있도록 허용하고 있으므로, 사용자는 보통 현재 보고 있거나 입력하고 있는 텍스트가 어떤 형식으로 된 것인지 모른다. (러스트에서는 유니코드 문자를 직접 문자열 리터럴 안에 쓸 수 있으므로, 인코딩에 관심이 없다면 그냥 "thé"라고 적으면 된다. 여기서는 명확함을 위해서 \u 이스케이프를 사용하겠다.)

하지만 러스트가 &str나 String 값으로 간주하는 "th\u{e9}"와 "the\u{301}"은 서로 완전히 별개다. 이 둘은 길이가 다른 건 물론이고, 비교해봐야 다르다고 나올 뿐만 아니라, 산출되는 해시값도 다르고, 다른 문자열 틈에서 정렬되는 순서도 다르다.

```
assert!("th\u{e9}" != "the\u{301}");
assert!("th\u{e9}" >  "the\u{301}");

// Hasher는 연속된 값의 해시를 누적하도록 설계되어 있으므로,
// 딱 하나만 해싱하는 건 어딘가 좀 투박해 보인다.
use std::hash::{Hash, Hasher};
use std::collections::hash_map::DefaultHasher;
fn hash<T: ?Sized + Hash>(t: &T) -> u64 {
    let mut s = DefaultHasher::new();
    t.hash(&mut s);
```

```
    s.finish()
}

// 이 값들은 러스트의 새 버전이 나오면 달라질 수도 있다.
assert_eq!(hash("th\u{e9}"),    0x53e2d0734eb1dff3);
assert_eq!(hash("the\u{301}"), 0x90d837f0a0928144);
```

당연한 이야기지만, 사용자가 입력한 텍스트를 비교하려는 경우나 이를 해시 테이블이나 B-트리의 키로 쓰려는 경우에는 먼저 각 문자열을 표준 형식으로 바꿔줘야 한다.

다행스럽게도 유니코드는 문자열의 **정규화** 형식을 명시하고 있다. 두 문자열이 유니코드의 규칙에 따라 동등하게 취급된다면 이들의 정규화 형식은 문자와 문자가 처음부터 끝까지 전부 같다. UTF-8로 인코딩된 경우에는 바이트와 바이트가 처음부터 끝까지 전부 동일하다. 이 말은 정규화된 문자열을 ==으로 비교하고, HashMap이나 HashSet의 키로 쓰는 등, 유니코드가 가진 상등성의 개념을 여러모로 활용할 수 있다는 뜻이다.

정규화에 실패하면 심지어 보안 문제가 발생할 수도 있다. 예를 들어 여러분의 웹사이트가 늘 사용자 이름을 정규화해 쓰다가 실수로 몇 군데를 놓친다면, 가령 bananasflambé이라는 이름을 가진 사용자가 두 명이 생길 수 있고, 이들을 어떤 코드는 같은 사용자로 보고 또 어떤 코드는 다른 사용자로 보는 상황이 생기면서, 어느 한쪽의 권한이 다른 한쪽에게로 잘못 확장되는 일이 벌어질 수 있다. 물론 이런 종류의 문제를 피하기 위한 방법이 많지만, 역사를 되짚어 보면 꼭 그렇지만도 않다는 걸 알 수 있다.

정규화 형식

유니코드는 네 가지 정규화 형식을 정의하고 있으며, 각자 적합한 용도가 서로 다르다. 내 상황에 맞는 형식이 무엇인지 알기 위해서는 다음의 두 가지 질문에 답해야 한다.

- 첫 번째는 문자가 가능한 한 **결합**되어 있길 원하는지, 아니면 **분해**되어 있길 원하는지 묻는 질문이다.

  예를 들어 베트남어에 있는 단어인 **Phở**의 결합 정도가 가장 높은 표현은 세 개의 문자로 된 문자열 "Ph\u{1edf}"인데, 이때 성조 기호 ''''와 모음 기호 '''는 둘 다 기본 문자 'o'에 적용되어 단일 유니코드 문자 '\u{1edf}'를 이룬다. 유니코드에서는 이를 가리켜 '뿔과 고리가 위에 붙은 라틴 소문자 O'라고 부른다.

  분해 정도가 가장 높은 표현은 기본 문자와 두 기호를 세 개의 독립된 유니코드 문자 'o',

'\u{31b}'(뿔 붙이기), '\u{309}'(위에 고리 붙이기)로 분해한 "Pho\u{31b}\u{309}"다(기호 붙이기가 결합된 문자의 일부가 아니라 독립된 문자로 나타나면, 모든 정규화 형식은 그때마다 이들이 표시되어야 하는 순서를 고정해서 명시해야 하므로, 문자가 악센트를 여러 개 가지고 있더라도 정규화하는 데 문제가 없다).

결합 형식은 유니코드가 확실하게 자리 잡기 전부터 사용하던 텍스트 표현과 상당히 가깝기 때문에 일반적으로 호환성 문제를 덜 겪는다. 따라서 러스트의 format! 매크로처럼 전문적인 지식이 없어도 쉽게 쓸 수 있는 문자열 형식화 기능에 더 적합하다. 반면 분해 형식은 텍스트의 세부 구조를 보다 명확히 드러내기 때문에 텍스트를 표시하거나 검색하는 데 더 적합하다.

- 두 번째는 근본적으로 같은 텍스트를 표현하는 두 문자열이 텍스트의 형식화 방식을 달리 가져갈 때 이 둘을 같다고 보길 원하는지, 아니면 다르다고 보길 원하는지 묻는 질문이다.

  유니코드에는 일반 숫자 5, 윗첨자 숫자 ^{5}('\u{2075}'), 동그라미 친 숫자 ⑤('\u{2464}')가 전부 독립된 문자로 존재하지만, 이 세트가 **호환 동치 관계**에 있다고 선언되어 있다. 마찬가지로 유니코드에는 합자 ffi('\u{fb03}')가 단일 문자로 존재하지만, 이것이 세 문자로 된 시퀀스 ffi와 호환 동치 관계에 있다고 선언되어 있다.

  호환 동치는 검색에서 진가를 발휘한다. 예를 들어 "difficult"라는 단어를 아스키 문자만 써서 검색하더라도 문자열 중간에 합자 ffi가 들어간 "di\u{fb03}cult"를 매칭할 수 있어야 마땅하다. 이런 때 후자의 문자열에 호환 분해를 적용하면 중간에 있는 합자가 세 개의 일반 문자로 된 "ffi"로 대체되기 때문에 검색이 쉬워진다. 그러나 텍스트를 호환 동치 형식으로 정규화하면 필수 정보가 손실될 수 있으므로 아무때나 마구 적용해서는 안 된다. 예를 들어, "2^5"를 "25"로 저장하는 건 대부분의 맥락에서 부정확하게 쓰일 가능성이 크다.

유니코드 정규화 형식 C(NFC_{Normalization Form C})와 정규화 형식 D(NFD_{Normalization Form D})는 각 문자의 최대 결합 형식과 최대 분해 형식을 쓰지만, 호환 동치 관계에 있는 시퀀스를 통합하진 않는다. NFKC와 NFKD 정규화 형식은 NFC와 NFD와 비슷하지만, 호환 동치 관계에 있는 시퀀스를 전부 해당 클래스에 있는 모종의 단순한 대표자로 정규화한다는 점이 다르다.

월드 와이드 웹 컨소시엄이 발표한 'Character Model For the World Wide Web'[26]에서는 모든 콘텐츠에 NFC를 쓸 것을 권장한다. 또 유니코드 표준 부록 'Unicode Identifier and Pattern Syntax'[27]에서는 프로그래밍 언어의 식별자에 NFKC를 쓸 것을 제안하고, 필요할 때 형식을 조정하기 위한 원칙을 제공한다.

---

26 https://www.w3.org/TR/charmod/

27 https://www.unicode.org/reports/tr31/

unicode-normalization 크레이트

러스트의 unicode-normalization 크레이트는 텍스트를 네 가지 정규화 형식 중 하나로 저장하는 메서드를 &str에 추가하는 트레이트를 제공한다. 이를 사용하려면 다음 내용을 **Cargo.toml** 파일의 [dependencies] 부분에 추가한다.

```
unicode-normalization = "0.1.17"
```

이와 같이 정의하고 나면 &str에는 문자열의 특정 정규화 형식을 반복 처리하는 이터레이터를 반환하는 네 개의 메서드가 새로 생긴다.

```
use unicode_normalization::UnicodeNormalization;

// 왼쪽에 있는 문자열이 어떤 표현을 쓰든지 간에(그냥 보기만 해서는 알 수 없어야 함)
// 이 단언문들은 성공으로 평가된다.
assert_eq!("Phở".nfd().collect::<String>(), "Pho\u{31b}\u{309}");
assert_eq!("Phở".nfc().collect::<String>(), "Ph\u{1edf}");

// 왼쪽에 있는 문자열은 'ffi' 합자 문자를 쓴다.
assert_eq!("① Di\u{fb03}culty".nfkc().collect::<String>(), "1 Difficulty");
```

정규화된 문자열을 같은 형식으로 다시 정규화하면 항상 동일한 텍스트가 반환된다.

정규화된 문자열의 부분 문자열은 항상 정규화된 상태를 갖지만, 정규화된 두 문자열을 연결한다고 해서 결과가 항상 정규화된 상태를 갖는 건 아니다. 예를 들어, 두 번째 문자열이 첫 번째 문자열 맨 끝에 있는 조합 문자 앞에 배치되어야 하는 조합 문자로 시작하는 경우가 있을 수 있다.

유니코드는 텍스트가 정규화될 때 미지정 코드 포인트를 사용하지 않는 한 향후 새 버전의 표준이 나오더라도 정규화된 형식이 바뀌지 않을 거라고 약속한다. 이 말은 유니코드 표준이 발전해 나가는 것과는 별개로 정규화된 형식을 영구 저장소에 써도 대개는 안전하다는 뜻이다.

입력과 출력

두리틀: 네가 존재한다는 확실한 증거는?

폭탄 20호: 으흠... 난 생각한다, 그러니 존재한다.

두리틀: 좋아, 아주 좋아. 그럼 다른 것들의 존재는 어떻게 알지?

폭탄 20호: 내 감각 기관이 내게 알려 주지.

—〈다크 스타〉[28]

러스트의 입력과 출력을 위한 표준 라이브러리 기능은 Read, BufRead, Write 이렇게 세 가지 트레이트를 중심으로 조직되어 있다.

- Read를 구현하고 있는 값은 바이트 단위로 처리되는 입력을 위한 메서드를 가지고 있다. 이를 **리더**reader라고 한다.
- BufRead를 구현하고 있는 값은 **버퍼링되는**buffered 리더다. Read가 가진 모든 메서드와 더불어 텍스트를 줄 단위로 읽기 위한 메서드 등을 지원한다.
- Write를 구현하고 있는 값은 바이트 단위로 처리되는 출력과 UTF-8 텍스트 출력을 모두 지원한다. 이를 **라이터**writer라고 한다.

그림 18-1은 이 세 가지 트레이트와 함께 리더와 라이터 타입의 예 몇 가지를 보여 준다.

---

28 [옮긴이] 영화 〈2001: A Space Odyssey〉에 대한 존 카펜터 감독의 패러디 작품(https://ko.wikipedia.org/wiki/다크_스타_(영화))

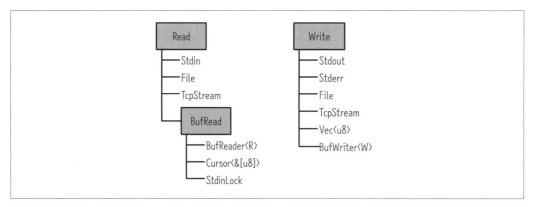

그림 18-1 러스트의 세 가지 주요 I/O 트레이트와 이를 구현하고 있는 몇 가지 타입들

이번 장에서는 이들 트레이트와 여기에 포함된 메서드의 사용법을 설명하고, 그림에 나와 있는 리더와 라이터 타입에 대해 살펴보고, 파일, 터미널, 네트워크와 상호 작용하는 다른 방법을 알아본다.

리더와 라이터

리더reader는 프로그램이 바이트열을 읽을 때 쓰는 값이다. 예를 보자.

- `std::fs::File::open(filename)`으로 연 파일.
- 네트워크를 통해서 데이터를 받을 때 쓰는 `std::net::TcpStream`.
- 프로세스의 표준 입력 스트림을 읽을 때 쓰는 `std::io::stdin()`.
- 메모리에 있는 바이트 배열이나 벡터를 '읽을' 때 쓰는 리더인 `std::io::Cursor<&[u8]>`과 `std::io::Cursor<Vec<u8>>` 값.

라이터writer는 프로그램이 바이트열을 기록할 때 쓰는 값이다. 예를 보자.

- `std::fs::File::create(filename)`으로 연 파일.
- 네트워크를 통해서 데이터를 보낼 때 쓰는 `std::net::TcpStream`.
- 터미널에 기록할 때 쓰는 `std::io::stdout()`과 `std::io:stderr()`.
- 벡터 뒤에 덧붙일 때 쓰는 `write` 메서드를 가진 라이터인 `Vec<u8>`.
- `std::io::Cursor<Vec<u8>>`. 비슷하지만 데이터를 읽고 쓸 수 있으며, 벡터의 다른 위치를 찾아갈 수 있다는 점이 다르다.

- std::io::Cursor<&mut [u8]>. std::io::Cursor<Vec<u8>>과 거의 비슷하지만, 이미 있는 바이트 배열의 슬라이스에 불과해서 버퍼의 크기가 늘 수 없다는 점이 다르다.

리더와 라이터는 표준 트레이트(std::io::Read와 std::io::Write)가 있어서 다양한 입력과 출력 채널을 대상으로 작동하는 제네릭 코드를 작성하는 게 일반적이다. 예를 들어, 다음 함수는 임의의 리더에서 가져온 바이트열을 임의의 라이터로 전부 복사한다.

```
use std::io::{self, Read, Write, ErrorKind};

const DEFAULT_BUF_SIZE: usize = 8 * 1024;

pub fn copy<R: ?Sized, W: ?Sized>(reader: &mut R, writer: &mut W)
    -> io::Result<u64>
    where R: Read, W: Write
{
    let mut buf = [0; DEFAULT_BUF_SIZE];
    let mut written = 0;
    loop {
        let len = match reader.read(&mut buf) {
            Ok(0) => return Ok(written),
            Ok(len) => len,
            Err(ref e) if e.kind() == ErrorKind::Interrupted => continue,
            Err(e) => return Err(e),
        };
        writer.write_all(&buf[..len])?;
        written += len as u64;
    }
}
```

앞의 코드는 러스트의 표준 라이브러리에 있는 std::io::copy()의 구현이다. 제네릭으로 되어 있어서 File에서 가져온 데이터를 TcpStream으로 복사할 수도 있고, Stdin에서 가져온 데이터를 메모리 내 Vec<u8>로 복사할 수도 있다.

여기에 쓰인 오류 처리 코드가 아리송하게 느껴지면 7장을 다시 읽어 보자. 앞으로 계속 Result 타입을 써야 하기 때문에 동작 방식을 제대로 이해하는 것이 중요하다.

std::io가 가진 세 가지 트레이트 Read, BufRead, Write는 Seek와 더불어 자주 쓰이기 때문에 이들 트레이트만 포함하고 있는 prelude 모듈이 존재한다.

```
use std::io::prelude::*;
```

이번 장에서는 이와 같은 식으로 가져다 쓰는 경우를 한두 번쯤 보게 될 것이다. 또한, 습관적으로 다음처럼 std::io 모듈 자체를 가져다 쓰는 경우를 여러 번 보게 될 것이다.

```
use std::io::{self, Read, Write, ErrorKind};
```

여기서 self 키워드는 io를 std::io 모듈의 별칭으로 선언한다. 이렇게 하면 std::io::Result와 std::io::Error를 io::Result와 io::Error로 보다 간결하게 쓸 수 있다.

리더

std::io::Read는 데이터를 읽기 위한 여러 메서드를 가지고 있다. 이들은 모두 리더 자체를 mut 레퍼런스로 받는다.

- reader.read(&mut buffer)

  데이터 소스에서 바이트열을 읽어다가 주어진 buffer에 저장한다. buffer 인수의 타입은 &mut [u8]이다. 최대 buffer.len() 바이트를 읽는다.

  반환 타입은 Result<u64, io::Error>의 타입 별칭인 io::Result<u64>다. 성공하면 u64 값은 읽은 바이트 수가 되는데, 이 값은 데이터 소스의 상태에 따라 **추가 데이터가 있더라도** buffer. len()과 같거나 작을 수 있다. Ok(0)은 더 이상 읽을 입력이 없다는 뜻이다.

  오류가 발생하면 .read()는 Err(err)을 반환하는데, 여기서 err은 io::Error 값이다. io::Error를 출력하면 오류의 원인이 사람이 알아볼 수 있는 형태로 찍힌다. 프로그램의 경우에는 io::ErrorKind 타입으로 된 오류 코드를 반환하는 .kind() 메서드를 쓰면 된다. 이 이늄의 멤버는 PermissionDenied와 ConnectionReset 같은 식으로 이름이 붙어 있다. 대부분은 무시할 수 없는 심각한 오류를 나타내지만, 어쨌든 종류별로 전략을 달리해가며 잘 처리해야 한다. io::ErrorKind::Interrupted는 유닉스 오류 코드 EINTR에 해당하며, 읽기 도중에 시그널에 의한 인터럽트가 발생했다는 뜻이다. 이럴 때는 프로그램이 시그널을 따로 챙겨서 처리하도록 되어 있는 게 아닌 한은 그냥 읽기를 재시도하면 된다. 앞 절에 있는 copy() 코드가 이에 대한 적절한 예를 보여 준다.

  보다시피 .read()는 밑바닥에 있는 운영체제의 까탈스러운 면모를 그대로 이어받은 저수준 메서드다. 그 덕분에 Read 트레이트를 새 데이터 소스 타입에 구현할 때는 충분한 재량이 주어지지만, 데이터를 읽으려고 할 때는 그 자체가 고통이다. 따라서 러스트는 편리한 고수준 메서드를 몇 가지 제공한다. 이들은 모두 .read()의 관점으로 된 기본 구현을 가지고 있으며, ErrorKind::Interrupted를 대신 처리해 주기 때문에 직접 다룰 필요가 없다.

- reader.read_to_end(&mut byte_vec)

  이 리더에 남아 있는 입력을 전부 읽어다가 Vec<u8>인 byte_vec 뒤에 덧붙인다. 읽은 바이트 수를 io::Result<usize>로 반환한다.

  이 메서드는 벡터에 쌓을 데이터의 양을 제한하지 않으므로 신뢰할 수 없는 소스에 대고 사용해서는 안 된다(다음 목록에서 설명할 .take() 메서드를 쓰면 읽어올 데이터의 양을 제한할 수 있다).

- reader.read_to_string(&mut string)

  똑같지만 데이터를 주어진 String 뒤에 덧붙인다는 점이 다르다. 스트림이 유효한 UTF-8이 아니면 ErrorKind::InvalidData 오류를 반환한다.

  일부 프로그래밍 언어에서는 바이트 입력과 문자 입력이 서로 다른 타입으로 처리된다. 요즘은 어딜가나 UTF-8이 대세라서 러스트는 이를 사실상 표준으로 인정하고 모든 곳에서 UTF-8을 지원한다. 다른 문자 집합을 지원해야 할 필요가 있을 때는 오픈 소스 크레이트인 encoding의 도움을 받을 수 있다.

- reader.read_exact(&mut buf)

  데이터를 딱 주어진 버퍼의 크기만큼만 읽는다. 인수의 타입은 &[u8]이다. 리더가 buf.len() 바이트를 다 읽기 전에 데이터가 소진되면 ErrorKind::UnexpectedEof 오류를 반환한다.

이들은 Read 트레이트의 주요 메서드라 할 수 있겠다. 이 외에도 reader를 값으로 받아서 이터레이터나 다른 리더로 바꿔 주는 세 가지 어댑터 메서드가 더 있다.

- reader.bytes()

  입력 스트림의 개별 바이트를 반복 처리하는 이터레이터를 반환한다. 아이템 타입이 io::Result<u8>이므로 모든 바이트에 대해서 오류 검사가 필요하다. 게다가 바이트별로 reader.read()를 한 번씩 호출하기 때문에 리더가 버퍼링되지 않으면 매우 비효율적이다.

- reader.chain(reader2)

  reader의 입력을 전부 산출한 뒤 이어서 reader2의 입력을 전부 산출하는 새 리더를 반환한다.

- reader.take(n)

  reader와 동일한 소스를 읽되, 입력이 n바이트로 제한된 새 리더를 반환한다.

리더를 닫는 메서드는 존재하지 않는다. 리더와 라이터는 보통 Drop을 구현하고 있어서 자동으로 닫힌다.

버퍼링되는 리더

효율성을 위해서 리더와 라이터는 **버퍼링**될 수 있다. 이는 쉽게 말해서 입력이나 출력 데이터의 일부를 담아 두는 메모리 영역(버퍼)을 가지고 있다는 뜻이다. 이렇게 하면 그림 18-2에서 보다시피 시스템 호출을 사용하는 횟수가 줄어든다. 이 예에서는 애플리케이션이 BufReader의 .read_line() 메서드를 호출해서 데이터를 읽는다. BufReader는 운영체제에게서 더 큰 덩어리를 입력으로 받는다.

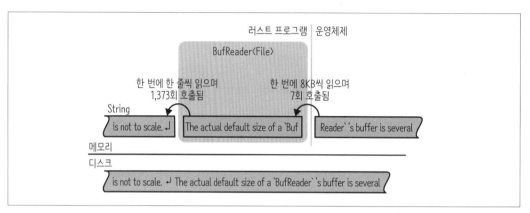

그림 18-2 버퍼링되는 파일 리더

이 그림에 나와 있는 수치는 큰 틀에서 대략적으로 이해하면 된다. BufReader가 가진 버퍼의 실제 기본 크기는 수 킬로바이트 규모이므로 read 시스템 호출 하나가 수백 회의 .read_line() 호출을 처리할 수 있다. 시스템 호출은 느리기 때문에 이 부분이 중요하다.

(그림에서 보다시피 운영체제도 같은 이유로 버퍼를 들고 있다. 시스템 호출은 느리지만 디스크에서 데이터를 읽는 건 더 느리다.)

버퍼링되는 리더는 Read와 함께 두 번째 트레이트인 BufRead를 같이 구현하고 있어서 다음 메서드를 추가로 갖는다.

• reader.read_line(&mut line)

텍스트를 한 줄 읽어서 String인 line 뒤에 덧붙인다. 줄 끝에 있는 새 줄 문자 '\n'은 line에 포함된다. 입력이 윈도우 스타일 줄 끝 문자 "\r\n"을 가지고 있으면 두 문자 모두 line에 포함된다.

반환값은 io::Result<usize>로 읽은 바이트 수를 뜻하며, 줄 끝 문자도 여기에 포함된다.

리더가 입력 맨 끝에 있으면 line을 건드리지 않고 Ok(0)을 반환한다.

- reader.lines()

  입력을 줄 단위로 반복 처리하는 이터레이터를 반환한다. 아이템 타입은 io::Result\<String\>이
  다. 새 줄 문자는 이 문자열에 포함되지 **않는다.** 입력이 윈도우 스타일 줄 끝 문자 "\r\n"을 가지
  고 있으면 두 문자 모두 제거된다.

  텍스트 입력을 다룬다면 거의 항상 이 메서드를 찾게 된다고 보면 된다. 어떤 식으로 활용할 수 있
  는지는 이어지는 두 절에서 살펴본다.

- reader.read_until(stop_byte, &mut byte_vec), reader.split(stop_byte)

  .read_line()이나 .lines()와 비슷하지만 바이트 단위로 처리하도록 되어 있기 때문에 String
  대신 Vec\<u8\>을 산출한다는 점이 다르다. 구분 기호는 stop_byte에 주면 된다.

BufRead는 이 외에도 리더의 내부 버퍼에 직접 접근할 수 있는 저수준 메서드 .fill_buf()와
.consume(n)을 제공한다. 이들 메서드에 관한 보다 자세한 내용은 온라인 문서를 참고하자.

이어지는 두 절에서는 버퍼링되는 리더를 보다 자세히 다룬다.

줄 단위로 읽기

다음 함수는 유닉스 grep 유틸리티를 구현한 것이다. 이 함수는 보통 다른 명령에서 파이프를 타고
오는 여러 줄로 된 텍스트에서 주어진 문자열을 찾는다.

```
use std::io;
use std::io::prelude::*;

fn grep(target: &str) -> io::Result<()> {
    let stdin = io::stdin();
    for line_result in stdin.lock().lines() {
        let line = line_result?;
        if line.contains(target) {
            println!("{}", line);
        }
    }
    Ok(())
}
```

.lines()를 호출하고 싶기 때문에 BufRead를 구현하고 있는 입력 소스가 필요하다. 여기서는
io::stdin()을 호출해서 파이프를 타고 오는 데이터를 가져온다. 하지만 러스트 표준 라이브러리
는 stdin을 뮤텍스로 보호한다. 따라서 현재 스레드의 stdin을 독점해서 쓰기 위해 .lock()을 호

출해서 이를 잠근다. 이렇게 하면 BufRead를 구현하고 있는 StdinLock 값이 반환된다. 루프 끝에서 StdinLock이 드롭되면 뮤텍스는 잠금 해제된다(뮤텍스가 없으면 두 개의 스레드가 stdin을 동시에 읽으려고 할 때 미정의 동작이 발생한다. C도 같은 문제가 있어서 이런 식으로 문제를 해결하는데, 모든 C 표준 입출력 함수는 이면에서 락lock을 획득한다. 유일한 차이점은 러스트의 경우 락이 API의 일부라는 것이다).

함수의 나머지 부분은 간단한데, .lines()를 호출해서 결과로 나오는 이터레이터를 반복 처리한다. 이 이터레이터는 Result 값을 산출하므로 여기서는 ? 연산자를 써서 오류를 검사한다.

이제 이 grep 프로그램을 한 단계 업그레이드하기 위해서 디스크에 있는 파일을 검색하는 기능을 추가하기로 했다고 하자. 그러기 위해서는 먼저 이 함수를 제네릭으로 만들어야 한다.

```
fn grep<R>(target: &str, reader: R) -> io::Result<()>
    where R: BufRead
{
    for line_result in reader.lines() {
        let line = line_result?;
        if line.contains(target) {
            println!("{}", line);
        }
    }
    Ok(())
}
```

이렇게 하면 여기에 StdinLock이나 버퍼링되는 File을 넘길 수 있다.

```
let stdin = io::stdin();
grep(&target, stdin.lock())?;          // OK

let f = File::open(file)?;
grep(&target, BufReader::new(f))?;  // 역시 OK
```

File은 자동으로 버퍼링되지 않는다는 점을 유념하자. File이 구현하고 있는 건 Read이지 BufRead가 아니다. 하지만 BufReader::new(reader)를 쓰면 File이나 다른 버퍼링되지 않는 리더를 위한 버퍼링되는 리더를 손쉽게 만들 수 있다. (버퍼의 크기를 설정하려면 BufReader::with_capacity(size, reader)를 쓰자.)

대부분의 언어에서는 파일이 기본적으로 버퍼링된다. 따라서 버퍼링되지 않는 입력이나 출력이 필요하면 버퍼링을 끄는 법을 알아야 한다. 러스트에서는 File과 BufReader가 서로 별개의 라이브러리 기능이라서, 버퍼링되지 않는 파일을 원할 때와 파일과 상관없는 버퍼링을 원할 때(예를 들어 네트워크로 들어오는 입력을 버퍼링하고 싶을 때)를 모두 대응할 수 있다.

오류 처리와 인수 파싱이 대강 구현된 전체 프로그램은 다음과 같다.

```rust
// grep - stdin이나 파일에서 주어진 문자열과 일치하는 행을 찾는다.

use std::error::Error;
use std::io::{self, BufReader};
use std::io::prelude::*;
use std::fs::File;
use std::path::PathBuf;

fn grep<R>(target: &str, reader: R) -> io::Result<()>
    where R: BufRead
{
    for line_result in reader.lines() {
        let line = line_result?;
        if line.contains(target) {
            println!("{}", line);
        }
    }
    Ok(())
}

fn grep_main() -> Result<(), Box<dyn Error>> {
    // 명령줄 인수를 가져온다.
    // 첫 번째 인수는 검색할 문자열이고 나머지는 파일 이름이다.
    let mut args = std::env::args().skip(1);
    let target = match args.next() {
        Some(s) => s,
        None => Err("usage: grep PATTERN FILE...")?
    };
    let files: Vec<PathBuf> = args.map(PathBuf::from).collect();

    if files.is_empty() {
        let stdin = io::stdin();
        grep(&target, stdin.lock())?;
    } else {
        for file in files {
            let f = File::open(file)?;
            grep(&target, BufReader::new(f))?;
        }
    }

    Ok(())
```

```
}

fn main() {
    let result = grep_main();
    if let Err(err) = result {
        eprintln!("{}", err);
        std::process::exit(1);
    }
}
```

줄 모아 담기

.lines()를 포함한 여러 리더 메서드는 Result 값을 산출하는 이터레이터를 반환한다. 사정이 이렇다 보니 파일에 있는 모든 줄을 큰 벡터 하나에 모아 담을라치면 제일 먼저 Result를 제거해야 하는 문제에 봉착하기 마련이다.

```
// OK. 그러나 이걸 원하는 게 아니다.
let results: Vec<io::Result<String>> = reader.lines().collect();

// 오류: Result 컬렉션을 Vec<String>으로 변환할 수 없다.
let lines: Vec<String> = reader.lines().collect();
```

두 번째 시도는 컴파일되지 않는다. 이 오류를 어떻게 처리하면 좋을까? 간단한 해결책은 for 루프를 작성해서 각 아이템에 오류가 있는지 확인하는 것이다.

```
let mut lines = vec![];
for line_result in reader.lines() {
    lines.push(line_result?);
}
```

뭐 그리 나쁘진 않은데 여기에 .collect()를 쓴다면 더 좋을 것이다. 실제로 요청할 타입만 정확히 알면 그렇게 할 수 있다.

```
let lines = reader.lines().collect::<io::Result<Vec<String>>>()?;
```

앞의 코드가 작동할 수 있는 건 표준 라이브러리에 Result를 위한 FromIterator 구현이 포함되어 있기 때문인데, 온라인 문서를 읽다 보면 이 부분을 놓치기가 쉽다.

```
impl<T, E, C> FromIterator<Result<T, E>> for Result<C, E>
    where C: FromIterator<T>
{
    ...
}
```

꼼꼼히 읽어봐야 알 수 있는 내용이지만 어쨌든 멋진 꼼수다. C를 Vec이나 HashSet 같은 임의의 컬렉션 타입이라고 가정하자. T 값의 이터레이터를 가지고 C를 만드는 법을 이미 알고 있다면, Result<T, E> 값을 산출하는 이터레이터를 가지고 Result<C, E>를 만들 수 있다. 이터레이터에서 값을 꺼내다가 결과가 Ok이면 이를 가지고 컬렉션을 만들면 되고, Err이면 절차를 멈추고 이를 넘기면 되는 것이다.

즉, io::Result<Vec<String>>은 컬렉션 타입이므로 .collect() 메서드가 해당 타입으로 된 값을 만들고 채워 넣을 수 있다.

라이터

앞서 봤다시피 입력은 대부분 메서드를 써서 다룬다. 그러나 출력은 약간 다르다.

지금까지 우리는 책 전반에 걸쳐서 println!()으로 일반적인 텍스트 출력을 생성해 왔다.

```
println!("Hello, world!");

println!("The greatest common divisor of {:?} is {}",
         numbers, d);

println!();  // 빈 줄을 출력한다.
```

이 외에도 끝에 새 줄 문자를 넣지 않는 print!() 매크로가 있고, 표준 오류 스트림에 기록하는 eprintln!과 eprint! 매크로가 있다. 이들도 17장의 '**값 형식화하기**' 절에서 설명한 format! 매크로용 형식화 코드를 그대로 쓴다.

출력을 라이터에 보내려면 write!()와 writeln!() 매크로를 쓰면 된다. 이들은 print!()와 println!()과 똑같지만 두 가지 차이점이 있다.

```
writeln!(io::stderr(), "error: world not helloable")?;

writeln!(&mut byte_vec, "The greatest common divisor of {:?} is {}",
```

```
numbers, d)?;
```

첫 번째는 write 매크로가 첫 번째 인수로 라이터를 받는다는 것이다. 두 번째는 Result를 반환하기 때문에 오류를 반드시 처리해야 한다는 것이다. 각 줄 맨 끝에 ? 연산자를 쓰고 있는 이유가 바로 이 때문이다.

print 매크로는 Result를 반환하지 않으며 기록하다 실패하면 그냥 패닉에 빠진다. 그러나 이들은 터미널에 기록하기 때문에 그렇게 되는 일은 드물다.

Write 트레이트는 다음과 같은 메서드를 가지고 있다.

- writer.write(&buf)

  슬라이스 buf의 바이트열 일부를 기본 스트림에 기록한다. io::Result<usize>를 반환한다. 성공하면 기록한 바이트 수를 넘겨주는데, 이 값은 스트림의 상태에 따라 buf.len()보다 작을 수도 있다.

  Reader::read()와 마찬가지로 직접 사용을 피해야 하는 저수준 메서드다.

- writer.write_all(&buf)

  슬라이스 buf의 바이트열을 전부 기록한다. Result<()>을 반환한다.

- writer.flush()

  버퍼에 남아 있는 데이터를 전부 기본 스트림에 플러시한다. Result<()>을 반환한다.

  println!과 eprintln! 매크로는 stdout과 stderr 스트림을 자동으로 플러시하지만 print!와 eprint! 매크로는 그렇지 않다는 점을 유념하자. 이들을 쓸 때는 flush()를 직접 호출해줘야 할 수도 있다.

리더와 마찬가지로 라이터는 드롭될 때 자동으로 닫힌다.

BufReader::new(reader)가 임의의 리더에 버퍼를 추가하듯이 BufWriter::new(writer)는 임의의 라이터에 버퍼를 추가한다.

```
let file = File::create("tmp.txt")?;
let writer = BufWriter::new(file);
```

버퍼의 크기를 설정하려면 BufWriter::with_capacity(size, writer)를 쓰자.

BufWriter가 드롭되면 버퍼에 남아 있는 데이터는 전부 기본 라이터에 기록된다. 하지만 이 기록 과정에서 발생하는 오류는 **무시된다**(이 부분은 BufWriter의 .drop() 메서드 내부에서 벌어지는 일이라서 오류를 보고할 마땅한 장소가 없다). 애플리케이션에서 모든 출력 오류를 인지하고 싶다면 버퍼링되는 라이터를 드롭하기 전에 직접 .flush()를 호출하면 된다.

파일

우리는 이미 파일을 여는 두 가지 방법을 살펴본 바 있다.

- File::open(filename)

  이미 존재하는 파일을 읽기 위해서 연다. io::Result<File>을 반환하며, 파일이 존재하지 않으면 오류다.

- File::create(filename)

  새 파일을 쓰기 위해서 만든다. 주어진 이름을 가진 파일이 존재하면 기존 내용은 사라진다.

File 타입은 std::io가 아니라 파일시스템 모듈 std::fs에 들어 있다는 점을 유념하자.

둘 다 어딘가 애매하다 싶을 때는 OpenOptions를 써서 원하는 동작을 정확히 명시할 수 있다.

```
use std::fs::OpenOptions;

let log = OpenOptions::new()
    .append(true)        // 파일이 존재하면 뒤에 덧붙인다.
    .open("server.log")?;

let file = OpenOptions::new()
    .write(true)
    .create_new(true)   // 파일이 존재하면 실패한다.
    .open("new_file.txt")?;
```

.append(), .write(), .create_new() 등의 메서드는 각자 self를 반환하도록 되어 있어서 앞과 같이 꼬리에 꼬리를 무는 식으로 연결해 쓸 수 있다. 러스트에서는 이 메서드 연결 디자인 패턴이 너무나도 자주 쓰이기 때문에 **빌더**builder라는 이름으로 부른다. std::process::Command도 그런 예 중 하나다. OpenOptions에 관한 보다 자세한 내용은 온라인 문서를 참고하자.

File은 일단 열리고 나면 다른 리더나 라이터처럼 작동한다. 필요하면 버퍼를 추가할 수 있다. File은 드롭될 때 자동으로 닫힌다.

탐색

File은 Seek 트레이트도 구현하고 있다. 이 말은 File을 처음부터 끝까지 한 번에 읽고 쓰는 게 아니라 그 안에서 자유롭게 옮겨 다닐 수 있다는 뜻이다. Seek는 다음처럼 정의되어 있다.

```
pub trait Seek {
    fn seek(&mut self, pos: SeekFrom) -> io::Result<u64>;
}

pub enum SeekFrom {
    Start(u64),
    End(i64),
    Current(i64)
}
```

이 이늄 덕분에 seek 메서드의 표현력이 향상된다. 예를 들어 처음으로 되감으려면 file.seek(SeekFrom::Start(0))을 쓰고 몇 바이트 뒤로 가려면 file.seek(SeekFrom::Current(-8))을 쓰고 하는 식이다.

파일 내부를 탐색하는 건 느리다. 하드 디스크를 쓰든 반도체 드라이브Solid-State Drive, SSD를 쓰든 상관없이 탐색에는 수 메가바이트의 데이터를 읽는 것에 맞먹는 시간이 소요된다.

다른 리더와 라이터 타입

지금까지는 File을 예로 들어 살펴봤는데, 이 외에도 유용한 다른 리더와 라이터 타입이 많이 있다.

- io::stdin()

  표준 입력 스트림을 위한 리더를 반환한다. 타입은 io::Stdin이다. 모든 스레드가 공유하므로 매번 읽을 때마다 뮤텍스를 획득하고 잠금 해제해야 한다.

  Stdin은 뮤텍스를 획득한 뒤 io::StdinLock을 반환하는 .lock() 메서드를 가지고 있다. io::StdinLock은 자신이 드롭될 때까지 뮤텍스를 쥐고 있는 버퍼링되는 리더다. 따라서 StdinLock에 대고 수행하는 개별 연산은 뮤텍스 오버헤드가 없다. 이 메서드의 사용법은 앞서 나온 '줄 단위로 읽기' 절에서 예제 코드와 함께 살펴본 바 있다.

  io::stdin().lock()은 기술적인 이유로 작동하지 않는다. 여기서 락은 Stdin 값의 레퍼런스를 쥐고 있는데, 이 말은 Stdin 값이 충분히 오래 지속되기 위해서는 어딘가에 저장되어야 한다는 뜻이기 때문이다.

```
let stdin = io::stdin();
let lines = stdin.lock().lines();   // OK
```

- io::stdout(), io::stderr()

표준 출력과 표준 오류 스트림을 위한 Stdout과 Stderr 라이터 타입을 반환한다. 이들 역시 뮤텍스와 .lock() 메서드를 가지고 있다.

- Vec<u8>

Write를 구현하고 있다. Vec<u8>에 기록하면 벡터가 새 데이터로 확장된다.

(하지만 String은 Write를 구현하고 있지 **않다**. Write를 써서 문자열을 만들려면 먼저 Vec<u8>에 기록한 다음 String::from_utf8(vec)을 써서 벡터를 문자열로 변환해야 한다.)

- Cursor::new(buf)

buf를 읽는 버퍼링되는 리더인 Cursor를 만든다. 이 방법으로 String을 읽는 리더를 만들 수 있다. 인수 buf는 AsRef<[u8]>을 구현하고 있는 타입이라면 무엇이든 가능하므로 &[u8], &str, Vec<u8>을 넘길 수도 있다.

Cursor의 내부 구조는 아주 단순하다. 두 개의 필드로 되어 있는데, 하나는 buf 자체이고 다른 하나는 다음에 읽을 시작 위치를 나타내는 buf의 오프셋이다. 이 위치는 처음엔 0으로 초기화된다.

커서는 Read, BufRead, Seek를 구현한다. buf의 타입이 &mut [u8]이나 Vec<u8>이면 Cursor는 Write도 구현한다. 커서에 기록하면 buf에 있는 바이트열이 현재 위치에서부터 덮어 쓰인다. &mut [u8]의 끝을 넘겨서 기록하려고 하면 일부만 기록되거나 io::Error가 발생한다. 하지만 커서로 Vec<u8>의 끝을 넘겨서 기록하면 벡터의 크기가 늘어나므로 문제없다. 따라서 Cursor<&mut [u8]>과 Cursor<Vec<u8>>은 std::io::prelude에 있는 네 가지 트레이트를 전부 구현한다.

- std::net::TcpStream

TCP 네트워크 연결을 표현한다. TCP는 양방향 통신이 가능하므로 리더이기도 하고 라이터이기도 하다.

타입 연관 함수 TcpStream::connect(("hostname", PORT))는 서버에 연결을 시도하며, io::Result<TcpStream>을 반환한다.

- std::process::Command

다음처럼 자식 프로세스를 만들어서 파이프를 타고 오는 데이터를 표준 입력으로 연결해 준다.

```
use std::process::{Command, Stdio};
```

```
let mut child =
    Command::new("grep")
    .arg("-e")
    .arg("a.*e.*i.*o.*u")
    .stdin(Stdio::piped())
    .spawn()?;

let mut to_child = child.stdin.take().unwrap();
for word in my_words {
    writeln!(to_child, "{}", word)?;
}
drop(to_child);  // stdin을 닫으면 grep이 종료된다.
child.wait()?;
```

child.stdin의 타입은 Option<std::process::ChildStdin>이다. 여기서는 자식 프로세스를 설정할 때 .stdin(Stdio::piped())를 썼으므로 .spawn()이 성공하면 child.stdin이 채워진다. 이렇게 하지 않으면 child.stdin은 None이 된다.

또 Command에는 이와 비슷한 .stdout()과 .stderr() 메서드가 있는데, child.stdout과 child.stderr에 있는 리더를 요청할 때 쓴다.

std::io 모듈도 간단한 리더와 라이터를 반환하는 함수 몇 가지를 제공한다.

- io::sink()

  아무 일도 하지 않는 라이터다. 모든 기록 메서드가 Ok를 반환하지만, 데이터는 그냥 폐기된다.

- io::empty()

  아무 일도 하지 않는 리더다. 읽기는 항상 성공하지만, 입력의 끝을 나타내는 값을 반환한다.

- io::repeat(byte)

  주어진 바이트를 끝없이 반복하는 리더를 반환한다.

바이너리 데이터, 압축, 직렬화

많은 오픈 소스 크레이트는 std::io 프레임워크를 기반으로 추가 기능을 구현해 제공한다.

byteorder 크레이트는 모든 리더와 라이터에 바이너리 입출력을 위한 메서드를 추가하는 ReadBytesExt와 WriteBytesExt 트레이트를 제공한다.

```
use byteorder::{ReadBytesExt, WriteBytesExt, LittleEndian};

let n = reader.read_u32::<LittleEndian>()?;
writer.write_i64::<LittleEndian>(n as i64)?;
```

flate2 크레이트는 gzip으로 압축된 데이터를 읽고 쓰기 위한 어댑터 메서드를 제공한다.

```
use flate2::read::GzDecoder;
let file = File::open("access.log.gz")?;
let mut gzip_reader = GzDecoder::new(file);
```

serde 크레이트와 여기에 딸린 serde_json 같은 연관 포맷 크레이트는 직렬화와 역직렬화를 구현하고 있어서 러스트 스트럭트와 바이트열을 이리로 혹은 저리로 변환한다. 이 부분은 11장의 **'트레이트와 내가 만들지 않은 타입들'** 절에서 한 번 언급한 바 있다. 이제 좀 더 자세히 들여다보자.

예를 들어, 텍스트 어드벤처 게임의 지도 데이터가 HashMap에 저장되어 있다고 하자.

```
type RoomId = String;                    // 방마다 고유한 이름을 갖는다.
type RoomExits = Vec<(char, RoomId)>;    // 그리고 이건 출구 목록.
type RoomMap = HashMap<RoomId, RoomExits>;  // 간단한 방 이름별 출구 목록.

// 간단한 맵을 하나 만든다.
let mut map = RoomMap::new();
map.insert("Cobble Crawl".to_string(),
           vec![('W', "Debris Room".to_string())]);
map.insert("Debris Room".to_string(),
           vec![('E', "Cobble Crawl".to_string()),
                ('W', "Sloping Canyon".to_string())]);
...
```

이 데이터를 JSON으로 바꿔서 출력하는 건 코드 한 줄이면 된다.

```
serde_json::to_writer(&mut std::io::stdout(), &map)?;
```

내부적으로 serde_json::to_writer는 serde::Serialize 트레이트의 serialize 메서드를 쓴다. 이 라이브러리는 직렬화 방법을 알고 있는 모든 타입에 이 트레이트를 부착하는데, 여기에는 문자열, 문자, 튜플, 벡터, HashMap 등 우리 데이터에서 쓰고 있는 모든 타입이 포함된다.

serde는 유연하다. 이 프로그램의 출력이 JSON 데이터인 이유는 serde_json 직렬 변환기를 썼기 때문이다. 메시지팩 같은 다른 포맷도 사용할 수 있다. 마찬가지로 이 출력을 파일이나 Vec<u8> 같은 다른 라이터에 보낼 수도 있다. 앞에 있는 코드는 데이터를 stdout에 다음과 같은 식으로 출력한다.

```
{"Debris Room":[["E","Cobble Crawl"],["W","Sloping Canyon"]],"Cobble Crawl":
[["W","Debris Room"]]}
```

또한, serde는 두 가지 핵심 serde 트레이트를 자동 구현하는 지원을 포함하고 있다.

```
#[derive(Serialize, Deserialize)]
struct Player {
    location: String,
    items: Vec<String>,
    health: u32
}
```

이 #[derive] 어트리뷰트를 쓰면 컴파일 시간이 약간 더 길어질 수 있으므로, Cargo.toml 파일에 serde를 의존성으로 추가할 때 이 부분에 대한 지원을 명시적으로 요청해야 한다. 앞에 있는 코드의 경우에는 다음과 같은 식으로 하면 된다.

```
[dependencies]
serde = { version = "1.0", features = ["derive"] }
serde_json = "1.0"
```

보다 자세한 내용은 serde 문서를 참고하자. 이렇게 해두면 빌드 시스템이 Player를 위한 serde::Serialize와 serde::Deserialize 구현을 자동으로 만들어 주므로 Player 값을 손쉽게 직렬화할 수 있다.

```
serde_json::to_writer(&mut std::io::stdout(), &player)?;
```

앞의 코드의 출력은 다음과 같다.

```
{"location":"Cobble Crawl","items":["a wand"],"health":3}
```

파일과 디렉터리

지금까지 리더와 라이터에 관련된 기능을 살펴봤다. 이번에는 러스트가 `std::path`와 `std::fs` 모듈을 통해 제공하는 파일과 디렉터리에 관련된 기능을 살펴보자. 이들 기능을 사용하다 보면 파일 이름을 다룰 일이 많으므로 파일 이름 타입을 먼저 짚어 보자.

OsStr와 Path

안타깝게도 대부분의 운영체제는 파일 이름을 유효한 유니코드로 지으라고 강요하지 않는다. 다음은 텍스트 파일을 생성하는 두 가지 리눅스 셸 명령이다. 이 중에서 첫 번째 것만 유효한 UTF-8 파일 이름을 쓴다.

```
$ echo "hello world" > ô.txt
$ echo "O brave new world, that has such filenames in't" > $'\xf4'.txt
```

리눅스 커널은 UTF-8과 오그 보비스Ogg Vorbis[29]를 구별할 줄 모르기 때문에 두 명령 다 아무런 지적 없이 넘어간다. 커널 입장에서는 (널 바이트와 슬래시를 제외하면) 어떤 바이트열로 된 문자열이든지 간에 모두 다 파일 이름이 될 수 있다. 윈도우도 사정은 마찬가지라서 어떤 16비트 '와이드 문자'로 된 문자열이든지 간에 거의 다 파일 이름이 될 수 있는데, 이는 심지어 유효한 UTF-16으로 된 문자열이 아니라도 상관없다. 명령줄 인수와 환경 변수처럼 운영체제가 다루는 다른 문자열 역시 마찬가지다.

러스트 문자열은 항상 유효한 유니코드다. 파일 이름은 사실상 **거의** 항상 유니코드지만, 어찌 됐든 간에 러스트는 그렇지 않은 드문 경우를 잘 처리해 내야 한다. 러스트에 `std::ffi::OsStr`와 `OsString`이 있는 이유가 바로 여기에 있다.

`OsStr`는 UTF-8의 확대집합에 해당하는 문자열 타입이다. 현재 시스템에서 쓰는 파일 이름, 명령줄 인수, 환경 변수를 **유효한 유니코드든 아니든 상관없이** 전부 표현하는 게 임무다. 유닉스에서는 `OsStr`가 어떤 바이트열로 된 시퀀스든지 간에 다 담을 수 있다. 윈도우에서는 `OsStr`가 짝이 없는 서로게이트surrogate를 포함해서 어떤 16비트 값으로 된 시퀀스든지 간에 다 인코딩할 수 있는 UTF-8의 확장을 써서 저장된다.

따라서 실제 유니코드 문자열을 위한 `str`와 운영체제가 마구 퍼뜨려 대는 말도 안 되는 모든 것을 위한 `OsStr`, 이렇게 두 가지 문자열 타입이 있다고 보면 된다. 여기에 한 가지를 더 소개하자면 파일 이

---

29 올긴이 무료로 사용할 수 있는 손실 압축 오디오 코덱(https://ko.wikipedia.org/wiki/Vorbis)

름을 위한 std::path::Path가 있다. Path는 순전히 편의상 만들어진 것으로 OsStr와 완전히 똑같지만, 다음 절에서 다룰 파일 이름과 관련된 편리한 많은 메서드를 덤으로 가지고 있다. 절대 경로와 상대 경로에는 Path를 쓰면 되고, 경로를 이루는 개별 구성 요소에는 OsStr를 쓰면 된다.

끝으로 각 문자열 타입마다 그에 대응하는 **소유권을 가진** 타입이 존재한다. String은 힙에 할당된 str를 소유하고, std::ffi::OsString은 힙에 할당된 OsStr를 소유하며, std::path::PathBuf는 힙에 할당된 Path를 소유한다. 표 18-1은 각 타입이 가진 기능의 일부를 요약해 보여 준다.

표 18-1 **파일 이름 타입**

	str	OsStr	Path
비균일 크기 타입이며, 항상 레퍼런스 전달로 넘어감	Yes	Yes	Yes
임의의 유니코드 텍스트를 담을 수 있음	Yes	Yes	Yes
보통 UTF-8처럼 보임	Yes	Yes	Yes
비유니코드 데이터를 담을 수 있음	No	Yes	Yes
텍스트 처리 메서드	Yes	No	No
파일 이름 관련 메서드	No	No	Yes
소유권을 가진, 크기가 늘 수 있는, 힙에 할당되는 동등한 타입	String	OsString	PathBuf
소유권을 가진 타입으로 변환	.to_string()	.to_os_string()	.to_path_buf()

이 세 가지 타입은 모두 공통으로 AsRef<Path> 트레이트를 구현하고 있으므로, '모든 파일 이름 타입'을 인수로 받는 제네릭 함수를 손쉽게 선언할 수 있다. 다음 코드는 13장의 **'AsRef와 AsMut' 절**에서 살펴본 기법을 쓴다.

```
use std::path::Path;
use std::io;

fn swizzle_file<P>(path_arg: P) -> io::Result<()>
    where P: AsRef<Path>
{
    let path = path_arg.as_ref();
    ...
}
```

path 인수를 받는 표준 함수와 메서드는 전부 이 기법을 쓰므로 자유롭게 문자열 리터럴을 넘길 수 있다.

Path와 PathBuf 메서드

Path가 제공하는 주요 메서드는 다음과 같다.

- **Path::new(str)**

  &str나 &OsStr를 &Path로 변환한다. 문자열 복사는 일어나지 않는다. 새 &Path는 원래 있던 &str나 &OsStr와 똑같은 바이트열을 가리킨다.

  ```
  use std::path::Path;
  let home_dir = Path::new("/home/fwolfe");
  ```

  (비슷한 메서드인 OsStr::new(str)는 &str를 &OsStr로 변환한다.)

- **path.parent()**

  경로의 부모 디렉터리가 있으면 반환한다. 반환 타입은 Option<&Path>다.

  경로 복사는 일어나지 않는다. path의 부모 디렉터리는 항상 path의 부분 문자열이다.

  ```
  assert_eq!(Path::new("/home/fwolfe/program.txt").parent(),
             Some(Path::new("/home/fwolfe")));
  ```

- **path.file_name()**

  path의 마지막 구성 요소가 있으면 반환한다. 반환 타입은 Option<&OsStr>다.

  path가 디렉터리, 슬래시, 파일 이름순으로 구성되어 있는 일반적인 경우에는 파일 이름이 반환된다.

  ```
  use std::ffi::OsStr;
  assert_eq!(Path::new("/home/fwolfe/program.txt").file_name(),
             Some(OsStr::new("program.txt")));
  ```

- **path.is_absolute(), path.is_relative()**

  파일이 유닉스 경로 **/usr/bin/advent**나 윈도우 경로 **C:\Program Files**처럼 절대 경로로 되어 있는지, 아니면 **src/main.rs**처럼 상대 경로로 되어 있는지 알려 준다.

- **path1.join(path2)**

  두 경로를 연결해서 새 PathBuf를 반환한다.

```
let path1 = Path::new("/usr/share/dict");
assert_eq!(path1.join("words"),
           Path::new("/usr/share/dict/words"));
```

path2가 절대 경로이면 그냥 path2의 복사본이 반환되므로 임의의 경로를 절대 경로로 변환하는데 쓸 수 있다.

```
let abs_path = std::env::current_dir()?.join(any_path);
```

- `path.components()`

주어진 경로의 구성 요소를 왼쪽에서 오른쪽으로 반복 처리하는 이터레이터를 반환한다. 이 이터레이터의 아이템 타입은 파일 이름에 나타날 수 있는 다른 모든 부분을 표현할 수 있는 이늄인 `std::path::Component`다.

```
pub enum Component<'a> {
    Prefix(PrefixComponent<'a>),   // (윈도우의) 드라이브 문자나 공유
    RootDir,                       // 루트 디렉터리 `/`나 `\`
    CurDir,                        // 특수 디렉터리 `.`
    ParentDir,                     // 특수 디렉터리 `..`
    Normal(&'a OsStr)              // 일반적인 파일과 디렉터리 이름
}
```

예를 들어, 윈도우 경로 \\venice\Music\A Love Supreme\04-Psalm.mp3는 맨 앞에 \\venice\Music을 표현하는 Prefix가 오고, 그 뒤에 RootDir이 오고, 그 뒤에 **A Love Supreme**과 **04-Psalm.mp3**를 표현하는 두 개의 Normal 구성 요소가 오는 식으로 구성된다.

보다 자세한 내용은 온라인 문서(https://doc.rust-lang.org/std/path/struct.Path.html#method.components)를 참고하자.

- `path.ancestors()`

path에서 루트까지 가는 길을 반복 처리하는 이터레이터를 반환한다. 산출되는 각 아이템은 Path다. 제일 먼저 **path** 자체가 산출되고, 다음으로 부모가 산출되고, 다음으로 조부모가 산출되고 하는 식으로 움직인다.

```
let file = Path::new("/home/jimb/calendars/calendar-18x18.pdf");
assert_eq!(file.ancestors().collect::<Vec<_>>(),
           vec![Path::new("/home/jimb/calendars/calendar-18x18.pdf"),
                Path::new("/home/jimb/calendars"),
```

```
            Path::new("/home/jimb"),
            Path::new("/home"),
            Path::new("/")]);
```

이는 None을 반환할 때까지 parent를 반복해서 호출하는 것과 매우 비슷하다. 마지막 아이템은 항상 루트 경로이거나 접두사 경로다.

이들 메서드는 메모리에 있는 문자열을 대상으로 작동한다. 이 외에도 Path는 .exists(), .is_file(), .is_dir(), .read_dir(), .canonicalize() 등 파일시스템을 대상으로 질의하는 메서드 몇 가지를 가지고 있다. 보다 자세한 내용은 온라인 문서를 참고하자.

Path를 문자열로 변환하는 메서드는 세 가지다. 이들은 Path에 유효하지 않은 UTF-8이 있을 가능성을 염두에 두고 작동한다.

- path.to_str()

  Path를 Option<&str> 형태의 문자열로 변환한다. path가 유효한 UTF-8이 아니면 None을 반환한다.

  ```
  if let Some(file_str) = path.to_str() {
      println!("{}", file_str);
  }  // ...그렇지 않으면 이 이상한 이름을 가진 파일을 건너뛴다.
  ```

- path.to_string_lossy()

  기본적으로 똑같지만 무슨 일이 있어도 어떤 식으로든 문자열을 만들어 낸다는 점이 다르다. 이 메서드는 path가 유효한 UTF-8이 아니면 복사본을 만들고 그 안에 있는 유효하지 않은 바이트 시퀀스를 전부 유니코드 대체 문자 U+FFFD(�)로 바꾼다.

  반환 타입은 std::borrow::Cow<str>, 즉 빌려 온 문자열이거나 소유권이 있는 문자열이다. 이 값에서 String을 얻으려면 .to_owned() 메서드를 쓰면 된다(Cow에 대한 보다 자세한 내용은 13장의 'Borrow + ToOwned = Cow' 절을 참고하자).

- path.display()

  경로를 출력할 때 쓴다.

  ```
  println!("Download found. You put it in: {}", dir_path.display());
  ```

이 메서드가 반환하는 값은 문자열이 아니지만 std::fmt::Display를 구현하고 있으므로 format!()이나 println!() 등과 함께 쓸 수 있다. 경로가 유효한 UTF-8이 아니면 출력에 � 문 자가 포함될 수 있다.

파일시스템을 다루는 함수들

표 18-2는 std::fs에 있는 함수 몇 가지와 그에 대응하는 얼추 비슷한 일을 하는 유닉스와 윈도 우 기능을 보여 준다. 이들 함수는 전부 io::Result 값을 반환하며, 따로 표시해 두지 않는 한 Result<()>이다.

표 18-2 **파일시스템을 다루는 함수들**

	러스트 함수	유닉스	윈도우
생성과 삭제	create_dir(path)	mkdir()	CreateDirectory()
	create_dir_all(path)	mkdir -p와 같음	mkdir과 같음
	remove_dir(path)	rmdir()	RemoveDirectory()
	remove_dir_all(path)	rm -r과 같음	rmdir /s와 같음
	remove_file(path)	unlink()	DeleteFile()
복사, 이동, 링크	copy(src_path, dest_path) -> Result<u64>	cp -p와 같음	CopyFileEx()
	rename(src_path, dest_path)	rename()	MoveFileEx()
	hard_link(src_path, dest_path)	link()	CreateHardLink()
점검	canonicalize(path) -> Result<PathBuf>	realpath()	GetFinalPathNameByHandle()
	metadata(path) -> Result<Metadata>	stat()	GetFileInformationByHandle()
	symlink_metadata(path) -> Result<Metadata>	lstat()	GetFileInformationByHandle()
	read_dir(path) -> Result<ReadDir>	opendir()	FindFirstFile()
	read_link(path) -> Result<PathBuf>	readlink()	FSCTL_GET_REPARSE_POINT
권한	set_permissions(path, perm)	chmod()	SetFileAttributes()

(copy()가 반환하는 수는 복사된 파일의 크기를 바이트 단위로 나타낸 값이다. 심벌 링크를 만드는 법은 뒤에 나 올 '플랫폼 전용 기능' 절을 참고하자.)

보다시피 러스트는 윈도우는 물론 맥OS와 리눅스를 비롯한 유닉스 시스템에서 예상대로 작동하는 이식 가능한 함수를 제공하기 위해 노력한다.

파일시스템의 모든 기능을 다루는 건 이 책의 범위를 벗어나지만, 궁금한 함수가 있을 때는 언제든 온라인에서 보다 많은 정보를 손쉽게 찾아볼 수 있다. 다음 절에서 몇 가지 예를 살펴보기로 하자.

이들 함수는 모두 운영체제가 제공하는 기능을 활용해 구현되었다. 예를 들어 std::fs::canonicalize (path)는 주어진 path에서 .과 ..을 제거할 때, 단순히 문자열을 뗐다 붙였다 하는 식으로 처리하지 않는다. 그게 아니라 현재 작업 디렉터리를 기준으로 상대 경로를 구하고, 심벌 링크가 있으면 이를 감안해 추적한다. 해당 경로가 존재하지 않으면 오류다.

std::fs::metadata(path)와 std::fs::symlink_metadata(path)가 산출하는 Metadata 타입에는 파일 타입과 크기, 권한, 타임스탬프 같은 정보가 담겨 있다. 늘 그렇듯이 자세한 내용은 문서를 참고하자.

편의상 Path 타입은 이들 가운데 몇 가지를 메서드 형태로 내장하고 있는데, 예를 들어 path. metadata()는 std::fs::metadata(path)와 똑같다.

디렉터리 읽기

디렉터리의 내용을 나열하려면 std::fs::read_dir을 쓰거나 같은 기능을 하는 Path의 .read_dir() 메서드를 쓰면 된다.

```
for entry_result in path.read_dir()? {
    let entry = entry_result?;
    println!("{}", entry.file_name().to_string_lossy());
}
```

앞의 코드에서 ?가 쓰인 두 곳의 맥락을 눈여겨보자. 첫 번째 줄은 디렉터리를 여는 과정에서 생기는 오류를 점검하고, 두 번째 줄은 다음 항목을 읽는 과정에서 생기는 오류를 점검한다.

entry의 타입은 std::fs::DirEntry다. 이 스트럭트가 가지고 있는 메서드는 다음과 같다.

- entry.file_name()

  파일이나 디렉터리의 이름을 OsString으로 반환한다.

- entry.path()

  똑같지만 원래 경로가 연결된 새 PathBuf를 산출한다는 점이 다르다. 나열하고 있는 디렉터리가 "/home/jimb"이고 entry.file_name()이 ".emacs"이면, entry.path()는 PathBuf::from("/home/jimb/.emacs")를 반환한다.

- entry.file_type()

  io::Result<FileType>을 반환한다. FileType은 .is_file(), .is_dir(), .is_symlink() 메서드를 가지고 있다.

- entry.metadata()

  이 항목에 관한 나머지 메타데이터를 가져온다.

특수 디렉터리 .과 ..은 디렉터리를 읽을 때 나열되지 **않는다**.

그럼 좀 더 제대로 된 예를 하나 보자. 다음 코드는 재귀적으로 디스크에 있는 디렉터리 트리를 한 곳에서 다른 곳으로 복사한다.

```
use std::fs;
use std::io;
use std::path::Path;

/// 기존 디렉터리 `src`를 대상 경로 `dst`에 복사한다.
fn copy_dir_to(src: &Path, dst: &Path) -> io::Result<()> {
    if !dst.is_dir() {
        fs::create_dir(dst)?;
    }

    for entry_result in src.read_dir()? {
        let entry = entry_result?;
        let file_type = entry.file_type()?;
        copy_to(&entry.path(), &file_type, &dst.join(entry.file_name()))?;
    }

    Ok(())
}
```

별도의 함수인 copy_to는 개별 디렉터리 항목을 복사한다.

```
/// `src`에 있는 것을 대상 경로 `dst`에 복사한다.
fn copy_to(src: &Path, src_type: &fs::FileType, dst: &Path)
```

```
           -> io::Result<()>
{
    if src_type.is_file() {
        fs::copy(src, dst)?;
    } else if src_type.is_dir() {
        copy_dir_to(src, dst)?;
    } else {
        return Err(io::Error::new(io::ErrorKind::Other,
                                  format!("don't know how to copy: {}",
                                          src.display())));
    }
    Ok(())
}
```

플랫폼 전용 기능

앞서 다룬 copy_to 함수는 파일과 디렉터리만 복사할 수 있다. 이제 여기에 유닉스의 심벌 링크
symbolic link 지원을 추가해 보자.

유닉스와 윈도우 양쪽 모두에서 작동하는 이식 가능한 심벌 링크 생성법은 존재하지 않지만, 표준 라
이브러리는 유닉스에서만 쓸 수 있는 symlink 함수를 제공한다.

```
use std::os::unix::fs::symlink;
```

이 함수를 쓰면 일이 한결 수월하다. 이제 다음처럼 copy_to에 있는 if 표현식에 갈래 하나만 추가
하면 된다.

```
...
} else if src_type.is_symlink() {
    let target = src.read_link()?;
    symlink(target, dst)?;
...
```

앞의 코드는 프로그램을 리눅스와 맥OS 같은 유닉스 시스템용으로 컴파일해야 작동한다.

std::os 모듈에는 symlink 같은 다양한 플랫폼 전용 기능이 포함되어 있다. 표준 라이브러리에 있
는 std::os의 (시적 허용이 일부 포함된) 실제 본문은 다음과 같은 모습으로 되어 있다.

```
//! OS 전용 기능.

#[cfg(unix)]                    pub mod unix;
#[cfg(windows)]                 pub mod windows;
#[cfg(target_os = "ios")]       pub mod ios;
#[cfg(target_os = "linux")]     pub mod linux;
#[cfg(target_os = "macos")]     pub mod macos;
...
```

#[cfg] 어트리뷰트는 조건부 컴파일을 나타낸다. 따라서 각 모듈은 일부 플랫폼에서만 존재한다. std::os::unix를 쓰도록 고친 프로그램이 유닉스용으로만 컴파일되는 이유가 바로 여기에 있다. 다른 플랫폼에서는 std::os::unix가 존재하지 않는다.

유닉스의 심벌 링크 지원이 포함된 우리 코드를 모든 플랫폼에서 컴파일하고 싶다면 우리 프로그램에서도 #[cfg]를 써야 한다. 여기서는 유닉스에서는 symlink를 가져오고, 다른 시스템에서는 우리만의 symlink 스텁을 정의하는 게 가장 쉽다.

```
#[cfg(unix)]
use std::os::unix::fs::symlink;

/// `symlink`를 제공하지 않는 플랫폼을 위한 스텁 구현.
#[cfg(not(unix))]
fn symlink<P: AsRef<Path>, Q: AsRef<Path>>(src: P, _dst: Q)
    -> std::io::Result<()>
{
    Err(io::Error::new(io::ErrorKind::Other,
                    format!("can't copy symbolic link: {}",
                            src.as_ref().display())))
}
```

사실 symlink는 특별한 경우에 해당한다. 대부분의 유닉스 전용 기능은 독립된 함수가 아니라 표준 라이브러리 타입에 새 메서드를 추가하는 확장 트레이트다(확장 트레이트는 11장의 '**트레이트와 내가 만들지 않은 타입들**' 절에서 다루었다). prelude 모듈을 쓰면 이 모든 확장을 한 번에 사용할 수 있게 만들 수 있다.

```
use std::os::unix::prelude::*;
```

예를 들어, 앞의 코드는 유닉스에서 .mode() 메서드를 std::fs::Permissions에 추가한다. 이 메서드는 유닉스에서 권한을 표현하는 u32 값에 접근할 수 있게 해준다. 마찬가지로 앞의 코드는 struct stat 값의 필드를 위한 접근자를 std::fs::Metadata에 추가해 확장한다. 일례로 .uid()는 파일의 소유자에 해당하는 사용자 ID다.

std::os가 제공하는 기능은 대체로 기본적인 수준의 것이다. 보다 많은 플랫폼 전용 기능이 필요할 때는 서드파티 크레이트의 도움을 받으면 된다. 일례로 윈도우 레지스트리 접근이 필요할 때는 winreg를 쓰면 된다.

네트워킹

네트워킹을 다루는 건 이 책의 범위를 완전히 벗어난다. 하지만 네트워크 프로그래밍에 대해 이미 어느 정도 알고 있다면 이번 절이 러스트로 네트워킹을 시작하는 데 도움이 될 것이다.

저수준 네트워킹 코드를 작성해야 한다면 TCP와 UDP 네트워킹을 위한 플랫폼 간 지원을 제공하는 std::net 모듈로 시작하자. SSL/TLS 지원이 필요할 때는 native_tls 크레이트를 쓰면 된다.

이들 모듈은 네트워크의 블로킹 입출력을 위한 간단한 빌딩 블록을 제공한다. std::net을 써서 연결마다 스레드를 생성하게 만들면 몇 줄 안 되는 코드로 간단한 서버를 작성할 수 있다. 예를 들어 다음에 있는 '에코' 서버를 보자.

```
use std::net::TcpListener;
use std::io;
use std::thread::spawn;

/// 연결을 수락해서 전담 스레드를 생성하는 일을 반복한다.
fn echo_main(addr: &str) -> io::Result<()> {
    let listener = TcpListener::bind(addr)?;
    println!("listening on {}", addr);
    loop {
        // 클라이언트의 연결을 기다린다.
        let (mut stream, addr) = listener.accept()?;
        println!("connection received from {}", addr);

        // 이 클라이언트를 전담할 스레드를 생성한다.
        let mut write_stream = stream.try_clone()?;
        spawn(move || {
            // `stream`으로 받은 내용을 전부 고스란히 되돌려 보낸다.
            io::copy(&mut stream, &mut write_stream)
                .expect("error in client thread: ");
            println!("connection closed");
        });
```

```
        }
    }

    fn main() {
        echo_main("127.0.0.1:17007").expect("error: ");
    }
```

에코 서버는 받은 내용을 전부 고스란히 되돌려 보내는 일을 단순 반복한다. 이런 종류의 코드는 자바나 파이썬으로 작성하는 것과 크게 다르지 않다(std::thread::spawn()은 다음 장에서 다룬다).

하지만 고성능 서버의 경우에는 비동기 입출력을 쓸 필요가 있다. 20장에서는 러스트의 비동기 프로그래밍 지원을 다루고 네트워크 클라이언트와 서버의 전체 코드를 살펴본다.

고수준 프로토콜이 필요할 때는 서드파티 크레이트를 써야 한다. 예를 들어, reqwest 크레이트는 HTTP 클라이언트를 위한 아름다운 API를 제공한다. 다음은 http:나 https: URL로 된 문서를 가져와서 터미널에 뿌려 주는 완전한 명령줄 프로그램이다. 이 코드는 reqwest = "0.11"과 여기에 포함된 "blocking" 기능을 써서 작성했다. reqwest는 비동기 인터페이스도 제공한다.

```
use std::error::Error;
use std::io;

fn http_get_main(url: &str) -> Result<(), Box<dyn Error>> {
    // HTTP 요청을 보내고 응답을 받는다.
    let mut response = reqwest::blocking::get(url)?;
    if !response.status().is_success() {
        Err(format!("{}", response.status()))?;
    }

    // 응답 본문을 읽어다가 stdout에 쓴다.
    let stdout = io::stdout();
    io::copy(&mut response, &mut stdout.lock())?;

    Ok(())
}

fn main() {
    let args: Vec<String> = std::env::args().collect();
    if args.len() != 2 {
        eprintln!("usage: http-get URL");
        return;
    }

    if let Err(err) = http_get_main(&args[1]) {
```

```
        eprintln!("error: {}", err);
    }
}
```

HTTP 서버를 위한 actix-web 프레임워크는 Service와 Transform 트레이트 같은 고수준 기능을 제공하는데, 이런 플러그형 부품을 모아 붙이면 앱을 손쉽게 구성할 수 있다. websocket 크레이트는 웹소켓 프로토콜을 구현하고 있다. 이 외에도 다양한 크레이트가 있다. 러스트는 정신없이 돌아가는 오픈 소스 생태계를 가진 젊은 언어이고, 네트워크 지원 역시 빠르게 확장 중이다.

19
CHAPTER

동시성

장기적으로 볼 때 머신 관점으로 되어 있어서 저장소의 위치와 주소를 마구잡이로 쓸 수 있는 그런 언어로, 큰 규모의 동시적 프로그램을 작성하는 건 바람직하지 않다. 그런 프로그램을 안정적으로 만들 수 있는 방법은 (복잡한 하드웨어 메커니즘의 도움을 받더라도) 단언컨대 없다.

—피어 브린치 핸슨Per Brinch Hansen(1977)

의사소통의 패턴이 곧 병렬성의 패턴이다.

—위트 모리스Whit Morriss

혹시 본인의 커리어 여정에서 동시성을 바라보는 태도가 바뀌었다면 그건 혼자만의 이야기가 아니다. 많은 이들이 여기에 공감한다.

처음에는 동시적 코드를 작성하는 게 쉽고 재미있다. 스레드, 락, 큐 등의 도구는 이것저것 잴 것 없이 골라 쓰기 좋다. 많은 함정이 도사리고 있는 게 사실이지만, 다행히도 전부 잘 알려진 문제라서 실수하지 않게 조심하면 된다.

그러다 시간이 흘러 다른 이의 멀티 스레드 코드를 디버깅해야 하는 순간이 오면, 정말이지 **모두가** 이런 도구를 손에 쥐게 돼서는 안 되겠구나 하며 자의 반 타의 반 결론을 내린다.

그리고 자신의 멀티 스레드 코드를 디버깅해야 하는 순간이 오면 또 한 번 같은 결론에 이른다.

경험은 모든 멀티 스레드 코드를 향한 완전한 냉소주의까지는 아니더라도 건강한 회의론을 심어 준다. 이 부분은 분명히 멀쩡해 보이는 멀티 스레딩 관용구 몇 가지가 왜 전혀 통하지 않는지를 시시콜콜 지루하게 늘어놓은 기사를 마주할 때면 더욱 굳어진다(이런 현상은 우리의 '기억 모델'과 관련이 있다). 그러나 결국에는 현실적으로 매번 실수하지 않고 쓸 수 있다고 생각되는 동시성에 관한 한 가지 접근 방식을 찾아내기 마련이다. 그리고는 이 관용구 하나로 오만가지 상황을 다 해결하려 들며, (여기에 **진심**으로 만족한 나머지) 코드가 조금만 더 복잡해질라 치면 '아니오'라고 말하는 법을 배우게 된다.

물론, 관용구의 종류는 꽤 많다. 이 가운데 시스템 프로그래머들이 자주 쓰는 접근 방식에는 다음과 같은 것들이 있다.

- **백그라운드 스레드**background thread – 한 가지 임무를 맡아서 주기적으로 깨어나 수행한다.
- **범용 워커 풀**worker pool – **태스크 큐**task queue를 통해서 클라이언트와 소통한다.
- **파이프라인**pipeline – 데이터는 한 스레드에서 다음 스레드로 흘러가며, 그 과정에서 각 스레드가 약간의 작업을 맡아 수행한다.
- **데이터 병렬 처리**data parallelism – (옳든 그르든) 전체 컴퓨터가 하나의 커다란 계산을 중점적으로 수행한다고 가정하여, 머신의 전체 코어 수를 n이라고 할 때 이를 전부 동시에 점유하려는 목적으로 계산을 n개로 분할해서 n개의 스레드로 실행한다.
- **동기화된 객체의 바다**a sea of synchronized objects – 여러 스레드가 같은 데이터에 접근할 수 있으며, 뮤텍스 같은 저수준 기본 요소에 기반을 둔 특별한 **잠금** 체계를 써서 경합을 방지한다(자바는 1990년대와 2000년대에 꽤 유행했던 이 모델을 위한 기본 제공 지원을 내장하고 있다).
- **원자적인 정수 연산**atomic integer operation – 여러 코어가 1 머신 워드 크기의 필드를 통해서 정보를 주고받는 식으로 소통할 수 있게 해준다(주고받는 데이터가 문자 그대로 정숫값이 아닐 때는 이 방법이 나머지 방법에 비해서 제대로 쓰기가 훨씬 더 어렵다. 실제로는 주고받는 데이터는 포인터일 때가 많다).

시간이 지나면 이러한 접근 방식 가운데 몇 가지를 사용할 수 있게 되고 또 이들을 안전하게 결합할 수 있게 되면서 결국 모든 걸 마스터하게 될 것이다. 이 시스템을 다른 누군가가 와서 함부로 헤집어 놓을 수 없게 대비해 둔다면 더할 나위 없이 훌륭할 것이다. 스레드를 잘 쓰는 프로그램은 성문화되지 않은 규칙으로 가득하기 마련이다.

러스트는 모든 프로그램을 한 가지 스타일로 가두지 않고 여러 스타일을 안전하게 지원함으로써 동시성을 쓰는 더 나은 방법을 제공한다(시스템 프로그래머들에게 한 가지 스타일을 강요하는 건 전혀 해결책이 될 수 없다). 성문화되지 않은 규칙은 코드로 작성되고 컴파일러에 의해 시행된다.

러스트를 쓰면 안전하고 빠른 동시적 프로그램을 작성할 수 있다는 건 익히 들어 알고 있을 것이다.

이번 장에서는 이게 어떤 식으로 가능한지 알아본다. 여기서는 러스트 스레드를 쓰는 세 가지 방법을 다룬다.

- 포크-조인 병렬 처리
- 채널
- 변경할 수 있는 공유된 상태

이 과정에서 지금까지 배운 러스트 언어의 모든 기능을 활용한다. 러스트가 신경 쓰는 레퍼런스, 가변성, 수명에 관한 부분은 싱글 스레드 프로그램에서도 충분히 진가를 발휘하지만, 이들 규칙이 갖는 진짜 의미는 동시적 프로그래밍에서 더 확연히 드러난다. 그 덕분에 회의감이나 냉소주의나 두려움 없이 멀티 스레드 코드의 여러 스타일을 빠르고 정확하게 내 것으로 만들어서 자기만의 도구 상자를 확장할 수 있다.

포크-조인 병렬 처리

스레드를 필요로 하는 가장 단순한 사용 사례는 동시에 수행하고 싶은 여러 작업이 서로 완전히 분리되어 있을 때 드러난다.

예를 들어, 문서에 있는 방대한 양의 말뭉치를 대상으로 자연어 처리를 수행하고 있다고 하자. 이를 위해서는 다음과 같은 루프가 필요하다.

```
fn process_files(filenames: Vec<String>) -> io::Result<()> {
    for document in filenames {
        let text = load(&document)?;   // 원본 파일을 읽는다.
        let results = process(text);   // 통계를 낸다.
        save(&document, results)?;      // 출력 파일에 쓴다.
    }
    Ok(())
}
```

이 프로그램은 그림 19-1과 같은 식으로 실행된다.

그림 19-1 싱글 스레드를 쓰는 process_files()의 실행 과정

각 문서는 독립적으로 처리되기 때문에, 그림 19-2와 같은 식으로 말뭉치를 몇 개의 덩어리로 분할해서 각 덩어리를 별도의 스레드가 처리하게 만들면 작업 속도를 비교적 쉽게 높일 수 있다.

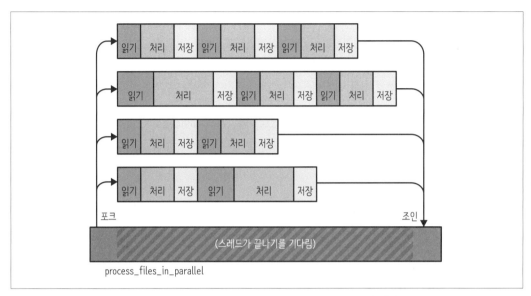

그림 19-2 포크-조인 접근 방식을 쓰는 멀티 스레드 파일 처리

이 패턴을 **포크-조인 병렬 처리**라고 한다. **포크**fork는 새 스레드를 시작하는 것이고, **조인**join은 스레드가 끝나길 기다리는 것이다. 우리는 이미 이 기법을 본 적이 있는데, 2장에서 망델브로 프로그램의 속도를 높이기 위해 이 기법을 썼다.

포크-조인 병렬 처리가 매력적인 데는 다음과 같이 몇 가지 이유가 있다.

• 아주 단순하다. 포크-조인은 구현하기 쉬운데다 러스트 덕분에 실수할 여지도 적다.

• 병목 현상이 없다. 포크-조인에서는 공유된 자원을 잠그는 일이 없다. 한 스레드가 다른 스레드를 기다려야 하는 유일한 시점은 마칠 때뿐이다. 그 동안은 각 스레드가 자유롭게 실행된다. 이 부분은 작업 전환 비용을 낮게 유지하는 데 도움이 된다.

• 성능을 예측하기 쉽다. 앞서 언급한 작업을 스레드 네 개로 수행하면 최선의 경우에 원래 시간의 4분의 1만 써서 마칠 수 있다. 그러나 그림 19-2는 이런 이상적인 속도 향상을 기대하면 안 되는 이유 하나를 보여 주는데, 그것은 바로 작업을 모든 스레드에 고루 분배하지 못할 수도 있다는 점이다. 또 하나 주의할 것은 포크-조인 프로그램에서는 경우에 따라서 스레드를 조인한 이후에 각 스레드가 계산한 결과를 **결합**하는 시간이 꼭 필요하다는 점이다. 즉, 작업을 완전히 분리하는 데는 약간의 추가 작업이 필요할 수도 있다는 뜻이다. 그럼에도 불구하고 이 두 가지를 제외하면 프

로그램이 CPU를 주로 쓰면서 격리된 작업 단위를 가졌을 때 상당한 성능 향상을 기대할 수 있다.

- 프로그램의 정확성을 추론하기 쉽다. 포크-조인 프로그램은 스레드가 망델브로 프로그램의 계산 스레드처럼 실제로 격리되어 있는 한 **결정성**deterministic을 띤다. 이런 프로그램은 스레드 속도의 변화에 상관없이 항상 같은 결과를 낸다. 경합 상태가 없는 동시성 모델이다.

포크-조인의 주요 단점은 격리된 작업 단위를 요구한다는 것이다. 이번 장 뒷부분에서는 깔끔하게 나누어떨어지지 않는 문제 몇 가지를 다룬다.

당분간은 자연어 처리를 계속 예로 사용하겠다. 그럼 지금부터 process_files 함수에 포크-조인 패턴을 적용하는 법 몇 가지를 살펴보자.

spawn과 join

std::thread::spawn 함수는 새 스레드를 시작한다.

```
use std::thread;

thread::spawn(|| {
    println!("hello from a child thread");
});
```

이 함수는 FnOnce 클로저나 함수 하나를 인수로 받는다. 러스트는 이 클로저나 함수의 코드를 실행하기 위해서 새 스레드를 시작한다. 새 스레드는 C++, C#, 자바에 있는 스레드와 마찬가지로 자체 스택을 가진 실제 운영체제 스레드다.

다음 코드는 spawn을 써서 앞에 있는 process_files 함수의 병렬 처리 버전을 구현한 것이다.

```
use std::{thread, io};

fn process_files_in_parallel(filenames: Vec<String>) -> io::Result<()> {
    // 작업을 몇 개의 덩어리로 분할한다.
    const NTHREADS: usize = 8;
    let worklists = split_vec_into_chunks(filenames, NTHREADS);

    // 포크: 각 덩어리를 처리할 스레드를 생성한다.
    let mut thread_handles = vec![];
    for worklist in worklists {
        thread_handles.push(
            thread::spawn(move || process_files(worklist))
```

```
        );
    }

    // 조인: 모든 스레드가 끝나길 기다린다.
    for handle in thread_handles {
        handle.join().unwrap()?;
    }

    Ok(())
}
```

이 함수의 내용을 한 줄씩 살펴보자.

```
fn process_files_in_parallel(filenames: Vec<String>) -> io::Result<()> {
```

새 함수는 원래 함수 process_files와 같은 타입 시그니처를 가지므로 손쉽게 바꿔쓸 수 있다.

```
    // 작업을 몇 개의 덩어리로 분할한다.
    const NTHREADS: usize = 8;
    let worklists = split_vec_into_chunks(filenames, NTHREADS);
```

앞의 코드는 여기에 나와 있지 않은 유틸리티 함수 split_vec_into_chunks를 써서 작업을 분할한다. worklists는 벡터의 벡터다. 여기에는 원래 벡터 filenames를 여덟 개의 균등한 덩어리로 분할한 결과가 들어간다.

```
    // 포크: 각 덩어리를 처리할 스레드를 생성한다.
    let mut thread_handles = vec![];
    for worklist in worklists {
        thread_handles.push(
            thread::spawn(move || process_files(worklist))
        );
    }
```

앞의 코드는 worklist마다 스레드를 하나씩 생성한다. spawn()은 나중에 사용할 JoinHandle이라는 값을 반환한다. 일단은 JoinHandle을 전부 벡터에 넣어 둔다.

파일 이름 목록이 워커 스레드로 넘어가는 과정을 눈여겨보자.

- for 루프가 부모 스레드에서 worklist를 정의하고 내용을 채운다.

- move 클로저가 생성되면 worklist가 그 즉시 클로저 안으로 이동한다.

- spawn이 (worklist 벡터를 포함하고 있는) 클로저를 새 자식 스레드로 옮긴다.

이 과정에서 발생하는 이동은 비용이 저렴하다. 4장에서 이야기한 Vec<String>의 이동과 마찬가지로 String은 복제되지 않는다. 실제로 아무것도 할당되거나 해제되지 않는다. 이동되는 유일한 데이터는 Vec 자체, 즉 세 개의 머신 워드뿐이다.

스레드를 생성할 때는 거의 항상 실행할 코드와 데이터가 필요하다. 러스트 클로저는 원하는 코드와 데이터를 종류에 상관없이 담을 수 있어서 편리하다.

코드를 계속 보자.

```
// 조인: 모든 스레드가 끝나길 기다린다.
for handle in thread_handles {
    handle.join().unwrap()?;
}
```

앞의 코드는 앞서 모아 둔 JoinHandle의 .join() 메서드를 써서 여덟 개의 스레드가 모두 끝나길 기다린다. 이런 식의 스레드 조인이 필요한 경우는 정확성을 위해서일 때가 많은데, 왜냐하면 러스트 프로그램은 다른 스레드가 아직 실행 중이더라도 main이 복귀하는 즉시 종료되기 때문이다. 소멸자도 호출되지 않고, 나머지 스레드도 그냥 죽는다. 이런 식으로 돌아가는 걸 원치 않는다면 main이 복귀하기 전에 모든 스레드를 조인해야 한다.

이 루프를 빠져나왔다는 건 여덟 개의 자식 스레드가 모두 성공적으로 끝났다는 뜻이다. 따라서 해당 함수는 Ok(())를 반환하는 것으로 마친다.

```
    Ok(())
}
```

스레드 간 오류 처리

앞에 있는 예에서 자식 스레드를 조인하는 데 썼던 코드는 오류 처리 때문에 보기보다 까다롭다. 해당 코드가 있는 줄을 다시 보자.

```
handle.join().unwrap()?;
```

.join() 메서드는 두 가지 일을 대신 맡아 처리해 준다.

첫 번째로 handle.join()은 std::thread::Result를 반환하며, **자식 스레드가 패닉에 빠졌으면** 오류로 간주한다. 러스트의 스레딩이 C++보다 훨씬 더 견고한 이유가 바로 여기에 있다. C++에서는 배열의 범위 밖에 있는 요소에 접근하는 행위가 미정의 동작이라서 그 결과로부터 나머지 시스템을 보호해낼 재간이 없다. 러스트의 패닉은 안전하며, 스레드별로 발생한다(7장 '해제' 절 참고). 스레드 간의 경계는 패닉을 위한 방화벽 역할을 하므로, 패닉은 한 스레드에서 그가 의존하는 다른 스레드로 무작정 퍼지지 않는다. 그게 아니라 한 스레드의 패닉은 오류 Result 형태로 다른 스레드에 보고된다. 따라서 프로그램이 전반적으로 쉽게 회복할 수 있다.

그러나 우리 프로그램에서는 아무런 패닉 처리도 시도하지 않고 있다. 그 대신 직접 이 Result에 대고 .unwrap()을 써서 결과가 Err이 아니라 Ok라고 단언한다. 이렇게 하면 자식 스레드가 패닉에 **빠질 때** 이 단언문이 실패하게 되므로 부모 스레드도 패닉에 빠진다. 자식 스레드의 패닉을 부모 스레드에게 명시적으로 전파하고 있는 것이다.

두 번째로, handle.join()은 자식 스레드의 반환값을 다시 부모 스레드에게 넘긴다. 우리가 spawn에 넘긴 클로저의 반환 타입은 process_files의 반환 타입인 io::Result<()>이다. 이 반환값은 폐기되지 않는다. 자식 스레드가 끝날 때 그의 반환값은 저장되며, JoinHandle::join()이 그 값을 다시 부모 스레드로 옮긴다.

이 프로그램에서 handle.join()이 반환하는 전체 타입은 std::thread::Result<std::io::Result<()>>이다. 여기서 thread::Result는 spawn/join API의 일부이고, io::Result는 우리 앱의 일부다.

우리 코드에서는 thread::Result를 풀어낸 다음 io::Result에 대고 ? 연산자를 써서 자식 스레드의 I/O 오류를 부모 스레드에게 명시적으로 전파한다.

이 모든 게 다소 복잡해 보일 수도 있다. 그러나 코드 한 줄로 할 수 있는 일이란 걸 염두에 두고 이를 다른 언어와 비교해 보자. 자바와 C#의 기본 동작은 자식 스레드의 예외를 터미널에 덤프하고는 그냥 잊는 것이다. C++의 기본 동작은 프로세스를 중단하는 것이다. 러스트에서는 오류가 예외(제어흐름)가 아니라 Result 값(데이터)이라서 다른 값과 마찬가지로 스레드 간에 전달된다. 그 덕분에 저수준 스레딩 API를 사용할 때는 어떤 식으로든 오류 처리 코드를 꼼꼼히 작성할 수밖에 없는데, **꼭 작성해야 하는 부분이란 점을 감안하면** Result를 채택한 건 아주 탁월한 결정이다.

스레드 간에 변경할 수 없는 데이터 공유하기

분석을 진행할 때 방대한 양의 영어 단어와 구문이 담긴 데이터베이스가 필요하다고 하자.

```
// 기존 형태
fn process_files(filenames: Vec<String>)

// 바뀐 형태
fn process_files(filenames: Vec<String>, glossary: &GigabyteMap)
```

이 glossary는 덩치가 커다랄 게 뻔하므로 여기서는 레퍼런스 전달을 써서 넘긴다. process_files_in_parallel에서 이 용어집을 워커 스레드에게 넘기려면 어디를 어떻게 바꿔야 할까?

그냥 다음처럼 바꾸면 되는 거 아닐까 싶겠지만 생각처럼 잘 되지 않는다.

```
fn process_files_in_parallel(filenames: Vec<String>,
                             glossary: &GigabyteMap)
    -> io::Result<()>
{
    ...
    for worklist in worklists {
        thread_handles.push(
            spawn(move || process_files(worklist, glossary))  // 오류
        );
    }
    ...
}
```

함수에 glossary 인수를 추가하고 이를 process_files에 넘겼을 뿐인데, 러스트는 다음과 같은 오류 메시지를 출력한다.

```
error: explicit lifetime required in the type of `glossary`
   |
38 |            spawn(move || process_files(worklist, glossary))  // error
   |            ^^^^^ lifetime `'static` required
```

러스트가 문제 삼는 부분은 spawn에 넘기고 있는 클로저의 수명으로, 컴파일러가 '도움이 될까 싶어' 제시한 앞의 메시지는 사실 아무런 도움이 되지 않는다.

spawn은 독립된 스레드를 띄운다. 러스트는 자식 스레드가 얼마나 오래 실행될지 알 길이 없으므로

최악의 경우를 상정해서, 부모 스레드가 끝나고 부모 스레드의 모든 값이 사라진 뒤에도 자식 스레드가 계속 실행될 수 있다고 가정한다. 자식 스레드가 그렇게 오래 지속된다면 실행 중인 클로저도 당연히 그만큼 오래 지속되어야 한다. 그러나 앞 클로저는 glossary 레퍼런스에 의존하고 있는 데다 레퍼런스란 게 애초부터 영원히 지속될 수 없는 성질을 띠고 있어서 한정된 수명을 갖는다.

러스트는 이 코드를 거부하는 게 맞다! 이 코드대로라면 한 스레드가 I/O 오류를 일으킬 때 process_files_in_parallel이 다른 스레드가 끝나기도 전에 서둘러 이 판을 떠날 가능성이 **있다**. 이렇게 되면 자식 스레드는 결국 메인 스레드가 이미 해제한 용어집을 사용하려고 하는 상황에 놓일 수 있다. 그러다 엎친 데 덮친 격으로 메인 스레드가 승기를 잡아야 하는 조건에 봉착하면 경합 상태에 빠져서 미정의 동작을 상으로 수여받는 어처구니없는 일이 벌어진다. 러스트는 이를 허용할 수 없다.

스레드 간 레퍼런스 공유를 지원하기엔 spawn이 너무 개방적인 게 아닌가 싶다. 실제로 14장의 '**훔치는 클로저**' 절에서 이미 이런 경우를 살펴본 바 있다. 당시에는 move 클로저를 써서 데이터의 소유권을 새 스레드로 옮기는 식으로 해결했는데, 이번에는 같은 데이터를 써야 하는 스레드가 여러 개 있는 상황이라서 그 방법이 통하지 않는다. 스레드마다 용어집을 통으로 clone해 가는 게 그나마 안전한 대안이지만 그러기엔 덩치가 너무 커서 웬만하면 피하고 싶은데, 다행히도 표준 라이브러리는 원자적인 레퍼런스 카운팅이라는 또 다른 대안을 제공한다.

Arc는 4장의 '**Rc와 Arc: 공유된 소유권**' 절에서 설명했다. 이제 이를 사용해볼 차례다.

```
use std::sync::Arc;

fn process_files_in_parallel(filenames: Vec<String>,
                             glossary: Arc<GigabyteMap>)
    -> io::Result<()>
{
    ...
    for worklist in worklists {
        // 여기서 .clone() 호출은 Arc를 복제하고 레퍼런스 카운트를 올리는 일만 한다.
        // GigabyteMap을 복제하는 게 아니다.
        let glossary_for_child = glossary.clone();
        thread_handles.push(
            spawn(move || process_files(worklist, &glossary_for_child))
        );
    }
    ...
}
```

glossary의 타입이 바뀌었다는 점을 눈여겨보자. 이제 분석을 병렬로 진행하기 위해서는 호출부가 Arc::new(giga_map)을 써서 힙으로 이동된 GigabyteMap의 스마트 포인터인 Arc<GigabyteMap>을 넘겨야 한다.

glossary.clone()을 호출하면 전체 GigabyteMap이 아니라 Arc 스마트 포인터의 복사본이 만들어 진다. 그리고 이 과정에서 벌어지는 일은 레퍼런스 카운트가 증가되는 게 전부다.

이렇게 바꾸고 나면 프로그램이 더 이상 레퍼런스 수명에 의존하지 않기 때문에 문제없이 컴파일되고 실행된다. 이제 **모든** 스레드가 Arc<GigabyteMap>을 소유하므로 부모 스레드가 일찍 이 판을 떠나더라도 맵은 계속 살아 있는 채로 유지된다. Arc에 있는 데이터는 변경할 수 없으므로 데이터 경합이 전혀 발생하지 않는다.

레이온

표준 라이브러리의 spawn 함수는 중요한 기본 요소지만 특별히 포크-조인 병렬 처리를 위해서 설계 되진 않았다. 그 대신 더 나은 포크-조인 API가 그 위에 구축되어 있다. 예를 들면 2장에서는 크로스 빔 라이브러리를 써서 일부 작업을 여덟 개의 스레드로 나눠서 실행했다. 크로스빔의 **범위 한정 스레드**scoped thread는 꽤 자연스럽게 포크-조인 병렬 처리를 지원한다.

또 다른 예로 니코 마츠사키스Niko Matsakis와 조시 스톤Josh Stone이 만든 레이온Rayon 라이브러리가 있다. 이 라이브러리는 작업을 동시에 실행하는 두 가지 방법을 제공한다.

```
use rayon::prelude::*;

// "두 가지 일을 병렬로 실행한다."
let (v1, v2) = rayon::join(fn1, fn2);

// "N 가지 일을 병렬로 실행한다."
giant_vector.par_iter().for_each(|value| {
    do_thing_with_value(value);
});
```

rayon::join(fn1, fn2)는 단순히 두 함수를 호출하고 두 결과를 반환한다. .par_iter() 메서드는 러스트 Iterator와 매우 유사한 map과 filter 등의 메서드를 가진 값인 ParallelIterator를 생성 한다. 레이온은 두 경우 다 자체 워커 스레드 풀을 써서 가능한 한 작업을 분산한다. 따라서 레이온 에게 병렬로 실행**할 수 있는** 작업을 알려 주기만 하면 레이온이 스레드를 관리해서 최선을 다해 작업 을 분배해 준다.

그림 19-3에 있는 다이어그램은 `giant_vector.par_iter().for_each(...)` 호출의 동작 방식을 이해하는 두 가지 방법을 보여 준다. (a) 레이온은 마치 벡터가 가진 요소마다 스레드를 하나씩 생성하는 것처럼 작동한다. (b) 레이온은 이면에서 CPU 코어마다 워커 스레드를 하나씩 마련해 두고 있는데, 그쪽이 더 효율적이기 때문이다. 이 워커 스레드 풀은 프로그램의 모든 스레드가 공유한다. 그리고 수많은 작업이 동시에 들어오면 레이온이 이들 작업을 나눈다.

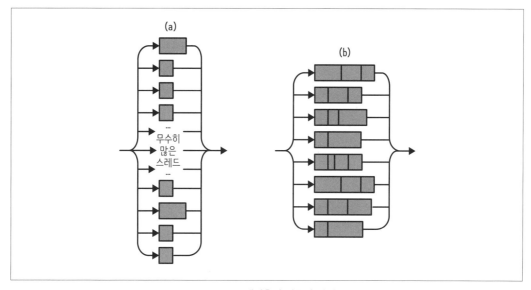

그림 19-3 **레이온의 이론과 실제**

다음은 레이온을 쓰는 버전의 `process_files_in_parallel`과 `Vec<String>` 대신 그냥 `&str`를 받는 `process_file`이다.

```
use rayon::prelude::*;

fn process_files_in_parallel(filenames: Vec<String>, glossary: &GigabyteMap)
    -> io::Result<()>
{
    filenames.par_iter()
        .map(|filename| process_file(filename, glossary))
        .reduce_with(|r1, r2| {
            if r1.is_err() { r1 } else { r2 }
        })
        .unwrap_or(Ok(()))
}
```

이 코드는 std::thread::spawn을 쓰는 버전보다 짧고 덜 까다롭다. 그럼 한 줄씩 살펴보자.

- 먼저 filenames.par_iter()를 써서 병렬 이터레이터를 생성한다.

- .map()을 써서 파일 이름마다 process_file을 호출한다. 그러면 일련의 io::Result<()> 값을 반복 처리하는 ParallelIterator가 산출된다.

- .reduce_with()를 써서 결과를 취합한다. 이때 발생한 오류가 있으면 첫 번째 것만 남기고 나머지는 버린다. 오류를 전부 모으거나 출력하고 싶다면 여기서 처리하면 된다.

   .reduce_with() 메서드는 성공일 때 유용한 값을 반환하는 .map() 클로저를 넘길 때도 편리하다. 이럴 때는 .reduce_with()에 두 개의 성공 결과를 취합하는 법을 알고 있는 클로저를 넘기면 된다.

- reduce_with는 Option을 반환하는데, filenames가 비었을 때만 None이 된다. 여기서는 그럴 때 Option의 .unwrap_or() 메서드를 써서 결과를 Ok(())로 만든다.

레이온은 이면에서 **작업 훔치기**work-stealing라고 하는 기법을 써서 스레드 간의 작업량을 동적으로 조절한다. 이 기법은 앞서 나온 '**spawn과 join**' 절에서처럼 직접 작업을 미리 분할할 때보다 전체 CPU 사용율을 일반적으로 더 높게 가져갈 수 있다.

보너스로 레이온은 스레드 간 레퍼런스 공유를 지원한다. 이면에서 벌어지는 모든 병렬 처리는 reduce_with가 복귀하기 전에 반드시 끝난다. 클로저가 여러 스레드에서 호출되는 상황임에도 불구하고 glossary를 process_file에 넘길 수 있었던 이유가 바로 여기에 있다.

(참고로 여기서 map 메서드와 reduce 메서드를 쓰고 있는 건 우연이 아니다. 구글과 아파치 하둡 덕분에 유명해진 맵리듀스 프로그래밍 모델은 포크-조인과 공통점이 많다. 분산 데이터를 질의하는 포크-조인 접근 방식이라고 볼 수 있겠다.)

망델브로 집합 다시보기

2장에서는 포크-조인 동시성을 써서 망델브로 집합을 렌더링했다. 이렇게 해서 렌더링 속도가 네 배 빨라지는 인상적인 결과를 얻었지만, 프로그램이 여덟 개의 워커 스레드를 여덟 개의 코어가 달린 머신에서 실행했다는 점을 고려하면 더 잘해볼 여지가 충분히 있다!

문제는 작업량을 고루 분배하지 못했다는 데 있다. 이미지의 픽셀 하나를 계산하는 건 루프 하나를 실행하는 것과 같다(2장의 '**망델브로 집합**' 절을 참고하자). 그런데 잘 따져보면 이미지의 검은색 부분은 루프를 최대 255회까지 반복해서 실행하는 반면, 옅은 회색 부분은 루프를 일찍 빠져나오기 때문에 렌더링 속도가 훨씬 더 빠르다. 따라서 그림 19-4에서 보는 것처럼 영역을 크기가 같은 여러 줄의 띠로 나누더라도 작업량은 서로 다를 수밖에 없다.

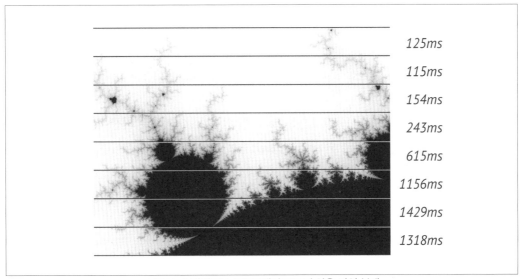

그림 19-4 **망델브로 프로그램의 고르지 않은 작업 분배**

레이온을 쓰면 이 문제를 쉽게 고칠 수 있다. 결과물의 픽셀 줄마다 병렬 작업을 하나씩 실행하기만 하면 된다. 레이온은 이 과정에서 생성되는 수백 개의 작업을 자신이 가진 스레드에 분배한다. 작업 훔치기 덕분에 작업의 크기가 제각기 달라도 문제가 되지 않는다. 레이온은 실행 상태를 봐가며 작업을 조절한다.

코드는 다음과 같다. 처음 줄과 마지막 줄은 2장의 '**동시적 망델브로 프로그램**' 절에서 봤던 main 함수의 일부이고, 그 사이에 있는 렌더링 코드가 바뀐 내용의 전부다.

```
let mut pixels = vec![0; bounds.0 * bounds.1];

// 이 구간에서 `pixels`를 여러 줄의 띠로 나눈다.
{
    let bands: Vec<(usize, &mut [u8])> = pixels
        .chunks_mut(bounds.0)
        .enumerate()
        .collect();

    bands.into_par_iter()
        .for_each(|(i, band)| {
            let top = i;
            let band_bounds = (bounds.0, 1);
```

```
            let band_upper_left = pixel_to_point(bounds, (0, top),
                                                  upper_left, lower_right);
            let band_lower_right = pixel_to_point(bounds, (bounds.0, top + 1),
                                                   upper_left, lower_right);
            render(band, band_bounds, band_upper_left, band_lower_right);
        });
}

write_image(&args[1], &pixels, bounds).expect("error writing PNG file");
```

먼저 레이온에 넘길 일련의 작업을 담고 있는 bands를 만든다. 각 작업은 계산에 필요한 줄 번호와 결과를 담을 pixels의 슬라이스로 된 (usize, &mut [u8]) 타입의 튜플일 뿐이다. chunks_mut 메서드로 이미지 버퍼를 여러 줄로 나누고, enumerate 메서드로 줄마다 번호를 달고, collect 메서드로 번호-슬라이스 쌍을 전부 벡터에 모아 담는다(여기서 벡터를 쓰는 이유는 레이온이 배열과 벡터에 대해서만 병렬 이터레이터를 생성하기 때문이다).

이어서 bands를 병렬 이터레이터로 바꾸고 .for_each() 메서드로 원하는 작업을 레이온에게 알린다.

레이온을 쓰고 있으므로 다음 줄을 **main.rs**에 넣어 준다.

```
use rayon::prelude::*;
```

그리고 다음 내용을 **Cargo.toml**에 추가한다.

```
[dependencies]
rayon = "1"
```

이렇게 바꾸고 나면 프로그램은 이제 8코어 머신에서 약 7.75코어를 사용한다. 작업을 직접 분할하던 전보다 75% 더 빠르다. 또 일(작업 분배)을 직접 하지 않고 크레이트에게 맡기기 때문에 그만큼 코드도 좀 더 짧다.

채널

채널channel은 한 스레드에서 다른 스레드로 값을 보내기 위한 단방향 도관이다. 스레드 안전성을 가진 큐라고 보면 된다.

그림 19-5는 채널의 사용법을 보여 준다. 채널은 유닉스 파이프와 비슷한데 한쪽 끝은 데이터를 보낼 때 쓰고, 다른쪽 끝은 데이터를 받을 때 쓴다. 이 양쪽 끝은 통상 서로 다른 두 스레드가 소유한다. 그러나 유닉스 파이프는 바이트열을 보내기 위한 것인 반면, 채널은 러스트 값을 보내기 위한 것이다. `sender.send(item)`은 값 하나를 채널에 넣고 `receiver.recv()`는 이를 뺀다. 소유권은 보내는 스레드에서 받는 스레드로 넘어간다. 채널이 비었으면 `receiver.recv()`는 누군가 값을 보낼 때까지 블록된다.

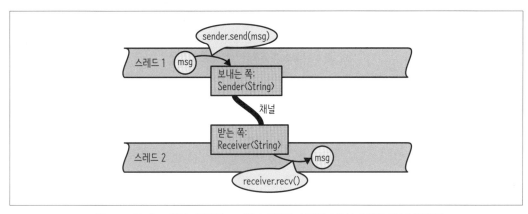

그림 19-5 **String 채널. 문자열 msg의 소유권은 스레드 1에서 스레드 2로 넘어간다.**

채널을 쓰면 스레드가 서로 값을 주고받으며 통신할 수 있다. 채널은 잠금이나 공유된 메모리를 쓰지 않고도 스레드가 서로 협업할 수 있게 해주는 아주 단순한 장치다.

이는 새로운 기술이 아니다. 얼랭Erlang은 30년 전부터 격리된 프로세스와 메시지 전달을 사용해 왔다. 유닉스 파이프가 사용된 지는 거의 50년이 다 되어 간다. 파이프가 제공하는 기능을 곱씹을 때면 늘 동시성보다는 유연성과 결합성을 떠올리기 마련인데 사실은 세 분야 모두에서 두각을 보인다. 유닉스 파이프라인의 예가 그림 19-6에 나와 있다. 보다시피 세 가지 프로그램을 동시에 실행할 수 있다는 걸 확인할 수 있다.

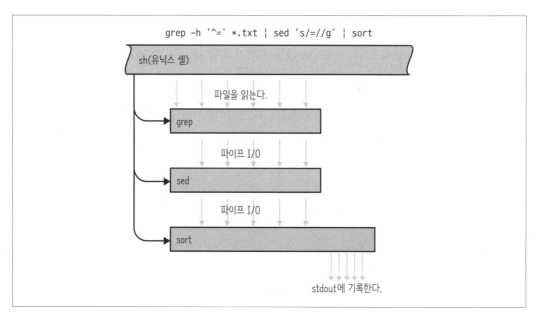

grep -h '^=' *.txt │ sed 's/=//g' │ sort

sh(유닉스 셀)

파일을 읽는다.

grep

파이프 I/0

sed

파이프 I/0

sort

stdout에 기록한다.

그림 19-6 **유닉스 파이프라인의 실행 과정**

러스트 채널은 유닉스 파이프보다 빠르다. 값을 보내면 복사되는 게 아니라 이동된다. 이동은 수 메가바이트의 데이터를 가진 데이터 구조를 옮길 때조차도 순식간에 처리된다.

값 보내기

앞으로 몇 개의 절에 걸쳐서 채널을 사용해 검색 엔진의 핵심 요소 중 하나인 **역색인**inverted index을 생성하는 동시적 프로그램을 만들어 본다. 모든 검색 엔진은 특정 문서 집합을 대상으로 작동한다. 역색인은 어떤 단어가 어디에 등장하는지 알려 주는 데이터베이스다.

여기서는 스레드와 채널을 쓰는 코드 부분만 살펴본다. 전체 프로그램(https://github.com/ProgrammingRust/fingertips)의 코드는 천여 줄 정도로 그리 길지 않다.

이 프로그램은 그림 19-7과 같은 형태의 파이프라인으로 구성되어 있다. 파이프라인은 채널을 사용하는 여러 방법 중 하나에 불과하지만 이를 사용하면 이미 존재하는 싱글 스레드 프로그램에 동시성을 손쉽게 도입할 수 있다. 이를 제외한 나머지 방법은 뒤에서 알아본다.

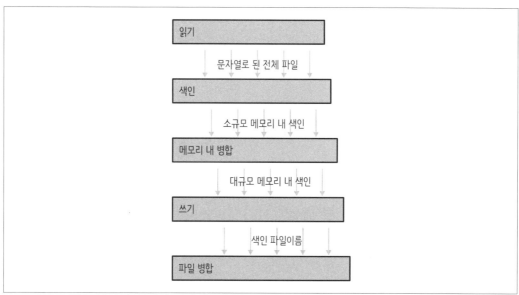

그림 19-7 색인 작성기 파이프라인. 화살표는 채널을 통해 한 스레드에서 다른 스레드로 전달되는 값을 표현한다 (디스크 I/O는 표시하지 않았다).

이 파이프라인은 총 다섯 개의 스레드를 사용하며 각자 고유한 작업을 수행한다. 각 스레드는 프로그램의 수명 동안 결과를 지속적으로 산출한다. 예를 들어, 첫 번째 스레드는 디스크에 있는 소스 문서를 하나씩 메모리로 읽어오는 일만 한다(여기서는 블로킹 API인 fs::read_to_string을 써서 코드를 최대한 단순하게 작성하고 싶었기 때문에 이런 일을 하는 스레드가 필요했다. 디스크가 작동할 때마다 CPU를 그냥 놀게 내버려 두고 싶진 않았다). 이 단계에서는 결과로 문서마다 긴 String이 하나씩 나오기 때문에 이 스레드는 String 채널을 통해서 다음 스레드와 연결된다.

이 프로그램은 파일을 읽는 스레드를 생성하는 것으로 시작한다. documents가 파일 이름 벡터 Vec<PathBuf>라고 할 때 파일을 읽는 스레드를 시작하는 코드는 다음과 같다.

```
use std::{fs, thread};
use std::sync::mpsc;

let (sender, receiver) = mpsc::channel();

let handle = thread::spawn(move || {
    for filename in documents {
        let text = fs::read_to_string(filename)?;

        if sender.send(text).is_err() {
            break;
```

```
        }
    }
    Ok(())
});
```

채널은 `std::sync::mpsc` 모듈의 일부다. 이 이름의 의미는 나중에 알아보기로 하고 우선 이 코드가 어떤 식으로 작동하는지 보자. 제일 먼저 하는 일은 채널을 만드는 것이다.

```
let (sender, receiver) = mpsc::channel();
```

`channel` 함수는 보내는 쪽과 받는 쪽 이렇게 한 쌍의 값을 반환한다. 밑바닥에 있는 큐 데이터 구조는 표준 라이브러리가 구현 세부 사항으로 숨겨둬서 드러나지 않는다.

채널은 타입을 갖는다. 여기서는 이 채널을 써서 각 파일의 텍스트를 보내고 있으므로 Sender<String> 타입의 sender와 Receiver<String> 타입의 receiver를 갖게 된다. `mpsc::channel::<String>()`이라고 써서 문자열 채널을 명시적으로 요청할 수도 있지만, 여기서는 러스트의 타입 추론이 알아서 하게 내버려 두었다.

```
let handle = thread::spawn(move || {
```

전과 마찬가지로 `std::thread::spawn`을 써서 스레드를 시작한다. sender의 소유권은 move 클로저를 통해서 새 스레드로 넘어간다(receiver의 소유권은 넘어가지 않는다).

그 아래에 있는 코드는 디스크에 있는 파일을 읽어 온다.

```
    for filename in documents {
        let text = fs::read_to_string(filename)?;
```

파일을 성공적으로 읽어 온 뒤에는 해당 텍스트를 채널로 보낸다.

```
        if sender.send(text).is_err() {
            break;
        }
    }
```

sender.send(text)는 text 값을 채널로 옮긴다. 이 값은 받는 쪽에 닿을 때까지 계속해서 자리를 옮겨 다닐 것이다. text가 쥔 텍스트가 10줄짜리든 10메가바이트짜리든 상관없이 이 작업은 세 개의 머신 워드(String 스트럭트의 크기)를 복사하며, 그에 대응하는 receiver.recv() 호출도 세 개의 머신 워드를 복사한다.

send와 recv 메서드는 둘 다 Result를 반환하지만, 이들 메서드가 실패하는 경우는 채널의 다른쪽 끝이 드롭되었을 때뿐이다. send 호출은 Receiver가 드롭되면 실패하는데, 그렇지 않으면 값이 채널 안에 영원히 남게 되기 때문이다. Receiver 없이는 어떤 스레드도 이를 받아낼 재간이 없다. 마찬가지로 recv 호출은 채널 안에 대기 중인 값이 없는 상태에서 Sender가 드롭되면 실패하는데, 그렇지 않으면 recv가 영원히 대기하게 되기 때문이다. Sender 없이는 어떤 스레드도 다음 값을 보낼 재간이 없다. 채널의 한쪽 끝을 드롭하는 건 '전화 끊기'에 해당하는 표현으로, 보통 사용을 마친 연결을 닫을 때 이런 식으로 많이 한다.

앞의 코드에서 sender.send(text)가 실패하는 경우는 받는 쪽 스레드가 일찍 종료되었을 때뿐이다. 이는 채널을 쓰는 코드에서 흔히 볼 수 있는 일이다. 의도적이든 오류 때문이든 아무튼 이런 일이 생기면 리더 스레드는 그냥 조용히 종료하면 된다.

스레드가 중간에 종료했거나 문서 읽기를 다 마쳤으면 Ok(())를 반환한다.

```
    Ok(())
});
```

이 클로저는 Result를 반환한다는 점을 유념하자. 스레드가 I/O 오류를 만나면 그 즉시 종료되고, 해당 오류는 스레드의 JoinHandle에 저장된다.

물론, 러스트는 여느 프로그래밍 언어와 마찬가지로 오류 처리에 관해서 다양한 가능성을 인정한다. 오류가 발생하면 그냥 println!을 써서 출력하고 다음 파일로 넘어갈 수도 있다. 아니면 데이터용으로 쓰고 있는 채널을 Result 채널로 바꿔서 오류를 넘길 수 있게 만들거나 그냥 두 번째 채널을 마련해서 이를 오류용으로 쓸 수도 있다. 그러나 여기서 고른 접근 방식은 단순하면서도 맡은 바 책임을 다하는 구조로 되어 있다. ? 연산자를 쓰기 때문에 판에 박힌 코드가 전혀 없는데, 어느 정도냐면 자바에서 볼 수 있는 명시적인 try/catch조차 쓸 일이 없다. 그럼에도 불구하고 오류가 조용히 빠져나갈 일은 절대 없다.

편의상 우리 프로그램은 이 코드를 전부 다음처럼 생긴 함수로 감싸서 사용한다. 이 함수는 (아직 쓰지 않은) receiver와 새 스레드의 JoinHandle을 한꺼번에 반환한다.

```
fn start_file_reader_thread(documents: Vec<PathBuf>)
    -> (mpsc::Receiver<String>, thread::JoinHandle<io::Result<()>>)
{
    let (sender, receiver) = mpsc::channel();

    let handle = thread::spawn(move || {
        ...
    });

    (receiver, handle)
}
```

이 함수는 새 스레드를 띄우고 바로 반환한다는 점을 눈여겨보자. 앞으로 파이프라인의 스테이지마다 이런 함수를 작성한다고 보면 된다.

값 받기

값을 보내는 루프를 실행하는 스레드가 준비됐으니, 이제 `receiver.recv()`를 호출하는 루프를 실행하는 두 번째 스레드를 만들 차례다.

```
while let Ok(text) = receiver.recv() {
    do_something_with(text);
}
```

그런데 Receiver는 이터러블이라서 다음처럼 작성하는 게 더 낫다.

```
for text in receiver {
    do_something_with(text);
}
```

두 루프가 하는 일은 똑같다. 어떤 식으로 작성하든지 간에 제어가 루프 꼭대기에 닿았을 때 채널이 비었으면 받는 스레드는 다른 스레드가 값을 보낼 때까지 블록된다. 채널이 비어 있는 상태에서 Sender가 드롭되면 루프는 정상적으로 종료된다. 우리 프로그램에서는 리더 스레드가 종료될 때 자연스럽게 해당 수순을 밟게 된다. 리더 스레드는 sender 변수를 소유한 클로저를 실행 중이므로 이 클로저가 종료되면 sender는 드롭된다.

그럼 파이프라인의 두 번째 단계를 위한 코드를 작성해 보자.

```
fn start_file_indexing_thread(texts: mpsc::Receiver<String>)
    -> (mpsc::Receiver<InMemoryIndex>, thread::JoinHandle<()>)
{
    let (sender, receiver) = mpsc::channel();

    let handle = thread::spawn(move || {
        for (doc_id, text) in texts.into_iter().enumerate() {
            let index = InMemoryIndex::from_single_document(doc_id, text);
            if sender.send(index).is_err() {
                break;
            }
        }
    });

    (receiver, handle)
}
```

이 함수는 한 채널(texts)에서 String 값을 받아다가 다른 채널(sender/receiver)로 InMemoryIndex 값을 보내는 스레드를 생성한다. 이 스레드의 임무는 첫 번째 단계에서 읽어 온 파일을 하나씩 가져다가 각 문서를 작은 파일인 메모리 내 역색인으로 바꾼다.

이 스레드의 메인 루프는 단순하다. 문서의 색인을 만드는 작업은 전부 InMemoryIndex::from_single_document 함수가 처리한다. 여기서 소스 코드를 살펴보진 않겠지만, 이 함수는 입력 문자열을 단어별로 분할한 뒤, 단어를 가지고 위치 목록을 알아낼 수 있는 맵을 산출한다.

이 단계는 I/O를 수행하지 않으므로 io::Error를 처리할 필요가 없다. 따라서 io::Result<()> 대신 ()을 반환한다.

파이프라인 실행하기

나머지 세 단계의 설계는 유사하다. 각 단계는 앞 단계가 생성한 Receiver를 소비한다. 나머지 파이프라인의 목표는 작은 색인들을 전부 가져다가 디스크에 있는 커다란 색인 파일 하나에 모아 담는 것이다. 이를 위해 생각해볼 수 있는 가장 빠른 방법은 일을 세 단계로 나누는 것이다. 여기서는 코드 대신 이들 세 함수의 타입 시그니처만 살펴보겠다. 전체 소스는 온라인에 있으니 참고하자.

먼저 색인을 메모리에 최대한 모아 담는다(단계 3).

```
fn start_in_memory_merge_thread(file_indexes: mpsc::Receiver<InMemoryIndex>)
    -> (mpsc::Receiver<InMemoryIndex>, thread::JoinHandle<()>)
```

이렇게 만들어진 커다란 색인을 디스크에 기록한다(단계 4).

```
fn start_index_writer_thread(big_indexes: mpsc::Receiver<InMemoryIndex>,
                             output_dir: &Path)
    -> (mpsc::Receiver<PathBuf>, thread::JoinHandle<io::Result<()>>)
```

끝으로 커다란 파일이 여러 개 생기면 이들을 파일 기반의 병합 알고리즘을 써서 하나로 합친다(단계 5).

```
fn merge_index_files(files: mpsc::Receiver<PathBuf>, output_dir: &Path)
    -> io::Result<()>
```

마지막 단계는 파이프라인의 끝이므로 Receiver를 반환하지 않는다. 이 단계는 디스크에 결과 파일 하나를 만들어 낸다. 또 이 단계는 귀찮게 스레드를 생성하지 않으므로 JoinHandle을 반환하지 않는다. 작업은 호출부의 스레드에서 수행된다.

이제 스레드를 띄우고 오류를 검사하는 코드를 살펴보자.

```
fn run_pipeline(documents: Vec<PathBuf>, output_dir: PathBuf)
    -> io::Result<()>
{
    // 파이프라인의 다섯 단계를 전부 가동한다.
    let (texts,   h1) = start_file_reader_thread(documents);
    let (pints,   h2) = start_file_indexing_thread(texts);
    let (gallons, h3) = start_in_memory_merge_thread(pints);
    let (files,   h4) = start_index_writer_thread(gallons, &output_dir);
    let result = merge_index_files(files, &output_dir);

    // 스레드가 끝나길 기다린다. 그사이에 발생한 오류는 담아 둔다.
    let r1 = h1.join().unwrap();
    h2.join().unwrap();
    h3.join().unwrap();
    let r4 = h4.join().unwrap();

    // 발생한 오류가 있으면 첫 번째 것을 반환한다.
    // (공교롭게도 h2와 h3은 실패할 수 없다.
    // 이들 스레드는 순전히 메모리 내 데이터만 처리한다.)
    r1?;
    r4?;
    result
}
```

전과 마찬가지로 .join().unwrap()을 써서 자식 스레드의 패닉을 메인 스레드에게 명시적으로 전파한다. 차이점이 하나 있다면 여기서는 ?를 바로 사용하지 않고 네 개의 스레드를 전부 조인할 때까지 io::Result 값을 따로 챙겨 둔다는 것이다.

이 파이프라인은 싱글 스레드를 쓰는 버전보다 40% 더 빠르다. 반나절 작업한 것치곤 나쁘지 않지만 망델브로 프로그램에서 이룬 675% 향상에 비하면 미미한 수준이다. 확실히 시스템의 I/O 용량이나 전체 CPU 코어를 꽉 채워 쓰지 못했다. 뭐가 어떻게 돌아가고 있길래 이런 결과가 나온 걸까?

파이프라인은 제조 공장의 조립 라인과 같다. 따라서 성능이 가장 느린 단계의 처리량에 의해서 제한된다. 세운 지 얼마 되지 않아서 조율이 안 된 조립 라인은 단품 생산만큼이나 느릴 수 있지만, 조립 라인은 목표를 정해서 결과가 더 나아지도록 공정을 세밀하게 조율해 나갈 수 있다는 장점이 있다. 우리의 경우에는 성능을 측정해 보면 두 번째 단계가 병목임을 알 수 있다. 색인을 만드는 스레드는 .to_lowercase()와 .is_alphanumeric()을 쓰기 때문에 유니코드 테이블을 뒤지는 데 많은 시간을 쏟아붓고, 그러다 보니 뒤이은 나머지 단계들은 Receiver::recv에서 입력을 기다리느라 대부분의 시간을 허비한다.

이 말은 더 빨라질 수 있는 여지가 있다는 뜻이다. 이 병목들을 해결하면 병렬성이 높아질 것이다. 이제 채널의 사용법도 익혔고, 우리 프로그램이 격리된 코드 덩어리로 되어 있다는 것도 알았으니, 이 첫 번째 병목을 해결하기 위한 방법 몇 가지가 쉽게 떠오를 것이다. 두 번째 단계의 코드를 다른 코드와 마찬가지로 한 땀 한 땀 최적화할 수도 있겠고, 작업을 둘 이상의 단계로 쪼갤 수도 있겠고, 파일 색인을 만드는 스레드를 동시에 여러 개 실행할 수도 있겠다.

채널의 기능과 성능

std::sync::mpsc의 mpsc 부분은 **멀티 프로듀서, 싱글 컨슈머**multiproducer, single-consumer라는 뜻으로 러스트의 채널이 제공하는 통신의 종류를 한마디로 설명해 준다.

우리 샘플 프로그램에 있는 채널은 보내는 쪽 하나에서 받는 쪽 하나로 값을 실어 나른다. 이런 경우는 꽤 흔하다. 그러나 러스트 채널은 보내는 쪽이 여럿인 경우도 지원한다. 예를 들어, 그림 19-8에서 보다시피 한 스레드가 여러 클라이언트 스레드에서 오는 요청을 처리해야 하는 경우가 있을 수 있다.

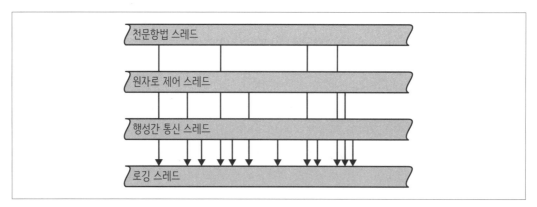

그림 19-8 **보내는 쪽은 여럿이고 받는 쪽은 하나인 채널 구조**

Sender<T>는 Clone 트레이트를 구현하고 있다. 보내는 쪽이 여럿인 채널을 얻으려면 일반 채널을 하나 만들고 보내는 쪽을 원하는 수만큼 복제하면 된다. 각 Sender 값은 다른 스레드로 옮길 수 있다.

Receiver<T>는 복제할 수 없으므로 같은 채널에서 값을 받는 여러 스레드가 필요한 경우에는 Mutex가 필요하다. 어떻게 하면 되는지는 이번 장 뒷부분에서 살펴본다.

러스트 채널은 아주 꼼꼼하게 최적화되어 있다. 러스트는 처음 채널을 만들 때 특별한 '일회성' 큐 구현을 쓴다. 이 구현은 채널을 통해서 보내는 객체가 하나뿐일 때 오버헤드를 최소화하도록 설계됐다. 이 채널에 대고 두 번째 값을 보내면 러스트는 다른 큐 구현으로 전환한다. 그리고는 할당 오버헤드를 최소화하면서 많은 값을 전송할 수 있는 채널로 탈바꿈해 비교적 오랫동안 여기에 정착한다. 그러다 Sender를 복제하면 러스트는 여러 스레드가 동시에 값을 보내려고 해도 안전한 또 다른 구현으로 옮겨가야 한다. 그러나 이 세 가지 구현 중에서 가장 느리다고 하는 게 무려 무잠금lock-free 큐라서, 값을 보내거나 받을 때 드는 비용이 기껏해야 원자적인 연산 몇 번에 힙 할당과 이동 자체가 더해지는 수준이다. 시스템 호출이 필요한 순간은 큐가 비어서 받는 스레드가 스스로 대기 상태에 들어가야할 때뿐이다. 물론, 이 경우에는 어찌 됐든 채널의 통행량이 최대치를 찍지 않는다.

이러한 치저하가 전부 자동하더라도 애플리케이션이 채널 성능 측면에서 저지르기 쉬운 실수가 하나 있다. 그것은 바로 값을 받아서 처리할 수 있는 속도보다 더 빨리 보내는 것이다. 이렇게 하면 채널 안에 밀린 값이 점점 쌓이게 된다. 예를 들어, 우리 프로그램은 파일 리더 스레드(단계 1)에서 파일을 불러오는 속도가 파일 색인을 만드는 스레드(단계 2)에서 색인을 만드는 속도보다 훨씬 더 빠를 수 있다. 그 결과 디스크에서 읽어 온 수백 메가바이트의 원시 데이터가 한꺼번에 큐로 돌진하게 된다.

이런 식으로 잘못 작동하게 그냥 놔두면 메모리가 낭비되고 지역성이 훼손된다. 설상가상으로 보내는 스레드가 계속 실행되면서 처리하지도 못할 값을 보내느라 받는 쪽이 절실히 필요로 하는 CPU와 기타 시스템 리소스를 다 써버리게 된다.

러스트는 이 부분에서 다시 유닉스 파이프처럼 작동한다. 유닉스는 빠르게 보내는 쪽의 속도를 강제로 낮춰 주는 일종의 **배압**backpressure을 제공하기 위해서 우아한 꼼수를 쓴다. 유닉스 시스템에서 각 파이프는 크기가 고정되어 있으며, 프로세스가 일시적으로 가득 찬 파이프에 기록하려고 하면 시스템은 파이프에 공간이 생길 때까지 프로세스를 그냥 블록시킨다. 러스트에는 여기에 상응하는 **동기 채널**synchronous channel이라는 기능이 있다.

```
use std::sync::mpsc;

let (sender, receiver) = mpsc::sync_channel(1000);
```

동기 채널은 일반 채널과 똑같지만 생성할 때 줄 수 있는 값의 개수를 지정한다는 점이 다르다. 동기 채널의 경우에는 sender.send(value)가 블록될 가능성이 있는 작업이다. 어쨌든 핵심 아이디어는 블로킹이 항상 나쁜 게 아니라는 점이다. 우리 예제 프로그램에서 start_file_reader_thread에 있는 channel을 32개의 값을 줄 수 있는 sync_channel로 바꾸면, 자체 벤치마크 데이터 세트를 기준으로 처리량은 그대로 유지하면서 메모리 사용량은 2/3로 줄어든다.

스레드 안전성: Send와 Sync

지금까지는 마치 모든 값을 스레드 간에 자유롭게 옮기고 공유할 수 있는 것처럼 행동해 왔다. 대부분 사실이긴 하지만 러스트에서 스레드 안전성과 관련된 전체 이야기는 두 가지 기본 제공 트레이트인 std::marker::Send와 std::marker::Sync의 여하에 달려 있다.

- Send를 구현하고 있는 타입은 값 전달을 써서 다른 스레드에 넘겨도 안전하다. 이들은 스레드 간에 이동될 수 있다.
- Sync를 구현하고 있는 타입은 비mut 레퍼런스 전달을 써서 다른 스레드에 넘겨도 안전하다. 이들은 스레드 간에 공유될 수 있다.

여기서 **안전하다**는 건 늘 말해왔던 대로 데이터 경합과 다른 미정의 동작이 없다는 뜻이다.

예를 들어 '**spawn과 join**' 절에 있는 process_files_in_parallel 예에서는 클로저를 써서 부모 스레드에 있는 Vec<String>을 각 자식 스레드에 넘겼다. 그땐 지적하지 않았지만 이 말은 부모 스레드에서 할당된 벡터와 그 안에 있는 문자열이 자식 스레드에서 해제된다는 뜻이다. Vec<String>이 Send를 구현하고 있다는 사실은 그렇게 해도 된다는 API의 약속이다. Vec과 String이 내부적으로 쓰는 할당기는 스레드 안전성을 가졌다.

(빠르지만 스레드 안전성을 갖지 않은 할당기를 써서 나만의 Vec과 String 타입인 NonThreadSafeVec과 NonThreadSafeString을 작성했다고 하자. 이런 타입은 안전하지 않은 포인터와 같은 Send가 아닌 타입을 써서 구현할 수밖에 없으므로, 러스트는 이들 타입을 Send가 아닌 것으로 추론해서 싱글 스레드에서만 쓸 수 있도록 제한할 것이다. 그러나 이런 경우는 드물다.)

그림 19-9에서 보다시피 대부분의 타입은 Send면서 Sync다. 프로그램에 있는 스트럭트와 이늄에 #[derive]를 붙이지 않아도 러스트가 이들 트레이트를 알아서 구현해 준다. 스트럭트나 이늄은 자신이 가진 필드가 Send면 Send가 되고 Sync면 Sync가 된다.

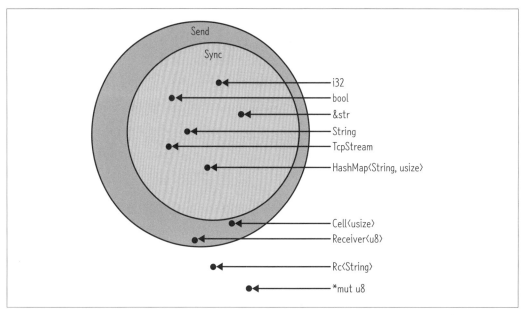

그림 19-9 Send 타입과 Sync 타입

Send지만 Sync는 아닌 타입도 있는데, 이는 보통 의도적인 결정일 때가 많다. 예를 들어, mpsc::Receiver는 이런 특성을 이용해서 mpsc 채널의 받는 쪽을 한 번에 한 스레드에서만 쓸 수 있게 보장한다.

소수지만 Send도 아니고 Sync도 아닌 타입은 대부분 스레드 안전성을 갖지 않은 방식으로 가변성을 이용한다. 예를 들어, 레퍼런스 카운트를 쓰는 스마트 포인터 타입 std::rc::Rc<T>를 보자.

Rc<String>이 Sync여서 Rc 하나를 공유된 레퍼런스를 통해서 스레드 간에 공유할 수 있다면 무슨 일이 벌어질까? 그림 19-10에서 보다시피 두 스레드가 동시에 Rc를 복제하려고 들면 두 스레드가 공유된 레퍼런스 카운트를 증가시키기 때문에 데이터 경합이 생긴다. 이렇게 되면 레퍼런스 카운트가 부정확해져서 해제 후 사용이나 중복 해제 등의 미정의 동작이 발생한다.

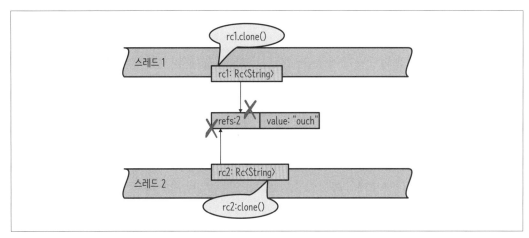

그림 19-10 Rc<String>이 Sync도 아니고 Send도 아닌 이유

물론, 러스트는 이런 상황을 방지한다. 다음 코드는 이런 데이터 경합을 유발한다.

```
use std::thread;
use std::rc::Rc;

fn main() {
    let rc1 = Rc::new("ouch".to_string());
    let rc2 = rc1.clone();
    thread::spawn(move || {  // 오류
        rc2.clone();
    });
    rc1.clone();
}
```

러스트는 컴파일을 거부하고 자세한 오류 메시지를 던져 준다.

```
error: `Rc<String>` cannot be sent between threads safely
   |
10 |     thread::spawn(move || {  // error
   |            ^^^^^ `Rc<String>` cannot be sent between threads safely
   |
   = help: the trait `std::marker::Send` is not implemented for `Rc<String>`
```

```
= note: required because it appears within the type `[closure@...]`
= note: required by `std::thread::spawn`
```

이제 러스트가 스레드 안전성을 강화하는 데 Send와 Sync가 어떤 식으로 도움이 되는지 알 수 있을 것이다. 이들은 스레드 경계 너머로 데이터를 전송하는 함수의 타입 시그니처에 바운드 형태로 나타난다. 스레드를 spawn할 때 넘기는 클로저는 반드시 Send여야 하는데, 이 말은 그 안에 들어 있는 모든 값이 반드시 Send여야 한다는 뜻이다. 마찬가지로 채널을 통해서 다른 스레드에 값을 보내고 싶다면 그 값은 반드시 Send여야 한다.

거의 모든 이터레이터를 연결해 쓸 수 있는 채널

우리 역색인 작성기는 파이프라인 형태로 만들어졌다. 코드는 깔끔한 편이지만 직접 채널을 설정하고 스레드를 띄워야 했다. 그에 반해서 15장에서 만들었던 이터레이터 파이프라인은 몇 줄 안 되는 코드로 훨씬 더 많은 일을 담아내는 것처럼 보였다. 스레드 파이프라인도 그런 식으로 만들 수 있을까?

실제로 이터레이터 파이프라인과 스레드 파이프라인을 통합할 수 있다면 더 좋을 것이다. 그러면 우리 색인 작성기를 이터레이터 파이프라인 형태로 작성할 수 있다. 다음처럼 말이다.

```
documents.into_iter()
    .map(read_whole_file)
    .errors_to(error_sender)  // 오류 결과는 걸러 낸다.
    .off_thread()             // 위 작업을 위한 스레드를 생성한다.
    .map(make_single_file_index)
    .off_thread()             // 단계 2를 위한 또 다른 스레드를 생성한다.
    ...
```

트레이트를 쓰면 표준 라이브러리 타입에 메서드를 추가할 수 있으므로 실제로 이렇게 할 수 있다. 먼저, 원하는 메서드를 선언하는 트레이트를 작성하는 것으로 시작하자.

```
use std::sync::mpsc;

pub trait OffThreadExt: Iterator {
    /// 이 이터레이터를 스레드를 띄우는 이터레이터로 변환한다.
    /// `next()` 호출은 별도의 워커 스레드에서 일어나므로,
    /// 이터레이터와 루프의 본문이 동시에 실행된다.
    fn off_thread(self) -> mpsc::IntoIter<Self::Item>;
}
```

그런 다음 이 트레이트를 이터레이터 타입에 대해서 구현한다. `mpsc::Receiver`가 이미 이터러블이라서 간단히 끝낼 수 있다.

```
use std::thread;

impl<T> OffThreadExt for T
    where T: Iterator + Send + 'static,
          T::Item: Send + 'static
{
    fn off_thread(self) -> mpsc::IntoIter<Self::Item> {
        // 워커 스레드의 아이템을 전송하기 위한 채널을 만든다.
        let (sender, receiver) = mpsc::sync_channel(1024);

        // 이 이터레이터를 새 워커 스레드로 옮기고 거기서 실행한다.
        thread::spawn(move || {
            for item in self {
                if sender.send(item).is_err() {
                    break;
                }
            }
        });

        // 이 채널에서 값을 당겨오는 이터레이터를 반환한다.
        receiver.into_iter()
    }
}
```

이 코드에서 where 절은 11장의 '**바운드 역설계**' 절에서 설명한 것과 매우 유사한 과정을 통해서 결정됐다. 처음에는 다음처럼 단순했다.

```
impl<T> OffThreadExt for T
```

즉, 모든 이터레이터를 대상으로 작동하도록 구현하고 싶었던 것이다. 그러나 러스트는 그럴 수 없다며 거절했다. spawn을 써서 T 타입의 이터레이터를 새 스레드로 옮기고 있기 때문에 T: Iterator + Send + 'static을 지정해야 했다. 또 아이템을 다시 채널로 보내고 있기 때문에 T::Item: Send + 'static을 지정해야 했다. 이렇게 바꾸고 나니 러스트가 만족했다.

언어에 있는 거의 모든 이터레이터에 동시성을 등에 업은 도구를 마음껏 추가할 수 있다는 점은 러스트의 특성을 단적으로 보여 준다. 단, 이를 안전하게 쓸 수 있게 해주는 제약을 먼저 이해하고 문서화하는 게 필요하다.

파이프라인 이외의 다른 채널 사용처

이번 절에서 파이프라인을 예로 들었던 건 파이프라인이 채널을 사용하는 괜찮고 확실한 방법이기 때문이다. 파이프라인은 구체적이고, 실용적이고, 결정론적이라서 누구라도 쉽게 이해할 수 있다. 그러나 채널은 파이프라인 말고도 다른 유용한 사용처가 많다. 채널은 같은 프로세스 안에 있는 다른 스레드에 비동기 서비스를 제공하는 빠르고 손쉬운 방법이기도 하다.

예를 들어, 그림 19-8과 같은 식으로 로깅을 전담하는 스레드를 두고 싶다고 하자. 다른 스레드는 채널을 통해서 로깅 스레드에 로그 메시지를 보낼 수 있다. 채널의 Sender는 복제할 수 있으므로 많은 클라이언트 스레드가 같은 로깅 스레드로 로그 메시지를 실어 나르는 센더sender를 가질 수 있다.

로깅 같은 서비스를 전담하는 스레드를 두면 여러 이점이 있다. 우선 로깅 스레드는 필요에 따라서 로그 파일을 돌려쓸 수 있다. 또 다른 스레드와 번거로운 조정 작업을 거칠 필요가 없다. 게다가 이 과정에서 블록되는 스레드가 생기지 않는다. 설령 로깅 스레드가 바쁘더라도 다시 원상 복귀할 때까지 메시지가 일시적으로 채널에 누적되는데 이로 인해 피해를 보는 쪽은 아무도 없다.

또 채널은 한 스레드가 다른 스레드에 요청을 보내는 경우와 일종의 응답을 되돌려 받아야 하는 경우에 쓸 수도 있다. 첫 번째 스레드의 요청은 두 번째 스레드가 응답을 보낼 때 쓸 수 있는 일종의 회신용 봉투 역할을 하는 Sender를 담은 스트럭트나 튜플일 수 있다. 그렇다고 상호작용이 꼭 동기식으로 되어야 한다는 뜻은 아니다. 첫 번째 스레드는 응답을 블록하고 기다릴지 아니면 .try_recv() 메서드를 써서 폴링할지 결정한다.

지금까지 살펴본 도구들, 즉 고도의 병렬 계산을 위한 포크-조인과 구성 요소 간의 느슨한 연결을 위한 채널만 있어도 웬만한 애플리케이션은 다 대응할 수 있다. 그러나 이게 다가 아니다.

변경할 수 있는 공유된 상태

8장에서 fern_sim 크레이트를 게시한 이래로 몇 달 동안 양치식물 시뮬레이션 소프트웨어가 급격한 인기를 얻는 바람에 물 들어올 때 노 저으라는 옛말을 따라 이번에는 여덟 명의 플레이어가 가상의 쥐라기 시대를 배경으로 현실과 거의 똑같은 기간 동안 양치식물을 키우며 경쟁하는 멀티 플레이어 실시간 전략 게임을 만드는 중이라고 하자. 이 게임의 서버는 많은 스레드에 요청을 쏟아붓는 대규모 병렬 앱이다. 이들 스레드를 어떤 식으로 조정해야 여덟 명의 플레이어가 곧바로 게임을 시작할 수 있을까?

여기서 풀어야 할 문제는 많은 스레드가 게임에 참여하기 위해서 기다리는 플레이어들의 공유된 목록에 접근해야 한다는 점이다. 이 데이터는 모든 스레드가 변경할 수 있어야 하고 또 공유할 수 있어야 한다. 러스트가 변경할 수 있는 공유된 상태를 갖지 않는다면 어떻게 해야 좋을까?

이 문제는 해당 목록을 관리하는 일만 전담하는 새 스레드를 만드는 것으로 해결할 수 있다. 이때 다른 스레드는 채널을 통해서 이 스레드와 통신하게 된다. 물론 이 방법은 스레드를 하나 더 쓰는 셈이니, 이로 인한 약간의 운영체제 오버헤드는 감수해야 한다.

또 다른 선택지는 러스트가 변경할 수 있는 데이터를 안전하게 공유할 수 있도록 제공하는 도구를 쓰는 것이다. 믿기지 않겠지만 그런 게 정말 있다. 스레드를 다루어본 시스템 프로그래머라면 누구나 잘 알고 있을 법한 저수준 기본 요소가 바로 그것이다. 이번 절에서는 뮤텍스, 읽기/쓰기 락, 조건 변수, 원자적인 정수를 다룬다. 그리고 끝으로 러스트에서 변경할 수 있는 전역변수를 구현하는 법을 살펴본다.

뮤텍스란?

뮤텍스mutex(또는 **락**lock)는 특정 데이터를 여러 스레드가 필요로할 때 강제로 번갈아 가며 접근하도록 만들기 위해서 쓴다. 러스트의 뮤텍스는 다음 절에서 소개한다. 그 전에 다른 언어에서 뮤텍스를 어떤 식으로 다루는지 알아 두면 여러모로 도움이 될 것이다. C++에서는 뮤텍스를 다음과 같은 식으로 쓴다.

```
// 러스트가 아니라 C++ 코드다.
void FernEmpireApp::JoinWaitingList(PlayerId player) {
    mutex.Acquire();

    waitingList.push_back(player);

    // 대기 중인 플레이어 수가 충분하면 게임을 시작한다.
    if (waitingList.size() >= GAME_SIZE) {
        vector<PlayerId> players;
        waitingList.swap(players);
        StartGame(players);
    }

    mutex.Release();
}
```

mutex.Acquire()와 mutex.Release() 호출은 앞의 코드에 있는 **임계 영역**critical section의 시작과 끝을 표시한다. 프로그램에 있는 각 **mutex**는 임계 영역 안에서 동시에 실행될 수 있는 스레드의 수를 하나로 제한한다. 한 스레드가 임계 영역 안에 있으면 `mutex.Acquire()`를 호출하는 다른 모든 스레드는 첫 번째 스레드가 `mutex.Release()`에 도달할 때까지 블록된다.

이를 두고 뮤텍스가 데이터를 **보호한다**고 말한다. 즉, 앞의 코드는 `mutex`가 `waitingList`를 보호한다. 그러나 모든 스레드가 데이터에 접근하기 전에 항상 뮤텍스를 획득하고 나중에 해제하게 만드는 건 프로그래머의 책임이다.

뮤텍스가 유용한 데는 몇 가지 이유가 있다.

- 뮤텍스는 **데이터 경합**data race, 즉 바쁘게 돌아가는 여러 스레드가 동시에 같은 메모리를 읽고 쓰는 상황을 방지한다. C++와 고Go에서는 데이터 경합이 미정의 동작이다. 자바와 C# 같은 관리형 언어는 크래시가 발생하지 않는다고 약속하지만, 데이터 경합의 결과가 (종합적으로 볼 때) 무의미한 건 마찬가지다.
- 설령 데이터 경합이 없더라도 또 읽고 쓰는 작업이 전부 프로그램 순서에 따라 차례로 진행되더라도, 뮤텍스가 없으면 다른 스레드의 동작이 임의의 방식으로 뒤섞일 가능성이 있다. 다른 스레드가 실행 중에 데이터를 수정하더라도 작동하는 코드를 작성한다고 생각해 보자. 또 그걸 디버깅한다고 생각해 보자. 아마 프로그램이 귀신에 쒼 게 아닐까 싶을 것이다.
- 뮤텍스는 **불변성**invariant, 즉 보호되는 데이터가 만족해야 하는 규칙이 있는 프로그래밍을 지원한다. 이 규칙은 데이터를 생성할 때 부여해서 항상 임계 영역으로 유지하고 관리한다.

물론, 이들 모두가 밑바닥에 깔고 있는 이유는 기본적으로 같다. 통제되지 않은 경합 조건으로 인해서 프로그래밍이 어려워진다는 게 바로 그 이유다. 뮤텍스는 (채널이나 포크-조인만큼은 아니지만) 혼돈에 질서를 불어넣는다.

하지만 대부분의 언어에서 뮤텍스는 엉망진창이 되기 쉽다. C++에서는 대부분의 언어와 마찬가지로 데이터와 락이 별개의 객체다. 이론적으로 '모든 스레드는 데이터를 건드리기 전에 반드시 뮤텍스를 획득하시오'라고 주석으로 남겨 두는 것 외에는 이를 제대로 설명할 방법이 없다.

```
class FernEmpireApp {
    ...

private:
    // 게임에 참여하기 위해서 기다리는 플레이어들의 목록. `mutex`로 보호한다.
    vector<PlayerId> waitingList;

    // `waitingList`를 읽거나 쓰기 전에 획득해야 하는 락.
```

```
    Mutex mutex;
    ...
};
```

그러나 아무리 주석을 잘 남겨 둬도 컴파일러는 안전한 접근을 강제할 수 없다. 코드 일부가 깜박하고 뮤텍스를 획득하지 않으면 미정의 동작이 발생한다. 실제로 이 말은 재현하고 고치기가 극도로 어려운 버그란 뜻이다.

심지어 객체와 뮤텍스 사이에 약간의 개념적인 연관성이 존재하는 자바에서조차도 그 관계가 그리 깊지 않다. 컴파일러는 이 관계를 강제하지 않으며, 실제로 락으로 보호되는 데이터가 연관된 객체의 필드인 경우는 거의 없다. 그보다는 데이터가 여러 객체에 걸쳐 있는 경우가 많고 그러다 보니 잠금 체계를 쓰기가 여전히 까다롭다. 그래서 여기서도 주석이 이를 강제하는 주요 도구로 쓰인다.

Mutex<T>

이제 러스트로 구현한 대기자 명단을 살펴보자. 이 양치식물 제국Fern Empire 게임의 서버에서는 각 플레이어가 고유한 ID를 갖는다.

```
type PlayerId = u32;
```

대기자 명단은 플레이어의 컬렉션에 불과하다.

```
const GAME_SIZE: usize = 8;

/// 대기자 명단에 있는 플레이어 수는 최대 GAME_SIZE 명을 넘지 않는다.
type WaitingList = Vec<PlayerId>;
```

대기자 명단은 FernEmpireApp의 필드로 저장된다. FernEmpireApp은 서버가 시작하는 과정에서 Arc 안에 생성되는 싱글톤이다. 각 스레드는 이를 가리키는 Arc를 갖는다. 여기에는 공유된 구성을 비롯하여 프로그램이 필요로 하는 온갖 잡동사니가 전부 들어가 있는데, 대부분은 읽기 전용이다. 대기자 명단은 변경할 수 있는 채로 공유되기 때문에 반드시 Mutex로 보호해야 한다.

```
use std::sync::Mutex;

/// 모든 스레드는 이 커다란 컨텍스트 스트럭트를 공유한다.
struct FernEmpireApp {
```

```
    ...
    waiting_list: Mutex<WaitingList>,
    ...
}
```

C++와 달리 러스트는 보호할 데이터가 Mutex **안에** 저장된다. Mutex를 설정하는 법은 다음과 같다.

```
use std::sync::Arc;

let app = Arc::new(FernEmpireApp {
    ...
    waiting_list: Mutex::new(vec![]),
    ...
});
```

Mutex를 생성하는 건 Box나 Arc를 생성하는 것과 비슷해 보이지만, Box와 Arc는 힙 할당을 의미하는 반면 Mutex는 오로지 잠금에 관한 것이다. Mutex를 힙에 할당하고 싶다면 그렇게 요구하면 되는데 여기서는 전체 앱에 대해서는 `Arc::new`를 쓰고, 보호할 데이터에 대해서만 `Mutex::new`를 쓴다. 이들 타입은 같이 쓰일 때가 많은데 Arc는 스레드 간에 뭔가를 공유할 때 유용하고, Mutex는 스레드 간에 공유된 변경할 수 있는 데이터가 있을 때 유용하다.

이제 이 뮤텍스를 쓰는 `join_waiting_list` 메서드를 구현해 보자.

```
impl FernEmpireApp {
    /// 플레이어를 다음 게임의 대기자 명단에 넣는다.
    /// 대기 중인 플레이어 수가 충분하면 곧바로 새 게임을 시작한다.
    fn join_waiting_list(&self, player: PlayerId) {
        // 뮤텍스를 잠그고 그 안에 있는 데이터에 접근한다.
        // `guard`의 범위는 곧 임계 영역이다.
        let mut guard = self.waiting_list.lock().unwrap();

        // 이제 게임 로직을 수행한다.
        guard.push(player);
        if guard.len() == GAME_SIZE {
            let players = guard.split_off(0);
            self.start_game(players);
        }
    }
}
```

이 데이터에 접근하는 유일한 방법은 `.lock()` 메서드를 호출하는 것뿐이다.

```
let mut guard = self.waiting_list.lock().unwrap();
```

self.waiting_list.lock()은 뮤텍스를 얻을 수 있을 때까지 블록된다. 이 메서드 호출이 반환하는
MutexGuard<WaitingList> 값은 &mut WaitingList를 감싸고 있는 얇은 래퍼다. 13장에서 이야기한
Deref 강제 변환 덕분에 WaitingList가 가진 메서드를 이 가드guard에 대고 바로 호출할 수 있다.

```
guard.push(player);
```

심지어 이 가드를 통해서 밑바닥에 있는 데이터의 레퍼런스를 직접 빌려 올 수도 있다. 러스트의 수명
시스템은 이들 레퍼런스가 가드 자체보다 더 오래 지속될 수 없도록 보장해 준다. Mutex 안에 있는
데이터에 접근할 수 있는 유일한 방법은 락을 쥐고 있는 것뿐이다.

guard가 드롭되면 락은 잠금 해제된다. 대개 드롭은 블록 끝에서 발생하지만 직접 드롭할 수도 있다.

```
if guard.len() == GAME_SIZE {
    let players = guard.split_off(0);
    drop(guard);  // 게임을 시작하는 동안에는 명단을 잠가 두지 않는다.
    self.start_game(players);
}
```

mut와 Mutex

join_waiting_list 메서드가 self를 mut 레퍼런스로 받지 않는 게 이상해 보일 수 있다. 필자도 처
음엔 그랬다. 이 메서드의 타입 시그니처는 다음과 같다.

```
fn join_waiting_list(&self, player: PlayerId)
```

밑바닥에 있는 컬렉션 Vec<PlayerId>는 push 메서드를 호출할 때 mut 레퍼런스를 요구한다. 이 메
서드의 타입 시그니처는 다음과 같다.

```
pub fn push(&mut self, item: T)
```

그런데 앞의 코드는 컴파일도 되고 실행도 된다. 대체 무슨 일이 벌어진 걸까?

러스트에서 &mut는 **배타적 접근**exclusive access을 의미하고 평범한 &는 **공유된 접근**shared access을 의미한다.

우리는 부모에서 자식으로, 또 컨테이너에서 요소로 &mut 접근 권한을 넘기는 방식에 익숙하다. 그러다 보니 이를테면 발사할 starships의 &mut 레퍼런스를 손에 쥐고 있을 때만 starships[id].engine에 대고 &mut self 메서드를 호출할 수 있다고 여긴다(물론, 여기에는 starships를 소유하고 있는 경우도 해당된다. 축하해요, 일론 머스크Elon Musk!). 러스트는 일반적으로 부모에 대한 배타적 접근 권한을 가지고 있지 않으면 자식에 대한 배타적 접근 권한을 가지게 만들 방법이 없으므로 이 익숙한 방식을 기본 동작으로 삼는다.

그러나 Mutex는 이에 대한 해결책을 가지고 있는데, 락이 바로 그것이다. 사실 뮤텍스는 많은 스레드가 Mutex 자체에 대한 **공유된**(비mut) 접근 권한을 가질 수 있는 상황에서도, 락을 써서 자기가 가진 데이터에 대한 **배타적**(mut) 접근 권한을 제공하는 방법에 지나지 않는다.

러스트의 타입 시스템은 Mutex가 무슨 일을 하는지 말해 준다. Mutex는 일반적으로 러스트 컴파일러가 컴파일 시점에 정적으로 시행하는 배타적 접근 규칙을 동적으로 처리한다.

(std::cell::RefCell도 여러 스레드를 지원하지 않는다 뿐이지 같은 일을 한다는 걸 기억할 것이다. Mutex와 RefCell은 둘 다 9장에서 다룬 내부 가변성을 위한 것으로 단지 용도가 좀 다를 뿐이다.)

언제 어디서나 뮤텍스만 고집하는 그대에게

앞서 우리는 뮤텍스에 대해 알아보기 전에 동시성에 관한 몇 가지 접근 방식을 살펴본 바 있다. C++에서 넘어온 독자라면 이들 접근 방식이 이상하리만큼 쓰기도 쉽고 실수할 여지도 적어 보였을지 모르겠는데, 그건 우연이 아니다. 이들 접근 방식은 동시적 프로그래밍의 가장 혼란스러운 측면에 맞서 강력한 보장을 제공하도록 설계됐다. 포크-조인 병렬 처리만 쓰는 프로그램은 결정성deterministic을 띠며, 교착 상태에 빠질 수 없다. 채널을 쓰는 프로그램은 거의 다 잘 작동한다. 앞서 봤던 색인 작성기처럼 채널을 파이프라인 구축에만 쓰는 프로그램은 결정성을 띤다. 즉, 메시지 전달 타이밍은 다를 수 있어도 결과에는 영향을 주지 않는다. 뭐 대충 이런 식이라서 멀티 스레드 프로그램에 대한 보장은 확실하다고 볼 수 있다!

러스트의 Mutex가 전보다 뮤텍스를 더 체계적이고 현명하게 쓸 수 있도록 설계된 건 거의 확실하다. 그러나 잠시 멈춰서서 러스트의 안전성 보장이 도움을 줄 수 있는 것과 없는 것을 두고 한 번쯤 짚어볼 필요가 있다.

안전한 러스트 코드는 **데이터 경합**data race, 즉 여러 스레드가 동시에 같은 메모리를 읽고 쓰는 바람에 무의미한 결과를 산출하는 이런 유형의 버그를 유발할 수 없다. 데이터 경합이 늘 버그를 유발한다는 점과 실제로 멀티 스레드 프로그램에서 드물지 않게 있는 일이란 걸 감안할 때 그 점은 아주 훌륭하다고 볼 수 있다.

하지만 뮤텍스를 쓰는 스레드는 러스트가 대신 해결해 주지 않는 다른 몇 가지 문제에 휩싸이기 쉽다.

- 유효한 러스트 프로그램에는 데이터 경합이 있을 수 없지만 여전히 다른 **경합 조건**race condition, 즉 프로그램의 동작이 스레드 간의 타이밍에 따라 달라지는 바람에 실행할 때마다 결과가 달라지는 상황이 있을 수 있다. 어떤 경합 조건은 그냥 무시하고 넘어갈 만한 수준이지만, 경우에 따라서는 결과가 매번 제멋대로라 아주 고치기 힘든 버그가 되기도 한다. 뮤텍스를 구조화되지 않은 방식으로 쓰면 경합 조건이 생긴다. 이걸 그냥 무시하고 넘어갈 만한 수준으로 만드는 건 여러분의 몫이다.
- 변경할 수 있는 공유된 상태 역시 프로그램 설계에 영향을 미친다. 채널은 코드에서 추상의 경계로 작용하기 때문에 테스트를 위해서 격리된 구성 요소로 분리하기가 쉬운 반면, 뮤텍스는 '그냥-메서드-하나-더-넣지-뭐' 식의 해결책을 부추기기 때문에 밀접한 연관이 있는 코드들이 하나의 거대한 덩어리를 이룰 가능성이 있다.
- 끝으로 뮤텍스는 첫인상과 달리 그렇게 단순하지만은 않은데, 이 부분은 이어지는 두 절에서 살펴본다.

이들 문제는 전부 도구에 내재된 특성이다. 가능하면 좀 더 구조화된 접근 방식을 쓰고 Mutex는 꼭 필요할 때만 쓰자.

교착 상태

스레드가 자신이 이미 쥐고 있는 락을 획득하려 들면 교착 상태에 빠질 수 있다.

```
let mut guard1 = self.waiting_list.lock().unwrap();
let mut guard2 = self.waiting_list.lock().unwrap();  // 교착 상태
```

첫 번째 self.waiting_list.lock() 호출이 락을 쥐는 데 성공했다고 하자. 이때 두 번째 호출은 누군가 이미 락을 쥐고 있다고 판단하고, 잠금 해제가 일어날 때까지 대기 중인 채로 블록된다. 그런데 여기서 락을 쥐고 있는 장본인이 바로 대기 중인 스레드 자신이라서 이 기다림의 끝은 영영 오지 않는다.

달리 말하면 Mutex의 락은 재귀 락이 아니다.

앞의 코드는 누가 봐도 버그다. 실제 프로그램에서는 서로 다른 두 메서드가 각자 lock() 호출을 포함하고 있는 상태에서 어느 한쪽이 다른 한쪽을 호출할 때 이 같은 일이 벌어질 수 있다. 이런 문제는 각 메서드의 코드만 따로 놓고 봐서는 알 수 없기 때문에 발견하기 쉽지 않다. 이 외에도 여러 스레드가 동시에 여러 뮤텍스를 획득하려는 경우를 포함해서 교착 상태에 빠질 수 있는 조건은 더 있다. 러스트의 차용 시스템은 교착 상태를 막을 수 없다. 최선의 예방책은 임계 영역을 작게 가져가는 것이다. 즉, 임계 영역에 들어가면 필요한 일만 하고 빨리 빠져나와야 한다.

채널을 쓸 때도 교착 상태에 빠질 가능성이 있다. 예를 들어 두 스레드가 상대방에게서 오는 메시지를 기다리고 있으면 블록될 수 있다. 하지만 여기서도 프로그램의 설계를 좋게 가져가면 사실상 높은 확률로 그런 일이 벌어지지 않으리라는 확신을 가질 수 있다. 앞서 봤던 역색인 작성기 같은 파이프라인에서는 데이터의 흐름이 비순환적이다. 이런 프로그램은 유닉스 셸 파이프라인처럼 작동하기 때문에 교착 상태에 빠질 가능성이 거의 없다.

오염된 뮤텍스

Mutex::lock()은 JoinHandle::join()과 같은 이유로, 즉 다른 스레드가 패닉에 빠졌을 때 실패를 매끄럽게 처리하기 위해서 Result를 반환한다. handle.join().unwrap()이라고 쓰면 러스트에게 한 스레드의 패닉을 다른 스레드로 전파하라고 말하는 것이다. mutex.lock().unwrap() 관용구도 마찬가지다.

스레드가 Mutex를 쥐고 있는 상태에서 패닉에 빠지면 러스트는 그 Mutex를 **오염되었다**poisoned고 표시한다. 이 오염된 Mutex에 대고 lock을 호출하면 오류 결과가 반환된다. 이 뒤에 오는 .unwrap() 호출은 러스트에게 그런 일이 벌어지면 패닉에 빠지라고 말하는 것이다. 따라서 다른 스레드의 패닉이 이쪽으로 전파된다.

오염된 뮤텍스가 생기는 상황을 어떻게 바라봐야 할까? 오염이란 말이 위험하게 들리긴 해도 이 시나리오가 꼭 치명적인 것만은 아니다. 7장에서 이야기했다시피 패닉은 안전하다. 한 스레드가 패닉에 빠지더라도 프로그램의 나머지 부분은 안전한 상태로 유지된다.

패닉에 빠질 때 뮤텍스가 오염되는 이유는 미정의 동작에 대한 두려움 때문이라기보다는, 불변성invariant을 이용해 프로그래밍 해왔을 여러분에 대한 걱정 때문이라고 봐야 한다. 프로그램이 임계 영역에서 패닉에 빠지는 바람에 하던 일을 제대로 마치지 못한 채로 빠져나오면, 보호된 데이터의 필드 일부를 제대로 업데이트하지 못하면서 불변성을 깨뜨릴 가능성이 있다. 따라서 러스트는 뮤텍스를 오염시켜서 다른 스레드가 자신도 모르게 문제의 영역으로 들어와 일을 더 악화시키는 걸 막는다. 그럼에도 불구하고 상호 배제를 완벽히 유지한 채로 오염된 뮤텍스를 잠그고 그 안에 있는 데이터에 접근하는 것이 **가능**한데, 이 부분은 문서에 있는 PoisonError::into_inner()에 관한 내용을 참고하자. 이 역시 실수를 막기 위한 또 다른 예방책의 하나다.

뮤텍스를 이용한 멀티 컨슈머 채널

앞서 우리는 러스트의 채널이 멀티 프로듀서, 싱글 컨슈머라고 언급한 바 있다. 좀 더 구체적으로 말하면 채널에는 Receiver가 하나뿐이다. 여러 스레드가 mpsc 채널 하나를 공유된 작업 목록으로 쓰는 스레드 풀은 있을 수 없다.

하지만 표준 라이브러리에 있는 기능만으로 만들어 쓸 수 있는 아주 간단한 우회책이 있다. Receiver를 Mutex로 감싸서 공유해 쓰는 것이 바로 그것이다. 다음은 그런 일을 하는 모듈이다.

```
pub mod shared_channel {
    use std::sync::{Arc, Mutex};
    use std::sync::mpsc::{channel, Sender, Receiver};

    /// 스레드 안전성을 가진 `Receiver` 래퍼.
    #[derive(Clone)]
    pub struct SharedReceiver<T>(Arc<Mutex<Receiver<T>>>);

    impl<T> Iterator for SharedReceiver<T> {
        type Item = T;

        /// 래퍼로 싼 받는 쪽에서 다음 아이템을 가져온다.
        fn next(&mut self) -> Option<T> {
            let guard = self.0.lock().unwrap();
            guard.recv().ok()
        }
    }

    /// 받는 쪽을 스레드 간에 공유할 수 있는 새 채널을 만든다. 이 메서드는 stdlib의
    /// `channel()`과 마찬가지로 보내는 쪽과 받는 쪽을 반환하므로 필요에 따라 손쉽게
    /// 바꿔 쓸 수 있다.
    pub fn shared_channel<T>() -> (Sender<T>, SharedReceiver<T>) {
        let (sender, receiver) = channel();
        (sender, SharedReceiver(Arc::new(Mutex::new(receiver))))
    }
}
```

앞의 코드를 보면 Arc\<Mutex\<Receiver\<T>>>라고 하는 제네릭이 세 개나 쌓인 타입이 등장한다. 러스트는 C++보다 이런 식으로 된 타입을 더 자주 쓰는 편이다. 이렇게 무슨 일을 하는지 알아보기 힘든 타입이 있을 때는 그림 19-11에 나와 있는 것처럼 이름을 앞에서부터 하나씩 읽어 나가는 게 도움이 될 때가 많다.

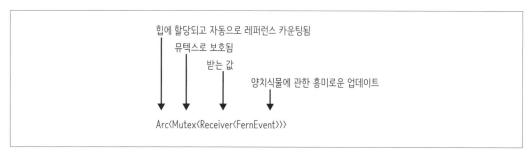

그림 19-11 **복잡한 타입을 읽는 법**

읽기/쓰기 락(RwLock\<T>)

뮤텍스에 대해서는 이 정도로 마무리하고, 다음으로 러스트의 표준 라이브러리에 있는 스레드 동기화 툴킷인 std::sync가 제공하는 다른 도구들에 대해 알아보자. 이들 도구를 완벽하게 설명하는 건 이 책의 범위를 벗어나므로 간단하게만 짚고 넘어가자.

서버 프로그램은 한 번 읽어오면 거의 바뀔 일이 없는 구성 정보를 가지고 있을 때가 많다. 대부분의 스레드는 구성을 조회하는 데 그치겠지만 어쨌든 구성이 바뀔 가능성이 열려 있으므로 반드시 락을 써서 보호해야 한다(예를 들어 서버에게 디스크에 있는 구성을 다시 읽어오라고 요청하면 이미 읽어 온 구성이 바뀔 가능성이 있다). 뮤텍스는 이런 경우에도 통하지만 불필요한 병목을 만든다. 스레드가 구성을 바꾸지 않고 조회하기만 한다면 굳이 줄을 세워 관리할 이유가 없다. 이럴 때 쓰라고 있는 게 바로 **읽기/쓰기 락**, 즉 RwLock이다.

뮤텍스는 lock 메서드 하나만 가지고 있는 반면, 읽기/쓰기 락은 read와 write 이렇게 두 개의 잠금 메서드를 가지고 있다. RwLock::write는 Mutex::lock과 비슷한 메서드로 보호된 데이터의 배타적 mut 접근을 기다린다. RwLock::read는 비mut 접근을 제공하는 메서드로 여러 스레드가 동시에 읽어도 안전하기 때문에 기다릴 필요가 거의 없다는 이점이 있다. 뮤텍스를 쓰면 보호된 데이터가 임의의 순간에 가질 수 있는 리더나 라이터가 (아예 없거나) 하나뿐이다. 반면 읽기/쓰기 락을 쓰면 일반적인 러스트 레퍼런스처럼 라이터 하나를 갖거나 리더 여럿을 갖거나 둘 중 하나를 택할 수 있다.

그럼 FernEmpireApp에 RwLock으로 보호되는 구성을 위한 스트럭트를 넣어 보자.

```
use std::sync::RwLock;

struct FernEmpireApp {
    ...
    config: RwLock<AppConfig>,
    ...
}
```

구성을 읽는 메서드는 RwLock::read()를 쓴다.

```
/// 실험용 균류 코드를 써야 하면 참이다.
fn mushrooms_enabled(&self) -> bool {
    let config_guard = self.config.read().unwrap();
    config_guard.mushrooms_enabled
}
```

구성을 다시 읽는 메서드는 RwLock::write()를 쓴다.

```
fn reload_config(&self) -> io::Result<()> {
    let new_config = AppConfig::load()?;
    let mut config_guard = self.config.write().unwrap();
    *config_guard = new_config;
    Ok(())
}
```

러스트의 독특한 구조는 RwLock 데이터의 안전 규칙을 시행하는 데 최적화되어 있다. 싱글-라이터-또는-멀티플-리더 개념은 러스트가 가진 차용 시스템의 핵심이다. self.config.read()는 AppConfig에 대한 (공유된) 비mut 접근을 제공하는 가드를 반환한다. 반면 self.config.write()는 (배타적) mut 접근을 제공하는 다른 타입의 가드를 반환한다.

조건 변수(Condvar)

스레드는 특정 조건이 참이 될 때까지 기다려야 하는 경우가 많다.

- 서버가 종료하는 과정에서 메인 스레드는 다른 스레드가 전부 일을 마칠 때까지 기다려야 할 수 있다.
- 워커 스레드가 할 일이 없을 때는 처리할 데이터가 생길 때까지 기다려야 한다.
- 분산 합의 프로토콜을 구현하고 있는 스레드는 응답한 피어peer의 수가 정족수를 채울 때까지 기다려야 할 수 있다.

경우에 따라서는 정확히 원하는 조건을 기다리는 편리한 블로킹 API가 이미 마련되어 있을 때도 있다. 이를테면 앞서 예로 든 서버가 종료하는 과정에서는 그냥 `JoinHandle::join`을 쓰면 된다. 그러나 그런 기본 제공 블로킹 API가 없을 때는 **조건 변수**condition variable를 써서 프로그램 안에 직접 원하는 조건을 만들 수 있다. 러스트에서는 `std::sync::Condvar` 타입이 조건 변수를 구현하고 있다. `Condvar`에는 `.wait()`와 `.notify_all()` 메서드가 있는데, `.wait()`는 다른 스레드가 `.notify_all()`을 호출할 때까지 블록된다.

이 외에도 조건 변수는 특정 `Mutex`가 보호하는 데이터에 관한 참-또는-거짓 조건을 다루기 위한 것이다 보니, `Mutex`와 `Condvar`가 서로 관련이 있다는 걸 늘 염두에 둘 필요가 있다. 지면이 한정되어 있어 모든 걸 설명할 수는 없지만, 조건 변수를 써본 적이 있는 프로그래머들을 위해서 핵심 코드 두 가지만 가볍게 짚고 넘어가자.

원하는 조건이 참이 되면 `Condvar::notify_all`(또는 `notify_one`)을 호출해서 대기 중인 스레드를 전부 깨운다.

```
self.has_data_condvar.notify_all();
```

조건이 참이 될 때까지 잠든 채로 대기하려면 `Condvar::wait()`를 쓴다.

```
while !guard.has_data() {
    guard = self.has_data_condvar.wait(guard).unwrap();
}
```

이 `while` 루프는 조건 변수를 위한 표준 관용구다. 하지만 `Condvar::wait`의 시그니처는 다소 이례적인데, `MutexGuard` 객체를 값으로 받아서 소비하고 성공하면 새 `MutexGuard`를 반환한다. 여기에는 `wait` 메서드가 뮤텍스를 잠금 해제하고 나서 복귀하기 전에 이를 다시 획득할 수도 있다는 직관이 담겨 있다. `MutexGuard`를 값으로 넘기는 건 '뮤텍스를 잠금 해제할 수 있는 독점권'을 `.wait()` 메서드에게 부여한다라고 말하는 것이다.

원자성

`std::sync::atomic` 모듈에는 무잠금 동시적 프로그래밍을 위한 원자적 타입이 포함되어 있다. 이들 타입은 일부 추가 기능을 제외하면 기본적으로 표준 C++ 원자성 지원과 동일하다.

- AtomicIsize와 AtomicUsize는 싱글 스레드 타입 isize와 usize에 해당하는 공유된 정수 타입이다.
- AtomicI8, AtomicI16, AtomicI32, AtomicI64를 비롯해서 AtomicU8과 같은 이들의 부호 없는 버전은 싱글 스레드 타입 i8과 i16 등에 해당하는 공유된 정수 타입이다.
- AtomicBool은 공유된 bool 값이다.
- AtomicPtr<T>는 안전하지 않은 포인터 타입 *mut T의 공유된 값이다.

원자적 데이터의 적절한 사용 예를 다루는 건 이 책의 범위를 벗어난다. 원자적 값은 여러 스레드가 동시에 읽고 써도 데이터 경합이 생기지 않는다고만 알아 두어도 충분하다.

원자적 타입은 평범한 산술과 논리 연산자가 아니라 **원자적 연산**atomic operation을 수행하는 메서드를 노출한다. 여기에는 각기 다른 로드, 스토어, 익스체인지를 비롯해서 다른 스레드가 같은 메모리 위치를 건드리는 원자적 연산을 수행하더라도 하나의 단위로 안전하게 처리되는 산술 연산이 포함된다. 예를 들어, atom이라는 이름의 AtomicIsize를 증가시키려면 다음처럼 하면 된다.

```
use std::sync::atomic::{AtomicIsize, Ordering};

let atom = AtomicIsize::new(0);
atom.fetch_add(1, Ordering::SeqCst);
```

이들 메서드는 특화된 기계어 명령으로 컴파일된다. x86-64 아키텍처에서 이 .fetch_add() 호출은 lock incq 명령으로 컴파일되는 반면, 일반적인 n += 1은 평범한 incq 명령이나 같은 일을 하는 다른 변형으로 컴파일된다. 또 일반적인 로드나 스토어와 달리 이들은 합법적으로 다른 스레드와 그때그때 영향을 주고받을 수 있기 때문에 러스트 컴파일러는 원자적 연산을 둘러싼 최적화 일부를 포기해야 한다.

인수 Ordering::SeqCst는 **메모리 순서**memory order를 지정한다. 메모리 순서는 데이터베이스의 트랜잭션 격리 수준과 비슷하다. 이런 것들은 우리가 성능과는 별개로 결과보다 원인을 중시하고 반복 없는 시간을 추구하는 등의 철학적 개념에 대해서 얼마나 신경 쓰고 있는지를 시스템에게 말해 준다. 메모리 순서는 프로그램의 정확성을 결정짓는 중요한 요소로 이해하기 어렵고 추론하기 까다롭다. 다행인 건 SQL 데이터베이스를 SERIALIZABLE 모드로 쓸 때 벌어지는 성능 저하와 달리, 가장 엄격한 메모리 순서인 순차적 일관성을 고르더라도 성능 저하가 적을 때가 많다는 점이다. 따라서 뭘 써야 좋을지 모를 때는 그냥 Ordering::SeqCst를 쓰면 된다. 러스트는 표준 C++ 동시성 지원이 가진

다른 여러 메모리 순서를 물려받았는데, 여기에는 존재의 본질과 인과 관계에 관한 보장 수준이 낮은 다양한 선택지들이 포함되어 있다. 그러나 이들에 대해서는 다루지 않는다.

원자성의 쉬운 사용 예 하나는 취소다. 예를 들어 비디오 렌더링과 같이 오래 걸리는 계산을 수행하는 스레드가 있는데, 이를 비동기적으로 취소할 수 있게 만들고 싶다고 하자. 문제는 종료시킬 스레드와 어떤 식으로 통신해야 좋을지 모른다는 것인데, 이럴 때 공유된 AtomicBool을 쓰면 간단히 해결할 수 있다.

```
use std::sync::Arc;
use std::sync::atomic::AtomicBool;

let cancel_flag = Arc::new(AtomicBool::new(false));
let worker_cancel_flag = cancel_flag.clone();
```

앞의 코드는 초깃값이 false인 AtomicBool을 힙에 할당하고, 이를 가리키는 두 개의 Arc<AtomicBool> 스마트 포인터를 만든다. cancel_flag라고 된 첫 번째 것은 메인 스레드에 머물고, worker_cancel_flag라고 된 두 번째 것은 워커 스레드로 이동한다.

워커의 코드는 다음과 같다.

```
use std::thread;
use std::sync::atomic::Ordering;

let worker_handle = thread::spawn(move || {
    for pixel in animation.pixels_mut() {
        render(pixel);  // 레이 트레이싱. 여기서 몇 마이크로초 정도가 소요된다.
        if worker_cancel_flag.load(Ordering::SeqCst) {
            return None;
        }
    }
    Some(animation)
});
```

이 스레드는 각 픽셀을 렌더링한 뒤에 플래그의 .load() 메서드를 호출해서 그 안에 있는 값을 확인한다.

```
worker_cancel_flag.load(Ordering::SeqCst)
```

메인 스레드가 워커 스레드를 취소하기로 결정하면 AtomicBool에 true를 저장하고 스레드가 종료될
때까지 기다린다.

```
// 렌더링을 취소한다.
cancel_flag.store(true, Ordering::SeqCst);

// 결과는 버린다. 아마 `None`일 것이다.
worker_handle.join().unwrap();
```

물론 이를 다른 식으로 구현할 수도 있다. 가령 여기에 있는 AtomicBool은 Mutex<bool>이나 채널로
바꿔 쓸 수 있다. 그러나 원자성 지원은 최소한의 오버헤드만 갖도록 설계됐기 때문에 이들 간의 차
이는 크다. 원자적 연산은 절대로 시스템 호출을 쓰지 않는다. 로드나 스토어는 CPU 명령 하나로 컴
파일될 때가 많다.

원자성 지원은 Mutex나 RwLock과 같은 내부 가변성의 한 형태이므로 이들이 가진 메서드는 self를
공유된 (비mut) 레퍼런스로 받는다. 따라서 간단한 전역변수로 쓰기 좋다.

전역변수

네트워킹 코드를 작성 중이라고 하자. 여기에 패킷을 처리할 때마다 값이 증가하는 카운터를 전역변
수로 두려고 한다.

```
/// 서버가 성공적으로 처리한 패킷 수.
static PACKETS_SERVED: usize = 0;
```

앞의 코드는 잘 컴파일되지만 한 가지 문제가 있다. PACKETS_SERVED가 변경할 수 있게 선언되어 있
지 않아서 값을 증가시킬 수 없다는 게 바로 그것이다.

러스트는 변경할 수 있는 전역 상태를 막기 위해서라면 합리적인 선에서 수단과 방법을 가리지 않는
다. 물론, const로 선언하는 상수는 변경할 수 없다. 정적 변수 역시 기본적으로는 변경할 수 없으므
로 이를 참조하는 mut 레퍼런스를 만들 수 있는 방법이 없다. static은 mut로 선언할 수 있지만, 이
를 접근하는 건 안전하지 않다. 이러한 규칙이 생겨난 배경에는 스레드 안전성에 관한 러스트의 고집
이 자리하고 있다.

또 변경할 수 있는 전역 상태는 소프트웨어 엔지니어링에 불행한 결과를 초래하는데, 프로그램의 다
양한 부분이 점점 더 단단하게 결합되는 경향이 생기면서 테스트하기도 어렵고, 뭔가를 바꾸기도 까

다르게 변한다. 그럼에도 불구하고 다른 합리적인 대안이 없을 때도 있어서 변경할 수 있는 정적 변수를 선언하는 안전한 방법을 찾는 게 더 낫다.

PACKETS_SERVED의 값을 증가시킬 수 있게 지원하면서도 스레드 안전성을 잃지 않는 가장 단순한 방법은 이를 원자적 정수로 만드는 것이다.

```
use std::sync::atomic::AtomicUsize;

static PACKETS_SERVED: AtomicUsize = AtomicUsize::new(0);
```

이런 식으로 스태틱을 선언하고 나면 패킷 카운트를 올리는 건 간단하다.

```
use std::sync::atomic::Ordering;

PACKETS_SERVED.fetch_add(1, Ordering::SeqCst);
```

원자적 전역변수는 단순한 정수와 불로 제한된다. 이 외의 다른 타입으로 된 전역변수를 만들면 두 가지 문제를 풀어야 한다.

첫 번째로, 변수가 어떻게든 스레드 안전성을 가져야 한다. 그렇지 않으면 전역변수가 될 수 없다. 정적 변수가 안전성을 가지려면 Sync이면서 비mut여야 한다. 다행히도 이 문제의 해결책은 이미 알고 있다. 러스트에는 바뀌는 값을 안전하게 공유하기 위한 타입이 있는데, Mutex, RwLock, 원자적 타입이 바로 그것이다. 이들 타입은 비mut로 선언해도 수정할 수 있는데, 이게 바로 그들의 일이다(앞서 나온 'mut와 Mutex' 절을 참고하자).

두 번째로, 스태틱을 초기화하는 코드는 특별히 const로 표시된 함수만 호출할 수 있다. 이런 함수는 컴파일러가 컴파일 과정에서 평가할 수 있기 때문에, 결과가 결정성을 띠고 다른 상태나 I/O가 아니라 주어진 인수에만 의존한다는 특성이 있다. 따라서 컴파일러가 이런 식으로 해당 계산의 결과를 컴파일 시점 상수로 끼워 넣을 수 있다. 이건 C++의 constexpr와 비슷하다.

(AtomicUsize와 AtomicBool 등) Atomic 타입의 생성자는 모두 const 함수다. 앞에서 AtomicUsize를 static으로 만들 수 있었던 건 바로 이런 이유 때문이다. String, Ipv4Addr, Ipv6Addr 같은 일부 타입에도 간단한 const 생성자가 있다.

나만의 const 함수를 정의할 수도 있는데, 함수의 시그니처 앞에 const를 붙이기만 하면 된다. 러스트는 const 함수가 할 수 있는 작업의 규모를 작게 제한해 두고 있는데, 이들 작업은 결과가 비결정성을 띠지 않으면서도 충분히 유용하다. const 함수는 제네릭 인수로 수명만 받을 수 있고, 타입은 받을 수 없으며, unsafe 블록 안이라고 해도 메모리를 할당하거나 원시 포인터를 쓰는 작업은 할 수 없다. 하지만 (순환과 포화 산술을 포함한) 산술 연산, 평가 단축이 없는 논리 연산, 다른 const 함수를 쓸 순 있다. 예를 들어, 다음과 같은 식으로 static과 const를 손쉽게 정의하게 해서 코드 중복을 줄이는 편리한 함수를 만들 수 있다.

```
const fn mono_to_rgba(level: u8) -> Color {
    Color {
        red: level,
        green: level,
        blue: level,
        alpha: 0xFF
    }
}

const WHITE: Color = mono_to_rgba(255);
const BLACK: Color = mono_to_rgba(000);
```

이런 기법을 엮어서 다음과 같은 코드를 작성하고 싶을 수 있다.

```
static HOSTNAME: Mutex<String> =
    Mutex::new(String::new());  // 오류: 스태틱을 초기화하는 코드가 호출할 수 있는 건
                                // 상수 함수, 튜플 스트럭트, 튜플 베리언트뿐이다.
```

안타깝게도 AtomicUsize::new()와 String::new()는 const fn이지만 Mutex::new()는 아니다. 이러한 제한을 피해 가려면 lazy_static 크레이트를 써야 한다.

lazy_static 크레이트는 17장의 '**Regex 값 생성 지연시키기**' 절에서 이미 사용한 바 있다. lazy_static! 매크로로 변수를 정의하면 이를 원하는 표현식으로 초기화할 수 있다. 이 표현식은 해당 변수가 처음 역참조될 때 실행되며, 이때 산출되는 값은 그다음 사용을 위해서 저장된다.

lazy_static을 써서 전역 Mutex로 제어되는 HashMap을 선언하려면 다음처럼 하면 된다.

```
use lazy_static::lazy_static;

use std::sync::Mutex;

lazy_static! {
```

```
    static ref HOSTNAME: Mutex<String> = Mutex::new(String::new());
}
```

이 기법은 HashMap과 Deque 같은 다른 복잡한 데이터 구조에도 통한다. 또한 변경할 일은 없지만 간단한 방법으로 초기화할 수 없는 스태틱에도 꽤 유용하다.

lazy_static!을 쓰면 정적 데이터에 접근할 때마다 약간의 성능 비용이 발생한다. 왜냐하면 해당 구현이 일회성 초기화를 위해 설계된 저수준 동기화 기본 요소인 std::sync::Once를 쓰기 때문이다. 느긋한 스태틱에 접근할 때마다 프로그램은 이면에서 초기화가 이미 진행됐는지 확인하기 위해 원자적 로드 명령을 실행한다(Once의 용도는 다소 특별하므로 여기서 자세히 다루지 않겠다. 보통은 lazy_static!을 쓰는 게 더 편하다. 하지만 러스트로 작성되지 않은 라이브러리를 초기화할 때 유용하게 쓰이는데, 이 부분은 23장의 '**libgit2의 안전한 인터페이스' 절**에 있는 예를 참고하자).

러스트로 동시적 코드를 작성한다는 건 바로 이런 것

지금까지 우리는 러스트에서 스레드를 쓰기 위한 세 가지 기법인 포크-조인 병렬 처리, 채널, 락을 쥐어야 변경할 수 있는 공유된 상태를 살펴봤다. 이번 장의 목표는 러스트가 제공하는 부분들을 어떻게 하면 실제 프로그램 안에 잘 녹여 낼 수 있을지에 초점을 맞춰서 소개하는 것이었다.

러스트는 매사에 안전성을 물고 늘어지기 때문에 멀티 스레드 프로그램을 작성하기로 마음먹은 순간부터 초점은 안전하고 구조화된 통신을 구축하는 데로 모아진다. 러스트에게 내가 하고 있는 일이 안전하다는 걸 납득시키려면 스레드를 최대한 격리시키는 게 좋다. 스레드를 격리시켜 두면 내가 하고 있는 일이 정확하고 유지 가능한지 확인하기도 좋다. 다시 말하지만 러스트는 여러분을 좋은 프로그램으로 안내한다.

더 중요한 건 러스트를 쓰면 기술과 실험을 결합할 수 있다는 것이다. 컴파일러와 언쟁을 벌이는 과정에서 데이터 경합을 디버깅할 때보다 훨씬 더 빠르게 정상 궤도로 돌려놓을 수 있기 때문에 개발 주기를 빠르게 가져갈 수 있다.

## CHAPTER 20

비동기 프로그래밍

채팅 서버를 작성 중이라고 하자. 네트워크 연결마다 들어오는 패킷을 파싱해야 하고, 나가는 패킷을 조립해야 하고, 보안 매개변수를 관리해야 하고, 채팅 그룹 구독을 추적해야 하는 등 할 일이 많다. 많은 연결을 대상으로 이 모든 걸 동시에 관리하려면 뭔가 구조화가 필요하다.

이론적으로는 들어오는 연결마다 스레드를 하나씩 시작하도록 만들면 간단하다.

```
use std::{net, thread};

let listener = net::TcpListener::bind(address)?;

for socket_result in listener.incoming() {
    let socket = socket_result?;
    let groups = chat_group_table.clone();
    thread::spawn(|| {
        log_error(serve(socket, groups));
    });
}
```

이 코드는 들어오는 연결마다 serve 함수를 실행하는 새 스레드를 생성한다. 이렇게 하면 한 연결의 요구사항을 관리하는 데만 집중할 수 있다.

이 방법은 어느 정도 잘 통하지만 모든 게 계획보다 너무 잘돼서 갑자기 수만 명의 사용자가 몰리면 문제가 터지기 시작한다. 스레드 스택의 크기가 100킬로바이트를 넘기는 건 드문 일이 아니라서 이런 식으로 하다가는 수 기가바이트나 되는 서버 메모리가 금세 바닥나고 말 것이다. 스레드는 유용하고 작업을 여러 프로세서에 분배하는 데 필수지만, 이런 메모리 문제로 인해서 작업을 나누려면 스레드 와 함께 쓸 상호 보완적인 방법이 필요할 때가 많다.

러스트의 **비동기 태스크**asynchronous task를 쓰면 독립된 여러 활동을 하나의 스레드나 워커 스레드 풀에 교차로 배치할 수 있다. 비동기 태스크는 스레드와 비슷하지만 생성 속도가 훨씬 빠르고, 제어 를 주고받기에 더 효율적이며, 메모리 오버헤드가 훨씬 적다. 따라서 한 프로그램이 동시에 수십만 개 의 비동기 태스크를 실행하는 게 가능하다. 물론 애플리케이션 자체는 여전히 네트워크 대역폭, 데이 터베이스 속도, 계산, 작업 고유의 메모리 요구 사항 같은 다른 요인에 의해서 제한될 가능성이 있지 만, 태스크를 쓰는 데 따르는 메모리 오버헤드는 스레드에 비해서 훨씬 덜 중요하다.

일반적으로 러스트의 비동기식 코드는 평범한 멀티 스레드 코드와 매우 비슷해 보이지만, I/O나 뮤 텍스 획득 같은 블록될 수도 있는 작업의 처리 방식을 약간 달리 가져가야 한다는 점이 다르다. 이들 작업을 특별하게 처리해 두면 러스트가 코드의 동작 방식에 대해서 더 많은 정보를 파악할 수 있게 되고, 따라서 성능이 향상될 수 있다. 앞에 있는 코드의 비동기식 버전은 다음과 같다.

```
use async_std::{net, task};

let listener = net::TcpListener::bind(address).await?;

let mut new_connections = listener.incoming();
while let Some(socket_result) = new_connections.next().await {
    let socket = socket_result?;
    let groups = chat_group_table.clone();
    task::spawn(async {
        log_error(serve(socket, groups).await);
    });
}
```

앞 코드는 async_std 크레이트의 네트워킹과 태스크 모듈을 사용하며, 블록될 수도 있는 호출 뒤에 는 .await가 달려 있다. 그러나 전체적인 구조는 스레드를 쓰는 버전과 똑같다.

이번 장의 목표는 비동기식 코드를 작성하도록 돕는 것뿐만 아니라, 비동기식 코드가 애플리케이션에 서 어떤 식으로 수행될지 예측하고 어디서 존재감이 가장 잘 드러나는지 파악할 수 있도록 동작 방식 을 자세히 보여 주는 것이다.

- 비동기 프로그래밍의 메커니즘을 알아보기 위해서 퓨처, 비동기 함수, await 표현식, 태스크, block_on과 spawn_local 이그제큐터executor 같은 핵심 개념을 전부 다루는 언어 기능의 최소 집합을 제시한다.

- 그런 다음 비동기 블록과 spawn 이그제큐터를 소개한다. 이들은 실제 작업을 수행하는 데 필수지만, 개념적으로는 방금 언급한 기능의 변형일 뿐이다. 이 과정에서 비동기 프로그래밍을 할 때 맞닥뜨릴 수 있는 고유한 문제 몇 가지를 짚어 보고 이를 처리하는 법을 설명한다.

- 이 모든 부분이 하나가 되어 작동하는 걸 보기 위해서 채팅 서버와 클라이언트의 전체 코드를 살펴본다. 앞서 본 코드 조각은 여기의 일부다.

- 기본 제공 퓨처와 이그제큐터의 동작 방식을 알아보기 위해서 기능 위주로 된 단순한 spawn_blocking과 block_on의 구현을 살펴본다.

- 끝으로 Pin 타입을 설명한다. 이 타입은 비동기 인터페이스에서 비동기 함수와 블록 퓨처를 안전하게 쓸 수 있게 만드는 역할로 가끔 등장한다.

동기식에서 비동기식으로

다음과 같은 (비동기를 전혀 쓰지 않은 기존 방식으로 된) 함수를 호출할 때 벌어지는 일을 생각해 보자.

```
use std::io::prelude::*;
use std::net;

fn cheapo_request(host: &str, port: u16, path: &str)
                    -> std::io::Result<String>
{
    let mut socket = net::TcpStream::connect((host, port))?;

    let request = format!("GET {} HTTP/1.1\r\nHost: {}\r\n\r\n", path, host);
    socket.write_all(request.as_bytes())?;
    socket.shutdown(net::Shutdown::Write)?;

    let mut response = String::new();
    socket.read_to_string(&mut response)?;

    Ok(response)
}
```

이 함수는 주어진 웹 서버 정보를 가지고 TCP 연결을 열어서 오래된 프로토콜로 형식만 겨우 갖춘 HTTP 요청을 보내고[30] 응답을 읽는다. 그림 20-1은 이 함수의 실행을 시간의 흐름에 따라 보여 준다.

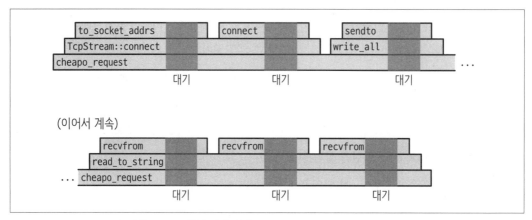

그림 20-1 **동기식 HTTP 요청의 처리 과정**(짙은 갈색 영역은 운영체제를 기다리고 있는 부분이다).

이 다이어그램은 함수 호출 스택의 동작 과정을 시간의 흐름에 따라 왼쪽에서 오른쪽으로 보여 준다. 각 함수 호출을 상자로 만들어서 호출부 맨 위에 올려 두는 식으로 표현했다고 보면 된다. cheapo_request 함수는 당연히 전체 실행 과정을 점유한다. 그리고 그 과정에서 TcpStream::connect와 TcpStream에 구현된 write_all과 read_to_string 같은 러스트 표준 라이브러리에 있는 함수를 호출한다. 그렇게 꼬리에 꼬리를 문 함수 호출을 따라가다 보면 결국 프로그램이 **시스템 호출**system call 을 써서 운영체제에게 TCP 연결을 열거나 데이터를 읽고 쓰는 등의 작업을 실제로 처리해 달라고 요청하는 부분이 나온다.

짙은 갈색 배경으로 된 부분은 운영체제가 시스템 호출을 마칠 때까지 프로그램이 기다리는 시기를 나타낸다. 이 부분은 시간에 비례해서 그리지 않았는데, 그랬다간 전체 다이어그램이 짙은 갈색으로 물들 것이다. 실제로 이 함수는 대부분의 시간을 운영체제를 기다리는 데 쓴다. 그러다 보니 앞에 있 는 코드의 실행 시기는 시스템 호출 사이의 가느다란 은색 선처럼 보이게 될 것이다.

이 함수가 시스템 호출이 복귀하기를 기다리는 동안에는 해당 스레드가 블록된다. 즉, 시스템 호출이 끝날 때까지 기다리는 것 외에는 아무것도 할 수 없다. 스레드 스택의 크기가 수십 또는 수백 킬로바 이트가 되는 건 드문 일이 아니라서, 비슷한 일을 하느라 애쓰는 여러 스레드를 가진 커다란 시스템

---

30 실제로 HTTP 클라이언트가 필요할 때는 surf나 reqwest처럼 작업을 알아서 적절하게 비동기로 처리해 주는 훌륭한 크레이트가 많으니 그 중 하나를 골라 사용하자. 이들 클라이언트는 대부분 HTTPS 리디렉션을 알아서 관리한다.

의 일부가 이런 식으로 작동하면, 스레드의 자원을 오로지 기다리는 데만 쓰는 셈이 되므로 비용이 크게 올라간다.

이를 해결하려면 시스템 호출이 완료되기를 기다리는 동안 스레드가 다른 작업을 수행할 수 있어야 한다. 그러나 어떻게 해야 좋을지는 확실치 않다. 예를 들어, 소켓에서 응답을 읽는 데 사용 중인 함수의 시그니처는 다음과 같다.

```
fn read_to_string(&mut self, buf: &mut String) -> std::io::Result<usize>;
```

타입에 적힌 내용을 그대로 해석해 보면, 이 함수는 일을 다 마치거나 뭔가 문제가 생길 때까지 복귀하지 않는다는 뜻이 담겨 있다. 이 함수는 **동기식**synchronous이다. 따라서 작업이 완료되어야 호출부가 재개된다. 운영체제가 일하는 동안 스레드를 다른 용도로 쓰고 싶다면 이 함수의 **비동기식**asynchronous 버전을 제공하는 새 I/O 라이브러리가 필요하다.

퓨처

러스트는 비동기 작업을 지원하기 위한 접근법의 일환으로 std::future::Future 트레이트를 도입했다.

```
trait Future {
    type Output;
    // 당분간은 `Pin<&mut Self>`를 `&mut Self`로 읽자.
    fn poll(self: Pin<&mut Self>, cx: &mut Context<'_>) -> Poll<Self::Output>;
}

enum Poll<T> {
    Ready(T),
    Pending,
}
```

Future는 완료 여부를 테스트할 수 있는 작업을 표현한다. 퓨처의 poll 메서드는 절대로 작업이 끝나길 기다리지 않으며, 늘 즉시 복귀한다. 작업이 완료되면 poll은 Poll::Ready(output)을 반환하는데, 여기서 output은 최종 결과다. 그렇지 않으면 Pending을 반환하고, 퓨처를 다시 폴링해도 좋은 시점이 되면 Context에 들어 있는 콜백 함수인 **웨이커**waker를 호출해서 알려줄 것을 약속한다. 이 경우에는 퓨처를 가지고 할 수 있는 일이란 게 값이 나올 때까지 poll하는 것뿐이라서 이를 비동기 프로그래밍의 '피냐타[31] 모델pinata model'이라고 부른다.

최신 운영체제는 모두 이런 종류의 폴링 인터페이스를 구현하는 데 쓸 수 있는 시스템 호출의 변형을
포함하고 있다. 예를 들어 유닉스와 윈도우에서 네트워크 소켓을 넌블로킹 모드로 설정해 두면 읽기
와 쓰기가 블록될 때 오류를 반환하는데, 이럴 때는 다음에 다시 시도해야 한다.

따라서 read_to_string의 비동기식 버전은 대충 다음과 같은 시그니처를 갖는다.

```
fn read_to_string(&mut self, buf: &mut String)
    -> impl Future<Output = Result<usize>>;
```

이 시그니처는 반환 타입을 제외하면 앞서 봤던 것과 똑같다. 이 비동기식 버전은 **Result<usize>의
퓨처**를 반환한다. 이 퓨처에 대고 Ready(result)가 나올 때까지 폴링하면 그때마다 최대한 많은 양
의 읽기 작업이 진행된다. 최종 result는 평범한 I/O 작업과 마찬가지로 성공값이나 오륫값을 준다.
이런 식으로 함수의 비동기식 버전은 동기식 버전과 동일한 인수를 받지만, 반환 타입은 Future로 감
싼 패턴을 갖는 게 일반적이다.

이 버전의 read_to_string은 호출되더라도 실제로 아무것도 읽지 않는다. 이 함수의 유일한 책임은
폴링될 때 실제 작업을 수행할 퓨처를 만들어 반환하는 것이다. 이 퓨처는 호출로 생기는 요청을 수
행하는 데 필요한 모든 정보를 쥐고 있어야 한다. 예를 들어, 이 read_to_string이 반환한 퓨처는
호출 대상이 되는 입력 스트림과 들어오는 데이터를 쌓아둘 String을 기억해 둬야 한다. 사실 이 퓨
처는 self와 buf 레퍼런스를 쥐고 있으므로 적절한 read_to_string의 시그니처는 다음과 같아야
한다.

```
fn read_to_string<'a>(&'a mut self, buf: &'a mut String)
    -> impl Future<Output = Result<usize>> + 'a;
```

이 시그니처에는 반환되는 퓨처가 self와 buf가 빌려 온 값만큼만 살 수 있다는 설 나타내는 수뱅이
추가됐다.

async-std 크레이트는 std가 가진 모든 I/O 설비의 비동기식 버전을 제공하는데, 여기에는 read_
to_string 메서드를 가진 비동기식 Read 트레이트도 포함된다. async-std는 std의 설계를 충실히
따르며, 가능하면 자체 인터페이스에서 std의 타입을 재사용하므로 오류, 결과, 네트워크 주소 등 대

---

31 [옮긴이] 미국 내 스페인어권 사회에서 아이들이 파티 때 눈을 가리고 막대기로 쳐서 넘어뜨리는, 장난감과 사탕이 가득 든 통을 말한다.

부분의 연관 데이터가 이 두 진영을 자유롭게 오갈 수 있다. std에 익숙하면 async-std를 쓰는 데 도움이 되고 그 반대도 마찬가지다.

Future 트레이트의 규칙 중 하나는 Poll::Ready를 반환한 퓨처의 경우 다시 폴링되지 않는다고 가정해도 좋다는 것이다. 폴링을 너무 많이 하면 어떤 퓨처는 그냥 Poll::Pending을 계속 반환하고, 또 어떤 퓨처는 패닉에 빠지거나 중단된다(하지만 그렇다고 해서 메모리나 스레드 안전성을 위반한다거나 미정의 동작을 일으켜서는 안 된다). Future 트레이트의 fuse 어댑터 메서드는 아무 퓨처나 가져다가 그냥 Poll::Pending을 계속 반환하는 퓨처로 바꿔 놓는다. 그러나 퓨처를 소비하는 일반적인 방법은 모두 이 규칙을 따르므로 대개는 fuse가 필요 없다.

폴링이 비효율적으로 들리겠지만 걱정하지 말자. 러스트의 비동기 아키텍처는 read_to_string 같은 기본 I/O 함수가 제대로 구현되어 있는 한, 꼭 필요할 때만 퓨처를 폴링하면 되도록 꼼꼼히 설계됐다. poll이 호출될 때마다 어딘가에 있는 누군가는 Ready를 반환하거나 최소한 목표를 향해 앞으로 나아가야 한다. 이것이 어떻게 작동하는지는 이 장 뒤에서 나올 '기본 제공 퓨처와 이그제큐터: 퓨처를 다시 폴링해도 좋은 시점은 언제일까?' 절에서 설명한다.

그러나 퓨처를 쓴다는 건 여러모로 어려운 일 같다. 폴링했을 때 Poll::Pending이 반환되면 어떻게 해야 하는 걸까? 이럴 때는 해당 스레드가 당장 할 수 있는 다른 일을 찾아야 하는 동시에 적절한 시기가 되면 다시 돌아와서 퓨처를 폴링해야 한다. 사정이 이렇다 보니 전체 프로그램이 누가 대기 중이고 또 준비가 끝나면 무얼 해야 하는지 추적하는 배관 작업으로 가득 차게 된다. 그렇게 cheapo_request 함수는 간결함을 잃는다.

좋은 소식은 그러지 않아도 된다는 것이다!

async 함수와 await 표현식

cheapo_request를 **비동기 함수**asynchronous function로 작성하면 다음과 같다.

```
use async_std::io::prelude::*;
use async_std::net;

async fn cheapo_request(host: &str, port: u16, path: &str)
                        -> std::io::Result<String>
{
    let mut socket = net::TcpStream::connect((host, port)).await?;

    let request = format!("GET {} HTTP/1.1\r\nHost: {}\r\n\r\n", path, host);
```

```
    socket.write_all(request.as_bytes()).await?;
    socket.shutdown(net::Shutdown::Write)?;

    let mut response = String::new();
    socket.read_to_string(&mut response).await?;

    Ok(response)
}
```

이 코드는 토큰 하나하나가 원래 버전과 똑같다. 단, 다음과 같은 차이가 있다.

- 함수가 fn이 아니라 async fn으로 시작한다.

- async_std 크레이트가 제공하는 TcpStream::connect, write_all, read_to_string의 비동기 식 버전을 쓴다. 이들은 모두 결과를 퓨처로 반환한다(이번 절의 예제는 async_std 버전 1.7을 쓴다).

- 퓨처를 반환하는 호출 코드 뒤에 전부 .await가 달려 있다. 이 부분은 await라는 이름의 스트럭트 필드를 참조하는 것처럼 보이지만, 사실은 퓨처가 준비될 때까지 기다릴 때 쓰는 언어에 내장된 특수 문법이다. 이때 퓨처의 최종 값이 await 표현식의 평가 결과가 된다. 앞서 나온 함수는 바로 이런 식으로 connect, write_all, read_to_string의 결과를 얻는다.

평범한 함수와 달리 비동기 함수를 호출하면 본문이 채 실행되기도 전에 즉시 복귀한다. 그러다 보니 호출의 최종 값이 아직 계산되지 않은 상태라서 당연히 최종 값**의 퓨처**가 반환된다. 다음 코드를 실행한다고 하자.

```
let response = cheapo_request(host, port, path);
```

이때 response는 std::io::Result<String>의 퓨처가 되며, cheapo_request의 본문은 아직 실행되지 않은 채로 남게 된다. 비동기 함수의 반환 타입은 따로 조정하지 않아도 된다. 러스트는 알아서 async fn f(...) -> T를 그냥 T가 아니라 T의 퓨처를 반환하는 함수로 취급한다.

async 함수가 반환한 퓨처는 함수의 인수와 지역변수를 위한 공간 등 함수 본문을 실행하는 데 필요한 모든 정보를 감싸 들고 있다(호출의 스택 프레임을 평범한 러스트 값으로 캡처한 것과 같다). 따라서 response는 cheapo_request의 본문을 실행하는 데 필요한 host, port, path로 넘어온 값을 쥐고 있다.

퓨처의 구체적인 타입은 컴파일러가 함수의 본문과 인수를 토대로 알아서 생성한다. 이 타입에는 이름이 없다. 이 타입에 대해 아는 건 오로지 Future<Output=R>을 구현하고 있다는 것뿐인데, 여기서

R은 async 함수의 반환 타입이다. 이런 의미에서 비동기 함수의 퓨처는 클로저와 같다. 클로저도 컴파일러가 생성한 FnOnce, Fn, FnMut 트레이트를 구현하고 있는 익명 타입을 갖는다.

cheapo_request가 반환한 퓨처를 처음 폴링하면, 함수 본문의 맨 꼭대기에서 실행이 시작되어 TcpStream::connect가 반환한 퓨처의 첫 번째 await까지 진행된다. 이 await 표현식은 connect 퓨처를 폴링해서 준비 상태가 아니면 자신의 호출부에 Poll::Pending을 반환한다. TcpStream:: connect의 퓨처에 대한 폴링이 Poll::Ready를 반환하지 않으면, cheapo_request의 퓨처에 대한 폴링은 첫 번째 await에 막혀서 더 이상 진도를 뺄 수 없다. 따라서 표현식 TcpStream::connect(...).await는 대충 다음과 같은 식이라고 보면 된다.

```
{
    // 주의: 러스트 코드가 아니라 의사 코드다.
    let connect_future = TcpStream::connect(...);
    'retry_point:
    match connect_future.poll(cx) {
        Poll::Ready(value) => value,
        Poll::Pending => {
            // 'retry_point에서 실행을 재개하도록 `cheapo_request`의
            // 퓨처에 대한 다음 `poll`을 준비한다.
            ...
            return Poll::Pending;
        }
    }
}
```

await 표현식은 퓨처의 소유권을 가져다가 여기에 대고 폴링한다. 퓨처가 준비 상태면 그의 최종 값이 await 표현식의 값이 되고 실행이 계속된다. 그렇지 않으면 자신의 호출부에 Poll::Pending을 반환한다.

그러나 중요한 건 cheapo_request의 퓨처에 대한 다음 폴링이 함수의 맨 꼭대기에서 다시 시작하지 않는다는 점이다. 그게 아니라 connect_future를 폴링하려고 하는 지점인 함수 중간에서 실행을 **재개한다**. 퓨처가 준비 상태가 아니면 async 함수의 나머지 부분은 진행되지 않는다.

cheapo_request의 퓨처를 폴링할 때마다 함수는 본문을 관통하는 await들을 징검다리 밟듯이 한 발 한 발 건너며 실행되는데, 단 대기 중인 서브퓨처가 준비 상태일 때만 다음으로 넘어갈 수 있다. 따라서 cheapo_request의 퓨처를 몇 번이나 폴링해야 할지는 서브퓨처의 행동과 함수 자체의 제어 흐름에 달렸다. cheapo_request의 퓨처는 다음 poll이 재개되어야 하는 지점을 비롯해서 변수, 인수, 임시 값 등 이 재개에 필요한 모든 지역 상태를 추적한다.

함수 중간에서 실행을 중단하고 재개하는 능력은 async 함수 고유의 기능이다. 평범한 함수는 복귀할 때 스택 프레임이 영원히 사라진다. await 표현식은 이 재개하는 능력에 의존하므로 async 함수 안에서만 쓸 수 있다.

이 글을 쓰고 있는 현재 러스트는 트레이트가 비동기 메서드를 갖는 걸 아직 허용하지 않는다. 비동기로 쓸 수 있는 건 자유 함수와 특정 타입에 속한 함수뿐이다. 이 제약을 없애려면 언어를 많이 바꿔야 한다. 따라서 지금 당장 async 함수가 포함된 트레이트를 정의해야 한다면 매크로 기반의 우회책을 제공하는 async-trait 크레이트를 쓰면 되니 참고하자.

동기식 코드에서 async 함수 호출하기: block_on

어찌 보면 async 함수는 남에게 책임을 떠넘길 뿐이다. 사실 async 함수에서 퓨처의 값을 가져올 때는 그냥 await를 걸어 두면 되니까 쉽다. 그러나 async 함수 **자체**도 퓨처를 반환하므로 이걸 어떤 식으로든 폴링하는 건 이제 호출부의 몫이다. 결국 누군가는 실제로 값을 기다려야 한다.

async_std의 task::block_on 함수를 쓰면 (예를 들어 main 같은) 평범한 동기 함수에서도 cheapo_request를 호출할 수 있다. 이 함수는 퓨처를 가져다가 값을 산출할 때까지 계속 폴링한다.

```
fn main() -> std::io::Result<()> {
    use async_std::task;

    let response = task::block_on(cheapo_request("example.com", 80, "/"))?;
    println!("{}", response);
    Ok(())
}
```

block_on은 비동기 함수의 최종 값을 산출하는 동기 함수이므로 비동기 진영과 동기 진영을 연결하는 어댑터라고 생각할 수 있다. 그러나 block_on은 블록되는 특성을 가지고 있기 때문에 절대로 async 함수 안에서 쓰면 안 된다. 그렇지 않으면 값이 준비될 때까지 전체 스레드가 블록될 것이다. 이럴 때는 await를 쓰자.

그림 20-2는 main의 실행 예 하나를 보여 준다.

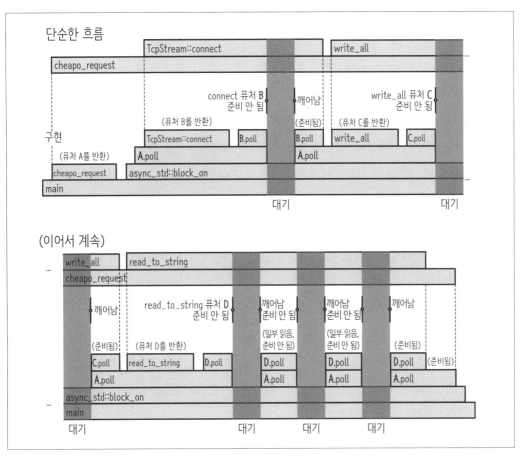

그림 20-2 **비동기 함수의 블로킹 구간**

타임라인 위쪽에 있는 '단순한 흐름'은 프로그램의 비동기 호출을 추상화해서 보여 준다. `cheapo_request`는 먼저 `TcpStream::connect`를 호출해서 소켓을 손에 쥔 다음 이 소켓을 가지고 `write_all`과 `read_to_string`을 호출하고 복귀한다. 이번 장 앞부분에서 본 `cheapo_request`의 동기식 버전이 보여 주는 타임라인과 매우 비슷하다.

그러나 이들 비동기 호출은 각자 여러 단계로 된 처리 과정을 거친다. 퓨처를 만든 다음 준비 상태가 될 때까지 폴링해야 하고, 어쩌면 그 과정에서 다른 서브퓨처를 만들고 폴링해야 할 수도 있다. 타임라인 아래쪽에 있는 '구현'은 이 비동기 동작을 구현하고 있는 실제 동기 호출을 보여 준다. 평범한 비동기 실행에서 정확히 무슨 일이 벌어지는지 따라가 볼 수 있는 좋은 기회이니 자세히 알아보자.

- 먼저 `main`이 `cheapo_request`를 호출한다. 이 호출은 최종 결과에 대한 퓨처 A를 반환한다. 그런 다음 `main`이 이 퓨처를 `async_std::block_on`에 넘긴다. 따라서 폴링이 시작된다.

- 퓨처 A가 폴링되면 cheapo_request의 본문이 실행되기 시작한다. 이 본문은 TcpStream::connect를 호출해서 소켓에 대한 퓨처 B를 확보하고 여기에 await를 건다. 좀 더 정확히 말하자면 TcpStream::connect에서 오류가 발생할 수 있으므로 이 B는 Result<TcpStream, std::io::Error>의 퓨처다.

- 퓨처 B가 await에 의해서 폴링된다. 네트워크 연결이 아직 맺어지지 않았으므로 B.poll이 Poll::Pending을 반환하고, 대신 소켓이 준비되면 호출 태스크를 깨우도록 설정한다.

- 퓨처 B가 준비되지 않았으므로 A.poll이 자신의 호출부인 block_on에 Poll::Pending을 반환한다.

- block_on이 달리 할 일이 없으므로 잠자기 상태에 들어간다. 이때부터 전체 스레드가 블록된다.

- B의 연결이 준비되서 폴링했던 태스크를 깨운다. 그러면 block_on이 깨어나서 다시 퓨처 A를 폴링하기 시작한다.

- A가 폴링되면 cheapo_request가 첫 번째 await에서 재개되어 다시 B를 폴링한다.

- 이번에는 B가 준비되었다. 따라서 소켓 생성을 완료하고 A.poll에 Poll::Ready(Ok(socket))을 반환한다.

- 이제 TcpStream::connect 비동기 호출이 완료됐다. 따라서 TcpStream::connect(...).await 표현식의 값은 Ok(socket)이다.

- cheapo_request 본문의 실행이 정상적으로 진행되어, format! 매크로를 써서 요청 문자열을 만들고 이를 socket.write_all에 넘긴다.

- socket.write_all은 비동기 함수이므로 자신의 결과에 대한 퓨처 C를 반환하고, cheapo_request는 적절한 절차에 따라 이를 기다린다.

나머지 이야기도 비슷하다. 그림 20-2에 나와 있는 실행을 보면 socket.read_to_string의 퓨처는 준비 상태가 되기까지 총 네 번 폴링된다. 매번 깨어날 때마다 소켓에서 데이터를 **조금씩** 읽긴 하지만, read_to_string이 입력을 끝까지 다 읽도록 명시해 두고 있어서 여러 번에 걸쳐서 작업을 진행해야 한다.

poll을 반복해서 호출하는 루프를 작성하는 건 그리 어려운 일이 아니다. 그러나 async_std::task::block_on의 백미는 퓨처를 실제로 다시 폴링해도 좋은 시점이 올 때까지 잠자기 상태에 들어갈 수 있어서, 무의미한 poll 호출을 남발하느라 프로세서 시간과 배터리 수명을 낭비하지 않는다는 데 있다. connect와 read_to_string 같은 기본 I/O 함수가 반환하는 퓨처는 poll에 넘어온 Context에 들어 있는 웨이커를 들고 있다가 block_on이 깨어나서 다시 폴링해야 할 때 이를 호출한다. 이게 정확히 어떤 식으로 작동하는지는 이 장 후반부에 나오는 '**기본 제공 퓨처와 이그제큐터: 퓨처를 다시 폴링해도 좋은 시점은 언제일까?**' 절에서 간단한 버전의 block_on을 직접 구현해 보면서 살펴보기로 하자.

앞서 봤던 원래의 동기식 버전과 마찬가지로 이 cheapo_request의 비동기식 버전은 대부분의 시간을 작업이 완료되길 기다리는 데 쓴다. 시간축을 실제에 맞게 비례해서 그렸다면 다이어그램은 거의 전체가 짙은 갈색으로 물들고 프로그램이 깨어날 때 일어나는 계산 부분만 가느다란 은색 선처럼 보이게 될 것이다.

지금까지 복잡한 세부 사항을 다루었다. 다행인 건 보통은 타임라인 위쪽에 있는 단순한 흐름의 관점으로 생각하면 된다는 점이다. 어떤 함수 호출은 동기식으로 이뤄지고, 또 어떤 함수 호출은 비동기식이라 await가 필요하겠지만, 결국은 그냥 다 함수 호출일 뿐이다. 러스트가 가진 비동기 지원의 성공 여부는 프로그래머가 시시콜콜한 구현의 세부 사항에 허덕이지 않고 실제로 단순한 흐름을 따라 일하도록 도울 수 있느냐에 달렸다.

비동기 태스크 생성하기

async_std::task::block_on 함수는 퓨처의 값이 준비될 때까지 블록된다. 그러나 퓨처 하나가 스레드를 완전히 블록시킨다면 동기 호출이나 다를 바 없다. 이번 장의 목표는 스레드가 기다리는 동안에 **다른 일을 하도록** 만드는 것이다.

이럴 때 쓸 수 있는 게 바로 async_std::task::spawn_local이다. 이 함수는 퓨처를 받아다가 풀에 넣는데, block_on은 현재 블로킹을 유발한 퓨처가 준비 상태가 아닐 때마다 이 풀에 있는 퓨처를 대상으로 폴링을 시도한다. 따라서 퓨처 여러 개를 spawn_local에 넘긴 다음 최종 결과의 퓨처에 block_on을 적용하면, block_on은 진도를 뺄 수 있을 때마다 넘어온 각 퓨처를 폴링하는 식으로 결과가 준비될 때까지 전체 풀을 동시에 실행한다.

이 글을 쓰고 있는 현재 spawn_local은 async-std 크레이트의 unstable 기능을 켜야만 쓸 수 있다. 따라서 **Cargo.toml**에 async-std 줄을 추가할 때는 다음과 같은 식으로 해야 한다.

```
async-std = { version = "1", features = ["unstable"] }
```

spawn_local 함수는 스레드를 띄울 때 쓰는 표준 라이브러리 함수 std::thread::spawn의 비동기식 버전이다.

- std::thread::spawn(c)는 클로저 c를 받아다가 이를 실행하는 스레드를 띄우고 std::thread::JoinHandle을 반환한다. 여기에 대고 호출하는 join 메서드는 스레드가 끝날 때까지 기다렸다가 c가 반환한 것을 그대로 반환한다.
- async_std::task::spawn_local(f)는 퓨처 f를 받아다가 이를 현재 스레드가 block_on을 호출할 때 폴링되는 풀에 넣는다. spawn_local은 자체 async_std::task::JoinHandle 타입을 반환하는데, 이 자체가 퓨처이므로 여기에 await를 걸어서 f의 최종 값을 가져올 수 있다.

예를 들어 전체 HTTP 요청 집합을 동시에 만들고 싶다고 하자. 우선 다음처럼 해볼 수 있다.

```
pub async fn many_requests(requests: Vec<(String, u16, String)>)
                    -> Vec<std::io::Result<String>>
{
    use async_std::task;

    let mut handles = vec![];
    for (host, port, path) in requests {
        handles.push(task::spawn_local(cheapo_request(&host, port, &path)));
    }

    let mut results = vec![];
    for handle in handles {
        results.push(handle.await);
    }

    results
}
```

이 함수는 requests의 각 요소를 대상으로 cheapo_request를 호출하고 각 호출의 퓨처를 spawn_local에 넘긴다. 그런 다음 그 결과로 나오는 JoinHandle을 벡터에 모아 담은 뒤에 이들 각각에 대해서 await를 건다. 조인 핸들에 await를 거는 순서는 아무래도 상관없다. 요청은 이미 생성된 상태이므로, 이 스레드가 block_on을 호출해서 달리 할 일이 없으면 그때마다 해당 요청의 퓨처가 필요에 따라 폴링될 것이다. 따라서 모든 요청이 동시에 실행된다. 요청이 완료되면 many_requests는 결과를 호출부에 반환한다.

이 코드는 대체로 정확하지만 러스트의 차용 검사기는 cheapo_request가 반환하는 퓨처의 수명을 두고 우려를 표한다.

```
error: `host` does not live long enough

    handles.push(task::spawn_local(cheapo_request(&host, port, &path)));
                                    --------------^^^^^--------------
                                            |             |
                                            |             |
                                            |             borrowed value does not
                                            |             live long enough
                        argument requires that `host` is borrowed for `'static`
}
- `host` dropped here while still borrowed
```

path에 대해서도 비슷한 오류가 출력된다.

비동기 함수에 레퍼런스를 넘기면 반환되는 퓨처가 그 레퍼런스를 들고 있어야 하므로 퓨처는 빌려 온 값보다 무사히 오래 살 수 없다. 이 제약은 레퍼런스를 들고 있는 모든 값에 똑같이 적용된다.

문제는 spawn_local이 host와 path가 드롭되기 전에 태스크가 끝난다고 확신할 수 없다는 데 있다. 실제로 spawn_local은 수명이 'static인 퓨처만 받는다. 왜냐하면 반환되는 JoinHandle을 그냥 무시한 채 태스크를 프로그램의 실행이 끝날 때까지 계속 실행되게 내버려 둘 수도 있기 때문이다. 이는 비동기 태스크만의 문제는 아니라서, std::thread::spawn으로 지역변수의 레퍼런스를 캡처하는 클로저를 스레드에 태워 실행하려는 경우에도 비슷한 오류가 발생한다.

이를 해결하는 한 가지 방법은 인수의 소유권이 있는 버전을 받는 또 다른 비동기 함수를 만드는 것이다.

```
async fn cheapo_owning_request(host: String, port: u16, path: String)
                                -> std::io::Result<String> {
    cheapo_request(&host, port, &path).await
}
```

이 함수는 &str 레퍼런스 대신 String을 받으므로 퓨처가 host와 path 문자열 자체를 소유하고 수명은 'static이 된다. 차용 검사기는 이 함수가 cheapo_request의 퓨처에 대고 곧바로 await를 걸고 있다는 걸 알 수 있기 때문에, 이 퓨처가 한 번도 폴링되지 않았더라도 빌려 온 host와 path 변수는 계속 그 근처에 있어야 한다. 따라서 이렇게 하면 모든 문제가 사라진다.

cheapo_owning_request를 쓰면 다음과 같은 식으로 전체 요청을 생성할 수 있다.

```
for (host, port, path) in requests {
    handles.push(task::spawn_local(cheapo_owning_request(host, port, path)));
}
```

block_on을 쓰면 동기 함수인 main에서 many_requests를 호출할 수 있다.

```
let requests = vec![
    ("example.com".to_string(),     80, "/".to_string()),
    ("www.red-bean.com".to_string(), 80, "/".to_string()),
    ("en.wikipedia.org".to_string(), 80, "/".to_string()),
];

let results = async_std::task::block_on(many_requests(requests));
for result in results {
    match result {
        Ok(response) => println!("{}", response),
        Err(err) => eprintln!("error: {}", err),
    }
}
```

이 코드는 block_on 호출 안에서 세 가지 요청을 전부 동시에 실행한다. 각 요청은 다른 요청이 블록
되어 있는 동안 기회를 봐서 진도를 빼는데, 이 모든 일이 호출 스레드에서 이뤄진다. 그림 20-3은 이
세 가지 cheapo_request 호출의 실행 예 하나를 보여 준다.

(이 코드를 직접 실행해 보길 바란다. cheapo_request 맨 꼭대기와 각 await 표현식 뒤에 eprintln! 호출을 넣
어 두면, 매번 실행될 때마다 이들 호출이 달리 뒤섞여 배치되는 걸 확인할 수 있다.)

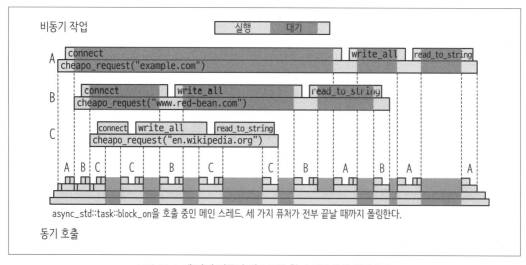

그림 20-3 세 가지 비동기 태스크를 한 스레드에서 실행하기

many_requests 호출(그림이 복잡해지는 걸 막기 위해서 따로 표시하진 않았다)은 A, B, C라고 이름 붙인 세 가지 비동기 태스크를 생성한다. block_on은 먼저 A를 폴링한다. 그러면 A가 example.com에 연결하기 시작한다. 그러다가 A가 Poll::Pending을 반환하면 block_on은 그 즉시 다음 태스크로 눈을 돌려서 B를 폴링하고 같은 식으로 C를 폴링한다. 그러면 B와 C가 각자 정해둔 서버에 연결하기 시작한다.

폴링할 수 있는 퓨처가 전부 Poll::Pending을 반환하면, block_on은 TcpStream::connect 퓨처 중 하나가 다시 폴링해도 좋은 시점임을 알려 올 때까지 잠자기 상태에 들어간다.

이 실행에서는 en.wikipedia.org 서버가 다른 것들보다 더 빨리 응답하므로 여기에 해당하는 태스크가 제일 먼저 끝난다. 생성된 태스크가 끝나면 자신의 값을 JoinHandle에 넣고 준비 상태로 표시해 두기 때문에 이를 기다리는 many_requests가 진도를 뺄 수 있다. 이런 식으로 나머지 cheapo_request 호출이 성공하거나 오류를 반환하면 마침내 many_requests 자체가 복귀한다. 그리고 끝으로 main이 block_on에게서 결과 벡터를 받는다.

이 실행은 전부 한 스레드에서 일어나며, 세 가지 cheapo_request 호출은 퓨처가 잇따라 폴링되면서 교차로 실행된다. 비동기 호출은 하나의 함수 호출이 완료를 향해 달려가는 모양새를 띠지만, 실상은 퓨처의 poll 메서드에 대한 일련의 동기 호출로 되어 있다. 각 poll 호출은 빠르게 복귀해서 다른 비동기 호출이 실행될 수 있도록 스레드를 양보한다.

이렇게 해서 이번 장을 시작할 때 세운 목표를 달성했다. 이제 스레드는 I/O가 완료되길 기다리는 동안에 다른 일을 하기 때문에 리소스가 낭비되는 일이 없다. 그렇다고 해서 이 목표를 달성하는 데 아주 특별한 코드가 필요했던 것도 아니다. async로 표시된 함수와 뒤에 .await가 붙은 함수 호출이 몇 가지 있고 std 대신 async_std에 있는 함수를 쓴다는 것 외에는 평범한 러스트 코드나 다름없다.

비동기 태스크와 스레드 사이에는 한 가지 염두에 둬야 할 중요한 차이가 있다. 그것은 바로 비동기 태스크 간의 전환이 await 표현식에서 대기 중인 퓨처가 Poll::Pending을 반환할 때만 일어난다는 점이다. 이 말은 cheapo_request에 오래 걸리는 계산을 두면, 이게 끝날 때까지 spawn_local에 넘긴 다른 태스크가 실행될 기회를 얻지 못한다는 뜻이다. 스레드의 경우는 이런 문제가 발생하지 않는다. 운영체제가 언제든 스레드를 중단시킬 수 있고, 또 프로세서를 독점하는 스레드가 생기지 않도록 타이머를 설정해둘 수 있기 때문이다. 비동기식 코드는 스레드를 공유하는 퓨처들의 자발적인 협력에 의존한다. 오래 걸리는 계산과 비동기식 코드가 공존해야 한다면 이번 장 뒷부분에 있는 '**오래 걸리는 계산: yield_now와 spawn_blocking**' 절에 설명된 몇 가지 옵션을 참고하자.

async 블록

러스트는 비동기 함수와 더불어 **비동기 블록**asynchronous block도 지원한다. 평범한 블록문은 마지막 표현식의 값을 반환하지만 async 블록은 마지막 표현식의 값에 대한 **퓨처**를 반환한다. async 블록에서는 await 표현식을 쓸 수 있다.

async 블록은 async 키워드가 앞에 붙은 평범한 블록문처럼 생겼다.

```
let serve_one = async {
    use async_std::net;

    // 수신 대기 상태로 있다가 들어오는 연결 하나를 수락한다.
    let listener = net::TcpListener::bind("localhost:8087").await?;
    let (mut socket, _addr) = listener.accept().await?;

    // `socket`을 가지고 클라이언트와 대화한다.
    ...
};
```

이 코드는 serve_one을 퓨처로 초기화한다. 이 퓨처는 폴링되면 수신 대기 상태로 있다가 들어오는 TCP 연결 하나를 처리한다. async 함수 호출이 자신의 퓨처가 폴링될 때까지 실행되지 않는 것처럼, 이 블록의 본문은 serve_one이 폴링될 때까지 실행되지 않는다.

async 블록 안에서 발생하는 오류에 ? 연산자를 적용하면 바깥쪽 함수가 아니라 그 블록에서 복귀한다. 예를 들어 앞에 있는 bind 호출이 오류를 반환하면 ? 연산자는 이를 serve_one의 최종 값으로 반환한다. 마찬가지로 return 표현식은 바깥쪽 함수가 아니라 async 블록에서 복귀한다.

async 블록이 바깥쪽 코드에 정의된 변수를 참조하면 해당 퓨처는 클로저의 경우처럼 그 값을 캡처한다. 또 move 클로저(14장의 '**훔치는 클로저**' 절 참고)의 경우처럼 블록 앞에 async move를 붙이면 단순히 캡처한 값의 레퍼런스를 쥐는 게 아니라 그 값의 소유권을 가져올 수 있다.

async 블록은 코드에서 비동기적으로 실행하고 싶은 부분을 간결하게 분리해 낼 수 있는 방법을 제공한다. 예를 들어, 앞 절에서는 spawn_local이 'static 퓨처를 요구하는 바람에 cheapo_owning_request 래퍼 함수를 정의해서 인수의 소유권을 가진 퓨처를 넘겨줘야 했다. async 블록에서는 그냥 cheapo_request를 호출하기만 하면 번거롭게 래퍼 함수를 작성하지 않아도 같은 효과를 낼 수 있다.

```
pub async fn many_requests(requests: Vec<(String, u16, String)>)
                        -> Vec<std::io::Result<String>>
```

```
{
    use async_std::task;

    let mut handles = vec![];
    for (host, port, path) in requests {
        handles.push(task::spawn_local(async move {
            cheapo_request(&host, port, &path).await
        }));
    }
    ...
}
```

이 코드는 async move 블록이므로 move 클로저의 경우처럼 퓨처가 String 값인 host와 path의 소유권을 갖는다. 그런 다음 레퍼런스를 cheapo_request에 넘긴다. 차용 검사기는 이 블록의 await 표현식이 cheapo_request가 반환한 퓨처의 소유권을 갖는다는 걸 알 수 있으므로, host와 path의 레퍼런스는 자신이 빌려 온 캡처된 변수보다 더 오래 살 수 없다. 이 async 블록은 더 적은 상용구로 cheapo_owning_request와 똑같은 일을 해낸다.

문제가 될 만한 부분이 하나 있다면 async 블록의 경우 async 함수의 인수 뒤에 오는 -> T와 유사한 반환 타입을 지정하는 문법이 없다는 것이다. 이 점은 ? 연산자를 쓸 때 문제가 될 수 있다.

```
let input = async_std::io::stdin();
let future = async {
    let mut line = String::new();

    // `std::io::Result<usize>`를 반환한다.
    input.read_line(&mut line).await?;

    println!("Read line: {}", line);

    Ok(())
};
```

앞 코드는 다음과 같은 오류를 내며 실패한다.

```
error: type annotations needed
    ⸾⸾
48 │     let future = async {
    │                  ------ consider giving `future` a type
...
60 │         Ok(())
```

```
|            ^^ cannot infer type for type parameter `E` declared
|               on the enum `Result`
```

러스트는 async 블록의 반환 타입이 무엇인지 알 수 없다. read_line 메서드는 Result<(),
std::io::Error>를 반환하지만, ? 연산자는 From 트레이트를 써서 주어진 오류 타입을 현 상황이
요구하는 무언가로 변환하기 때문에, async 블록의 반환 타입은 From<std::io::Error>를 구현하고
있는 임의의 타입 E에 대해서 Result<(), E>가 될 수 있다.

앞으로 나올 러스트 버전에는 아마도 async 블록의 반환 타입을 명시하는 문법이 들어갈 것이다. 그
때까지는 블록의 최종 Ok 타입을 명시하는 방법으로 문제를 우회하면 된다.

```
let future = async {
    ...
    Ok::<(), std::io::Error>(())
};
```

Result는 성공과 오류 타입을 매개변수로 받는 제네릭 타입이므로, Ok나 Err을 쓸 때는 위와 같은
식으로 타입 매개변수를 지정하면 된다.

async 블록을 가지고 async 함수 만들기

비동기 블록은 비동기 함수와 똑같은 효과를 내면서도 좀 더 유연한 또 다른 방법을 제공한다. 예를
들어 cheapo_request 예는 async 블록의 퓨처를 반환하는 평범한 동기 함수로도 작성할 수 있다.

```
use std::io;
use std::future::Future;

fn cheapo_request<'a>(host: &'a str, port: u16, path: &'a str)
    -> impl Future<Output = io::Result<String>> + 'a
{
    async move {
        ... 함수 본문 ...
    }
}
```

이 버전의 함수를 호출하면 그 즉시 async 블록의 값에 대한 퓨처가 반환된다. 이 퓨처는 함수의 인
수를 캡처하며, 비동기 함수가 반환한 퓨처처럼 행동한다. async fn 문법을 쓰고 있는 게 아니므로
반환 타입에 impl Future를 적어 주어야 하지만, 호출부 입장에서는 두 정의가 다 같은 함수 시그니

처를 가진 서로 호환되는 구현이다.

이 두 번째 접근 방식은 함수가 호출되자마자 결과에 대한 퓨처를 생성하기에 앞서 뭔가 계산이 필요한 경우에 유용할 수 있다. 예를 들어 cheapo_request와 spawn_local을 함께 쓰기 위한 또 다른 전략으로, cheapo_request를 동기 함수로 바꾼 다음 그 안에 인수의 완전한 소유권을 가진 복사본을 만들어서 이를 캡처하는 'static 퓨처를 반환하는 방법이 있다.

```
fn cheapo_request(host: &str, port: u16, path: &str)
    -> impl Future<Output = io::Result<String>> + 'static
{
    let host = host.to_string();
    let path = path.to_string();

    async move {
        ... &*host, port, path를 사용한다 ...
    }
}
```

이 버전은 async 블록이 host와 path를 &str 레퍼런스가 아니라 소유권이 있는 String 값으로 캡처한다. 이 퓨처는 실행하는 데 필요한 모든 데이터를 소유하고 있으므로 'static 수명을 갖는다(시그니처에는 + 'static이라고 적어 두었지만 -> impl 반환 타입에는 'static이 기본값이므로 생략해도 무방하다).

이 버전의 cheapo_request는 'static인 퓨처를 반환하므로 이를 직접 spawn_local에 넘길 수 있다.

```
let join_handle = async_std::task::spawn_local(
    cheapo_request("areweasyncyet.rs", 80, "/")
);

... 다른 작업 ...

let response = join_handle.await?;
```

async 태스크를 스레드 풀에서 실행하기

지금까지 살펴본 예는 대부분의 시간을 I/O를 기다리는 데 쓰지만, 일부 작업 부하는 프로세서 작업과 블로킹이 섞여 있다. 프로세서 하나로 감당하기 어려울 만큼 계산할 게 많을 때는 async_std::task::spawn을 써서 퓨처를 워커 스레드 풀에서 실행할 수 있다. 이 워커 스레드 풀은 준비 상태에 있는 퓨처를 폴링해서 진도를 빼는 일만 전담한다.

async_std::task::spawn의 사용법은 async_std::task::spawn_local과 같다.

```
use async_std::task;

let mut handles = vec![];
for (host, port, path) in requests {
    handles.push(task::spawn(async move {
        cheapo_request(&host, port, &path).await
    }));
}
...
```

spawn_local과 마찬가지로 spawn은 JoinHandle 값을 반환하며, 여기에 대고 await를 걸면 퓨처의 최종 값을 얻을 수 있다. 그러나 spawn_local과 달리 퓨처가 폴링되고 말고는 block_on 호출과 관계가 없다. 폴링은 스레드 풀에 있는 스레드 중 하나가 사용 가능해지면 곧바로 진행된다.

실제로 spawn이 spawn_local보다 더 널리 쓰인다. 왜냐하면 사람들은 자신의 작업 부하에 계산과 블로킹이 섞여 있다 하더라도 머신의 리소스를 균형 있게 쓰고 싶어 하기 때문이다.

spawn을 쓸 때 한 가지 유념할 점은 스레드 풀이 늘 바쁘게 돌아가다 보니 어떤 스레드가 내 퓨처를 폴링하게 될지 모른다는 것이다. async 호출은 한 스레드에서 실행을 시작한 뒤에 await 표현식에서 블록되었다가 다른 스레드에서 재개될 수도 있다. 따라서 async 함수 호출을 하나의 연결된 코드 실행으로 단순화해서 바라보는 게 합리적이더라도(실제로 비동기 함수와 await 표현식의 목적은 이를 그런 식으로 생각하게끔 만드는 것이다), 실제로 호출은 다른 여러 스레드에서 수행될 수도 있다.

스레드 로컬 스토리지를 쓰고 있다면 await 표현식 앞에서 넣어 둔 데이터가 나중에 완전히 다른 무언가로 대체되는 걸 보고 당황해할 수도 있겠다. 이런 일이 벌어지는 이유는 이제 태스크를 풀에 있는 다른 스레드가 폴링하기 때문이다. 이게 문제가 된다면 **태스크 로컬 스토리지**를 써야 하는데, 자세한 내용은 async-std 크레이트의 문서에서 task_local! 매크로 부분을 참고하자.

퓨처가 Send를 구현해야 하는 이유

spawn에는 spawn_local에 없는 제약이 하나 있다. 퓨처가 여러 스레드를 오가며 실행되기 때문에 꼭 Send 마커 트레이트를 구현해야 한다는 게 바로 그것이다. Send는 19장의 '**스레드 안전성: Send와 Sync**' 절에서 다루었다. 퓨처는 쥐고 있는 값이 전부 Send일 때만 Send가 된다. 함수 인수와 지역변수는 물론 심지어 익명의 임시 값까지 전부 다른 스레드로 안전하게 이동될 수 있어야 한다.

늘 그렇듯이 이 요구 사항은 비동기 태스크에만 주어지는 게 아니다. std::thread::spawn으로 비 Send 값을 캡처하는 클로저를 가진 스레드를 시작시키려 할 때도 비슷한 오류가 발생한다. 차이점이 라면 std::thread::spawn에 넘긴 클로저는 실행을 위해 생성된 스레드에 머무는 반면, 스레드 풀에 생성된 퓨처는 대기할 때마다 한 스레드에서 다른 스레드로 옮겨갈 수 있다는 것이다.

이 제약은 우연히 걸려 넘어지기 쉽다. 예를 들어, 다음 코드는 아무런 문제도 없는 것처럼 보인다.

```
use async_std::task;
use std::rc::Rc;

async fn reluctant() -> String {
    let string = Rc::new("ref-counted string".to_string());

    some_asynchronous_thing().await;

    format!("Your splendid string: {}", string)
}

task::spawn(reluctant());
```

비동기 함수의 퓨처는 함수가 await 표현식에서 다시 실행을 이어나가는 데 필요한 모든 정보를 쥐고 있어야 한다. 이 코드에서 reluctant의 퓨처는 await 이후에 string을 써야 하므로 적어도 몇 차례 Rc<String> 값을 쥐게 되는데, Rc 포인터는 스레드 간에 안전하게 공유할 수 없으므로 퓨처 자체는 Send가 될 수 없다. 그러나 spawn은 Send인 퓨처만 받으므로 러스트는 이 부분을 두고 이의를 제기 한다.

```
error: future cannot be sent between threads safely
   |
17 |       task::spawn(reluctant());
   |       ^^^^^^^^^^^ future returned by `reluctant` is not `Send`
   |
   |
127 |     T: Future + Send + 'static,
   |                 ---- required by this bound in `async_std::task::spawn`
   |
   = help: within `impl Future`, the trait `Send` is not implemented
           for `Rc<String>`
note: future is not `Send` as this value is used across an await
   |
10 |           let string = Rc::new("ref-counted string".to_string());
```

```
           ------ has type `Rc<String>` which is not `Send`
11  |
12  |          some_asynchronous_thing().await;
    |          ^^^^^^^^^^^^^^^^^^^^^^^^^^^^^^^^^
    |              await occurs here, with `string` maybe used later
...
15  |      }
    |      - `string` is later dropped here
```

이 오류 메시지는 길지만 유용한 세부 정보를 많이 담고 있다.

- 퓨처가 Send여야 하는 이유를 설명한다. 이 부분은 task::spawn의 요구 사항이다.

- 어떤 값이 Send가 아닌지를 설명한다. Rc<String> 타입의 지역변수 string이 여기에 해당한다.

- string이 퓨처에 영향을 주는 이유를 설명한다. 이는 string이 앞에 표시된 await의 범위 안에 있기 때문이다.

이 문제를 고치는 방법은 두 가지다. 하나는 비Send 값의 범위 안에 await 표현식이 들어가지 않도록 제한해서 그 값이 함수의 퓨처에 저장되지 않게끔 만드는 것이다.

```rust
async fn reluctant() -> String {
    let return_value = {
        let string = Rc::new("ref-counted string".to_string());
        format!("Your splendid string: {}", string)
        // `Rc<String>`은 여기서 범위를 벗어난다...
    };

    // ... 따라서 여기서 중단될 때 남아 있지 않는다.
    some_asynchronous_thing().await;

    return_value
}
```

다른 하나는 Rc 대신 그냥 std::sync::Arc를 쓰는 것이다. Arc는 원자적인 업데이트를 써서 레퍼런스 카운트를 관리하므로 살짝 느리지만 Arc 포인터는 Send다.

결국에는 비Send 타입을 알아보고 피하는 법을 배우게 되겠지만, 처음에는 좀 당황스러울 수 있다(남들은 몰라도 필자는 적잖이 당황스러웠다). 예를 들어 오래된 러스트 코드를 보다 보면 가끔 다음과 같은 제네릭 결과 타입을 쓰는 경우를 만날 때가 있다.

```
// 권장하지 않는다!
type GenericError = Box<dyn std::error::Error>;
type GenericResult<T> = Result<T, GenericError>;
```

이 GenericError 타입은 박스 처리된 트레이트 객체를 써서 std::error::Error를 구현하고 있는 임의의 타입으로 된 값을 쥔다. 그러나 이 타입이 두고 있는 제약은 이게 다라서, 누군가 Error를 구현하고 있는 비Send 타입을 가졌다면, 그 타입의 박스 처리된 값을 GenericError로 변환할 수 있다. 이런 가능성 때문에 GenericError는 Send가 아니며, 따라서 다음 코드는 작동하지 않는다.

```
fn some_fallible_thing() -> GenericResult<i32> {
    ...
}

// 이 함수의 퓨처는 `Send`가 아니다...
async fn unfortunate() {
    // ... 왜냐하면 이 호출의 값이 ...
    match some_fallible_thing() {
        Err(error) => {
            report_error(error);
        }
        Ok(output) => {
            // ... 이 `await` 이후에도 살아 있기 때문에 ...
            use_output(output).await;
        }
    }
}

// ... 이 `spawn`은 오류다.
async_std::task::spawn(unfortunate());
```

앞서 본 예와 마찬가지로 컴파일러가 주는 오류 메시지는 Result 타입을 범인으로 지목하며, 무슨 일이 벌어지고 있는지를 설명한다. 러스트는 some_fallible_thing의 결과가 await 표현식을 포함한 전체 match 문에 걸쳐서 존재한다고 생각하기 때문에 unfortunate의 퓨처를 Send가 아니라고 판단한다. 사실 이 오류는 러스트가 지나치게 신중해서 생기는 문제다. GenericError를 다른 스레드에 안전하게 보낼 수 없는 건 사실이지만, await는 결과가 Ok일 때만 발생하므로 use_output의 퓨처를 기다릴 때는 오룻값이 존재할 수 없다.

이상적인 해결책은 7장의 '**여러 오류 타입 다루기**' 절에서 제안한 것과 같은 좀 더 엄격한 제네릭 오류 타입을 쓰는 것이다.

```
type GenericError = Box<dyn std::error::Error + Send + Sync + 'static>;
type GenericResult<T> = Result<T, GenericError>;
```

이 트레이트 객체는 기본이 되는 오류 타입이 Send를 구현해야 한다고 명시적으로 요구하기 때문에 아무런 문제가 없다.

퓨처가 Send가 아니거나 Send로 바꾸기 어려울 때는 그냥 spawn_local을 써서 현재 스레드에서 실행되게 만들면 된다. 물론 이 경우에는 스레드가 어떤 식으로든 block_on을 호출해야 실행될 기회가 주어지며, 아쉽지만 작업을 여러 프로세서에 분배하는 데서 오는 이점은 누릴 수 없다.

오래 걸리는 계산: yield_now와 spawn_blocking

퓨처가 자기 스레드를 다른 태스크와 잘 공유하기 위해서는 poll 메서드가 가능한 한 늘 빨리 복귀해야 한다. 그러나 오래 걸리는 계산을 수행하고 있으면 다음 await에 닿을 때까지 오래 걸릴 수 있고, 이로 인해서 다른 비동기 태스크가 자기 스레드 차례를 생각보다 오래 기다리게 된다.

이를 피하는 한 가지 방법은 그냥 await를 드문드문 수행하는 것이다. async_std::task::yield_now 함수는 이런 용도로 설계된 간단한 퓨처를 반환한다.

```
while computation_not_done() {
    // ... 계산 과정에 있는 중간 크기의 단계 하나를 수행한다 ...
    async_std::task::yield_now().await;
}
```

yield_now의 퓨처를 처음 폴링하면 Poll::Pending이 반환되지만 곧 다시 폴링해도 좋은 시점임을 알려 온다. 이렇게 되면 이 비동기 호출은 스레드를 포기하고 다른 태스크가 실행될 기회를 거머쥐지만, 곧 다시 원래 호출에게로 차례가 돌아온다. 이때 yield_now의 퓨처를 다시 폴링하면 Poll::Ready(())가 반환되므로 async 함수가 실행을 재개할 수 있다.

하지만 이 접근 방식이 항상 통하는 건 아니다. 외부 크레이트를 써서 오래 걸리는 계산을 수행하거나 C나 C++를 호출하고 있는 경우에는 해당 코드를 async에 좀 더 적합한 형태로 바꾸기가 어려울 수 있다. 아니면 계산 과정에 있는 모든 경로가 await를 드문드문 수행하도록 만드는 게 어려울 수 있다.

이럴 때는 async_std::task::spawn_blocking을 쓰면 된다. 이 함수는 클로저를 받아다가 자체 스레드에서 실행시키고 반환값의 퓨처를 반환한다. 비동기식 코드는 계산이 준비될 때까지 자기 스레드를 다른 태스크에 양보해 둔 채로 퓨처를 기다릴 수 있다. 힘든 일을 별도의 스레드로 빼두면 운영체제가 알아서 프로세서를 잘 공유해 처리한다.

예를 들어, 사용자가 입력한 비밀번호를 인증 데이터베이스에 저장된 해싱된 버전과 비교해야 한다고 하자. 보안을 위해서 비밀번호 검증 작업은 계산 집약적인 과정으로 되어 있어야, 설령 공격자가 데이터베이스의 복사본을 손에 쥐더라도 엄청난 양의 비밀번호 후보를 일일이 대조해가며 찾을 수 없다. argonautica 크레이트는 비밀번호를 저장하기 위한 용도로 특별히 설계된 해시 함수를 제공한다. 적절히 생성된 argonautica 해시는 순식간에 검증할 수 있다. 비동기 애플리케이션에서 argonautica(버전 0.2)를 쓰는 법은 다음과 같다.

```
async fn verify_password(password: &str, hash: &str, key: &str)
                    -> Result<bool, argonautica::Error>
{
    // 인수의 복사본을 만들기 때문에 클로저가 'static이 될 수 있다.
    let password = password.to_string();
    let hash = hash.to_string();
    let key = key.to_string();

    async_std::task::spawn_blocking(move || {
        argonautica::Verifier::default()
            .with_hash(hash)
            .with_password(password)
            .with_secret_key(key)
            .verify()
    }).await
}
```

이 함수는 key가 데이터베이스 전체에 쓰이는 키일 때 password가 hash와 일치하면 Ok(true)를 반환한다. 이런 식으로 검증 작업을 클로저에 담아 spawn_blocking에 넘기면 비용이 많이 드는 계산이 자체 스레드에서 실행되므로 다른 사용자 요청의 응답성을 해치지 않는다.

비교하며 알아보는 비동기식 설계 전략

여러모로 볼 때 러스트가 비동기 프로그래밍을 바라보는 접근 방식은 다른 언어의 것과 비슷하다. 예를 들어 자바스크립트, C#, 러스트는 모두 비동기 함수에 await 표현식을 쓴다. 그리고 이들 언어에는 모두 완료되지 않은 계산을 표현하는 값이 있다. 이를 두고 러스트는 '퓨처'라고 하고, 자바스크립트는 '프로미스'라고 하고, C#은 '태스크'라고 하지만 모두 기다려야 할 수도 있는 값을 표현한다.

하지만 러스트가 폴링을 쓰는 방식은 독특하다. 자바스크립트와 C#에서는 비동기 함수가 호출되는 즉시 실행을 시작하며, 기다리던 값이 준비되면 시스템 라이브러리에 내장된 전역 이벤트 루프가 중단된 async 함수 호출을 재개한다. 그러나 러스트에서는 async 호출이 자신을 폴링해서 작업을 완료하도록 이끌어 줄 block_on, spawn, spawn_local 같은 함수에 넘겨지기 전에는 아무 일도 하지 않는다. **이그제큐터**executor라고 하는 이들 함수는 다른 언어에서 전역 이벤트 루프가 담당하는 역할을 한다.

러스트는 프로그래머가 퓨처를 폴링할 이그제큐터를 고를 수 있게 되어 있으므로 시스템에 내장된 전역 이벤트 루프가 필요 없다. 지금까지 이번 장에서 사용한 이그제큐터 함수는 async-std 크레이트가 제공하는 것이었지만, 이번 장 뒷부분에서 사용할 tokio 크레이트도 자체적으로 일련의 유사한 이그제큐터 함수를 정의해 두고 있다. 이번 장 끝에서는 나만의 이그제큐터를 구현해 본다. 이 세 가지를 전부 같은 프로그램에서 쓸 수 있다.

진짜 비동기식 HTTP 클라이언트

이쯤에서 제대로 된 비동기식 HTTP 클라이언트 크레이트의 사용 예를 살펴보지 않는다면 섭섭할 것이다. reqwest와 surf를 포함해서 훌륭한 크레이트가 여럿 있으니 그중 하나를 골라 사용하면 손쉽게 원하는 바를 구현할 수 있다.

다음 코드는 이런 식으로 many_requests를 다시 작성한 것이다. surf를 써서 일련의 요청을 동시에 실행하기 때문에 cheapo_request에 기반을 둔 코드보다 더 간단하다. 이 코드를 실행하려면 Cargo.toml 파일에 다음의 의존성을 추가해야 한다.

```
[dependencies]
async-std = "1.7"
surf = "1.0"
```

many_requests의 정의는 다음과 같다.

```
pub async fn many_requests(urls: &[String])
                        -> Vec<Result<String, surf::Exception>>
{
    let client = surf::Client::new();

    let mut handles = vec![];
    for url in urls {
        let request = client.get(&url).recv_string();
```

```
        handles.push(async_std::task::spawn(request));
    }

    let mut results = vec![];
    for handle in handles {
        results.push(handle.await);
    }

    results
}

fn main() {
    let requests = &["http://example.com".to_string(),
                     "https://www.red-bean.com".to_string(),
                     "https://en.wikipedia.org/wiki/Main_Page".to_string()];

    let results = async_std::task::block_on(many_requests(requests));
    for result in results {
        match result {
            Ok(response) => println!("*** {}\n", response),
            Err(err) => eprintln!("error: {}\n", err),
        }
    }
}
```

surf::Client 하나로 모든 요청을 만들면 같은 서버로 향하는 여러 요청이 있을 때 HTTP 연결을 재사용할 수 있다. 또 recv_string이 Send + 'static 퓨처를 반환하는 비동기 메서드라서 이 퓨처를 spawn에 바로 넘기면 되기 때문에 따로 async 블록을 둘 필요가 없다.

비동기식 클라이언트와 서버

이제 지금까지 다룬 핵심 아이디어를 한데 모아서 실제로 작동하는 프로그램을 만들어 보자. 대체로 비동기 애플리케이션은 평범한 멀티 스레드 애플리케이션과 닮은 구석이 많지만, 코드를 보다 간결하고 표현력 있게 가져갈 수 있는 새로운 기회를 엿볼 수 있다.

이번 절에서 다룰 예는 채팅 서버와 클라이언트다. 전체 코드는 https://github.com/ProgrammingRust/async-chat에서 볼 수 있다. 실제 채팅 시스템은 보안과 재연결에서부터 개인 정보 보호와 중재에 이르기까지 고려할 것 투성이라 복잡하지만, 여기서는 관심 있는 부분 몇 가지만 초점을 맞추기 위해서 기능을 단출하게 구성했다.

특히 **배압**backpressure을 잘 처리하고자 했다. 이 말은 어떤 클라이언트의 네트워크 연결이 느리거나 완전히 끊어져도, 다른 클라이언트가 자신의 속도에 맞춰서 메시지를 주고받는 데 방해가 되서는 안 된다는 뜻이다. 또한 느린 클라이언트 때문에 서버가 쌓여만 가는 밀린 메시지를 담아 두느라 메모리를 한도 끝도 없이 써버리면 곤란하므로 서버는 유지할 수 없는 클라이언트의 메시지를 버리되, 당사자에게는 해당 스트림이 불완전하다는 걸 알려 주어야 한다는 뜻이다(실제 채팅 서버는 메시지를 디스크에 기록해둔 뒤 클라이언트가 놓친 내용을 검색해 가져가는 식으로 구현하지만 여기서는 생략한다).

먼저 cargo new --lib async-chat 명령으로 프로젝트를 만든 후, 다음 텍스트를 async-chat/Cargo.toml에 붙여 넣자.

```toml
[package]
name = "async-chat"
version = "0.1.0"
authors = ["You <you@example.com>"]
edition = "2021"

[dependencies]
async-std = { version = "1.7", features = ["unstable"] }
tokio = { version = "1.0", features = ["sync"] }
serde = { version = "1.0", features = ["derive", "rc"] }
serde_json = "1.0"
```

이 프로젝트가 의존하고 있는 크레이트는 네 가지다.

- async-std 크레이트는 이번 장 전반에 걸쳐서 사용 중인 비동기식 I/O 기본 요소와 유틸리티 모음이다.

- tokio 크레이트는 async-std와 비슷한 또 다른 비동기 기본요소 모음으로 나온 지 오래되어서 제공하는 기능도 많고 안정적이다. 설계와 구현 수준이 높아서 여기저기 안 쓰이는 데가 없지만, async-std에 비해서 사용할 때 신경 쓸 일이 좀 더 많다.

  tokio는 여러 구성 요소로 된 커다란 크레이트지만 여기서 필요한 건 하나뿐이므로, Cargo.toml에 있는 해당 의존성 줄에 features = ["sync"] 필드를 둬서 필요한 부분만 가져오는 식으로 의존성을 가볍게 줄였다.

  비동기 라이브러리 생태계가 미성숙했던 시기에는 사람들이 tokio와 async-std를 같은 프로그램에서 쓰기 꺼려했지만, 두 프로젝트가 이 문제를 해결하기 위해서 협력한 결과 각 크레이트의 문서에 나와 있는 규칙만 제대로 따른다면 같이 써도 문제없다.

- 18장에서 살펴봤던 serde와 serde_json 크레이트. 우리 채팅 프로토콜은 네트워크를 통해서 주고받는 데이터를 JSON으로 표현하는데, 이들 크레이트는 이 JSON을 생성하고 파싱하는 편리하고 효율적인 도구를 제공한다. serde에 있는 옵션 기능 몇 가지를 써야 해서 필요한 내용을 해당 의존성 줄에 적어 두었다.

클라이언트와 서버로 구성된 우리 채팅 애플리케이션의 전체 구조는 다음과 같다.

```
async-chat
├── Cargo.toml
└── src
    ├── lib.rs
    ├── utils.rs
    └── bin
        ├── client.rs
        └── server
            ├── main.rs
            ├── connection.rs
            ├── group.rs
            └── group_table.rs
```

이 패키지 레이아웃은 8장의 'src/bin 디렉터리' 절에서 다룬 카고 기능을 써서, 메인 라이브러리 크레이트인 src/lib.rs와 하위 모듈인 src/utils.rs 외에도 두 가지 실행 파일을 더 포함하고 있다.

- src/bin/client.rs는 한 개의 파일로 된 채팅 클라이언트의 실행 파일이다.
- src/bin/server는 네 개의 파일로 된 채팅 서버의 실행 파일이다. main 함수를 들고 있는 **main. rs**와 더불어 connection.rs, group.rs, group_table.rs 이렇게 세 가지 하위 모듈로 구성된다.

각 소스 파일의 내용은 이번 절에서 전부 살펴본다. 이 트리를 대상으로 cargo build를 실행하면 먼저 라이브러리 크레이트가 컴파일되고 이어서 두 개의 실행 파일이 빌드된다. 카고는 이 라이브러리 크레이트를 알아서 의존성으로 포함시켜주므로 클라이언트와 서버가 공유하는 정의를 손쉽게 추가할 수 있다. 마찬가지로 cargo check는 전체 소스 트리를 점검한다. 실행 파일을 돌려보려면 다음과 같은 식으로 명령을 쓰면 된다.

```
$ cargo run --release --bin server -- localhost:8088
$ cargo run --release --bin client -- localhost:8088
```

--bin 옵션은 돌려볼 실행 파일을 지정한다. -- 옵션 뒤에 오는 인수는 전부 실행 파일 자체에 전달된다. 우리 클라이언트와 서버는 서버의 주소와 TCP 포트만 알면 된다.

Error와 Result 타입

라이브러리 크레이트의 utils 모듈은 애플리케이션 전반에 걸쳐서 사용할 결과와 오류 타입을 정의한다. **src/utils.rs**를 보면 다음과 같은 내용으로 시작한다.

```
use std::error::Error;

pub type ChatError = Box<dyn Error + Send + Sync + 'static>;
pub type ChatResult<T> = Result<T, ChatError>;
```

이들은 7장의 **'여러 오류 타입 다루기'** 절에서 제안한 범용 오류 타입이다. async_std, serde_json, tokio 크레이트는 각자 고유한 오류 타입을 정의하고 있지만 ? 연산자는 이들을 전부 ChatError로 알아서 변환할 수 있다. 이는 임의의 적절한 오류 타입을 Box<dyn Error + Send + Sync + 'static> 으로 변환할 수 있는 표준 라이브러리의 From 트레이트 구현 덕분이다. Send와 Sync 바운드는 다른 스레드에 생성된 태스크가 실패할 때 오류를 메인 스레드로 안전하게 보고할 수 있게 만든다.

실제 애플리케이션에서는 이와 비슷한 Error와 Result 타입을 제공하는 anyhow 크레이트를 쓰는 게 좋다. anyhow 크레이트는 쓰기 쉬울 뿐만 아니라 ChatError와 ChatResult가 줄 수 있는 것 이상의 멋진 기능을 제공한다.

프로토콜

라이브러리 크레이트는 전체 채팅 프로토콜을 두 가지 타입으로 담아낸다. 이들 타입은 **lib.rs**에 정의되어 있다.

```
use serde::{Deserialize, Serialize};
use std::sync::Arc;

pub mod utils;

#[derive(Debug, Deserialize, Serialize, PartialEq)]
pub enum FromClient {
    Join { group_name: Arc<String> },
    Post {
        group_name: Arc<String>,
        message: Arc<String>,
    },
}

#[derive(Debug, Deserialize, Serialize, PartialEq)]
```

```
pub enum FromServer {
    Message {
        group_name: Arc<String>,
        message: Arc<String>,
    },
    Error(String),
}


#[test]
fn test_fromclient_json() {
    use std::sync::Arc;

    let from_client = FromClient::Post {
        group_name: Arc::new("Dogs".to_string()),
        message: Arc::new("Samoyeds rock!".to_string()),
    };

    let json = serde_json::to_string(&from_client).unwrap();
    assert_eq!(json,
               r#"{"Post":{"group_name":"Dogs","message":"Samoyeds rock!"}}"#);

    assert_eq!(serde_json::from_str::<FromClient>(&json).unwrap(),
               from_client);
}
```

FromClient 이늄은 클라이언트가 서버에 보낼 수 있는 패킷을 표현한다. 이를 통해서 그룹 가입을 요청하고 가입된 임의의 그룹에 메시지를 보낼 수 있다. FromServer 이늄은 서버가 되돌려 보낼 수 있는 것, 즉 일부 그룹에 보낸 메시지와 오류 메시지를 표현한다. 평범한 String 대신 레퍼런스 카운트를 쓰는 Arc<String>을 쓰기 때문에 서버가 그룹을 관리하고 메시지를 전달할 때 문자열의 복사본을 만들 필요가 없다.

#[derive] 어트리뷰트는 serde 크레이트에게 FromClient와 FromServer를 위한 Serialize와 Deserialize 트레이트의 구현을 생성해 달라고 이야기한다. 그 덕분에 보내는 쪽에서는 serde_json::to_string을 호출해서 이를 JSON 값으로 바꿀 수 있고, 받는 쪽에서는 serde_json::from_str를 호출해서 이를 다시 러스트 형식으로 바꿀 수 있다.

test_fromclient_json 단위 테스트는 이 과정이 어떤 식으로 움직이는지 보여 준다. serde가 생성한 Serialize 구현이 주어지면 serde_json::to_string을 호출해서 주어진 FromClient 값을 다음과 같은 JSON으로 바꿀 수 있다.

```
{"Post":{"group_name":"Dogs","message":"Samoyeds rock!"}}
```

그런 다음 생성된 Deserialize 구현이 이를 다시 동등한 FromClient 값으로 파싱한다. FromClient 안에 있는 Arc 포인터는 직렬화되는 형식에 전혀 영향을 미치지 않는다는 걸 눈여겨보자. 레퍼런스 카운트를 쓰는 문자열은 그대로 JSON 객체 멤버 값으로 나타난다.

사용자 입력 받기: 비동기 스트림

채팅 클라이언트의 첫 번째 책무는 사용자의 명령을 읽고 여기에 대응하는 패킷을 서버에 보내는 것이다. 제대로 된 사용자 인터페이스를 관리하는 건 이번 장의 범위를 벗어나므로, 여기서는 말이 되는 선에서 아주 단순하게 그냥 표준 입력으로 들어오는 내용을 곧바로 읽을 것이다. 다음 코드는 src/bin/client.rs에 있다.

```rust
use async_std::prelude::*;
use async_chat::utils::{self, ChatResult};
use async_std::io;
use async_std::net;

async fn send_commands(mut to_server: net::TcpStream) -> ChatResult<()> {
    println!("Commands:\n\
             join GROUP\n\
             post GROUP MESSAGE...\n\
             Type Control-D (on Unix) or Control-Z (on Windows) \
             to close the connection.");

    let mut command_lines = io::BufReader::new(io::stdin()).lines();
    while let Some(command_result) = command_lines.next().await {
        let command = command_result?;
        // `parse_command`의 정의는 깃허브 저장소를 참고하자.
        let request = match parse_command(&command) {
            Some(request) => request,
            None => continue,
        };

        utils::send_as_json(&mut to_server, &request).await?;
        to_server.flush().await?;
    }

    Ok(())
}
```

이 함수는 async_std::io::stdin을 호출해서 클라이언트의 표준 입력에 대한 비동기 핸들을 가져다가 버퍼링을 위해서 async_std::io::BufReader로 감싼 뒤에 lines를 호출해서 사용자의 입력을 한 줄씩 처리한다. 이 과정에서 각 줄을 FromClient 값에 대응하는 명령으로 파싱해 보고 성공하면 그 값을 서버에 보낸다. 사용자가 인식할 수 없는 명령을 입력하면 parse_command가 오류 메시지를 출력한 뒤 None을 반환하므로, send_commands가 다시 루프를 실행할 수 있다. 사용자가 파일의 끝에 해당하는 문자를 입력하면 lines 스트림은 None을 반환하고 send_commands는 복귀한다. 이 부분은 라이브러리 기능의 async_std 버전을 쓴다는 점을 제외하면 평범한 동기식 프로그램에서 작성하던 코드와 매우 비슷하다.

비동기식 BufReader의 lines 메서드는 흥미로운 점이 하나 있는데, 표준 라이브러리가 하는 식으로 이터레이터를 반환할 수 없다는 게 바로 그것이다. Iterator::next 메서드는 평범한 동기 함수라서 command_lines.next()를 호출하면 다음 줄이 준비될 때까지 스레드가 블록되고 말 것이다. 따라서 lines는 Result<String> 값의 **스트림**stream을 반환한다. 스트림은 이터레이터의 비동기식 버전이라고 보면 되는데, 요구가 있을 때 일련의 값을 async에 좀 더 적합한 방식으로 산출한다. 다음은 async_std::stream 모듈에서 가져온 Stream 트레이트의 정의다.

```
trait Stream {
    type Item;

    // 당분간은 `Pin<&mut Self>`를 `&mut Self`로 읽자.
    fn poll_next(self: Pin<&mut Self>, cx: &mut Context<'_>)
        -> Poll<Option<Self::Item>>;
}
```

Iterator와 Future 트레이트를 섞어둔 것이라고 볼 수 있다. Stream은 이터레이터처럼 연관된 Item 타입을 가지며 Option을 써서 시퀀스가 끝났음을 나타낸다. 그러나 스트림은 퓨처처럼 반드시 폴링되어야 한다. 즉, 다음 아이템을 가져오려면(또는 스트림이 끝났음을 확인하려면) Poll::Ready가 반환될 때까지 poll_next를 호출해야 한다. 스트림의 poll_next 구현은 항상 블로킹 없이 바로 복귀해야 한다. 또 스트림이 Poll::Pending을 반환하면 다시 폴링해도 좋은 시점이 올 때 Context를 통해서 이 사실을 호출부에 알려야 한다.

poll_next 메서드를 직접 쓴다면 불편하겠지만 대개는 그럴 필요가 없다. 스트림에는 이터레이터와 마찬가지로 filter와 map 같은 다양한 종류의 유틸리티 메서드가 마련되어 있다. 이들 중에서 next 메서드는 스트림의 다음 Option<Self::Item>에 대한 퓨처를 반환한다. 따라서 스트림을 명시적으로 폴링하지 말고 next를 호출한 뒤에 반환되는 퓨처를 기다리면 편리하다.

send_commands는 이런 내용을 종합해서 next를 while let에 물려 놓고 스트림이 산출하는 값을 반복 처리하는 식으로 입력 줄로 된 스트림을 소비한다.

```
while let Some(item) = stream.next().await {
    ... item을 사용한다 ...
}
```

(앞으로 나올 러스트 버전에는 아마도 평범한 for 루프가 Iterator 값을 소비하는 것처럼 스트림을 소비하기 위한 비동기식 for 루프 문법이 들어갈 것이다.)

끝에 도달한 스트림, 즉 스트림의 끝을 나타내는 Poll::Ready(None)을 반환한 스트림을 폴링하는 건, None을 반환한 이터레이터에 대고 next를 호출하는 것이나 Poll::Ready를 반환한 퓨처를 폴링하는 것과 같다. Stream 트레이트는 이럴 때 스트림이 어떤 식으로 대응해야 하는지를 명시해 두고 있지 않으며, 일부 스트림은 오작동할 수도 있다. 스트림에는 퓨처나 이터레이터와 마찬가지로 필요할 때 이런 호출의 동작을 예측할 수 있게 만들어주는 fuse 메서드가 마련되어 있다. 자세한 내용은 문서를 참고하자.

스트림을 다룰 때는 async_std 프렐류드를 써야 한다는 걸 잊지 말자.

```
use async_std::prelude::*;
```

이렇게 해야 하는 이유는 next, map, filter 등 Stream 트레이트를 위한 유틸리티 메서드가 실은 Stream 자체에 정의된 게 아니기 때문이다. 이들은 모든 Stream에 자동으로 구현되는 StreamExt라는 별도의 트레이트에 정의된 기본 메서드다.

```
pub trait StreamExt: Stream {
    ... 유틸리티 메서드를 기본 메서드로 정의한다 ...
}

impl<T: Stream> StreamExt for T { }
```

이는 11장의 '트레이트와 내가 만들지 않은 타입들' 절에서 설명한 **확장 트레이트**extension trait 패턴의 예다. async_std::prelude 모듈은 StreamExt 메서드를 범위 안으로 가져오기 때문에 이 프렐류드를 쓰면 코드에서 해당 메서드를 볼 수 있게 된다.

패킷 보내기

우리 클라이언트와 서버는 패킷을 네트워크 소켓에 전송하기 위해서 라이브러리 크레이트의 `utils` 모듈에 있는 `send_as_json` 함수를 쓴다.

```
use async_std::prelude::*;
use serde::Serialize;
use std::marker::Unpin;

pub async fn send_as_json<S, P>(outbound: &mut S, packet: &P) -> ChatResult<()>
where
    S: async_std::io::Write + Unpin,
    P: Serialize,
{
    let mut json = serde_json::to_string(&packet)?;
    json.push('\n');
    outbound.write_all(json.as_bytes()).await?;
    Ok(())
}
```

이 함수는 `packet`의 JSON 표현을 `String`으로 만들고, 끝에 새 줄을 넣어서 전부 `outbound`에 기록한다.

`where` 절을 보면 `send_as_json`이 상당히 유연하다는 걸 알 수 있다. 보낼 패킷의 타입 P는 `serde::Serialize`를 구현하고 있는 것이라면 무엇이든 될 수 있다. 출력 스트림 S는 출력 스트림을 위한 `std::io::Write` 트레이트의 비동기식 버전인 `async_std::io::Write`를 구현하고 있는 것이라면 무엇이든 될 수 있다. 이 조건이라면 `FromClient`와 `FromServer` 값을 비동기식 `TcpStream`에 보내기에 충분하다. `send_as_json`의 정의를 제네릭으로 가져가면 놀랍게도 스트림이나 패킷 타입의 세부 사항에 의존하지 않게 된다. `send_as_json`은 이들 트레이트가 가진 메서드만 쓸 수 있다.

S에 붙은 `Unpin` 제약 조건은 `write_all` 메서드를 쓰는 데 필요하다. 핀 설정과 핀 해제는 이번 장 뒷부분에서 다루기로 하고, 당분간은 타입 변수에 `Unpin` 제약 조건을 붙여 주어야 할 때가 있다는 정도로만 알아 두어도 충분하다. 설령 이 부분을 깜박하더라도 러스트 컴파일러가 알려줄 테니 걱정하지 말자.

`send_as_json`은 패킷을 `outbound` 스트림에 바로 직렬화하지 않고 임시 `String`에 직렬화한 다음, 이를 `outbound`에 기록한다. `serde_json` 크레이트는 값을 출력 스트림에 바로 직렬화하는 함수를 제공하지만, 이들 함수는 동기식 스트림만 지원한다. 비동기식 스트림에 기록하기 위해서는 `serde_json`

과 serde 크레이트 양쪽 모두가 가진 형식 의존성이 없는 코어 부분을 많이 바꿔야 하는데, 왜냐하면 여기에 관여된 트레이트가 동기식 메서드를 중심으로 설계됐기 때문이다.

스트림과 마찬가지로 async_std의 I/O 트레이트가 가진 많은 메서드는 사실 확장 트레이트에 정의되어 있으므로, 이들이 필요할 때는 항상 use async_std::prelude::*를 써야 한다는 걸 잊지 말자.

패킷 받기: 또 다른 비동기 스트림

우리 서버와 클라이언트는 패킷을 받기 위해서 utils 모듈에 있는 다음의 함수를 쓴다. 이 함수는 버퍼링되는 비동기식 TCP 소켓 async_std::io::BufReader<TcpStream>에서 FromClient와 FromServer 값을 받는다.

```
use serde::de::DeserializeOwned;

pub fn receive_as_json<S, P>(inbound: S) -> impl Stream<Item = ChatResult<P>>
    where S: async_std::io::BufRead + Unpin,
          P: DeserializeOwned,
{
    inbound.lines()
        .map(|line_result| -> ChatResult<P> {
            let line = line_result?;
            let parsed = serde_json::from_str::<P>(&line)?;
            Ok(parsed)
        })
}
```

send_as_json과 마찬가지로 이 함수는 입력 스트림과 패킷 타입이 제네릭으로 되어 있다.

- 스트림 타입 S는 버퍼링되는 입력 바이트 스트림을 표현하는 std::io::BufRead의 비동기식 버전인 async_std::io::BufRead를 구현하고 있어야 한다.

- 패킷 타입 P는 serde가 가진 Deserialize 트레이트의 좀 더 엄격한 버전인 DeserializeOwned를 구현하고 있어야 한다. 효율성을 위해서 Deserialize는 역직렬화된 버퍼에서 직접 내용을 빌려다가 &str와 &[u8] 값을 산출하는 식으로 데이터 복사를 피할 수 있다. 하지만 여기서는 그렇게 해봐야 좋을 게 없는데, 역직렬화한 값을 호출부에 반환해야 해서 값이 자기가 파싱되어 나온 버퍼보다 더 오래 살 수 있어야 하기 때문이다. DeserializeOwned를 구현하고 있는 타입은 항상 자기가 역직렬화되어 나온 버퍼와 독립적이다.

inbound.lines()를 호출하면 std::io::Result<String> 값의 Stream이 나온다. 이 스트림의 map 어댑터로 각 아이템에 클로저를 적용해서 오류를 처리하고 각 줄을 P 타입의 값으로 된 JSON으로 파싱한다. 그런 다음 여기서 나오는 ChatResult<P> 값의 스트림을 곧바로 반환한다. 이 함수의 반환 타입은 다음과 같다.

```
impl Stream<Item = ChatResult<P>>
```

이는 ChatResult<P> 값의 시퀀스를 비동기식으로 산출하는 **어떤** 타입을 반환한다는 걸 나타내지만, 호출부는 그게 정확히 어떤 타입인지 알 수 없다. 어쨌든 map에 익명 타입으로 된 클로저를 넘기고 있으므로 이게 receive_as_json이 반환할 수 있는 가장 구체적인 타입이다.

receive_as_json 자체는 비동기 함수가 아니라는 점을 눈여겨보자. 이는 async 값인 스트림을 반환하는 평범한 함수다. 러스트의 비동기 지원을 '그냥 아무데나 async와 .await를 붙이기만 하면 되는 것'이라는 식의 인식에서 벗어나 보다 깊이 이해하면, 이처럼 언어를 최대한 활용하는 깔끔하고 유연하고 효율적인 정의가 나올 가능성이 열린다.

receive_as_json이 어떤 식으로 쓰이는지 알아보기 위해서 **src/bin/client.rs**에 있는 채팅 클라이언트의 handle_replies 함수를 보자. 이 함수는 네트워크에서 FromServer 값의 스트림을 받아다가 사용자가 볼 수 있게 출력한다.

```
use async_chat::FromServer;

async fn handle_replies(from_server: net::TcpStream) -> ChatResult<()> {
    let buffered = io::BufReader::new(from_server);
    let mut reply_stream = utils::receive_as_json(buffered);

    while let Some(reply) = reply_stream.next().await {
        match reply? {
            FromServer::Message { group_name, message } => {
                println!("message posted to {}: {}", group_name, message);
            }
            FromServer::Error(message) => {
                println!("error from server: {}", message);
            }
        }
    }

    Ok(())
}
```

이 함수는 서버에서 데이터를 받는 소켓을 가져다가 (async_std 버전의) BufReader로 감싼 뒤에 receive_as_json에 넘겨서 들어오는 FromServer 값의 스트림을 얻는다. 그런 다음 while let 루프를 써서 들어오는 응답을 처리하고, 오류 결과를 검사하고 각 서버 응답을 사용자가 볼 수 있게 출력한다.

클라이언트의 메인 함수

send_commands와 handle_replies를 모두 살펴봤으니 이제 **src/bin/client.rs**에 있는 채팅 클라이언트의 메인 함수를 보자.

```
use async_std::task;

fn main() -> ChatResult<()> {
    let address = std::env::args().nth(1)
        .expect("Usage: client ADDRESS:PORT");

    task::block_on(async {
        let socket = net::TcpStream::connect(address).await?;
        socket.set_nodelay(true)?;

        let to_server = send_commands(socket.clone());
        let from_server = handle_replies(socket);

        from_server.race(to_server).await?;

        Ok(())
    })
}
```

main은 명령줄에서 서버의 주소를 가져온 뒤에 일련의 비동기 함수를 호출해야 하므로, 함수의 나머지 부분을 비동기 블록으로 감싼 다음 이 블록의 퓨처를 async_std::task::block_on에 넘겨서 실행한다

연결을 설정하고 난 뒤에 send_commands와 handle_replies 함수를 나란히 실행해서 타이핑하고 있는 동안에 도착하는 다른 이의 메시지를 볼 수 있게 만든다. 파일의 끝을 나타내는 문자를 입력하거나 서버와의 연결이 끊어지면 프로그램은 종료되어야 한다.

이번 장의 다른 곳에서 해왔던 걸 고려할 때 어쩌면 다음과 같은 코드를 기대했을 수도 있겠다.

```
let to_server = task::spawn(send_commands(socket.clone()));
let from_server = task::spawn(handle_replies(socket));

to_server.await?;
from_server.await?;
```

그러나 이 코드는 두 조인 핸들을 모두 기다리기 때문에 두 태스크가 **모두** 끝나야 프로그램이 종료된다. 여기서는 **둘 중 하나**가 끝나면 그 즉시 종료되게 만들고 싶다. 이럴 때 쓰라고 있는 게 바로 퓨처의 race 메서드다. from_server.race(to_server) 호출은 from_server와 to_server를 모두 폴링하는 새 퓨처를 반환하고, 둘 중 하나가 준비되면 그 즉시 Poll::Ready(v)를 반환한다. 이때 두 퓨처의 출력 타입은 반드시 같아야 하며, 먼저 끝난 퓨처의 값이 최종 값이 된다. 아직 끝나지 않은 퓨처는 드롭된다.

race 메서드는 편리한 다른 많은 유틸리티와 더불어 async_std::prelude::FutureExt 트레이트에 정의되어 있으며, async_std::prelude를 가져와야 코드에서 볼 수 있다.

이제 클라이언트 코드에서 다루지 않은 부분은 parse_command 함수뿐이다. 이 함수는 아주 간단한 텍스트 처리 코드로 되어 있으므로 여기서 정의를 살펴보진 않겠다. 자세한 내용은 깃 저장소에 있는 전체 코드를 참고하자.

서버의 메인 함수

다음은 서버의 메인 파일인 **src/bin/server/main.rs**의 전체 내용이다.

```
use async_std::prelude::*;
use async_chat::utils::ChatResult;
use std::sync::Arc;

mod connection;
mod group;
mod group_table;

use connection::serve;

fn main() -> ChatResult<()> {
    let address = std::env::args().nth(1).expect("Usage: server ADDRESS");

    let chat_group_table = Arc::new(group_table::GroupTable::new());

    async_std::task::block_on(async {
```

```
        // 이 코드는 이번 장 맨 앞에서 살펴봤던 바로 그 코드다.
        use async_std::{net, task};

        let listener = net::TcpListener::bind(address).await?;

        let mut new_connections = listener.incoming();
        while let Some(socket_result) = new_connections.next().await {
            let socket = socket_result?;
            let groups = chat_group_table.clone();
            task::spawn(async {
                log_error(serve(socket, groups).await);
            });
        }

        Ok(())
    })
}

fn log_error(result: ChatResult<()>) {
    if let Err(error) = result {
        eprintln!("Error: {}", error);
    }
}
```

서버의 main 함수는 클라이언트의 것과 닮았는데, 약간의 설정 작업을 하고 나서 block_on을 호출해 실제 작업을 하는 async 블록을 실행한다. 이 블록은 먼저 클라이언트에서 오는 연결을 처리하기 위해서 TcpListener 소켓을 만든다. 이 소켓의 incoming 메서드는 std::io::Result<TcpStream> 값의 스트림을 반환한다.

이어서 들어오는 연결마다 connection::serve 함수를 실행하는 비동기 태스크를 띄운다. 각 태스크는 GroupTable 값의 레퍼런스를 받는데, 이는 서버의 현재 채팅 그룹 목록을 표현하는 값으로 레퍼런스 카운트 기반의 포인터인 Arc를 통해서 모든 연결이 공유한다.

connection::serve가 오류를 반환하면 표준 오류 출력에 메시지를 기록하고 태스크를 종료한다. 다른 연결은 계속 그대로 실행된다.

채팅 연결 처리하기: 비동기 뮤텍스

다음은 서버의 핵심 요소인 **src/bin/server/connection.rs**에 있는 connection 모듈의 serve 함수다.

```rust
use async_chat::{FromClient, FromServer};
use async_chat::utils::{self, ChatResult};
use async_std::prelude::*;
use async_std::io::BufReader;
use async_std::net::TcpStream;
use async_std::sync::Arc;

use crate::group_table::GroupTable;

pub async fn serve(socket: TcpStream, groups: Arc<GroupTable>)
                   -> ChatResult<()>
{
    let outbound = Arc::new(Outbound::new(socket.clone()));

    let buffered = BufReader::new(socket);
    let mut from_client = utils::receive_as_json(buffered);
    while let Some(request_result) = from_client.next().await {
        let request = request_result?;

        let result = match request {
            FromClient::Join { group_name } => {
                let group = groups.get_or_create(group_name);
                group.join(outbound.clone());
                Ok(())
            }

            FromClient::Post { group_name, message } => {
                match groups.get(&group_name) {
                    Some(group) => {
                        group.post(message);
                        Ok(())
                    }
                    None => {
                        Err(format!("Group '{}' does not exist", group_name))
                    }
                }
            }
        };

        if let Err(message) = result {
            let report = FromServer::Error(message);
            outbound.send(report).await?;
        }
    }

    Ok(())
}
```

클라이언트의 `handle_replies` 함수와 거의 판박이다. 코드의 대부분을 차지하는 건 들어오는 `FromClient` 값의 스트림을 처리하는 루프다. 이 스트림은 버퍼링되는 TCP 스트림을 `receive_as_json`으로 처리해서 만든다. 오류가 발생하면 `FromServer::Error` 패킷을 생성해서 안타까운 소식을 클라이언트에 전한다.

클라이언트는 오류 메시지와 더불어 자신이 가입한 채팅 그룹에서 오는 메시지도 받아야 하므로 클라이언트의 연결을 각 그룹과 공유해야 한다. 이럴 때는 그냥 모두에게 `TcpStream`의 복제본을 건네주면 되는데, 단 이렇게 하면 두 소스가 동시에 패킷을 소켓에 기록했을 때 출력이 서로 뒤섞여서 클라이언트가 왜곡된 JSON을 받게 될 가능성이 있다. 따라서 연결을 동시에 접근해도 안전할 수 있도록 정리가 필요하다.

이 부분은 **src/bin/server/connection.rs**에 다음처럼 정의되어 있는 `Outbound` 타입이 관리한다.

```rust
use async_std::sync::Mutex;

pub struct Outbound(Mutex<TcpStream>);

impl Outbound {
    pub fn new(to_client: TcpStream) -> Outbound {
        Outbound(Mutex::new(to_client))
    }

    pub async fn send(&self, packet: FromServer) -> ChatResult<()> {
        let mut guard = self.0.lock().await;
        utils::send_as_json(&mut *guard, &packet).await?;
        guard.flush().await?;
        Ok(())
    }
}
```

`Outbound`는 값이 생성될 때 `TcpStream`의 소유권을 가져다가 이를 한 번에 한 태스크만 쓸 수 있도록 `Mutex`로 감싸 둔다. `serve` 함수는 클라이언트가 가입한 모든 그룹이 공유된 같은 `Outbound` 인스턴스를 가리킬 수 있도록 각 `Outbound`를 레퍼런스 카운트 기반의 포인터인 `Arc`로 감싸 둔다.

`Outbound::send` 호출은 먼저 뮤텍스를 잠가서 내부에 있는 `TcpStream`을 역참조하는 가드_{guard} 값을 가져온다. 그런 다음 `send_as_json`을 써서 `packet`을 전송하고, 끝으로 `guard.flush()`를 호출해서 어딘가에 있는 버퍼에 전송되다 만 데이터가 남아 있는 일이 없도록 정리한다(사실 `TcpStream`은 데이터를 버퍼링하지 않지만, `Write` 트레이트가 그런 구현을 허용하므로 만약을 위해서 이렇게 처리해 둬야 한다).

표현식 &mut *guard를 쓰면 러스트가 트레이트 바운드를 만족하는지 볼 때 Deref 강제 변환을 적용하지 않는다는 사실을 회피할 수 있다. 즉, 뮤텍스 가드를 명시적으로 역참조한 다음 보호하고 있는 TcpStream의 변경할 수 있는 레퍼런스를 빌려 오는 식으로 send_as_json이 요구하는 &mut TcpStream을 산출하는 것이다.

Outbound는 표준 라이브러리의 Mutex가 아니라 async_std::sync::Mutex 타입을 쓴다는 걸 눈여겨보자. 여기에는 세 가지 이유가 있다.

첫 번째로, 표준 라이브러리의 Mutex는 태스크가 뮤텍스 가드를 쥔 채로 중단되면 오작동할 수도 있다. 해당 태스크를 실행하던 스레드가 같은 Mutex를 잠그려는 또 다른 태스크를 집어 들면 문제가 터지는데, Mutex의 입장에서 보면 이미 자신을 소유하고 있는 스레드가 또 한 번 자신을 잠그려드는 셈이기 때문이다. 표준 Mutex는 이런 경우를 처리하게끔 설계되지 않아서 패닉이나 교착 상태에 빠진다(절대로 부적절하게 락을 내주지 않는다). 러스트는 현재 std::sync::Mutex 가드의 수명 안에 await 표현식이 들어가 있을 때마다 컴파일 시점에 경고를 내보내도록 만드는 작업이 진행 중이다. Outbound::send는 send_as_json과 guard.flush의 퓨처를 기다리는 동안 락을 쥐고 있어야 하므로 반드시 async_std의 Mutex를 써야 한다.

두 번째로, 비동기식 Mutex의 lock 메서드는 가드의 퓨처를 반환하기 때문에, 뮤텍스를 잠그려고 기다리는 태스크는 뮤텍스가 준비될 때까지 자신의 스레드를 다른 태스크에게 양보한다(뮤텍스가 이미 사용 가능한 상태라면 lock 퓨처는 즉시 준비 상태가 되므로 태스크 자체가 중단되는 일이 없다). 반면 표준 Mutex의 lock 메서드는 락을 획득할 때까지 기다리는 동안 전체 스레드를 꼼짝 못 하게 잡아 둔다. 앞에 있는 코드는 네트워크에 패킷을 전송하는 동안 뮤텍스를 쥐고 있으므로 시간이 꽤 걸릴 수도 있다.

세 번째로, 표준 Mutex는 잠금을 건 스레드만 잠금을 풀 수 있다. 이 규칙을 시행하기 위해서 표준 뮤텍스의 가드 타입은 Send를 구현하고 있지 않으며, 따라서 다른 스레드로 전송할 수 없다. 이 말은 이런 가드를 쥐고 있는 퓨처 자체도 Send를 구현하고 있지 않기 때문에 spawn에 넘겨서 스레드 풀을 가지고 실행할 수 없다는 뜻으로, block_on이나 spawn_local을 써서 실행할 수밖에 없다. async_std Mutex용 가드는 Send를 구현하고 있으므로 spawn을 통해 실행되는 태스크에서 써도 아무런 문제가 없다.

그룹 테이블: 동기식 뮤텍스

그러나 이 이야기의 교훈은 '비동기식 코드에서는 항상 async_std::sync::Mutex를 씁시다'처럼 단순하지 않다. 뮤텍스를 쥐고 있는 동안 아무것도 기다릴 필요가 없을 때도 많고 락을 오래 쥐고 있지 않을 때도 많기 때문인데, 이런 경우에는 표준 라이브러리의 Mutex가 훨씬 더 효율적일 수 있다. 우리 채팅 서버의 GroupTable 타입이 바로 이런 경우에 해당한다. 다음은 **src/bin/server/group_table.rs**의 전체 내용이다.

```rust
use crate::group::Group;
use std::collections::HashMap;
use std::sync::{Arc, Mutex};

pub struct GroupTable(Mutex<HashMap<Arc<String>, Arc<Group>>>);

impl GroupTable {
    pub fn new() -> GroupTable {
        GroupTable(Mutex::new(HashMap::new()))
    }

    pub fn get(&self, name: &String) -> Option<Arc<Group>> {
        self.0.lock()
            .unwrap()
            .get(name)
            .cloned()
    }

    pub fn get_or_create(&self, name: Arc<String>) -> Arc<Group> {
        self.0.lock()
            .unwrap()
            .entry(name.clone())
            .or_insert_with(|| Arc::new(Group::new(name)))
            .clone()
    }
}
```

GroupTable은 뮤텍스로 보호되는 간단한 해시 테이블로 채팅 그룹 이름을 실제 그룹에 매핑하며, 둘 다 레퍼런스 카운트 기반의 포인터로 관리한다. get과 get_or_create 메서드는 뮤텍스를 잠그고 몇 가지 해시 테이블 작업을 수행한 뒤 복귀하는데, 어쩌면 이 과정에서 할당이 몇 차례 일어날 수도 있다.

GroupTable은 평범하고 오래된 std::sync::Mutex를 쓴다. 이 모듈에는 비동기식 코드가 전혀 없으므로 피해야 할 await도 없다. 만일 여기에 async_std::sync::Mutex를 썼다면 get과 get_or_ create를 비동기 함수로 만들어야 했을 테니, 혜택은 적은데 퓨처를 생성하고 중단하고 재개하는 데서 오는 오버헤드만 떠안는 꼴이 됐을 것이다. 뮤텍스는 일부 해시 연산과 어쩌면 있을지도 모를 몇 차례의 할당 과정에서만 잠그면 된다.

우리 채팅 서버의 사용자가 수백만 명으로 불어나서 GroupTable 뮤텍스가 병목이 되면 그땐 이를 비동기식으로 바꾼다고 해서 문제가 해결되지 않는다. 이럴 때는 HashMap 말고 동시 접근에 특화된 다른 컬렉션 타입을 쓰는 게 더 낫다. 예를 들어, dashmap 크레이트는 그런 타입을 제공한다.

채팅 그룹: tokio의 브로드캐스트 채널

우리 서버에서 group::Group 타입은 채팅 그룹을 표현한다. 이 타입은 connection::serve가 호출하는 두 가지 메서드만 지원하면 되는데, 새 멤버를 추가하는 join과 메시지를 보내는 post가 바로 그것이다. 보낸 메시지는 모든 멤버에게 전달되어야 한다.

앞서 언급한 **배압**backpressure을 잘 처리해야 하는 부분이 바로 여기다. 여기에는 요구 사항 몇 가지가 서로 팽팽하게 맞서는 모양새로 돼 있다.

- 어떤 멤버가 (네트워크 연결이 느리다던지 하는 등의 이유로) 그룹에 전달된 메시지를 그때그때 따라잡을 수 없더라도 그룹 안에 있는 다른 멤버가 영향을 받아서는 안 된다.
- 비록 좀 뒤쳐지는 멤버가 있더라도 어떻게든 대화에 다시 합류해서 계속 참여할 방법이 있어야 한다.
- 메시지를 버퍼링하는 데 쓰는 메모리가 한도 끝도 없이 늘어나면 안 된다.

이런 요구는 다대다 통신 패턴을 구현할 때면 늘 있는 일이라서, tokio 크레이트는 합리적인 절충안 하나를 구현하고 있는 **브로드캐스트 채널**broadcast channel 타입을 제공한다. tokio 브로드캐스트 채널은 서로 다른 여러 스레드나 태스크가 값을 주고받을 수 있는 값(여기서는 채팅 메시지)의 큐다. '브로드캐스트' 채널이라고 부르는 이유는 모든 소비자가 전달된 개별 값의 복사본을 받기 때문이다(값 타입은 반드시 Clone을 구현해야 한다).

보통 브로드캐스트 채널은 모든 소비자가 복사본을 받을 때까지 메시지를 큐에 유지해 둔다. 그러나 큐의 길이가 채널을 생성할 때 설정한 최대 용량을 넘어서면 가장 오래된 메시지가 삭제된다. 따라서 이를 따라잡지 못한 소비자는 다음 메시지를 가져오려고 할 때 오류를 받게 되며, 채널은 해당 소비자가 다음번에 현시점에서 가장 오래된 메시지를 받아볼 수 있도록 조치한다.

예를 들어, 그림 20-4는 최대 16개의 값을 가질 수 있는 브로드캐스트 채널을 보여 준다.

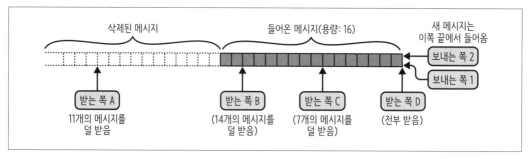

그림 20-4 tokio 브로드캐스트 채널

보내는 쪽 둘은 메시지를 큐에 넣고 받는 쪽 넷은 메시지를 큐에서 뺀다(정확히 이야기하면 메시지를 큐에서 복사한다). 받는 쪽 B는 14개의 메시지를 덜 받았고, 받는 쪽 C는 7개의 메시지를 덜 받았고, 받는 쪽 D는 메시지를 전부 받았다. 받는 쪽 A는 완전히 뒤처져서 아직 받아보지도 못한 11개의 메시지가 삭제된 상태다. 따라서 다음번에 메시지를 가져오려고 하면 상황 설명이 담긴 오류가 반환되며 실패하고, 다음번에 현시점에서 가장 오래된 메시지를 받아볼 수 있도록 조치된다.

우리 채팅 서버는 각 채팅 그룹을 Arc<String> 값을 실어 나르는 브로드캐스트 채널로 표현한다. 그룹에 메시지를 보내면 현시점의 모든 멤버에게 브로드캐스트된다. 다음은 **src/bin/server/group.rs**에 정의된 group::Group 타입의 정의다.

```
use async_std::task;
use crate::connection::Outbound;
use std::sync::Arc;
use tokio::sync::broadcast;

pub struct Group {
    name: Arc<String>,
    sender: broadcast::Sender<Arc<String>>
}

impl Group {
    pub fn new(name: Arc<String>) -> Group {
        let (sender, _receiver) = broadcast::channel(1000);
        Group { name, sender }
    }

    pub fn join(&self, outbound: Arc<Outbound>) {
        let receiver = self.sender.subscribe();

        task::spawn(handle_subscriber(self.name.clone(),
                                      receiver,
```

```
                              outbound));
    }

    pub fn post(&self, message: Arc<String>) {
        // 구독자가 없는 경우에만 오류를 반환한다. 연결의 나가는 쪽이 들어오는 쪽보다 약간 먼저
        // 종료되면서 구독이 취소될 수 있는데, 이런 경우에는 빈 그룹에 메시지를 보내려는 시도로
        // 이어질 수도 있다.
        let _ignored = self.sender.send(message);
    }
}
```

Group 스트럭트에는 채팅 그룹의 이름과 더불어 그 그룹의 브로드캐스트 채널에서 보내는 쪽을 표현하는 broadcast::Sender가 들어 있다. Group::new 함수는 broadcast::channel을 호출해서 최대 1,000개의 메시지를 가질 수 있는 브로드캐스트 채널을 만든다. channel 함수는 보내는 쪽과 받는 쪽을 모두 반환하지만 그룹이 아직 멤버를 갖지 않으므로 현시점에서 받는 쪽은 필요 없다.

새 멤버를 그룹에 추가하기 위해서 Group::join 메서드는 보내는 쪽의 subscribe 메서드를 호출해 해당 채널의 받는 쪽을 새로 하나 만든다. 그런 다음 받는 쪽의 메시지를 모니터링해서 이를 다시 클라이언트로 보내는 handle_subscribe 함수를 비동기 태스크로 생성해 실행한다.

이런 세부 사항을 알고 나면 Group::post 메서드가 하는 일을 쉽게 이해할 수 있는데, 이 메서드는 단순히 메시지를 브로드캐스트 채널에 보낸다. 채널이 실어 나르는 값은 Arc<String> 값이므로 받는 쪽마다 메시지의 복사본을 넘겨주더라도 그 메시지의 레퍼런스 카운트만 증가할 뿐 복사나 힙 할당이 전혀 발생하지 않는다. 모든 구독자가 메시지를 전송하고 나면 레퍼런스 카운트는 0으로 떨어지고 메시지는 해제된다.

handle_subscriber의 정의는 다음과 같다.

```
use async_chat::FromServer;
use tokio::sync::broadcast::error::RecvError;

async fn handle_subscriber(group_name: Arc<String>,
                           mut receiver: broadcast::Receiver<Arc<String>>,
                           outbound: Arc<Outbound>)
{
    loop {
        let packet = match receiver.recv().await {
            Ok(message) => FromServer::Message {
                group_name: group_name.clone(),
                message: message.clone(),
```

```
        },

        Err(RecvError::Lagged(n)) => FromServer::Error(
            format!("Dropped {} messages from {}.", n, group_name)
        ),

        Err(RecvError::Closed) => break,
    };

    if outbound.send(packet).await.is_err() {
        break;
    }
    }
}
```

세부 사항은 달라도 함수의 형태는 어딘가 모르게 익숙할 것이다. 이 함수는 브로드캐스트 채널에서 메시지를 받아다가 이를 다시 공유된 Outbound 값을 통해서 클라이언트로 전송하는 루프다. 루프가 브로드캐스트 채널을 그때그때 따라잡지 못해서 Lagged 오류를 받게 되면 이 사실을 클라이언트에 있는 그대로 알린다.

연결이 끊겼든지 하는 등의 이유로 패킷을 다시 클라이언트로 보내는 데 완전히 실패하면 handle_subscriber가 루프를 빠져나와 복귀하므로 비동기 태스크는 종료된다. 그리고 브로드캐스트 채널의 Receiver가 드롭되어 채널 구독이 해제된다. 이런 식으로 연결이 끊어지면 다음번에 그룹이 메시지를 보내려 할 때 해당 그룹의 멤버 등록이 취소된다.

단, 채팅 그룹은 그룹 테이블에서 제거하지 않기 때문에 폐쇄되지 않는다. 그러나 완성도를 위해서 handle_subscriber는 태스크가 종료할 때 발생하는 Closed 오류를 처리하도록 되어 있다.

클라이언트가 그룹에 가입할 때마다 새 비동기 태스크를 생성하고 있는 걸 눈여겨보자. 이게 다 비동기 태스크가 스레드보다 훨씬 적은 메모리를 쓰기 때문에, 또한 같은 프로세스에 있는 비동기 태스크 간의 전환이 꽤 효율적이기 때문에 가능한 일이다.

이렇게 해서 채팅 서버의 코드를 모두 살펴봤다. 약간 스파르타식이었는데 async_std, tokio, futures 크레이트에는 이 책에서 다룬 것보다 더 값진 기능이 많이 있다. 그래도 꽤 규모 있는 예를 통해서 비동기 태스크, 스트림, 비동기식 I/O 트레이트, 채널, 두 가지 종류의 뮤텍스 등 비동기 생태계의 기능이 어떤 식으로 맞물려 돌아가는지 볼 수 있는 좋은 기회였다.

기본 제공 퓨처와 이그제큐터:
퓨처를 다시 폴링해도 좋은 시점은 언제일까?

채팅 서버는 TcpListener와 broadcast 채널 같은 비동기 기본 요소를 써서 코드를 작성하는 법과 block_on과 spawn 같은 이그제큐터를 써서 실행을 끌어나가는 법을 보여 준다. 이제 이런 것들이 어떤 식으로 구현되어 있는지 들여다보자. 핵심은 퓨처가 Poll::Pending을 반환할 때 이그제큐터를 조율해서 적절한 시점에 다시 폴링하게 만드는 방식에 있다.

채팅 클라이언트의 main 함수에서 다음과 같은 코드를 실행할 때 무슨 일이 벌어지는지 생각해 보자.

```
task::block_on(async {
    let socket = net::TcpStream::connect(address).await?;
    ...
})
```

block_on이 맨 처음 async 블록의 퓨처를 폴링할 때는 네트워크 연결이 바로 준비되지 못할 게 뻔하므로 block_on은 잠자기 상태에 들어간다. 그럼 언제 깨어나야 할까? 어떤 식으로든 네트워크 연결이 준비되면 TcpStream이 block_on에게 async 블록의 퓨처를 다시 폴링해야 한다고 알려줘야 한다. 왜냐하면 이번에 다시 폴링하면 await가 완료되고, async 블록이 진도를 뺄 수 있다는 걸 알고 있는 게 바로 TcpStream이기 때문이다.

block_on 같은 이그제큐터는 퓨처를 폴링할 때 **웨이커**waker라고 하는 콜백을 꼭 넘겨야 한다. Future 트레이트의 규칙에 따르면 퓨처는 준비 상태가 아닐 때 일단 Poll::Pending을 반환하고 나중에 퓨처를 다시 폴링해도 좋은 시점이 되면 웨이커를 호출하도록 조율해야 한다.

따라서 손으로 쓴 Future의 구현은 다음과 같은 모습일 때가 많다.

```
use std::task::Waker;

struct MyPrimitiveFuture {
    ...
    waker: Option<Waker>,
}

impl Future for MyPrimitiveFuture {
    type Output = ...;

    fn poll(mut self: Pin<&mut Self>, cx: &mut Context<'_>) -> Poll<...> {
        ...
```

```
    if ... 퓨처가 준비 상태다 ... {
        return Poll::Ready(final_value);
    }

    // 나중을 위해서 웨이커를 저장해 둔다.
    self.waker = Some(cx.waker().clone());
    Poll::Pending
    }
}
```

즉, 퓨처의 값이 준비됐으면 이를 반환하고, 그렇지 않으면 Context에 있는 웨이커의 복사본을 어딘가에 넣어 두고 Poll::Pending을 반환한다.

퓨처를 다시 폴링해도 좋은 시점이 되면 퓨처는 웨이커의 wake 메서드를 호출해서 자신을 폴링했던 마지막 이그제큐터에게 이 사실을 알려야 한다.

```
// 가지고 있는 웨이커가 있으면 이를 호출하고 `self.waker`를 비운다.
if let Some(waker) = self.waker.take() {
    waker.wake();
}
```

이상적으로는 이그제큐터와 퓨처가 번갈아가며 폴링하고 깨어나기를 반복하는 게 바람직하다. 이그제큐터가 퓨처를 폴링하다가 잠자기 상태에 들어가면, 퓨처가 웨이커를 호출해서 이그제큐터를 깨우고, 그럼 다시 이그제큐터가 퓨처를 폴링하다가 잠자기 상태에 들어가고 하는 식으로 말이다.

async 함수와 블록의 퓨처가 웨이커 자체를 다루는 건 아니다. 단지 주어진 컨텍스트를 자신이 기다리는 서브퓨처에 넘겨서 웨이커를 저장하고 호출하는 의무를 위임할 뿐이다. 우리 채팅 클라이언트에서는 async 블록의 퓨처에 대한 첫 번째 폴링이 TcpStream::connect의 퓨처를 기다릴 때 컨텍스트를 넘긴다. 이어지는 폴링도 마찬가지로 블록이 기다리는 다음 차례의 퓨처에 자신의 컨텍스트를 넘긴다.

TcpStream::connect의 퓨처 핸들은 앞서 본 예처럼 폴링된다. 즉, 연결이 준비되길 기다렸다가 웨이커를 호출하는 도우미 스레드에 웨이커를 전달한다.

Waker는 Clone과 Send를 구현하고 있으므로 퓨처는 언제라도 웨이커의 복사본을 만들어 필요할 때 다른 스레드로 보낼 수 있다. Waker::wake 메서드는 웨이커를 소비한다. 그렇지 않은 wake_by_ref 메서드도 있지만 일부 이그제큐터는 소비하는 버전을 좀 더 효율적으로 구현할 수 있다(차이라고 해봐야 clone이 있고 없고 정도다).

이그제큐터가 퓨처를 과도하게 폴링하는 건 전혀 문제 될 게 없으며 단지 비효율적일 뿐이다. 하지만 퓨처는 폴링이 실제로 진도를 뺄 수 있을 때만 웨이커를 호출하도록 주의해야 한다. 그렇지 않은데 깨워서 폴링하는 주기가 생기면 이그제큐터가 잠자기 상태에 들어가는 걸 방해해서 전력을 낭비하게 되고 프로세서가 다른 태스크에 쏟아야 할 시간을 확보하기 어렵게 된다.

이렇게 해서 이그제큐터와 기본 제공 퓨처가 소통하는 법을 살펴봤다. 이번에는 직접 기본 제공 퓨처를 구현해 보고 block_on 이그제큐터의 구현을 자세히 들여다보자.

웨이커 호출하기: spawn_blocking

이번 장 앞부분에서는 spawn_blocking 함수가 주어진 클로저를 다른 스레드에서 실행시키고 반환값의 퓨처를 반환한다고 설명했다. 이제 spawn_blocking을 직접 구현하는 데 필요한 모든 부분이 갖춰졌다. 코드를 단순하게 가져가기 위해서 우리 버전은 async_std 버전처럼 스레드 풀을 쓰지 않고 클로저마다 새 스레드를 만든다.

spawn_blocking이 퓨처를 반환하긴 하지만 이를 async fn으로 작성하진 않을 것이다. 그게 아니라 SpawnBlocking 스트럭트를 반환하는 평범한 동기 함수로 만들고 이 스트럭트에 직접 Future를 구현할 것이다.

spawn_blocking의 시그니처는 다음과 같다.

```
pub fn spawn_blocking<T, F>(closure: F) -> SpawnBlocking<T>
where F: FnOnce() -> T,
      F: Send + 'static,
      T: Send + 'static,
```

클로저를 다른 스레드에 보내고 반환값을 다시 가져와야 하므로 클로저 F와 반환값 T는 둘 다 Send를 구현해야 한다. 또 스레드가 얼마나 오래 실행될지 전혀 모르므로 둘 다 'static이어야 한다. 이들 바운드는 std::thread::spawn이 부과하고 있는 것과 똑같다.

SpawnBlocking<T>는 클로저의 반환값에 대한 퓨처다. 정의는 다음과 같다.

```
use std::sync::{Arc, Mutex};
use std::task::Waker;

pub struct SpawnBlocking<T>(Arc<Mutex<Shared<T>>>);
```

```
struct Shared<T> {
    value: Option<T>,
    waker: Option<Waker>,
}
```

Shared 스트럭트는 퓨처와 클로저를 실행 중인 스레드 간의 랑데부 역할을 해야 하므로 Arc가 소유하고 Mutex가 보호한다(여기서는 동기식 뮤텍스면 충분하다). 퓨처를 폴링하면 value가 있는지 보고, 없으면 웨이커를 waker에 저장한다. 클로저를 실행하는 스레드는 반환값을 value에 저장하고 waker가 있으면 호출한다.

spawn_blocking의 전체 정의는 다음과 같다.

```
pub fn spawn_blocking<T, F>(closure: F) -> SpawnBlocking<T>
where F: FnOnce() -> T,
     F: Send + 'static,
     T: Send + 'static,
{
    let inner = Arc::new(Mutex::new(Shared {
        value: None,
        waker: None,
    }));

    std::thread::spawn({
        let inner = inner.clone();
        move || {
            let value = closure();

            let maybe_waker = {
                let mut guard = inner.lock().unwrap();
                guard.value = Some(value);
                guard.waker.take()
            };

            if let Some(waker) = maybe_waker {
                waker.wake();
            }
        }
    });

    SpawnBlocking(inner)
}
```

이 함수는 Shared 값을 생성한 다음 클로저를 실행하기 위한 스레드를 띄우고, 결과를 Shared의 value 필드에 저장하고, 웨이커가 있으면 호출한다.

SpawnBlocking을 위한 Future는 다음처럼 구현할 수 있다.

```
use std::future::Future;
use std::pin::Pin;
use std::task::{Context, Poll};

impl<T: Send> Future for SpawnBlocking<T> {
    type Output = T;

    fn poll(self: Pin<&mut Self>, cx: &mut Context<'_>) -> Poll<T> {
        let mut guard = self.0.lock().unwrap();
        if let Some(value) = guard.value.take() {
            return Poll::Ready(value);
        }

        guard.waker = Some(cx.waker().clone());
        Poll::Pending
    }
}
```

SpawnBlocking을 폴링하면 클로저의 값이 준비됐는지 보고, 그렇다면 소유권을 가져다가 반환한다. 그렇지 않다면 퓨처는 아직 계류 중이므로 컨텍스트에 있는 웨이커의 복사본을 퓨처의 waker 필드에 저장한다.

Future가 Poll::Ready를 반환한 뒤에는 다시 폴링하지 말아야 한다. await와 block_on 같은 퓨처를 소비하는 일반적인 방식은 전부 이 규칙을 따른다. SpawnBlocking 퓨처를 과도하게 폴링한다고 해서 특별히 끔찍한 일이 일어나는 건 아니지만, 그렇다고 해서 누군가가 그런 경우를 처리하고 있다는 뜻은 아니다. 이는 손으로 쓴 퓨처의 전형적인 특징이다.

block_on 구현하기

기본 제공 퓨처를 구현할 수 있었던 데 이어서 간단한 이그제큐터를 구축하는 데 필요한 모든 부분 역시 갖춰진 상태다. 이번 절에서는 우리만의 block_on 버전을 작성해 본다. 이 버전은 async_std 버전에 비하면 훨씬 단순한데, 예를 들어 spawn_local, 태스크 로컬 변수, 중첩 호출(비동기식 코드에서 block_on을 호출하는 것)은 지원하지 않는다. 그러나 우리 채팅 클라이언트와 서버를 돌리는 데는 충분하다.

코드는 다음과 같다.

```
use waker_fn::waker_fn;        // Cargo.toml: waker-fn = "1.1"
use futures_lite::pin;         // Cargo.toml: futures-lite = "1.11"
use crossbeam::sync::Parker;   // Cargo.toml: crossbeam = "0.8"
use std::future::Future;
use std::task::{Context, Poll};

fn block_on<F: Future>(future: F) -> F::Output {
    let parker = Parker::new();
    let unparker = parker.unparker().clone();
    let waker = waker_fn(move || unparker.unpark());
    let mut context = Context::from_waker(&waker);

    pin!(future);

    loop {
        match future.as_mut().poll(&mut context) {
            Poll::Ready(value) => return value,
            Poll::Pending => parker.park(),
        }
    }
}
```

내용은 꽤 짧지만 하는 일이 많으므로 한 부분씩 살펴보자.

```
let parker = Parker::new();
let unparker = parker.unparker().clone();
```

crossbeam 크레이트의 Parker 타입은 간단한 블로킹 기본 요소다. parker.park()를 호출하면 다른 누군가가 그에 대응하는 Unparker에 대고 .unpark()를 호출할 때까지 스레드가 블록된다. Unparker는 parker.unparker()를 호출해서 미리 받아둘 수 있다. 아직 파킹되지 않은 스레드를 unpark하면 다음 park 호출이 블로킹되지 않고 바로 복귀한다. 우리 block_on은 퓨처가 준비 상태가 아닐 때마다 Parker를 써서 대기하고 퓨처에 넘기는 웨이커가 이를 언파킹한다.

```
let waker = waker_fn(move || unparker.unpark());
```

waker_fn 크레이트의 waker_fn 함수는 주어진 클로저를 가지고 Waker를 생성한다. 여기서는 호출되면 클로저 move || unparker.unpark()를 호출하는 Waker를 만든다. std::task::Wake 트레이트를 구현해서 웨이커를 만들 수도 있지만, 여기서는 waker_fn이 좀 더 편하다.

```
pin!(future);
```

pin! 매크로는 F 타입의 퓨처를 쥐고 있는 변수가 주어지면 해당 퓨처의 소유권을 가져다가 같은 이름으로 된 Pin<&mut F> 타입의 새 변수를 선언한다. 즉, 이 변수는 F 타입의 퓨처를 빌려 온다. 이 코드로 poll 메서드가 요구하는 Pin<&mut Self>를 확보할 수 있다. 비동기 함수와 블록의 퓨처는 Pin을 통해서 참조해야 폴링할 수 있는데 왜 그런지는 다음 절에서 설명한다.

```
loop {
    match future.as_mut().poll(&mut context) {
        Poll::Ready(value) => return value,
        Poll::Pending => parker.park(),
    }
}
```

끝으로 폴링 루프는 아주 단순하다. 웨이커를 들고 있는 컨텍스트를 퓨처에 넘겨서 Poll::Ready가 반환될 때까지 폴링한다. Poll::Pending이 반환되면 스레드를 파킹하고 waker가 호출될 때까지 블록 상태에 들어간다. 그런 다음 재시도한다.

as_mut 호출을 쓰면 소유권을 포기하지 않은 채로 future를 폴링할 수 있는데, 이 부분은 다음 절에서 더 자세히 설명한다.

핀 설정

비동기 함수와 블록은 깔끔한 비동기식 코드를 작성하는 데 필수지만, 퓨처를 처리할 때 신경 써야할 게 좀 있다. Pin 타입은 러스트가 이들을 안전하게 쓰이도록 만드는 데 도움을 준다.

이번 절에서는 비동기 함수 호출과 블록의 퓨처를 왜 평범한 러스트 값처럼 자유롭게 다룰 수 없는지 살펴본다. 이어서 Pin이 대체 어떤 식으로 작동하기에 이런 퓨처를 안전하게 관리한다고 믿어도되는 포인터임을 나타내는 '승인 인장' 역할을 한다는 건지 알아본다. 끝으로 Pin 값을 써서 일하는법 몇 가지를 살펴본다.

퓨처의 두 가지 생애 단계

다음에 있는 간단한 비동기 함수를 보자.

```
use async_std::io::prelude::*;
use async_std::{io, net};

async fn fetch_string(address: &str) -> io::Result<String> {
    ❶
    let mut socket = net::TcpStream::connect(address).await❷?;
    let mut buf = String::new();
    socket.read_to_string(&mut buf).await❸?;
    Ok(buf)
}
```

이 함수는 주어진 주소를 가지고 TCP 연결을 열어서 해당 서버가 보내온 것을 전부 String으로 반환한다. ❶, ❷, ❸이라고 표시된 지점은 **재개 지점**resumption point으로 비동기 함수의 코드에서 실행이 중단될 수도 있는 지점이다.

이 함수를 다음처럼 await 없이 호출한다고 가정해 보자.

```
let response = fetch_string("localhost:6502");
```

이제 response는 fetch_string을 주어진 인수를 가지고 맨 앞에서부터 실행해 나가는 퓨처다. 이 퓨처는 그림 20-5와 같은 메모리 구조를 갖는다.

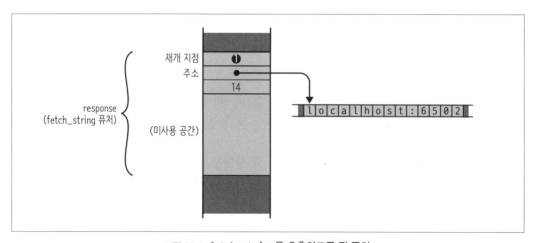

그림 20-5 fetch_string을 호출하도록 된 퓨처

이 퓨처는 방금 만들었으므로 실행이 함수 본문의 맨 꼭대기에 있는 재개 지점 **❶**에서 시작되어야 한다. 이 상태에서 퓨처가 진도를 빼는 데 필요한 값은 함수 인수뿐이다.

이제 response를 몇 번 폴링해서 함수 본문의 아래 지점에 도달했다고 하자.

```
socket.read_to_string(&mut buf).await❸?;
```

그리고 read_to_string의 결과가 준비되지 않아서 폴링이 Poll::Pending을 반환한다고 하자. 이 지점에서 퓨처의 모습은 그림 20-6과 같다.

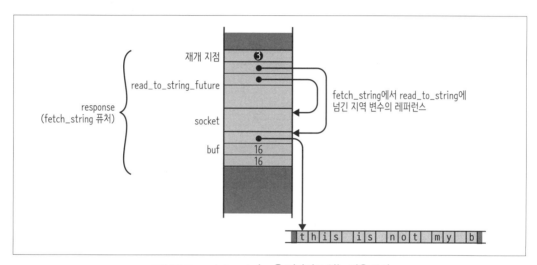

그림 20-6 **read_to_string**을 기다리고 있는 같은 퓨처

퓨처는 다음에 폴링될 때 실행을 재개할 수 있도록 늘 필요한 모든 정보를 쥐고 있어야 한다. 여기에는 다음의 정보가 포함된다.

- 재개 지점 **❸**. 실행이 read_to_string의 퓨처를 폴링하는 await에서 재개되어야 함을 나타낸다.
- 해당 재개 지점에 살아 있는 변수 socket과 buf. address의 값은 함수에서 더 이상 쓰이지 않으므로 여기에 포함되지 않는다.
- await 표현식이 폴링하고 있는 read_to_string 서브퓨처.

read_to_string 호출이 socket과 buf의 레퍼런스를 빌려왔다는 걸 눈여겨보자. 동기 함수에서는 지역변수가 전부 스택에 살지만, 비동기 함수에서는 await 이후에도 살아 있는 지역변수가 퓨처 안에 위치해 있어야 다시 폴링될 때 쓰일 수 있다. 이런 변수의 레퍼런스를 빌려 오면 퓨처의 일부를 빌려 오게 된다.

하지만 러스트에서는 빌려 온 상태에 있는 값을 옮겨서는 안 된다. 이 퓨처를 새 위치로 옮긴다고 가정해 보자.

```
let new_variable = response;
```

러스트에는 사용 중인 레퍼런스를 전부 찾아다가 이를 적절하게 바로잡을 수단이 없다. 따라서 이들 레퍼런스는 새 위치에 있는 socket과 buf를 가리키는 게 아니라 원래 위치에 있는 이제는 미초기화 상태가 되어 버린 response를 계속 가리킨다. 이들은 그림 20-7과 같이 대상을 잃은 포인터가 된다.

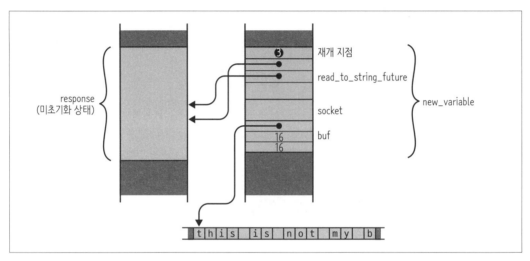

그림 20-7 **빌려 온 상태에서 이동된 fetch_string의 퓨처**(러스트는 이런 상황을 방지한다).

빌려 온 값이 이동되는 걸 방지하는 건 보통 차용 검사기의 몫이다. 차용 검사기는 변수를 소유 관계 트리의 뿌리로 여기지만, 스택에 저장된 변수와 달리 퓨처에 저장된 변수는 퓨처 자체가 이동되면 함께 이동된다. 이 말은 socket과 buf를 빌려 오는 일이 단지 fetch_string이 자기 변수를 가지고 할 수 있는 일의 종류뿐만 아니라, 호출부가 이를 쥐고 있는 퓨처인 response를 가지고 안전하게 할 수 있는 일의 종류에도 영향을 준다는 뜻이다. async 함수의 퓨처는 차용 검사기의 사각지대로, 러스트가 메모리 안전성에 관한 약속을 지켜내려면 어떤 식으로든 해결해야 한다.

이 문제에 대한 러스트의 해결책은 퓨처가 처음 생성될 때는 언제든 이동해도 안전하며, 폴링될 때만 안전하지 않게 된다는 통찰력에 기초한다. 비동기 함수 호출을 통해서 방금 막 생성된 퓨처는 재개 지점과 인수 값만 들고 있다. 이들은 아직 실행되지 않은 비동기 함수의 본문 안에만 존재한다. 퓨처를 폴링해야만 이들의 내용을 빌려 올 수 있다.

이를 통해서 모든 퓨처는 두 가지 생애 단계를 갖는다는 걸 알 수 있다.

- 첫 번째 단계는 퓨처가 생성될 때 시작된다. 함수의 본문이 실행되기 전이므로 아직 빌려 올 수 있는 부분이 없다. 이때는 임의의 다른 러스트 값으로 옮겨도 안전하다.
- 두 번째 단계는 퓨처가 처음으로 폴링될 때 시작된다. 함수의 본문이 실행되고 나면 퓨처에 저장된 변수의 레퍼런스를 빌려 올 수 있고 또 빌려 온 채로 대기할 수 있다. 한 번 폴링이 시작된 퓨처는 안전하게 이동할 수 없을지도 모른다고 봐야 한다.

퓨처를 block_on과 spawn에 넘기고 race와 fuse같은 어댑터 메서드를 호출할 수 있는 건 다 첫 번째 생애 단계의 유연성 덕분이다. 이들은 전부 퓨처를 값으로 받는다. 사실 맨 처음 퓨처를 생성한 비동기 함수 호출도 결과를 호출부에 반환해야 했는데, 이 역시 이동이었다.

두 번째 생애 단계로 들어가기 위해서는 퓨처를 폴링해야 한다. poll 메서드에는 퓨처를 Pin<&mut Self> 값으로 넘겨야 한다. Pin은 (&mut Self 같은) 포인터 타입의 래퍼로 포인터의 용법에 제약을 둬서 (Self 같은) 참조 대상을 다시는 이동될 수 없도록 만든다. 따라서 퓨처를 폴링하려면 먼저 Pin으로 감싼 포인터를 생성해야 한다.

이것이 바로 러스트가 퓨처를 안전하게 지켜내기 위한 전략이다. 퓨처는 폴링하기 전에는 이동해도 위험하지 않다. 퓨처는 Pin으로 감싼 포인터를 생성하기 전에는 폴링할 수 없다. 그리고 그렇게 하고 난 퓨처는 이동할 수 없다.

이동이 곳곳에서 일어나는 러스트에서 '이동할 수 없는 값'이라니 불가능한 이야기 같다. Pin이 정확히 어떤 식으로 퓨처를 보호하는지는 다음 절에서 설명한다.

이번 절에서는 비동기 함수만 가지고 이야기했지만, 여기서 다룬 모든 내용은 비동기 블록에도 적용된다. 새로 생성된 비동기 블록의 퓨처는 클로저와 마찬가지로 사용할 변수를 바깥쪽 코드에서 캡처해 올 뿐이다. 단, 퓨처를 폴링하면 해당 내용의 레퍼런스가 생성될 수 있어서 안전하게 이동할 수 없게 된다.

이 이동 취약성은 비동기 함수와 블록의 퓨처 그리고 컴파일러가 이를 위해 생성하는 특별한 Future 구현에만 해당하는 이야기임을 명심하자. 앞서 나온 '웨이커 호출하기: spawn_blocking' 절에서 SpawnBlocking 타입에 했던 것처럼 사용자 정의 타입에 직접 Future를 구현하면 해당 퓨처는 폴링되기 전이나 후 언제 이동해도 100% 안전하다. 직접 작성한 poll 구현에서 차용 검사기는 self의 일부를 빌려 온 레퍼런스가 poll이 복귀할 때 전부 사라지도록 만든다. 비동기 함수와 블록은 함수 호출 도중에 차용이 진행 중인 채로 실행을 중단할 수 있는 힘을 가지고 있으므로 이들의 퓨처는 주의해서 다루어야 한다.

핀이 설정된 포인터

Pin 타입은 퓨처 포인터의 래퍼로 포인터의 용법에 제약을 둬서 한 번 폴링된 퓨처를 이동될 수 없도록 만든다. 이 제약은 이동되어도 상관없는 퓨처의 경우에는 해제될 수 있지만 비동기 함수와 블록의 퓨처를 안전하게 폴링하는 데는 필수다.

여기서 **포인터**란 말은 Deref와 옵션으로 DerefMut를 구현하고 있는 임의의 타입을 뜻한다. Pin으로 감싼 포인터를 **핀이 설정된 포인터**pinned pointer라고 한다. Pin<&mut T>와 Pin<Box<T>>가 대표적이다.

표준 라이브러리에 있는 Pin의 정의는 다음처럼 단순하다.

```
pub struct Pin<P> {
    pointer: P,
}
```

pointer 필드가 pub이 **아니라는** 점을 눈여겨보자. 이 말은 Pin을 생성하거나 사용하려면 이 타입이 제공하는 특별한 용도의 메서드를 사용하는 수밖에 없다는 뜻이다.

비동기 함수나 블록의 퓨처가 주어질 때 이를 대상으로 핀이 설정된 포인터를 얻는 방법은 다음의 몇 가지가 전부다.

* futures-lite 크레이트의 pin! 매크로는 T 타입의 기존 변수를 Pin<&mut T> 타입의 새 변수로 가린다. 새 변수는 스택에 있는 익명의 임시 위치로 이동된 원본의 값을 가리킨다. 이 변수가 범위를 벗어나면 그 값은 드롭된다. 우리 block_on 구현에서는 pin!을 써서 폴링하고 싶은 퓨처를 고정시켰다.

* 표준 라이브러리의 Box::pin 생성자는 임의의 타입 T로 된 값의 소유권을 가져다가 힙으로 옮기고 Pin<Box<T>>를 반환한다.

* Pin<Box<T>>는 From<Box<T>>를 구현하고 있으므로 Pin::from(boxed)는 boxed의 소유권을 가져다가 힙에 있는 같은 T를 가리키는 핀이 설정된 박스를 돌려준다.

이들 퓨처의 핀이 설정된 포인터를 얻는 방법은 모두 퓨처의 소유권을 포기하는 과정을 수반하며, 이를 되돌릴 방법이 없다. 물론 핀이 설정된 포인터 자체는 원하는 대로 자유롭게 옮겨 다닐 수 있지만, 포인터가 이동한다고 해서 참조 대상이 같이 이동하는 건 아니다. 따라서 퓨처의 핀이 설정된 포인터를 소유하고 있다는 건 그 퓨처의 이동 능력을 영구적으로 포기했다는 증거가 된다. 퓨처를 안전하게 폴링하기 위해서 알아 두어야 할 내용은 이게 전부다.

모든 Pin<T의 포인터> 타입에는 포인터를 역참조해서 poll이 요구하는 Pin<&mut T>를 반환하는 as_mut 메서드가 있다. 따라서 핀이 설정된 퓨처를 폴링하고 싶으면 이 메서드를 쓰면 된다.

as_mut 메서드는 소유권을 포기하지 않은 채로 폴링할 때도 도움이 될 수 있다. 우리 block_on 구현에서는 이를 딱 그런 용도로 썼다.

```
pin!(future);

loop {
    match future.as_mut().poll(&mut context) {
        Poll::Ready(value) => return value,
        Poll::Pending => parker.park(),
    }
}
```

여기서 pin! 매크로는 future를 Pin<&mut F>로 다시 선언하기 때문에 이를 poll에 바로 넘길 수 있다. 그러나 변경할 수 있는 레퍼런스는 Copy가 아니므로 Pin<&mut F>도 Copy가 될 수 없다. 이 말은 future.poll()을 바로 호출하면 future의 소유권을 빼앗겨서 루프의 다음 반복에서는 변수가 미초기화 상태로 남게 된다는 뜻이다. 여기서는 이를 피하려고 future.as_mut()를 호출해서 루프를 매번 반복할 때마다 새로운 Pin<&mut F>를 다시 빌려 온다.

핀이 설정된 퓨처의 &mut 레퍼런스를 얻는 방법은 없다. 그랬다가는 std::mem::replace나 std::mem::swap을 써서 기존 퓨처를 꺼내다가 그 자리에 다른 퓨처를 집어넣을 수 있었을 것이다.

평범한 비동기식 코드에서 퓨처의 핀 설정을 두고 걱정할 필요가 없는 이유는 ('기다리기'나 '이그제큐터에 넘기기'처럼) 퓨처의 값을 얻을 때 쓰는 대부분의 방법이 내부적으로 퓨처의 소유권을 가져다가 핀 설정을 알아서 관리해 주기 때문이다. 예를 들면, 우리 block_on 구현은 퓨처의 소유권을 가져다가 pin! 매크로를 써서 폴링에 필요한 Pin<&mut F>를 만든다. await 표현식도 내부적으로 퓨처의 소유권을 가져다가 pin! 매크로와 비슷한 접근 방식을 쓴다.

Unpin 트레이트

하지만 모든 퓨처를 이런 식으로 꼼꼼히 처리해야 하는 건 아니다. 앞서 언급한 SpawnBlocking 타입처럼 평범한 타입을 위해 손으로 쓴 Future의 구현 같은 경우에는 핀이 설정된 포인터를 만들고 사용하는 데 따르는 제약이 불필요하다.

이런 지속형 타입은 Unpin 마커 트레이트를 구현한다.

```
trait Unpin { }
```

러스트에 있는 대부분의 타입은 컴파일러의 특별한 지원을 써서 자동으로 Unpin을 구현하고 있다. 비동기 함수와 블록의 퓨처는 이 규칙에서 예외다.

Pin은 Unpin 타입에 아무런 제약도 부과하지 않는다. Pin::new를 써서 평범한 포인터를 가지고 핀이 설정된 포인터를 만들 수 있고, Pin::into_inner를 써서 다시 포인터를 가져올 수 있다. 또한, Pin 자체가 포인터의 Deref와 DerefMut 구현을 제공한다.

예를 들면 String은 Unpin을 구현하고 있으므로 다음처럼 작성할 수 있다.

```
let mut string = "Pinned?".to_string();
let mut pinned: Pin<&mut String> = Pin::new(&mut string);

pinned.push_str(" Not");
Pin::into_inner(pinned).push_str(" so much.");

let new_home = string;
assert_eq!(new_home, "Pinned? Not so much.");
```

심지어 Pin<&mut String>을 만든 뒤에도 문자열의 변경할 수 있는 접근을 전부 사용할 수 있으며, into_inner가 Pin을 소비하는 바람에 변경할 수 있는 레퍼런스가 사라지더라도 문자열을 새 변수로 옮길 수 있다. 따라서 Unpin 타입의 경우(대부분의 타입이 여기에 해당한다)에는 Pin이 그 타입의 포인터를 감싸는 별 볼 일 없는 래퍼에 불과하다.

이 말은 사용자 정의 Unpin 타입에 Future를 구현할 때 poll 구현이 self를 Pin<&mut Self>가 아니라 마치 &mut Self인 것처럼 다룰 수 있다는 뜻이다. 핀 설정과 관련된 건 대부분 무시해도 된다.

F가 Unpin을 구현하지 않더라도 Pin<&mut F>와 Pin<Box<F>>가 Unpin을 구현한다는 걸 알게 되면 놀랄 수도 있겠다. Pin이 Unpin이 될 수 있다니 잘 이해되지 않지만 각각의 의미를 곰곰이 짚어 보면

말이 된다는 걸 알 수 있다. F는 한 번 폴링되고 나면 안전하게 이동할 수 없지만, F의 포인터는 폴링 여부와 상관없이 늘 안전하게 이동할 수 있다. 포인터만 이동하고 조심히 다루어야 하는 참조 대상은 이동하지 않는다.

이 부분은 비동기 함수나 블록의 퓨처를 Unpin 퓨처만 받는 함수에 넘기고 싶을 때 유용하다(그런 함수가 async_std에는 거의 없지만, 비동기 생태계의 다른 곳에서는 심심찮게 볼 수 있다). F가 Unpin이 아니더라도 Pin<Box<F>>는 Unpin이므로 비동기 함수나 블록의 퓨처에 Box::pin을 적용하면 힙 할당 비용은 들겠지만 어디서나 쓸 수 있는 퓨처를 얻을 수 있다.

Pin에는 대상 타입이 Unpin이 아니더라도 포인터와 그의 대상을 가지고 원하는 일을 할 수 있게 해주는 안전하지 않은 여러 메서드가 있다. 그러나 22장에서 설명하겠지만 러스트는 이들 메서드가 올바로 쓰이고 있는지 확인할 길이 없다. 이들 메서드를 쓰는 코드의 안전성을 담보하는 건 여러분 몫이다.

비동기식 코드는 언제 써야 좋을까?

비동기식 코드는 멀티 스레드 코드보다 작성하기 더 까다롭다. 올바른 I/O와 동기화 기본 요소를 써야 하고, 오래 걸리는 계산을 직접 쪼개거나 다른 스레드로 분리해야 하고, 스레드를 쓰는 코드에서는 하지 않는 핀 설정 같은 다른 세부 사항을 관리해야 한다. 그럼 비동기식 코드가 가져다주는 구체적인 이점은 뭘까?

다음의 두 가지 주장을 자주 듣게 될 텐데 꼼꼼히 따져보면 꼭 그런 건 아니다.

- '비동기식 코드는 I/O에 적합하다.' 이 말은 부정확하다. 애플리케이션이 I/O를 기다리는 데 시간을 쓰고 있다면 이를 비동기식으로 만들어도 I/O가 더 빨라지지 않는다. 요즘 쓰이는 비동기식 I/O 인터페이스가 동기식 버전을 더 효율적으로 만들어 주는 게 아니다. 운영체제가 하는 일은 어느 쪽이든 똑같다(사실 준비 상태가 아닌 비동기식 I/O 연산은 나중에 다시 시도해야 하므로 완료하는 데 필요한 시스템 호출은 한 개가 아니라 두 개다).

- '비동기식 코드는 멀티 스레드 코드보다 작성하기 더 쉽다.' 자바스크립트와 파이썬 같은 언어에서는 맞는 말일 수 있다. 이런 언어에서는 프로그래머가 async/await라는 잘 갖춰진 틀 안에서 동시성을 표현한다. 이 틀은 실행 스레드가 하나인데다 중단interruption이 await 표현식에서만 일어나므로 데이터의 일관성을 지켜내기 위해서 뮤텍스를 써야 할 일이 거의 없다. 그냥 데이터를 변경하는 도중에만 await를 쓰지 않으면 된다! 명시적인 허락이 있을 때만 태스크가 전환되면 코드를 이해하기 훨씬 쉬워진다.

그러나 스레드 문제가 거의 없는 러스트에는 이 주장이 통하지 않는다. 프로그램이 컴파일되고 나면 데이터 경합이 생기지 않는다. 비결정적인 행동은 이를 다루도록 설계된 뮤텍스, 채널, 원자성 등과 같은 동기화 기능 안에 격리된다. 따라서 비동기식 코드라고 해서 다른 스레드가 영향을 미칠만한 곳을 파악하는 데 도움이 되는 특별한 이점이 있는 게 아니다. **모든 게** 안전한 러스트 코드에서는 이 부분이 늘 명확하다.

게다가 러스트의 비동기 지원은 스레드와 결합해서 쓸 때 그 진가를 발휘한다. 이를 포기하는 건 말도 안 되는 일이다.

그렇다면 비동기식 코드의 진정한 이점은 무엇일까?

- **비동기 태스크는 메모리 사용량이 적다.** 리눅스에서는 스레드의 메모리 사용량이 사용자와 커널 공간을 모두 합해 20킬로바이트가 넘는다.[32] 퓨처의 메모리 사용량은 그보다 훨씬 적다. 우리 채팅 서버의 퓨처는 크기가 수백 바이트 정도이며, 이마저도 러스트 컴파일러가 개선되면서 더 작아지고 있다.

- **비동기 태스크는 생성 속도가 더 빠르다.** 리눅스에서는 스레드를 생성하는 데 약 15μs가 걸린다. 반면 비동기 태스크를 띄우는 데 약 300ns가 걸리므로 약 50배 정도 차이가 난다.

- **비동기 태스크는 운영체제 스레드보다 컨텍스트 스위치가 더 빠르다.** 리눅스에서는 0.2μs 대 1.7μs 정도다.[33] 하지만 이들 수치는 최고의 조건 아래서 얻은 결과다. 스위치가 I/O 준비로 인한 것이라면 두 비용 모두 1.7μs로 뛴다. 스레드나 태스크 간의 스위치가 서로 다른 프로세서 코어에서 일어났는지의 여부도 큰 차이를 만든다. 코어 간의 통신은 매우 느리다.

여기에 비동기식 코드가 풀 수 있는 문제의 종류를 알 수 있는 힌트가 숨어 있다. 예를 들면, 비동기식 서버는 태스크당 메모리 사용량이 적으므로 더 많은 연결을 동시에 처리할 수 있다(비동기식 코드가 'I/O에 적합하다'는 평을 듣는 이유는 아마도 이 부분 때문일 것이다). 또한 설계를 독립된 여러 태스크가 서로 자연스럽게 소통하는 구조로 가져갈 때는 낮은 태스크당 비용, 짧은 생성 시간, 빠른 컨텍스트 스위치가 전부 중요한 이점으로 작용한다. 이런 이유 때문에 채팅 서버를 비동기 프로그래밍의 전형적인 예로 들지만, 멀티 플레이어 게임과 네트워크 라우터 역시 좋은 예가 될 수 있다.

---

32 이 수치에는 커널 메모리와 스레드에 할당된 물리 페이지가 포함되어 있으며, 아직 할당되지 않은 가상 페이지는 포함되어 있지 않다. 맥OS 와 윈도우에서도 수치는 비슷하다.

33 리눅스 컨텍스트 스위치도 커널이 프로세서의 보안 결함으로 인해서 더 느린 기술을 쓰도록 강요받기 전까지는 0.2μs 범위 안에 있었다.

다른 상황에서는 비동기식 코드를 쓸 때 얻을 수 있는 이점이 불분명하다. 프로그램에 계산량이 많은 작업을 수행하거나 I/O가 끝나길 기다리며 앉아 있는 스레드 풀이 있을 때는 앞서 나열한 이점이 성능에 큰 영향을 미치지 않을 수도 있다. 이럴 때는 계산을 최적화하든지, 더 빠른 네트워크 연결을 찾든지, 실제로 제한 인자에 영향을 미치는 다른 무언가를 해야 한다.

실제로 대용량 서버를 구현한 경험담을 들어 보면 수시로 상태를 진단하고 조율해서 태스크 간에 경합이 생기는 원인을 끈질기게 찾아 제거하는 게 중요하다고 강조하는 걸 알 수 있다. 비동기 아키텍처를 쓴다고 해서 이런 일을 안 하고 그냥 넘어갈 수 있는 건 아니다. 사실 멀티 스레드 프로그램의 동작을 평가하는 도구는 많지만, 이들 도구로는 러스트 비동기 태스크를 볼 수 없어서 전용 도구가 필요하다(어느 현자가 말했던가, '혹 떼려다 혹 붙인 격'이라고).

지금 당장 비동기식 코드를 쓰지 않더라도 이런 선택지가 있다는 걸 알아 두면, 혹시라도 지금보다 훨씬 더 바빠지는 행운이 찾아올 때를 대비할 수 있어서 좋다.

21

매크로

센토cento(라틴어로 '패치워크')는 다른 시인의 인용문으로만 이뤄진 시다.

—맷 매든Matt Madden

러스트는 함수만 가지고 할 수 있는 수준을 뛰어넘어서 다방면으로 언어를 확장하기 위한 방법인 **매크로**macro를 지원한다. 예를 들어 우리는 테스트에 유용한 assert_eq! 매크로를 살펴본 바 있다.

```
assert_eq!(gcd(6, 10), 2);
```

이 기능은 제네릭 함수로 작성해도 되지만, assert_eq! 매크로는 함수가 할 수 없는 여러 가지 일을 한다. 그중 하나로 assert_eq!는 단언문이 실패할 때 파일 이름과 그 단언문의 줄 번호가 담긴 오류 메시지를 생성한다. 함수는 그런 정보를 가져올 방법이 없다. 매크로는 작동 방식이 완전히 다르기 때문에 가능하다.

매크로는 일종의 축약 표기다. 컴파일 과정에서 각 매크로 호출은 타입 검사가 일어나기 전에 그리고 머신 코드를 생성하기 훨씬 전에 **전개**, 즉 특정 러스트 코드로 대체된다. 앞에 있는 매크로 호출은 대충 다음과 같은 코드로 확장된다.

```
match (&gcd(6, 10), &2) {
    (left_val, right_val) => {
        if !(*left_val == *right_val) {
            panic!("assertion failed: `(left == right)`, \
                    (left: `{:?}`, right: `{:?}`)", left_val, right_val);
        }
    }
}
```

panic!도 (여기에 나와 있지 않은) 또 다른 러스트 코드로 확장되는 매크로다. 이 코드는 file!()과 line!() 이렇게 두 개의 다른 매크로를 쓴다. 크레이트에 있는 모든 매크로 호출이 완전히 전개되고 나면 러스트는 컴파일의 다음 단계로 넘어간다.

실행 시점에서 단언문 실패는 다음과 같은 오류 메시지를 낸다(그리고 2가 정답이기 때문에 gcd()에 버그가 있다는 것을 짚어 준다).

```
thread 'main' panicked at 'assertion failed: `(left == right)`, (left: `17`,
right: `2`)', gcd.rs:7
```

C++에서 넘어온 독자라면 매크로에 대한 안 좋은 경험이 있을지도 모르겠다. 러스트 매크로는 스킴 Scheme의 syntax-rules와 비슷한 다른 접근 방식을 쓴다. C++ 매크로에 비해서 러스트 매크로는 언어의 나머지 부분과 더 잘 통합되어 있으므로 오류가 끼어들 틈이 훨씬 적다. 매크로 호출에는 느낌표가 늘 붙기 때문에 코드를 읽을 때 눈에 띌 뿐만 아니라 함수를 호출하려고 했는데 실수로 매크로를 호출하는 일이 생길 수 없다. 러스트 매크로는 절대로 짝이 없는 대괄호나 소괄호를 넣는 일이 없다. 또한 러스트 매크로에는 패턴 매칭이 딸려 있어서 유지보수하기도 좋고, 사용하기도 좋은 매크로를 더 손쉽게 작성할 수 있다.

이번 장에서는 간단한 예 몇 가지를 통해서 매크로를 작성하는 법을 살펴본다. 러스트에 있는 대부분의 기능이 그렇듯이 매크로도 깊이 알면 알수록 피가 되고 살이 되는 건 마찬가지라서, 곁가지로 JSON 리터럴을 직접 프로그램 안에 박아 넣을 수 있게 해주는 보다 복잡한 매크로의 설계를 짚어 본다. 그러나 이 책에서 다룰 수 있는 내용에는 한계가 있으므로 여기서 살펴본 도구를 위한 고급 기법과 **절차적 매크로**procedural macro라고 하는 보다 강력한 기능에 대해서는 마지막에 남겨 둔 정보를 참고하자.

매크로의 기초

그림 21-1은 assert_eq! 매크로의 소스 코드 일부를 보여 준다.

```
                         패턴              템플릿
macro_rules! assert_eq {
    ($left: expr, $right: expr) => ({
        match (&$left, &$right) {
            (left_val, right_val) => {
                if (left_val == *right_val) {
                    panic! ("assertion failed: (left == right)` \
                            (left: `{:}`, right: `{:?}`)",
                            left_val, right_val)
                }
            }
        }
    });
}
```

그림 21-1 **assert_eq! 매크로**

러스트에서는 매크로를 정의할 때 주로 macro_rules!를 쓴다. 이 매크로 정의에서 assert_eq 뒤에 !가 없다는 점을 눈여겨보자. !는 매크로를 호출할 때만 붙이고, 정의할 때는 붙이지 않는다.

그러나 모든 매크로가 이런 식으로 정의되는 건 아니다. macro_rules! 자체를 비롯해서 file!과 line! 같은 일부 매크로는 컴파일러 안에 내장되어 있으며, 이번 장 끝에서는 절차적 매크로라고 하는 또 다른 접근 방식을 살펴본다. 그러나 이번 장에서는 주로 macro_rules!에 초점을 맞출 텐데, 사용자 정의 매크로를 작성할 때는 (다른 방법보다) 이 방법이 가장 쉽다.

macro_rules!로 정의한 매크로는 전적으로 패턴 매칭에 따라 움직인다. 매크로의 본문은 일련의 규칙에 불과하다.

```
( pattern1 ) => ( template1 );

( pattern2 ) => ( template2 );

...
```

그림 21-1에 있는 버전의 assert_eq!에는 패턴과 템플릿이 각각 하나씩 있다.

그건 그렇고 패턴이나 템플릿에는 소괄호 대신 대괄호나 중괄호를 써도 된다. 러스트에서는 이들 간에 차이가 없다. 마찬가지로 매크로를 호출할 때는 아래의 세 가지 형태를 모두 쓸 수 있다.

```
assert_eq!(gcd(6, 10), 2);
assert_eq![gcd(6, 10), 2];
assert_eq!{gcd(6, 10), 2}
```

중괄호를 쓸 때는 뒤에 세미콜론을 붙이지 않아도 된다는 것이 유일한 차이점이다. assert_eq!를 호출할 때는 소괄호를, vec!을 호출할 때는 대괄호를, macro_rules!를 호출할 때는 중괄호를 쓰는 게 관례다.

매크로의 전개와 이를 생성한 정의의 예를 간단히 살펴봤으니, 이제 이를 움직이게 하는 데 필요한 세부 사항을 알아보자.

- 러스트가 정확히 어떤 식으로 프로그램에 있는 매크로 정의를 찾아 전개하는지 설명한다.
- 매크로 템플릿을 가지고 코드를 생성하는 과정에 내재된 까다로운 부분 몇 가지를 짚어 본다.
- 끝으로 패턴이 반복 구조를 처리하는 법을 살펴본다.

매크로 전개

러스트에서는 컴파일 과정의 초기 단계에서 매크로 전개가 일어난다. 컴파일러는 소스 코드를 처음부터 끝까지 읽어 나가면서 매크로를 정의하고 전개한다. 러스트는 프로그램의 나머지 부분을 보기도 전에 개별 매크로 호출을 전개하므로 아직 정의되지 않은 매크로는 호출할 수 없다(반면 함수와 다른 아이템들은 특별한 순서로 되어 있을 필요가 없다. 크레이트의 뒷부분에 정의된 함수를 호출해도 문제없다).

러스트가 assert_eq! 매크로 호출을 전개할 때 일어나는 일은 match 표현식을 평가할 때와 매우 비슷하다. 러스트는 먼저 그림 21-2에 나와 있는 것처럼 인수가 패턴과 매칭되는지 본다.

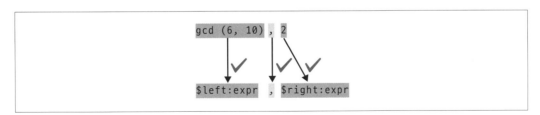

그림 21-2 매크로 전개, 단계 1: 인수 패턴 매칭

러스트의 매크로 패턴은 언어 속의 작은 언어다. 기본적으로는 코드를 매칭하는 정규 표현식이라고 보면 된다. 그러나 정규 표현식이 문자에 작용한다면 패턴은 **토큰**, 즉 수, 이름, 구두점 등 러스트 프로그램의 빌딩 블록에 작용한다. 이 말은 매크로 패턴에 주석과 공백을 자유롭게 써서 가능한 한 읽기 쉽게 만들 수 있다는 뜻이다. 주석과 공백은 토큰이 아니므로 매칭에 영향을 주지 않는다.

정규 표현식과 매크로 패턴의 또 다른 중요한 차이점은 러스트에서는 소괄호, 중괄호, 대괄호가 늘 짝이 맞춰진 채로 존재한다는 점이다. 이 부분은 매크로가 전개되기 전에 점검되며, 매크로 패턴뿐만 아니라 언어 전반에 걸쳐서 적용된다.

이 예에서 패턴에 포함된 **프래그먼트**fragment $left:expr은 러스트에게 표현식(여기서는 gcd(6, 10))을 매칭해서 $left라는 이름을 배정하라고 지시한다. 그런 다음 러스트는 패턴에 있는 쉼표를 gcd의 인수 뒤에 있는 쉼표와 매칭한다. 정규 표현식과 마찬가지로 패턴에는 흥미로운 매칭 동작을 유발하는 특수 문자가 몇 가지 있다. 이 외에 쉼표 같은 다른 문자는 전부 적힌 그대로 매칭되어야 하며, 그렇지 않으면 매칭은 실패한다. 끝으로 러스트는 표현식 2를 매칭하고, 여기에 $right라는 이름을 배정한다.

이 패턴에 있는 코드 프래그먼트는 모두 expr 타입이다. 즉, 표현식이 와야 한다는 뜻이다. 다른 코드 프래그먼트 타입은 뒤에 나올 '**프래그먼트 타입**' 절에서 살펴본다.

이 패턴이 인수를 전부 매칭하고 나면 러스트는 그에 대응하는 **템플릿**template을 전개한다(그림 21-3).

```
                              ┌──────── gcd(6, 10)으로 대체됨
                              │   ┌──── 2로 대체됨
                              ▼   ▼
    {
        match (&$left, &$right) {
            (left_val, right_val) => {
                if (left_val == *right_val) {
                    panic! ("assertion failed: `(left (left right)` \
                        (left: {:}`, right: {:}`)",
                        left_val, right_val)
                }
            }
        }
    }
```

그림 21-3 매크로 전개, 단계 2: 템플릿 채우기

러스트는 $left와 $right를 매칭 과정에서 찾은 코드 프래그먼트로 대체한다.

출력 템플릿에 프래그먼트 타입을 넣는 건 흔히 하는 실수다. 그냥 $left라고 적어야 하는데, $left:expr라고 적는 것처럼 말이다. 러스트는 이런 종류의 오류를 바로바로 감지하지 못한다. $left만 대체 대상으로 보고 :expr은 그냥 템플릿에 있는 다른 모든 것과 마찬가지인 양 취급한다. 즉, 매크로의 출력에 들어가야 할 토큰으로 보는 것이다. 따라서 매크로를 **호출**해보기 전에는 오류가 발생하지 않으며, 그러다가 컴파일할 수 없다는 가짜 출력을 생성한다. 새 매크로를 쓸 때 cannot find type `expr` in this scope라던가 help: maybe you meant to use a path separator here 같은 오류 메시지가 출력된다면 이런 실수를 한 게 아닌지 점검해 보자(이 같은 상황을 위한 보다 일반적인 조언은 이후에 나올 '**매크로 디버깅**' 절을 참고하자).

매크로 템플릿은 웹 프로그래밍에서 흔히 쓰는 여러 템플릿 언어와 별반 다를 게 없다. 유일한 차이점이자 중요한 차이점은 출력이 러스트 코드라는 것이다.

의도치 않은 결과

코드 프래그먼트를 템플릿 안에 끼워 넣는 일은 값을 가지고 작동하는 일반적인 코드와는 미묘하게 다르다. 처음엔 늘 뭐가 어떻게 다른지 알기 어렵다. 앞서 봤던 assert_eq! 매크로에는 약간 이상하다 싶은 코드가 몇 군데 있다. 여기에는 다 그럴만한 이유가 있겠지만, 그냥 그런가보다 하지 않고 좀 더 파고들다 보면 매크로 프로그래밍을 더 잘 이해할 수 있다. 그럼 그중에서도 특히 재미있는 부분 두 군데를 살펴보자.

첫 번째로, 왜 이 매크로는 변수 left_val과 right_val을 만들고 있는 걸까? 템플릿을 다음처럼 단순하게 만들 수 없는 이유라도 있는 걸까?

```
if !($left == $right) {
    panic!("assertion failed: `(left == right)` \
            (left: `{:?}`, right: `{:?}`)", $left, $right)
}
```

이 질문에 답하기 위해서 assert_eq!(letters.pop(), Some('z')) 매크로 호출을 머릿속에 전개해 보자. 어떤 결과가 나올까? 당연한 이야기지만 러스트는 매칭된 표현식을 템플릿 이곳저곳에 끼워 넣는다. 그런데 오류 메시지를 만들 때마다 표현식을 처음부터 다시 평가하는 건 그리 좋은 생각이 아닌 것 같다. 단지 시간이 두 배로 걸려서라기보다는, letters.pop()이 벡터에서 값을 제거하므로 호출할 때마다 다른 값을 산출하기 때문이다! 따라서 실제 매크로는 $left와 $right를 한 번만 계산해서 그 값을 저장해 둔다.

두 번째로, 왜 이 매크로는 $left와 $right의 값을 참조하는 레퍼런스를 빌려 오는 걸까? 그냥 다음 처럼 값을 변수에 저장하면 안 되는 걸까?

```
macro_rules! bad_assert_eq {
    ($left:expr, $right:expr) => ({
        match ($left, $right) {
            (left_val, right_val) => {
                if !(left_val == right_val) {
                    panic!("assertion failed" /* ... */);
                }
            }
        }
    });
}
```

이 코드는 지금까지 써 왔던 것처럼 매크로 인수가 정수인 경우에 한해서는 잘 작동한다. 그러나 호출부가 이를테면 String 변수를 $left나 $right에 넘기면, 이 코드는 값을 변수 밖으로 옮긴다!

```
fn main() {
    let s = "a rose".to_string();
    bad_assert_eq!(s, "a rose");
    println!("confirmed: {} is a rose", s);  // 오류: 이동된 값 "s"를 사용한다.
}
```

단언문이 값을 옮기는 걸 바라지 않는다면 매크로가 레퍼런스를 빌려와야 한다.

(매크로가 let이 아니라 match를 써서 변수를 정의하는 이유가 궁금할 수도 있겠다. 필자도 궁금했는데, 여기에 특별한 이유가 있는 건 아니다. let을 썼어도 결과는 마찬가지였을 것이다.)

길게 둘러댔지만 어쨌든 매크로가 엄청난 일을 할 수 있다는 게 핵심이다. 직접 작성한 매크로 주변에서 이상한 일이 벌어진다면 매크로를 의심해 보는 게 좋겠다.

다음 코드에는 고전적인 C++ 매크로 버그가 숨어 있는데 러스트에서는 볼래야 볼 수 **없는** 버그다.

```
// 버그가 있는 C++ 매크로. 수에 1을 더한다.
#define ADD_ONE(n)  n + 1
```

C++ 프로그래머라면 대부분 잘 알고 있는 내용이기도 하고, 여기서 구구절절 설명할 만한 내용도 아니지만, 이 매크로는 ADD_ONE(1) * 10이나 ADD_ONE(1 << 4) 같은 이상할 것 하나 없는 코드에서

아주 엉뚱한 결과를 낸다. 이를 고치려면 매크로 정의에 괄호를 더 두르면 된다. 러스트 매크로는 언어와 더 밀접하게 통합되어 있어서 이렇게 할 필요가 없다. 러스트는 표현식을 처리하고 있다는 걸 알수 있어서 한 표현식을 다른 표현식에 붙여 넣을 때마다 알아서 괄호를 두른다.

반복

표준 vec! 매크로는 두 가지 형태로 쓸 수 있다.

```
// 값을 N번 반복한다.
let buffer = vec![0_u8; 1000];

// 값 리스트. 쉼표로 구분함.
let numbers = vec!["udon", "ramen", "soba"];
```

이 매크로는 다음처럼 구현할 수 있다.

```
macro_rules! vec {
    ($elem:expr ; $n:expr) => {
        ::std::vec::from_elem($elem, $n)
    };
    ( $( $x:expr ),* ) => {
        <[_]>::into_vec(Box::new([ $( $x ),* ]))
    };
    ( $( $x:expr ),+ ,) => {
        vec![ $( $x ),* ]
    };
}
```

여기에는 세 가지 규칙이 정의되어 있다. 먼저 여러 규칙이 있을 때 어떤 식으로 작동하는지 알아보고 이어서 각 규칙을 차례로 살펴보자.

러스트가 매크로 호출 vec![1, 2, 3]을 전개할 때는 먼저 인수 1, 2, 3을 첫 번째 규칙의 패턴 $elem:expr ; $n:expr과 매칭시켜 본다. 그러나 1이 표현식인 건 맞지만, 그 뒤에 패턴이 요구하는 세미콜론이 없으므로 매칭에 실패한다. 따라서 러스트는 두 번째 규칙으로 넘어가서 같은 일을 반복하며, 이런 식으로 매칭되는 규칙이 있을 때까지 처리를 이어간다. 매칭되는 규칙이 없으면 오류다.

첫 번째 규칙은 vec![0u8; 1000]과 같은 형태를 처리한다. 여기서는 딱 그런 일을 하는 (문서화되지 않은) 표준 함수 std::vec::from_elem을 써서 간단히 해결한다.

두 번째 규칙은 vec!["udon", "ramen", "soba"]와 같은 형태를 처리한다. 패턴 $($x:expr),*는 지금껏 본 적 없는 반복 기능을 쓴다. 이 패턴은 쉼표로 구분된 0개 이상의 표현식을 매칭한다. 일반적으로 $(PATTERN),* 구문은 각 아이템이 PATTERN과 매칭되는 쉼표로 구분된 임의의 리스트를 매칭하는 데 쓰인다.

정규 표현식에는 ,* 반복자가 없지만 여기에 쓰인 *의 의미는 ('0개 이상'을 뜻하는) 정규 표현식과 같다. 적어도 하나 이상 매칭되어야 할 때는 +를 쓰면 되고, 0개나 1개가 매칭되어야 할 때는 ?를 쓰면 된다. 표 21-1은 반복 패턴 전체를 보여 준다.

표 21-1 **반복 패턴**

패턴	뜻
$(...)*	구분 기호 없이 0회 이상 매칭한다.
$(...),*	쉼표를 구분 기호 삼아 0회 이상 매칭한다.
$(...);*	세미콜론을 구분 기호 삼아 0회 이상 매칭한다.
$(...)+	구분 기호 없이 1회 이상 매칭한다.
$(...),+	쉼표를 구분 기호 삼아 1회 이상 매칭한다.
$(...);+	세미콜론을 구분 기호 삼아 1회 이상 매칭한다.
$(...)?	구분 기호 없이 0회 또는 1회 매칭한다.
$(...),?	쉼표를 구분 기호 삼아 0회 또는 1회 매칭한다.
$(...);?	세미콜론을 구분 기호 삼아 0회 또는 1회 매칭한다.

코드 프래그먼트 $x는 그냥 표현식 하나가 아니라 표현식 리스트다. 이 규칙의 템플릿도 반복 문법을 쓴다.

```
<[_]>::into_vec(Box::new([ $( $x ),* ]))
```

이번에도 딱 그런 일을 하는 표준 메서드를 써서 해결한다. 이 코드는 박스 처리된 배열을 만든 다음 [T]::into_vec 메서드를 써서 이를 벡터로 바꾼다.

맨 앞에 있는 <[_]>는 '무언가의 슬라이스' 타입을 적을 때 쓰는 조금 낯선 방법으로 이렇게 해두면 러스트가 요소 타입을 추론해 준다. 타입의 이름이 평범한 식별자로 된 경우에는 표현식에 그대로 써도 되지만, fn(), &str, [_] 같은 타입은 반드시 꺾쇠 괄호를 둘러야 한다.

템플릿 맨 끝에도 $($x),*와 같은 식으로 반복이 들어가 있다. 이 $(...),*는 패턴에서 봤던 구문과 똑같다. 즉, $x와 매칭된 표현식 리스트를 반복 처리해서 쉼표로 구분한 뒤 전부 템플릿 안에 끼워 넣는다.

이 경우에는 반복 처리된 출력이 입력과 똑같은 형태를 띤다. 그러나 꼭 이렇게 해야 하는 건 아니다. 규칙을 다음처럼 작성할 수도 있다.

```
( $( $x:expr ),* ) => {
    {
        let mut v = Vec::new();
        $( v.push($x); )*
        v
    }
};
```

이 템플릿에서 $(v.push($x);)*라고 된 부분은 $x에 있는 표현식마다 v.push() 호출을 끼워 넣는다. 매크로의 갈래는 여러 표현식으로 전개될 수 있지만, 여기서는 하나의 표현식만 있으면 되므로 벡터를 조립하는 부분을 하나의 블록으로 만들었다.

리스트의 다른 부분과 달리 $(...),*를 쓰는 패턴은 후행 쉼표 옵션을 자동으로 지원하지 않는다. 하지만 추가 규칙을 넣어서 후행 쉼표를 지원하는 표준 꼼수가 있다. vec! 매크로의 세 번째 규칙이 하는 일이 바로 그것이다.

```
( $( $x:expr ),+ ,) => {  // 후행 쉼표가 있으면
    vec![ $( $x ),* ]     // 빼고 재시도한다.
};
```

$(...),+ ,를 써서 맨 뒤에 쉼표가 붙은 리스트를 매칭한다. 그런 다음 템플릿에서 맨 뒤에 붙은 쉼표를 떼고 vec!을 재귀적으로 호출한다. 이렇게 하고 나면 두 번째 규칙이 매칭된다.

기본 제공 매크로

러스트 컴파일러는 나만의 매크로를 정의할 때 도움을 주는 다양한 매크로를 제공한다. 이들은 macro_rules!만 가지고는 구현할 수 없으며, rustc에 하드코딩되어 있다.

- file!(), line!(), column!()

  file!()은 현재 파일 이름을 나타내는 문자열 리터럴로 전개된다. line!()과 column!()은 현재 행과 열을 나타내는 (1부터 시작하는) u32로 전개된다.

각자 다른 파일에 있는 매크로가 꼬리에 꼬리를 무는 식으로 호출되는 상황에서 마지막 매크로가 file!(), line!(), column!()을 호출하더라도 **첫 번째** 매크로 호출이 있는 위치를 가리키도록 전개된다.

- stringify!(...**토큰**...)

  주어진 토큰이 담긴 문자열 리터럴로 전개된다. assert!는 이 매크로를 써서 단언문의 코드가 담긴 오류 메시지를 생성한다.

  인수에 있는 매크로 호출은 전개되지 **않는다**. 따라서 stringify!(line!())은 문자열 "line!()"으로 전개된다.

  러스트는 주어진 토큰을 가지고 문자열을 생성하기 때문에 줄 바꿈이나 주석은 문자열에 들어가지 않는다.

- concat!(str0, str1, ...)

  인수를 전부 연결해 만든 하나의 문자열 리터럴로 전개된다.

또한 러스트는 빌드 환경을 질의하기 위한 매크로도 정의해 두고 있다.

- cfg!(...)

  현재 빌드 구성이 괄호 안의 조건과 일치하면 불 상수 true로 전개된다. 예를 들어, 디버그 단언을 켠 채로 컴파일하는 중이면 cfg!(debug_assertions)는 참이다.

  이 매크로는 8장의 '**어트리뷰트**' 절에서 설명한 #[cfg(...)] 어트리뷰트와 똑같은 문법을 지원하지만, 조건부 컴파일이 아니라 참이나 거짓으로 된 답을 얻는 데 쓴다.

- env!("VAR_NAME")

  컴파일 시점에 지정한 환경 변수의 값이 담긴 문자열로 전개된다. 변수가 존재하지 않으면 컴파일 오류가 발생한다.

  이 매크로는 카고가 크레이트를 컴파일할 때 설정하는 흥미로운 환경 변수 몇 가지를 질의할 때를 제외하면 거의 쓸 일이 없다. 예를 들어, 크레이트의 현재 버전 문자열을 가져오려면 다음처럼 작성하면 된다.

```
let version = env!("CARGO_PKG_VERSION");
```

환경 변수의 전체 목록은 카고 문서(https://doc.rust-lang.org/cargo/reference/environment-variables.html#environment-variables-cargo-sets-for-crates)를 참고하자.

- option_env!("VAR_NAME")

  env!와 똑같지만 Option<&'static str>를 반환한다는 점이 다르다. 지정한 변수가 설정되어 있지 않으면 None이 된다.

이어지는 세 가지 내장 매크로는 다른 파일에 있는 코드나 데이터를 가져올 때 쓴다.

- include!("file.rs")

  지정한 파일의 내용으로 전개된다. 이때 파일은 유효한 러스트 코드, 즉 표현식이나 일련의 아이템만 담고 있어야 한다.

- include_str!("file.txt")

  지정한 파일의 텍스트가 담긴 &'static str로 전개된다. 다음과 같은 식으로 쓰면 된다.

```
const COMPOSITOR_SHADER: &str =
    include_str!("../resources/compositor.glsl");
```

  파일이 존재하지 않거나 유효한 UTF-8이 아니면 컴파일 오류가 발생한다.

- include_bytes!("file.dat")

  똑같지만 파일을 UTF-8 텍스트가 아니라 바이너리 데이터로 취급한다는 점이 다르다. 결과는 &'static [u8]이다.

모든 매크로가 그렇듯이 이들은 컴파일 시점에 처리된다. 파일이 존재하지 않거나 읽을 수 없으면 컴파일이 실패하며, 실행 시점에 실패할 수는 없다. 파일 이름이 상대 경로로 되어 있으면 현재 파일이 있는 디렉터리를 기준으로 해석된다.

또 러스트는 앞서 다루지 않은 여러 가지 편리한 매크로도 제공한다.

- todo!(), unimplemented!()

  panic!()과 똑같지만 전달하는 의도가 다르다. unimplemented!()는 아직 처리하지 않은 if 절과 match 갈래 등에서 쓰며 항상 패닉에 빠진다. todo!()는 거의 똑같지만 아직 작성하지 않은 코드의 아이디어를 전달할 때 쓰며, 일부 IDE는 여기에 깃발 표시를 달아 준다.

- matches!(value, pattern)

  값을 패턴과 비교해서 일치하면 true를, 그렇지 않으면 false를 반환한다. 다음처럼 작성하는 것과 같다.

```
match value {
    pattern => true,
    _ => false
}
```

기본적인 매크로 작성과 관련된 연습거리가 필요하다면 이 매크로를 그대로 한 번 따라 만들어 보는 것도 좋다. 실제 구현을 표준 라이브러리 문서에서 볼 수 있는 데다 아주 단순해서 여러모로 도움이 된다.

매크로 디버깅

의도한 대로 작동하지 않는 매크로를 디버깅하기란 쉽지 않다. 매크로의 전개 과정을 투명하게 볼 수 없다는 게 가장 큰 문제다. 러스트는 매크로를 전부 전개해 둔 채로 오류를 찾지만 오류 메시지를 출력할 때는 그 오류가 담긴 완전히 전개된 코드를 보여 주지 않을 때가 많다!

그래서 이번에는 매크로와 관련된 문제를 바로잡는 데 도움이 되는 세 가지 도구를 소개한다(이들 기능은 전부 불안정하지만 체크인하는 코드에 넣을 게 아니라 개발 과정에서 쓰기 위한 것이므로 실제로 큰 문제가 되진 않을 것이다).

첫 번째이자 가장 단순한 방법은 rustc에게 코드에 있는 매크로를 전부 전개해 보여 달라고 요청하는 것이다. cargo build --verbose를 쓰면 카고가 rustc를 어떤 옵션으로 실행하고 있는지 볼 수 있다. 이 rustc 명령줄을 복사해다가 -Z unstable-options --pretty expanded 옵션을 추가해 실행하면 완전히 전개된 코드가 터미널에 출력된다. 단, 이 방법은 코드에 구문 오류가 없을 때만 쓸 수 있다.

두 번째 방법은 러스트가 제공하는 log_syntax!() 매크로를 쓰는 것이다. 이 매크로는 컴파일 시점에 자신의 인수를 터미널에 출력하므로 println! 스타일의 디버깅에 쓰기 좋다. 이 매크로를 쓰려면 #![feature(log_syntax)] 기능 플래그가 필요하다.

세 번째 방법은 러스트 컴파일러에게 매크로 호출을 전부 터미널에 기록해 달라고 요청하는 것이다. 코드 어딘가에 trace_macros!(true);를 넣으면, 그 지점부터 러스트가 매크로를 전개할 때마다 매크로 이름과 인수를 출력한다. 예를 들어 다음 프로그램을 보자.

```
#![feature(trace_macros)]

fn main() {
```

```
    trace_macros!(true);
    let numbers = vec![1, 2, 3];
    trace_macros!(false);
    println!("total: {}", numbers.iter().sum::<u64>());
}
```

앞 코드의 출력은 다음과 같다.

```
$ rustup override set nightly
...
$ rustc trace_example.rs
note: trace_macro
 --> trace_example.rs:5:19
  |
5 |     let numbers = vec![1, 2, 3];
  |                   ^^^^^^^^^^^^^
  |
  = note: expanding `vec! { 1 , 2 , 3 }`
  = note: to `< [ _ ] > :: into_vec ( box [ 1 , 2 , 3 ] )`
```

컴파일러는 매크로 호출마다 전개 전후의 코드를 보여 준다. trace_macros!(false); 줄은 추적 기능을 다시 *끄기* 때문에 println!() 호출은 추적되지 않는다.

json! 매크로 만들기

지금까지 macro_rules!의 핵심 기능을 살펴봤다. 이번 절에서는 JSON 데이터를 만드는 매크로를 점진적으로 개발해 본다. 이 예를 통해서 매크로 개발이 어떤 식으로 진행되는지 알아보고, macro_rules!의 남은 부분 몇 가지를 짚어 보고, 매크로가 의도한 대로 작동하는지 확인하는 방법 몇 가지를 살펴본다.

10장에서는 JSON 데이터를 표현하는 다음의 이늄을 살펴봤다.

```
#[derive(Clone, PartialEq, Debug)]
enum Json {
    Null,
    Boolean(bool),
    Number(f64),
    String(String),
    Array(Vec<Json>),
    Object(Box<HashMap<String, Json>>)
}
```

하지만 아쉽게도 Json 값을 기록하는 문법이 상당히 장황하다.

```
let students = Json::Array(vec![
    Json::Object(Box::new(vec![
        ("name".to_string(), Json::String("Jim Blandy".to_string())),
        ("class_of".to_string(), Json::Number(1926.0)),
        ("major".to_string(), Json::String("Tibetan throat singing".to_string()))
    ].into_iter().collect())),
    Json::Object(Box::new(vec![
        ("name".to_string(), Json::String("Jason Orendorff".to_string())),
        ("class_of".to_string(), Json::Number(1702.0)),
        ("major".to_string(), Json::String("Knots".to_string()))
    ].into_iter().collect()))
]);
```

이를 다음처럼 좀 더 JSON다운 문법으로 기록할 수 있다면 좋겠다.

```
let students = json!([
    {
        "name": "Jim Blandy",
        "class_of": 1926,
        "major": "Tibetan throat singing"
    },
    {
        "name": "Jason Orendorff",
        "class_of": 1702,
        "major": "Knots"
    }
]);
```

그럼 지금부터 JSON 값을 인수로 받아다가 앞서 본 예처럼 러스트 표현식으로 전개하는 json! 매크로를 만들어 보자.

프래그먼트 타입

복잡한 매크로를 작성할 때 제일 먼저 할 일은 원하는 입력을 매칭하거나 **파싱**하는 방법을 찾는 것이다.

JSON 데이터에는 객체, 배열, 수 등 다양한 종류의 값이 있으므로 매크로가 여러 가지 규칙을 가져야 한다는 건 누구나 알 수 있다. 실제로 JSON 타입별로 규칙을 하나씩 마련해 두면 될 것 같다는 생각이 든다.

```
macro_rules! json {
    (null)     => { Json::Null };
    ([ ... ]) => { Json::Array(...) };
    ({ ... }) => { Json::Object(...) };
    (???)      => { Json::Boolean(...) };
    (???)      => { Json::Number(...) };
    (???)      => { Json::String(...) };
}
```

그러나 이걸로는 살짝 부족하다. 매크로 패턴으로는 마지막 세 가지 경우를 구분할 방법이 없기 때문인데, 이 부분을 처리하는 법은 뒤에서 살펴보겠다. 일단 처음 세 가지 경우는 깔끔하게 다른 토큰으로 시작하므로 이들 먼저 살펴보자.

첫 번째 규칙은 이미 완벽히 작동한다.

```
macro_rules! json {
    (null) => {
        Json::Null
    }
}

#[test]
fn json_null() {
    assert_eq!(json!(null), Json::Null);   // 통과!
}
```

JSON 배열 지원을 추가하기 위해서는 요소를 expr과 매칭해 보아야 할 것이다.

```
macro_rules! json {
    (null) => {
        Json::Null
    };
    ([ $( $element:expr ),* ]) => {
        Json::Array(vec![ $( $element ),* ])
    };
}
```

안타깝게도 이 코드로는 모든 JSON 배열을 매칭하지 못한다. 문제가 드러나는 테스트를 보자.

```
#[test]
fn json_array_with_json_element() {
    let macro_generated_value = json!(
```

```
        [
            // `$element:expr`에 매칭되지 않는 유효한 JSON.
            {
                "pitch": 440.0
            }
        ]
    );
    let hand_coded_value =
        Json::Array(vec![
            Json::Object(Box::new(vec![
                ("pitch".to_string(), Json::Number(440.0))
            ].into_iter().collect()))
        ]);
    assert_eq!(macro_generated_value, hand_coded_value);
}
```

패턴 $($element:expr),*는 '쉼표로 구분된 러스트 표현식 리스트'라는 뜻이다. 그러나 많은 JSON 값, 특히 객체는 유효한 러스트 표현식이 아니다. 따라서 이들은 매칭되지 않는다.

매칭하려는 코드가 전부 표현식인 건 아니므로 러스트는 표 21-2에 나와 있는 여러 가지 다른 프래그 먼트 타입을 지원한다.

표 21-2 `macro_rules!`가 지원하는 프래그먼트 타입

프래그먼트 타입	매칭(예)	뒤에 올 수 있는 것...
`expr`	표현식: `2 + 2`, `"udon"`, `x.len()`	`=>` , ;
`stmt`	후행 세미콜론을 포함하지 않는 표현식이나 선언문(쓰기 어려우니 대신 `expr`이나 `block`을 써보자).	`=>` , ;
`ty`	타입: `String`, `Vec<u8>`, `(&str, bool)`, `dyn Read + Send`	`=>` , ; = ¦ { [: > as where
`path`	경로(210쪽 참고): `ferns`, `::std::sync::mpsc`	`=>` , ; = ¦ { [: > as where
`pat`	패턴(280쪽 참고): `_`, `Some(ref x)`	`=>` , = ¦ if in
`item`	아이템(157쪽 참고): `struct Point { x: f64, y: f64 }`, `mod ferns;`	전부
`block`	블록(155쪽 참고): `{ s += "ok\n"; true }`	전부
`meta`	어트리뷰트 본문(220쪽 참고): `inline`, `derive(Copy, Clone)`, `doc="3D models."`	전부
`literal`	리터럴 값: `1024`, `"Hello, world!"`, `1_000_000f64`	전부
`lifetime`	수명: `'a`, `'item`, `'static`	전부
`vis`	가시성 지정자: `pub`, `pub(crate)`, `pub(in module::submodule)`	전부
`ident`	식별자: `std`, `Json`, `longish_variable_name`	전부
`tt`	토큰 트리: `;`, `>=`, `{}`, `[0 1 (+ 0 1)]`	전부

이 표에 있는 대부분의 옵션은 러스트 문법을 엄격히 준수한다. expr 타입은 (JSON 값이 아니라) 러스트 표현식만 매칭하고 ty 타입은 러스트 타입만 매칭하고 하는 식이다. 이들을 확장할 수는 없는데, 예를 들어 expr이 인식하는 새 산술 연산자나 새 키워드를 정의할 방법이 없다. 또한 이들을 임의의 JSON 데이터를 매칭하게 만들 수도 없다.

마지막에 있는 ident와 tt 이렇게 둘은 러스트 코드처럼 생기지 않은 매크로 인수의 매칭을 지원한다. ident는 임의의 식별자를 매칭한다. tt는 단일 **토큰 트리**, 즉 짝이 맞는 한 쌍의 괄호 (...), [...], {...}와 중첩 토큰 트리를 포함한 그사이에 오는 모든 것, 또는 1926이나 "Knots"처럼 괄호를 두르지 않은 단일 토큰을 매칭한다.

json! 매크로에 필요한 게 바로 토큰 트리다. 모든 JSON 값은 단일 토큰 트리다. 수, 문자열, 불 값, null은 모두 단일 토큰이며, 객체와 배열은 괄호를 두르고 있다. 따라서 다음처럼 패턴을 작성할 수 있다.

```
macro_rules! json {
    (null) => {
        Json::Null
    };
    ([ $( $element:tt ),* ]) => {
        Json::Array(...)
    };
    ({ $( $key:tt : $value:tt ),* }) => {
        Json::Object(...)
    };
    ($other:tt) => {
        ...  // TODO: Number, String, Boolean를 반환한다.
    };
}
```

이 버전의 json! 매크로는 모든 JSON 데이터를 매칭할 수 있다. 이제 적절한 러스트 코드를 생성하기만 하면 된다.

러스트는 우리가 작성한 매크로를 깨뜨리는 일 없이 미래에 새 문법 기능을 추가하기 위해서 프래그먼트 바로 뒤에 있는 패턴에 올 수 있는 토큰을 제한하고 있다. 표 21-2의 '뒤에 올 수 있는 것...' 열은 허용되는 토큰을 보여 준다. 예를 들어 패턴 $x:expr ~ $y:expr은 expr 뒤에 ~가 올 수 없으므로 오류다. 반면 패턴 $vars:pat => $handler:expr은 $vars:pat 뒤에 오는 화살표 =>가 pat에 허용되는 토큰이고, $handler:expr 뒤에 아무것도 오지 않으므로 문제없다.

매크로의 재귀

매크로가 자기 자신을 호출하는 간단한 예는 이미 살펴본 바 있다. 앞서 구현한 vec!은 후행 쉼표를 지원하기 위해서 재귀를 쓴다. 이번에는 좀 더 커다란 예를 살펴보자. json!은 자기 자신을 재귀적으로 호출해야 한다.

생각 같아서는 다음처럼 하면 재귀를 쓰지 않고도 JSON 배열을 지원할 수 있을 것 같다.

```
([ $( $element:tt ),* ]) => {
    Json::Array(vec![ $( $element ),* ])
};
```

그러나 이 코드는 제대로 작동하지 않는다. 이렇게 하면 JSON 데이터($element 토큰 트리)가 러스트 표현식 안에 그대로 들어간다. 이 둘은 서로 다른 언어다.

배열의 각 요소를 JSON 형식에서 러스트로 변환해야 한다. 다행히도 그런 일을 하는 매크로가 있는데, 지금 작성하고 있는 매크로가 바로 그것이다!

```
([ $( $element:tt ),* ]) => {
    Json::Array(vec![ $( json!($element) ),* ])
};
```

객체도 같은 식으로 지원할 수 있다.

```
({ $( $key:tt : $value:tt ),* }) => {
    Json::Object(Box::new(vec![
        $( ($key.to_string(), json!($value)) ),*
    ].into_iter().collect()))
};
```

컴파일러는 매크로의 재귀 호출 횟수를 제한해 두고 있는데 기본값은 64회다. json!의 경우는 이 정도면 충분하지만 복잡한 재귀를 쓰는 매크로의 경우는 금방 제한 횟수를 채우기도 한다. 이럴 때는 해당 매크로가 쓰이는 크레이트의 맨 꼭대기에 아래 어트리뷰트를 달아서 이 횟수를 늘리면 된다.

```
#![recursion_limit = "256"]
```

json! 매크로가 거의 완성됐다. 이제 불, 수, 문자열 값을 지원하는 일만 남았다.

매크로와 트레이트 함께 쓰기

복잡한 매크로를 작성하는 건 늘 퍼즐 맞추기처럼 어렵다. 중요한 건 퍼즐을 원하는 식으로 풀기 위해 쓸 수 있는 도구가 매크로만 있는 건 아니라는 점을 기억하는 것이다.

여기서는 json!(true), json!(1.0), json!("yes")를 지원해서 그 값이 무엇이든 간에 적절한 종류의 Json 값으로 변환해야 한다. 그러나 매크로는 타입을 잘 구분하지 못한다. 예를 들어 다음과 같은 식으로 코드를 작성했다고 하자.

```
macro_rules! json {
    (true) => {
        Json::Boolean(true)
    };
    (false) => {
        Json::Boolean(false)
    };
    ...
}
```

이런 접근 방식은 금방 한계가 드러난다. 불 값은 두 개뿐이라 이렇게 할 수 있을지 몰라도 수와 문자열을 이런 식으로 처리하는 건 불가능하다.

다행히도 다양한 타입의 값을 지정한 타입의 값으로 변환하는 표준적인 방법이 있는데, 13장에서 다룬 From 트레이트가 바로 그것이다. 이 트레이트를 몇 가지 타입을 대상으로 구현하기만 하면 된다.

```
impl From<bool> for Json {
    fn from(b: bool) -> Json {
        Json::Boolean(b)
    }
}

impl From<i32> for Json {
    fn from(i: i32) -> Json {
        Json::Number(i as f64)
    }
}

impl From<String> for Json {
    fn from(s: String) -> Json {
        Json::String(s)
    }
}
```

```
impl<'a> From<&'a str> for Json {
    fn from(s: &'a str) -> Json {
        Json::String(s.to_string())
    }
}
...
```

사실 12가지 수치 타입은 구현이 전부 비슷하므로 매크로를 작성해서 복사하기와 붙여넣기를 피하면 좋다.

```
macro_rules! impl_from_num_for_json {
    ( $( $t:ident )* ) => {
        $(
            impl From<$t> for Json {
                fn from(n: $t) -> Json {
                    Json::Number(n as f64)
                }
            }
        )*
    };
}

impl_from_num_for_json!(u8 i8 u16 i16 u32 i32 u64 i64 u128 i128
                        usize isize f32 f64);
```

이제 `Json::from(value)`를 써서 지원하는 모든 타입의 **value**를 `Json`으로 변환할 수 있다. 우리 매크로에서는 다음과 같은 식으로 쓰면 된다.

```
( $other:tt ) => {
    Json::from($other)  // 불, 수, 문자열을 처리한다.
};
```

이 규칙을 json! 매크로에 넣고 나면 지금까지 작성해 둔 테스트를 전부 통과한다. 완성된 매크로의 코드는 다음과 같다.

```
macro_rules! json {
    (null) => {
        Json::Null
    };
    ([ $( $element:tt ),* ]) => {
```

```
            Json::Array(vec![ $( json!($element) ),* ])
    };
    ({ $( $key:tt : $value:tt ),* }) => {
        Json::Object(Box::new(vec![
            $( ($key.to_string(), json!($value)) ),*
        ].into_iter().collect()))
    };
    ( $other:tt ) => {
        Json::from($other)  // 불, 수, 문자열을 처리한다.
    };
}
```

결과론적인 이야기지만 이 매크로는 JSON 데이터 안에 변수와 심지어 임의의 러스트 표현식을 쓸 수 있게 지원한다. 의도한 바는 아니지만 편리한 추가 기능이다.

```
let width = 4.0;
let desc =
    json!({
        "width": width,
        "height": (width * 9.0 / 4.0)
    });
```

(width * 9.0 / 4.0)는 괄호로 묶여 있으므로 단일 토큰 트리다. 따라서 운 좋게도 매크로가 객체를 파싱할 때 $value:tt와 매칭된다.

범위 한정과 위생

매크로를 작성하는 게 너무나 까다로운 이유는 전개 과정에서 서로 다른 범위에 있는 코드를 한데 붙여 넣기 때문이다. 따라서 이번 절에서는 러스트가 범위를 다루는 두 가지 방식, 즉 지역변수와 인수를 위한 것 하나와 나머지 전부를 위한 것 하나를 살펴본다.

이게 왜 중요한지 보기 위해서 JSON 객체를 파싱하는 규칙(앞서 본 json! 매크로의 세 번째 규칙)을 재작성해서 임시 벡터를 없애 보자. 이를테면 다음과 같은 식으로 작성할 수 있겠다.

```
({ $($key:tt : $value:tt),* }) => {
    {
        let mut fields = Box::new(HashMap::new());
        $( fields.insert($key.to_string(), json!($value)); )*
        Json::Object(fields)
    }
};
```

이제 HashMap을 채울 때 collect()를 쓰는 게 아니라 .insert() 메서드를 반복해서 호출한다. 이 말은 맵을 fields라고 하는 임시 변수에 저장해야 한다는 뜻이다.

그러나 json!을 호출하는 코드가 우연히 fields라는 이름의 변수를 쓴다면 어떻게 될까?

```
let fields = "Fields, W.C.";
let role = json!({
    "name": "Larson E. Whipsnade",
    "actor": fields
});
```

이 매크로를 전개하면 사용 중인 fields가 서로 다른 것을 가리키는 두 코드를 한데 붙여 넣게 된다!

```
let fields = "Fields, W.C.";
let role = {
    let mut fields = Box::new(HashMap::new());
    fields.insert("name".to_string(), Json::from("Larson E. Whipsnade"));
    fields.insert("actor".to_string(), Json::from(fields));
    Json::Object(fields)
};
```

임시 변수를 쓰는 매크로라면 피할 수 없는 함정 같아 보일 수도 있겠고, 벌써 어떻게 하면 고칠 수 있을지 고민하고 있을 수도 있겠다. 이럴 때는 아무래도 json! 매크로가 정의하는 변수의 이름을 호출부가 넘기지 않을 법한 이름으로 바꿔야 할 것이다. 이를테면 fields를 __json$fields로 바꾸는 식이다.

그런데 놀라운 점은 **매크로를 바꾸지 않아도 문제없이 작동한다**는 것이다. 러스트가 알아서 변수의 이름을 바꾸어 준다! 스킴 매크로가 처음 구현한 이 기능을 **위생**hygiene이라고 하므로 러스트에서는 이를 **위생적 매크로**hygienic macro라고 한다.

매크로 위생을 이해하는 가장 쉬운 방법은 매크로가 전개될 때마다 매크로 자체에서 전개되어 나온 부분이 다른 색으로 칠해진다고 생각하는 것이다.

색이 다른 변수는 마치 다른 이름을 가진 것처럼 처리된다.

```
let fields = "Fields, W.C.";
let role = {
```

```
    let mut fields = Box::new(HashMap::new());
    fields.insert("name".to_string(), Json::from("Larson E. Whipsnade"));
    fields.insert("actor".to_string(), Json::from(fields));
    Json::Object(fields)
};
```

"name"과 "actor"처럼 매크로 호출부가 넘겨서 출력 안에 붙여넣기 된 코드는 원래 색(검은색)을 유지한다는 걸 눈여겨보자. 매크로 템플릿에서 비롯된 토큰만 색으로 칠해진다.

이제 (호출부가 선언한) fields라는 변수 하나와 (매크로가 선언한) fields라는 별도의 변수 하나가 존재한다. 이들 이름은 색이 다르므로 두 변수가 헷갈리지 않는다.

매크로가 실제로 호출부의 범위에 있는 변수를 참조해야 할 때는 호출부가 그 변수의 이름을 매크로에 넘겨야 한다.

(색을 칠한다는 건 비유일 뿐 위생의 동작 방식을 정확하게 설명하는 건 아니다. 실제 메커니즘은 좀 더 똑똑해서 두 식별자가 매크로와 호출부를 모두 아우르는 범위에 있는 공통 변수를 참조하는 경우에는 '색칠하기'에 상관없이 동일한 것으로 인식한다. 그러나 러스트에서는 이런 경우가 드물다. 따라서 앞에 있는 예만 이해해도 위생적 매크로를 쓰는 데는 충분하다.)

매크로의 전개 과정을 거치면서 Box, HashMap, Json 등 많은 식별자가 하나 이상의 색으로 칠해진다는 걸 눈치챘을지 모르겠다. 그럼에도 불구하고 러스트는 이들 타입 이름을 인식하는 데 아무런 문제가 없었다. 이는 러스트의 위생이 지역변수와 인수에만 적용되기 때문이다. 상수, 타입, 메서드, 모듈, 스태틱, 매크로 이름에 관한 한 러스트는 '색맹'이다.

이 말은 json! 매크로를 Box, HashMap, Json이 범위에 없는 모듈에서 쓰면 작동하지 않는다는 뜻이다. 이 문제를 피하는 법은 다음 절에서 살펴본다.

그에 앞서 러스트의 엄격한 위생이 되레 방해가 되는 경우를 살펴보고 우회책을 알아보자. 많은 함수가 다음과 같은 코드를 가졌다고 하자.

```
let req = ServerRequest::new(server_socket.session());
```

이 코드를 일일이 복사해서 붙여 넣는 건 여간 귀찮은 일이 아니다. 그러지 말고 매크로를 써보면 어떨까?

```
macro_rules! setup_req {
    () => {
        let req = ServerRequest::new(server_socket.session());
    }
}

fn handle_http_request(server_socket: &ServerSocket) {
    setup_req!();  // `req`를 선언하고 `server_socket`을 쓴다.
    ...  // `req`를 쓰는 코드.
}
```

그러나 이 코드는 작동하지 않는다. 함수에 선언된 지역 server_socket을 참조하기 위해서는 매크로에 server_socket이라는 이름이 필요하고, 반대로 변수 req의 경우도 마찬가지다. 그러나 위생은 매크로에 있는 이름이 다른 범위에 있는 이름과 '충돌하지 않도록 막는데, 심지어 그렇게 되길 바라는 지금 같은 경우에도 사정은 마찬가지다.

해결책은 매크로 코드 안팎에서 사용하려는 식별자를 전부 매크로에 넘기는 것이다.

```
macro_rules! setup_req {
    ($req:ident, $server_socket:ident) => {
        let $req = ServerRequest::new($server_socket.session());
    }
}

fn handle_http_request(server_socket: &ServerSocket) {
    setup_req!(req, server_socket);
    ...  // `req`를 쓰는 코드.
}
```

이제 함수가 req와 server_socket을 제공하므로 해당 범위에 맞는 '색'이 칠해진다.

위생 때문에 매크로를 쓰기가 살짝 번거로워졌지만, 이는 기능이지 버그가 아니다. 위생적 매크로가 나도 모르는 사이에 지역변수를 엉망으로 만들 수 없다는 걸 알면 이 정도쯤은 쉽게 납득할 수 있다. 또 함수에서 server_socket과 같은 식별자가 쓰이는 곳을 전부 찾을 때 결과에 매크로 호출이 포함돼서 좋다.

매크로 가져오기와 내보내기

러스트에서는 컴파일 과정의 초기 단계에서 프로젝트의 전체 모듈 구조가 파악되기도 전에 매크로 전개가 일어나므로 컴파일러는 이를 가져오고 내보내기 위한 특별한 어포던스affordance를 가지고 있다.

한 모듈에서 볼 수 있는 매크로는 자동으로 자식 모듈에서 볼 수 있다. 어떤 모듈에 있는 매크로를 부모 모듈 쪽으로 내보내려면 #[macro_use] 어트리뷰트를 쓴다. 예를 들어 **lib.rs**가 다음과 같다고 하자.

```
#[macro_use] mod macros;
mod client;
mod server;
```

이 코드는 macros 모듈에 정의된 매크로를 전부 **lib.rs**로 가져오기 때문에 client와 server를 포함한 크레이트 전역에서 볼 수 있다.

#[macro_export]가 붙은 매크로는 자동으로 pub이 되며 다른 아이템과 마찬가지로 경로를 써서 참조할 수 있다.

예를 들어, lazy_static 크레이트는 #[macro_export]가 붙은 lazy_static이라고 하는 매크로를 제공한다. 이 매크로를 여러분의 크레이트에서 쓰려면 다음처럼 작성하면 된다.

```
use lazy_static::lazy_static;
lazy_static!{ }
```

매크로를 가져오고 난 뒤에는 다른 아이템처럼 쓰면 된다.

```
use lazy_static::lazy_static;

mod m {
    crate::lazy_static!{ }
}
```

물론, 실제로 이렇게 한다는 건 여러분의 매크로가 다른 모듈에서 호출될 수도 있다는 뜻이다. 따라서 내보낸 매크로는 범위 안에 있는 다른 무언가에 의존하면 안 된다. 매크로가 쓰이는 범위 안에 무엇이 있을지 알 길이 없을 뿐만 아니라 심지어 표준 프렐류드의 기능도 섀도잉될 수 있기 때문이다.

이 문제를 해결하기 위해서는 매크로에서 쓰는 모든 이름을 절대 경로로 써야 한다. macro_rules! 는 이를 돕기 위해서 특별한 프래그먼트인 $crate를 제공한다. 이는 매크로뿐만 아니라 아무 경로에나 쓸 수 있는 키워드인 crate와 다르다. $crate는 매크로가 정의되어 있는 크레이트의 루트 모듈을 가리키는 절대 경로처럼 작동한다. Json이 아니라 $crate::Json이라고 쓰면 Json을 가져오지 않은 상태에서도 작동한다. HashMap은 ::std::collections::HashMap이나 $crate::macros::HashMap 으로 바꿀 수 있다. 단, $crate는 크레이트의 비공개 기능을 접근하는 데 쓸 수 없으므로 후자의 경우에는 HashMap을 다시 내보내야 한다. 그러면 실제로 ::jsonlib과 같은 평범한 경로로 전개되며, 가시성 규칙은 영향을 받지 않는다.

이 매크로를 전용 모듈 macros로 옮기고 $crate를 쓰도록 바꾼 최종 버전은 다음과 같다.

```
// macros.rs
pub use std::collections::HashMap;
pub use std::boxed::Box;
pub use std::string::ToString;

#[macro_export]
macro_rules! json {
    (null) => {
        $crate::Json::Null
    };
    ([ $( $element:tt ),* ]) => {
        $crate::Json::Array(vec![ $( json!($element) ),* ])
    };
    ({ $( $key:tt : $value:tt ),* }) => {
        {
            let mut fields = $crate::macros::Box::new(
                $crate::macros::HashMap::new());
            $(
                fields.insert($crate::macros::ToString::to_string($key),
                              json!($value));
            )*
            $crate::Json::Object(fields)
        }
    };
    ($other:tt) => {
        $crate::Json::from($other)
    };
}
```

.to_string() 메서드는 표준 ToString 트레이트의 일부이므로 이것 역시 $crate를 써서 참조하는데, 이때 11장의 '**한정자가 모두 붙은 메서드 호출**' 절에서 소개한 문법을 쓰면 $crate::macros::ToString::to_string($key)가 된다. 사실 여기서는 ToString이 표준 프렐류드에 있기 때문에 꼭 이런 식으로 하지 않아도 매크로가 작동한다. 그러나 매크로가 호출되는 지점에서 범위에 없을 수도 있는 트레이트의 메서드를 호출하는 경우에는 한정자가 모두 붙은 메서드 호출을 쓰는 게 가장 좋다.

매칭 중에 발생하는 구문 오류 피하기

다음 매크로는 아무런 문제도 없어 보이지만 러스트에게 몇 가지 문제를 떠안긴다.

```
macro_rules! complain {
    ($msg:expr) => {
        println!("Complaint filed: {}", $msg)
    };
    (user : $userid:tt , $msg:expr) => {
        println!("Complaint from user {}: {}", $userid, $msg)
    };
}
```

이 매크로를 다음처럼 호출한다고 하자.

```
complain!(user: "jimb", "the AI lab's chatbots keep picking on me");
```

언뜻 보기에 이 코드는 당연히 두 번째 패턴과 매칭될 것 같다. 그러나 러스트는 첫 번째 규칙을 시도할 때 전체 입력을 $msg:expr과 매칭시켜 본다. 바로 여기서 일이 틀어지기 시작한다. 물론, user: "jimb"는 표현식이 아니므로 구문 오류가 발생한다. 러스트는 안 그래도 어려운 매크로 디버깅의 짐을 덜어주기 위해서 문법 오류를 비밀로 하길 거부한다. 따라서 즉시 그 사실을 알리고 컴파일을 멈춘다.

패턴에 있는 다른 토큰이 매칭에 실패하면 러스트가 다음 규칙으로 넘어가므로 문제될 게 없다. 치명적인 건 프래그먼트를 매칭하려고 할 때만 발생하는 구문 오류뿐이다.

여기서 문제를 이해하는 건 그리 어렵지 않은데, 핵심은 바로 잘못된 규칙의 프래그먼트 $msg:expr과 매칭하려고 한다는 점이다. 이리로 빠지는 건 계획에 없던 일이므로 매칭되면 안 된다. 호출부가 원한 건 다른 규칙이다. 이 문제를 쉽게 피해 가는 방법은 두 가지다.

우선 혼동하기 쉬운 규칙을 피하는 것이다. 예를 들어, 매크로에 있는 모든 패턴을 서로 다른 식별자로 시작하게 바꿀 수 있다.

```
macro_rules! complain {
    (msg : $msg:expr) => {
        println!("Complaint filed: {}", $msg);
    };
    (user : $userid:tt , msg : $msg:expr) => {
```

```
        println!("Complaint from user {}: {}", $userid, $msg);
    };
}
```

매크로 인수가 msg로 시작하면 첫 번째 규칙을 타고 user로 시작하면 두 번째 규칙을 탄다. 어느 쪽이든 프래그먼트를 매칭해 보기 전에 올바른 규칙을 타게 된다는 걸 알 수 있다.

가짜 구문 오류를 피하는 또 다른 방법은 보다 구체적인 규칙을 먼저 두는 것이다. user: 규칙을 먼저 두면 구문 오류를 일으키는 규칙에 도달할 일이 없으므로 complain! 문제가 해결된다.

macro_rules!에서 한 걸음 더 나아가기

매크로 패턴은 JSON보다 더 복잡한 입력도 파싱할 수 있지만 복잡성이 금방 걷잡을 수 없이 퍼진다.

대니얼 킵Daniel Keep이 쓴 《The Little Book of Rust Macros》는 고급 macro_rules! 프로그래밍을 다루는 훌륭한 안내서다. 이 책은 군더더기 없는 깔끔한 문체로 매크로 전개의 모든 면을 여기서 다룬 것보다 더 자세히 설명하며, macro_rules! 패턴을 일종의 특수 목적용 프로그래밍 언어로 삼아서 복잡한 입력을 파싱하는 매우 영리한 기법 몇 가지를 소개한다. 단, 필자는 이를 적극적으로 권장하는 편은 아니다. 그러니 주의해서 사용하자.

러스트 1.15에서는 **절차적 매크로**procedural macro라고 하는 별도의 메커니즘이 도입됐다. 절차적 매크로를 쓰면 그림 21-4에서 보다시피 #[derive] 어트리뷰트를 확장해서 자동으로 생성되는 사용자 정의 구현을 처리할 수 있을 뿐만 아니라 사용자 정의 어트리뷰트와 앞서 이야기한 macro_rules! 매크로처럼 호출되는 새 매크로를 만들 수 있다.

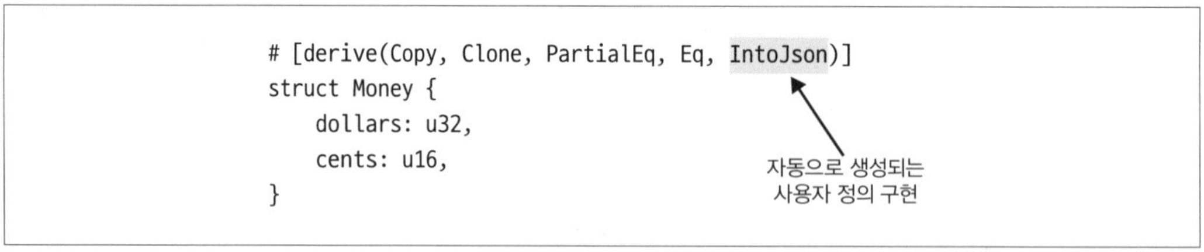

```
# [derive(Copy, Clone, PartialEq, Eq, IntoJson)]
struct Money {
    dollars: u32,
    cents: u16,                      자동으로 생성되는
}                                    사용자 정의 구현
```

그림 21-4 #[derive] 어트리뷰트를 통해서 가상의 절차적 매크로인 IntoJson 호출하기

IntoJson 트레이트가 존재하지 않지만 그게 중요한 게 아니다. 절차적 매크로는 이 고리를 이용해서 임의의 원하는 코드(아마도 여기서는 impl From<Money> for Json { ... }이 될 것이다)를 끼워 넣을 수 있다.

절차적 매크로가 '절차적'인 이유는 매크로가 일련의 선언적 규칙이 아니라 러스트 함수 형태로 구현되기 때문이다. 이 함수는 얇은 추상층을 통해서 컴파일러와 소통하며, 임의의 복잡도를 가질 수 있다. 예를 들어 diesel 데이터베이스 라이브러리는 절차적 매크로를 써서 컴파일 시점에 데이터베이스에 연결하고, 그 데이터베이스의 스키마를 토대로 코드를 생성한다.

절차적 매크로는 컴파일러 내부와 소통하기 때문에 효과적인 매크로를 작성하려면 컴파일러의 동작 방식을 이해해야 하지만 이 부분은 이 책의 범위를 벗어난다. 하지만 온라인 문서(https://doc.rust-lang.org/book/ch19-06-macros.html#procedural-macros-for-generating-code-from-attributes)에서 자세히 다루고 있으니 참고하자.

어쩌면 이번 장을 읽고서 매크로가 쓰기 싫어졌을 수도 있겠다. 그럴 땐 어떻게 해야 할까? 한 가지 대안은 빌드 스크립트를 써서 러스트 코드를 생성하는 것이다. 카고 문서(https://doc.rust-lang.org/cargo/reference/build-script-examples.html)를 보면 어떻게 하면 되는지 단계별로 나와 있다. 원하는 러스트 코드를 생성하는 프로그램을 작성하고, **Cargo.toml**에 한 줄을 넣어서 이 프로그램이 빌드 프로세스의 일환으로 실행되게 만들고, include!를 써서 생성된 코드를 크레이트로 가져오는 식이다.

22
CHAPTER

안전하지 않은 코드

나를 겸손하다거나 나약하다거나 소극적인 사람이라고 생각하게 두지 말자. 나를 적에게는 위험하고 친구에게는 충성스러운 그런 부류의 사람으로 이해시키자. 영광은 바로 그런 삶에 깃든다.

—에우리피데스Euripides, 〈메데이아Medea〉

시스템 프로그래밍의 은밀한 기쁨은 안전함 빼면 시체인 언어와 빈틈없이 설계된 추상층 밑에서 몰아치는 안전함이라곤 1도 찾아볼 수 없는 머신 언어와 비트 조작의 소용돌이에 있다. 러스트로도 이런 코드를 작성할 수 있다.

지금까지 이 책에서 살펴본 언어는 별다른 일을 하지 않아도 타입, 수명, 범위 검사 등을 통해서 프로그램이 메모리 오류와 데이터 경합을 일으키는 일이 없도록 만들어 준다. 그러나 이런 식의 자동화된 추론은 한계가 있기 마련이다. 러스트의 안전망을 뚫을 수 있는 유용한 기법이 많이 있다.

안전하지 않은 코드unsafe code를 쓴다는 건 러스트에게 '난 네가 안전성을 담보해줄 수 없는 기능을 쓰기로 했어'라고 말하는 것과 같다. 블록이나 함수를 안전하지 않다고 표시해 두면 표준 라이브러리에 있는 **unsafe** 함수를 호출할 수 있고, 안전하지 않은 포인터를 역참조할 수 있고, C와 C++ 같은 다른 언어로 작성된 함수를 호출할 수 있게 된다. 그러면서도 타입 검사, 수명 검사, 색인 범위 검사 등 러스트의 다른 안전성 검사는 전부 평소대로 적용된다. 안전하지 않은 코드는 단지 추가 기능 몇 가지를 켤 뿐이다.

안전한 러스트의 경계를 벗어날 수 있게 해주는 이런 기능이 있어서 러스트는 대부분의 기본 기능을 러스트로 구현할 수 있다. C와 C++의 표준 라이브러리가 C와 C++로 구현된 것처럼 말이다. Vec 타입이 자신의 버퍼를 효율적으로 관리할 수 있는 것도, std::io 모듈이 운영체제와 소통할 수 있는 것도, std::thread와 std::sync 모듈이 동시성 기본 요소를 제공할 수 있는 것도 다 안전하지 않은 코드 덕분이다.

이번 장에서는 안전하지 않은 기능을 써서 일하는 데 필요한 필수 사항을 다룬다.

- 러스트의 unsafe 블록은 일상적으로 쓰는 안전한 코드와 안전하지 않은 기능을 쓰는 코드 사이에 경계를 세운다.

- 함수를 unsafe로 표시해 두면 호출부가 미정의 동작을 피하기 위해 따라야 할 추가 계약이 있음을 알아챌 수 있다.

- 원시 포인터와 이들이 가진 메서드를 쓰면 아무런 제약 없이 메모리에 접근할 수 있고 또 러스트의 타입 시스템이 금지할 법한 데이터 구조를 만들 수 있다. 러스트의 레퍼런스는 안전하지만 제약이 따르는 반면, 원시 포인터는 C나 C++ 프로그래머라면 누구나 알다시피 강력하고 예리한 도구다.

- 미정의 동작의 정의를 이해하면 왜 부정확한 결과를 받아보는 것보다 훨씬 더 심각한 결과를 초래할 수 있다는 건지를 이해하는 데 도움이 된다.

- 안전하지 않은 트레이트는 unsafe 함수와 마찬가지로 (각 호출부가 아니라) 각 구현이 따라야 할 계약을 도입한다.

무엇으로부터 안전하지 않다는 걸까?

이 책을 시작하면서 우리는 놀랍게도 C 표준이 규정하고 있는 규칙 하나를 따르지 않았다는 이유로 크래시를 일으키는 C 프로그램을 살펴본 바 있다. 러스트로도 똑같은 일을 할 수 있다.

```
$ cat crash.rs
fn main() {
    let mut a: usize = 0;
    let ptr = &mut a as *mut usize;
    unsafe {
        *ptr.offset(3) = 0x7ffff72f484c;
    }
}
$ cargo build
```

```
    Compiling unsafe-samples v0.1.0
     Finished debug [unoptimized + debuginfo] target(s) in 0.44s
$ ../../target/debug/crash
crash: Error: .netrc file is readable by others.
crash: Remove password or make file unreadable by others.
Segmentation fault (core dumped)
$
```

이 프로그램은 지역변수 a의 변경할 수 있는 레퍼런스를 빌려다가, 이를 *mut usize 타입의 원시 포인터로 캐스팅한 다음, offset 메서드를 써서 메모리에서 3워드 떨어진 위치에 포인터를 만든다. 이 위치는 main의 복귀 주소가 저장되는 곳이다. 즉, 프로그램이 복귀 주소를 상수로 덮어쓰는 바람에 main이 복귀할 때 엉뚱한 일이 벌어진다. 프로그램이 안전하지 않은 기능(여기서는 원시 포인터를 역참조하는 기능)을 부정확하게 쓰면 이런 크래시가 발생할 수 있다.

안전하지 않은 기능은 **계약**contract을 도입한다. 계약이란 러스트가 알아서 시행할 순 없지만 그럼에도 불구하고 **미정의 동작**undefined behavior을 피하려면 꼭 따라야 하는 규칙이다.

계약은 일반적인 타입 검사와 수명 검사를 넘어서서 안전하지 않은 기능에 특화된 추가 규칙을 도입한다. 보통 계약은 기능의 문서에 설명되어 있을 뿐 러스트 자체는 계약에 대해서 아는 바가 전혀 없다. 예를 들어 원시 포인터 타입에는 원래 있던 참조 대상의 끝을 벗어난 포인터의 역참조를 금지하는 계약이 있다. 이 예에서는 표현식 *ptr.offset(3) = ...이 이 계약을 위반한다. 그러나 출력에서 보다시피 러스트는 아무런 불평 없이 프로그램을 컴파일하며 안전성 검사가 이 위반을 감지하지 못한다. 안전하지 않은 기능을 쓸 때는 코드가 계약을 준수하는지 점검할 책임이 프로그래머인 여러분에게 있다.

많은 기능에는 제대로 쓰기 위해 따라야 할 규칙이 있지만, 그런 규칙은 있을 수 있는 결과에 미정의 동작이 포함되지 않는다는 점에서 여기서 말하는 계약과 다르다. 미정의 동작은 러스트가 코드에서 나타날 리 없다고 굳게 믿고 가져갈 수 있는 동작이다. 예를 들어 러스트는 여러분이 함수 호출의 복귀 주소를 다른 무언가로 덮어쓰지 않는다고 가정한다. 러스트의 일반적인 안전성 검사를 통과하고 사용 중인 안전하지 않은 기능의 계약을 준수하는 코드는 그런 일을 벌일 수 없다. 그러나 앞에 있는 프로그램은 원시 포인터 계약을 위반하고 있으므로 이 부분에 대한 동작이 정의되어 있지 않아서 궤도를 이탈하고 만다.

코드가 미정의 동작을 보이면 러스트와 맺은 합의의 절반을 파기하는 것이므로 러스트는 결과 예측을 거부한다. 저 밑에서 시스템 라이브러리가 던지는 엉뚱한 오류 메시지를 들먹이며 크래시가 날 수도 있고 컴퓨터의 제어권이 공격자에게 넘어갈 수도 있다. 결과는 러스트 버전마다 다를 수 있으며 예고 없이 바뀌기도 한다. 하지만 경우에 따라서는 미정의 동작이 눈에 보이지 않는 결과를 내기도 한다. 예를 들어 main 함수가 (프로그램을 조기에 종료하려는 목적으로 std::process::exit를 호출해서) 절대로 복귀하지 않으면 손상된 복귀 주소는 아무런 문제도 되지 않을 것이다.

안전하지 않은 기능은 unsafe 블록이나 unsafe 함수 안에서만 쓸 수 있는데 이 둘은 다음 절에서 설명한다. 그 덕분에 부지불식간에 안전하지 않은 기능을 쓰기가 어렵다. 러스트에서는 필요하면 무조건 unsafe 블록이나 함수를 작성해야 하기 때문에 코드가 따라야 할 추가 규칙이 있을 수도 있다는 점을 모르고 그냥 넘어갈 수 없다.

안전하지 않은 블록

unsafe 블록은 unsafe 키워드가 앞에 붙은 평범한 러스트 블록처럼 보이지만 블록 안에서 안전하지 않은 기능을 쓸 수 있다는 차이가 있다.

```
unsafe {
    String::from_utf8_unchecked(ascii)
}
```

블록 앞에 unsafe 키워드가 없으면 러스트는 unsafe 함수인 from_utf8_unchecked를 쓸 수 없다며 반대할 것이다. unsafe 블록이라면 어디서든 이 코드를 쓸 수 있다.

평범한 러스트 블록과 마찬가지로 unsafe 블록의 값은 마지막 표현식의 값이며 없을 때는 ()이다. 앞서 본 String::from_utf8_unchecked 호출이 이 블록의 값을 제공한다.

unsafe 블록에서는 아래의 다섯 가지 옵션을 추가로 쓸 수 있다.

- unsafe 함수를 호출할 수 있다. 각 unsafe 함수는 목적에 따라 고유한 계약을 명시해야 한다.
- 원시 포인터를 역참조할 수 있다. 안전한 코드도 원시 포인터를 넘기고, 비교하고, 레퍼런스를 (또 심지어 정수를) 변환해서 만들 수 있지만, 실제로 이를 써서 메모리에 접근할 수 있는 건 안전하지 않은 코드뿐이다. 원시 포인터에 대한 자세한 내용과 안전한 사용법에 대한 설명은 751쪽 '원시 포인터' 절에서 다룬다.
- union의 필드에 접근할 수 있다. 컴파일러는 주어진 비트 패턴이 각자 의도한 타입에 맞는지 확신할 수 없다.

- 변경할 수 있는 static 변수에 접근할 수 있다. 19장의 **'전역변수'** 절에서 설명했다시피, 러스트는 스레드가 변경할 수 있는 static 변수를 언제 쓸지 확신할 수 없으므로 계약을 통해서 모든 접근을 적절히 동기화할 것을 요구한다.
- 러스트의 외부 함수 인터페이스를 통해 선언된 함수와 변수에 접근할 수 있다. 이들은 러스트의 안전 규칙을 준수하지 않을 수도 있는 다른 언어로 작성한 코드에서 볼 수 있으므로 변경할 수 없더라도 unsafe로 간주된다.

안전하지 않은 기능을 unsafe 블록에서만 쓸 수 있도록 제한한다고 해서 원하는 일을 못 하도록 막는 게 아니다. 코드에 unsafe 블록만 둔다고 해도 전혀 문제 될 게 없다. 이 규칙의 이점은 주로 러스트가 안전성을 담보할 수 없는 코드가 있을 때 사람의 이목을 끌어서 이를 알리는 데 있다.

- 실수로 안전하지 않은 기능을 쓰다가 부지불식간에 계약의 책임을 떠안는 일이 없다.
- unsafe 블록은 리뷰어에게서 더 많은 이목을 끌어낸다. 일부 프로젝트는 이를 보장하기 위한 자동화 기능을 갖추고 있어서, unsafe 블록에 영향을 주는 코드 변화를 감지해 따로 알려주기도 한다.
- unsafe 블록을 쓸지 말지 고민이라면 잠깐 시간을 내서 정말로 작업에 꼭 필요한 요소인지 자문해볼 필요가 있다. 성능 때문이라면 이 부분이 실제로 병목임을 보여주는 측정치를 확보하자. 어쩌면 안전한 러스트로 같은 결과를 내는 좋은 방법이 있을 수도 있다.

예: 효율적인 아스키 문자열 타입

아래는 내용이 항상 유효한 아스키임을 보장하는 문자열 타입 Ascii의 정의다. 이 타입은 안전하지 않은 기능을 써서 String으로의 무비용 변환을 제공한다.

```
mod my_ascii {
    /// 아스키로 인코딩된 문자열.
    #[derive(Debug, Eq, PartialEq)]
    pub struct Ascii(
        // 여기에는 적격한 아스키 텍스트, 즉 `0`부터 `0x7f`까지
        // 해당하는 바이트만 들어가야 한다.
        Vec<u8>
    );

    impl Ascii {
        /// `bytes`에 있는 아스키 텍스트로 `Ascii`를 만든다.
        /// `bytes`에 비아스키 문자가 하나라도 있으면
        /// `NotAsciiError` 오류를 반환한다.
```

```
    pub fn from_bytes(bytes: Vec<u8>) -> Result<Ascii, NotAsciiError> {
        if bytes.iter().any(|&byte| !byte.is_ascii()) {
            return Err(NotAsciiError(bytes));
        }
        Ok(Ascii(bytes))
    }
}

// 변환에 실패하면 변환할 수 없었던 벡터를 되돌려준다.
// `std::error::Error`를 구현해야 하지만 간결함을 위해서 생략한다.
#[derive(Debug, Eq, PartialEq)]
pub struct NotAsciiError(pub Vec<u8>);

// 안전하지 않은 코드로 구현한 안전하고 효율적인 변환.
impl From<Ascii> for String {
    fn from(ascii: Ascii) -> String {
        // 적격한 아스키 텍스트는 곧 적격한 UTF-8이므로,
        // 이 모듈에 버그가 없다면 아래 코드는 안전하다.
        unsafe { String::from_utf8_unchecked(ascii.0) }
    }
}
    ...
}
```

이 모듈의 핵심은 Ascii 타입의 정의다. 타입 자체는 pub으로 표시되어 있어서 my_ascii 모듈 밖에서 볼 수 있다. 그러나 타입의 Vec<u8> 요소는 공개되어 있지 **않으므로** my_ascii 모듈만 Ascii 값을 생성하거나 그 안에 있는 요소를 참조할 수 있다. 이렇게 하면 모듈의 코드가 이 벡터에 있어야 할 것과 없어야 할 것을 완벽히 제어할 수 있다. 공개 생성자와 메서드가 새로 생성된 Ascii 값이 적격하다는 것과 살아있는 동안 그 상태가 유지된다는 것을 보장하는 한은 프로그램의 나머지 부분이 해당 규칙을 위반할 수 없다. 실제로 공개 생성자 Ascii::from_bytes는 Ascii를 생성하는 데 동의하기에 앞서 주어진 벡터를 꼼꼼히 확인한다. 여기서는 지면 관계상 메서드를 전부 생략했지만, String의 메서드가 자신이 가진 내용이 적격한 UTF-8임을 보장하는 것처럼, Ascii 값이 늘 제대로 된 아스키 텍스트를 쥐고 있음을 보장하는 일련의 텍스트 처리 메서드를 생각해 볼 수 있다.

이렇게 구성하면 String을 위한 From<Ascii>를 매우 효율적으로 구현할 수 있다. 안전하지 않은 함수 String::from_utf8_unchecked는 바이트 벡터를 받아다가 그 안에 있는 내용이 적격한 UTF-8 텍스트인지 묻지도 따지지도 않은 채 String을 만든다. 왜냐하면 함수의 계약이 그 부분에 대한 책임을 호출부에게 떠넘기기 때문이다. 다행히도 Ascii 타입이 시행하는 규칙은 from_utf8_unchecked의 계약을 충족하는 데 필요한 것이다. 17장의 'UTF-8' 절에서 설명했다시피 임의의 아스

키 텍스트 블록은 곧 적격한 UTF-8이므로 Ascii 내부에 있는 Vec<u8>을 곧바로 String의 버퍼로 쓸 수 있다.

정의가 이와 같다고 할 때 코드는 다음과 같이 작성할 수 있다.

```
use my_ascii::Ascii;

let bytes: Vec<u8> = b"ASCII and ye shall receive".to_vec();

// 이 호출은 할당이나 텍스트 복사 없이 스캔만 한다.
let ascii: Ascii = Ascii::from_bytes(bytes)
    .unwrap();  // 문제 있는 바이트열이 나올 수 없다.

// 할당, 복사, 스캔이 전혀 발생하지 않는 무비용 호출이다.
let string = String::from(ascii);

assert_eq!(string, "ASCII and ye shall receive");
```

Ascii를 쓸 때는 unsafe 블록이 필요 없다. 왜냐하면 안전하지 않은 기능을 써서 안전한 인터페이스를 구현했고 또 사용자의 행동이 아니라 모듈 자체의 코드만 의존해서 계약을 충족하도록 구성했기 때문이다.

Ascii는 모듈 안에 Vec<u8>을 숨겨두고 여기에 들어갈 내용에 관한 추가 규칙을 시행하는 얇은 래퍼에 불과하다. 이런 종류의 타입을 **뉴타입**newtype이라고 하는데 러스트에서는 이런 식의 패턴이 자주 쓰인다. 러스트의 String 타입도 이와 똑같은 식으로 정의되어 있지만 아스키가 아니라 UTF-8로 된 내용만 쥘 수 있다는 점이 다르다. 실제로 표준 라이브러리의 String은 다음처럼 정의되어 있다.

```
pub struct String {
    vec: Vec<u8>,
}
```

머신 수준에서 볼 때 뉴타입과 그의 요소는 이 그림에서 사라진 러스트의 타입과 동일한 메모리 표현을 가지므로 뉴타입을 생성하는 데는 머신 명령이 전혀 필요 없다. Ascii::from_bytes에서 표현식 Ascii(bytes)는 이제 Vec<u8>의 표현이 Ascii 값을 쥐고 있다고 여긴다. 마찬가지로 String::from_utf8_unchecked도 인라인 처리되고 나면 Vec<u8>이 String으로 간주되기 때문에 머신 명령이 전혀 필요 없을 수도 있다.

안전하지 않은 함수

unsafe 함수 정의는 unsafe 키워드가 앞에 붙은 평범한 함수 정의처럼 보인다. unsafe 함수의 본문은 자동으로 unsafe 블록으로 간주된다.

unsafe 함수는 unsafe 블록 안에서만 호출할 수 있다. 이 말은 함수를 unsafe로 표시해 두면 호출부가 그 함수에 미정의 동작을 피하기 위해 충족해야 할 계약이 있음을 알아챌 수 있다는 뜻이다.

예를 들어 앞서 소개한 Ascii 타입에 아래의 새 생성자를 추가해 보자. 이 생성자는 바이트 벡터를 받아다가 그 안에 있는 내용이 유효한 아스키인지 묻지도 따지지도 않은 채 Ascii를 만든다.

```
// 이 코드는 `my_ascii` 모듈 안에 있어야 한다.
impl Ascii {
    /// `bytes`가 실제로 적격한 아스키를 쥐고 있는지 묻지도 따지지도 않은 채
    /// `bytes`를 가지고 `Ascii` 값을 생성한다.
    ///
    /// 이 생성자는 절대로 실패하지 않으며, `from_bytes` 생성자와 마찬가지로
    /// `Result<Ascii, NotAsciiError>`가 아니라 직접 `Ascii`를 반환한다.
    ///
    /// # 안전성
    ///
    /// 호출부는 `bytes`가 아스키 문자만 쥐고 있는 게 맞는지 꼭 확인해야 한다.
    /// 0x7f보다 큰 바이트가 하나라도 들어 있으면 안 된다. 그렇지 않으면 어떤
    /// 결과가 돌아올지 장담할 수 없다.
    pub unsafe fn from_bytes_unchecked(bytes: Vec<u8>) -> Ascii {
        Ascii(bytes)
    }
}
```

짐작건대 Ascii::from_bytes_unchecked를 호출하는 코드는 손에 쥔 벡터가 아스키 문자만 담고 있다는 사실을 어떤 식으로든 이미 알고 있을 것이다. 이럴 때는 Ascii::from_bytes처럼 매번 검사를 수행하느라 시간을 낭비할 필요도 없고, 호출부가 발생할 리 없는 Err 결과를 처리하느라 번거롭게 코드를 작성할 필요도 없다. Ascii::from_bytes_unchecked를 쓰면 호출부가 챙겨야 하는 이러한 검사와 오류 처리를 피할 수 있다.

그러나 앞서 우리는 Ascii 값의 적격성을 보장하는 Ascii의 공개 생성자와 메서드의 중요성을 강조한 바 있다. from_bytes_unchecked는 이 책임을 다하지 못하고 있는 게 아닐까?

꼭 그런 건 아니다. from_bytes_unchecked는 계약을 통해서 자신의 의무를 호출부에게 위임하는 식으로 이 문제를 해결한다. 바로 이런 계약이 존재하기 때문에 이 함수는 unsafe로 표시하는 게 맞다.

함수 자체가 안전하지 않은 작업을 수행하는 게 아니더라도 미정의 동작을 피하려면 호출부는 러스트가 알아서 시행해 줄 수 없는 규칙을 꼭 따라야 한다.

`Ascii::from_bytes_unchecked`의 계약을 깨뜨려서 미정의 동작을 일으키는 게 정말로 가능할까? 그렇다. 다음처럼 하면 부적격한 UTF-8을 쥐고 있는 String을 생성할 수 있다.

```
// 아스키를 산출하기로 되어 있는 어떤 복잡한 처리의 결과가 이 벡터라고 하자.
// 이 결과는 어딘가 잘못됐다!
let bytes = vec![0xf7, 0xbf, 0xbf, 0xbf];

let ascii = unsafe {
    // 이 안전하지 않은 함수의 계약은 `bytes`가
    // 비아스키 바이트열을 쥐고 있을 때 깨진다.
    Ascii::from_bytes_unchecked(bytes)
};

let bogus: String = ascii.into();

// `bogus`는 이제 부적격한 UTF-8을 쥐고 있다. 이 문자열의 첫 번째 문자를 파싱하면
// 유효한 유니코드 코드 포인트가 아니라 `char`가 산출된다. 이는 미정의 동작이기 때문에
// 언어는 이 단언문이 어떤 식으로 작동해야 하는지 알려주지 않는다.
assert_eq!(bogus.chars().next().unwrap() as u32, 0x1fffff);
```

이 코드를 특정 플랫폼에서 특정 버전의 러스트로 실행하면 단언문이 다음처럼 재밌는 오류 메시지를 내며 실패하는 걸 볼 수 있다.

```
thread 'main' panicked at 'assertion failed: `(left == right)`
  left: `2097151`,
 right: `2097151`', src/main.rs:42:5
```

두 수가 같아 보이지만 이건 러스트가 실수한 게 아니라 앞에 있는 unsafe 블록의 결함 때문이다. 미정의 동작이 발생하면 무슨 일이 벌어질지 모른다고 한 건 바로 이런 걸 두고 하는 소리다.

이는 버그와 안전하지 않은 코드에 관한 두 가지 중요한 사실을 보여준다.

• unsafe 블록 앞에서 발생하는 버그는 계약을 깨뜨릴 수 있다. unsafe 블록이 미정의 동작을 일으키는지 여부는 블록 자체의 코드만이 아니라 그 코드가 작용하는 값을 공급하는 코드에도 영향을 받을 수 있다. unsafe 코드가 계약을 충족하기 위해 의존하는 모든 게 안전성 측면에서 중요한 역할을 한다. String::from_utf8_unchecked에 기초한 Ascii에서 String으로의 변환은 나머지 모듈이 Ascii의 불변성을 제대로 유지하는 경우에만 잘 정의된다.

- **깨뜨린 계약의 결과는 unsafe 블록을 빠져나온 뒤에 나타날 수도 있다.** 안전하지 않은 기능의 계약을 준수하지 않아서 생기는 미정의 동작은 unsafe 블록 자체에서 발생하지 않을 때가 많다. 앞서 봤다시피 가짜 String을 만들더라도 프로그램이 실행되고 나서 한참 동안 문제를 일으키지 않을 수도 있다.

본질적으로 러스트의 타입 검사기와 차용 검사기 그리고 나머지 정적 검사는 프로그램을 검토해서 미정의 동작을 보일 수 없다는 걸 증명하려고 한다. 러스트가 프로그램을 컴파일하는 데 성공했다는 건 그 코드가 믿을 만하다는 걸 증명하는 데 성공했다는 뜻이다. unsafe 블록은 이 증명 안에 있는 빈틈으로, 러스트에게 '이 코드는 괜찮아, 날 믿어.'라고 말하고 있는 것이나 다름없다. 이 주장이 사실인지 여부는 unsafe 블록에서 벌어지는 일에 영향을 주는 프로그램의 다른 모든 부분에 달렸으며, 잘못됐을 때의 결과는 unsafe 블록에 영향을 받는 모든 곳에서 나타날 수 있다. unsafe 키워드를 쓴다는 건 언어의 안전성 검사가 주는 이점을 완전히 누리고 있지 못하다는 걸 상기시키는 것과 같다.

선택권이 있다면 당연히 계약이 필요 없는 안전한 인터페이스를 만드는 쪽을 택해야 한다. 사용자가 러스트의 안전성 검사를 통해서 코드에 미정의 동작이 없다는 걸 보장받을 수 있어야 작업이 훨씬 쉬워진다. 구현에서 안전하지 않은 기능을 쓰는 경우라도 계약을 충족하기 위해서는 호출부에게 책임을 떠넘기기보다는 스스로 책임질 수 있는 기능만 쓰면서 러스트의 타입, 수명, 모듈 시스템을 활용하는 게 가장 좋다.

안타깝게도 현실에서는 안전하지 않은 기능의 계약이 문서화되지 않은 경우를 심심치 않게 볼 수 있다. 이럴 때는 해당 코드의 동작 방식에 대한 경험과 지식을 전부 동원해서 스스로 규칙을 추론해내야 한다. 아마 C나 C++ API를 써서 하고 있는 일이 괜찮은지 걱정하며 불안에 떨어본 적이 있다면 무슨 말인지 알 것이다.

안전하지 않은 블록 vs. 안전하지 않은 함수

unsafe 블록을 써야 할지 아니면 그냥 전체 함수를 안전하지 않다고 표시해야 할지 고민될 때가 있다. 이럴 때 추천하는 접근 방식은 먼저 함수의 관점에서 바라보고 결정하는 것이다.

- 어떤 함수를 오남용했을 때 컴파일은 되지만 여전히 미정의 동작을 일으킬 가능성이 있으면 그 함수를 안전하지 않다고 표시해야 한다. 함수를 올바로 쓰기 위한 규칙이 있다면 그게 곧 계약이다. 계약이 존재하는 함수는 안전하지 않다.
- 그렇지 않으면 그 함수는 안전하다. 타입 검사를 통과한 호출이 미정의 동작을 일으킬 수 없다. 따라서 여기에는 unsafe를 붙이면 안 된다.

함수가 본문에서 안전하지 않은 기능을 쓰는지 여부는 상관없다. 중요한 건 계약의 존재다. 앞서 봤다시피 안전하지 않은 기능을 쓰지 않지만 안전하지 않은 함수가 있고 안전하지 않은 기능을 쓰지만 안전한 함수가 있다.

단지 본문에서 안전하지 않은 기능을 쓴다는 이유로 안전한 함수를 unsafe로 표시하면 안 된다. 그러면 함수를 쓰기가 더 어려워지고 읽는 사람이 어딘가에 설명되어 있을 계약을 찾느라 혼란을 겪게 된다. 그럴 때는 함수의 전체 본문이 한 줄 뿐이더라도 unsafe 블록을 쓰자.

미정의 동작

이번 장을 시작하면서 우리는 **미정의 동작**이란 용어가 '러스트가 코드에서 나타날 리 없다고 굳게 믿고 가져갈 수 있는 동작'이란 뜻이라고 했다. 그런데 표현이 어딘가 좀 묘하다. 특히 이런 동작은 우발적으로 약간 빈번하게 발생한다는 걸 다른 언어에서 경험했기 때문에 더 그렇게 느껴진다. 이 개념이 안전하지 않은 코드의 의무를 설명하는 데 도움이 되는 이유는 뭘까?

컴파일러는 한 프로그래밍 언어를 다른 프로그래밍 언어로 번역하는 번역기다. 러스트 컴파일러는 러스트 프로그램을 가져다가 그와 동등한 기계어 프로그램으로 번역한다. 그런데 완전히 다른 언어로 된 두 프로그램이 동등하다는 게 무슨 뜻일까?

다행히도 이 질문은 언어학자보다 프로그래머가 답하기 더 쉽다. 우리는 보통 두 프로그램이 실행될 때 늘 동일한 가시적 행동을 보이면 동등하다고 한다. 이들은 똑같은 시스템 호출을 쓰고 동등한 방식으로 외부 라이브러리와 소통한다. 프로그램을 위한 튜링 테스트와 약간 비슷한데, 사용 중인 프로그램이 원본인지 번역본인지 구분할 수 없다면 이들은 동등하다.

이제 아래 코드를 보자.

```
let i = 10;
very_trustworthy(&i);
println!("{}", i * 100);
```

심지어 very_trustworthy의 정의에 대해 전혀 알지 못해도 i의 공유된 레퍼런스를 받는 걸 보면 이 호출이 i의 값을 바꿀 수 없다는 걸 알 수 있다. println!에 넘어가는 값은 늘 1000이므로 러스트는 이 코드를 마치 다음처럼 생각하고 기계어로 번역할 수 있다.

```
very_trustworthy(&10);
println!("{}", 1000);
```

이 변형된 버전은 원본과 동일한 가시적 행동을 보이면서도 살짝 더 빠를 가능성이 크다. 그러나 이 버전의 성능은 원본과 동일한 의미를 가졌다고 인정될 때만 고려해야 맞다. 만일 very_trustworthy 가 다음처럼 정의되어 있다면 어떻게 될까?

```
fn very_trustworthy(shared: &i32) {
    unsafe {
        // 공유된 레퍼런스를 변경할 수 있는 포인터로 바꾼다.
        // 이는 미정의 동작이다.
        let mutable = shared as *const i32 as *mut i32;
        *mutable = 20;
    }
}
```

이 코드는 공유된 레퍼런스를 위한 규칙을 위반한다. i는 공유를 위해서 차용되었기 때문에 동결되어야 함에도 불구하고 i를 20으로 바꾸고 있는 게 문제다. 결과적으로 호출부에 생긴 변화는 이제 뚜렷한 가시적 효과를 보인다. 러스트가 코드를 변형하면 프로그램은 1000을 출력하고, 코드를 그대로 놔둔 채 i의 새 값을 쓰면 2000을 출력한다. very_trustworthy에서 공유된 레퍼런스를 위한 규칙을 위반한다는 건 공유된 레퍼런스가 호출부의 예상과 달리 작동한다는 뜻이다.

이런 종류의 문제는 러스트가 시도할 법한 거의 모든 종류의 변형에서 발생한다. 심지어 함수를 호출 사이트에 인라인 처리하는 것조차도 피호출부가 끝나면 무엇보다도 제어 흐름이 호출 사이트로 돌아온다고 가정한다. 그러나 이번 장을 열면서 예로 든 악의적인 코드를 통해서 이 가정조차 깨질 수 있다는 걸 확인한 바 있다.

(다른 언어도 마찬가지지만) 기본적으로 러스트는 언어의 기본 기능이 설계대로 작동한다는 걸 신뢰할 수 없는 상황에서 프로그램에 가한 변형이 본래의 의미를 보존하는지 여부를 평가하는 게 불가능하다. 또 여기에는 가까이에 있는 코드뿐만 아니라 잠재적으로 멀리 떨어져 있는 프로그램의 다른 부분도 한몫한다. 러스트가 코드에 뭐라도 할 수 있기 위해서는 프로그램의 나머지가 제대로 작동한다고 가정할 수 있어야 한다.

러스트로 제대로 작동하는 프로그램을 만들기 위한 규칙은 다음과 같다.

- 프로그램은 초기화되지 않은 메모리를 읽지 말아야 한다.
- 프로그램은 기본 제공 타입을 쓰면서 잘못된 값을 만들지 말아야 한다.
  - null인 레퍼런스, 박스, fn 포인터.
  - 0도 1도 아닌 bool 값.
  - 잘못된 판별값을 가진 enum 값.
  - 비서로게이트 유니코드 코드 포인트를 가진 잘못된 char 값.
  - 적격한 UTF-8이 아닌 str 값.
  - 잘못된 V테이블/슬라이스 길이를 가진 팻 포인터.
  - 복귀하지 않는 함수에 쓰는 '네버' 타입 !로 된 모든 값.

- 5장에서 설명한 레퍼런스 규칙을 준수해야 한다. 레퍼런스는 참조 대상보다 더 오래 살 수 없고, 공유된 접근은 읽기 전용 접근이고, 변경할 수 있는 접근은 배타적인 접근이라는 걸 명심하자.
- 프로그램은 널 포인터, 잘못 정렬된 포인터, 대상을 잃은 포인터를 역참조하지 말아야 한다.
- 프로그램은 포인터를 쓸 때 그 포인터와 연관되어 할당된 메모리 영역 바깥쪽을 접근하지 말아야 한다. 이 규칙은 754쪽 '원시 포인터 안전하게 역참조하기' 절에서 자세히 설명한다.
- 프로그램은 데이터 경합이 없어야 한다. 데이터 경합은 두 스레드가 동기화 없이 같은 메모리 위치에 접근하는 상황에서 기록하려는 쪽이 생길 때 발생한다.
- 프로그램은 다른 언어에서 외부 함수 인터페이스를 통해 실행 중인 호출을 7장의 '해제' 절에서 설명한 방식으로 해제하지 말아야 한다.
- 프로그램은 표준 라이브러리 함수의 계약을 준수해야 한다.

러스트의 unsafe 코드는 아직 의미론 모델이 제대로 확립되어 있지 않으므로 시간이 지나면서 이 목록의 내용도 점차 바뀌겠지만 대부분 금지된 채로 유지될 가능성이 크다.

이들 규칙을 하나라도 위반하면 미정의 동작이 발생하게 되어 프로그램을 최적화하고 기계어로 번역하기 위한 러스트의 갖은 노력이 신뢰를 잃고 물거품이 된다. 마지막 규칙을 위반해서 부적격한 UTF-8을 String::from_utf8_unchecked에 넘기면 2097151과 2097151이 서로 다른 값으로 판별되는 일이 벌어질 수도 있다.

안전하지 않은 기능을 쓰지 않는 러스트 코드는 컴파일되고 나면 이들 규칙을 전부 따른다는 게 보장된다. (단, 컴파일러에 버그가 없다고 가정해야 한다. 러스트가 그런 상태를 향해 달려가고 있긴 하지만, 이 곡선이 점근선과 교차할 일은 절대로 없을 것이다.) 이들 규칙은 안전하지 않은 기능을 쓸 때만 여러분의 책무가 된다.

C와 C++에서 프로그램이 오류나 경고 없이 컴파일된다는 건 의미가 훨씬 덜하다. 이 책을 시작하면서 언급했다시피 수준 높은 코드로 정평 난 프로젝트에서 작성한 최고의 C와 C++ 프로그램조차 미정의 동작을 보이는 게 현실이다.

안전하지 않은 트레이트

안전하지 않은 트레이트unsafe trait는 구현하는 쪽이 미정의 동작을 피하기 위해 충족해야 할 계약을 가졌지만 이를 러스트가 검사하거나 시행할 수 없는 트레이트다. 안전하지 않은 트레이트를 구현할 때는 해당 구현을 안전하지 않다고 표시해야 한다. 트레이트의 계약을 이해하고 타입이 이를 충족하는지 확인하는 건 여러분 몫이다.

타입 변수의 바운드 부분에 안전하지 않은 트레이트를 쓰는 함수는 보통 함수 안에서 안전하지 않은 기능을 쓰며 안전하지 않은 트레이트의 계약에만 의존해서 그 기능의 계약을 충족한다. 안전하지 않은 트레이트를 잘못 구현하면 이런 함수가 미정의 동작을 보일 수 있다.

std::marker::Send와 std::marker::Sync는 안전하지 않은 트레이트의 대표적인 예다. 이들 트레이트에는 메서드가 전혀 정의되어 있지 않으므로 간단히 원하는 타입에 구현할 수 있다. 그러나 여기에는 계약이 있다. Send는 구현하는 쪽이 다른 스레드로 이동해도 안전할 것을 요구하고, Sync는 공유된 레퍼런스를 통해서 여러 스레드 간에 공유해도 안전할 것을 요구한다. 예를 들어 부적절한 타입에 Send를 구현하면 std::sync::Mutex가 데이터 경합에서 더 이상 안전하지 않게 된다.

간단한 예로 러스트 표준 라이브러리는 모든 바이트를 0으로 설정해서 안전하게 초기화할 수 있는 타입을 위한 안전하지 않은 트레이트 core::nonzero::Zeroable을 가지고 있었다. 누구나 알다시피 usize를 0으로 설정하는 건 괜찮지만, &T를 0으로 설정하면 널 레퍼런스가 되어 역참조할 때 크래시가 발생한다. Zeroable 타입의 경우에는 약간의 최적화가 가능했는데, (러스트의 memset이라 할 수 있는) std::ptr::write_bytes나 0으로 초기화된 페이지를 할당하는 운영체제 호출을 써서 해당 타입으로 된 배열을 빠르게 초기화할 수 있었다. (Zeroable은 불안정한 기능이었고 러스트 1.26에 와서는 내부에서만 쓸 수 있게 num 크레이트로 옮겨졌지만 실제 사례를 보여주는 단순하고 좋은 예다.)

Zeroable은 메서드나 연관 타입이 결여된 대표적인 마커 트레이트였다.

```
pub unsafe trait Zeroable {}
```

대상 타입을 위한 구현도 마찬가지로 단순했다.

```
unsafe impl Zeroable for u8 {}
unsafe impl Zeroable for i32 {}
unsafe impl Zeroable for usize {}
// 이런 식으로 모든 정수 타입에 대해서 구현한다.
```

이들 정의의 도움을 받으면 Zeroable 타입으로 된 주어진 길이의 벡터를 빠르게 할당하는 함수를 작성할 수 있었다.

```
use core::nonzero::Zeroable;

fn zeroed_vector<T>(len: usize) -> Vec<T>
    where T: Zeroable
{
    let mut vec = Vec::with_capacity(len);
    unsafe {
        std::ptr::write_bytes(vec.as_mut_ptr(), 0, len);
        vec.set_len(len);
    }
    vec
}
```

이 함수는 먼저 필요한 용량을 가진 빈 Vec을 만든 다음 write_bytes를 호출해서 빈 버퍼를 0으로 채운다. (write_bytes 함수는 len을 바이트 수가 아니라 T 요소 수로 취급하므로 이 호출은 전체 버퍼를 채운다.) 벡터의 set_len 메서드는 버퍼를 전혀 건드리지 않은 채 길이만 바꾼다. 이렇게 하면 범위가 새로 바뀐 버퍼 공간이 실제로 적절히 초기화된 T 타입의 값을 쥐고 있는지 확인해야 하므로 안전하지 않다. 이 문제를 해결하기 위해 있는 것이 바로 T: Zeroable 바운드다. 이 바운드 덕분에 0바이트 블록이 유효한 T 값을 표현한다는 게 보장된다. 따라서 set_len을 써도 안전하다.

이 함수는 다음처럼 쓴다.

```
let v: Vec<usize> = zeroed_vector(100_000);
assert!(v.iter().all(|&u| u == 0));
```

Zeroable은 구현이 계약을 준수하지 않으면 미정의 동작을 일으킬 수 있으므로 안전하지 않은 트레이트여야 한다.

```
struct HoldsRef<'a>(&'a mut i32);

unsafe impl<'a> Zeroable for HoldsRef<'a> { }

let mut v: Vec<HoldsRef> = zeroed_vector(1);
*v[0].0 = 1;  // 크래시: 널 포인터를 역참조하고 있다.
```

러스트는 Zeroable이 어떤 의미로 쓰이는지 모르기 때문에 부적절한 타입에 구현하더라도 이를 구별할 수 없다. 다른 안전하지 않은 기능과 마찬가지로 안전하지 않은 트레이트의 계약을 이해하고 준수하는 건 여러분 몫이다.

안전하지 않은 코드는 정확하게 구현되어야 하는 일반적이고 안전한 트레이트에 의존해서는 안 된다는 걸 유념하자. 예를 들어 해싱의 대상이 되는 값과 전혀 관련 없이 그냥 무작위로 해시값을 반환하는 std::hash::Hasher 트레이트의 구현이 있다고 하자. 이 트레이트는 똑같은 비트열을 해싱할 때마다 똑같은 해시값을 산출해야 한다고 요구하지만 해당 구현은 이 요구사항을 충족하지 않는다. 그냥 잘못됐다고 봐야 한다. 그러나 Hasher는 안전하지 않은 트레이트가 아니므로 안전하지 않은 코드는 이 해서를 쓸 때 미정의 동작을 보이면 안 된다. std::collections::HashMap 타입은 해서_{hasher}의 동작 방식과 관계 없이 사용 중인 안전하지 않은 기능의 계약을 준수하도록 꼼꼼히 작성됐다. 이 테이블은 조회에 실패하고 항목이 무작위로 나타나고 사라지는 등 제대로 작동하지 않을 뻔하지만 미정의 동작을 보이지 않는다.

원시 포인터

러스트의 **원시 포인터**raw pointer는 제약 조건이 없는 포인터다. 원시 포인터를 쓰면 양방향 연결 리스트나 임의의 객체 그래프처럼 러스트의 점검 포인터 타입이 할 수 없는 모든 종류의 구조를 만들 수 있다. 그러나 원시 포인터는 매우 유연해서 러스트가 안전하게 쓰이고 있는지 아닌지 여부를 알 수 없으므로 unsafe 블록에서만 역참조할 수 있다.

원시 포인터는 기본적으로 C나 C++ 포인터와 동일하기 때문에 이들 언어로 작성된 코드와 소통할 때도 유용하다.

원시 포인터의 종류는 두 가지다.

- *mut T는 참조 대상을 변경할 수 있는 T의 원시 포인터다.

- *const T는 참조 대상을 읽을 수만 있는 T의 원시 포인터다.

(그냥 *T라고 된 타입은 없다. 늘 const나 mut 중 하나를 명시해야 한다.)

원시 포인터는 레퍼런스를 변환해서 만들 수 있고 * 연산자로 역참조할 수 있다.

```
let mut x = 10;
let ptr_x = &mut x as *mut i32;

let y = Box::new(20);
let ptr_y = &*y as *const i32;

unsafe {
    *ptr_x += *ptr_y;
}
assert_eq!(x, 30);
```

박스나 레퍼런스와 달리 원시 포인터는 C의 NULL이나 C++의 nullptr처럼 널이 될 수 있다.

```
fn option_to_raw<T>(opt: Option<&T>) -> *const T {
    match opt {
        None => std::ptr::null(),
        Some(r) => r as *const T
    }
}

assert!(!option_to_raw(Some(&("pea", "pod"))).is_null());
assert_eq!(option_to_raw::<i32>(None), std::ptr::null());
```

이 예에는 unsafe 블록이 없다. 원시 포인터를 만들고 넘기고 비교하는 건 모두 안전하다. 단지 원시 포인터를 역참조하는 게 안전하지 않을 뿐이다.

비균일 크기 타입의 원시 포인터는 그에 대응하는 레퍼런스나 Box 타입과 마찬가지로 팻 포인터다. *const [u8] 포인터는 주소와 길이를 포함하며 *mut dyn std::io::Write 포인터 같은 트레이트 객체는 V테이블을 들고 다닌다.

러스트는 다양한 상황에서 안전한 포인터 타입을 암묵적으로 역참조하지만 원시 포인터는 반드시 명시적으로 역참조해야 한다.

- . 연산자는 원시 포인터를 암묵적으로 역참조하지 않는다. (*raw).field나 (*raw).method(...)라고 적어야 한다.
- 원시 포인터는 Deref를 구현하고 있지 않으므로 Deref 강제 변환이 적용되지 않는다.
- ==와 <같은 연산자는 원시 포인터를 주소로 비교한다. 즉, 두 원시 포인터가 같은 메모리 위치를 가리키고 있으면 그 둘은 같다. 마찬가지로 원시 포인터를 해싱하면 참조 대상의 값이 아니라 포인터가 가리키고 있는 주소가 해싱된다.
- std::fmt::Display 같은 형식화 트레이트는 자동으로 레퍼런스를 따라가지만 원시 포인터는 전혀 처리하지 않는다. 단, std::fmt::Debug와 std::fmt::Pointer는 원시 포인터를 역참조하지 않고 16진수 주소로 보여준다.

C와 C++의 + 연산자와 달리 러스트의 +는 원시 포인터를 처리하지 않지만 offset과 wrapping_offset 메서드 또는 더 편리한 add, sub, wrapping_add, wrapping_sub 메서드를 통해서 포인터 산술을 수행할 수 있다. 반대로 offset_from 메서드는 두 포인터 간의 거리를 바이트 단위로 구하는데 이때 시작과 끝이 같은 메모리 영역(이를테면 같은 Vec)에 있어야 한다.

```
let trucks = vec!["garbage truck", "dump truck", "moonstruck"];
let first: *const &str = &trucks[0];
let last: *const &str = &trucks[2];
assert_eq!(unsafe { last.offset_from(first) }, 2);
assert_eq!(unsafe { first.offset_from(last) }, -2);
```

first와 last를 명시적으로 변환할 필요는 없고 그냥 타입만 지정해도 충분하다. 러스트는 암묵적으로 레퍼런스를 원시 포인터로 변환한다. (물론 그 반대 방향은 해당되지 않는다.)

as 연산자는 레퍼런스를 원시 포인터로 변환할 때나 두 원시 포인터 타입 간을 변환할 때 말이 되는 거의 모든 변환 조합을 허용한다. 그러나 변환이 복잡할 때는 일련의 단순한 단계들로 나눠야 할 수도 있다. 예를 보자.

```
&vec![42_u8] as *const String;  // 오류: 유효하지 않은 변환.
&vec![42_u8] as *const Vec<u8> as *const String;  // 허용됨.
```

as는 원시 포인터를 레퍼런스로 변환할 수 없다는 걸 유념하자. as는 늘 안전한 연산이어야 하는데 이런 변환은 안전하지 않다. 이럴 때는 (unsafe 블록에서) 원시 포인터를 역참조한 뒤 그 결괏값을 빌려와야 한다.

단, 이렇게 할 때는 매우 주의해야 한다. 이런 식으로 만들어진 레퍼런스는 제약 조건이 없는 수명을 갖는다. 원시 포인터는 러스트가 뭔가를 판단할 수 있는 정보를 전혀 들고 있지 않으므로 얼마나 오래 살 수 있을지를 제한할 수 없다. 이번 장 뒷부분에 있는 23장의 'libgit2의 안전한 인터페이스' 절에서는 수명을 적절히 제한하는 법을 보여주는 예 몇 가지를 살펴본다.

많은 타입에는 자신의 내용을 가리키는 원시 포인터를 반환하는 as_ptr과 as_mut_ptr 메서드가 있다. 예를 들어 배열 슬라이스와 문자열은 자신의 첫 번째 요소를 가리키는 포인터를 반환하고, 일부 이터레이터는 다음번에 산출될 요소를 가리키는 포인터를 반환한다. Box, Rc, Arc 같은 소유권을 갖는 포인터 타입에는 원시 포인터와 관련된 변환을 다루는 into_raw와 from_raw 함수가 있다. 이들 메서드의 계약 중 일부는 생각지 못한 요구사항을 내세우기도 하므로 사용하기 전에 문서를 확인하자.

정수를 변환해서 원시 포인터를 만들 수도 있다. 단, 이렇게 해도 된다고 믿고 갈 수 있는 경우는 애초에 그 정수를 포인터에서 얻었을 때뿐이다. 다음 쪽의 '예: RefWithFlag' 절에서는 이런 식으로 원시 포인터를 만들어 쓰는 예를 살펴본다.

레퍼런스와 달리 원시 포인터는 Send도 아니고 Sync도 아니다. 따라서 원시 포인터를 포함하는 모든 타입은 기본적으로 이들 트레이트를 구현하지 않는다. 스레드 간에 원시 포인터를 주고받거나 공유하는 것 자체가 안전하지 않은 건 아니다. 어쨌든 이를 받은 쪽에서는 unsafe 블록을 써서 역참조하면 된다. 그러나 언어 설계자는 원시 포인터의 일반적인 역할을 감안할 때 이런 방식이 기본값으로 더 적절하다고 판단했다. Send와 Sync를 직접 구현하는 법은 749쪽 '안전하지 않은 트레이트' 절에서 이미 다뤘다.

원시 포인터 안전하게 역참조하기

이번 절에서는 원시 포인터를 안전하게 쓰기 위한 상식적인 지침 몇 가지를 소개한다.

- 널 포인터나 대상을 잃은 포인터를 역참조하는 건 미초기화 상태의 메모리나 범위를 벗어난 값을 참조하는 것이므로 미정의 동작이다.
- 참조 대상 타입에 맞게 제대로 정렬되지 않은 포인터를 역참조하는 건 미정의 동작이다.
- 5장에서 설명한 레퍼런스 안전 규칙, 즉 레퍼런스는 참조 대상보다 더 오래 살 수 없고, 공유된 접근은 읽기 전용 접근이고, 변경할 수 있는 접근은 배타적인 접근이라는 점을 준수해야만 역참조된 원시 포인터에서 값을 빌려 올 수 있다. (원시 포인터는 비표준적인 방법으로 공유하거나 소유권을 가진 데이터 구조를 만들 때 자주 쓰이기 때문에 실수로 이 규칙을 위반하기가 쉽다.)

- 원시 포인터의 참조 대상은 해당 타입으로 된 적격한 값이어야만 쓸 수 있다. 예를 들어 *const char를 역참조하면 적절한 비서로게이트 유니코드 코드 포인트가 산출된다는 게 보장되어야 한다.

- 원시 포인터를 대상으로 offset과 wrapping_offset 메서드를 쓸 때는 결과가 반드시 원래 포인터가 참조하던 변수나 힙에 할당된 메모리 블록에 있는 바이트를 가리키거나 해당 영역의 끝 바로 다음에 있는 첫 번째 바이트를 가리켜야 한다.

  포인터를 정수로 변환해서 계산을 수행하고 결과를 다시 포인터로 변환하는 식의 포인터 산술을 쓸 때는 결과가 반드시 offset 메서드의 규칙에 따라서 산출될 수 있는 포인터여야 한다.

- 원시 포인터의 참조 대상에 배정할 때는 절대로 참조 대상이 속한 타입의 불변성을 해치면 안 된다. 예를 들어 어떤 *mut u8이 String의 바이트를 가리키고 있다면 그 u8에는 해당 String을 적격한 UTF-8로 유지할 수 있는 값만 저장할 수 있다.

이들 규칙은 차용 규칙을 제외하면 기본적으로 C나 C++의 포인터를 쓸 때 따라야 하는 규칙과 똑같다.

타입의 불변성을 해치면 안 되는 이유는 명확해야 한다. 러스트의 표준 타입은 대부분 안전하지 않은 코드를 써서 구현되어 있지만, 그럼에도 불구하고 러스트의 안전성 검사, 모듈 시스템, 가시성 규칙을 준수한다는 가정 아래 안전한 인터페이스를 제공한다. 이러한 보호 조치를 우회하려는 목적으로 원시 포인터를 쓰면 미정의 동작을 유발할 수 있다.

원시 포인터의 계약을 완벽하고 정확하게 명시하기란 쉽지 않으며 언어가 진화함에 따라서 바뀌기도 한다. 그러나 여기서 제시한 원칙은 여러분을 안전한 지역에 머물 수 있게 안내한다.

예: RefWithFlag

아래는 원시 포인터로 구사할 수 있는 고전적인[34] 비트 수준 해킹을 전적으로 안전한 러스트 타입으로 포장해 내는 법을 보여주는 예다. 이 모듈은 타입 RefWithFlag<'a, T>를 정의한다. 이 타입은 튜플 (&'a T, bool)처럼 &'a T와 bool을 모두 보관하면서도 2 머신 워드가 아니라 1 머신 워드만 차지한다. 이런 종류의 기법은 가비지 컬렉터와 가상 머신에서 특정 타입(이를테면 객체를 표현하는 타입)의 수가 너무 많아 개별 값에 1워드만 추가해도 메모리 사용량이 크게 늘어나는 경우에 자주 쓰인다.

---

34 뭐, 필자의 고향에서는 이런 게 고전이다.

```
mod ref_with_flag {
    use std::marker::PhantomData;
    use std::mem::align_of;

    /// `&T`와 `bool`을 한 워드 안에 담는다.
    /// 타입 `T`는 최소한 2바이트 단위로 정렬되어야 한다.
    ///
    /// 포인터의 2⁰비트를 한 번도 훔쳐보지 않은 프로그래머라면
    /// 이제 이 기회를 통해서 마음 놓고 훔쳐보자!
    /// ("그다지 재미는 없겠지만...")
    pub struct RefWithFlag<'a, T> {
        ptr_and_bit: usize,
        behaves_like: PhantomData<&'a T>   // 공간을 전혀 차지하지 않는다.
    }

    impl<'a, T: 'a> RefWithFlag<'a, T> {
        pub fn new(ptr: &'a T, flag: bool) -> RefWithFlag<T> {
            assert!(align_of::<T>() % 2 == 0);
            RefWithFlag {
                ptr_and_bit: ptr as *const T as usize | flag as usize,
                behaves_like: PhantomData
            }
        }

        pub fn get_ref(&self) -> &'a T {
            unsafe {
                let ptr = (self.ptr_and_bit & !1) as *const T;
                &*ptr
            }
        }

        pub fn get_flag(&self) -> bool {
            self.ptr_and_bit & 1 != 0
        }
    }
}
```

이 코드는 많은 타입이 짝수로 된 메모리 주소에 배치되어야 한다는 점을 이용한다. 짝수로 된 주소의 최하위 비트는 늘 0이므로 여기에 다른 뭔가를 저장해 두더라도 최하위 비트를 간단히 마스킹해서 제거하면 원래 주소를 안정적으로 재구성할 수 있다. 단, 모든 타입을 이런 식으로 쓸 수 있는 건 아닌데, 예를 들어 타입 u8과 (bool, [i8; 2])는 임의의 주소에 배치될 수 있다. 이럴 때는 생성 시점에 타입의 정렬을 확인해서 이게 통하지 않는 타입은 거부하면 된다.

RefWithFlag의 사용법은 다음과 같다.

```
use ref_with_flag::RefWithFlag;

let vec = vec![10, 20, 30];
let flagged = RefWithFlag::new(&vec, true);
assert_eq!(flagged.get_ref()[1], 20);
assert_eq!(flagged.get_flag(), true);
```

생성자 RefWithFlag::new는 레퍼런스와 bool 값을 받아다가 레퍼런스의 타입이 적합한지 따져본
다음, 레퍼런스를 원시 포인터로 변환하고 다시 이를 usize로 변환한다. usize 타입은 어떤 프로세
서를 대상으로 컴파일하든지 간에 늘 포인터를 쥘 수 있을 만큼 크게 정의되어 있으므로, 원시 포인
터를 usize로 변환하고 다시 이를 되돌리는 건 잘 정의된 동작이다. 여기서 얻은 usize는 짝수여야
한다는 걸 알고 있으므로 비트별 논리합 연산자 |를 써서 이를 정수 0이나 1로 변환한 bool과 결합
할 수 있다.

get_flag 메서드는 RefWithFlag의 bool 부분을 꺼낸다. 최하위 비트를 마스킹해서 가져온 다음 0
인지 아닌지 보기만 하면 되므로 간단하다.

get_ref 메서드는 RefWithFlag에서 레퍼런스를 꺼낸다. 먼저 usize의 최하위 비트를 마스킹해서 제
거한 다음 원시 포인터로 변환한다. as 연산자는 원시 포인터를 레퍼런스로 변환하지 않지만 원시 포
인터를 (unsafe 블록에서) 역참조해서 참조 대상을 빌려 올 수 있다. 원시 포인터의 참조 대상을 빌려
올 때 주어지는 레퍼런스는 무한한 수명을 갖는다. 러스트는 코드에서 통하는 수명이 무엇이든 간
에 레퍼런스를 부여한다. 그러나 대개는 보다 정확한 그래서 더 많은 실수를 잡아내는 구체적인 수
명이 있기 마련이다. 이 경우에는 get_ref의 반환 타입이 &'a T이므로 러스트는 레퍼런스의 수명이
RefWithFlag의 수명 매개변수 'a와 같다고 보는데, 이는 우리가 처음에 넘겼던 레퍼런스의 수명으
로 딱 여기서 원하는 바이기도 하다.

메모리에서 RefWithFlag는 usize처럼 보인다. PhantomData는 크기가 0인 타입이므로 behaves_
like 필드는 구조체의 공간을 전혀 차지하지 않는다. 그러나 러스트가 RefWithFlag를 쓰는 코드에
서 수명을 처리하는 법을 파악하기 위해서는 PhantomData가 필요하다. behaves_like 필드가 없으
면 타입이 어떻게 보일지 생각해 보자.

```
// 컴파일되지 않는다.
pub struct RefWithFlag<'a, T: 'a> {
    ptr_and_bit: usize
}
```

5장에서 레퍼런스를 갖는 구조체를 다룰 때 레퍼런스가 대상을 잃은 포인터가 되지 않기 위해서는 구조체가 레퍼런스가 빌려 온 값보다 오래 살아서는 안 된다고 지적한 바 있다. 구조체는 필드에 적용되는 제약 조건을 준수해야 한다. 이 부분은 당연히 RefWithFlag에도 적용된다. 방금 본 예제 코드에서 flagged.get_ref()는 vec의 레퍼런스를 반환하므로 flagged는 vec보다 오래 살아서는 안 된다. 그러나 필드를 줄인 RefWithFlag 타입은 레퍼런스를 전혀 갖지 않으며 수명 매개변수 'a를 쓰는 곳이 한 군데도 없다. 그냥 usize나 다름없는 셈이다. 러스트는 flagged의 수명에 적용되는 제약 조건을 어떻게 파악할 수 있을까? PhantomData<&'a T> 필드를 추가하면 러스트는 실제로 스트럭트의 표현에 영향을 주지 않은 채 RefWithFlag<'a, T>가 **마치** &'a T를 포함하고 있는 것처럼 취급한다.

비록 러스트는 무슨 일이 벌어지고 있는지 잘 모르지만(RefWithFlag가 안전하지 않은 이유는 바로 이 때문이다) 이 문제를 해결하기 위해서 최선을 다한다. behaves_like 필드를 생략하면 러스트는 매개변수 'a와 T가 쓰이지 않는다고 불평하면서 PhantomData를 써보라고 제안한다.

RefWithFlag는 앞서 봤던 Ascii 타입과 동일한 전략을 써서 unsafe 블록에 있는 미정의 동작을 피한다. 타입 자체는 pub이지만 필드는 그렇지 않다. 즉, ref_with_flag 모듈에 있는 코드만 RefWithFlag 값을 생성하거나 그 안을 볼 수 있다는 뜻이다. 따라서 많은 코드를 점검해보지 않고도 ptr_and_bit 필드가 잘 생성된다는 걸 확신할 수 있다.

널을 허용하는 포인터

러스트의 널 원시 포인터는 C와 C++에서처럼 주소가 0이다. 임의의 타입 T에 대해서 std::ptr::null<T> 함수는 *const T 널 포인터를 반환하고 std::ptr::null_mut<T> 함수는 *mut T 널 포인터를 반환한다.

원시 포인터가 널인지 아닌지 확인하는 법은 여러 가지다. 가장 간단한 건 is_null 메서드지만, as_ref 메서드가 더 편리할 수도 있다. 이 메서드는 *const T 포인터를 받아다가 Option<&'a T>를 반환하는데 이때 널 포인터는 None이 된다. 마찬가지로 as_mut 메서드는 *mut T 포인터를 Option<&'a mut T> 값으로 변환한다.

타입 크기와 정렬

Sized 타입의 값은 메모리에서 일정한 수의 바이트를 차지하며 머신 아키텍처에 의해 결정되는 **정렬** alignment 값의 배수로 된 주소에 배치되어야 한다. 예를 들어 (i32, i32) 튜플은 8바이트를 차지하며 대부분의 프로세서는 4의 배수로 된 주소에 배치하는 걸 선호한다.

std::mem::size_of::<T>() 호출은 T 타입으로 된 값의 크기를 바이트 단위로 반환하고 std::mem::align_of::<T>() 호출은 그 타입에 필요한 정렬을 반환한다. 예를 보자.

```
assert_eq!(std::mem::size_of::<i64>(), 8);
assert_eq!(std::mem::align_of::<(i32, i32)>(), 4);
```

타입의 정렬은 늘 2의 거듭제곱이다.

타입의 크기는 기술적으로 더 적은 공간에 들어갈 수 있더라도 늘 정렬의 배수로 반올림된다. 예를 들어 (f32, u8)과 같은 튜플은 5바이트만 있으면 되지만 align_of::<(f32, u8)>()이 4이므로 size_of::<(f32, u8)>()은 8이다. 이렇게 하면 배열이 있을 때 요소 타입의 크기가 늘 한 요소와 다음 요소 사이의 간격을 반영하게 된다.

비균일 크기 타입의 경우에는 크기와 정렬이 손에 쥔 값에 따라 달라진다. 비균일 크기 값의 레퍼런스가 주어질 때 std::mem::size_of_val과 std::mem::align_of_val 함수는 그 값의 크기와 정렬을 반환한다. 이들 함수는 Sized의 레퍼런스와 비균일 크기 타입의 레퍼런스 모두를 대상으로 쓸 수 있다.

```
// 슬라이스의 팻 포인터는 참조 대상의 길이를 들고 있다.
let slice: &[i32] = &[1, 3, 9, 27, 81];
assert_eq!(std::mem::size_of_val(slice), 20);

let text: &str = "alligator";
assert_eq!(std::mem::size_of_val(text), 9);

use std::fmt::Display;
let unremarkable: &dyn Display = &193_u8;
let remarkable: &dyn Display = &0.0072973525664;

// 아래 함수는 트레이트 객체 자체가 아니라 그 트레이트 객체가
// 가리키는 값의 크기/정렬을 반환한다. 이 정보는 트레이트 객체가
// 참조하는 V테이블을 토대로 산출된다.
assert_eq!(std::mem::size_of_val(unremarkable), 1);
assert_eq!(std::mem::align_of_val(remarkable), 8);
```

포인터 산술

러스트는 배열, 슬라이스, 벡터의 요소를 그림 22-1과 같이 하나의 연속된 메모리 블록으로 배치한다. 요소는 일정한 간격을 두고 있으므로 각 요소가 `size` 바이트를 차지한다면 `i`번째 요소는 `i *` `size`번째 바이트에서 시작한다.

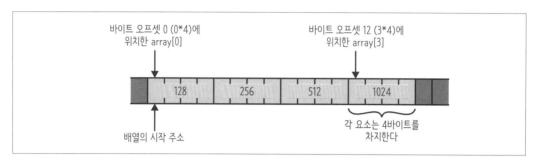

그림 22-1 **배열의 메모리 구조**

이 방식의 좋은 점 중 하나는 배열의 요소를 가리키는 두 개의 원시 포인터가 있을 때 포인터를 비교하는 것이 요소의 색인을 비교하는 것과 같은 결과를 낸다는 것이다. 즉, `i < j`이면 `i`번째 요소의 원시 포인터가 `j`번째 요소의 원시 포인터보다 작다. 이런 점 때문에 배열을 순회할 때 원시 포인터를 범위로 쓰기 좋다. 사실 슬라이스를 반복 처리하는 표준 라이브러리의 간단한 이터레이터는 원래 다음처럼 정의되어 있었다.

```
struct Iter<'a, T> {
    ptr: *const T,
    end: *const T,
    ...
}
```

`ptr` 필드는 반복 처리가 산출해야 할 다음 요소를 가리키고 `end` 필드는 한계를 나타낸다. `ptr ==` `end`이면 반복 처리는 종료된다.

이런 배열 레이아웃의 또 다른 좋은 점은, `element_ptr`이 어떤 배열의 `i`번째 요소를 가리키는 `*const T` 또는 `*mut T` 원시 포인터라고 할 때, `element_ptr.offset(o)`는 `(i + o)`번째 요소를 가리키는 원시 포인터라는 것이다. 이 함수는 다음처럼 정의되어 있다고 보면 된다.

```
fn offset<T>(ptr: *const T, count: isize) -> *const T
    where T: Sized
```

```
{
    let bytes_per_element = std::mem::size_of::<T>() as isize;
    let byte_offset = count * bytes_per_element;
    (ptr as isize).checked_add(byte_offset).unwrap() as *const T
}
```

std::mem::size_of::<T> 함수는 타입 T의 크기를 바이트 단위로 반환한다. isize는 주소를 담을 수 있을 만큼 크게 정의되어 있으므로, 기본 포인터를 isize로 변환해서 그 값에 산술을 수행한 다음 결과를 다시 포인터로 변환할 수 있다.

배열의 끝 바로 다음에 있는 첫 번째 바이트를 가리키는 포인터를 만드는 건 아무 문제 없다. 이런 포인터는 역참조할 수 없지만 루프의 한계를 표현하거나 범위 검사에 유용할 수 있다.

하지만 offset을 써서 그 지점을 제외한 배열의 범위 밖을 가리키는 포인터를 산출하는 건 역참조하지 않더라도 미정의 동작이다. 최적화를 위해서 러스트는 i가 양수이면 ptr.offset(i) > ptr이라고 가정하고, i가 음수이면 ptr.offset(i) < ptr이라고 가정한다. 이 가정이 안전해 보이지만 offset의 산술이 isize 값을 초과해서 오버플로가 발생하면 유지되지 않을 수도 있다. i를 ptr과 동일한 배열 안에 머물도록 만들면 오버플로가 발생할 수 없다. 이유가 어찌 됐든 배열 자체는 주소 공간의 범위를 넘어설 수 없기 때문이다. (러스트는 절대로 주소 공간의 상단에 값을 두지 않으므로 배열의 끝 바로 다음에 있는 첫 번째 바이트를 가리키는 포인터를 만드는 건 아무 문제 없다.)

포인터로 그와 연관된 배열의 범위 밖을 가리키고 싶을 때는 wrapping_offset 메서드를 쓸 수 있다. 이 메서드는 offset과 똑같지만 러스트가 ptr.wrapping_offset(i)와 ptr 자체의 상대적인 순서를 두고 아무런 가정도 하지 않는다는 점이 다르다. 물론 이런 포인터는 배열의 범위 안을 가리키지 않는 한 역참조할 수 없다.

메모리 안팎을 오가는 이동

자체 메모리를 관리하는 타입을 구현할 때는 러스트가 지역변수를 다룰 때처럼 메모리의 어느 부분이 살아있는 값을 쥐고 있고 또 어느 부분이 미초기화 상태인지 추적해야 한다. 아래 코드를 보자.

```
let pot = "pasta".to_string();
let plate = pot;
```

이 코드를 실행하고 나면 그림 22-2와 같은 상황이 된다.

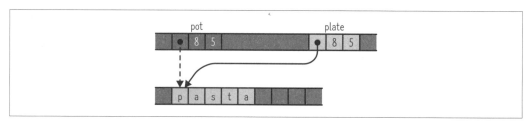

그림 22-2 **문자열을 한 지역변수에서 다른 지역변수로 옮기기**

배정이 일어나고 나면 pot은 미초기화 상태가 되고 plate는 문자열의 소유자가 된다.

머신 수준에서는 이동이 원본을 어떻게 처리해야 하는지 명시되어 있지 않지만 실제로는 아무런 처리도 하지 않는 게 일반적이다. 배정은 pot이 계속 문자열의 포인터, 용량, 길이를 쥐고 있게 놔둘 가능성이 크다. 당연한 이야기지만 이를 살아있는 값으로 취급하면 참사가 벌어지는데, 러스트는 그런 일이 생기지 않게 막아준다.

자체 메모리를 관리하는 데이터 구조에도 똑같은 고려 사항이 적용된다. 아래 코드를 실행한다고 하자.

```
let mut noodles = vec!["udon".to_string()];
let soba = "soba".to_string();
let last;
```

메모리 상태는 그림 22-3과 같다.

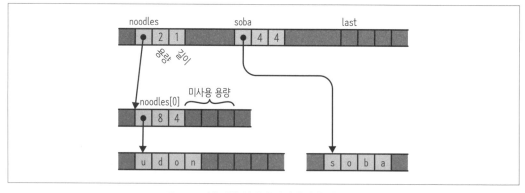

그림 22-3 **미초기화 상태의 예비 용량을 가진 벡터**

이 벡터에는 하나 이상의 요소를 쥘 수 있는 예비 용량이 있는데 그 안에 들어 있는 내용은 해당 메모리가 전에 쥐고 있던 쓰레기일 가능성이 크다. 이어서 아래 코드를 실행한다고 하자.

```
noodles.push(soba);
```

문자열을 벡터에 밀어 넣으면 그림 22-4와 같이 미초기화 상태의 메모리가 새 요소로 바뀐다.

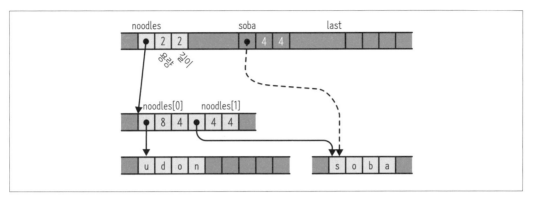

그림 22-4 **soba의 값을 벡터에 밀어 넣고 난 뒤의 모습**

벡터는 문자열을 소유하기 위해서 빈 공간을 초기화하고 이를 살아있는 새 요소로 표시하기 위해서 길이를 증가시켰다. 벡터는 이제 문자열의 소유자다. 따라서 사용자는 이 두 번째 요소를 참조할 수 있고 벡터를 드롭하면 두 문자열이 모두 해제된다. 그리고 soba는 이제 미초기화 상태다.

끝으로 벡터에서 값을 꺼낼 때 무슨 일이 벌어지는지 보자.

```
last = noodles.pop().unwrap();
```

이제 메모리 상태는 그림 22-5처럼 바뀐다.

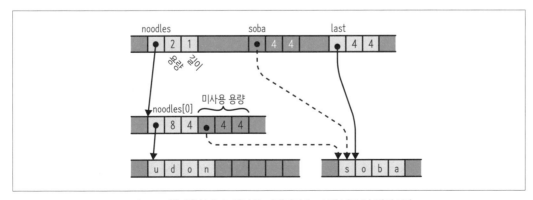

그림 22-5 **벡터에서 요소 하나를 꺼내다가 last에 넣고 난 뒤의 모습**

변수 last는 문자열의 소유권을 갖는다. 벡터는 문자열을 쥐는 데 쓰였던 공간이 이제 미초기화 상태라는 걸 표시하기 위해서 길이를 감소시켰다.

앞서 본 pot과 pasta의 경우처럼 soba, last, 벡터의 여유 공간 이 세 가지는 전부 동일한 비트 패턴을 쥐고 있을 가능성이 크다. 그러나 last만 값을 소유하고 있다고 간주된다. 다른 두 곳 중 하나를 살아있다고 취급하는 건 실수다.

초기화된 값의 진짜 정의는 **살아있다고 취급되는 값**이다. 초기화 시에는 보통 값의 바이트열을 기록하는 단계가 필요한데, 이는 값을 살아있다고 취급하기 위한 준비 과정의 일환일 뿐이다. 이동과 복사가 메모리에 미치는 영향은 똑같다. 단, 이동이 일어난 뒤에는 원본이 더 이상 살아있다고 취급되지 않는 반면, 복사가 일어난 뒤에는 원본과 복사본이 모두 살아있다고 취급된다는 점이 다르다.

러스트는 컴파일 시점에 어떤 지역변수가 살아있는지 추적해서 값이 다른 곳으로 이동한 변수를 쓰지 못하게 막는다. Vec, HashMap, Box 등과 같은 타입은 자신의 버퍼를 동적으로 추적한다. 자체 메모리를 관리하는 타입을 구현한다면 이들과 똑같이 처리해야 한다.

러스트는 이런 타입을 구현하기 위한 필수 연산 두 가지를 제공한다.

- std::ptr::read(src)

  값을 src가 가리키는 위치 밖으로 옮기고 소유권을 호출부에 이전한다. src 인수는 *const T 원시 포인터여야 하는데 여기서 T는 균일 크기 타입이다. 이 함수를 호출하더라도 *src의 내용은 영향을 받지 않지만 T가 Copy가 아닌 한은 프로그램에서 이를 미초기화 상태의 메모리로 취급해야 한다.

  Vec::pop 뒤에는 이 연산이 있다. 값을 꺼낼 때 read를 호출해서 값을 버퍼 밖으로 옮기고 해당 공간을 미초기화 상태의 용량으로 표시하기 위해서 길이를 줄인다.

- std::ptr::write(dest, value)

  value를 dest가 가리키는 위치로 옮긴다. 이 위치의 메모리는 호출하기 전에 미초기화 상태여야 한다. 호출하고 나면 참조 대상이 값을 소유한다. dest는 *mut T 원시 포인터여야 하고 value는 T 값이어야 하는데 여기서 T는 균일 크기 타입이다.

  Vec::push 뒤에는 이 연산이 있다. 값을 밀어 넣을 때 write를 호출해서 값을 사용 가능한 다음 공간으로 옮기고 해당 공간을 유효한 요소로 표시하기 위해서 길이를 늘인다.

이 둘은 원시 포인터 타입의 메서드가 아니라 자유 함수다.

러스트의 안전한 포인터 타입으로는 이런 일을 할 수 없다는 걸 유념하자. 이들을 쓸 때는 참조 대상이 늘 초기화 상태로 있어야 하기 때문에 미초기화 상태의 메모리를 값으로 바꾸거나 그 반대로 바꾸는 게 불가능하다. 이런 일을 할 때는 원시 포인터가 딱이다.

표준 라이브러리는 값 배열을 한 메모리 블록에서 다른 메모리 블록으로 옮기는 함수도 제공한다.

- `std::ptr::copy(src, dst, count)`

  `src`에서 시작하는 메모리에 있는 `count` 길이의 값 배열을 `dst`에 있는 메모리로 옮긴다. 마치 배열의 값을 한 번에 하나씩 옮기려고 작성한 `read`와 `write` 호출로 된 루프와 같다. 대상 메모리는 호출하기 전에 미초기화 상태여야 하며 원본 메모리는 호출하고 나면 미초기화 상태가 된다. `src`와 `dest` 인수는 `*const T`와 `*mut T` 원시 포인터여야 하고 `count`는 `usize`여야 한다.

- `ptr.copy_to(dst, count)`

  `copy`의 편리한 버전으로 시작점을 인수로 받는 게 아니라 `ptr`에서 시작하는 메모리에 있는 `count` 길이의 값 배열을 `dst`로 옮긴다.

- `std::ptr::copy_nonoverlapping(src, dst, count)`

  `copy` 호출과 비슷하지만 원본과 대상 메모리 블록이 겹치면 안 된다는 계약 조건이 추가로 붙는다는 게 다르다. `copy`를 호출하는 것보다 약간 더 빠를 수 있다.

- `ptr.copy_to_nonoverlapping(dst, count)`

  `copy_to`와 비슷한 `copy_nonoverlapping`의 편리한 버전이다.

`std::ptr` 모듈에는 이 외에도 다른 종류의 `read`와 `write` 함수군 두 가지가 더 존재한다.

- `read_unaligned`, `write_unaligned`

  이들 함수는 `read`와 `write`와 비슷하지만 보통 참조 대상 타입에 요구하는 식으로 포인터를 정렬할 필요가 없다는 점이 다르다. 이들 함수는 보통의 `read`와 `write` 함수보다 느릴 수 있다.

- `read_volatile`, `write_volatile`

  이들 함수는 C나 C++에 있는 최적화가 금지된 읽고 쓰기와 똑같은 일을 한다.

예: GapBuffer

이번 절에서는 방금 설명한 원시 포인터 함수를 쓰는 예를 살펴본다.

텍스트 에디터를 작성 중이고 텍스트를 표현하기 위한 타입을 찾고 있다고 하자. `String`을 써서 사용자가 타이핑할 때마다 insert와 remove 메서드로 문자를 넣고 뺄 수도 있다. 그러나 이들 메서드는 커다란 파일의 앞부분에 있는 텍스트를 편집할 때 비용이 많이 들 수 있다. 문자를 넣을 때는 메모리에서 문자열의 나머지를 전부 오른쪽으로 밀어야 하고 뺄 때는 다시 전부 왼쪽으로 밀어야 하기 때문이다. 이런 자주 쓰이는 연산의 비용은 적을수록 좋다.

이맥스Emacs 텍스트 에디터는 상수 시간에 문자를 넣고 뺄 수 있는 **갭 버퍼**gap buffer라고 하는 단순한 데이터 구조를 쓴다. String은 예비 용량을 전부 텍스트 끝부분에 두고 있기 때문에 push와 pop에 드는 비용이 적은 반면, 갭 버퍼는 예비 용량을 편집이 이뤄지고 있는 텍스트 한복판에 두고 있다. 이 예비 용량을 **갭**gap이라고 한다. 갭은 필요에 따라서 줄였다 늘였다 하면 되기 때문에 요소를 넣고 뺄 때 드는 비용이 적다. 갭과 맞닿아 있는 텍스트를 한쪽에서 다른 쪽으로 밀면, 갭을 임의의 원하는 위치에 둘 수 있다. 갭이 비었을 때는 더 큰 버퍼로 이주하면 된다.

갭 버퍼는 삽입과 삭제가 빠르지만 연산이 일어나는 위치를 바꾸려면 갭을 새 위치로 옮겨야 한다. 요소를 밀 때는 이동 거리에 비례하는 시간이 소요된다. 다행히도 일반적인 편집 활동은 버퍼 인근의 한 지점에서 집중적인 변경이 일어나고 다시 자리를 떠서 다른 곳에 있는 텍스트를 뒤적이는 패턴으로 반복된다.

이번 절에서는 러스트로 갭 버퍼를 구현해 본다. 단, UTF-8까지 챙기려면 일이 커지므로 여기서는 버퍼에 char 값을 직접 저장하기로 한다. 그러나 텍스트를 다른 형식으로 저장해도 작동 원리는 동일하다.

먼저 갭 버퍼의 사용법과 동작 방식을 살펴보자. 아래 코드는 GapBuffer를 만들어 그 안에 텍스트를 집어넣고 삽입 위치를 마지막 단어 바로 앞으로 옮긴다.

```
let mut buf = GapBuffer::new();
buf.insert_iter("Lord of the Rings".chars());
buf.set_position(12);
```

위 코드를 실행하고 나면 버퍼는 그림 22-6과 같은 모습이 된다.

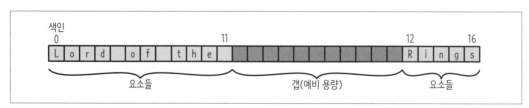

그림 22-6 **텍스트를 들고 있는 갭 버퍼**

삽입은 갭을 새 텍스트로 채우는 문제다. 다음 코드는 단어를 추가해서 영화 제목을 우스꽝스럽게 바꾼다.

```
buf.insert_iter("Onion ".chars());
```

위 코드를 실행하고 나면 결과는 그림 22-7과 같은 상태가 된다.

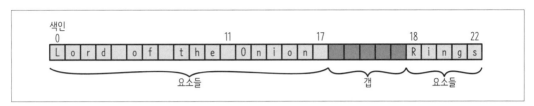

그림 22-7 **텍스트를 더 들고 있는 갭 버퍼**

GapBuffer 타입은 다음과 같다.

```
use std;
use std::ops::Range;

pub struct GapBuffer<T> {
    // 요소를 담아 두는 저장소. 우리가 필요로 하는 용량을 가지고
    // 있지만 길이는 늘 0을 유지한다. GapBuffer는 이 `Vec`의
    // "미사용" 용량에 자신의 요소와 갭을 담아 둔다.
    storage: Vec<T>,

    // `storage`에서 미초기화 상태의 요소가 있는 구간의 범위.
    // 이 범위의 앞뒤에 있는 요소는 늘 초기화 상태를 유지한다.
    gap: Range<usize>
}
```

GapBuffer는 storage 필드를 이상한 방식으로 쓴다.[35] 사실은 이 벡터에 아무런 요소도 저장하지 않는다. 그저 Vec::with_capacity(n)을 호출해서 n개의 값을 쥘 수 있을 만한 크기의 메모리 블록을 확보하고, 벡터의 as_ptr과 as_mut_ptr 메서드를 통해서 해당 메모리의 원시 포인터를 가져다가 직접 버퍼를 자신의 목적에 맞게 활용할 뿐이다. 그러면서 벡터의 길이는 늘 0을 유지한다. 따라서 이 Vec은 드롭될 때 아무런 요소도 들고 있지 않다고 생각해서 요소를 해제하려 들지 않으며 메모리 블

---

[35] 컴파일러에 내장된 alloc 크레이트의 RawVec 타입을 쓰면 이를 더 잘 처리할 수 있지만 이 크레이트는 아직 불안정하다.

록만 해제한다. 이게 바로 GapBuffer가 원하는 것이다. GapBuffer는 자체 Drop 구현을 가지고 있어서 살아있는 요소의 위치를 정확히 파악하고 드롭한다.

이제 GapBuffer의 가장 단순한 메서드부터 살펴보자. 역시 예상했던 종류 그대로다.

```rust
impl<T> GapBuffer<T> {
    pub fn new() -> GapBuffer<T> {
        GapBuffer { storage: Vec::new(), gap: 0..0 }
    }

    /// 이 GapBuffer가 재할당 없이 쥘 수 있는 요소의 개수를 반환한다.
    pub fn capacity(&self) -> usize {
        self.storage.capacity()
    }

    /// 이 GapBuffer가 현재 쥐고 있는 요소의 개수를 반환한다.
    pub fn len(&self) -> usize {
        self.capacity() - self.gap.len()
    }

    /// 현재 삽입 위치를 반환한다.
    pub fn position(&self) -> usize {
        self.gap.start
    }

    ...
}
```

주어진 색인에 해당하는 버퍼 요소의 원시 포인터를 반환하는 유틸리티 메서드를 마련해 두면 앞으로 필요한 많은 함수를 깔끔하고 간결하게 구현할 수 있다. 러스트에서는 mut 포인터용 메서드 하나와 const 포인터용 메서드 하나가 필요하다. 앞서 다룬 메서드와 달리 이들 메서드는 공개가 아니다. 계속해서 impl 블록을 보자.

```rust
/// 기본 저장소에 있는 `index`번째 요소의 포인터를 반환한다.
/// 갭은 고려하지 않는다.
///
/// 안전성: `index`는 `self.storage`의 유효한 색인이어야 한다.
unsafe fn space(&self, index: usize) -> *const T {
    self.storage.as_ptr().offset(index as isize)
}

/// 기본 저장소에 있는 `index`번째 요소의 변경할 수 있는 포인터를 반환한다.
/// 갭은 고려하지 않는다.
```

```
    ///
    /// 안전성: `index`는 `self.storage`의 유효한 색인이어야 한다.
    unsafe fn space_mut(&mut self, index: usize) -> *mut T {
        self.storage.as_mut_ptr().offset(index as isize)
    }
```

주어진 색인에 해당하는 요소를 찾으려면 색인이 갭의 앞쪽에 떨어지는지 뒤쪽에 떨어지는지 따져보고 그에 맞게 적절히 조정해야 한다.

```
    /// 갭을 고려해서 `index`번째 요소의 버퍼 오프셋을 반환한다.
    /// 색인이 범위 안에 있는지 확인하진 않지만,
    /// 갭 안에 있는 색인을 반환하진 않는다.
    fn index_to_raw(&self, index: usize) -> usize {
        if index < self.gap.start {
            index
        } else {
            index + self.gap.len()
        }
    }

    /// `index`번째 요소의 레퍼런스를 반환한다.
    /// `index`가 범위 밖에 있으면 `None`을 반환한다.
    pub fn get(&self, index: usize) -> Option<&T> {
        let raw = self.index_to_raw(index);
        if raw < self.capacity() {
            unsafe {
                // `raw`가 self.capacity() 보다 작다는 걸 확인한데다,
                // index_to_raw는 갭을 건너뛰므로 안전하다.
                Some(&*self.space(raw))
            }
        } else {
            None
        }
    }
```

버퍼의 다양한 위치에서 삽입과 삭제를 수행할 때는 먼저 갭을 새 위치로 옮겨야 한다. 갭을 오른쪽으로 옮기려면 요소를 왼쪽으로 밀어야 하고 그 반대 역시 마찬가지다. 마치 기포관 수준기spirit level에서 유체가 한쪽으로 이동하면 기포가 다른 쪽으로 움직이는 것과 같다.

```
    /// 현재 삽입 위치를 `pos`에 설정한다.
    /// `pos`가 범위 밖에 있으면 패닉에 빠진다.
    pub fn set_position(&mut self, pos: usize) {
```

```
        if pos > self.len() {
            panic!("index {} out of range for GapBuffer", pos);
        }

        unsafe {
            let gap = self.gap.clone();
            if pos > gap.start {
                // `pos`가 갭 뒤쪽에 떨어진다. 갭 뒤쪽에 있는 요소를 앞쪽으로
                // 밀어서 갭을 오른쪽으로 옮긴다.
                let distance = pos - gap.start;
                std::ptr::copy(self.space(gap.end),
                               self.space_mut(gap.start),
                               distance);
            } else if pos < gap.start {
                // `pos`가 갭 앞쪽에 떨어진다. 갭 앞쪽에 있는 요소를 뒤쪽으로
                // 밀어서 갭을 왼쪽으로 옮긴다.
                let distance = gap.start - pos;
                std::ptr::copy(self.space(pos),
                               self.space_mut(gap.end - distance),
                               distance);
            }

            self.gap = pos .. pos + gap.len();
        }
    }
```

이 함수는 std::ptr::copy 메서드를 써서 요소를 민다. copy는 대상이 미초기화 상태일 것을 요구하며 원본을 미초기화 상태로 만든다. 원본과 대상의 범위가 겹치는 경우도 copy는 문제없이 처리한다. 호출 전의 갭은 미초기화 상태의 메모리인데다 이 함수가 갭의 위치를 조정해서 복사로 공석이된 부분을 덮어주므로 copy의 계약을 충족한다.

요소의 삽입과 삭제는 비교적 간단하다. 삽입은 새 요소를 위해서 갭에 있는 공간 하나를 넘겨받는 반면, 삭제는 값 하나를 밖으로 옮기고 갭을 늘여서 그 값이 차지했던 공간을 덮는다.

```
/// `elt`를 현재 삽입 위치에 넣고,
/// 삽입 위치는 그대로 놔둔다.
pub fn insert(&mut self, elt: T) {
    if self.gap.len() == 0 {
        self.enlarge_gap();
    }

    unsafe {
        let index = self.gap.start;
```

```
        std::ptr::write(self.space_mut(index), elt);
    }
    self.gap.start += 1;
}

/// `iter`가 산출하는 요소를 현재 삽입 위치에 넣고,
/// 삽입 위치는 그대로 놔둔다.
pub fn insert_iter<I>(&mut self, iterable: I)
    where I: IntoIterator<Item=T>
{
    for item in iterable {
        self.insert(item)
    }
}

/// 삽입 위치 바로 뒤에 있는 요소를 빼서 반환한다.
/// 삽입 위치가 GapBuffer의 끝이면 `None`을 반환한다.
pub fn remove(&mut self) -> Option<T> {
    if self.gap.end == self.capacity() {
        return None;
    }

    let element = unsafe {
        std::ptr::read(self.space(self.gap.end))
    };
    self.gap.end += 1;
    Some(element)
}
```

Vec이 push에 std::ptr::write를 쓰고 pop에 std::ptr::read를 쓰는 것처럼, GapBuffer는 insert에 write를 쓰고 remove에 read를 쓴다. 또 Vec이 길이를 조정해서 초기화된 요소와 예비 용량 간의 경계를 유지하는 것처럼, GapBuffer는 자신의 갭을 조정한다.

갭이 가득 차면 insert 메서드는 버퍼를 늘려서 여유 공간을 더 확보해야 하는데 이 부분은 (impl 블록의 끝부분에 있는) enlarge_gap 메서드가 담당한다.

```
/// `self.storage`의 용량을 두 배로 늘린다.
fn enlarge_gap(&mut self) {
    let mut new_capacity = self.capacity() * 2;
    if new_capacity == 0 {
        // 기존 벡터가 비었다.
        // 합리적인 시작 용량을 고른다.
        new_capacity = 4;
    }
```

```
// Vec의 크기를 조절할 때 "미사용" 용량이 어떻게 될지 알 수 없으므로,
// 그냥 새 벡터를 만들고 요소를 그리로 옮긴다.
let mut new = Vec::with_capacity(new_capacity);
let after_gap = self.capacity() - self.gap.end;
let new_gap = self.gap.start .. new.capacity() - after_gap;

unsafe {
    // 갭의 앞쪽에 떨어지는 요소를 옮긴다.
    std::ptr::copy_nonoverlapping(self.space(0),
                                  new.as_mut_ptr(),
                                  self.gap.start);

    // 갭의 뒤쪽에 떨어지는 요소를 옮긴다.
    let new_gap_end = new.as_mut_ptr().offset(new_gap.end as isize);
    std::ptr::copy_nonoverlapping(self.space(self.gap.end),
                                  new_gap_end,
                                  after_gap);
}

// 기존 Vec을 해제한다. Vec의 길이가 0이므로
// 요소는 드롭되지 않는다.
self.storage = new;
self.gap = new_gap;
}
```

set_position은 요소를 갭의 앞쪽과 뒤쪽으로 옮길 때 copy를 써야 하지만, enlarge_gap은 요소를 완전히 새로운 버퍼로 옮기므로 copy_nonoverlapping을 써도 된다.

새 벡터를 self.storage로 옮기면 기존 벡터가 드롭된다. 기존 벡터는 길이가 0이므로 드롭할 요소가 없다고 생각해서 그냥 버퍼만 해제하고 만다. copy_nonoverlapping은 깔끔하게 원본을 미초기화 상태로 두므로 기존 벡터가 가지는 이런 믿음은 옳다. 이제 요소는 전부 새 벡터가 소유한다.

끝으로 GapBuffer를 드롭하면 모든 요소가 드롭되게 만들어야 한다.

```
impl<T> Drop for GapBuffer<T> {
    fn drop(&mut self) {
        unsafe {
            for i in 0 .. self.gap.start {
                std::ptr::drop_in_place(self.space_mut(i));
            }
            for i in self.gap.end .. self.capacity() {
                std::ptr::drop_in_place(self.space_mut(i));
            }
        }
```

```
        }
    }
}
```

요소는 갭의 앞쪽과 뒤쪽에 놓여 있으므로 각 영역을 반복 처리하면서 `std::ptr::drop_in_place` 함수로 하나씩 드롭한다. `drop_in_place` 함수는 `drop(std::ptr::read(ptr))`처럼 작동하지만 값을 호출부로 옮기지 않는 (따라서 비균일 크기 타입에도 쓸 수 있는) 유틸리티다. 또 `enlarge_gap`에서처럼 벡터 `self.storage`가 드롭될 때 비로소 버퍼가 미초기화 상태가 된다.

이번 장에서 살펴본 다른 타입과 마찬가지로 `GapBuffer`는 내제된 불변성이 코드에서 사용 중인 안전하지 않은 기능의 계약을 전부 충족한다는 걸 보장하므로 공개 메서드를 안전하지 않다고 표시해 둘 필요가 없다. `GapBuffer`는 안전한 코드로 작성하기 어려운 기능을 위한 안전한 인터페이스를 구현하고 있다.

안전하지 않은 코드의 패닉 안전성

러스트에서 패닉은 보통 미정의 동작을 유발할 수 없다. `panic!` 매크로는 안전하지 않은 기능이 아니다. 그러나 안전하지 않은 코드를 쓰겠다고 마음먹는 순간, 패닉 안전성 챙기기라는 과제가 할 일 목록에 추가된다.

앞 절에 있는 `GapBuffer::remove` 메서드를 다시 보자.

```
pub fn remove(&mut self) -> Option<T> {
    if self.gap.end == self.capacity() {
        return None;
    }

    let element = unsafe {
        std::ptr::read(self.space(self.gap.end))
    };
    self.gap.end += 1;
    Some(element)
}
```

여기서 `read` 호출은 갭 바로 뒤쪽에 있는 요소를 버퍼 밖으로 옮기면서 미초기화 상태의 공간을 남긴다. 이때 `GapBuffer`는 일관성 없는 상태에 빠진다. 갭 바깥쪽에 있는 모든 요소가 초기화 상태여야 한다는 불변성을 깨뜨렸기 때문이다. 다행히도 바로 다음에 있는 실행문이 갭을 늘여서 그 공간을 덮기 때문에 복귀할 무렵에는 불변성이 다시 유지된다.

그러나 이 코드가 read를 호출하고 나서 self.gap.end를 조정하기 전에 (이를테면 색인을 써서 슬라이스에 접근할 때처럼) 패닉에 빠질 수도 있는 기능을 쓰려고 했다면 무슨 일이 벌어졌을지 생각해 보자. 메서드가 이 두 작업을 마치지 못한 채로 갑자기 종료하면 GapBuffer의 갭 바깥쪽에 미초기화 상태의 요소가 남게 된다. 이렇게 되면 뒤이은 remove 호출이 다시 그 요소를 read 하려 들 수 있고 심지어 GapBuffer를 드롭하기만 해도 그 요소를 드롭하려 들 수 있으므로 위험하다. 이런 시도는 미초기화 상태의 메모리에 접근하기 때문에 모두 미정의 동작이다.

메서드가 주어진 작업을 수행하는 과정에서 타입의 불변성을 잠시 완화했다가 복귀하기 전에 모든 걸 원래대로 되돌리는 건 어찌 보면 불가피한 일에 가깝다. 이런 메서드가 중간에 패닉에 빠지면 복구 과정을 진행할 수 없으므로 타입이 일관성 없는 상태가 되고 만다.

타입이 안전한 코드만 쓰고 있을 때는 이런 모순이 오동작을 일으킬지는 몰라도 미정의 동작을 유발할 순 없다. 그러나 안전하지 않은 기능을 쓰는 코드는 대개 불변성에 의존해서 해당 기능의 계약을 충족할 때가 많다. 불변성이 깨지면 계약이 깨지고, 계약이 깨지면 미정의 동작이 생긴다.

안전하지 않은 기능을 써서 작업할 때는 코드에서 불변성이 일시적으로 완화되는 민감한 구간을 잘 파악해서 패닉에 빠지는 일이 없도록 각별히 주의해야 한다.

유니언으로 메모리 재해석하기

러스트는 유용한 추상화 도구를 많이 제공하지만 결국 여러분이 작성하는 소프트웨어는 바이트열을 이렇게 다뤘다 저렇게 다뤘다 할 뿐이다. 유니언은 이런 바이트열을 조작하고 이들의 해석 방식을 결정짓는 러스트의 가장 강력한 기능 중 하나다. 예를 들어 임의의 32비트열, 즉 4바이트열을 정수로 해석할 수도 있고 부동소수점 수로 해석할 수도 있다. 두 가지 해석이 다 유효하지만 어느 한쪽으로 해석해야 할 데이터를 다른 한쪽으로 해석하면 의미 없는 결과가 될 가능성이 크다.

정수로 해석할 수도 있고 부동소수점 수로 해석할 수도 있는 바이트열을 표현하는 유니언은 다음처럼 작성한다.

```
union FloatOrInt {
    f: f32,
    i: i32,
}
```

이 유니언은 f와 i 이렇게 두 개의 필드로 되어 있다. 유니언의 필드에 배정할 때는 스트럭트처럼 하면 되지만, 유니언을 생성할 때는 스트럭트와 달리 한 필드를 콕 찍어야 한다. 스트럭트의 필드가 서로 다른 메모리 위치를 참조한다면, 유니언의 필드는 동일한 비트 시퀀스의 서로 다른 해석을 참조한다. 다른 필드에 배정한다는 건 쉽게 말해서 해당 비트열의 일부 혹은 전부를 적절한 타입에 맞춰서 덮어쓰겠다는 뜻이다. 아래 코드에서 one은 32비트짜리 메모리 공간 하나를 참조하는데, 처음엔 1을 단순한 정수로 인코딩해 저장하고, 이어서 1.0을 IEEE 754 부동소수점 수로 인코딩해 저장한다. f에 뭔가를 기록하면 그 즉시 FloatOrInt에 기록되어 있던 이전 값을 덮어쓴다.

```
let mut one = FloatOrInt { i: 1 };
assert_eq!(unsafe { one.i }, 0x00_00_00_01);
one.f = 1.0;
assert_eq!(unsafe { one.i }, 0x3F_80_00_00);
```

같은 이유로 유니언의 크기는 가장 큰 필드에 의해서 결정된다. 예를 들어 아래 유니언의 크기는 SmallOrLarge::s가 bool임에도 불구하고 64비트다.

```
union SmallOrLarge {
    s: bool,
    l: u64
}
```

유니언을 생성하거나 필드에 배정하는 건 전적으로 안전하지만 유니언의 필드를 읽는 건 늘 안전하지 않다.

```
let u = SmallOrLarge { l: 1337 };
println!("{}", unsafe {u.l});  // 1337을 출력한다.
```

왜냐하면 유니언은 이늄과 달리 태그를 갖지 않기 때문이다. 컴파일러는 베리언트를 구별하기 위한 추가 비트를 넣지 않는다. 따라서 프로그램이 어떤 식으로든 전후 사정을 알 수 있는 정보를 마련해 두지 않으면 실행 시점에 SmallOrLarge를 u64로 해석해야 할지 bool로 해석해야 할지 알 길이 없다.

또 주어진 필드의 비트 패턴이 유효하다는 걸 보장해 줄 장치가 마련되어 있지 않다. 예를 들어 SmallOrLarge 값의 l 필드에 기록하면 s 필드를 덮어쓰게 되어서 아무런 의미도 없고 유효한 bool이 아닐 가능성이 큰 비트 패턴을 생성한다. 따라서 유니언 필드에 기록하는 건 안전하지만 읽는 건 늘 unsafe가 필요하다. u.s를 읽는 건 s 필드의 비트열이 유효한 bool을 형성할 때만 허용된다. 그렇지 않으면 이는 미정의 동작이다.

이런 제약 조건을 염두에 둔다면 유니언은 일부 데이터를 일시적으로 재해석하는 유용한 방법이 될 수 있다. 특히 값 자체보다는 값의 표현을 대상으로 계산을 수행할 때 활용하기 좋다. 예를 들어 앞서 언급한 FloatOrInt 타입을 쓰면 f32가 Binary 포맷터를 구현하고 있지 않더라도 부동소수점 수의 개별 비트열을 손쉽게 출력할 수 있다.

```
let float = FloatOrInt { f: 31337.0 };
// 1000110111101001101001000000000을 출력한다.
println!("{:b}", unsafe { float.i });
```

이 예는 단순해서 어떤 버전의 컴파일러를 쓰더라도 예상대로 작동할 게 뻔하지만, 컴파일러에게 데이터의 메모리 배치 방식을 알려주는 어트리뷰트를 union 정의에 달아 두지 않으면 필드가 특정 위치에서 시작한다는 보장이 없다. #[repr(C)] 어트리뷰트를 추가하면 모든 필드가 컴파일러가 원하는 곳이 아니라 오프셋 0에서 시작한다는 게 보장된다. 이런 보장이 있으면 덮어쓰기 동작을 써서 정수의 부호 비트 같은 개별 비트를 추출할 수 있다.

```
#[repr(C)]
union SignExtractor {
    value: i64,
    bytes: [u8; 8]
}

fn sign(int: i64) -> bool {
    let se = SignExtractor { value: int};
    println!( "{:b} ({:?})", unsafe { se.value }, unsafe { se.bytes });
    unsafe { se.bytes[7] >= 0b10000000 }
}

assert_eq!(sign(-1), true);
assert_eq!(sign(1), false);
assert_eq!(sign(i64::MAX), false);
assert_eq!(sign(i64::MIN), true);
```

여기서 부호 비트는 최상위 바이트의 최상위 비트다. x86 프로세서는 리틀 엔디안이므로 해당 바이트열은 순서가 거꾸로 되어 있다. 즉, 최상위 바이트는 bytes[0]이 아니라 bytes[7]이다. 보통 러스트 코드로 이렇게까지 처리해야 하는 일은 거의 없지만, 여기서는 코드가 i64의 메모리 내 표현을 직접 다루고 있으므로 이런 식의 깨알 같은 밑바닥 지식이 중요해진다.

유니언은 자기가 가진 내용을 어떤 식으로 드롭해야 하는지 알 수 없으므로 모든 필드는 Copy여야 한다. 하지만 단순히 String을 유니언에 저장해야 하는 경우에는 우회책이 있다. 자세한 내용은 표준 라이브러리 문서에서 `std::mem::ManuallyDrop`에 관한 부분을 참고하자.

유니언 매칭하기

러스트의 유니언 매칭하기는 스트럭트 매칭하기와 비슷하지만 패턴마다 한 필드를 콕 찍어서 명시해야 한다는 점이 다르다.

```
unsafe {
    match u {
        SmallOrLarge { s: true } => { println!("boolean true"); }
        SmallOrLarge { l: 2 } => { println!("integer 2"); }
        _ => { println!("something else"); }
    }
}
```

값을 명시하지 않은 유니언 베리언트를 매칭하는 `match` 갈래는 늘 성공한다. 아래 코드는 마지막으로 기록된 `u`의 필드가 `u.i`일 때 미정의 동작을 유발한다.

```
// 미정의 동작!
unsafe {
    match u {
        FloatOrInt { f } => { println!("float {}", f) },
        // 경고: 도달할 수 없는 패턴.
        FloatOrInt { i } => { println!("int {}", i) }
    }
}
```

유니언 빌려오기

유니언은 필드 하나를 빌려와도 전체 유니언을 빌려오게 된다. 이 말은 일반적인 차용 규칙에 따라, 한 필드를 변경할 수 있게 빌려오면 해당 필드나 다른 필드의 추가 차용이 전부 금지되고, 한 필드를 변경할 수 없게 빌려오면 모든 필드를 변경할 수 있게 빌려 올 수 없다는 뜻이다.

다음 장에서 보겠지만 러스트는 여러분이 작성한 안전하지 않은 코드뿐만 아니라 다른 언어로 작성한 코드에 대해서도 안전한 인터페이스를 구축할 수 있게 도와준다. 안전하지 않은 코드는 이름에서 알 수 있다시피 위험하지만 주의해서 쓰면 러스트 프로그래머가 누리는 보장성을 등에 업은 고성능 코드를 작성할 수 있다.

23
CHAPTER _____

외부 함수

사이버스페이스. 그 상상을 초월한 복잡함. 정신 속의 공간 아닌 공간, 자료의 성운과 성단을 가
로지르는 빛의 선. 도시의 불빛처럼 사라지는...

—윌리엄 깁슨William Gibson, 〈뉴로맨서Neuromancer〉

안타깝게도 세상의 모든 프로그램이 러스트로 작성되는 건 아니다. 다른 언어로 구현된 핵심 라이브
러리와 인터페이스 중에는 러스트 프로그램에서 쓸만한 것도 많이 있다. 러스트의 **외부 함수 인터페
이스**Foreign Function Interface, FFI를 쓰면 러스트 코드에서 C로 작성된 함수와 일부 C++로 작성된 함
수를 호출할 수 있다. 대부분의 운영체제는 C 인터페이스를 제공하므로 러스트의 외부 함수 인터페
이스를 쓰면 당장 모든 종류의 저수준 기능을 이용할 수 있다.

이번 장에서는 깃 버전 제어 시스템을 다루는 C 라이브러리인 `libgit2`를 링크하는 프로그램을 작성
해 본다. 먼저 앞 장에서 설명한 안전하지 않은 기능을 써서 러스트에서 C 함수를 직접 쓴다는 게 어
떤 건지 살펴본다. 그런 다음 오픈 소스 크레이트인 `git2-rs`에서 받은 영감을 토대로 똑같은 기능을
하는 `libgit2`의 안전한 인터페이스를 만드는 법을 살펴본다.

여기서는 여러분이 C를 다루는 데 익숙하고 또 C 프로그램의 컴파일과 링크 메커니즘을 잘 이해하고
있다고 가정한다. C++도 마찬가지다. 또 깃 버전 제어 시스템을 어느 정도 쓸 줄 안다고 가정한다.

러스트 크레이트 중에는 파이썬, 자바스크립트, 루아Lua, 자바 등 다른 여러 언어와 소통하기 위한 것
도 있다. 여기서는 지면 관계상 다루지 않지만, 결국 이들 인터페이스도 전부 C 외부 함수 인터페이스
를 써서 만들어졌으므로, 어떤 언어를 다루든지 간에 이번 장의 내용이 유리한 출발로 작용할 것이다.

공통 데이터 표현 찾기

러스트와 C의 공통분모는 기계어다. 따라서 러스트 값이 C 코드에서 어떻게 보일지 또는 그 반대는 어떨지 예측하기 위해서는 그에 해당하는 기계 수준 표현을 따져봐야 한다. 책 전반에 걸쳐서 값이 실제로 메모리에 어떤 식으로 표현되는지 봤기 때문에 C와 러스트의 데이터 세계가 많이 닮았다는 걸 눈치챘을 것이다. 예를 들어 러스트의 usize와 C의 size_t는 동일하고 두 언어의 스트럭트는 개념이 완전히 똑같다. 러스트와 C 타입 간의 대응 관계를 알아보기 위해서 먼저 기본 제공 타입을 짚어보고 이어서 좀 더 복잡한 타입을 살펴보자.

C는 시스템 프로그래밍 언어라는 이름이 무색할 정도로 타입의 표현에 관해서 늘 느슨한 태도를 견지해 왔다. 예를 들어 int는 대개 32비트 길이지만 이것보다 길 수도 있고 16비트 길이로 짧을 수도 있다. 또 char는 부호가 있을 수도 있고 없을 수도 있다. 이러한 변동성에 대처하기 위해서 러스트의 std::os::raw 모듈은 특정 C 타입과 동일한 표현을 갖는 게 보장되는 일련의 러스트 타입을 정의해 두고 있다(표 23-1). 여기에는 기본 제공 정수와 문자 타입이 포함된다.

표 23-1 **러스트의 std::os::raw 타입**

C 타입	대응하는 std::os::raw 타입
short	c_short
int	c_int
long	c_long
long long	c_longlong
unsigned short	c_ushort
unsigned, unsigned int	c_uint
unsigned long	c_ulong
unsigned long long	c_ulonglong
char	c_char
signed char	c_schar
unsigned char	c_uchar
float	c_float
double	c_double
void *, const void *	*mut c_void, *const c_void

표 23-1에서 눈여겨 봐야 할 부분은 다음과 같다.

- 여기에 나와 있는 c_void를 제외한 모든 러스트 타입은 러스트 기본 제공 타입의 별칭이다. 예를 들어 c_char는 i8이거나 u8이다.

- 러스트의 bool은 C나 C++의 bool과 동일하다.

- 러스트의 32비트 char 타입은 구현 환경에 따라 폭과 인코딩이 다른 wchar_t와는 다르다. C의 char32_t 타입에 더 가깝지만 유니코드로 인코딩되는 게 보장되지 않는다는 문제가 있다.

- 러스트의 기본 제공 타입 usize와 isize는 C의 size_t와 ptrdiff_t와 동일한 표현을 갖는다.

- C와 C++ 포인터 그리고 C++ 레퍼런스는 러스트의 원시 포인터 타입 *mut T와 *const T에 해당한다.

- 기술적으로 C 표준은 구현 환경에서 러스트에 대응하는 타입이 없는 표현을 쓸 수 있게 허용한다. 예를 들어 36비트 정수를 지원할 수도 있고 부호 있는 값을 위한 부호-크기 표현을 지원할 수도 있다. 그러나 러스트가 포팅되어 있는 플랫폼에는 모든 공통 C 정수 타입에 대해서 그에 대응하는 러스트 타입이 존재한다.

C 스트럭트와 호환되는 러스트 스트럭트 타입을 정의하려면 #[repr(C)] 어트리뷰트를 써야 한다. 스트럭트 정의 위에 #[repr(C)]를 두면 러스트는 C 컴파일러가 유사한 C 스트럭트 타입을 배치할 때와 동일한 방식으로 스트럭트의 필드를 메모리에 배치한다. 예를 들어 libgit2의 git2/errors.h 헤더 파일에는 앞서 보고된 오류에 관한 세부 정보를 제공하기 위해서 다음과 같은 C 스트럭트가 정의되어 있다.

```
typedef struct {
    char *message;
    int klass;
} git_error;
```

이와 동등한 표현을 가진 러스트 타입은 다음처럼 정의할 수 있다.

```
use std::os::raw::{c_char, c_int};

#[repr(C)]
pub struct git_error {
    pub message: *const c_char,
    pub klass: c_int
}
```

#[repr(C)] 어트리뷰트는 개별 필드의 표현이 아니라 스트럭트 자체의 레이아웃에만 영향을 미치므로 C 스트럭트와 맞추려면 각 필드에도 C와 유사한 타입을 써야 한다. 예를 들어 char *에는 *const c_char를 쓰고 int에는 c_int를 써야 한다.

이 경우만 놓고 보면 #[repr(C)] 어트리뷰트는 git_error의 레이아웃을 바꾸지 않을 가능성이 크다. 사실 포인터와 정수를 배치하는 흥미로운 방법이 그리 많지 않다. 그러나 C와 C++는 늘 구조체의 멤버를 각자 선언된 순서대로 고유한 메모리 주소에 배치하는 반면, 러스트는 스트럭트의 전체적인 크기를 최소화하기 위해서 필드의 순서를 바꾸고 크기가 0인 타입에는 공간을 전혀 할당하지 않는다. #[repr(C)] 어트리뷰트는 러스트가 주어진 타입에 대해서 C의 규칙을 따르도록 지시한다.

또 #[repr(C)]를 써서 C 스타일 이늄의 표현을 제어할 수도 있다.

```
#[repr(C)]
#[allow(non_camel_case_types)]
enum git_error_code {
    GIT_OK        =  0,
    GIT_ERROR     = -1,
    GIT_ENOTFOUND = -3,
    GIT_EEXISTS   = -4,
    ...
}
```

보통 러스트는 이늄의 표현 방식을 고를 때 온갖 종류의 최적화를 수행한다. 예를 들어 우리는 러스트가 (T가 균일 크기일 때) Option<&T>를 한 워드 안에 담아내기 위해 쓰는 꼼수를 살펴본 바 있다. #[repr(C)]가 없으면 러스트는 git_error_code 이늄을 한 바이트로 표현하고, #[repr(C)]가 있으면 러스트는 C가 하는 것처럼 C의 int 크기로 된 값을 쓴다.

또 러스트에게 주어진 정수 타입과 동일한 표현을 이늄에 써 달라고 요청할 수도 있다. 앞에 있는 정의에 #[repr(i16)]을 붙이면 아래의 C++ 이늄과 동일한 표현을 가진 16비트 타입이 쓰인다.

```
#include <stdint.h>

enum git_error_code: int16_t {
    GIT_OK        =  0,
    GIT_ERROR     = -1,
    GIT_ENOTFOUND = -3,
    GIT_EEXISTS   = -4,
    ...
};
```

앞서 언급했다시피 #[repr(C)]는 유니언에도 적용할 수 있다. #[repr(C)]가 붙은 유니언의 필드는 늘 유니언의 메모리에 있는 첫 번째 비트, 즉 0번 색인에서 시작한다.

러스트 이늄과 비슷한 기능을 하는 C 스트럭트를 보자. 이 스트럭트에는 데이터를 담아두는 유니언과 이 유니언의 어떤 필드를 써야 하는지 나타내는 태그 값이 들어 있다.

```
enum tag {
    FLOAT = 0,
    INT   = 1,
};

union number {
    float f;
    short i;
};

struct tagged_number {
    tag t;
    number n;
};
```

러스트 코드에서 이 구조체를 가지고 소통하려면 이늄, 구조체, 유니언 타입에 #[repr(C)]를 붙인 다음, match 문을 써서 스트럭트 안에 있는 태그를 기반으로 유니언 필드를 선택하면 된다.

```
#[repr(C)]
enum Tag {
    Float = 0,
    Int = 1
}

#[repr(C)]
union FloatOrInt {
    f: f32,
    i: i32,
}

#[repr(C)]
struct Value {
    tag: Tag,
    union: FloatOrInt
}

fn is_zero(v: Value) -> bool {
```

```
    use self::Tag::*;
    unsafe {
        match v {
            Value { tag: Int, union: FloatOrInt { i: 0 } } => true,
            Value { tag: Float, union: FloatOrInt { f: num } } => (num == 0.0),
            _ => false
        }
    }
}
```

복잡한 구조체도 이런 식으로 FFI 경계를 손쉽게 넘나들 수 있다.

러스트와 C가 서로 문자열을 주고받는 건 좀 더 어렵다. C는 문자열을 널 문자로 끝나는 문자 배열의 포인터로 표현한다. 반면에 러스트는 문자열의 길이를 String의 필드나 팻 레퍼런스 &str의 두 번째 워드에 명시적으로 저장한다. 러스트 문자열은 널로 끝나지 않는다. 사실 러스트 문자열은 다른 문자와 마찬가지로 널 문자를 내용 안에 포함할 수도 있다.

이 말은 러스트 문자열을 C 문자열로 빌려 올 수 없다는 뜻이다. C 코드에 러스트 문자열의 포인터를 넘기면 내용 안에 포함된 널 문자를 문자열의 끝이라고 착각하거나 있지도 않은 널 종료 문자를 찾느라고 끝을 지나쳐 버리거나 할 수 있다. 반대로 C 문자열은 내용이 적격한 UTF-8이기만 하다면 러스트 &str로 빌려 올 수도 있다.

사정이 이렇다 보니 러스트는 C 문자열을 String도 &str도 아닌 완전히 다른 타입으로 취급할 수밖에 없다. std::ffi 모듈에 있는 CString과 CStr 타입은 널 종료 바이트 배열의 소유권이 있는 버전과 차용된 버전을 표현한다. String과 str와 달리 CString과 CStr가 가진 메서드는 생성과 다른 타입으로의 변환을 다룰 뿐이라서 할 수 있는 게 별로 없다. 이들 타입의 사용 예는 다음 절에서 살펴본다.

외부 함수와 변수 선언하기

extern 블록은 최종 러스트 실행 파일에 링크될 다른 라이브러리에 정의된 함수나 변수를 선언한다. 예를 들어 모든 러스트 프로그램은 대부분의 플랫폼에서 표준 C 라이브러리를 링크하므로 다음처럼 하면 러스트에게 C 라이브러리의 strlen 함수에 대해서 알려줄 수 있다.

```
use std::os::raw::c_char;

extern {
```

```
    fn strlen(s: *const c_char) -> usize;
}
```

이렇게 하면 러스트가 함수의 이름과 타입을 알게 된다. 정의는 나중에 링크된다.

러스트는 extern 블록 안에 선언된 함수가 C 관례에 따라 인수를 넘기고 반환값을 받는다고 가정한다. 이들은 unsafe 함수로 정의된다. strlen의 경우에는 이런 결정이 나름 합리적이다. strlen이 실제로 C 함수인 점도 한몫하지만, 이 함수의 C 명세에 따르면 정상적으로 종료 처리된 문자열의 유효한 포인터를 넘겨야 하는데 이런 부분은 러스트가 강제할 수 없는 계약이기 때문이다. (원시 포인터를 받는 대부분의 함수는 unsafe여야 한다. 안전한 러스트가 임의의 정수에서 원시 포인터를 생성할 수 있더라도 이런 포인터를 역참조하는 건 미정의 동작이기 때문이다.)

비록 외부에서 온 관광객 같다는 느낌을 주긴 하지만, 이 extern 블록을 쓰면 다른 러스트 함수처럼 strlen을 호출할 수 있다.

```
use std::ffi::CString;

let rust_str = "I'll be back";
let null_terminated = CString::new(rust_str).unwrap();
unsafe {
    assert_eq!(strlen(null_terminated.as_ptr()), 12);
}
```

CString::new 함수는 널로 끝나는 C 문자열을 만든다. 이 함수는 먼저 인수의 내용 안에 널 문자가 포함되어 있는지를 검사한다. 널 문자가 포함되어 있으면 C 문자열로 표현할 수 없으므로 오류를 반환한다. (따라서 결과를 unwrap해야 한다.) 그렇지 않으면 맨 끝에 널 바이트를 넣고 결과 문자들을 소유하는 CString을 반환한다.

CString::new의 비용은 넘겨받는 타입에 따라 다르다. 이 함수는 Into<Vec<u8>>을 구현하고 있는 것이라면 무엇이든 받는다. &str를 넘기면 Vec<u8>로 변환할 때 벡터가 소유할 문자열의 힙 할당 복사본을 만들기 때문에 할당과 복사가 발생한다. 그러나 String을 값으로 넘기면 그 문자열을 소비해서 그 안에 있는 버퍼를 가져다 쓰기 때문에, 변환할 때 널 문자의 추가로 인해서 버퍼의 크기가 달라지지 않는 한 텍스트 복사와 할당이 전혀 필요 없다.

CString은 CStr로 역참조 되며, CStr의 as_ptr 메서드는 문자열의 시작 부분을 가리키는 *const c_char를 반환한다. strlen은 바로 이 타입을 받는다. 이 예에서 strlen은 문자열을 앞에서부터 쭉

훑다가 CString::new가 넣은 널 문자를 발견하면 바이트 수로 된 길이를 반환한다.

extern 블록 안에는 전역변수를 선언할 수도 있다. POSIX 시스템에는 프로세스의 환경 변수값을 쥐고 있는 environ이라는 전역변수가 있다. C에는 다음처럼 선언되어 있다.

```
extern char **environ;
```

러스트에서는 이를 다음처럼 선언한다.

```
use std::ffi::CStr;
use std::os::raw::c_char;

extern {
    static environ: *mut *mut c_char;
}
```

환경 변수의 첫 번째 요소를 출력하려면 다음처럼 작성하면 된다.

```
unsafe {
    if !environ.is_null() && !(*environ).is_null() {
        let var = CStr::from_ptr(*environ);
        println!("first environment variable: {}",
                 var.to_string_lossy())
    }
}
```

이 코드는 environ에 첫 번째 요소가 있는지 확인한 다음 CStr::from_ptr을 호출해서 이를 빌려오는 CStr를 만든다. to_string_lossy 메서드는 Cow<str>를 반환하는데, C 문자열이 적격한 UTF-8을 쥐고 있으면 Cow는 끝에 있는 널 바이트를 제외한 나머지 내용을 &str로 빌려 온다. 그렇지 않으면 to_string_lossy는 힙에 텍스트의 복사본을 만들고 부적격한 UTF-8 시퀀스를 공식 유니코드 대체 문자 �로 바꾼 다음 이를 소유하는 Cow를 만든다. 어찌 됐든 두 결과 모두 Display를 구현하고 있으므로 {} 형식 매개변수로 출력할 수 있다.

라이브러리에 있는 함수 사용하기

특정 라이브러리가 제공하는 함수를 쓰려면 러스트가 실행 파일에 링크해야 할 라이브러리 이름이 기재된 #[link] 어트리뷰트를 extern 블록 위에 두면 된다. 예를 들어 아래 프로그램은 별다른 일

없이 libgit2의 초기화 메서드와 종료 메서드를 호출한다.

```
use std::os::raw::c_int;

#[link(name = "git2")]
extern {
    pub fn git_libgit2_init() -> c_int;
    pub fn git_libgit2_shutdown() -> c_int;
}

fn main() {
    unsafe {
        git_libgit2_init();
        git_libgit2_shutdown();
    }
}
```

extern 블록은 전과 마찬가지로 외부 함수를 선언한다. #[link(name = "git2")] 어트리뷰트는 러스트가 최종 실행 파일이나 공유 라이브러리를 생성할 때 git2 라이브러리를 링크해야 한다는 취지의 메모를 크레이트에 남긴다. 러스트는 시스템 링커를 써서 실행 파일을 만든다. 따라서 이렇게 해두면 유닉스에서는 -lgit2가 윈도우에서는 git2.LIB이 링커 명령줄의 인수로 붙는다.

#[link] 어트리뷰트는 라이브러리 크레이트에서도 통한다. 다른 크레이트에 의존하는 프로그램을 만들 때 카고는 전체 의존성 그래프에서 링크 메모를 전부 모아다가 최종 링크에 포함시킨다.

이 예를 여러분의 머신에서 실행하려면 libgit2를 직접 빌드해야 한다. 여기서는 libgit2(https://libgit2.org/) 버전 0.25.1을 썼다. libgit2를 컴파일하려면 CMake 빌드 도구와 파이썬 언어를 설치해야 한다. 여기서는 CMake(https://cmake.org/) 버전 3.8.0과 파이썬(https://www.python.org/) 버전 2.7.13을 썼다.

libgit2를 빌드하는 법은 웹사이트에 자세히 나와 있지만 핵심만 놓고 보면 간단하다. 리눅스에서 라이브러리의 소스를 /home/jimb/libgit2-0.25.1 디렉터리에 풀어 두었다고 할 때 다음처럼 하면 된다.

```
$ cd /home/jimb/libgit2-0.25.1
$ mkdir build
$ cd build
$ cmake ..
$ cmake --build .
```

이렇게 하면 리눅스에서는 공유 라이브러리 /home/jimb/libgit2-0.25.1/build/libgit2.so.0.25.1
과 이를 가리키는 libgit2.so 등의 여러 심링크symlink가 생성된다. 맥OS에서는 결과가 비슷하지만 라
이브러리의 이름이 libgit2.dylib이라는 점이 다르다.

윈도우에서도 간단하다. 소스를 C:\Users\JimB\libgit2-0.25.1 디렉터리에 풀어 두었다고 할 때 비
주얼 스튜디오 명령 프롬프트에서 다음처럼 하면 된다.

```
> cd C:\Users\JimB\libgit2-0.25.1
> mkdir build
> cd build
> cmake -A x64 ..
> cmake --build .
```

CMake를 처음 실행할 때 러스트 컴파일러와 맞추기 위해서 64비트 빌드를 요청해야 한다는 점을
제외하면 리눅스에서 쓰던 명령과 동일하다. (32비트 러스트 툴체인을 설치했다면 첫 번째 cmake 명령에서
-A x64 플래그를 생략해야 한다.) 이렇게 하면 가져오기 라이브러리 git2.LIB과 동적 연결 라이브러리
git2.DLL이 C:\Users\JimB\libgit2-0.25.1\build\Debug 디렉터리에 생성된다. (나머지 과정은 유닉
스를 전제로 살펴본다. 단, 윈도우에서 크게 다른 부분은 따로 설명한다.)

이제 별도의 디렉터리에 러스트 프로그램을 생성하자.

```
$ cd /home/jimb
$ cargo new --bin git-toy
    Created binary (application) `git-toy` package
```

그리고 앞서 본 코드를 가져다가 src/main.rs에 붙여넣자. 당연한 이야기지만 이 상태로 빌드하면 러
스트가 앞서 빌드한 libgit2를 찾지 못한다.

```
$ cd git-toy
$ cargo run
   Compiling git-toy v0.1.0 (/home/jimb/git-toy)
error: linking with `cc` failed: exit status: 1
  |
  = note: /usr/bin/ld: error: cannot find -lgit2
          src/main.rs:11: error: undefined reference to 'git_libgit2_init'
          src/main.rs:12: error: undefined reference to 'git_libgit2_shutdown'
          collect2: error: ld returned 1 exit status
```

```
error: could not compile `git-toy` due to previous error
```

러스트에게 라이브러리 검색 위치를 알려주려면 카고가 빌드 시점에 컴파일하고 실행하는 **빌드 스크립트**build script를 작성해야 한다. 빌드 스크립트는 코드를 동적으로 생성하고 크레이트에 포함될 C 코드를 컴파일하는 등 무슨 일이든 할 수 있다. 이 경우에는 실행 파일의 링크 명령에 라이브러리 검색 경로를 추가하기만 하면 된다. 카고는 빌드 스크립트를 실행할 때 빌드 스크립트의 출력에서 이런 종류의 정보를 파싱하므로 빌드 스크립트에서는 올바른 정보를 표준 출력으로 내보내기만 하면 된다.

이 예에서 쓸 빌드 스크립트를 생성하려면 **Cargo.toml** 파일이 있는 디렉터리에 **build.rs**라는 파일을 만들고 그 안에 다음 내용을 붙여넣으면 된다.

```
fn main() {
    println!(r"cargo:rustc-link-search=native=/home/jimb/libgit2-0.25.1/build");
}
```

위 경로는 리눅스에서만 통한다. 윈도우에서는 native= 텍스트 뒤에 있는 경로를 C:\Users\JimB\libgit2-0.25.1\build\Debug로 바꿔야 한다. (여기서는 예를 단순하게 가져가기 위해서 꼼꼼하게 챙겨야 할 부분 몇 가지를 그냥 무시하고 넘어간다. 실제 애플리케이션의 빌드 스크립트에서는 절대 경로를 쓰지 말아야 한다. 이 부분을 제대로 다루는 법은 이번 절 끝에 언급해 둔 문서를 참고하자.)

이제 거의 다 왔다. 맥OS에서는 프로그램을 바로 실행해도 문제 없이 작동할 수도 있다. 그러나 리눅스 시스템에서는 아마 다음과 같은 오류가 발생할 것이다.

```
$ cargo run
   Compiling git-toy v0.1.0 (/tmp/rustbook-transcript-tests/git-toy)
    Finished dev [unoptimized + debuginfo] target(s)
     Running `target/debug/git-toy`
target/debug/git-toy: error while loading shared libraries:
libgit2.so.25: cannot open shared object file: No such file or directory
```

내용인즉슨 카고가 실행 파일에 라이브러리를 문제 없이 링크하긴 했지만 실행 시점에 공유 라이브러리를 찾지 못했다는 뜻이다. 윈도우는 대화 상자를 띄워서 이 문제를 알려준다. 리눅스에서는 LD_LIBRARY_PATH 환경 변수를 설정해야 한다.

```
$ export LD_LIBRARY_PATH=/home/jimb/libgit2-0.25.1/build:$LD_LIBRARY_PATH
$ cargo run
    Finished dev [unoptimized + debuginfo] target(s) in 0.0 secs
     Running `target/debug/git-toy`
```

맥OS에서는 DYLD_LIBRARY_PATH를 대신 설정해야 할 수도 있다.

윈도우에서는 PATH 환경 변수를 설정해야 한다.

```
> set PATH=C:\Users\JimB\libgit2-0.25.1\build\Debug;%PATH%
> cargo run
    Finished dev [unoptimized + debuginfo] target(s) in 0.0 secs
     Running `target/debug/git-toy`
>
```

당연한 이야기지만 배포된 애플리케이션에서 고작 라이브러리의 코드를 찾겠다고 환경 변수를 설정하는 건 바람직하지 않다. 한 가지 대안은 C 라이브러리를 크레이트 안에 정적으로 링크하는 것이다. 이렇게 하면 라이브러리의 오브젝트 파일이 크레이트의 .rlib 파일 안에 복사되어 크레이트의 러스트 코드를 위한 오브젝트 파일과 메타데이터 옆에 나란히 자리하게 된다. 그리고 전체 컬렉션이 최종 링크에 포함된다.

C 라이브러리에 대한 접근을 제공하는 크레이트에는 LIB-sys와 같은 식으로 이름을 붙이는 게 카고의 관례인데, 여기서 LIB은 C 라이브러리의 이름이다. -sys 크레이트에는 정적으로 링크된 라이브러리를 비롯해서 extern 블록과 타입 정의가 담긴 러스트 모듈만 들어가야 한다. 보다 상위 수준의 인터페이스는 -sys 크레이트에 의존하는 크레이트에 들어가야 한다. 이렇게 하면 상류에 있는 여러 크레이트가 같은 -sys 크레이트에 의존할 수 있다. 단, 이를 위해서는 단일 버전의 -sys 크레이트로 모두의 요구를 충족할 수 있어야 한다.

카고의 빌드 스크립트 지원과 시스템 라이브러리의 링킹에 대한 보다 자세한 내용은 카고 온라인 문서(https://doc.rust-lang.org/cargo/reference/build-scripts.html)를 참고하자. 이 문서는 빌드 스크립트에서 절대 경로를 피하는 법, 컴파일 플래그를 제어하는 법, pkg-config 같은 도구를 쓰는 법 등을 다룬다. git2-rs 크레이트도 참고하기 좋은 예를 제공하는데, 특히 빌드 스크립트에서 복잡한 상황을 처리하는 법을 엿볼 수 있다.

libgit2의 원시 인터페이스

libgit2의 사용법을 제대로 이해하기 위해서는 다음의 두 가지 질문에 답해야 한다.

- 러스트에서 libgit2 함수를 쓰려면 무엇이 필요할까?
- 여기에 안전한 러스트 인터페이스를 구축하려면 어떻게 해야 할까?

지금부터 이 두 가지 질문에 하나씩 답해 보자. 이번 절에서는 본질적으로 하나의 거대한 unsafe 블록으로 된 프로그램을 작성한다. 이 블록은 러스트답지 않은 코드로 가득 차 있는데 언어를 섞어서 쓰다 보니 필연적으로 따라오는 타입 시스템과 관례의 충돌을 반영하느라 그런 것이다. 이 부분을 **원시** 인터페이스라고 부르기로 하자. 코드가 좀 지저분하긴 해도 러스트 코드에서 libgit2를 쓰는 데 필요한 모든 단계를 명확히 보여줄 것이다.

이어서 다음 절에서는 libgit2의 안전한 인터페이스를 구축한다. 이 인터페이스는 러스트의 타입을 써서 libgit2가 사용자에게 부과하는 규칙을 시행한다. 다행히도 libgit2는 아주 잘 설계된 C 라이브러리라서 러스트의 안전 요구 사항으로 인해 꼭 물어야 하는 질문에 대해서 꽤 좋은 답을 할 수 있고, 그 덕분에 unsafe 함수 없이 러스트다운 인터페이스를 구축할 수 있다.

여기서 작성할 프로그램은 아주 간단하다. 그저 경로를 명령줄 인수로 받아서 그곳에 있는 깃 저장소를 열고 헤드 커밋을 출력할 뿐이다. 그러나 안전하고 러스트다운 인터페이스를 위한 핵심 전략을 설명하기에 충분하다.

원시 인터페이스의 경우에는 프로그램이 전에 libgit2에서 가져와 쓰던 것보다 훨씬 더 많은 양의 함수와 타입 컬렉션을 필요로 할 게 뻔하므로 extern 블록을 별도의 모듈로 옮기는 게 합리적이다. **git-toy/src**에 **raw.rs**라는 파일을 만들고 다음 내용을 붙여넣자.

```
#![allow(non_camel_case_types)]

use std::os::raw::{c_int, c_char, c_uchar};

#[link(name = "git2")]
extern {
    pub fn git_libgit2_init() -> c_int;
    pub fn git_libgit2_shutdown() -> c_int;
    pub fn giterr_last() -> *const git_error;

    pub fn git_repository_open(out: *mut *mut git_repository,
                              path: *const c_char) -> c_int;
```

```rust
    pub fn git_repository_free(repo: *mut git_repository);

    pub fn git_reference_name_to_id(out: *mut git_oid,
                                    repo: *mut git_repository,
                                    reference: *const c_char) -> c_int;

    pub fn git_commit_lookup(out: *mut *mut git_commit,
                             repo: *mut git_repository,
                             id: *const git_oid) -> c_int;

    pub fn git_commit_author(commit: *const git_commit) -> *const git_signature;
    pub fn git_commit_message(commit: *const git_commit) -> *const c_char;
    pub fn git_commit_free(commit: *mut git_commit);
}

#[repr(C)] pub struct git_repository { _private: [u8; 0] }
#[repr(C)] pub struct git_commit { _private: [u8; 0] }

#[repr(C)]
pub struct git_error {
    pub message: *const c_char,
    pub klass: c_int
}

pub const GIT_OID_RAWSZ: usize = 20;

#[repr(C)]
pub struct git_oid {
    pub id: [c_uchar; GIT_OID_RAWSZ]
}

pub type git_time_t = i64;

#[repr(C)]
pub struct git_time {
    pub time: git_time_t,
    pub offset: c_int
}

#[repr(C)]
pub struct git_signature {
    pub name: *const c_char,
    pub email: *const c_char,
    pub when: git_time
}
```

여기서 각 아이템은 libgit2 자체의 헤더 파일에 있는 선언을 그대로 들고 와서 러스트에 맞게 바꾼 것이다. 예를 들어 **libgit2-0.25.1/include/git2/repository.h**에는 아래의 선언이 들어 있다.

```
extern int git_repository_open(git_repository **out, const char *path);
```

이 함수는 path에 있는 깃 저장소를 열려고 시도한다. 일이 순조롭게 풀리면 git_repository 객체를 생성하고 이 객체의 포인터를 out이 가리키는 위치에 저장한다. 이와 동등한 러스트 선언은 다음과 같다.

```
pub fn git_repository_open(out: *mut *mut git_repository,
                           path: *const c_char) -> c_int;
```

libgit2 공개 헤더 파일에는 git_repository 타입이 불완전한 구조체 타입의 typedef로 정의되어 있다.

```
typedef struct git_repository git_repository;
```

이 타입의 세부 사항은 라이브러리만 알면 되기 때문에 공개 헤더에 **struct git_repository**를 정의하지 않는다. 따라서 라이브러리의 사용자가 이 타입의 인스턴스를 직접 생성할 수 없다. 러스트에서는 다음과 같은 식으로 불완전한 구조체 타입을 흉내 낼 수 있다.

```
#[repr(C)] pub struct git_repository { _private: [u8; 0] }
```

이 스트럭트 타입은 요소를 전혀 갖지 않는 배열을 쥐고 있다. _private 필드가 pub이 아니므로 이 타입의 값은 이 모듈 바깥에서 생성할 수 없다. 따라서 libgit2만 생성할 수 있고 원시 포인터를 통해서만 조작할 수 있는 C 타입을 완벽히 모사한다.

커다란 **extern** 블록을 직접 손으로 한 줄 한 줄 작성하려면 지루하고 따분할 수 있다. 복잡한 C 라이브러리의 러스트 인터페이스를 만들고 있다면 bindgen 크레이트를 써보자. 이 크레이트는 빌드 스크립트에서 C 헤더 파일을 파싱해서 그에 대응하는 러스트 선언을 자동으로 생성할 때 쓸 수 있는 기능을 갖추고 있다. bindgen의 사용법은 지면 관계상 생략하니 자세한 내용은 bindgen의 crates.io 페이지에 링크된 문서(https://crates.io/crates/bindgen)를 참고하자.

다음으로 **main.rs**를 처음부터 다시 작성해야 한다. 먼저 raw 모듈을 선언한다.

```
mod raw;
```

libgit2의 관례에 따르면 실패할 수도 있는 함수는 정수 코드를 반환하는 데 성공하면 양수나 0이고 실패하면 음수다. 오류가 발생하면 giterr_last 함수는 잘못된 부분에 관한 보다 자세한 정보를 제공하는 git_error 구조체의 포인터를 반환한다. 이 구조체는 libgit2가 소유하므로 우리가 해제하지 않아도 되지만 다음번 라이브러리 호출이 이를 덮어쓸 수 있다. 제대로 된 러스트 인터페이스라면 Result를 쓰겠지만 원시 버전에서는 libgit2 함수를 있는 그대로 쓰고자 하므로 별도의 오류 처리용 함수를 마련해야 한다.

```rust
use std::ffi::CStr;
use std::os::raw::c_int;

fn check(activity: &'static str, status: c_int) -> c_int {
    if status < 0 {
        unsafe {
            let error = &*raw::giterr_last();
            println!("error while {}: {} ({})",
                    activity,
                    CStr::from_ptr(error.message).to_string_lossy(),
                    error.klass);
            std::process::exit(1);
        }
    }

    status
}
```

이 함수로 libgit2 호출의 결과를 점검한다.

```
check("initializing library", raw::git_libgit2_init());
```

이 코드는 앞서 썼던 것과 동일한 **CStr** 메서드를 쓰는데, from_ptr은 C 문자열을 가지고 **CStr**를 생성하고 to_string_lossy는 이를 러스트가 출력할 수 있는 형태로 바꾼다.

다음으로 커밋을 출력하는 함수가 필요하다.

```
unsafe fn show_commit(commit: *const raw::git_commit) {
    let author = raw::git_commit_author(commit);

    let name = CStr::from_ptr((*author).name).to_string_lossy();
    let email = CStr::from_ptr((*author).email).to_string_lossy();
    println!("{} <{}>\n", name, email);

    let message = raw::git_commit_message(commit);
    println!("{}", CStr::from_ptr(message).to_string_lossy());
}
```

show_commit은 git_commit의 포인터를 받아다가 git_commit_author와 git_commit_message를
호출해서 필요한 정보를 가져온다. 두 함수는 libgit2 문서에 다음과 같이 설명되어 있는 관례를 따
른다.

> 함수가 객체를 반환값으로 반환하면 그 함수는 게터이고 그 객체의 수명은 부모 객체의 수명과
> 같다.

러스트의 관점에서 보면 author와 message는 commit에서 빌려 온 것이다. 따라서 show_commit이
이들을 해제할 필요는 없지만 commit이 해제된 뒤에도 쥐고 있는 건 안 된다. 이 API는 원시 포인터
를 쓰므로 러스트가 이들의 수명을 점검해주지 않는다. 실수로 대상을 잃은 포인터를 만들더라도 프
로그램이 크래시를 일으킬 때까지 알아채지 못할 가능성이 크다.

앞에 있는 코드는 이들 필드가 UTF-8 텍스트를 쥐고 있다고 가정하지만 늘 그럴 수 있는 건 아니다.
깃이 다른 인코딩도 허용하기 때문이다. 이러한 문자열을 제대로 해석하려면 아마 encoding 크레이
트를 써야 할 것이다. 여기서는 코드를 단순하게 가져가기 위해서 이 문제는 생략한다.

이 프로그램의 main 함수는 다음과 같다.

```
use std::ffi::CString;
use std::mem;
use std::ptr;
use std::os::raw::c_char;

fn main() {
    let path = std::env::args().skip(1).next()
        .expect("usage: git-toy PATH");
    let path = CString::new(path)
        .expect("path contains null characters");
```

```
    unsafe {
        check("initializing library", raw::git_libgit2_init());

        let mut repo = ptr::null_mut();
        check("opening repository",
              raw::git_repository_open(&mut repo, path.as_ptr()));

        let c_name = b"HEAD\0".as_ptr() as *const c_char;
        let oid = {
            let mut oid = mem::MaybeUninit::uninit();
            check("looking up HEAD",
                  raw::git_reference_name_to_id(oid.as_mut_ptr(), repo, c_name));
            oid.assume_init()
        };

        let mut commit = ptr::null_mut();
        check("looking up commit",
              raw::git_commit_lookup(&mut commit, repo, &oid));

        show_commit(commit);

        raw::git_commit_free(commit);

        raw::git_repository_free(repo);

        check("shutting down library", raw::git_libgit2_shutdown());
    }
}
```

이 함수는 앞서 다뤘던 경로 인수를 처리하고 라이브러리를 초기화하는 코드로 시작한다. 새로 추가된 첫 번째 코드는 다음과 같다.

```
let mut repo = ptr::null_mut();
check("opening repository",
      raw::git_repository_open(&mut repo, path.as_ptr()));
```

git_repository_open 호출은 주어진 경로에 있는 깃 저장소를 열려고 시도한다. 성공하면 이를 위한 새 git_repository 객체를 할당하고 repo가 이를 가리키도록 설정한다. 러스트는 암묵적으로 레퍼런스를 원시 포인터로 강제 변환하기 때문에 여기서 넘기는 &mut repo는 호출이 기대하는 *mut *mut git_repository로 변환된다.

여기서 libgit2의 또 다른 관례를 엿볼 수 있다. (libgit2 문서에 다음과 같이 설명되어 있다.)

포인터의 포인터인 첫 번째 인수를 통해 반환된 객체는 호출부가 소유하고 해제할 책임이 있다.

러스트의 관점에서 보면 `git_repository_open` 같은 함수는 새 값의 소유권을 호출부에 넘기고 있는 것이다.

다음으로 저장소의 현재 헤드 커밋의 객체 해시를 조회하는 코드를 보자.

```
let oid = {
    let mut oid = mem::MaybeUninit::uninit();
    check("looking up HEAD",
            raw::git_reference_name_to_id(oid.as_mut_ptr(), repo, c_name));
    oid.assume_init()
};
```

`git_oid` 타입은 객체 식별자, 즉 깃이 커밋과 개별 파일의 버전 등을 식별하기 위해서 내부적으로 (그리고 쾌적한 사용자 인터페이스 전반에 걸쳐서) 쓰는 160비트 해시 코드를 저장한다. 이 `git_reference_name_to_id` 호출은 현재 "HEAD" 커밋의 객체 식별자를 조회한다.

C에서는 변수를 초기화할 때 이런 식으로 값을 채워주는 함수에 포인터를 넘기는 경우가 아주 흔하다. 이것이 바로 `git_reference_name_to_id`가 첫 번째 인수를 처리하는 방식이다. 그러나 러스트는 미초기화 상태의 변수에게서 레퍼런스를 빌려오게 놔두지 않는다. `oid`를 0으로 초기화할 수도 있지만 곧 다른 값으로 덮어써야 하니 괜한 낭비다.

러스트에게 미초기화 상태의 메모리를 달라고 할 순 있지만 이를 읽는 순간 미정의 동작이 발생하므로, 러스트는 미초기화 상태의 메모리를 손쉽게 다룰 수 있도록 `MaybeUninit`이라고 하는 추상화를 제공한다. `MaybeUninit<T>`는 컴파일러에게 타입 T에 필요한 메모리를 확보해 두되 따로 이야기하기 전까지는 안전하지 않으니 건드리지 말라고 지시한다. `MaybeUninit`이 이 메모리를 소유하고 있는 동안에는 컴파일러가 코드에 미초기화 상태의 메모리를 명시적으로 접근하는 부분이 전혀 없더라도 미정의 동작을 유발할 수 있는 최적화를 피한다.

`MaybeUninit`이 제공하는 `as_mut_ptr()` 메서드는 자신이 감싸고 있는 잠재적인 미초기화 상태의 메모리를 가리키는 `*mut T`를 산출한다. 해당 메모리를 초기화하는 외부 함수에 이 포인터를 넘긴 다음 `MaybeUninit`에 대고 안전하지 않은 메서드 `assume_init`을 호출해서 완전히 초기화된 T를 얻으면, 초기화하자마자 값을 버리는 데서 오는 추가 오버헤드 없이 미정의 동작을 피할 수 있다. `assume_init`은 메모리가 실제로 초기화되었는지 확실치 않은 상태에서 `MaybeUninit`에 대고 호출하면 그 즉시 미정의 동작을 일으키므로 안전하지 않다.

이 경우에는 `git_reference_name_to_id`가 MaybeUninit이 소유하고 있는 메모리를 초기화하므로 안전하다. repo와 commit 변수에도 MaybeUninit을 쓸 수 있지만 둘 다 크기가 1워드밖에 안 되므로 여기서는 그냥 널로 초기화한다.

```
let mut commit = ptr::null_mut();
check("looking up commit",
      raw::git_commit_lookup(&mut commit, repo, &oid));
```

이 코드는 커밋의 객체 식별자를 가지고 실제 커밋을 조회해서 성공하면 `git_commit` 포인터를 commit에 저장한다.

`main` 함수의 나머지 부분은 따로 설명이 필요 없을 만큼 간단하다. 앞서 정의한 `show_commit` 함수를 호출하고, 커밋과 저장소 객체를 해제하고, 라이브러리를 종료한다.

이제 아무 깃 저장소에나 가서 프로그램을 실행해 보자.

```
$ cargo run /home/jimb/rbattle
    Finished dev [unoptimized + debuginfo] target(s) in 0.0 secs
     Running `target/debug/git-toy /home/jimb/rbattle`
Jim Blandy <jimb@red-bean.com>

Animate goop a bit.
```

libgit2의 안전한 인터페이스

libgit2의 원시 인터페이스는 안전하지 않은 기능의 완벽한 예다. 원시 인터페이스는 (앞 절에서 보고 느낀 것처럼) 정확히 쓰면 문제가 없지만 러스트가 여러분이 따라야 할 규칙을 시행할 수 없다는 단점이 있다. 이런 라이브러리의 안전한 API를 설계한다는 건 필요한 규칙을 전부 파악해서 위반 사항을 타입이나 차용 검사 오류로 바꿔 내는 법을 찾는 일이다.

libgit2의 기능을 쓰는 프로그램이 따라야 할 규칙은 다음과 같다.

• 라이브러리 함수를 쓰기 전에 `git_libgit2_init`을 호출해야 한다. `git_libgit2_shutdown`을 호출한 뒤에 라이브러리 함수를 쓰면 안 된다.
• libgit2 함수에 넘기는 모든 값은 완전히 초기화된 상태여야 한다. 단, 출력 매개변수는 예외다.

- 호출이 실패하면 호출 결과를 받으려고 넘긴 출력 매개변수가 미초기화 상태로 남게 되므로 해당 값은 쓰면 안 된다.

- `git_commit` 객체는 자신이 파생되어 나온 `git_repository` 객체를 참조하므로 전자가 후자보다 오래 살아서는 안 된다. (이 부분은 libgit2 문서에 명시된 건 아니고, 필자가 인터페이스에 있는 어떤 함수를 보고 소스 코드에서 검증한 내용을 토대로 추론한 것이다.)

- 마찬가지로 `git_signature`는 늘 주어진 `git_commit`에서 빌려오므로 전자가 후자보다 오래 살아서는 안 된다. (이 부분은 문서에서 다루고 있다.)

- 커밋에 연관된 메시지와 작성자의 이름과 이메일 주소는 전부 커밋에서 빌려오므로 커밋이 해제된 뒤에 쓰면 안 된다.

- 한 번 해제된 libgit2 객체는 다시 쓰면 안 된다.

곧 알게 되겠지만 러스트의 타입 시스템을 통하거나 내부적으로 세부 사항을 관리하는 방법을 쓰면 이들 규칙을 전부 시행하는 libgit2의 러스트 인터페이스를 구축할 수 있다.

시작하기 전에 프로젝트의 구조를 살짝 바꿔보자. 안전한 인터페이스를 노출하는 git 모듈을 마련하고 앞 절에 있는 프로그램의 원시 인터페이스를 이 모듈의 비공개 하위 모듈로 설정하자.

전체 소스 트리는 다음과 같다.

```
git-toy/
├── Cargo.toml
├── build.rs
└── src/
    ├── main.rs
    └── git/
        ├── mod.rs
        └── raw.rs
```

8장의 '분리된 파일에 있는 모듈' 절에서 설명한 규칙에 따라 git 모듈의 소스는 **git/mod.rs**에 두고 **git::raw** 하위 모듈의 소스는 **git/raw.rs**에 둔다.

이번에도 **main.rs**를 처음부터 다시 작성해야 한다. 먼저 git 모듈을 선언하는 것으로 시작한다.

```
mod git;
```

그런 다음 **git** 하위 디렉터리를 만들고 **raw.rs**를 그리로 옮긴다.

```
$ cd /home/jimb/git-toy
$ mkdir src/git
$ mv src/raw.rs src/git/raw.rs
```

git 모듈은 raw 하위 모듈을 선언해야 한다. **src/git/mod.rs** 파일에 다음처럼 해두면 된다.

```
mod raw;
```

이 하위 모듈은 pub이 아니므로 메인 프로그램에서 볼 수 없다.

잠시 뒤에 libc 크레이트의 함수 몇 가지를 써야 하므로 **Cargo.toml**에 의존성을 추가해야 한다. 이 파일의 전체 내용은 다음과 같다.

```
[package]
name = "git-toy"
version = "0.1.0"
authors = ["You <you@example.com>"]
edition = "2021"

[dependencies]
libc = "0.2"
```

모듈의 구조를 재정비했으니 이제 오류 처리를 고민해 보자. libgit2의 초기화 함수조차도 오류 코드를 반환할 수 있으므로 본격적으로 시작하기에 앞서 이 문제를 해결해둬야 한다. 러스트다운 인터페이스는 libgit2의 실패 코드와 더불어 giterr_last의 오류 메시지와 클래스를 담을 자체 Error 타입이 필요하다. 제대로 된 오류 타입은 Error, Debug, Display 트레이트를 구현해야 한다. 그런 다음 이 Error 타입을 쓰는 자체 Result 타입이 필요하다. **src/git/mod.rs**에 둬야 할 필수 정의는 다음과 같다.

```
use std::error;
use std::fmt;
use std::result;

#[derive(Debug)]
pub struct Error {
    code: i32,
    message: String,
    class: i32
}
```

```
impl fmt::Display for Error {
    fn fmt(&self, f: &mut fmt::Formatter) -> result::Result<(), fmt::Error> {
        // `Error`를 출력하면 간단히 libgit2의 메시지를 출력한다.
        self.message.fmt(f)
    }
}

impl error::Error for Error { }

pub type Result<T> = result::Result<T, Error>;
```

모듈에서 원시 라이브러리 호출의 결과를 점검하려면 libgit2의 반환 코드를 Result로 바꾸는 함수가 필요하다.

```
use std::os::raw::c_int;
use std::ffi::CStr;

fn check(code: c_int) -> Result<c_int> {
    if code >= 0 {
        return Ok(code);
    }

    unsafe {
        let error = raw::giterr_last();

        // libgit2는 (*error).message가 늘 널이 아니라는 점과 널로 끝난다는 점을 보장하므로
        // 이 호출은 안전하다.
        let message = CStr::from_ptr((*error).message)
            .to_string_lossy()
            .into_owned();

        Err(Error {
            code: code as i32,
            message,
            class: (*error).klass as i32
        })
    }
}
```

이 함수가 원시 버전의 check 함수와 가장 크게 다른 점은 오류 메시지를 출력하고 그냥 끝내는 게 아니라 Error 값을 생성한다는 것이다.

이제 libgit2를 초기화할 준비가 됐다. 안전한 인터페이스는 열린 깃 저장소를 표현하는 Repository 타입을 제공한다. 이 타입에는 레퍼런스를 변환하고 커밋을 조회하는 등의 메서드가 있다. **git/mod. rs**에 다음처럼 정의된 Repository를 두자.

```
/// 깃 저장소
pub struct Repository {
    // 이 포인터는 늘 살아있는 `git_repository` 구조체를 가리켜야 한다.
    // 다른 `Repository`는 이를 가리킬 수 없다.
    raw: *mut raw::git_repository
}
```

Repository의 raw 필드는 공개가 아니다. 이 모듈 안에 있는 코드만 raw::git_repository 포인터에 접근할 수 있으므로 이 모듈만 제대로 만들면 해당 포인터가 잘못 쓰이는 일을 막을 수 있다.

새 깃 저장소를 여는 데 성공했을 때만 Repository를 생성한다면 각 Repository가 고유한 git_repository 객체를 가리키게 만들 수 있을 것이다.

```
use std::path::Path;
use std::ptr;

impl Repository {
    pub fn open<P: AsRef<Path>>(path: P) -> Result<Repository> {
        ensure_initialized();

        let path = path_to_cstring(path.as_ref())?;
        let mut repo = ptr::null_mut();
        unsafe {
            check(raw::git_repository_open(&mut repo, path.as_ptr()))?;
        }
        Ok(Repository { raw: repo })
    }
}
```

안전한 인터페이스를 가지고 뭔가를 하려면 먼저 Repository 값이 있어야 하는데, Repository::open 이 ensure_initialized를 호출하는 것으로 시작하므로 ensure_initialized가 다른 libgit2 함수를 쓰기 전에 호출된다고 확신할 수 있다. 이 함수의 정의는 다음과 같다.

```
fn ensure_initialized() {
    static ONCE: std::sync::Once = std::sync::Once::new();
    ONCE.call_once(|| {
```

```
        unsafe {
            check(raw::git_libgit2_init())
                .expect("initializing libgit2 failed");
            assert_eq!(libc::atexit(shutdown), 0);
        }
    });
}

extern fn shutdown() {
    unsafe {
        if let Err(e) = check(raw::git_libgit2_shutdown()) {
            eprintln!("shutting down libgit2 failed: {}", e);
            std::process::abort();
        }
    }
}
```

std::sync::Once 타입은 스레드 안전성을 가진 방식으로 초기화 코드를 실행할 수 있게 도와준다. 주어진 클로저는 ONCE.call_once를 최초로 호출한 스레드에서만 실행된다. 이후 해당 스레드나 다른 스레드에서 이어지는 호출은 첫 번째 호출이 완료될 때까지 블록되며 클로저를 다시 실행하지 않고 즉시 복귀한다. 일단 클로저의 실행이 끝나고 나면 ONCE.call_once 호출은 ONCE에 저장된 플래그를 원자적으로 로드하기만 하면 되기 때문에 비용이 적게 든다.

앞 코드에서 초기화 클로저는 git_libgit2_init을 호출하고 결과를 점검한다. 여기서는 초기화가 실패할 가능성이 적다고 생각해서 오류를 호출부로 다시 전파하려 하지 않고 그냥 expect로 확인한다.

초기화 클로저는 프로그램이 git_libgit2_shutdown을 호출하도록 만들기 위해서 C 라이브러리의 atexit 함수를 쓴다. 이 함수는 프로세스가 종료하기 전에 호출할 함수의 포인터를 받는다. 러스트 클로저는 C 함수 포인터로 쓸 수 없다. 클로저는 캡처한 변수의 값이나 레퍼런스를 실어 나르는 익명 타입의 값이지만 함수 포인터는 말 그대로 포인터다. 하지만 러스트의 fn 타입은 C 함수 포인터로 쓸 수 있는데, 단 러스트가 C 호출 관례를 적용하기 위해서는 extern으로 선언해야 한다. 지역 함수 shutdown은 이 모든 조건을 충족하며 libgit2를 문제없이 종료시킨다.

7장의 '해제' 절에서 우리는 언어의 경계를 가로질러서 발생하는 패닉이 미정의 동작이라고 언급한 바 있다. atexit에서 shutdown으로 이어지는 호출은 바로 그런 경계이므로 shutdown이 패닉에 빠지지 않은 게 중요하다. shutdown이 그냥 .expect를 써서 raw::git_libgit2_shutdown이 보고한 오류를 처리할 수 없는 이유가 바로 여기에 있다. 그게 아니라 오류를 보고하고 프로세스 자체를 종료해야 한다. POSIX는 atexit 핸들러 안에서 exit를 호출하는 걸 금지하고 있으므로 shutdown은 std::process::abort를 호출해서 프로그램을 즉시 종료한다.

git_libgit2_shutdown을 이를테면 마지막 Repository 값이 드롭될 때처럼 좀 더 이른 시점에 호출하도록 조정할 수도 있다. 그러나 어떤 식으로 조정하든지 간에 git_libgit2_shutdown을 호출하는 건 안전한 API의 책무여야 한다. 이 함수가 호출되면 그 즉시 현존하는 모든 libgit2 객체가 쓰면 위험한 상태가 되므로 안전한 API는 이 함수를 직접 노출해서는 안 된다.

Repository의 원시 포인터는 늘 살아있는 git_repository 객체를 가리켜야 한다. 이 말은 저장소를 닫는 유일한 방법이 이를 소유하고 있는 Repository 값을 드롭하는 것뿐이라는 뜻이다.

```
impl Drop for Repository {
    fn drop(&mut self) {
        unsafe {
            raw::git_repository_free(self.raw);
        }
    }
}
```

또 Repository 타입은 raw::git_repository의 유일한 포인터가 막 없어지려고 할 때만 git_repository_free를 호출해서 포인터가 해제된 뒤에 다시 쓰이는 일이 없도록 만든다.

Repository::open 메서드는 path_to_cstring이라는 비공개 함수를 쓴다. 이 함수의 정의는 유닉스 계열 시스템용과 윈도우용 이렇게 두 가지가 있다.

```
use std::ffi::CString;

#[cfg(unix)]
fn path_to_cstring(path: &Path) -> Result<CString> {
    // `as_bytes` 메서드는 유닉스 계열 시스템에만 존재한다.
    use std::os::unix::ffi::OsStrExt;

    Ok(CString::new(path.as_os_str().as_bytes())?)
}

#[cfg(windows)]
fn path_to_cstring(path: &Path) -> Result<CString> {
    // UTF-8로 변환을 시도한다. 실패하면 libgit2는 경로를 처리할 수 없다.
    match path.to_str() {
        Some(s) => Ok(CString::new(s)?),
```

```
        None => {
            let message = format!("Couldn't convert path '{}' to UTF-8",
                                  path.display());
            Err(message.into())
        }
    }
}
```

이 코드는 `libgit2` 인터페이스 때문에 조금 까다롭다. 모든 플랫폼에서 `libgit2`는 널로 끝나는 C 문자열을 경로로 받는다. 윈도우에서 `libgit2`는 이들 C 문자열이 적격한 UTF-8을 쥐고 있다고 가정하고 내부에서 윈도우가 실제로 요구하는 16비트 경로로 변환한다. 이 과정은 대개 별문제 없이 진행되지만 완벽한 방법이라고 볼 순 없다. 윈도우는 파일 이름에 적격하지 않은 유니코드를 쓸 수 있어서 UTF-8로 표현할 수 없는 경우가 있기 마련이다. 그런 파일의 이름은 `libgit2`에 넘길 수 없다.

러스트에서 파일시스템 경로의 적절한 표현은 `std::path::Path`다. 이 타입은 윈도우나 POSIX에서 나타날 수 있는 모든 경로를 다루도록 꼼꼼히 설계됐다. 이 말은 윈도우의 경우 적격한 UTF-8이 아니라서 `libgit2`에 넘길 수 없는 Path 값이 존재한다는 뜻이다. 따라서 `path_to_cstring`의 동작이 완벽하다고 볼 순 없더라도 `libgit2`의 인터페이스를 감안하면 사실 이게 우리가 할 수 있는 최선이라고 봐야 한다.

방금 본 `path_to_cstring`의 두 정의는 자체 Error 타입으로의 변환에 의존한다. ? 연산자가 그런 변환을 시도하며 윈도우 버전은 명시적으로 `.into()`를 호출한다. 이들 변환은 특별할 게 별로 없다.

```
impl From<String> for Error {
    fn from(message: String) -> Error {
        Error { code: -1, message, class: 0 }
    }
}

// NulError는 `CString::new`가 문자열에 0바이트가 들어 있을 때 반환하는 타입이다.
impl From<std::ffi::NulError> for Error {
    fn from(e: std::ffi::NulError) -> Error {
        Error { code: -1, message: e.to_string(), class: 0 }
    }
}
```

이어서 깃 레퍼런스를 가지고 객체 식별자를 찾는 법을 알아보자. 객체 식별자는 그냥 20바이트짜리 해시값이라서 안전한 API 안에 노출해도 전혀 문제없다.

```
/// 깃 객체 데이터베이스에 저장된 커밋, 트리, 블랍, 태그 등의 객체 식별자.
/// 객체가 가진 내용의 와이드 해시다.
pub struct Oid {
    pub raw: raw::git_oid
}
```

Repository에 조회를 수행하는 메서드를 추가하자.

```
use std::mem;
use std::os::raw::c_char;

impl Repository {
    pub fn reference_name_to_id(&self, name: &str) -> Result<Oid> {
        let name = CString::new(name)?;
        unsafe {
            let oid = {
                let mut oid = mem::MaybeUninit::uninit();
                check(raw::git_reference_name_to_id(
                        oid.as_mut_ptr(), self.raw,
                        name.as_ptr() as *const c_char))?;
                oid.assume_init()
            };
            Ok(Oid { raw: oid })
        }
    }
}
```

조회가 실패하면 oid가 미초기화 상태로 남긴 하지만 이 함수는 간단히 러스트의 Result 관용구를 써서 호출부가 미초기화 상태의 값을 볼 수 없게 만든다. 호출부는 제대로 초기화된 Oid 값이 들어있는 Ok를 받든지 Err을 받든지 둘 중 하나다.

다음으로 모듈은 저장소에서 커밋을 가져올 방법이 필요하다. Commit 타입을 다음과 같이 정의하자.

```
use std::marker::PhantomData;

pub struct Commit<'repo> {
    // 이 포인터는 늘 쓸 수 있는 `git_commit` 구조체를 가리켜야 한다.
    raw: *mut raw::git_commit,
    _marker: PhantomData<&'repo Repository>
}
```

앞서 언급했다시피 git_commit 객체는 자신이 파생되어 나온 git_repository 객체보다 오래 살아서는 안 된다. 러스트의 수명은 코드가 이 규칙을 정확히 포착할 수 있게 해준다.

22장에 있는 RefWithFlag 예는 PhantomData 필드를 써서 타입이 마치 주어진 수명을 가진 레퍼런스를 포함하고 있는 것처럼 취급되게 했다. 해당 타입이 그런 레퍼런스를 포함하고 있지 않은 게 확실한데도 말이다. Commit 타입도 이와 비슷한 처리가 필요하다. 이 경우에는 _marker 필드의 타입을 PhantomData<&'repo Repository>로 가져가서 Commit<'repo>가 마치 수명 'repo를 가진 Repository의 레퍼런스를 포함하고 있는 것처럼 취급되게 한다.

커밋을 조회하는 메서드는 다음과 같다.

```
impl Repository {
    pub fn find_commit(&self, oid: &Oid) -> Result<Commit> {
        let mut commit = ptr::null_mut();
        unsafe {
            check(raw::git_commit_lookup(&mut commit, self.raw, &oid.raw))?;
        }
        Ok(Commit { raw: commit, _marker: PhantomData })
    }
}
```

이 코드는 어떤 식으로 Commit의 수명과 Repository의 수명을 연관 짓는 걸까? find_commit의 시그니처는 5장의 '수명 매개변수 생략하기' 절에서 설명한 규칙에 따라 관련된 레퍼런스의 수명이 생략되어 있다. 이 수명을 전부 기재한 시그니처의 모습은 다음과 같다.

```
fn find_commit<'repo, 'id>(&'repo self, oid: &'id Oid)
    -> Result<Commit<'repo>>
```

러스트는 반환된 Commit이 마치 Repository인 self에서 뭔가를 빌려 온 것처럼 취급한다. 딱 우리가 바라는 바다.

Commit은 드롭될 때 raw::git_commit을 해제해야 한다.

```
impl<'repo> Drop for Commit<'repo> {
    fn drop(&mut self) {
        unsafe {
            raw::git_commit_free(self.raw);
        }
```

Commit에게서 빌려 올 수 있는 정보에는 Signature(이름과 이메일 주소)와 커밋 메시지의 텍스트가 있다.

```
impl<'repo> Commit<'repo> {
    pub fn author(&self) -> Signature {
        unsafe {
            Signature {
                raw: raw::git_commit_author(self.raw),
                _marker: PhantomData
            }
        }
    }

    pub fn message(&self) -> Option<&str> {
        unsafe {
            let message = raw::git_commit_message(self.raw);
            char_ptr_to_str(self, message)
        }
    }
}
```

Signature 타입은 다음과 같다.

```
pub struct Signature<'text> {
    raw: *const raw::git_signature,
    _marker: PhantomData<&'text str>
}
```

git_signature 객체는 늘 어딘가에서 텍스트를 빌려 온다. 특히 git_commit_author가 반환한 시그니처는 git_commit에서 텍스트를 빌려 온다. 따라서 안전한 Signature 타입은 PhantomData<&'text str>를 마련해서 마치 수명 'text를 가진 &str를 포함하고 있는 것처럼 행동한다. 마찬가지로 Commit::author는 자신이 반환하는 Signature의 수명 'text를 Commit의 수명에 적절히 연결하는데, 이 경우에는 뭔가를 따로 작성할 필요가 없다. Commit::message 메서드는 커밋 메시지를 쥐고 있는 Option<&str>를 대상으로 똑같이 처리한다.

Signature는 작성자의 이름과 이메일 주소를 가져오는 메서드를 포함하고 있다.

```
impl<'text> Signature<'text> {
    /// 작성자의 이름을 `&str`로 반환한다.
    /// 적격한 UTF-8이 아니면 `None`을 반환한다.
    pub fn name(&self) -> Option<&str> {
        unsafe {
            char_ptr_to_str(self, (*self.raw).name)
        }
    }

    /// 작성자의 이메일 주소를 `&str`로 반환한다.
    /// 적격한 UTF-8이 아니면 `None`을 반환한다.
    pub fn email(&self) -> Option<&str> {
        unsafe {
            char_ptr_to_str(self, (*self.raw).email)
        }
    }
}
```

이들 메서드는 비공개 유틸리티 함수 char_ptr_to_str에 의존한다.

```
/// `ptr`에서 `&str`를 빌리려고 시도한다. `ptr`이 널일 수도 있고 부적격한 UTF-8을 참조할
/// 수도 있다는 점을 고려한다. 결과에는 마치 `_owner`에게서 빌려 온 듯한 수명이 부여된다.
///
/// 안전성: `ptr`이 널이 아닐 때는 널로 끝나는 C 문자열을 가리켜야 하며, 이 문자열은 적어도
/// `_owner`의 수명 동안 안전하게 접근할 수 있어야 한다.
unsafe fn char_ptr_to_str<T>(_owner: &T, ptr: *const c_char) -> Option<&str> {
    if ptr.is_null() {
        return None;
    } else {
        CStr::from_ptr(ptr).to_str().ok()
    }
}
```

이 함수는 _owner 매개변수의 값이 아니라 수명을 쓴다. 이 함수의 시그니처에 수명을 명시적으로 기재하면 다음과 같다.

```
fn char_ptr_to_str<'o, T: 'o>(_owner: &'o T, ptr: *const c_char)
    -> Option<&'o str>
```

CStr::from_ptr 함수는 무한한 수명을 가진 &CStr를 반환하는데, 이는 역참조 된 원시 포인터에서 빌려 온 것이기 때문이다. 무한한 수명은 부정확할 때가 많으므로 가능한 한 빨리 제약 조건을 달아

두는 게 좋다. _owner 매개변수를 포함시켜 두면 러스트가 그의 수명을 반환값의 타입에 부여하므로 호출부가 보다 정확한 제약 조건을 가진 레퍼런스를 받아볼 수 있다.

libgit2의 문서는 꽤 훌륭함에도 불구하고 git_signature의 email과 author 포인터가 널일 수 있는지 여부를 명확히 언급하고 있지 않다. 필자는 자신을 어떤 식으로도 설득하지 못한 채 한동안 소스 코드를 파고 다니다가, 마침내 만일의 경우를 위해서 char_ptr_to_str가 널 포인터를 대비하는 쪽이 더 낫겠다고 판단했다. 러스트에서는 타입만 봐도 이런 종류의 질문에 금방 답할 수 있다. &str이면 문자열이 존재한다고 믿고 가면 되고, Option<&str>이면 옵션이라고 생각하면 된다.

이렇게 해서 필요한 기능의 안전한 인터페이스가 모두 마련됐다. **src/main.rs**에 넣을 새 main 함수는 짧고 간결해서 진짜 러스트다운 코드처럼 보인다.

```
fn main() {
    let path = std::env::args_os().skip(1).next()
        .expect("usage: git-toy PATH");

    let repo = git::Repository::open(&path)
        .expect("opening repository");

    let commit_oid = repo.reference_name_to_id("HEAD")
        .expect("looking up 'HEAD' reference");

    let commit = repo.find_commit(&commit_oid)
        .expect("looking up commit");

    let author = commit.author();
    println!("{} <{}>\n",
            author.name().unwrap_or("(none)"),
            author.email().unwrap_or("none"));

    println!("{}", commit.message().unwrap_or("(none)"));
}
```

이번 장에서는 그다지 안전성을 담보하지 않는 단순하기만 한 인터페이스를 떠나서, 계약 위반이 곧 러스트의 타입 오류가 되는 환경을 마련해 본질적으로 안전하지 않은 API를 감싸 안은 안전한 API로 넘어왔다. 그 결과로 러스트가 올바른 사용을 보장해줄 수 있는 인터페이스를 얻었다. 여기서 러스트가 시행하도록 만든 규칙의 대부분은 결국 C와 C++ 프로그래머가 자신에게 부과하는 규칙이다. 러스트가 C와 C++보다 훨씬 엄격하다고 느끼는 건 규칙이 너무 이질적이어서라기보다는 이 시행이 기계적이고 포괄적이기 때문이다.

결론

러스트는 단순한 언어가 아니다. 러스트의 목표는 매우 다른 두 세계에 걸쳐 있다. 러스트는 안전하게 설계된 데다 클로저와 이터레이터 같은 편의성까지 갖춘 모던 프로그래밍 언어로, 실행 중인 머신이 가진 날것 그대로의 능력을 최소한의 실행 시점 오버헤드로 제어하게 하는 걸 목표로 한다.

언어의 윤곽은 이러한 목표에 의해서 결정된다. 러스트는 대부분의 빈틈을 안전한 코드로 메운다. 차용 검사기와 무비용 추상화는 미정의 동작의 위험을 무릅쓰지 않고도 최대한 하드웨어에 가까이 다가설 수 있게 해준다. 이걸로 부족하거나 기존 C 코드를 활용하고 싶을 때를 위해서 안전하지 않은 코드와 외부 함수 인터페이스가 마련되어 있다. 그러나 다시 말하지만 러스트는 안전하지 않은 기능을 손에 쥐여주고는 그저 행운을 빈다는 말뿐인 그런 언어가 아니다. 목표는 늘 안전하지 않은 기능으로 안전한 API를 구축하는 것이다. libgit2를 가지고 한 일이 바로 그것이다. 러스트 팀이 만든 Box, Vec, 기타 컬렉션, 채널 등도 같은 방식이 적용됐다. 표준 라이브러리를 가득 메운 안전한 추상화의 이면에는 안전하지 않은 코드로 된 구현이 자리 잡고 있다.

러스트와 같은 야망을 품은 언어라면 아무래도 단순한 도구가 되는 데서 그칠 순 없을 것이다. 그러나 러스트는 안전하고 빠를 뿐 아니라 동시적이고 효율적이다. 러스트로 하드웨어의 성능을 최대한 활용하는 크고, 빠르고, 안전하고, 견고한 시스템을 구축하자. 러스트로 더 나은 소프트웨어를 만들자.

찾아보기